国家出版基金项目

U0595984

中国近代
思想家文库

◎

宋广波 编

丁文江卷

中国人民大学出版社
·北京·

总　序

对于近代的理解，虽不见得所有人都是一致的，但总的说来，对于近代这个词所涵的基本意义，人们还是有共识的。一个国家、一个民族走入近代，就意味着以工业化为主导的经济取代了以地主经济、领主经济或自然经济为主导的中世纪的经济形态，也还意味着，它不再是孤立的或是封闭与半封闭的，而是以某种形式加入到世界总的发展进程。尤其重要的是，它以某种形式的民主制度取代君主专制或其他不同形式的专制制度。中国是个幅员广大、人口众多、历史悠久的多民族国家，由于长期历史发展是自成一体的，与外界的交往比较有限，其生产方式的代谢迟缓了一些。如果说，世界的近代是从 17 世纪开始的，那么中国的近代则是从 19 世纪中期才开始的。现在国内学界比较一致的认识，是把 1840 年到 1949 年视为中国的近代。

中国的近代起始的标志是 1840 年的鸦片战争。原来相对封闭的国门被拥有近代种种优势的英帝国以军舰、大炮再加上种种卑鄙的欺诈打开了。从此，中国不情愿地加入到世界秩序中，沦为半殖民地。原来独立的大一统的中央集权的君主专制国家，如今独立已经极大地被限制，大一统也逐渐残缺不全，中央集权因列强的侵夺也不完全名实相符了。后来因太平天国运动，地方军政势力崛起，形成内轻外重的形势，也使中央集权被弱化。经历第二次鸦片战争、中法战争、甲午战争、八国联军入侵的战争以及辛亥革命后的多次内外战争，直至日本全面侵略中国的战争，致使中国的经济、政治、教育、文化，都无法顺利走上近代发展的轨道。古今之间，新旧之间，中外之间，混杂、矛盾、冲突。总之，鸦片战争后的中国，既未能成为近代国家，更不能维持原有的统治秩序。而外患内忧咄咄逼人，人们都有某种程度"国将不国"的忧虑。

"天下兴亡，匹夫有责"，读书明理的士大夫，或今所谓知识分子，尤为敏感，在空前的危机与挑战面前，皆思有所献替。于是发生种种救亡图存的思想与主张。有的从所能见及的西方国家发展的经验中借鉴某些东西，形成自己的改革方案；有的从历史回忆中拾取某些智慧，形成某种民族复兴的设想；有的则力图把西方的和中国所固有的一些东西加以调和或结合，形成某种救亡图强的主张。这些方案、设想、主张，从世界上"最先进的"，到"最落后的"，几乎样样都有。就提出这些方案、设想、主张者的初衷而言，绝大多数都含着几分救国的意愿。其先进与落后，是否可行，能否成功，尽可充分讨论，但可不必过为诛心之论。显而易见，既然救国的问题最为紧迫，人们所心营目注者自然是种种与救国的方案直接相关的思想学说，而作为产生这些学说的更基础性的理论，及其他各种知识、思想，则关注者少。

围绕着救国、强国的大议题，知识精英们参考世界上种种思想学说，加以研究、选择，认为其中比较适用的思想学说，拿来向国人宣传，并赢得一部分人的认可。于是互相推引，互相激励，更加发挥，演而成潮。在近代中国，曾经得到比较广泛的传播的思想学说，或者够得上思潮的，主要有以下几种：

（一）进化论。近代西方思想较早被引介到中国，而又发生绝大影响的，要属进化论。中国人逐渐相信，进化是宇宙之铁则，不进化就必遭淘汰。以此思想警醒国人，颇曾有助于振作民族精神。但随后不久，社会达尔文主义伴随而来，不免发生一些负面的影响。人们对进化的了解，也存在某些片面性，有时把进化理解为一条简单的直线。辩证法思想帮助人们形成内容更丰富和更加符合实际的发展观念，减少或避免片面性的进化观念的某些负面影响。

（二）民族主义。中国古代的民族主义思想，其核心是"非我族类，其心必异"，所以最重"华夷之辨"。鸦片战争前后一段时期，中国人的民族思想，大体仍是如此。后来渐渐认识到"今之夷狄，非古之夷狄"，"西人治国有法度，不得以古旧之夷狄视之"。但当时中国正遭受西方列强的侵略和掠夺，追求民族独立是民族主义之第一义。20世纪初，中国知识精英开始有了"中华民族"的概念。于是，渐渐形成以建立近代民族国家为核心的近代民族主义。结束清朝君主专制，创立中华民国，是这一思想的初步实现。第一次世界大战爆发，中国加入"协约国"，第一次以主动的姿态参与世界事务，接着俄国十月革命爆发，这两件事对近代中国的发展历程造成绝大影响。同时也将中国人的民族主义提升到一个新的层次，即与国际主义（或世界主义）发生紧密联系。也可以说，中国人更加自觉地用世界的眼光来观察中国的问题。新生的中国共产党和改组后的国民党都是如此。民族主义成为中国的知识精英用来应对近代中国所面临的种种危机和种种挑战的一个重要的思想武器。

（三）社会主义。社会主义作为一种模糊的理想是早在古代就有的，而且不论东方和西方都曾有过。但作为近代思潮，它是于19世纪在批判近代资本主义的基础上产生的。起初仍带有空想的性质，直到马克思和恩格斯才创立起科学社会主义。20世纪初期，社会主义开始传入中国。当时的传播者不太了解科学社会主义与以往的社会主义学说的本质区别。有一部分人，明显地受到无政府主义的强烈影响，更远离科学社会主义。直到五四新文化运动兴起之后，中国人始较严格地引介、宣传科学社会主义。但有一段时间，无政府主义仍是一股很大的思想潮流。中国共产党的成立，从思想上说，是战胜无政府主义的结果。中国共产党把在中国实现社会主义乃至共产主义作为自己的奋斗目标。此后，社会主义者，多次同各种非科学社会主义思想的信仰者进行论争并不断克服种种非科学社会主义思想的影响。

（四）自由主义。自由主义也是从清末就被介绍到中国来，只是信从者一直寥寥。直到五四新文化运动兴起，具有欧美教育背景的知识精英的数量渐渐多起来，自由主义始渐渐形成一股思想潮流。自由主义强调个性解放、意志自由和自己承担责任，在政治上反对一切专制主义。在中国的社会条件下，自由主义缺乏社会基础。在政治激烈动荡的时候，自由主义者很难凝聚成一股有组织的力量；在稍稍平和的时候，他们往往更多沉浸在自己的专业中。所以，在中国近代史上，自由主义不曾有，也不可能有大的作为。

（五）激进主义与保守主义。处于转型期的社会，旧的东西尚未完全退出舞台，新的东西也还未能巩固地树立起来，新旧冲突往往要持续很长的时间，有时甚至达到很激烈的程度。凡助推新东西成长的，人们便视为进步的；凡帮助旧东西排斥新东西的，人们便视为保守的。其实，与保守主义对应的，应是进步主义；与顽固主义相对的则应是激进主义。不过在通常话语环境中人们不太严格加以区分。中国历史悠久，特别是君主专制制度持续两千余年，旧东西积累异常丰富，社会转型极其不易。而世界的发展却进步甚速。中国的一部分精英分子往往特别急切地想改造中国社会，总想找出最厉害的手段，选一条最捷近的路，以最快的速度实现全盘改造。这类思想、主张及其采取的行动，皆属激进主义。在中共党史上，它表现为"左"倾或极左的机会主义。从极端的激进主义到极端的顽固主义，中间有着各种程度的进步与保守的流派。社会的稳定，或社会和平改革的成功，都依赖有一个实力雄厚的中间力量。但因种种原因，中国社会的中间力量一直未能成长到足够的程度。进步主义与保守主义，以及激进主义与顽固主义，不断进行斗争，而实际所获进步不大。

（六）革命与和平改革。中国近代史上，革命运动与和平改革运动交替进行，有时又是平行发展。两者的宗旨都是为改变原有的君主专制制度而代之以某种形式的近代民主制度。有很长一个时期，有两种错误的观念，一是把革命理解为仅仅是指以暴力取得政权的行动，二是与此相关联，把暴力革命与和平改革对立起来，认为革命是推动历史进步的，而改革是维护旧有统治秩序的。这两种论调既无理论根据，也不合历史实际。凡是有助于改变君主专制制度的探索，无论暴力的或和平的改革都是应予肯定的。

中国近代揭幕之时，西方列强正在疯狂地侵略与掠夺殖民地和半殖民地，中国是它们互相争夺的最后一块、也是最大的资源地。而这时的中国，沿袭了两千年的君主专制制度已到了奄奄一息的末日，统治当局腐朽无能，对外不足以御侮，对内不足以言治，其统治的合法性和统治的能力均招致怀疑。革命运动与改革的呼声，以及自发的民变接连不断。国家、民族的命运真的到了千钧一发之际，危机极端紧迫。先觉分子救国之心切，每遇稍具新意的思想学说便急不可待地学习引介。于是西方思想学说纷纷涌进中国，各阶层、各领域，凡能读书读报者，受其影响，各依其家庭、职业、教育之不同背景而选择自以为不错的一种，接受之，信仰之，传播之。于是西方几百年里相继风行的思想学说，在短时期内纷纷涌进中国。在清末最后的十几年里是这样，五四时期在较高的水准上重复出现这种情况。

这种情况直接造成两个重要的历史现象：一个是中国社会的实际代谢过程（亦即社会转型过程）相对迟缓，而思想的代谢过程却来得格外神速。另一个是在西方原是差不多三百年的历史中渐次出现的各种思想学说，集中在几年或十几年的时间里狂泻而来，人们不及深入研究、审慎抉择，便匆忙引介、传播，引介者、传播者、听闻者，都难免有些消化不良。其实，这种情况在清末，在五四时期，都已有人觉察。我们现在指出这些问题并非苛求前人，而是要引为教训。

同时我们也看到，中国近代思想无比的多样性与复杂性呈现出绚丽多彩的姿态，各种思想持续不断地展开论争，这又构成中国近代思想史的一个突出特点。有些论争为我们留下了非常丰富的思想资料，如兴洋务与反洋务之争，变法与反变法之争，革命与改良之争，共和与立宪之争，东西文化之争，文言与白话之争，新旧伦理之争，科学与人生观之争，中国社会性质的论争，社会史的论争，人权与约法之争，全盘西化与本位文化之争，民主与独裁之争，等等。这些争论都不同程度地关联着一直影响甚至困扰着中国人的几个核心问题，即所谓中西问题、古今问题与心物关系问题。

中国近代思想的光谱虽比较齐全，但各种思想的存在状态及其影响力是很不平衡的。有些思想信从者多，言论著作亦多，且略成系统；有些可能只有很少的人做过介绍或略加研究；有的还可能因种种原因，只存在私人载记中，当时未及面世。然这些思想，其中有很多并不因时间久远而失去其价值。因为就总的情况说，我们还没有完成社会的近代转型，所以先贤们对某些问题的思考，在今天对我们仍有参考借鉴的价值。我们编辑这套《中国近代思想家文库》，希望尽可能全面地、系统地整理出近代中国思想家的思想成果，一则借以保存这份珍贵遗产，再则为研究思想史提供方便，三则为有心于中国思想文化建设者提供参考借鉴的便利。

考虑到中国近代思想的上述诸特点，我们编辑本《文库》时，对于思想家不取太严格的界定，凡在某一学科、某一领域，有其独立思考、提出特别见解和主张者，都尽量收入。虽然其中有些主张与表述有时代和个人的局限，但为反映近代思想发展的轨迹，以供今人参考，我们亦保留其原貌。所以本《文库》实为"中国近代思想集成"。

本《文库》入选的思想家，主要是活跃在 1840 年至 1949 年之间的思想人物。但中共领袖人物，因有较为丰富的研究著述，本《文库》则未收入。

编辑如此规模的《文库》，对象范围的确定，材料的搜集，版本的比勘，体例的斟酌，在在皆非易事。限于我们的水平，容有瑕隙，敬请方家指正。

《中国近代思想家文库》编纂委员会

目　录

导　言

基于丁文江在中国科学和其他方面的卓越贡献，学界对他有不少敬称，如"中国的赫胥黎"、"百科全书式的人物"、"学术界的政治家"等。若要全面评述丁先生的生平、思想、学术、事功，非一篇导言所能承担。这里，主要围绕"丁文江与科学"、"丁文江与政治"两个方面（即其一生事功中两个最主要的方面），略作评述。

一

地质学是中国最早发达的一门科学。地质学史的第一页，即中国科学史的第一页。作为公认的开创中国地质学的最重要的先驱①，丁文江充分利用其办事才具②，成功营造了地质学在中国健康发展的良好环境。而地质学的成功，不仅催生了几门相关科学，也为其他科学的发展、进步发挥了表率作用。作为"科学化最深的中国人"，丁文江把提倡、推动科学研究视为己任，在这一点上，没有第二个人可与之相比。由他挑起的"科学与人生观"论战，在当时即被认定为开辟新纪元的

---

①　与丁文江一同创业的章鸿钊说："……回想到筚路蓝缕披荆斩棘的时候，便不得不推丁先生为第一人了。"（章鸿钊：《我对于丁在君先生的回忆》，载《地质论评》，第1卷，第3号，1936年6月）；翁文灏则说：丁文江"是中国地质学界中第一个猎人"（翁文灏：《对于丁在君先生的追忆》，载《独立评论》，第188号，1936年2月）；友人葛利普说："建造中国地质学之基础，及擘画其发展之途径，丁文江博士实具最大之功绩"（葛利普：《丁文江先生与中国科学之发展》，载《独立评论》，第188号，1936年2月）；学生辈的杨钟健说："推动中国的地质学最力的"，是"丁文江先生"（杨钟健：《中国地质事业之萌芽》，载《地质论评》，第12卷，第1、2合期，1947年2月）。

②　按，这里所谓办事才具，可用葛利普的话做个注解：过人之能力，远大之眼光，弘毅之魄力与勇气，识见所及，均能力行之而成事实。（参见葛利普：《丁文江先生与中国科学之发展》，载《独立评论》，第188号，1936年2月。）

"空前的思想界的大笔战"①；而从整个中国科学化运动的角度讲，它是最有力亦最有影响的科学精神宣传运动。1934年丁文江任中央研究院总干事后，不仅把这个国家最高科学机关建立在长久、合理的发展基础上，而且以科学的态度、高远的眼光，布局、规划整个国家的科学研究事业，其贡献之巨大、影响之深远，早已彪炳史册。要之，在丁文江身上，恰到好处地汇集了"科学研究的先行者"、"科学思想的传播者"、"科学事业的组织者"等多重角色。丁文江是当之无愧的民国科学史上影响最大的人物。

先从地质学说起。

丁文江开创中国地质事业，先从培养人才做起。1911年，中国习地质者，仅章鸿钊、丁文江二人。章氏早在1911年就擘画了地质调查事业的周详计划，但因缺乏专门人才，所有计划均无从着手。1913年1月，丁文江一到北洋政府任职，即把培养地质调查人才作为第一要务，一手创办了以造就地质调查员为目的的地质研究所。该所开我国成功创办地质教育之先河，它培养的18名毕业生，均成长为中国地质界的台柱；它的办学经验，则很好地传承于不同时期的中国地质教育部门。

其次，丁文江作为地质调查所的创办人、首任所长，在极端困难的环境下使之成为中国地质学得以持久、合理发展的重心，成为民国时期中国最有成绩的科学研究机关。科学研究重在实践，地质科学尤然。作为中国人做野外工作的第一人，丁文江格外重视野外调查和动手能力，他不仅以身作则，万里长征②，并严格地将其工作方法、工作作风传之于他的团队③。经数年努力，丁文江终于可用事实驳斥外国人说中国人不擅长野外工作的偏见。④ 毋庸讳言，限于当时的人力、财力，丁文江领导的区域地质调查的范围，仅限于北方五省，调查的资源也仅限于

---

① 参见梁启超：《关于玄学科学论战之"战时国际公法"——暂时局外中立人梁启超宣言》，见《科学与人生观》，上海，亚东图书馆，1923；胡适：《孙行者与张君劢》，见《科学与人生观》。

② 1919年丁文江自谓："……然此七年中，文江南游于滇黔，东游于皖浙，西至晋秦，东北至鲁，今年复游欧美，计先后居京师，实不及四载……"（丁文江：《〈地质汇报〉序》，地质调查所印行，1919年。）

③ 翁文灏回忆说："在君先生的实地工作，不但是不辞劳苦，而且是最有方法。调查地质的人，一手拿锤打石，一手用指南针与倾斜仪以定方向测角度，而且往往须自行测量地形，绘制地图。这种方法，在君先生都一丝不苟的实行，而且教导后辈青年也尽心学习。"（翁文灏：《对于丁在君先生的追忆》，载《独立评论》，第188号，1936年2月。）

④ 参见丁文江：《〈地质汇报〉序》。

煤、铁。但是，在地质调查所，研究的氛围是浓厚的，研究的标准是可靠而又严格的。① 同时，为谋长久发展，丁文江等也大量搜集图书并建立地质图书馆，购置仪器完善实验室，充实地质博物馆，印行专门刊物《地质汇报》、《地质专报》，充分利用外国科学家来华工作之机，积极开展国际学术交流，等等。这些工作均系地质学发展、进步之必要条件。这里，以地质图书馆为例来略作说明。早在建所之初，丁文江就有规划：所中附设图书馆，搜集地质图籍，以为研究之资料。② 盖因科学研究非有相当之参考书籍不可，而这又绝非个人所能置备，必须有公共机关专门为之方可。地质调查所的藏书，主要得之于三途：征调、购置、交换。1913 年 2 月 3 日，丁文江曾代工商总长草拟公函，向各省民政长征调地学图书（以方志为主）。次年，因野外调查增多，丁又代农商总长草拟致税务督办、交通部、参谋本部、京师大学、北洋大学、京师图书馆、中国驻俄公使等公函，征集地图。由此，方志、地图收藏成为地质图书馆的一大特色。而购置地学书刊，更可显现初创者之苦心孤诣。当时从国外购书的办法是：凡美国出版之书，由留美人员叶良辅购置；欧洲出版之书，委托瑞典中央博物馆的哈勒博士经理，并请周赞衡、朱家骅襄助；但因这类书籍和旧出期刊、杂志系出版多年，原机关已无存本，须向旧书店搜购，或须嘱托专家辗转访觅，方能获得。③ 1919 年，丁文江随梁启超赴欧考察期间，曾广泛搜求、购置各种地学图书；回国后，即开始筹划兴建地质图书馆。经过募捐④、设计等烦琐工作，该图书馆于 1921 年落成。中国的几代地质人都承认：中国地质

---

① 丁文江对学术著述要求极为严格，绝不轻易发表地质报告。他认为："所贵于官书者，以其精且备也"，他最恨"割裂抄袭以成书，标窃一时之声誉"（丁文江：《〈地质汇报〉序》）。

② 参见丁文江：《工商部试办地质调查说明书》，载《政府公报》，第 339 号，1913 年 4 月 17 日。

③ 朱家骅回忆说："民国九年，他（按，指丁文江）为地质调查所汇集有关地质学和古生物学的德文杂志图书，要我替他在德国选购，这样才和他开始通信。"（朱家骅：《丁文江与中央研究院》，见胡适等：《丁文江这个人》，153 页，台北，传记文学出版社，1967。）又可参考地质调查所编印之《中国地质调查所概况·地质图书馆》（地质调查所 15 周年纪念刊），27 页，1931 年。

④ 丁文江之所以在短时间内就能募集近 4 万元之巨款，也与他数年来的广种善因分不开。当时捐款的，主要是矿业界企业。其所以愿意慷慨解囊，主要是因为它们在经营过程中，经常得到地质调查所的无偿帮助：不论是测量矿区，或是绘制地质图、化验矿质、决定打钻地点，只要是真正办矿的人，地质调查所都愿意帮助其工作、帮助其计划，个人与机关都不收任何的酬报。（参见丁文江：《我国的科学研究事业》，载《申报》，1935 年 12 月 6 日。）

学辉煌成就的取得，与这座藏品丰富、管理完善的专业图书馆是分不开的。杨杏佛曾指出，提倡科学，"当以研究为终始，然研究非尽人可能也。必有专家，有书报，有仪器，有金钱与时间，然后可行"①。事实上，丁文江创办地质调查所之种种步骤，与此说相较，是有过之而无不及。也只有这样，地质调查所才成为坚实的地质科学研究中心。

1922 年，丁文江、章鸿钊、翁文灏等发起成立了中国地质学会。丁在成立会上演讲称：

> 本会将为我们从事的科学的原理和问题，提供一个充分和自由讨论的机会。而在我们的政府机关中，则必须集中精力于经常性的工作上，因而不可能做到这一点。本会还为我国各地的科学家定期召开大会，这样的交流和交换意见必然有益于所有的与会者，从而在我国的科学生活中形成一个推进的因素。②

历史证明，中国地质学会在中国地质事业中所发挥的推进作用远远超过了丁文江的期冀。作为一个严肃的学术团体，该会定期召开学术会议，而会刊《中国地质学会志》以反映地质科学最新、最权威的研究成果为特色，被国内外广大读者视为中国地质界最高水平的学术刊物。中国地质学会的成立，标志着中国地质学已走上体制化发展的道路。

地质学的成功，直接催生了几门相关科学：古生物学、古人类学、地图学。这几门科学的进步，均与丁文江有密切关系。古生物学与地质学关系最近，因为地质学家要判定地层，对古生物化石的认定至关重要。1910 年代，中国无古生物学家，丁文江在西南地区采集的化石不得不送到美国去鉴定。地质研究所缺乏古生物学教授，丁文江就勉为其难地亲自授课。有鉴于此，丁文江派门人周赞衡到瑞典学习古植物学，并设法邀请哥伦比亚大学古生物学教授葛利普、在英国获地质学硕士学位的李四光到北京大学地质系任教（同时在地质调查所兼职），后来的中国古生物学人才多出自葛、李二人门下。他又在地质调查所创办《中国古生物志》，使之成为享有国际声誉的科学刊物。所有这些，使古生物学在数年之内就发展成一门成熟学科。

---

① 杨杏佛：《科学与研究》，见《科学通论》，217 页，上海，中国科学社，1934。
② 丁文江：《中国地质学会之目的》，载《中国地质学会志》，第 1 卷，1～4 期，1922 年，8 页。

　　在 20 世纪中国科学史上，有一件轰动全世界的科学发现，那就是
1929 年北京人头盖骨的发现。而丁文江是主持这项工作的新生代研究
室的名誉主持人，他曾多次带学生来这里实习。丁文江对地图学也极其
关注，前文已述，他从 1910 年代就开始广泛征集各类地图，并在此基
础上完成地图学史上具有里程碑意义的《申报》地图。关于丁文江倡导
并主持此地图的编纂，可参考拙编《丁文江年谱》的有关记述，这里不
再赘言了。

　　以上科学活动均与丁文江、地质调查所有密切的联系，此外，地质
调查所还从事地震、燃料、土壤研究。所以，可以这样说：地质学是中
国科学中的"母科学"。

　　再说丁文江对传播科学的贡献。

　　1910 年代，在中国，科学传播的阵地有二：一为 1915 年在美国创
刊的《科学》，一为同年在上海创刊之《青年杂志》（即后来的《新青
年》）。前者的创办主体是 1914 年成立的中国科学社，后者的主体则是
以陈独秀、胡适为领袖的新文化运动的思想、文艺群星们。《科学》的
主要任务是传播科学新知，该杂志聚拢了一批接受过严格科学训练的新
留学生，包括任鸿隽、杨杏佛、胡明复、金帮正、邹秉文、郑宗海、黄
昌谷等。他们在《科学》上广泛、深入地阐释了科学精神、科学方法，
极好地承担起宣传严格意义上的科学思想的任务。只是，这个留学生刊
物在国内几乎没有什么影响。与《科学》并时的《新青年》高举"赛先
生"大旗，对树立科学的权威地位功不可没。但是，新文化运动的主将
们从来没有像《科学》那样认真地讨论过"科学"是什么，所以新文化
运动的研究者们在充分研究了"赛先生"之后，常不约而同地得出结
论：新文化运动派笔下的科学只是停留在"口号"的层面上。[①] 有的研
究者则指出："赛先生"还并不是严格意义上的现代科学，而是人们针
对中国的社会状况，选择一些现代科学中的元素，重新加以阐释，用来
批判传统思想，并以此来建构新的民族精神的思想武器。[②] 但是，异常
吊诡的是，当时国人心目中的"科学"，却主要是来自《新青年》，而不
是《科学》。造成这种结果的原因不外有二。第一，以《新青年》为主

---

　　① 参见王元化：《对于五四的再认识答客问》，见余英时等：《五四新论》，69 页，台北，
联经出版事业公司，1999。

　　② 参见任定成：《科学方法论的三个方向》，见《北大"赛先生"讲坛》，207 页，上海，
上海科技教育出版社，2005。

要阵地的新文化运动是当时中国思想、文化的主流;第二,国人尚未见到科学所带来的好处,对其意义和价值尚未能切身感受到,因而尽管有科学社诸君子大力宣传,难免显得空洞,难以产生共鸣。

丁文江并没有参与《科学》、《新青年》的科学宣传工作,其时,他正全力地从事着开创中国地质事业的工作。丁文江是先从事具体的科学研究并在从事的学科领域打开局面后,再宣传科学思想、科学精神;而任鸿隽、杨杏佛、胡明复等以"中国科学社"为中心的科学家群体,是先做宣传的工作,后从事具体的科学研究。丁氏从事科学宣传工作,最有影响者,是他挑起并以主角的身份参与的"科学与人生观"论战。这场论战是科学史、思想史上的重要事件,已为众所公认,对其研究亦层出不穷。对其具体论点,这里不拟申论,只想强调:这是最大规模的一场科学思想传播运动。它的实际影响,远远超越了之前的《科学》、《新青年》所做的工作。自此以后,人们对科学的理解更加深透,科学的观念已经深入人心。之所以达到这样的效果,原因是:

一,以丁文江为代表的科学派阵营,既包括当年中国科学社的成员如任鸿隽、新文化运动派的胡适,还有当时中国从事具体科学研究的丁文江、章鸿钊、王星拱、唐钺等人,这些本来在宣传科学时互不连属的人来了一个大集结。

二,丁文江参与论战时,以他为代表开创的中国地质学的成绩,已经得到国人的认可,人们已经看到科学带来的好处与实惠——这可以从地质图书馆得到巨额捐款得以证实。由此,科学的威信开始在国人心中逐步加强。

三,这次科学宣传活动,是通过"论战"的方式进行的,彼此观点针锋相对,孰优孰劣,观众自然容易做出判断。

科学派的大获全胜,不仅最大限度地宣传了科学思想,而且摧毁廓清了第一次世界大战以来怀疑科学的思潮。因为,在一战后反思科学的大潮流下,梁启超、梁漱溟、张君劢等人的思想是会重创刚刚起步的中国科学化运动的。这时,丁文江振臂一呼,起而论战,带领一班训练有素的科学家、哲学家向张君劢发起全面反击,进一步阐释西方科学的基本含义和对中国现代文化的影响,实在是中国科学运动的大胜利,值得研究科学史、科学思想史的人大书特书的。所以,丁文江挑起"科学与人生观"论战,其功绩绝不亚于开创中国地质事业。

二

与其他一流科学家不同的是，丁文江在从事科学活动的同时，对政治也怀有浓厚的兴趣和热情；他不仅有独特的政治思想，还有政治实践。

丁文江开创中国地质事业时，恰是北洋军阀的黑暗统治日益腐败、倒退的时候。当时的黑暗政治甚至逼迫一些原本对政治不感兴趣的知识人也出来批评政治。[①] 身为北洋政府"小吏"又一向关心政治的丁文江，对这种"恶政"有切身感受："……辛辛苦苦费了多少年做成功的事业，一个无知无识的官僚或是政客，用一道部令，就可以完全推翻……"[②] 他调查云南矿业后的结论是：我国矿业不振的最大之障碍，系由于"行政之不良"[③]。因此，丁文江对北洋政权的批评更加不留情面，认为它和满清政府一样坏："土匪遍地，政府号令不出国门，军阀割据，贿赂公行，内外债没有着落，上下人无法生存"[④]。事实使他认定：良好的政治是一切和平的社会改善的必要条件；"政治是我们唯一的目的，改良政治是我们唯一的义务"[⑤]。这里所谓"改良政治"，实际上就是政治改革。在丁看来，政治改革比其他任何社会改革都重要，是第一要做的。他批驳"改良政治必先从改良社会下手"的观点，认为这是趁火打劫的人"拿改良社会这种题目来抵制政治改革"[⑥]，是政治改革的一大障碍。他质问持这种观点的官僚、政客："这几年来政治的不良，还是社会的过失，还是他们的过失？老实说来中国弄到了这样地

---

① 1920 年 8 月 1 日，胡适与蒋梦麟、陶孟和等发表《争自由的宣言》，称"我们本不愿谈实际的政治，但实际的政治却没有一时一刻不来妨害我们……政治逼迫我们到这样无路可走的时候，我们便不得不起一种彻底觉悟，认定政治如果不由人民发动，断不会有真共和实现"（《晨报》，1920 年 8 月 1 日）。

② 丁文江：《一个外国朋友对于一个留学生的忠告》，载《努力》周报 42 期，1923 年 3 月 4 日。

③ 丁文江：《上农商总长书》，据黄汲清等编：《丁文江先生地质调查报告》（Geological Reports of Dr. V. K. Ting），经济部中央地质调查所发行，1947 年，235 页。

④ 丁文江：《一个外国朋友对于一个留学生的忠告》，载《努力》周报 42 期，1923 年 3 月 4 日。

⑤ 丁文江：《少数人的责任——燕京大学讲演稿》，载《努力》周报 67 期，1923 年 8 月 26 日。

⑥ 丁文江：《答关于〈我们的政治主张〉的讨论》，载《努力》周报 6、7 期，1922 年 6 月 11 日、18 日。

步，是因为他们在政治上活动的人，没有良心，或是没有能力。"他也反对"到民间去"的观点，认为这是"缓不济急"①，没有找到真正下手的地方。丁文江曾多次当面批评胡适"二十年不干政治，二十年不谈政治"的主张是一种妄想。他说："你们的文学革命、思想改革、文化建设，都禁不起腐败政治的摧残。"② 丁文江反对改良政治要从实业教育着手的观点，他曾对董显光说："世界上最重要的是人事，而不是物质，如果我找到金矿银矿，而不了解人事问题，那金银仍将被偷盗以去，弄得更糟。"③ 又对李济说："政治不澄清，科学工作是没法推进的，我们必须先造出一种环境来，然后科学工作才能在中国生根。"④

既然政治改革如此重要，那么，如何改呢？丁之中心理论是"少数人的责任"。所谓"少数人"，是这样的人：有遗传的天才，又遇有良好的境遇，从而能在社会上占一种地位，成一种势力。"少数人"也可以理解成他和胡适、蔡元培等提倡的"好人政府"的"好人"，所谓"好人"，就是指有现代知识、有职业、有能力、有操守的社会上的优秀分子，特别是能出来和恶势力抗争的优秀分子。丁认为，这种人是社会的天然首领，国家的中流砥柱，他们在历史上发挥的作用是最大的，是推动历史发展的最主要的动力。他认为中国政治混浊，就是因为"少数的优秀份子没有责任心，而且没有负责任的能力"。只要少数优秀分子掌握了政权，政治就会清明，"……中国的前途，全看我们少数人的志气，我们打定主义，说中国是亡不得的，中国就不会亡"⑤。显然，他所谓"少数人的责任"，其实就是精英政治。

那么，"少数人"如何从事具体政治呢？丁文江提出要从以下四端入手：

> 甲：认识社会上政治上有势力的人，平心静气去研究他们的道德、性情、能力，以决定我们对于他们的态度……
> 乙：调查政治上最重要的问题，用科学精神，来研究解决这种

① 丁文江：《答关于〈我们的政治主张〉的讨论》，载《努力》周报6、7期，1922年6月11日、18日。
② 胡适编：《丁文江的传记》，胡适纪念馆印行，1973年，36页。
③ 董显光：《我和在君》，见胡适等：《丁文江这个人》，172页，台北，传记文学出版社，1967。
④ 李济：《怀丁在君》，载《独立评论》，第188号，1936年2月。
⑤ 丁文江：《少数人的责任——燕京大学讲演稿》，载《努力》周报67期，1923年8月26日。

问题的方法，如裁兵、裁官、公债之类。

　　丙：尽我们的余力，做政治上的文章：宣传我们的主张，讨论人家的意见。

　　丁：遇见有重大的政治上的变化，应该以牺牲的精神，一致的态度，努力去奋斗。

只要这些"前提工作"做好了，就能"结合四五个人，八九个人的小团体，试做政治生活的具体预备"①。丁是这样呼吁的，也是这样做的。至晚从 1921 年的春夏之交开始——也就是《努力》创刊前一年，他就已经为组织小团体以研究政治、评论政治而努力了，这个小团体就是"努力会"。这个小团体向来为研究丁文江的人缺乏关注，学者的关注的重点，多集中于《努力》周报。孰不知，没有"努力会"，就没有《努力》；而且，丁文江还是这个小团体的核心人物。"努力会"的成员很少，始终没有超过 12 个人，主要有丁文江、胡适、蒋梦麟、陶孟和、任鸿隽、王征等。一年后，蔡元培也提出要加入。"努力会"活动了数月后，丁又提议：办一个周报做阵地，于是就有了《努力》周报。在《努力》周报，丁文江依然是核心人物，恰如有的学者评价的："《努力》周报与其说是胡适的事业，不如说是丁（文江）的事业。"②

丁文江在《努力》发表的第一篇谈政治的文章是由他参与具名的《我们的政治主张》。这份宣言提出政治改革的目标："好政府"；提出政治改革的三个基本原则：宪政的政府、公开的政府、有计划的政府；号召优秀分子"出来和恶势力奋斗"。宣言还对当时的南北和谈、裁军、裁官、选举等具体的政治问题提出方案。

很明显，"好政府主义"的理论基础就是丁文江倡导的"少数人的责任"，而"好人内阁"的出现，则是"好政府主义"理想的一次具体试验。1922 年 9 月，以在《我们的政治主张》上签名的王宠惠、罗文干、汤尔和为核心，组成了所谓"好人内阁"。不但入阁的这些"好人"希望有所作为，就是国人也对他们寄予厚望。但在直系军阀卵翼下的这个"好人内阁"，毫无实权，也难有作为，存在了 60 多天后，就以垮台告终。"好人内阁"的失败，也宣示了"好政府主义"的破产。连起草

① 丁文江：《答关于〈我们的政治主张〉的讨论》，载《努力》周报 7 期，1922 年 6 月 18 日。
② ［美］格里德：《胡适与中国的文艺复兴》，205 页，南京，江苏人民出版社，1996。

《我们的政治主张》的胡适也不得不承认："'好人'政府不等于'好'政府。"① 历史表明："好政府主义"是当时中国知识分子的乌托邦，至于其理论——"少数人的责任"，解决不了当时中国的实际问题。

丁文江坚信：只要少数优秀分子积极参与政治了，中国的问题就可以解决了。诚然，不管在什么样的制度下，优秀分子掌握政权总比军阀、官僚、政客把持政权更能推动历史的发展。但是，在 1920 年代的中国，优秀分子能够进入政权吗？丁文江大谈"少数人的责任"的时候，却忽略了一个关键的问题：在当时的政治体制下，掌权的军阀是否允许少数优秀分子到他们的权力中心来，给他们履行"少数人的责任"的空间和机会，来施展他们的才华？"好人内阁"的垮台，给出的恰是否定的回答。另外，在这种理论指导下的一些具体主张，也不能实行，如当时最关键的裁兵和统一问题。丁文江说，国家最大的危险是财政紊乱，财政紊乱的根源是不能裁兵，而不能裁兵的根源是国家不统一。所以，统一是急如星火的唯一曙光。他认为要实现统一，必须解决两个问题：处置武人的地盘，划分中央与地方的权限。这种分析大体不差，但关键是采取什么办法完成统一。丁反对武力统一，虽然他也承认当时的时代是革命的时代。② 他认为，通过和平改革、奋斗，能够实现统一。他说："只要没有外患，我们有了时间来奋斗，来竞争，自然可以由分而合，由乱而治。"③ 事实上，这种办法是行不通的，因为武装是军阀的命根子，任何一个军阀想自存，绝不会裁兵。而历史已经证明，在中国要实现统一，只有"武装的革命消灭武装的反革命"这一条路可走。

尽管我们必须肯定丁文江鼓动知识分子参与政治的主张，但同时也必须承认：其政治主张在当时的中国是无法实行的。1926 年他任孙传芳淞沪总办的失败，就是最好的证明。丁文江又认为，政治改革决不能等到所谓时机成熟，有机会则不可失机会，他同意就任淞沪总办就是想借机试验一回。丁文江为时八个月的从政经历，最大的治绩，一是初步建立起大上海的新市政，二是通过会审公廨谈判，部分地收回了司法权。有一点可以肯定，假如没有北伐战争，丁文江的政绩会更大。但一旦发生战争，所有改革事业都被迫停顿。更重要的，是孙传芳面临灭亡

---

① 胡适 1922 年 10 月 27 日《日记》，据中国社会科学院近代史研究所所藏手稿。

② 参见丁文江：《忠告旧国会议员》，载《努力》周报 9 期，1922 年 7 月 2 日。

③ 丁文江：《一个外国朋友对于一个留学生的忠告》，载《努力》周报 42 期，1923 年 3 月 4 日。

时，必与革命的北伐军为敌，丁文江所有的政治改革也无法推进了。

九一八国难之后，丁文江最重要的政治主张是"新式的独裁"①。关于民主与独裁的论争，是针对国难，由蒋廷黻、胡适发动的。当时国人最迫切的问题，是如何抵御外侮实现民族自救。无论是胡适的主张民主，还是蒋廷黻的主张独裁，都是知识分子们在民族危机空前严重的情形下设计的方案。"新式的独裁"是丁文江在胡、蒋论争后提出的颇为独特的方案：它的对立面，一方面是民主政治，另一方面是"旧式的专制"。丁文江思考政治问题，特别注重权衡轻重得失，特别看重其可行性。丁文江拒绝从学理上讨论民主、独裁的优劣得失，他认为这缓不济急。他认定，民主政治、独裁政治都是不容易实行的，但民主政治不可能的程度要比独裁制度更高，他特别驳斥胡适关于民主政治是幼稚园政治的说法，所以他的结论是：在当时的中国实行民主是不可能。丁氏又分析当时国内政治的实际，判定当时国民党的统治正是"旧式的专制"。而这种"旧式的专制"，不能承担起挽救民族危机的重任。民主既不能实行，只有摆脱"旧式的专制"，实行"新式的独裁"。丁文江指出，在空前的外患面前，只有实行较民主制度容易实行的"新式的独裁"，才可以渡过难关。所谓"新式的独裁"，就是努力促成独裁的领袖做到四个方面：（1）完全以国家的利害为利害；（2）彻底了解现代化国家的性质；（3）能够利用全国的专门人才；（4）要利用目前的国难问题来号召全国有参与政治资格的人的情绪与理智，使他们站在一个旗帜之下。

丁氏也承认，在当时的中国，实行这种独裁"还是不可能的"，但要努力使其变为可能。后来的事实是，丁氏的四条，有的已部分实现，如在抗日旗帜下举国共赴国难，包括各政治团体在内的全国军民以国家的利害为利害、充分利用专门人才等。这说明，丁之"新式的独裁"的政治设计，是符合当时实际和历史发展的潮流的。

---

① 　参见丁文江：《民主政治与独裁政治》，载《大公报》，1934 年 12 月 18 日；丁文江：《再论民治与独裁》，载《大公报》，1935 年 1 月 20 日。

送嘉定秦君汾东归序

嘉定秦君汾，自美洲来欧居一载，行将东归，余再拜稽首而进言曰：今之所谓游学者，吾知之矣，挟父兄之积余，滥吾民之膏脂，鲜衣美服，华屋逸居，出必专乘，食必数簋，夕则逍遥于歌舞之场，日则驰骋于通都之肆，友不择人，言不及义，以妇女酒肉相征逐，以富贵利达相期勉。此游而不学者也。吾恶而痛之。好大言自喜，以意气自负，勇动于气，义形乎色，酒酣则耳热，慷慨而激昂，论国事则涕泗横流，挥笔墨则悲愤交至，然不学无术，外强中干，言不足以符行，行不足以满志，流离数载，赤手而归。此不游不学者也。吾悲而怜之。冗坐一室中，闭户自守，讲室外不知有天地，教科外不知有书籍，思以专而愈狭，身以独而愈穷，入境经年而不知其俗，离国未久而几忘其情。此学而不游者也。吾敬而惜之。今吾子出游美才三年余耳，已有所得可以归报国人，其学也可知矣；而平日与言天下事，则又怳怳不绝如指诸掌，非留心世事者能得此耶？学成而来欧，遍历各国，于今世风俗、政教之得失，思想、学理之迁移，无不贯通明察，博及审思；足迹所至，心目随之。是学而后游者也，吾羡而爱之。学成而不归故乡，如衣锦夜行耳。吾少离吾乡，于兹八年矣！而学无所成，清夜自问，每惶愧不自禁，东望扬子江，恍如梦寐。文文山云："昨夜分明梦到家，飘零依旧隔〔客〕① 天涯。"默诵之，徬徨终夕，今见吾子归，能不愧且贺乎？

虽然，学之境无穷，而游之期有限。苟西游而后可学也，则将终吾身而不学耳。方今之世，无地不可游，即无地不可学。吾辈幸得入科学门，知所以求学之绪，归而辍学不大失国人望乎？今之学者往往误升堂

---

① 六角括号前的内容系原文误植，括号内系编者对其之修正。全书同。——编者注

为入室。其不肖者无论矣。其贤者亦不能节欲以自持,不为利禄所动,一入国则奔走于有力者之门以求知。求而不知,则悲愤聊〔寥〕落以自弃;求而知,则废学媚世以自欺。故就学于外国者以千计,新立学校以万计,而举国以无师而废学,呜呼!其自为计则得已,如吾民何?

今吾子归,行将出其所学以利吾国人,大则可以振学风、立学制,为吾国民立万世求学之基,小亦可以居一校执一科,为后学者升堂入室之阶。若都不可得,则扬子江上不乏宽闲之野、寂寞之滨,有田可耕,有川可牧,有剑可击,有酒可倾;发所藏书,则可以幽游于几何之源,盘桓于微积之府,就前人之所已知而进求其所未知,以雪吾国人不学之耻,而为后世倡。象数之余,且可旁及吾国前人之遗事,治化之变移,以求吾民族进化之终始,文之以辞,而笔之于书,方之于诗书而无愧,传之百世而不朽,又何暇与斗筲者争逐于利禄之场而自误哉!孟子曰:"吾善养吾浩然之气。"得是气者,固不必四十而后不动心也。茫茫大地,世变方长,所可知者,此心而已。余虽不敏,愿执鞭驾驷从吾子游焉。

辛亥〔庚戌〕夏四月丁文江谨序
(据秦汾先生之女秦瞬英女士所提供原件)

上农商总长书（节录）

为详陈云南矿物情形及改良矿政管见事，窃见政事堂交片称国务卿面奉大总统谕，据参政蔡锷折，呈请开发滇省矿产以保利权而纾财力等语，滇省地界法边，矿物关系国家利权，亟应及时筹划著交财政、农商两部，会商云南巡按使，按照所陈各节，妥速核议办法，切实具复，原折抄给阅看，等因，按蔡参政原折所言，约可分为三项：曰扩充个旧锡矿，整顿东川铜务，兴办已废老厂。而着手扩充整顿与兴办之法，则谓仿照前清设置云南矿物大臣成例，特派大员督办该省矿物，并由国家配拨基金。

兹请就文江所知者逐一为我总长一详言之。

个旧为中国全国最大之厂，产额极丰，所采之矿大都来自地面（滇语谓为草皮），矿工掘地面之土（滇语谓为墇），洗之以水至再至三，始可得矿，就矿之性质言，颇与吾国土法相宜，所可惜者矿山地势绝高，常苦缺水，故冬春所掘之墇，必至夏秋雨水大至始可洗矿，故不特每年出矿多宽不得不视雨水之多寡为定，且春冬所投资本必经八九月之久，始可收回，其弊一也。土法炼锡，纯用木炭，矿之佳者一昼夜始能出锡一千五百斤，所需木炭约在三千斤以上，故每年所耗木炭至二千三百七十余万斤之多，森林日缺，来路逾遥，近日每炭百斤价至二两七钱之多，每炼锡一吨，制炼费需二百元，故成本过重，其弊二也。土法所炼之锡中，含杂质甚多，运至香港复须净炼，且每片成色不齐，往往一炉所镕，优劣互见，故不能直接销之洋商，其弊三也。满清末季滇中大吏鉴于以上各弊，于是有个旧锡务公司之设，购置炼锡洗沙机器，安设架空铁索，移矿山之墇以洗于个旧，改用煤气以轻成本，意至善也。乃是宣统元年，迄今六载，成效毫无，亏折累累，计实收商官股共合一百七十六万元有奇，先后借款一百三十余万元（纯系官款），实业司拨款二十万元，共计三百三十余万元，除一百六十余万元为固定资金外，历年亏折在一百万元以上。至民国三年春间，恃有流通资本者，不过六十万元，闻其后因欧洲开战，锡价骤落，即此区区亦所存无几而且有向东方汇理银行借款十万元之说，若再不通盘筹算大为改良，应停则停，应办则办，则机器将因不用而朽烂，借款亦因利息而增加，以有限之金，填无底之壑，增土人顽固之心与商可借之口，其后患正不堪设想矣。查该公司借款，股本三百四十万元，官款约二百五十万元，财政部前主张清理官产，各省已分别实行，该公司实亦滇省官产之一项，当然应在清理之中，拟请会同财政部然后酌定办法，或接续进行，或招商承买，庶几官款有著，发达可期也。锡业公司用移矿就水法，以救缺水之患，法固至善，然此只可施之于一山，而不能普及各厂，欲统筹全局，则非移水就矿改良交通不足以济其穷，前曾有建议，吸红河之水贮之山顶，以水管分布于槽硐者，其议之可行与否，虽不可知，然未始无研究之价值，谓宜与滇巡按使会商派工程专门人才富于经验者，前往实地计算，然后进行，此移水就矿之说也。个旧除锡以外，他无所出，几百日用，皆自外来，滇越铁路既通，多由壁色寨车站用马驼运至个，计每重一吨之货，运路七十里，运费十五元，故厂上百物腾贵，工价不资。自满清末年，即有建筑个壁铁路之据，据云每日自壁至个，约有马千头，故每年所运货物，平均为三万余吨，而自个至壁之锡，尚不在此例，若铁路既成，假定每吨运费五元，则每年所省运费二十余万元之多，原议由滇人自办，资本则出之于锡砂，每砂六担抽路股五十元，由铁路局填发股票，计历年所抽路股及滇蜀铁路公司借给之款，共计已在三百万元以上，以之修造七十余里之铁路，盖已有余，而公司事权不一筑室道谋，迁延至今，仍未着手，谓亦由滇中大吏，严速催公司进行，并限以时日，决定路线工程办法，庶铁路早成一日，个旧即可早收一日之效，故曰宜改良交通也。以上所言各端，虽皆迫不可缓，然其收效，则皆非旦夕可期，欲提倡个旧矿业，其最易行易见效者莫如改良税则。按个旧锡税可分为两种。一为正税，一为路股。正税则每锡二千五百斤，课税一百二十二元（个旧通称以二千五百斤为一张，因纳课一百二十二元，领税票一张，故各见蔡参政原议），锡价有涨落，锡色有优劣，税额则无变更也。路股分为两种，曰滇蜀铁路路股，每锡一张抽银五十两；曰个壁铁路路股，每砂大石抽洋五十元。按每砂大石，恰可出锡二千五百斤，是每锡一张共抽路股一百二十元左右。路股虽发给股票，然铁路未成，不能分息，且为完全强迫性质，故实与课税无异。路股正税两项，合计共二百四十余元，以欧洲战事以前锡价计算，约为值百抽十，若以民国三年秋间锡价计算，则为百分之十八，担负之过重，不言可知。窃以为现行矿法，所定税额过轻，或不易实行，然个旧税则有不可不改良者数端：一曰分别市价，锡之销折，全恃外商，价之高低，权不自我，兹锡税不问市价何若，皆按斤收纳洋元，故锡价愈低，则担负愈重，如去年欧战以后，锡价骤落一倍，故正税路股总数几达百分之十八，而锡商之破产流离者，十乃五六，不特此也，个旧旧为铅厂，产锡之矿，大半亦皆产铅。铅矿与锡矿比重相等，不特用土法净洗无从分别，即用机器亦未必有效，铅之熔点较锡为高，似可以净锡炉净之，然提炼以后，铅之一部，与融锡合而成一种合金，其熔点且更低于锡，故仍不能与锡分，然含铅之锡，亦为有用之金品。故德国且有专炼铅锡之厂，现若无法分析，则不妨即铅锡售之，惟铅锡之价，远不及纯锡之高。现行税则，不论铅锡纯锡，每二千五百斤，概须纳课税路股二百五十元之多，故几有铅之锡矿，皆因之而停歇，兹若稍为区别，按照市价分别抽收，则不特锡价低时，锡商无停歇之患，且铅锡成本大轻，未始不可为出产之大宗也。二曰取消路股：个旧所出之锡，除正课一百二十二元以外，每张另须抽滇蜀个壁路股，上已详言之，夫滇蜀铁路需资本过多，滇省万无自造之能力，今日之提议取消滇蜀铁路公司者，颇不乏人，江以为此项路股，当然停收，盖该公司测量则已竣事，修造则无能力，每年所收之款，皆转放之于他机关，以取利息，夫已放者，尚须另筹其用途，未收者自当藏富于厂户。个旧铁路即经过蒙自，长亦不过八九十里，若因陋就简，费款亦不过三百万元，在存资本尽可足用，接续收款，徒以困商，若同时停止，即出锡成本，至少可减轻百分之五，产额必可增加。三曰迁移税地：旧日个旧锡税，本皆纳于蒙自，设厅以来……为全国产金千分之五，虽曰地方荒僻，交通不便，故多荒弃，或亦天产有限，无利可图，有以致之欤？方今财政部方设采金局，整理全国金政，即此区区自亦不可置之不问，谓宜择其出产稍丰者，着手整顿，按四厂中，以中甸为最著，然交通亦最不便，腾越旧日产数甚微，距省亦远，他即开化交通较便，着手不难，然据英法人士之调查，则初亦无大价值，惟永北之矿，概为金沙，成分虽微，矿量甚富，他日或可供新法开采之用乎。

次请言银。原折举云龙、丽江、开化、楚雄、南安、鲁甸、昭通为例，以文江所闻，云南产银之地盖以十数，不仅以上所言各地也。有明一代，重银轻铜，故滇省银与铜并称，而银则有驻厂之太监，其时中国出银之首，云南以外尚有浙江等八省，然共计不及滇省之半（宋应星《天工开物》说）。前清初银厂犹盛，其注册纳课者为永昌之茂盛，南安之石羊、马龙、土革喇，鲁甸之乐马，永善之金沙、三道沟，东川之金牛、角麟、棉花地，顺宁之湧金、悉宜，新平之太和，云龙之白羊，丽江之回龙，中甸之古学，镇雄之铜厂坡，楚雄之永盛，建水之摸黑，开化之白得牛，广通之象山，共计二十一厂。乾隆中最盛时，课银所得每年不下十万两，课额以值百抽十五为标准，是当日每年出银不少，亦七十万两，而厂户之偷漏，厂员之侵蚀不计焉。各厂之中，以茂隆、乐马为最著，故有"西茂、东乐马"之谚，经营茂隆者为吴尚贤，富可敌国，大为边夷所畏服，后为大吏勒索瘦〔瘐〕死，而厂遂衰，至嘉庆初，即不纳课。乐马自乾隆末年，亦渐衰歇，然至咸丰初，每年出银亦且五六万两，与棉花地、回龙、马龙三厂，同为最盛最久之厂，尝搜集道咸中课税解额列以为表，计算其出产之数，知咸丰初年回乱未发生以前，岁产至少十六万两，若合计其偷漏侵蚀之数，至少亦在二十万两以上，盖各厂积弊之深，莫如银矿，当日内外以铜政为惟一之务，不复兼顾银厂，或旺则地方官视为利薮，鱼肉敲诈，无所不为，稍不如意，则籍〔借〕口聚众滋事封禁其厂，以制其死命，如永昌之茂隆，顺宁之湧金，其尤著者也，迨至大理倡乱，全省沸腾，凡十余年，各厂皆无人迹，滇省产银至是乃绝。溯自同治十三年，滇事大定，公私筹措，恢复厂务，凡五十年，若金若铜若铁若镰若铅，虽未能尽复旧观，然皆已分别兴办，若锡若锑，旧日之废置不问者，兹且飞腾日上为一省出产之冠，惟银则寂无闻焉。惟求其故，不外乎银价之过低，铅价之渐涨，税额之过重。乾嘉中，世界产银之数不多，银价昂贵，当日在滇省每银一两换制钱二千五百文，外省最高者至四千文，故虽矿质成色稍低，亦能开采；同治以后，墨西哥、南美等处银矿发现日多，银价骤落，光绪每银一两换制钱一千三百文，较之未乱以前相差甚远，其原因一也；同时铅价渐涨，禁亦渐驰，向之兼持炼银者，今则专持炼铅（如东川之矿山厂），盖滇银多出自铅中，提炼时费铅极多，就今日情形言，每铅百斤入炉提银，所耗之铅不下三四十斤，故至少须得银一两七八钱，方可获利，否则不如迳售其铅，未遭回乱以前，铅价极贱，且为军火用品，禁止贩卖，故即含银稍低，亦须提炼，其原因二也；乱后户口凋落，工价骤增，出银成本实倍于前，而税课仍以值百抽十五为准，所得利益，不足完课，其原因三也；凡此三因，有其一即足以阻银矿之复开，兹兼而有之，其不能发达也固宜。居今日而言恢复，而银价如故，铅价亦如故，其所异者，惟税则耳，苟非集全力以从事，恐收效正不如坐言之易也。

次请言铅。按滇语有黑铅、白铅之别，黑铅为铅，亦作镰，读如本音，白铅为锌，作铅，读如元，或作倭铅。原折举罗平、平彝、健水、昭通为例，盖兼指镰铅而言，罗平、平彝产锌之地，名卑浙厂，居两县之间，地属罗平矿税旧归平彝收取，姑原折并举之，实则平彝无锌矿也。建水即临安，厂名摸黑，旧为镰厂，故兼产银，前言银厂时已言及之。昭通产铅，为文江所未闻，鲁甸之乐马厂，出银兼出镰，旧为昭通府管，原折或指此，按产银之厂，无不产镰，自银厂衰歇，亦大半废弃，惟鲁甸之乐马，镰银之外，复产铜矿，近日由昭通绅士，集股领照，购机器用新法开采，现正在筹划中。东川之矿山厂，历年由官经营，成效颇著，年产精镰一百万余斤，镰矿之上，即为锌矿，每年出锌亦且一百万余斤，是为滇省惟一之镰厂，民国二年滇政府移交于东川矿业公司者也。前上书言东川事已略言之，兹不复赘。罗平之卑浙厂（反正后改名为富罗厂），只产铅而不产镰，文江前曾亲至其地，其矿床之厚、矿质之佳，为滇省各矿所未有，旧日因锌价过低，销路过滞，至停歇，现已有外省商人领照开采，苟办理得宜，其发达正未可限量。按滇省个旧以外，私人营矿业者仅有卑浙与乐马两厂，政府之责，在与以法律上之保护、知识上之补助，似不必另为干涉也。

次请言铁。原折举石屏、镇南、威远、镇雄为例。旧日纳课之厂，石屏之厂名龙朋里，镇南为鹅赶，威远为猛烈乡，其外尚有师宗、罗平、宣威皆以产铁名，然以上各地，除石屏外，距铁路皆以数百里计，百物转运，仅恃驴马，其交通之困难，有非内地之所能想见，即其矿量极丰，矿质极佳，亦无可以开采之价值，而以江所见之师宗、罗平、宣威（皆为前交通部拟造之钦渝铁路所必经之地）三处，其矿量矿质皆不甚佳，未必能与本国南北诸铁路矿相竞争，况如镇雄、威远、镇南等处，二三十年内绝无有通铁道之希望乎。石屏距滇越铁路较近，然据法人之调查，亦无重要之价值，是则云南之铁矿，在今日实无希望之可言也。

云南重要之矿，有原折所未言及者，厥为锑。锑之为用，不若其他金属之广，故不详于旧日之记载。自隆兴公司要求在滇开矿始，稍稍有过问者，未几有宝华炼锑公司之设，以官商股数十万元，购置机器，设炼厂于芷川（距蒙自甚近），其矿质大半来自阿迷附近，文江调查迤东矿产事毕，本拟前往，后因资本缺乏，部电叠催回京，未得如愿，彼时闻因资本不充，出锑过少，不能获利，然自开战以来，锑价飞腾已逾数倍，湘省各矿，因之获利甚丰，谓宜咨滇巡按使，以该公司最近情形报部，通盘筹算于战事未了之前增加资本，力图扩张，庶不致坐失此不可多得之时机也。

至于着手整顿之方，原折谓宜仿前清旧例，特派矿务大臣，则文江窃以为今日尚非其时。按前清自光绪十三年，任命唐炯为督办，先后在滇几二十年，收效极少，积弊极深，前言东川矿沿革时，已略陈其梗概，原折所云与事实稍异，且吾国行政，事无大小，全赖地方长官，在前清内外声气相通，功令具在，故中央特简之官，即无黜涉州县之权，亦尚能收指臂之效，反正以来，秩序虽复，号令未周，边远诸省，尤多隔膜，官吏皆隶籍本省，相与排挤，外人军队无严重长官时或干预行政，苟大吏以国家为前提，则兴利除弊，责无可辞，义不容缓，中央定其政策，外省当然奉行，积弊扫除，易如反手，否则另简大员，徒增疑忌，遇事掣肘，呼应不灵，事未克举，靡费已多，愈事更张，愈难收效，似非计之得也。夫国家苟欲开利源，必先除积弊，欲兴新业，必先复旧观，兹苟尽革个旧之恶政，收回东川之利权，就已办之事业而整顿之，经营之，款不必另筹，事不必创举，二三年间未有不大著成效者。盖以文江所见，吾国矿业之不振，则由于资本之不充、知识之幼稚，而其最大之障碍，实由于行政之不良，故往往五金小矿，土法开采未始不宜，而所在不能发达者，诚以一著成功，人争趋之，争之胜负，视争者之势力为转移，故全国利源非劣绅所垄断，即为贪吏所把持，不然则重征叠税，务使其力尽自毙而始止。文江以为此等弊政一日不除，矿业一日无发达之希望，虽有千万之基金，十百之矿物大臣，亦无益也。文江前奉部令，赴滇调查迤东地质矿物，在滇几一年，于东川、个旧、曲靖、罗平、师宗、平彝、沾益、宣威、威宁各县皆已绘有略图，惜为时过迫，于西南诸处之著名铜银各厂，未能亲历，谓宜一面以全力经营东川、个旧，一面酌派一二人前往专门从事勘矿，先从旧日著名之厂着手研究，实地测量，虽旅费往返不无消耗，而他日所得正十倍于所失也。

又前英法合资之隆兴公司，于滇省获有矿权，虽经前清政府于宣统三年七月将第一期之二十五万两付讫，反正后经费支绌未能如期清付，至今尚欠一百万元左右，去年春间法使已向外交部抗议，要求东川、昭通两府矿权为赔偿，后因欧战发生，暂时搁议，顷文江征闻公司中人有于欧战后，借口付款延期，切实交涉要求矿权之议，谓亟宜与财政部会商，乘欧战未终，英法不暇兼顾之时将应付之款，赶速结算清付，以塞其口，否则欧战以后，其结果正不堪设想也。以上各节或见之于旧日之记载，或得之于实地之调查，虽思虑或多有未周，而事实自信为可据，用敢续陈，以备参考，伏乞钧鉴此详细农商燮长

技正　丁文江①

（据丁文江著、黄汲清等编：《丁文江先生地质调查报告》（*Geological Reports of Dr. V. K. Ting*），经济部中央地质调查所发行，1947 年）

---

① 按，本文后附有"云南银矿兴衰表"，此处从略。——编者注

改良东川铜政意见书

东川铜政之沿革，前已论之详已。以其变迁颇繁，故又列以为表，以表中所列产额相较，则乾嘉时为东川铜厂最盛时代。同治以降，经营恢复，迄今四十余年，未著成效，每年所出，不过乾嘉中产额十分之一，是此四十年中，东川铜厂最衰之时代也。闻全国造币厂用铜，每年在一千万斤以上，大都来自日本，于是有改用滇铜之议。然滇铜岁产才一百余万斤，不过用额十分之一，欲以供全国之用，非力图扩张不可。而今日专利病民之公司，正未可置之不问也。兹请举历年铜政之利弊，分别言之如下：

东川铜矿盛衰之原因

尝考一厂之盛衰，其原因不外乎五端：曰矿脉之衰旺，矿质之优劣，成本之轻重，销路之畅塞，资本之多寡而已。言东川铜政者，尝谓乾嘉时开采未久，森林未伐，矿脉旺，矿质优，成本轻，故其事易举。今则洞老山空，薪炭昂贵，故日就衰废。是说也，似是而实非。盖东川产铜之区，宽长数百里，即地面之矿，亦未尽开，尝见落雪郭某，于前年得矿，其平均成分，在二十分以上，故以十六两四钱之价，其获利已及万金，是今日之厂硐虽老而山未空也。汤丹落雪所用薪炭，多来自寻甸，为小江之支源；茂丽大水，则恃禄劝，居金江之上流；或烧炭而运之于茂丽，或伐木而放之于汤丹，路虽以百里计，然固皆有水道，可以利用，是薪炭与人工相较，故未必较乾嘉时为贵也。夫开矿原理，不外乎以人力利用天产。矿质薪炭，皆天产也，天产既不可咎，其可咎者，其在人力乎？以言人力，则不外资本与铜价。考乾隆中部，发资本岁一百万两，至光绪初，则不过二十余万，乾隆初银价极贵，以光绪初银价计算，则一百万即二百万，是光绪初所发之资本，不过乾隆中十分之一也。乾隆中官价五两余，市价十两余，光绪中官价十余两，市价二十余两，骤观之似乾隆时官价，与光绪时初无大异，以五两与十两，皆不过市价之半，皆不敷炉户成本也，然乾隆中官价名虽为五两有奇，而炉户所得，盖几倍之。考当日官发资本，铜本以外，又有所谓底本者，铜本为短期之借款，缴铜时即须扣还。底本为开采之资，清还之期，或为一年，开采获矿则出铜多而底本有著，开采失败则无产可破，或逃或亡，于是乎有所谓厂欠者。积之既久，领底本者，即开采获矿亦有厂欠，盖官价过低，不敷成本，炉户非获堂矿（矿脉最宽之地为堂矿，犹言升堂也），无不亏累，亏累无已，则恃拖欠底本为救急计，故当日应欠者欠，不应欠者亦欠，而厂欠遂为铜政之大弊。然是时功令严，京运有额，不足额则当事者获谴，故上下竞竞，日以不足额为惧；铜足额，则又冀私售其余铜以获重利，故炉户虽间欠底本，若有铜可缴，则不遑与之计旧欠也。久久无著，则上至督抚，下至厂员，皆须按股分摊，不胜赔累，故上下以厂欠以为讳。厂员经理，惟恃浮支滥报以欺其上，不足则分其私铜余利以助补，又不足则以厂衰矿薄，炉户逃亡，具结禀省，以图调剂，故当日各厂有谚云：换厂员则过节，换知府则过年，盖官吏更替，旧欠亦因之而消灭，否则接任者惧累，不敢接收也。于是铜价不足，炉商以厂欠补之，厂员以舞弊救之，底本不发，则无敢试开新硐，新硐不开，铜额即因之而渐减，故欠者自欠，发者自发，而铜厂乃因之大旺。乾隆中立法过严，厂员弥补，均恃本省调剂，及嘉庆十年，开豁免之例，其后乃重见迭出，不以为怪矣。然则乾嘉中铜厂之旺者，由于之价之昂，资本之充也。

同治以后，其事实则适相反。开办之初，格于部议，资本既不过数十万，铜价又不足十一两，承办之人，无论官绅，均皆赔累。唐炯任事之初，虽锐意恢复，然资本无出，用人失宜，其所计划，完全失败，夫京运既无定额，出铜多寡，办事者实无责任之可言。且据当日情形，出铜愈多，则办矿者亏累愈甚，故办事者初未尝希望出铜之多，惟日以刻扣炉户为事，铜政之利害，非所计也。况同治以后，官所发款，铜价外更无长期之底本，炉户惟恃于老硐中拾前人之遗利，以图衣食，更无余力以开新硐，而厂务遂一蹶不振矣。

东川矿业公司之害

前清铜政之弊，在于国家专利，行之善则厂员与炉户联合以欺国家，行之不善则炉户之汗血，国家之库藏，皆供厂员之中饱，今日之东川矿业公司，其政策固无异于昔之厂员也。所异者昔之中饱于一二人者，今则分布之于股东，昔之蒙混舞弊，不敢告人者，今则明目张胆，而不以为怪，其败厂病民，今与昔较，盖殆有甚焉。何以言之，吏虽舞文，犹惧或罗法网，商只贪利，将恃法为护符，请试详言其害：东川产铜铅之区，异常辽阔，东川矿业公司，以三十万元之资本，据有全厂，照公司章程，无论何人，苟欲于东川开矿，必经该公司允许，所出之铜，亦必经公司定价收买，是故该公司之外，东川有炉户而无矿商，苟非生长于斯土，无计他谋者，又孰肯专为该公司牟利，宝弃于地，商阻于途，其害一也。公司以十六两四钱之价，发之于炉户，以三十二两之价，售之于商人，一转手间，其利倍蓰，是公司只为收铜售铜之机关，获利厚而无经济之危险，故凡为股东者，意盈志满，不愿再事改良，前实业司所购炼铜机器，皆不承认，东川铜业，将永无进行之期，其害二也。官办时代，炉户慑于官威，故不敢有怨言，今见公司以私人资格，而专国家固有之利，既妒且怒，积不能平，奸民乘之，转相煽惑，去岁之乱，可为殷鉴，其害三也。计公司收买毛铜，脚价提炼局薪等费，每百斤成本不过二十两有奇，而以专利之故，重价居奇，故滇铜成色不过百分之九十五，在东川出售，价以在三十二两以上，若照现价运销各省，则当在三十七八两左右，反较日本铜价为昂，各省造币厂采用，损失不赀，其害四也。况公司之成立，其不正当又有数端：反正以后，实业司承办一年，获净利二十余万，合之原有资本，几不下五十万元，初无借商股之必要，乃一二劣绅，心存觊觎，遽蒙混迁就，退还官股，以分其利，其不正当一也。铅铜各矿之槽硐，皆历年国家之资本，炉户之汗血所经营，若矿山之铅，官所自采，槽硐所费，不下十万元（如兴宝、裕国等硐，所用攘木，至三万余架之多），兹东川公司，以一万八千余两之代价，而据为己有。公家每年之所损，不下十六万元，其不正当二也。厂欠二十余万两中，旧欠十三万余，新欠七万余，旧欠为时过久，或多不易收回，新欠则皆民国元年所放，不特炉户现在，有册可稽，且一半悉系垫本，与公司收铜，有密切之关系，乃既不列为公股，又不实践合同，仅以每年收四千两塞责，其不正当三也。铜矿本为官产，兹无端而投之商人，已不可解，乃本省文物长官，列明于发起人中，分红沾利，恬不为怪，其不正当四也。矿政为农商部所专司，商人办矿，且颁领照立案，以备稽查，安有以国有之矿，付之商人，而不一问之于部者，按东川矿业公司章程第七十六条，本有经股东会议决，呈请行政公署（指滇省言）批准，并呈报工商部核夺等语，乃商人既未请求，省吏亦未报告，故部中至今无案可稽，其不正当五也。夫公司成立之不正当也如此，其现状之有害也又如彼，则部中之不能置之不闻不问也，彰彰明矣。

改良铜政办法

如上所言，则东川矿业公司之当然取消，固不待言。公司股本，共计三十万元，商股二十万中，实款放之炉户者，不足十万，故取消手续，只须限该公司收铜之期，退还商股，即无他交涉，以公司于厂上初未有所建设也。取消之后，计划何若，一视政府之政策为定，今试举其有研究价值者详论之如下：

（一）政府自办

政府自办法之有三：

（甲）放本于炉户，以贱价收铜。

（乙）用土法自办。

（丙）用西法自办。

按（甲）与（乙）皆不可行。甲法完全仿满清之制，未必有利于国，而实有害于民，其弊于前章已详言之，兹不复赘。乙法则其弊更多，因用土法开采，必多设槽硐，始可希望见效，槽硐愈多，管理愈难，冗滥偷漏，无从稽核，无论专利不专利，皆有窒碍也。东川铜脉雄厚，出矿地面甚宽，似于西法开采，亦颇适宜，惟江非习矿工者，不能详细计划。据前滇实业司所派日本工程师山口所言，则谓以五十万元之资本金，即足以敷开采运输制炼之设备，此外每日营业费，约须五千余元，净铜销路甚旺，资本流转极易，预计约有流通金三十万元，即可敷用，是全数资本，不过八十万元，而公家股本尚有十万元，存于东川矿业公司，余款饬各省造币厂分筹凑足，似尚不甚难，所难者官办事业，开支易流于滥，营业易流惰，任事者不能久于其事，用人者不易监督其人，一有亏累，往往移他项公款为之补助，补助愈多，亏累愈久，故其失败也亦较私人失败之受损为多，如个旧锡务公司，即可为前车之鉴也。

（二）招商承办

招商承办，与吾国近日情形，最为合宜。且东川各厂，获利之厚，久为滇人所深知，即就本省招股，当亦之乏应者，若将其沿革现状，宣布之于外省商埠，则利之所在，人必争趋，数十万元，似尚不难募集。

惟东川公司，久为国有，兹开放之于商人，其情形自与寻常矿权迥异，窃以为政府所应要求于商人者，约有数端：（一）公司资本，至少在八十万元以上。（二）其开采制炼计划，须经政府认可。（三）寻常矿税之外，应加纳特别矿捐若干。（四）所出之铜，应先尽各省造币厂购买。夫如是则政府可以分享营业利益，而不负营业责任，公司即或失败，正不妨另招他人，以承其业，不致如官营事业，以有限之资，填无底之壑也。

然无论官办商办，政府有不可不注意者如下：

（一）永远破除专利　东川自前清初年，改为官办，国家专买铜之利，二百余年，国未见其利，而民已受其害，试以表中所列洋铜市价，部发总数，炉户领价，炼铜成本四项相较，即可知矣。东川厂地辽阔，矿苗甚丰，决非一二公司数十万资本所能尽办。苟俾人以专利之权，适足以启垄断之害，盖官专利则无比较，商专利则无争竞，即曰发达，损失已多，故无论官办商办，只可与承办者以优先采矿之权，限以时日，责其按法划区，复量其资本之厚薄，定其矿区之大小，所未划之区，不妨应旧日炉户，领照自办，以昭公久而速竞争。

（二）分别清理厂欠　厂欠分为新旧两项，前已略言之，咸同以降，官发铜价过低，炉户苟非得有异常佳矿，则成本往往不敷，故其大多数衣食仅足自给，毫无盈利之可言，甚或有亏折不堪者，离流转死者，明知所获利益，不归于国家，而归于官吏之中饱，又不能不仰给于官府放本，以谋其生，一经领到官本，欣然就业，然以得价过贱，故所出之铜，恒不足扣还所领之本，此厂欠之所由来也。乾隆时功令极严，厂欠全恃弥补，嘉庆以来，豁免之例始开，如嘉庆十一年、十五年，咸丰三年，光绪十七年，其尤著者也。兹拟援此成例，凡前清时旧欠，概予豁免，以纾厂户之困，凡民国元年实业司所放之本，为时未久，按册可稽，宜视欠款者之停办与否，分别追缴，停办者封其旧有槽碉为官有，未停办者其所出之铜，应于正课以外，另纳数成以补其欠，庶逐次分收，不患无著也。

（三）保护炉户权利　东川各厂，除矿山之铅厂外，其余槽碉，皆为炉户所私有，盖开采之资，虽皆出之于官，官以贱价收铜，纵有亏欠，得利已多，似不得再指炉户之槽碉为官有。惟铜厂旧为官办，则国家或国家指定之承办人，当然有优先之权，兹若用新法开采，所划区中，必有旧日已开之矿洞，为洞主者当然有要求相当酬报之权，其酬报之厚薄，可视其近日出铜之多寡为转移，或作为股本，或立与现银，悉听洞主之便，此区以外，不妨与旧日炉户，以优先之权，听其领照划区，自行开采，其营业过小，无力领照者，或另为规定，俾勿失业。

（四）设立矿业银行 东川各厂，决既非一二公司所能尽办，前已屡言之，故欲求发达，不如变旧日之炉户为矿商，盖旧日因铜价过低，不敷成本，故所得之矿，每百斤至少含铜八斤，方可开采。兹既取消专利，听其自办自售，则铜价骤涨，获利必丰，为炉户者，不必另自开采，仅收拾其昔日所弃成分较低之矿，即可不忧贫，一反手间，产额将骤增数倍。惟炉户数百家，殷富者不过一二，诚恐改革之初，富者难与更始，贫者家无立锥，当新旧交替之时，将有不可终日之势，宜一面取销东川矿业公司，一面即以其中公款，设立矿业银行。凡旧日之可靠炉户，有财产作抵者，仍接续借以底本，俾得营业，惟所借之款，加以利息，出铜以后，立即清还，所出之铜，听其自行交易。按光绪二十九年，个旧锡厂，为土匪周云祥所乱，滇中大吏，有官商公司之设，集官商股本三十万元，放债于矿商，按年取息，以济其困，行之五年，获利甚厚。东川出铜，远不及个旧出锡之多，苟得十万元，即可供全厂之用，而矿业公司官股，已有此数，正不必另筹他款也。

中华民国四年六月十日

技正　丁文江

（据丁文江著、黄汲清等编：《丁文江先生地质调查报告》（*Geological Reports of Dr. V. K. Ting*），经济部中央地质调查所发行，1947 年）

对地质研究所毕业生的训词

诸君自今日以后离开学校，与社会接近，余有数言可为诸君忠告：

第一，不可染留学生习气。大凡欧美之生活程度甚高，其国家之财政又富，故其办事之经费与办事员之薪水大抵极丰。留学生在外多年，习为故常，养成一种与吾国国情不合之生活程度，是以回国后往往以为薪水不多，不能生活；经费不充，不能办事。诸君当观吾国下等社会每日所得几何？自问比此种人又能高几等？国家全体财政每年收入何若？吾辈所做事应占全体几分？则对于个人薪水、对于办事经费，自然能随处而安、无怨天尤人之心理矣。

第二，不可染官僚之习气。夫做官者，不患不聪明，而患不忠实、不安分。夫饮食男女，何尝不是人生之大欲？但做官者往往以为饮食男女之外他无欲望之可言，且只知饮食男女之乐，而不肯拿出良心做一番事业以为享受饮食男女之代价，此其弊也。故诸君当以勤俭自励，不可有侥幸心，不可以肉体欲望为人生惟一之目的。然则诸君生活之趣味安在？一可以看山水之乐。吾国自北宋以来，士大夫习于文弱，除一二奇特之士如徐霞客、顾亭林外，鲜有能知天然之乐趣者。学地质者，以职务所在，游览之机会自远胜于常人。即如吾辈亦已曾登泰山、游徂徕，此中佳境虽南面王亦何以易？况吾国西部诸山脉如昆仑、如南山皆坐待诸君之游展。他日，登绝顶、揽奇胜，则泰山不过一小阜，西湖不过一泥沼耳。一可以恢复吾民族之名誉。吾国之积弱，其大原因在一班上流社会无近世国民之能力。至如教育之不普及、民智之幼稚，犹其次焉者也。故如诸君能尽其所学，实心做去，使吾国对于此种学问、此种事业，有一班真有能力之人，则国家之兴未始不可以此为嚆矢。要之，吾人处于现世，如能与所处之境遇相合，而又不为境遇所限，则诸君可以不负所学，而吾辈做教员者，亦不虚此两三年之牺牲矣。

（据章鸿钊编：《农商部地质研究所一览附录·地质研究所毕业记》，京华印书局，1916 年）

《地质汇报》序

民国元年冬，余友张君轶欧长矿务司，招余任地质科，且告余曰：君犹忆孟士同游时言乎？今日各行其志可也。盖六年前余与君同学于比，尝各言其志，故云。余得书，不旬日而至京师。时农林、工商分部而治，矿司属于工商，部署在今之平政院，官舍狭隘，司得一室，合科而居。文江至，张君指其侧之一席曰：此君治公处也，君其安之。余默然就席坐。自晨至夕无所事，觅图书不可得，觅标本亦不可得；出所携李希霍芬氏书读之，书言京西地质，中有斋堂地名，询之同官者，皆谢不知。散值后余于张君有怨言。张君笑曰："招君之来，正以是也。百物具备，焉用君为？且余固已有成议矣。"乃出示余吴兴章君鸿钊《中华调查地质私议》，议设研究所。为育材计，时北京大学校长何燏时、理科学长夏元瑮皆赞助之，许以大学之图书、仪器、宿舍相假，复荐德人梭尔格博士为讲师。于是招生徒、定课目，规模始稍稍具焉。二年秋，南通张公来，合农林、工商为一部，余始与章君鸿钊同官。未几，余奉命赴晋，由晋而滇，先后十四月，与部中不相闻。梭尔格复以战事起，解职赴青岛从军。地质研究所，以无教授几殆。幸章君锐意任事，以一身兼数科，事赖以济。四年春，余归自滇，由章君而识鄞县翁君文灏，又得交矿政顾问瑞典人安特生及其书记丁格兰君。于是，一所之中，有可为吾师者，有可为吾友者，有可为吾弟子者，学不孤而闻不寡矣。时地质研究所尚附设于北京大学；工商部之地质科，已改名为调查所，仍隶于矿政司。四年夏，与张、章二君议，同迁于丰盛胡同师范学校旧舍。五年春，周总长子廙，改调查所为局，以张君轶欧兼局长，以余任会办，章君、翁君分任股长。是年夏，以地质研究所卒业生十八人任调查员，增置图书，陈列标本，分室而居，比屋而读，出行有期，居守有责，不复若前此之简且陋矣。是年冬，复改局为所，余被任为所长。以及于今，屈指三载，名称间有损益，事实初无变更。回溯七年前文江初入部时，始愿殆不及此。然此七年中，文江南游于滇黔，东游于皖浙，西至晋秦，东北至鲁，今年复游欧美，计先后居京师，实不及四载。而卒能少有成绩者，鼓吹有张君轶欧，教育有章君鸿钊，组织有翁君文灏，而当局者信任专、提倡力之功也。计余自民国三年游晋归，张君轶欧即谋以报告付梓，余以兼任研究所教课，无暇编纂辞。民国五年夏，张总长乾若从余议，废地质研究所，专力于调查。轶欧复以之相责。余对之曰："所贵于官书者，以其精且备也。不精不备，子何取焉？窃观今日士大夫，类喜割裂抄袭以成书，标窃一时之声誉，余嫉其欺世而盗名也，居尝举以自戒。夫著作非易言事也。欧美学者之殚精竭力毕生以从事者无论已。即前清官书，如数理精蕴诸作，亦皆聚数十人之力，穷年累岁而后成书，故其书深造而有得。兹吾侪业未精而事未举，乃欲以传世著述自居，不亦惑乎？"张君曰："子知其一未知其二也。学业虽贵专攻，而要在于致用。著述虽求精备，而尤望其流传，彼欲以一手一足之烈著一书一图为寿世之具者，虽在欧美，亦未尝数数见也。学者苟有一得之知，一技之长，当思公之同好，为讨论之资、研究之媒，若人人尽如子言，则凡世界之科学杂志，可以无作，今者民国之设官分职，非可与清初之设局修书比也。当彼承平时，为人君者，欲借修文考献之名，豢养天下之材士，故厚其廪禄，尊其名位，不责急效，不望近功。今也不然，官署有定制，岁费有预算。一钱之出入，院部督之，议会监之。今年费一钱，不能以此年之成绩表襮于群众，则明年即未必得此一钱之用。如子之言，将毕生以为期，白首以从事，恐书未成而身已去，效未见而所先废矣。且矿产之丰绌，地层之先后，水源之深浅，其可以致用者至大且广，人之欲知之者亦至多。今子以不完不备之故，而秘之于数人之手，知子者将责子以矜啬，不知子者且诬子为居奇矣。而况又有兵燹之可惧，遗失之堪虞乎？吾子其勉之。"余唯唯而心未服也。未几复辟事起，炮火见于京师。时余病肠痛，卧于东城美国病院，闻枪炮声，即惴惴然唯恐或波及于调查所之官舍，使数年之心血成灰烬也。疾起，乃与同人锐意分任编纂付梓事。适余友邢君冕之、林君剑秋先后长矿司，为言于汉阳田公，指铁捐为款，供雕刻印刷之用。事垂成而余赴欧，阅十月始归。归则翁君之《矿产志》，章君之《石雅》，叶君之《西山地质记》，或已脱稿，或已付印，而余尚一无所成。翁君欲为余解

嘲，以余蔚县煤田记冠汇报之首。记为五年前所作。是年以春三月出
关，至蔚遇大雪，村中无所得食，与张君景澄购油麦和胡麻油充饥。事
隔数年，情景如昨，阅蔚县图犹觉不寒而栗，恍惚风雪中步行时也。爰
记七年来之经历以为序，而以章程及出版规则附焉。

民国八年十月地质调查所所长丁文江

（据《地质汇报》创刊号，地质调查所印行，1919 年 10 月）

哲嗣学与谱牒

一、绪言

哲嗣学这个名词，是翻译西文的 Eugenics。本来是十九世纪中从希腊文新造出来的。Eu 希腊文是优美的意思，Genics 希腊文是生出来的意思；所以有人翻译为优生学。但是天演论上有优胜劣败的说法，恐怕人要误解优生两个字为优胜；况且嗣字的意思，比生字好；而哲嗣两个字，是中国本来有的，所以我现在采用他。

哲嗣学是研究人力所能做得到的方法，那一样是能教将来的人种的体格聪明德行好一点，那一样是能教他坏一点的学问。这个定义，是英国人嘉尔登（Galton）做的。他是哲嗣学的鼻祖，是达尔文的表弟，先学算学后学医。但是他本是有恒产的绅士，所以不去行医，到南非洲各处旅行；回国以后，研究气象学，同心理学。到了一千八百六十五年出一本书讲"遗传的天才"研究英国著名人物的家谱。到了一千八百八十三年才创造"哲嗣学"的新名词。自此以后，二十年中他出版的书很多，皆是讲遗传性同哲嗣学的。到了一千九百〇四年他捐他的私款，在伦敦大学设一个研究哲嗣学的导师；到一千九百十一年嘉尔登去世遗嘱将他的遗产，捐在伦敦大学，设一个哲嗣学的讲座。第一个主讲的人叫嘉尔皮亚生（Karl Pearson）就是现在在欧洲讲哲嗣学的首领。

哲嗣学虽是发生在英国，但是近十年来，风行欧美，世界各国，几乎没有那一国没有专门研究这种学问的学会，在美国尤其发达。即如戴文泡特（Davenport）就是现在美国哲嗣学的泰斗。

我们看见嘉尔登（Calton）是达尔文的亲戚，他第一次出版的书也正在达尔文《物种由来》出版之后。可见他受达尔文学说的影响最大，其实讲起来，哲嗣学本来是从天演论里面变化出来的，所以要讲哲嗣学，不得不先晓得天演论的大概。

二、哲嗣学与天演论

达尔文以前的学者，大多数主张物种不变。照他们的说法，世界上动物的种，有三十几万。他们的形状生活，虽是千变万化，然而每一种有每一种的特点。这一种的特点，父传之子，子传之孙。照我们耳朵里听得见眼睛里面看得见的看起来，从来没有变过。猫的儿子孙子还是猫，狗的儿子孙子还是狗，所以那个时候的生物家，都以为现在的物种，是几万万年前造物者所造成的。这种学说初起看起来，好像是确不可移。但是仔细想起来，他们所说的种，究竟拿什么来区别？譬如猫是猫，狗是狗，猫和狗自然是不同种的。但是猫里面有白猫，黑猫，花猫。狗里面有狮子狗，哈叭狗，猎狗，大的有毛驴儿大，小的才抵了一个大老鼠。他们究竟是同种，不是同种呢？难道造物当年就已经造出了这样多种的狗和猫么？况且我们细细的考究起来，各种的狗，不是天生成的，是人慢慢地造出来的，是从一种狗里面变出来的。而拿人造出来的小狗和人造出来的大狗比，他们的分别比天生成功的平常狗和天生成功的狼的分别，还要大几倍。要说物种不变，这种事又怎么讲得通呢？所以不但是物种不变的话，未必是真；他们所讲的种，本来就没有一定的界限。

上面所说，不但是狗是如此，凡有人家所养的动物，都是如此。所以鸡有交趾，长尾，乌骨；鸽有扇尾，短嘴，倒舞；以及牛、马、羊、猪，没有那一种里面没有许多分种。人既然能从一种动物里面慢慢的变出许多种来，安见得现在三十几万种的动物，不是从少数的动物慢慢的天然的变出来的呢？

我们看见面目相像的人，就疑惑他有血脉的关系。我们看见两种相像的动物，为什么不可以疑惑他们有血脉的关系呢？譬如狗和狼相像；狼又和狐狸相像，安见得狗和狼和狐狸不是同一个祖宗的呢？用这个法子推想起来，天下的动物虽则是千变万化，各各不同，但是一种就有一种相像的，和他做邻居。假如吾们拿他们排叙起来，相像的和相像的摆在一块儿，他们就成功了一系。系头上的动物和系尾上的动物，好像是绝对没有关系的，但是他两个中间有无数的动物，你像我，我像你，接连在一块儿，这个学说叫做生物一系。

（甲）生物一系论　照生物一系的说法，三十几万种的动物，都是从一种里面变出来的。这一种动物，他的构造极其单简，他的生活极其幼稚，所以他能变的方向又极其多，生物从单简的变成复杂的，从一个根本分出许多枝叶来；这叫做天演。

可以证明白天演论的方法很多；今天没有功夫，不能细讲。诸君所应晓得的，是从达尔文以来天演论的学说，深入世界上人的脑筋。现在讲科学的没有一个不相信的了。但是达尔文没有倡物竞天择论以前，相信天演论的人很少。因为物种可以变，虽是不难晓得，但是他变的法子和变的方向却最难明白。譬如说小的狗，是大的狗变的，因为大的狗生下子孙本有大有小的，但是要使大狗变成小狗必定要一代比一代变得小，方才成功。不然，第一代的大狗生的狗会有小的，第二代的小狗生的狗，就不会有大的么？

（乙）物竞天择　达尔文研究改造家畜的方法，才悟出物竞天择的道理来。因为我们养一种动物，就有一种动物的用处。但是一胎生下来的动物，有好有歹。有合用的，有不合用的。我们就拣他那种合用的，使他传下种来。久而久之，自然有新的种出来了。譬如我们要从大狗，变成一种小狗；就拣第一代里面最小的狗，使他传种。到了第二代他们一般的身体，本来已经比第一代的狗小，但是里面还是有大有小；再拣他最小的，使他传种；拣一代，传一代，慢慢的就变成功一种小狗来了。所以家畜能变种，因为人的选择。人所以能选择，因为生物本来有变的能力。人造的如此，天造的又何尝不是如此？动物的数目，增加得非常之快，一胎所生出来的子孙，决计都不能全活全传种。譬如一个苍蝇能生两万蛋；蛋歇十五天就可以成苍蝇；这样算起来，一个苍蝇的子孙，就有一百兆兆兆。实际上讲起来世界上又何尝有这许多苍蝇？又譬如一对雀儿，有十年的寿，每年生十只小雀儿，十年以后，一对雀儿的子孙就应该有二千万，世界上哪里容得了这样多的雀儿？所以无论那一种动物，生下来的子孙大多数在不能传种的时候，已经死了。但是同一父母生的，同在一个地方，何以有的死有的生？相信命运的人，自然要说活的命里应该活，死的命里应该死。达尔文却说生物既然不能大家都活，而生下来的时候，又有好有歹；自然好的活的机会多，歹的活的机会少。好的活了，他的好处，又遗传给他子孙。但是他子孙里面还是有好有歹，好的仍旧容易活，歹的仍旧容易死；所以一代好一代好像是有一个天，当好的和歹的争生活的时候，将好的拣出来，将歹的去掉，一样的；这叫做物竞天择。但是诸君要晓得，达尔文所说好的歹的，都是以他们所处的境遇为标准的；同他们的境遇适宜，就是好，不然就是不好。譬如在一个混帐世界里面，当然越混帐，越能生存；所以上面说的好歹，和道德上所说的好歹，是没有关系的。

（丙）用进废退论　达尔文《物种由来》的书，出版以后，天演论不久就风行一时。但是他的物竞天择论，却不是人人都相信的。当时讲天演论意见和达尔文不同而在社会上最有势力的，就是斯宾塞。他以为物竞天择，虽说是与天演有功，但是并非天演的惟一的原动力。物竞天择之外，又有动物所受的激刺，无论动物的那一部分，受的激刺越深，越容易发达。不受激刺的，就刚刚相反。譬如牛的乳最大，羊的毛最厚。从前牛的乳，并不比别的动物的乳大；羊的毛，并不比别的动物的毛厚。但是乳常受人的挤，所以就大；毛常受人家剪，所以就厚。第一代受这种激刺的影响，遗传到第二代，代代相传，就成功了现在的牛乳羊毛。反过来说，养在家里的鸡翅膀小，生在黑洞里的鱼眼睛瞎，都是因为不用他，所以退化。这是斯宾塞的用进废退论，他的哲学的精神全在于此。

我们仔细一想就晓得这两个说法的是非；是和我们研究哲嗣学有绝大的关系。若是斯宾塞的说法不错，我们就不必去研究遗传性和社会上好人坏人生殖的关系。只要专门讲究教育，不但坏的人受了好的教育会得好，而且父亲所受的教育的好处，会得传之于他的子孙。改良人种，只要从教育上着手，就可以达到目的。人种受了好的教育的影响，也自然会慢慢的诸恶不作、众善奉行了。

（丁）先天与后天　一个人的特点，一部分是天生的，是父母遗传的，就是我们中国医书上所说的先天。一部分是生出来了以后，受了他境遇的影响，中国医书上所谓后天。这两样究竟是那一件要紧呢？要是我们将一个人所有的特点混在一块儿说，确是很不容易判断。若是我们将他的特点一个一个来研究，就不难晓得他的真像。譬如北京人所谓天老儿，一生出来头发眉毛皮肤全是白的，当然全是先天的关系。若是一个人皮肤本来还白，因为在太阳里面晒多了转而发红发黑，当然全是后天的关系。但是皮肤本来白的，只要许久不晒太阳仍然可以变白。至于天生的天老儿无论他吃什么东西住什么地方头发眉毛不会黑的，这就是可以证明先天和后天不同的地方。但是举这一个例，当然不能解决这个问题，嘉尔登当日对于这个问题，曾用一种绝妙的方法来证明。

（子）双生　世界上的双生有两种：一种谓之真双生；一种谓之假双生。真双生的衣胞只有一个，面目性情都很相像的，而且一个是男，那一个也不会是女，一个是女，那一个也不会是男。这种样子的双生，是由一个生殖细胞分出来的。假双生是两个细胞，偶然同时生长的，所以衣胞也有两个，男女不必相同，面目性情也不必比寻常的兄弟格外相似。嘉尔登就说若是后天胜于先天，真双生的兄弟处的境遇不同，性情面目也就应该慢慢的不同起来，假双生的兄弟自从生下来就受一样的教养，就应该一天比一天相同。嘉尔登搜集了八十个真双生的历史，二十个假双生的历史，八十个真双生，虽是往往有自幼分离的，面目、性情、体格并不因为分离而变了不同起来。那个二十个假双生，受了一样的教养，仍然不会相同，这不是先天胜于后天绝好的证据么？

（丑）连带的系数　自从嘉尔登研究双生以来，将近五十年，后天胜于先天已经不成问题。研究的方法，也慢慢精密，不但要晓得先天胜于后天，而且要问胜了多少？这种研究的方法，叫做连带的系数（Co-efficient of Correlation）。凡两件东西，有法可量的，就可以用这个法子来表明他们连带的程度。两件东西一样，连带的系数可以作为一；绝不相关，作为零。其余就是在一和零之间的小数，譬如人左腿和右腿相似的程度，就是小数的九八，子女对于父母连带的系数，比小数五少一点儿，寻常的兄弟姊妹比小数五多一点儿，真双生的大约在小数七八之间。这种研究的方法，再举一例，就可以证明：学堂里学生眼睛近视的很多，寻常人都以为看书看多了的缘故，若是果然如此，小孩儿会看书的迟早，应该和近视的程度有相当的关系。皮亚生曾详细研究过这个问题，结果两件的连带系数不过小数零四，这又可见得后天的势力不能和先天相比。

（寅）天才的遗传　嘉尔登曾将英国名人的历史详细研究，才晓得凡是英国有名的人物，往往有血族的关系，并非偶然生出来的。譬如照嘉尔登计算一个著名法律家的儿子，每四个就有一个可以再得盛名。一个寻常人的儿子，每四千个，才有一个可以有出名的机会。我们还恐怕嘉尔登的结果靠不住，因为英国是君主国，有贵族平民的分别，上面所说的结果，或者不是因为先天独厚，是因为他父亲有势力可以帮忙，所以儿子容易得法。我们可以拿美国著名的人物来做比较，美国人吴德（Woods）曾将美国尚友录上的人物三千五百个来研究他们的谱系，才晓得他们三千五百个人里面，有血统关系的很多，若是我们假定每一个美国人，平均有二十个有血统的亲戚，五百个美国人里面，才有一个人能和三千五百个人有亲，若是照三千五百个人亲戚的关系计算，每五个人就应该有一个阔亲戚，从此看来著名的人物，又何尝是偶然生出来的？我们还可以说美国虽是共和国，然而实际并不平等，一家有了一个名人，和他有血族关系的自然也容易得名。我们再可以拿欧洲皇族的历史来证明，大概欧洲皇家所生的儿子，他们的教养的方法，出头的机会，真正可以算没有分别什么，只有长子因为承继的关系自然和旁人不同，要是后天果然胜于先天，皇帝的子孙的成就，应该都差不多。惟有长子应该高出人一头，吴德研究的结果，完全和这个相反。就是天潢贵胄，生下来的儿子一样有智愚贤不肖，而且皇室中有名的人物，也大都有密切血脉的关系。譬如欧洲著名的几个君主如普鲁士的富来德力克第一，西班牙的意沙摆拿女皇，荷兰的威廉，瑞典的亚道尔福斯，不但自己名垂青史，而且他们的弟兄表亲，一大半是欧洲历史上数一数二的人物，可见得后天的势力，再也不能和先天相比的了。

诸君要晓得哲嗣学家，并不是说后天和一个人没有关系。先天虽好，没有相当的机会，有时也不能发展。但是我们要明白的是后天对于先天的影响，是有限制的。譬如一个人练体操，学拳脚，初练的时候，进步很快。手膀子上的筋肉，一天粗似一天。但是到了以后，他先天能力发展完了，无论他怎么用功，要使得他手膀子再粗一分一厘也做不到。这个不但对于体格如此，就是聪明性情亦复如此；所以俗语说得好：江山易改，秉性难移，这倒是至理明言。

（戊）习不遗传论　后天的影响不及先天的大，已经证明白了。但是受后天的影响所发生的特点，究竟遗传给子孙不能？这是欧洲讲进化论的近四十年来最大的一个问题。到了今日虽不能完全解决，去解决的地位也不远了。用中国旧有的名词，先天的特点可以叫做性。受后天影响所发生的特点可以叫做习。性是遗传的，不用再证明。习究竟遗传不遗传呢？照我们的定义，习可以分做四种：（一）损伤；（二）疾病；（三）用废；（四）寻常外界之影响，如气候土地之类。

（子）损伤　先讲损伤。损伤的不能遗传，在中国有绝好的例：裹脚的风俗至少也五六百年，从来没有听见生下来脚就小的人。其余世界上的例，不可胜举，譬如西洋人将马尾巴剪短，不知道已经多少代，但是至今西洋马的尾巴生下来还是长的。

（丑）疾病　再说疾病，初起一看好像都是遗传的，所以常听见说有遗传的肺病，遗传的梅毒。其实有的是在娘胎里传染的，有的是遗传一种体格的弱点。譬如母有梅毒，或是肺病，全身的血里面都是梅毒和肺病的细菌，怀胎时候儿的血，就是娘的血，怎能够不传染呢？父亲有肺病，母亲没有肺病，儿子生下来的时候，虽是没有肺病，但是以后得肺病比旁人容易。可见这并非是肺病遗传，但是他承受了他父亲肺的弱点，所以容易受细菌的攻击。

（寅）用废　再讲用废的结果。这是相信斯宾塞学说的人最得意的文章。但是他们所举的证据，没有一个是直接的，譬如他们说在黑洞里生活的鱼，没有眼睛。在家里养的鸡翅膀是短的，又何尝可以说是不用的结果？一定遗传的证据，因为这种例，没有一个不可以拿物竞天择来解释的。我们养鸡本来不要他飞，自然拣翅膀短的，教他传种，久而久之，就造出不能飞的鸡来了。在黑洞里的鱼，眼睛不但无用，而且有害，因为眼睛是最容易受伤的地方；物竞天择的结果，眼睛小的反容易生存传种，久而久之，自然有瞎眼睛的鱼出来了。

（卯）外界的影响　至于寻常外界的影响，不能遗传，也是确有凭据的。在热带的白种人太阳晒久了脸上变成棕色，但是他生的儿子，还是白的。又从前斯宾塞以为爱尔兰人跑到美国去就完全变了美国人，以为是土地的影响遗传于子孙的证据。但是他并没有研究在美国的爱尔兰人究竟变到甚么程度，近来这个问题经美国有名的人种学者，赫尔立克（Hrdlicka）详细研究结果，正和斯宾塞的理想相反。现在在美国爱尔兰人的子孙，和他们祖宗的体格性情简直没有什么不同。诸君，我要再声明一回，哲嗣学者并不是说一个人的境遇和文化的程度是不要紧的，但是说这种境遇程度只能承继，不能遗传的。所以不是根本改良人种的方法；不在哲嗣学研究范围以内。譬如父亲发了财，财产自然可以由子孙承继，但是父亲没有法子可以将这分财产从娘胎里传给他的子孙。

这样看起来，后天的势力，既然敌不过先天。后天所受的影响，又不能遗传于子孙。可见得改良人种根本的方法，不是单讲社会教育所可以做得到的。人本来不过是生物里面的一个，所以人种改良的方法，和改良其余生物的方法，不能不一样的。俗语说种瓜得瓜，种豆得豆，进一层说种好瓜得好瓜，种好豆得好豆，要得子孙好，须要他的祖宗的种好，不是可以勉强得来的。所以着手研究哲嗣学，先要研究遗传性，晓得遗传性的作用方法，然后才可以有改良人种的方法出来。

三、研究遗传性的方法

研究遗传性的方法，可以算有三种：第一种是研究遗传性的机关，就是研究生殖细胞的变化，包括在发生学里面。第二种是直接拿生物来试验。第三种是将各种遗传的结果用统计的方法来研究计算。

（甲）发生学　第一种的方法，自从达尔文的学说昌明以后，研究的人很多。第一个要紧的问题，是生殖细胞和人身上其余的细胞有什么分别？有什么关系？诸君都知道，无论那一种生物，都有一个时代是一个细胞所成的。譬如人类最初的时候是为男女两种细胞集合而成。集合了以后，变成了一个细胞，然后一个分两个，两个分四个，四个分八个，细胞的数目越多，体积越大，种类越繁。所以有神经的细胞，血的细胞，筋肉的细胞，骨头的细胞，人身上有一种特别的功用，就有一种特别的细胞。推究他们的原来确是一个生殖细胞变出来的。当发生学没有发达以前，大家都以为这种生殖细胞，就是普通人身上的细胞，所制造出来的；那知其实不然。法国生物学者波万里（Boveri）研究蛔虫的发生，才晓得男女生殖细胞集合以后，从一个分作两个，这两个就绝对不同。其中的一个由一而二由二而四，分得非常之快，变得非常之大，凡人身上种种的特别细胞都是从这一个细胞里面分出来的。至于那一个细胞分得异常之慢，而且性质并不曾改变，等到蛔虫长成功的时候，他们就是这个蛔虫的生殖细胞。从这样看来，生殖细胞的数目虽则少，体积虽则小，种类虽则是一样，要论生他出来的那一个祖宗细胞，岂不是和蛔虫全体的祖宗细胞是一样的资格？由此看来，可见得第二代的生殖细胞，是第一代生殖细胞直接生出来的，并非是从第二代的动物制造出来的，这就是德国生物学家外斯们（Weissman）所说的"生殖细胞的永续"。波万里发见了这件事以后，发生学者拿其余的动物，如法研究，虽是有许多动物发生的方法太复杂了，不容易研究他的次序。凡有稍单简一点次序可以研究得出来的，都是和蛔虫一样的，所以生殖细胞的永续，已经是现在生物学者所公认的了。

由发生学上研究高等动物的遗传性还有一个重要的结果。凡生物的细胞里面都有一个核子，核子里又有一种原质，他的多少，是有一定的。当男生殖细胞和女生殖细胞集合的时候，岂不是细胞核里的原质加多了一倍么？发生学发达以后，才晓得男女生殖细胞集合的时候，原有的男女细胞核的原质，各分成两半：一半留在细胞里面，一半走到细胞外面，在外面的两半从此消灭无踪，在里面的两半集合起来，成功一个新的细胞核。他里面的原质，一半是父，一半是母，所以仍旧没有增加。这就是外斯们所说的阴阳配合的道理。懂得这个道理，才晓得为什么缘故子女不但像母，而且像父，而又不能和父母一样。生殖细胞的永续，和阴阳配合是用发生学研究遗传性所得的最重要的结果。

第二种方法，是五十年前奥国的一个教士曼德尔（Mendel）所偶然发明的，曼德尔拿两种豌豆来杂种，一种黄的，一种绿的，杂种生出来的豌豆都是绿的。这还不算希奇，再拿第二代的杂种豌豆，互相传种，生出来的第三代的豌豆四分之三都是绿的，四分之一都是黄的。若是拿第三代的黄的豌豆互相传种，所生出来的子孙永久是黄的。若是拿第三代的绿的互相传种，却只有三分之一的子孙是永久绿的。其余的三分之二有绿有黄。

（乙）杂种试验法——曼德尔性根说　曼德尔就说豌豆皮的颜色，是一种性根遗传的，这一种性根，是有强有弱。譬如上面所举的例：绿性根是强的，黄性根是弱的，强的和强的配，或是弱的和弱的配，自然是不成问题。假如强的与弱的杂种生出来子孙的颜色，是两种性根所成的，然而弱的遇见强的，竟全被他所掩，这就是第二代完全绿的原因。但是第二代杂种的豌豆颜色，是两种性根所成功的，拿他们来互相传种，照算学上机会数的道理是有一半子孙的颜色仍旧是强弱两种性根所成功的，其余的一半一半是全强的，一半是全弱的，全弱的自然全弱到底，全强的自然全强到底，强弱混在一块儿的，自然只看见强性根的颜色，看不见弱性根的颜色了。

曼德尔的发明，虽是在五十年以前，但是当他发见的时候，并没有人注意。直等到二十世纪的初年，他从前的著述偶然被人看见，重行研究起来，不久就风行全世。他的学说的要点，是在说生物的特点，可以用一种性根来遗传。这种性根就是遗传性的单位，不能够再为分析，就是和别的性根和在一块，仍旧不能消灭。但是近十年来的研究，觉得生物的特点用这种单简的方法来遗传的，实在也是少数。他所说的性根，或者不全是如此单简的也未可知。不过他的学说足以证明第一种研究所得的结果的地方很多，现在照他的方法研究遗传性的，一天多似一天，将来的结果也正未可限量。

（丙）统计法　第三种研究的方法，就是哲嗣学鼻祖嘉尔登所发明的。因为要研究人的遗传，第一第二个方法多不很合宜，因为人的生殖细胞的构造比较的复杂，不容易研究，若要拿人来做传种的试验，当然是做不到的事。所以只好拿世界上已经成功的结果，用统计的方法来逐一研究他。嘉尔登用这个法子，研究的结果，异常之多。有几种上面已经讲过他的，最重要的学说，却有两件：第一是说一个人的特点从父母得来的，大约有一半，父亲母亲各传四分之一，从其余的祖宗得来的，也有一半，祖父祖母（四个人）各遗传十六分之一，曾祖父曾祖母（八个人）各遗传六十四分之一，越远越少，但是只要有血族的关系，无论多远，都是有几分遗传的；要拿算学的公式来写假定一个人所受的遗传性，是 $1=1/2+(1/2)^2+(1/2)^3+\cdots+(1/2)^\infty$。第二是嘉尔登所说的"遗传趋常"，照上面所说一个人之所以为人是无数的祖宗遗传成功的。譬如一个人第十世的祖宗，就有一千零二十四个，第二十世的就有一百零四万八千五百七十六个，这样许多人的平均的聪明、性情、体格、德行自然和一般人相去不远。所以偶然出一个出类拔萃的人才，他的儿子往往不能和他一样。譬如嘉尔登研究结果英国人六英尺高的人的儿子，平均不过五英尺十寸八分；五英尺六寸人的儿子平均却有五英尺八寸三分。因为英国人平均的高度在五英尺六寸和六英尺之间，诸君却不要误会，嘉尔登这个说法，并不是说人种不能改良。不过是说因为人的祖宗太多，就是有出色的人物，若是他没有出色的人来配他，不容易有和他一样出色的儿子。

上面说的这两种学说，都是从统计上得来的。所以也只单有统计上的价值，所以不能用得来证明单独的事例。譬如常言说久赌必输，是统计所有久赌人的结果而言。不但不是说赌的人一定场场输，也并不是说无论那一个久赌一定输。

统计的方法，不但是研究人类遗传的惟一的武器，而且凡有哲嗣学上种种的问题，都可以用这个方法来解决，譬如哲嗣学上所谓哲的标准。社会上贤愚贫富各等人生殖的速度，以及人力所能做的方法，和人种有什么影响，只要有相当的统计，都可以慢慢的设法解决的。

四、哲嗣学之教旨及目的

总而言之，哲嗣学者的根据不外乎下面所说的几种：

（一）人是生物中的一种，所以凡有生物学上的定理，对于人都是一样有效的。

（二）生物是一系的。

（三）物竞天择是天演的惟一方法。

（四）先天的势力决非后天的势力所能比。

（五）习是不遗传的。

（六）生殖细胞是永续的。

（七）人的性是无数祖宗遗传的，遗传的多少，和祖宗的远近成正比例。

上面所说的七条，可以算得哲嗣学者的教旨。至于哲嗣学的目的全在使得社会里面优秀的分子多生儿女，恶劣的分子少生儿女。若是这个目的达到，岂不是一个社会里面优秀的人一天多一天，恶劣的人一天少一天，慢慢的真正可以改良人种么？

五、为什么要研究哲嗣学

近来哲嗣学者研究的问题虽是很多，然而完全解决的还是少数，所以我们现在暂时可以不讲，先要讲现在我们中国人为什么要研究哲嗣学？

（甲）世界上哲嗣学的地位　中国人要研究哲嗣学的原因，暂且慢讲，先讲世界上的人为什么慢慢的将哲嗣学看重起来？诸君要知道，不但是要人类进步，就是要保存一种固有的文化，也必要久享太平，社会上的秩序，没有危险，人家才可以安心乐业，各干各的营生。这就是我们中国文化进步得慢的原因；这也就是欧洲文化进步特别快的原因。因为无论那一个国家，不问他是什么政体，必定要大多数的人不饥不寒，方才可以保持秩序，太平无事。但是世界上，可以耕种的土地，可以供给人衣食的材料，是有限制的；而人口的增加，是没有限制的。所以自古以来，国家的太平，社会的安静，都是只能一时，不能永久的事。因为人口增加到了和土地的出产不能相容的时候，自然社会革命就会起来。这就是我们中国人所谓"人满为灾"。中国历史上的社会革命，全是这个原因，所以差不多没有两百年没有乱的。因为两百年的时间，就能够使得中国的人口和土地的出产，不能相容。从汉高帝平天下，到了赤眉之乱，是二百二十年。从光武平天下，到黄巾之乱，是一百四十七年，当那个时候，中国没有外患，所以一治一乱，相去的时候，都差不多的。到了汉以后，我们常常受外国人的侵入，治乱的原因，就没有汉朝那样明白。但是其中可以证明的例，也还不少：譬如从唐高祖平天下，到天宝之乱，是一百三十一年；郭李平了关中，到黄巢之乱，又有一百一十七年；而中间天宝的乱事，尚且含有外患的性质，不是社会革命，但是因为这种乱，死亡的人也不少，所以于社会也是有绝大的影响的。宋太祖平天下，到宋江等横行江湖的时候，也不过一百四十几年。从明太祖定位，到张献忠、李自成发难的时候，是二百六十余年，这已经是中国历史上太平得最长久的了。到了前清，从康熙平三藩，到嘉庆初年闹教匪的时候，还不到一百二十年。教匪的乱事，单在长江以北，所以不到六十年，长江以南，又有洪杨之乱。我们所说的乱，和外国的战争，或是政治的革命，完全不同。战争或是革命的时候，文化的进行，并不一定是完全断绝的。惟有中国的所谓乱世，社会上的秩序，完全扫荡无存；国民的生活，完全停顿；多数的人，不是死于兵革，就是死于饥寒，直等到人死得够了，乱的原因没有了，然后才得太平。这是欧洲近世纪的历史上所绝对没有的。何以他们能够没有这种乱世呢？因为哥仑布发现了一个新大陆，替欧洲人开了一条生路；所有欧洲不能容纳的人口，都陆续的跑到美洲去殖民。所以像英国这个国家，自从玫瑰花战争以后，可算享了四百六十五年的太平。因为中间清教徒的战争，仍旧是政治革命的性质。因此科学昌明，实业发达，在欧洲也以英国为最早。然而到了本世纪的初年，无论那一国，都有了人满为灾的现象。就是这一次世界的大战，也是受他的影响。就是社会主义，也就是想解决这个问题的办法。但是无论政治上用什么主义，人口一天增加一天，终究是没有办法的。所以欧战以前，就有许多人提倡限制生育的法子，以为是一种根本解决的办法。可惜这种主义的结果，中上流社会生育虽少，下流社会生育仍多。因为这种知识，还没有能够普及欧洲的社会。所以富贵人家，结婚反迟，子女反少；上无片瓦下无立锥的人，倒仍旧是七子八婿。照这样做去，岂不是社会上的优秀的种，一天少一天，恶劣的种，一天多一天，正和哲嗣学者的目的相反么？所以现在欧洲的第一个大问题，是要研究限制生育，是否可以行的。若是可行，怎么样才可以使优秀的分子多传种，恶劣的分子少传种。这正是哲嗣学范围以内的问题，这就是哲嗣学所以重要的原因。

（乙）中国的新潮与哲嗣学　拿这个问题搬到中国来讲，也是一样的情形。近十几年来，有恒产的人渐渐少起来；失业的游民，渐渐多起来；都是人满为灾的证据。现在有几个明白的人，结婚也迟了，生育也少了。然而一般的人，还是蒙蒙瞳瞳的，照老法子过日子；不管自己教养得起教养不起，生儿女还是越多越好；男没有大，就替他婚；女没有大，就替他嫁。有钱的如此，穷的也是如此。诸君只要看京城里面要饭的婆子，那一个手里不抱一个，后面不跟几个的？这就是我们应该研究哲嗣学的第一个原因。但是哲嗣学的用处，不止于此。现在我们是在一种过度时代。旧有的习惯文化，渐渐被外来的风俗学说攻击。所以我们常常听见说有什么"世界的潮流"，"新思想"，"新学说"。然而平心而论，新的难道都是好的？旧的难道都是坏的？天下的好坏，本来是比较的，相对的，是没有一个一定标准的。单说旧的风俗习惯，同新潮流不同，就说他是坏，又怎么能服守旧人的心呢？所以我们对于这种问题，要平心静气，不存成见，拿哲嗣学的眼光去研究他。合于哲嗣学原理的说他好，不合的说他坏，然后我们的主张，方才有科学的根据。譬如说中国娶妾的风俗，究竟好不好呢？要单拿"男女平等"，"一妻主义"来攻击他，都不是完全科学的主张。若是我们能够用统计的方法，证明妾生的儿子，大概都不如妻生的儿子；娶妾生子，不但借了他的肚皮，而且传了他的坏种。人那一个不要他的子弟好？那个肯张着眼睛来坏自己的种呢？所以要是能证明娶妾的根本坏处，我们攻击这种风俗，自然更可以刀刀见血了。

六、中国家谱的缺点

现在我们可以讲到本题了。我们讲研究遗传性的方法的时候，曾证明统计的方法，是研究哲嗣学最为重要的。但是统计的材料，却不是容易搜集。因为哲嗣学者所最要晓得的，是祖宗和子孙的关系。这种统计，自然不是一时所能造出来的。所以哲嗣学者的材料，以人家的家谱为最重要。在欧洲、美洲，这种材料很不容易搜集，因为只有世家大族，有承继爵位的关系，方有谱可考；普通的人民，家谱的观念，本来淡薄，交通发达以后，个人行动自由，势不能聚族而居，纵然有人提倡修谱，也是极不容易成功的。我们中国却是不然，因为宗法的关系，差不多的人家，都是有谱的。现在若是有人拿哲嗣学眼光，将这些谱详细研究起来，岂不是可以使他们变成绝好的科学材料么？

我们先讲理想的家谱，谱例应该是怎么样的：（一）就遗传性讲起来，父系母系，是一样的重要；男子女子，受一样的影响。所以，理想的家谱，须要男女并重。这就是绝对与我们中国的家谱不同，因为我们的家谱，是一种敬宗睦族的方法；总含几分宗教的性质。母系一方面的祖宗，完全不载，是不用说的了，还有几种家谱，连配某氏的生殁年月，和生了几女，都完全不载的。这种家谱，由哲嗣学上看起来，就没有什么价值。（二）既然用统计的方法来研究这种问题，于这个有关系的数目，自然越完备越为可信。譬如说某人生几子几女，不但是成人的子女，应该记载，就是夭殇死胎，也应该逐一登载。我们中国的家谱，夭殇是不载的多，或是纵然记载，他的生殁年月，大概都从简略。这也是一个绝大的缺点。（三）统计的数目，固然是要完备，可以用统计法研究的各种特点，更应该要完备。所以理想的家谱，他上面的人，不但是生殁年月，班班可考，就是他的长短、肥瘦、性情、职业，以及他所得的疾病，没有那一件不是有记载价值的。我们中国的家谱，是有一种铺张扬厉的性质，所以凡有名誉的事，譬如节孝、科名，各谱皆有。至于其余的特点，于名誉没有关系，或是于名誉有妨碍的，一概都不登载。岂不是可惜！

七、可以拿家谱研究的问题

但是有几件，是我们中国家谱上所一定记载的：（一）生殁的年月，（二）子女的有无多寡，（三）科第功名，（四）元配、继配和妾生子的数目。从这几项上着想，可以研究的问题，也就不少了。

［甲］于哲嗣学没有直接关系的问题

（子）入口增加的速度　我们的人口究竟多少，没有人可以说得出。但是向来号称四百兆，外国人如此说，我们自己也就如此说。又人家看见我们望子的心，异常之切，就都以为我们是世界的多子多孙的国民。这种说法，并没有确实的证据。近来协和医院林博士，用他所调查四千家所得的结果，平均计算，每家只有子女三人有零。其中在一岁以内死了的，有三分之一，所以每家平均，只有子女二人有零，还远不及英国满拣司特人的家族大。林博士自己很觉得这种结果，出乎意料之外，或者不很靠得住。据我研究家谱的结果，却和他的不大相远。但是这种研究，总得要材料多，方才可以靠得住。

（丑）平均的寿数　大凡一个国里人文化程度的高下，同他寿数的长短，有一定的关系：文化越高，寿数越长；越低越短。因为如果公众卫生发达，医学昌明，经济活动，人人可以丰衣足食，人口的死亡，自然可以减少。所以这种统计，各国都看得很重要的。我们中国至今没有靠得住的统计机关，所以全国人民，究竟平均能活多少岁数，无从知道。家谱里面，生卒年月，大概是有的，而一族里面，穷的，富的，各种阶级的人都有。若是材料搜集得多，拿谱上所载的寿数，平均起来，虽不能说一定和全国人的平均寿数相同，也不应该有很大的区别。所可惜的是夭殇的人，谱上不载的多。就是载的，也只有"夭"、"殇"、"早卒"、"未娶卒"的字样。他们的确实寿数，没有法子可以知道。但是比较好一点的家谱，成丁的人的生殁年月，大概都还完备。所以我们从家谱所得的结果，只可以当作成丁以上的人的寿数。这种数目，仍旧是有一种价值，可以和别国的统计相比较的。

（寅）多妻的程度　我们的婚姻制度，同欧美人的婚姻制度比，自然是含了多妻的性质。但是我们的多妻，本来就同回教人的多妻不同。因为我们有妻妾的分别：停妻再娶，或是重婚，都是法律上所不许的。然而娶妾不但是社会上所公认，而且是法律上所允许的。但是合全国人计算，究竟娶妾的人占几分之几呢？这种统计，很足以晓得我们社会上实在的情形；是研究我们文化的程度，极有关系的。照现在的情形看起来，除了用家谱来研究，别的没有法子。可惜许多人家的家谱，有一种宗教的性质；往往有不载妾的姓名，或是要生子以后，方才上谱的。这种材料，当然是不可靠的。但是据我所看见的家谱，不问有子无子，是妾都载的，也还不是没有。这要搜罗得广，去取得精，或者可以找得出许多这种完全的家谱来，所得的结果，可以代表全国的情形，亦未可知。

（卯）历史上的移民　我们中国民族的分布，各代不同。黄河、扬子江两条大水的左右，是中国民族足迹到得最早的地方。其余如福建、广东、广西、云南、贵州、东三省，都是有历史以来，慢慢的同中国相通，被我们民族去殖民的。所以福建的八大姓，相传是五代时候，跟了王审知由河南的汝南县去的。这叫做"八姓从王"。福建本来是无诸的地方。跟王审知去的人，当然是没有带家眷的；到了福建，大概都娶了土人为妻。所以至今福建土话叫妇人为"诸娘"。广东、广西，虽是早已和中国相通，直到南宋的时候，中国人去殖民的，方才慢慢的多起来。所以广东人的家谱，几乎没有不拿南宋人做始祖的。当时同土人互婚的凭据，虽不能如福建的明了，但是许多人家，有娶冼氏为妇的（广西人更多），足见互婚也是实有其事。至于云南、贵州，殖民的历史，从明朝才起；开矿的是江西人，做买卖的是湖广人，流宦的同屯田的是江南人。东三省的人，上自田舍翁，下至红胡子，无一不是山东人。他们的来历，更是班班可考的了。除此以外，如四川一省，遭了张献忠的大劫，几乎全无人烟，现在的四川人，十个有八个是湖北去的。又如河南、山西、陕西、直隶等省，在辽金元三朝人种混合的历史，没有那一件不是可以从家谱上研究出来的。假如我们能够聚集许多同志，把各省各县人家的家谱，逐一来追究他始祖的原来，把一千多年里面民族的变化，殖民的历史，弄得明明白白，了如指掌，岂不是一件极痛快的事么？

（辰）乱世人口的死亡　我们讲所以要研究哲嗣学原因时候，曾看见我们中国因为人满为灾，每一百多年到两百年，国内就有乱事。乱的时候久了，人口死亡得多了，然后可以太平。但是经过一次乱，究竟死去多少人呢？大概除去家谱，也没有别的靠得住的记载。年代过久的乱事，已经不容易研究，至于洪杨之乱，长江一带，受害的程度，却有法子可以调查。譬如我们江南人家大族的谱，无论那一家，到了咸同年间，生殁失考的，都是不可胜记。若是我们搜集的材料，果然丰富，把所有这种失踪人的数目，详细计算起来，岂不是可以知道洪杨之乱，死亡人口的比例么。

[乙] 哲嗣学上普通的问题　上面所说的五个问题，虽是很有兴味，却都于哲嗣学没有直接关系。下面所讲的几个问题，是现在哲嗣学上没有解决，而可以用中国家谱来研究的。

（子）长子同他子的比较　长子和他子，究竟有没有分别，照现在哲嗣学者研究的结果，还没有能解决。但是有一班人说，长子的聪明寿数，是不如他子的。不过他们所举的，证据还不甚多。譬如我们拿谱上所有长子的寿数，同他子的寿数来比较，再看长子里面得科名的比例，比他子里面得科名的比例如何，岂不是可以解决这个问题么？

（丑）兄弟多寡的利害　兄弟多寡的利害，至今也没有定论。有一班人说，兄弟多了，父母因经济上的关系，教养培植，都不能如兄弟少的那样周到，所以主张兄弟多是害多利少的。又有一班人说，兄弟多是父母精力过人的凭据；他们得大比旁人厚一点，所以利多害少。这两个说法，理论上都可以讲得通，但是不知道实际上究竟那一样势力大一点。有详细的家谱，至少可以晓得科名的发达，同兄弟多寡的关系。譬如我们拿家谱上所有有科名的人来，照他兄弟多寡分类。然后再看弟兄一个的，一百个里头有几个能有科名。再拿弟兄两个三个各类的科名的比例来比较。只要研究的数目多，也就可以有可信的结果了。

（寅）兄弟多寡和寿数的关系　这个问题，同（二）是相仿的。不过是多数哲嗣学者研究的结果，都以为兄弟越多，寿数越长。但是材料究竟还少，不能说这个问题已经完全解决。所以我们拿中国家谱来研究这个问题，也是可以于哲嗣学上有所供献的。

（卯）生育多寡于母亲的利害　近来欧美的妇人，最怕生育，所以有限制生育的种种的方法，为他们辩护的，有两种理由：第一是说经济上的关系，以为弟兄多了，父母培植不起；第二是说生育多了，于妇女身体大有妨碍。但是这种说法，并没有确实的凭据。要证明他的是非，也只有统计一法。假如我们拿谱上的妇人，照他生子的多寡来分类。再看每类里面的人，平均的寿数。若是子女多的妇人的平均寿数，比子女少的妇人小，岂不是可以证明生育多是于妇人有害的？反过来讲，要是儿女越多，寿数越长，就可以见得生育是于妇人没有什么害处的了。

（辰）结婚最宜的年岁　男女究竟应该几岁结婚，至今仍旧没有定论。别的事实不讲，单讲结婚迟早于子女强弱智愚的关系，也就大有研究的余地。中国家谱上，结婚的年岁，虽然不载，子女同父母年岁的比较，可以算得出来的。譬如我们拿谱上所有的人，照他出世的时候父母的年岁来分类。再看各类的人的平均寿数，和科名的比例，就可以知道早婚迟婚的利害。但若是父亲的年岁，和母亲的年岁，相差太远，就应该分别研究。因为有人说母亲年岁越大，所生子女越不如人；父亲的年岁，则是没有什么关系的。

［丙］哲嗣学上特别的问题　上面所说的这五个问题，虽是很有兴味，然而据我看起来，还不是哲嗣学上重要的问题，于我们中国的文化关系还少。用哲嗣学的眼光看起来，我们中国的婚姻制度，和欧美不同的地方，共有两件。

（子）内婚　在欧美各国，不但中表可以为婚，就是同姓的人，只要不是同父母的，都可以为婚。所以叔子娶侄女的，堂兄弟娶堂姊妹的，数见不鲜。在中国这种事情，不但为法律所不许，而且为社会所不容。因为我们自古以来，就有"男女同姓其生不繁"的说法。到了近世纪，中表为婚，也为法律上所禁止。这种制度，由哲嗣学讲起来，还是有利呢？还是有害呢？血族最近的人互相为婚，叫做"内婚"。世界上各种民族，都是有限制的。不过我们中国，是采的一种极端的主义。若是内婚果然是有害的，就是这种极端主义，也应该保存。在十九世纪中，一般学者，都以为内婚是有损无益，应该禁止的。他们往往举欧洲皇族做例，说皇族里面有疯病的人，比寻常人家更多，以为是内婚的结果，所以如此。但是近二十年来的研究，已经把这种学说，完全推翻。因为有疯病的男人，和有疯病的女人结婚，当然将这种疯病，遗传于他子孙，不如和没有疯病的人家结婚，可以减少这种遗传。若是没有疯病、体格、聪明、德行在平常人之上的人，实行内婚主义，岂不是可以保存他的优点，不至于为外族的人所混化么？近来哲嗣学统计的结果，很可以证明这种学说的不错。据这种学说看起来，各种民族禁止内婚的制度，是一种维持家族秩序的方法，并与遗传无关。因为自从家族制度发明以后，人各有妻室，各有子女；婚姻的责任越大，男女不正当的结合，更应该禁止。然而一家的人，男女住在一块，最容易生出不正当的关系来，所以才禁止内婚，使得人看这种举动，是一种大逆不道的行为，然后可以维持家族的秩序、婚姻的制度。所以自古同姓不为婚，中表却不在禁止之列，"禁止中表为婚，是近来的事"。就是因为同姓的人，是同居的，表亲是不同居的缘故。到了宋元以后，宗法的宗教，愈加发达，男女的关系，愈加限制，所以中表也不准通婚了。同姓不为婚的由来，既然如上面所说。这种制度，于中国社会上有什么影响呢？据我想起来，他可以使得"遗传趋常"的作用，更为显明。因为一族里面偶然有出类拔萃的人，或是下流反常的人，不能和他遗传性比较相近的人结婚，这种特点，遗传于他子孙的机会，自然就少了。中国没有过百年的世家，大概这个也是一个原因。然而中国社会各阶级的程度，相去也不如别国的远。譬如拿中国上流社会的人，和别国上流社会的人比，我们的聪明、体格、德行，往往不如人家。拿我们的下流社会，和别国的下流社会比，不但不比人家坏，而且似乎人家还不如我们。这种结果虽不能说全是禁止内婚的影响，然而性质比较相同的人，既然不能为婚，好种固然不容易保存他的好特性，坏种也不容易增加他的坏特性，自然使得一班人的程度，慢慢的相差不远了。这种制度的好坏，不是单用家谱，可以研究得出的。但若是我们家谱，对于各人的母家，记载十分完全，可以研究的地方，也就很多。因为中国法律上虽然禁止中表为婚，社会上仍旧承认这种婚姻，不过是没有欧美各国那样多罢了。我们可以假定有科名的人，平均的聪明，在一般人之上。拿他们子孙，分为两类：一类是中表为婚所生的；一类是非中表为婚所生的。再比较这两类里面的人，有科名的机会。所困难的，是中国家谱上，关于女家的世系，记载非常简略；是否中表，往往不能证明。惟有姑表，大概还可以间接寻得出来：因为有许多谱上，本族的女子，嫁于某人，是记载的；本族某人娶某氏，系某人之女，也是记载的。所以万不得已，只可以拿姑表结婚所生的儿子，当他一类，再和非姑表结婚的比较。结果虽似乎不能够圆满，然而只要材料丰富，也就有几分可信。

（丑）娶妾的制度　我们中国的社会制度，与欧美各国，第二个大不同的地方，就是娶妾的制度。我们上面讲多妻程度的时候，已经声明，中国的多妻，和回教各国多妻不同。又在社会里面，也是极少的少数。就是欧美各国，名为一夫一妻的，正式婚姻之外，有外室私遇的，不一而足。可惜这种事，没有确实的统计，可以比较。据我看起来，他们这种有外室人的数目，不见得比我们娶妾的人少到那儿去。但是有一层不同：我们娶妾，是明目张胆的，社会所承认，法律所允许的；妾生的儿子，同妻生的儿子，在社会上，法律上，所享的权利，大概没有什么不同的。西洋人的外室，是完全秘密的，法律虽不禁止，社会却不承认；所生的子女，当私生子看待，法律上的权利，既然丧失，社会上的人，又以白眼相加。所以有外室的人，也不愿意他的外室生子；自然这一样的子女，也就少了。中国则完全相反。娶妾制度的根据，在于宗法上的宗教。由这种宗教上的眼光看起来，娶妾的第一个目的，是为生子。这就是宋元以来，儒者把孟子"不孝有三，无后为大"的话，当做"无子为大"的结果。在他们的意见，娶妾生子，不过是借他的肚皮；所生的儿子，于妾并没有什么相干。若是这种学说是不错的，娶妾的问题，于哲嗣学就没有什么关系。但是我们看见，子女所受的遗传，父系母系，各有一半；无论生子的人是妻是妾，他对于子女的关系，是一样的。所以我们不能不研究他于传种上有什么影响了。

从理想上看起来，妾和妻究竟有什么分别呢？我们可以说，妾的父母，在社会上的价值，远不如妻的父母。第一他们没有经济独立的能力，所以才卖他子女。这并不是说穷人一定不如富人，然而一个人不能想法子养活他自己，同他的家族，由哲嗣学的眼光看起来，决计不是优秀分子。第二他们爱子女的心，也一定不如旁人，因为同一样穷的人，有的肯卖子女，有的不肯卖子女；肯卖子女的，必定是爱情薄弱，自私自利人。我们这样议论，当然是用统计的方法，指多数的人而言，并不是说凡是卖子女的，都是没有能力不道德的人。但是拿所有卖子女的人聚在一块儿，看他们的平均的能力道德，不如不肯卖子女的人，大概是无疑义的。由这样看起来，我们娶妾生子的制度，能使得不道德无能力的人的女儿，有传种的机会。不但单是传种，而且和有能力的人配合，使得他所生的子女，受一半劣种的遗传，岂不是于哲嗣学的目的，刚刚相反的么？

自古以来，婚姻都讲配偶；不是门当户对，不肯结婚。这并不一定全是一种势利心所造成的。细细的推究起来，这种习惯的本源，是在要使得比较的优种的人，能和同等的人结婚。本来是一种人类的经验。自从娶妾生子的制度盛行以后，这种习惯，已经失去了一半效力。滥婚的坏结果，可以证明的例很多。譬如拿我们近两朝的皇帝来研究：满清一代的皇帝，的确比明朝好了许多；就是道咸同光，也还不是全没有人格的人。至于坏皇帝的多，莫过于明朝：如万历的懒，天启的昏，正德的淫，真是绝无仅有的。这还是偶然的呢？还是有特别原因的呢？我曾想起，满清选嫔妃的严，是各朝所没有的；因为非三品以上的旗人的女儿，不能入选的。至于明朝，则倡优吏卒的女子，都可以入宫，无怪他们要生出不成人的皇帝来了。我虽不敢说这是明清两朝皇帝价值不同的原因，然而未必没有关系，可以断言的。

要切实研究这个问题，可以照前面已经讲过的法子，将有科名的人来，做统计的单位。把他们所生的儿子，分为两类：妻生的儿子为一类；妾生的又为一类。再看每类里面，有几分之几，再能有科名，岂不是就可以晓得妻生子和妾生子的优劣么？

不知道统计法的人，必定要疑惑我把科名看得太重，因为社会里面，聪明人，不全是有科名的；有科名的，不一定都是聪明人。但是民国以前，六百年以来，我们国民所看重的东西，没有那一样过于科名的。所以无论贫，富，贵，贱，没有那个不希望他的子弟向这条路上跑。虽是说因为境遇的不同，埋没的，侥幸的，都不能免，然而统计起来，有科名的，实在是全国人里面的聪明才智之士。拿有科名人的全体，和没有科名人的全体比较，有科名的优，没有科名的劣，是没有疑问的。

八、结论

以我们现在这样不完全的家谱，尚且可以研究这许多的问题。若是有好一点的家谱，可以研究的问题不更多，所得的结果不更可信么？我们已经说过，理想的家谱，应该怎么样的。但是要照我们现在家谱的体例，万不能够希望他完全。有理想的体例，也是万不能够实行的，所以我想要提倡一种新式的家谱。这种谱不以一族做主体，以我们个人做主体。先把我们自己的兄弟姊妹，写在最低的一行上，再将父母写在上面一行，然后照样推写祖父母，外祖父母，曾祖父母，外曾祖父母；能够推到那一代就推到那一代。然后把每代有血族关系的人，就我们所晓得的，详详细细，分列在两边。并且把他们的夭、寿、智、愚、性情、职业，以及身体的强、弱、长、短，疾病的种类、程度，每人逐一分写起来。只求详尽可靠，不图铺张扬厉。这种样的谱，代数纵然不多，他的价值，比那个四五十代，零零落落，残缺不全的谱，相去何止天渊。但是这种谱，一定要数目多了，然后可以有用，自然不是一个两人所能做得到的。所以我希望有同志的人，照上边的例仿做起来，互相通信，互相研究。所得的结果，一定比单研究已有的家谱，还要可靠。我们旧有的风俗习惯，由哲嗣学上讲起来，究竟那一件是有利，那一件是有害，也就有一个确实的根据。我们立身处世的方法，也就有一定的方针。既不至于背时而师古，又不至于见新而盲从。我这篇文章，也就不算白做的了。

（据《改造》，第 3 卷，4、5、6 号，1920—1921 年）

答关于《我们的政治主张》的讨论

我也是在《我们的政治主张》后面签字的一个人，看《努力》第三第四两号的讨论，发生了许多感想；觉得我们同志的答复，还有引申譬论的余地。所以现在把讨论的几个重大问题，分列在下边，逐一的答复他们。

（一）主张"改良政治必先从改良社会下手"的。

这一派的议论，可以拿《晨报》、《益世报》的记者来做代表。他们的"根本疑问"同"怀疑"，不但一涵同适之已经答复过了，而且第四号讨论的几位，都不以他们为然。足见得我们的主张，与许多人的觉悟，不约而同的了。但是我认为他们这种"根本主张"，是近年来政治改革的一种大障碍，不能轻容易放过，所以再郑重的答复一番。

他们的主张，由理论上讲起来，是一种"连环套"。适之的"后努力歌"已经驳得很痛切的了。由事实上讲起来连一个"连环套"也不能成立。假如我们现在已经达到了我们的好政府最少的要求——统一也统一了，兵也裁得差不多了，财政也有了办法了——那么还可以说，政权不应该留在少数人的手里；国民的程度不增高，社会不改良，政治不会再有进步，已得的结果也是保不住的。现在我们处的甚么境遇？旁的不说，单说改良社会的两件根本问题——教育实业。现在除去江苏浙江比较的可以苟安，其余各省，那一省的教育经费不是欠了几个月？北京城里的教育机关，那一个没有罢过几回课？那一个又真正开得成课？这是教育，再看实业呢？这两个月以来，开煤矿的不是停工，就是停运；开纱厂面粉厂的不是缺乏原质，就是缺乏燃料；开银行的不是挤兑，就是恐慌。请问你要改良社会，从那里下手呢？譬如一家人家，当家的没有了，只留下了受托孤的清客，有职务的奴仆，同年纪很小的小主人。假如这班清客，还能够撑持门户，经理财产，不过常时营私〈舞〉① 弊，把持专横，有忠心的奴仆，自能应该要从根本上着想，耐着心，忍住气，去保育他们的小主人，等到他们长大了，好来整顿。现在这班管事的清客不但狂嫖滥赌，已经把遗产弄得差不多了，况且家里放了一把火，外边勾结了许多强盗，没有几天，连家都要没有了，难道做奴仆的，还不应该去救火，去打强盗，去驱逐奸细，还要口口声声等到小主人长大了再说么？现在的恶政府就是辜负托孤重任的清客，好人就是有忠心的奴仆，国民社会就是没有长成的小主人。不过救火是一件事，趁火打劫又是一件事，我们要做好人的，是认真去救火，不是去趁火打劫。最可怪的是从前趁火打劫的人现在也居然拿改良社会这种题目来抵制政治改革了！他们说这几年来的政治生活，给了他们一种觉悟，觉得根本问题，在社会不在政治。我请这一班人夜里头扪一扪心，问问自己。这几年来政治的不良，还是社会的过失，还是他们的过失？老实说来中国弄到了这样地步，是因为他们在政治上活动的人，没有良心，或是没有能力。那拉洋车，种田地做买卖的国民，何尝亏负了国家？不知道忏悔自己的罪恶，到转头来说国民程度不够，岂不是前清末年"下诏罪人"的办法么。

（二）主张"平民革命"的。

这就是讨论文章〈里〉面的第（一）篇，王振钧先生等八个人的主张。他们说是要用"手枪炸弹"，"到民间去"。但是细细想起来，用手枪炸弹是一件事，到民间去又是一事。两件事不一定合得拢来的。所以我分开来答他们。用手枪炸弹，当然是暗杀。暗杀主义，由公理上讲起来，是不道德的，我是绝对不能赞成的。我们对于同生在世界上的人，要是没有充分的证据，公开的辩护，正当的裁判，断然没有宣告他死刑的权。这是主张自由的原理，平民政治的精神；我们反对恶政府绝大的理由，这也是一个。若是我们忽然采用他们同样的手段，不但是以暴易暴，而且是知法犯法，罪加一等。我这话并不全是理论。研究历史的，都可以赞成我这种意见的。因为你能暗杀人家，人家也会暗杀你。既然是暗杀，又何从辨别是非？所以同盟会曾暗杀广州将军、安徽巡抚，袁世凯也会暗杀宋教仁，同陈其美。亚历山得会被暗杀，林肯也会被暗杀。这种风气一开，就没有公理可讲。拿这种毒药来"奋兴社会"，岂

---

① 三角括号内为原文遗漏内容，全书同。——编者注

不是劝子弟吃鸦片烟？

暗杀的效果，是最有限的。亚历山得死了以后，俄国的政府，加倍的腐败，加倍的专制。去了一个原敬，来了一个高桥，平民政治，究竟得了甚么利益？欧洲暗杀最多的国家，要数意大利，西班牙。他们的政治现状，比暗杀最少的瑞典，那威优劣如何？是人所共知的。

手枪炸弹，是最不中用的武器，短兵相接的时候，方才用到着的。既然要革命，为甚么不用开花炮，机关枪，做武器呢？革命要成功，必须要革命的军队，不是几把手枪，几个炸弹，可以济事的。"法国的对付路易，英国的对付查理"是堂堂之阵，正正之旗，我们要赞成革命，是应该要采用的。就是俄国的过激派，爱尔兰的共和党，没有不是这样成功的。在一种强有力的政府底下，我们或者不敢说这样大话，要像现在的这样不中用的政府，如果有人结合起来，正正堂堂的革命，又岂是他们这班老朽所能阻止得住的？

用手枪炸弹去暗杀，是个人的事，不是团体的事。因为一两个人自间没有结合的能力，结合的耐性，凭了一腔热血，暗杀了国家一两个元凶，何尝不是快心的事？若是有知识的阶级，结起一个团体来鼓吹这种举动，岂不是没有出息，没有道德？

"到民间去"完全又是一件事。因为民间是不要手枪炸弹的，拿了这种东西，你民间如何去得？适之已经说过，到民间去四个字，现在又变成一句好听的高调了。我反对到民间去的理由，同反对"从社会下手"一样。因为是缓不济急，因为是没有真正下手处。

（三）主张组织政党的。

这就是讨论文章里面第（九）那一篇，程振基先生的主张。由论理上讲起来，我们既然要成立好政府，当然要组织"好政府党"。但是实际看起来，时机还没有全到。我现在提出两个问题，供大家讨论。

第一目前我们能不能组织政党？

近来讲政党历史极痛切者，莫过于张君劢。他在《改造》第三卷第六号上，做了一篇《政治活动果足以救中国耶》。其中有一节说：

"既言政治活动矣，则不能不结政党。政党之分子，吾知之矣，政党之经费，将安所出？办机关报有费，本党总部支部之支持有费，吾以八九年之政党观之，从未闻党员曾为本党负担一文经费者也！考之西云各国之政党，其费用之浩繁，远在吾上。所以维持之者，则国民生计发达一也，豪商大贾不惜以资金赞助其本党二也……吾国则不然：革命之起本成于民穷财尽之后；其为党员者，皆不名一钱，谋生且不暇，遑论支持党费。且彼以党为生活，原不计党之生活者也。于是党费之所自出，只有一途，曰政府是已。其为政府党者，固赖政府，其为非政府党者，亦赖政府。每届选举，则政府之负担各党经费，必数百万焉。试问不筹经费，何以支持一党？既筹经费，则不得不轻政府。在天下安有摇尾乞怜于人，而当能行监督之权利者乎？……"

所以他主张"……应以有职业之农工商为中坚，而摈除无职业之士"。又主张"廓清旧日一切党派关系"。在《改造》第四卷第二号《国民政治品格之提高》那篇文章里面，他提出他的"理想中政党之活动准则"十条。第三条是："政党经费，应由本身筹划，不应向政府讨一文钱。"

所以我以为我们能不能组织政党，就看我们能不能由本身筹划政党经费。因为我不但赞成张君劢这个条件，而且以为"不向政府讨一文钱"的政府两个字，是要用最广义的解释。但是"不名一钱，谋生且不暇"是我们想做好人的通病。现在要教我们提议"我们的政治主张"的人来担任党费，恐怕目前是事实上做不到的。既然做不到，我们就不能"自欺欺人"的去做。

第二目前我们应不应该组织政党？

这个问题，适之已经答复过了。他引梅祖芬君的话说："平时政党不妨分，而过渡时代的政党应该合"，又说"我个人以为现在只希望大家能持一点历史的眼光，认明以前许多争执的无谓。用忏悔的态度，大家一齐朝着好政府的一个平凡的目标上做去，……这就是我们的大党了"。这也就是张君劢所说的"廓清旧日一切党派关系"，是预备将来组织政府的一定不移的阶级，我是极赞成的。再拿我上边所说的譬喻来说，我们做奴仆的，不管平日感情如何，职业如何，目前都应该同心协力，先把火救熄了，强盗打退了，然后才说得到修理房屋，整顿财产，指派管家，这许多事。到了那个时候，我们才应该组织政党，才有组织政党的相当的党纲。

但是我们目前虽不组织政党，却不可不为将来组织政党的预备。不然，我们的政党是永远组织不出来的。我们预备的方法，我以为有以下所列的数种。

第一，是要保存我们"好人"的资格。消极的讲，就是不要"作为无益"；积极的讲，是躬行克己，把责备人家的事从我们自己做起。譬如我们教育界的人，既然要责备政府把财政公开，先应该把我们所管的一部份的财政公开；既然要责备政府裁官，先应该裁我们所管的似官非官的教员。果然能够实行起来，社会对于我们的信用，自然增加；我们对于社会的要求，也就容易有效。

第二，是要做有职业的人，并且增加我们职业上的能力。

第三，是设法使得我们的生活程度，不要增高。

我已经说过，组织政党的大困难，在担任党费。第二、第三就是积极、消极增加我们担任党费能力的方法。

第四，就我们认识的朋友，结合四五个人，八九个人的小团体，试做政治生活的具体预备。这一种小团体，结合比较的容易，各人都可以努力。若是果真有了成效，就是组织政党的绝好的分子。我所谓具体预备事体很多，最重要的是：

甲：认识社会上政治上有势力的人，平心静气去研究他们的道德、性情、能力，以决定我们对于他们的态度。我所说的这种人，包括军人在内，因为军人也是国民，也有好人。平常抽象的名词，如“武人”、“军阀”对于个人，都不能适用。我们现在有六十几个师长，二百多个旅长，六七百个团长，二千多个营长。说这三千多个人里面没有好人，没有做“好政府党”党员资格的人，我是绝对不相信的。

乙：调查政治上最重要的问题，用科学精神，来研究解决这种问题的方法，如裁兵、裁官、公债之类。

丙：尽我们的余力，做政治上的文章：宣传我们的主张，讨论人家的意见。

丁：遇见有重大的政治上的变化，应该以牺牲的精神，一致的态度，努力去奋斗。

这就是我个人对于实行《我们的政治主张》下手的办法。当然是不是完全的，当然是不能满意的。但是我相信只要我们肯干，肯努力，“好政府党”的基础，就在这里面了。有政治政党的经验的人，不要嫌我迂腐，因为我已经说过，“我们是救火的，不是趁火打劫的！”

（据《努力》周报 6、7 期，1922 年 6 月 11 日、18 日）

忠告旧国会议员

吴佩孚的支电说，"国事至此。政客军人尚营营只牟私利，真可痛哭也"。我看看近几天旧国会议员的举动同政府对待他们的方法真正也要痛哭！

我们也是赞成恢复旧国会的。但是我们所以赞成的原因，是"因为这是解决国会问题最简易的方法"。我们（一）不是承认旧国会是真正的法统；（二）不是赞成旧国会的成绩；（三）尤其不是崇拜旧国会议员的人格。

法统两个字，本来是讲不通的。法律是维持社会秩序促进人类文化的一种手段：是活的，不是死的；是动的，不是静的。何况我们现在明明是在革命时代呢！离开了事实来讲法统，岂不同宋儒讲理学上的道统，政治上的正统，一样的迂腐，一样的无益？

就是真正要讲法统，旧国会是不配的。严格的法律，最重要的是时效。旧国会是民国元年选举出来的。到了民国五年，袁世凯死的时候，已经过了他的法定任期。当黎元洪第一次继任总统的时候，许多法律学者讨论这个问题，意见就很不一致。假如我们的大理院，有同美国大理院一样的权限；解释宪法，是他们的责任，我晓得民国五年就未必有恢复国会那一篇文章。现在我们是在民国十一年，距旧国会法定任期满了以后已经是八九年。讲起时效来，旧国会完全失去了法律根据；讲起民意来，民国十一年经过几次革命以后的民意，又岂是民国元年所举出来的一班议员，所能代表的？

我们再看看旧国会的成绩。统计起来民国元年到二年，五年到六年，先后两次，一共不下两年。连一个中华民国的宪法都没有制得出来！两次开会，终年终日，不是同政府捣鬼，就是向政府捣乱。当国家风雨飘摇的时候，不肯利用短期可宝贵的光阴，来定根本大计，却"营营只牟私利"。秘密的牟利是不用说的了，明目张胆，悍然不顾舆论的牟利，如厚定议员自己的岁费，我们做国民的，还没有忘记。

要讲到旧国会议员的人格，我真真不忍说，又不得不说，民国元年众位议员，一到了北京，就千方百计的弄党费，许多人抱了一个把肥而噬，多多益善的主义，今天在这一党，明天会跑到那一党，而且一个人还会跨两个三个党！试问党费是从那里来的呢？除了比国借款同善后大借款那两笔糊涂账，还有甚么正当的来历？诸君拿了去狂嫖滥赌的钱，那一丝一毫不是中国国民吃外国人监督的盐的国民替诸君担负在那里？到了后来，选举大总统要钱，选举副总统要钱，通过阁员要钱，连对外国宣战也要钱！袁世凯解散了国会，诸位做官的做官，做参政的做参政，等到国会恢复了，依旧去做议员。六年以后更是不成话说的了。今天跑到广东，做非常国会的议员，明天会跑回北京在经济调查局当差使。还有几位，在袁世凯的时代做钦派的参政，段祺瑞时代做安福系的议员，皖直战争以后当选了新新国会，现在又拿十年前当举的资格来做第六朝的元老了。这种尸解了的人格，诸君纵然不知羞耻，我们做国民的，很有点替诸君难为情的。

这许多丑历史，岂但是诸位议员的污点，而且是我们做中华民国国民的大家的污点。我现在老着面皮，咬着牙齿，重头提起，不是要说几句刻薄话，来出我们的闲气，是望诸君不要以为国民没有记性，拿元二年五六年的文章再重新来念一遍。当我们发表《我们的主张》的时候，我们抱了"与人为善"的主义；以为诸君这几年来东飘西荡，总算是经过了一番患难，应该有一点悔祸的心。况且国事到了这盘地步，激发天良，不是很难的事。但是这几天以来，我觉我们从前这一种忠厚待人的心理，恐怕要上当的。

当诸君在天津开会完了以后，我就听见有几位在天津客栈里，痛骂保定，说"曹三爷太嫌啬刻。原来说是每人的旅费，却是出在保定的。到了现在，一共拿出来五千块钱，还说是经手的人自己垫的！这种人谁还肯帮他忙"。我不知道事实的真相，但是这几句话，很像可以代表一部分人的心理。到了后来，边守靖在黎元洪、吴佩孚两方面掉枪花，两个议长，至少有一个是与闻其事的。这岂不是从前同政府捣鬼的一段老文章？

开会的日期，定在八月一日：一大部分的人，还在南边不肯来，江西，直隶还天天打仗，想不到前几天议员在中央公园开茶话会，就有人要不信任内阁员，弹劾阁员——统一，裁兵，废督，整理财政，这种大问题，没有听见有人去研究，去发表意见先就要从对人这方面下手，向政府开谈判。这岂不是从前向政府捣乱的一篇老文章？

再看看政府对付议员的手段，越发是可怕了。旧国会议员堕落的最大原因，就是政府的金钱。那晓得现有政府号召议员的东西仍旧是金钱！教育的经费，丝毫没有着落，海外的留学生，穷得把留学生监督都吓跑了；驻外使馆，没有那一个不会向外国银行通融少数的款项，当公使的急得要卖私产；近畿的军饷，各部的薪俸，完全没有准备；过期的外债，分文没有偿还，到期的内债利息，几乎要发不出来；连在山海关的直军，都是五个月到九个月没有发饷；政府忽然从五十万关余项下指定每月三十万做议员的岁费！我不是说岁费是不应该发的，但是当这个时候，岂是讲议员岁费的时候？做总统的对他私人说，"有饭大家吃"，是讲不通的，但是国家危急穷困到这种田地，替国家服务的人，要同共患难，方才是正当的道理，方才可以有彻底的觉悟。要是政府果真实行这种优待的计划，国会一定变了众矢之的，国会的议员，一定要有了养尊处优的恶习。然而稍有一点常识的人却知道这种命令，是过屠门而大嚼的办法，绝对没有实行机会的。到了不能实行的时代，议员当然要质问，要弹劾；将来教员官吏索薪团以外，又添了一个议员索薪团。议员把一切国家大事，却是置之不理，一心一意来索薪，岂不是最可痛哭的了？

我现在责备的话，已经说完了，我再说我们希望的话。我们认为现在国家最大的危险是财政没有办法。但是兵一天不裁，财政一天不能改革；统一一天不能实现，兵一个也不能裁；所以我们惟一的曙光是在统一。我们明晓得旧国会不是法统，没有成绩，仍然赞成恢复他，就"因为这是解决国会问题的最简易的方法"。然而解决国会问题，不过去了统一的一个障碍；要能真修正统一，必须要解决两个问题：第一，是处置现在有武力的人的地盘。第二，是划分中央同地方的权限。第一件不是旧国会所能做得到的，我们不必拿这个去希望他。第二件完全是宪法问题，完全是国会的责任。旧国会的议员，要是还有良心，应该放弃法统的招牌，打一个罪己的通电，承认自己是事实的国会，破除一切党见，用忏悔的态度，诚意的联合，选一个中立的地方，自由召集起来，在最短时期之内，参酌近年来联省自治的潮流，把宪法草案里面的省制一部分定了出来。然后立刻自行解散，把选举总统，组织内阁，许多善后的事，完全交给新国会去处置。如此做去，旧国会议员，可以由中华民国的罪人，变成功中华民国的功臣；我上边所说的许多责备的话，却是历史上事，过去的事；做国民的，自然可以置之不问了。

要是不然，便是把南方的一个假法统搬到北方来，不但不能统一，而且反发生统一的一种障碍，将来捣鬼捣乱，日异月新，多行不义同归于尽。旧国会不足惜，中华民国也就要跟着他完了。

我们做国民的又岂能坐视的！我再很诚恳的为议员诸君，进最后的忠告：当这种危急存亡的时候，我们只问国会好不好，不问他法不法，统一制宪是急于星火的事，诸君要放弃了责任，错过了机会，我们立刻就要联合起来革这种恶国会的命！

（据《努力》周报 9 期，1922 年 7 月 2 日）

五十年来中国之矿业

　　距今五十年前，为清同治十一年（一千八百七十二年）。曾文正于是年卒，贵州苗乱于是年平。其前八年，曾国荃克金陵，前四年李鸿章平捻匪，其次年云南回乱勘定，中兴之局于是始成。盖吾国政治史之大关键也。凡百实业，其兴废殆无不视政局为转移。征之矿业，夫何独不然。故洪杨之乱，前结咸同以前旧矿业之残局，后开近二十年来新矿业之先声，言矿史者天然之新纪元也。

　　何以言其结咸同以前旧矿业之残局也？吾国五十年前之所谓矿业，仅限于贵重之金品。若煤若铁，今日国人之所视为根本实业者，在当日仅以为农余之附产而已，与国民之经济无与。况北省今日产煤最盛之区，如河南之彰德，直隶之临城、磁县，山东之峄县、章邱、淄川、博山，当日均为捻匪所残破。旧制荡然，新法未启。惟金、银、铜、铅、锌、锡，久为国家之所注意，且半为政府之所专利。然银为吾国所不产，金则困于苛税，锡则阻于交通，惟铜与铅、锌，乃鼓铸货币之原料。自乾隆三年以部款一百万两经营川滇之矿，至六年解铜之额达六万三千三百一十四担，至三十八年达一十三万五千余担，而分解各省之余铜，尚不在其列。铅锌产额，亦皆十倍于今。其盛况可想见也。嘉道以还，吏治废弛，矿业渐衰，然每年解京之铜，尚不下六七万担。迨滇中乱作，秩序荡然。铜厂汉回，复相仇杀。官逃丁没，峒废山封，一百二十年来之经营，乃毁于一旦。自咸丰八年至同治十三年，十六年间未尝练一斤之铜、一担之铅。光绪初叶，虽屡有恢复之尝试，而自元年至十三年，共产铜不过八万三千七百担，尚不及乾嘉盛时一年之供额。其后唐炯任为督办，竭公私之力以经营之，先后用款三十余万，而近三十余年，每年产铜不过万担，铅、锌称是。追忆乾嘉盛时之景状，不能不叹息于破坏之易，而建设之难也。

何以言其开新矿业之先声也？洪杨之乱，波及上海，淮军之起，联络外人。于是中兴诸将，习见欧人器械之精，慨然有效法之志，而信仰之坚，尤以李文忠为最。及其继曾文正而督直隶，遂厉行其效法欧西之政策，而开矿亦为其一端。光绪四年，以资本二十七万两（至光绪八年增至一百二十万两），设开平矿务局于津。是为吾国以西法开矿之始，亦即京奉铁路开创之始。开平之外，文忠之所提倡者，尚有热河四道沟之铜矿，朝阳金厂沟、黑龙江漠河、山东招远之金矿，峄县之煤矿。虽其成败不一、糜款不赀，而得风气之先，开革新之局，文忠之功，固不可没也。

综溯近世纪矿业之历史，可分为三期。自光绪之初，迄于甲午，士民固陋，甚于官府；资本集合，难于聚沙；开创提倡，端赖当局，是为官矿时代。甲午以还，国势骤弱，慢藏海盗，外力内侵，矿权给许，动以省计，是外资时代。日俄战生，国民自觉，风气所趋，波及于矿；外籍所攫，或赎或拒；官府所创，旋改为商。迄于民国，矿法改良，资本渐集，公司制兴，是为民矿时代。然此三时代，虽情势各异，而界限相重。一时代中其所建置，或一成而不废，或名存而实亡，故至今商矿之外，仍多官矿；华商之外，不乏外商。而官商又尝合办，中外不妨联资，组织既繁，头绪益杂。兹为叙述便利起见，仍以官矿、外资、民矿为目，先略举其历史，再分考其地点、资本及兴废年月，各列为表附焉。

一、官矿

开平矿务局，为近代矿业之矫矢，前既已略言之矣。然当日李文忠奏请设局之时，其资本二百二十万两，实多为广东人唐廷枢之所召集，故奏案以官督商办称。同时修铁路，开运河，购地设厂，经营秦皇岛海港，规模极为宏远。惜庚子之乱，总办张翼为德璀林所诓，转售于胡华，遂开今日开滦中外合资之局，非文忠之初志也。同时文忠所提倡者，尚有热河之四道沟铜矿，开办于光绪十三年；黑龙江漠河之金矿，开办于光绪十五年；山东峄县之煤矿，开办于光绪六年。四道沟铜矿，开办三年，用款四十八万〈两〉而停歇；峄县之煤，今已改为商有；惟漠河则尚为江省四大官矿之一焉。闻文忠之风而兴起者，为光绪十一年贵抚屠某之清溪铁矿，光绪十三年唐炯之东川白锡腊铜矿，光绪二十一年四川之冕宁麻哈金矿，同年湖南巡抚陈宝箴之官矿局，而张文襄之汉阳铁厂亦发起于光绪十六七年之间，是为官矿之第一期。其后清溪麻哈皆各费银数十万而停歇。东川改用土法，汉阳铁厂亦于光绪二十二年改归商办，惟湖南官矿局至今尚存，则水口山铅锌矿之功也。

庚子以后，疆吏鉴于川黔之失败，困于赔款之摊派，不复敢轻尝试矣。至光绪三十年，清廷有矿政调查局之设，复置矿物议员，官矿之议乃复活。于是三十一年，有广西之富贺煤矿，陕西之延长石油矿。三十三年，有山西之涞川铜矿，江西之赣州铜矿、余干煤矿，广西之官炼锑厂。三十四年有吉林之磐石铜矿。宣统元年有直隶之鸡鸣山煤矿，云南之个旧锡务公司。宣统二年有四川之彭县铜矿，而湖南官矿局，亦推广改良以新法采水口山铅锌，渐获厚利。北洋大臣所办之黑龙江金矿，于庚子年为俄人所占者，亦于光绪三十三年陆续收回，于宣统三年，改归江省自办，耳目较近，收入骤增。是为官矿之第二期。然迄今于今日以上所举十有二矿，其未停办而能获利者，惟湖南、黑龙江两局。甚矣，官营事业见效之未易言也。

民国成立，矿法重修，矿权主张开放，依法领照者遂多。然三年收铁矿、石油为国有。故是年特设筹办全国煤油事务处，与美孚公司订约，合资探矿。四年财政部复有采金局之设，派员调查，建议开采。农商部亦于是年立黑龙江梧桐河金矿试验场，湖北复设官矿局，开采大冶象鼻山铁矿、煤矿及其他金属。其后采金局于五年取消，煤油事务处因探矿失败，美孚废约而裁撤，梧桐金矿改归商办。现中央政府所直隶经营者，惟对德宣战后，收回之井陉矿务局，及七年所成立之龙烟铁矿公司，然前者为暂时制度，后者为官商合资，未可遽举为官矿之成绩也。

此就其年代言也。至其办法，则殊不一律。购机建厂，雇员招工，资本营业，一出于官，是为完全官办之矿，如湖南之矿物总局，湖北之官矿公署，彭县铜矿，延长石油，以及鸡鸣山煤矿是也。开办或借官力，营业则为公司，资本之来，半由招股，是为官商合办之矿，如个旧锡务公司、龙烟铁矿公司是也。开采之方法，营业之盈亏，一切任之于商，官不与其事，亦不负其责，惟其所采矿物、所制金品，悉归官收买，不准私售，间或为之设厂招工，而专其贩卖食物之利，按工定税而分其每日所得之金，其名目或曰官督商办，曰官办，曰包办，要皆不副其实。兹改名之曰民办官收，如黑龙江、吉林、新疆之金，广西富贺之锡，贵州铜仁之锑是也。兹就农商部有案可稽各矿，照上所言，分类列表，其中外办合及商办各矿，虽政府派有督办，或附有官股，而事权不在政府者，仍分见于外资民矿，不列本表，以期名实相副焉。

（一）完全官办者

矿质	省分	地点	矿区	资本	主办者	成立年	最近产额	备考
金	湖南	会同县漠滨	23 400方丈	40 000元	湖南矿物总局	民国二年	700两	盈
金	湖南	平江县黄金洞		300 050两	同前	光绪二十三年	1 000两	亏
金	湖南	桃园县蓼叶溪			同前	民国三年	100两	亏
铅锌	湖南	常宁县水口山	100方里	约500 000两	同前	光绪三十三年	铅9 684吨锌6 104吨	盈
铅锌	湖南	常宁县松柏炼厂		71 600两	同前			
锑	湖南	新化县锡矿山	60亩	50 000两	同前	民国四年		亏
锑	湖南	沅陵县银矿坑			同前	民国四年		亏
锑	湖南	溆浦县管叶塘			同前	民国四年	闻已暂停	亏
锑铅铜锡	湖南	常柱县白河			同前	民国四年		亏
锡	湖南	临式县罗坪		20 000两	同前	民国元年	2吨	亏
煤	湖北	阳新县炭山湾		800 000两	湖北省署	民国元年	19 215吨	
铁	湖北	大冶象鼻山		共用500万元	湖北官矿公署		69 191吨	
铜	湖北	大冶阳新			同前			亏
煤	江西	萍乡湘东			同前			亏
金	山东	沂水红石桥		8 000元	山东省署	民国四年	1 200两	盈
铜	四川	彭县大宝山	799亩	41 000两	彭县铜矿局	宣统三年	124吨	盈

续前表

矿质	省分	地点	矿区	资本	主办者	成立年	最近产额	备考
煤	直隶	宣化县鸡鸣山	36方里	500 000两	京绥铁路局	宣统三年	63 894吨	亏
煤	广西	富川贺县西湾		595 000元	富贺官矿局	光绪三十三年		亏
煤	江西	余干县枫港		约200 000元	余干官矿局	光绪三十三年		亏

（二）官商合办者

矿质	省分	地点	矿区	资本	主办者	成立者	最近产额	备考
锡	云南	个旧县马洛革	3 460亩	商股760 000元	个旧锡务公司	宣统元年	820吨	亏？
锡	云南	个旧炼厂		官股2 540 000元				
铅锌	云南	东川县矿山			东川矿业公司	民国二年	各600吨	盈
铁	直隶	宣化龙关		500万元商官各半	龙烟铁矿公司	民国七年		尚未开炼
煤	直隶	临城		3 000 000佛郎	临城矿务公司	光绪三十一年	265 045吨	原为中比合办八年收回
煤	直隶	宛平斋堂			斋堂煤矿公司	民国四年		尚未开办
石油	新疆			官股30 000两商股5 000两	新督杨增新发起	民国四年		尚未开办

（三）民办官收者

矿质	省分	地点	矿区	资本	管理机构	成立年	最近产额	备考
金	黑龙江	漠河	2 820亩		漠河金矿局	光绪十五年		盈
金	黑龙江	奇乾河	1 026亩		奇乾河金矿局	同上	25 479两	盈

续前表

矿质	省分	地点	矿区	资本	管理机构	成立年	最近产额	备考
金	黑龙江	观音山都鲁山	5 600 方里	80 000 元37 700 两	观都金矿局	光绪十七年	4 100 两	盈
金	黑龙江	呼玛县库玛尔河	10 538 亩		库玛尔河金矿局	光绪三十四年	1 056 两	盈
金	吉林	依兰县三姓		80 000 元	同前	民国四年	142 两	亏
金	热河	承德县三道沟				民国五年		亏
金	新疆	于阗等五厂			乡约包办		3 571 两	盈
锡	广西	富川贺县		136 000 元	富贺官矿局	宣统元年	200 吨	盈
锡	湖南	江华上五堡	100 方里	192 000 两	湖南矿务总局	民国元年	60 吨	盈
锑	贵州	铜仁梵净山等处			铜仁官矿局	宣统二年	闻已暂停	亏

（四）民办而官商合收者

矿质	省分	地点	矿区	资本	管理机关	成立年	最近产额	备考
金	黑龙江	呼玛县余庆沟	344 600 亩	40 000 卢布	黑官商合办公司	宣统三年	25 479 两	盈
金	吉林	穆陵凉水泉密山兴隆沟		官商股小洋各 10 000 元	吉林省署	民国四年		
铜	云南	东川项家各厂		官股 100 000 元商股 200 000 元	东川矿业公司	民国二年	500 吨	盈

上列四表，均系民国六七年存在之矿。近年来外省对于中央报告，渐不完备，其中有无变迁，无从稽考。然军兴以后大概有减无增，可断

言也。溯自光绪初年至今，官营矿业之失败销减者，殆数倍于现存之官矿。但其成立，或在农工商部设部以前，部中无案，而本省旧档，或毁于兵，或散于吏，其兴废历史，不尽可考。兹搜集其有案可稽及散见于公私文牍者，为列表如左。

官矿之停办或改归商办者

矿质	省份	地点	资本	开办年月	停办或改办年月	备考
煤	湖南	湘潭县小花石	82 200 两	光绪廿二年	光绪廿六年	停办
煤	湖南	宁乡县青溪	84 500 两	光绪廿二年	光绪廿六年	停办
煤	黑龙江	嫩江县甘河	136 000 两 36 000 元	光绪卅一年	民国十年	甘河煤矿局所办民国十年停办
煤	黑龙江	呼兰县金怀马	50 000 两	同上	同上	金怀马煤矿局所办民国十年停办
煤	湖南	醴陵县豆田	5 500 两	光绪廿二年	光绪廿三年	同上
煤	湖南	宁乡苦竹寺	31 000 两	光绪廿四年	光绪廿六年	同上
煤	湖南	醴陵棵树山	35 000 两	同上	光绪廿七年	同上
煤	湖南	芷黔县黄坡	50 000 两	同上	光绪廿六年	原兼办铁矿后均停办
煤		鸭绿江流域平山太平山景山	30 000 两	光绪卅三年	民国 年	以煤线太深停办原定为官商合办商股未招
煤	直隶	密云县东智庄	15 000 两	光绪卅四年		原为官商合办
金	四川	冕宁县麻哈	300 000 两 100 000 元	光绪二十一年民国三年复开	光绪二十七年民国四年复停	现归商办机器废置无用
金	四川	盐源县木里		光绪廿一年	宣统二年	原为官督商办因出产衰微而停

续前表

矿质	省份	地点	资本	开办年月	停办或改办年月	备考
金	湖南	沅陵县大有溪	4 700两	光绪廿三年	光绪廿四年	停办
金	湖南	黔会	3 500两	光绪廿五年	光绪廿七年	同上
金	湖南	辰州桐树面	12 100两	民国二年	民国三年	同上
金	京兆	密云县桃园		民国元年		
金	热河	平泉州密云乡		光绪廿五年	宣统　年	改归商办
金	热河	承德县碾子沟		光绪三十年宣统二年复开	民国四年复停	停办
金	热河	滦平县八道沟				同上
金	黑龙江	汤原县梧桐河	40 000元	民国四年	民国八年	改归商办
金	新疆	阿尔泰山哈图山	240 000两20 000两	光绪廿五年廿九年复开	未几停二十九年停	初为华俄合办后官商合办
金	山东	招远玲珑山				改归商办
铜	云南	东川县白锡腊处	约100 000两	光绪十三年	光绪十五年	唐炯官商公司用日本人所开
铜	热河	滦平县四道沟	480 000两	同上	光绪廿一年	李鸿章开办置机器出铜共十余万斤
铜	湖南	永定县大米界	1 500两	光绪廿二年	光绪卅三年	停办
铜	湖南	桂常县	24 200两	同上	光绪廿五年	同上

续前表

矿质	省份	地点	资本	开办年月	停办或改办年月	备考
铜	湖南	石门汤家口	5 200 两	光绪廿三年	光绪廿四年	同上
铜	江西	赣州珑下长桃岭	约 200 000 两	光绪卅三年	光绪卅四年	购有机器出铜 837 磅硫化铜 644 磅
铜	山西	闻喜簸子沟绛县通瓦沟	36 600 两	光绪卅三年	宣统三年	恩寿所设之川铜矿公司
铜	江苏	句容铜冶山		光绪廿一年开三十四年复开	光绪卅二年停宣统二年停	曾购机器因亏本停办
铜	吉林	磐石县石咀山	银 30 000 两钱 25 吊	光绪卅四年	民国十年	吉林省署所办民国十年停办
铜	湖北	竹山县四果树		光绪卅一年		停办
铜	湖北	竹山县邓家台	20 000 两	光绪卅四年		民国二年为五丰五盈两公司所有
铜	湖北	阳新大冶	52 000 元	民国元年	民国　年	
铜	新疆	库车	官股 5 000 两商股 5 000 两		民国四年	马绍武承办因每日出铜 3 斤亏折停止
铜	新疆	迪化南山马喀库尔泰山	2 000 两			广济铜矿公司所办现完全停办
铜	新疆	乌什县麦里克	1 500 两	民国二年	民国三年	哈什观察使王炳堃委彭永年办亏折停办
铁	湖北	汉阳铁厂大冶铁矿	五百数十万两	光绪十七年	光绪廿二年	改归商办

续前表

矿质	省份	地点	资本	开办年月	停办或改办年月	备考
铁	贵州	清溪	30余万两	光绪十一年	光绪十九年	潘抚奏办因无煤停止二十四年陈明远接办未果
锡	湖南	桂阳县野鹿滩	26 800两	民国元年	民国三年	停办
锡	湖南	临武县香花岭	30 000两	民国三年	民国四年九月	改归商办
铅锌	湖南	衡阳县三官町	200两	光绪廿二年	同上	停办
铅锌	湖南	桑植园莺嘴山	2 600两	光绪廿二年	光绪廿三年	同上
铅锌	湖南	浏阳县曾家湾	800两	光绪廿四年	同上	同上
铅锌	湖南	麻阳县潭石约	1 400两	光绪廿六年	同上	同上
铅锌	湖南	桂阳县虎形山	13 700两	光绪三十年	光绪卅一年	同上
铅锌	湖南	兴宁县大脚岭	2 400两	光绪卅一年	同上	同上
铅锌	湖南	长河城外提铅炼厂	170 600两	宣统元年	宣统二年	同上
铅锌	湖南	长宁县呼头	1 800两	民国二年	同上	同上
锑	湖南	泸溪县	2 200两	光绪廿二年	光绪廿三年	同上
锑	湖南	辰溪县	2 500两	同上	同上	同上
锑	湖南	益阳县西村	145 600两	同上	光绪三十年	华昌接办
锑	湖南	沅陵县牛婆溪	8 200两	光绪廿三年	光绪廿四年	停办

续前表

矿质	省份	地点	资本	开办年月	停办或改办年月	备考
锑	湖南	安化县木李坪	31 400 两	光绪卅〔廿〕三年三十年复开	光绪廿六年同年复停	华昌接办
锑	湖南	芷口县罗田坪	26 000 两	同上	同上	停办
锑	湖南	沅陵县银矿坨	26 200 两	光绪廿四年	光绪廿六年	民国四年复开
锑	湖南	安化县仙溪	4 300 两	光绪廿五年	同上	停办
锑	湖南	邵阳县龙山	1 900 两	同上	同上	同上
锑	湖北	安化		民国二年	民国十年	原为湖北官矿公署所办民国十年停办
锑	湖北	武昌炼锑厂		同上	同上	同上
锑	湖南	新化邵阳两县收砂局	327 900 两	光绪卅一年	光绪卅二年	停办
锑	广西	梧州炼厂全省官局	200 000 两	光绪卅二年	宣统元年九月	自二十三年四月至宣统元年三月共出纯锑16万斤毛锑12.2万斤生锑1 900斤未炼砂90万斤民国五年王祖同改归官办未果
锑	广东	曲江县赖老顶等处	200 000 元	宣统二年	宣统三年	宝昌公司官商合办实亏约2万元停办

续前表

矿质	省份	地点	资本	开办年月	停办或改办年月	备考
硃沙水银	湖南	凤凰厅猴子坪	47 100 两	民国元年	民国三年	改归商办
硫磺	湖南	慈利	13 两	光绪廿七年	同上	停办现归商办
硫磺	湖南	郴州	348 两	光绪卅二年	同上	同上
硝磺	湖南	辰州	1 000 两	光绪廿二年	光绪廿三年	同上
石油	陕西	延长	290 000 两	光绪卅二年	民国十一年	陕西省署所办民国十一年停办

综观以上各表，五十年来停办之官矿，所费资本，有数可稽者，不下千万。其现存之矿，除官商合办者，开办未久，成败未见，姑不具论外。其民办官收者，资本不过百万，每年获利，计亦不下百万。然括穷民汗血之资，且因以为功，苛政虐民，以是为甚。至于完全官办之矿，资本可考者，银二百七十余万两，洋五百八十余万元。而当民国五六年，欧战期中，金属腾贵时，亦仅彭县之铜矿获利四万，湖南矿物总局获利四十八万元。其他亏折实数，虽不可详，然计算当亦不下数十万。今则锌、铅销路停滞，彭县复被匪乱，欲求此区区盈利，且不可得，后之言矿政者，曷亦知所鉴乎。

二、外资

甲午以还，国势浸弱，外侮之来，不可终日，发其难者，实始于光绪二十四年之曹州教案，而胶济铁路三十里内之矿权，亦随胶州及铁路之敷设权，同入德人之手。同年英商福公司攫取山西平定盂县及潞泽之煤矿，明年德商瑞记洋行得山东之五矿。当时士大夫分为仇外、改革两派。言改革者，颇以外资输入为可行。故李鸿章西使，英人摩尔根以中外合办之说进，遂有光绪二十六年四川会同公司之约。立约者以开采委诸外人，而政府坐享其利。后因庚子之乱，约不果行，然是为中国政府与外人合资办矿之始。至于以私人资格与外人合办者，则光绪二十二年，已有门头沟之中美煤矿。固不自摩尔根始也。自庚子之乱，直隶开平煤矿，经德璀琳而移于英人之手，外人之要求矿权者，踵且相接。溯其方法，不外四端：一因铁路之敷设，而傍及其附近之矿权者，如光绪二十九年之中俄南满协约，光绪二十八年之中俄吉黑煤矿协约是也。抚顺、烟台之烟煤，即根据前者而移于南满铁道会社、满洲里札赉诺尔之褐炭，亦根据后者而归于东清铁道公司，要皆引胶剂铁道之条件为先例。二与政府直接交涉，取有全省或其一部之矿权者，如福公司之于山西，瑞记洋行之于山东五矿，隆兴公司之云南七府是也。三指定矿地得政府之特许者，如凯约翰之铜官山铁矿、立德乐之四川江北煤矿、科乐德之外蒙金矿是也。四先向私人订立合同，事后由政府追认者，如直隶之井陉、临城各煤矿是也。

以上各矿，其原起皆在日俄战争以前。光绪三十年以后，国民奋起，力图挽回，争路争矿，遂成政治上之运动。外人对于吾国之观念，亦因之而一变。于是向之所攘夺者，或因失败而消灭，或得巨款而放弃，或经交涉而改组。以迄于今，其完全为外人所有者，惟奉天之抚顺、烟台，吉林之宽城子等煤矿，及外蒙之金矿而已。惟民国三年十月大仓洋行矿师为盗所杀，遂以合办热河阜新煤矿为赔偿条件。四年五月，日本以东三省九矿为"二十一条"要求之一，盖犹有庚子诸年之遗风焉。又自民国三年，修正矿律，外资不过半数，法所不禁。虽各国政府，屡以条件过酷为言，不肯公然承认，然其私人之照章合办者，实繁有徒，盖近年来矿业之新局也。兹特详考与外资有关各矿，就其性质、历史，分别为表如左。

（一）完全外资者

矿质	地点	国籍	矿权者	最近产额	备考
煤	奉天抚顺县抚顺千台山	日本	南满铁道会社	3 064 958 吨	初为中俄合办日俄战争后为日本所占宣统元年由中国政府正式承认
煤	奉天辽阳县烟台	日本	南满铁道会社		同前
煤	吉林宽城子	日本	南满铁道会社		光绪二十八年俄人所有日俄战争改归日本因煤劣未开
煤	山东潍县坊子村	日本	日本政府	130 000 吨	光绪二十六年北京条约让与德人民国三年为日本所占
煤	山东淄川县黄山	日本	日本政府	504 250 吨	同前
铁	山东益都金岭镇	日本	日本政府	124 165 吨	同前

续前表

矿质	地点	国籍	矿权者	最近产额	备考
金	外蒙图车两盟	俄			光绪二十九年九月俄员柯乐德呈请试办民国元年柯乐德被逐近又与美商订立合同案尚未结
褐炭	满洲里札赉诺尔	俄	东清铁路公司	1 200 000 吨	光绪二十八年中俄协约

　　按山东之煤铁矿，近由华盛顿会议，改归中国政府所特许之公司承办，其资本中日各占一半。兹以历史关系，暂列上表。

（二）中外合资者

（甲）有特别契约者

矿质	地点	性质	矿权者	资本	成立年月	原因	最近产额	备考
煤	直隶临城等县	中比合办	临城矿务局	300万佛郎	光绪三十一年	光绪二十八年钮秉臣盗卖	265 045 吨	现比国部分已由华商收回惟原约未废
煤	直隶井陉县冈头	中德合办	井陉矿务局	中德各25万元	光绪三十二年	张凤起与汉纳根私办	418 691 吨	现暂归农商部与本省合办
煤	奉天本溪县	中日合办	本溪湖煤铁有限公司	中日各100万元	宣统二年四月	日俄战后大仓所占	409 729 吨	
铁	奉天本溪湖庙儿沟	中日合办	同上	500万元	同上	同上	铁48 800 吨	
金	热河建平县霍家地城子山平泉县王家村	中英合办	平远金矿公司	中英各40万两	宣统三年	王绍林孙世勋与伊德所立合同		欧战停工
煤	直隶开平滦州	中英合办	开滦矿务局	中英各200万镑	宣统三年十二月	开平公司于庚子年为德璀琳盗卖	4 416 010 吨	张翼讼英廷不直

续前表

矿质	地点	性质	矿权者	资本	成立年月	原因	最近产额	备考
煤	河南修武沁阳焦作	中英合办	福中公司	福公司124万镑；中原公司500万元	民国四年合并	豫丰公司借款20万镑	福公司561 834吨；中原公司734 895吨	两公司分采合销
煤	热河阜新县新邱	中日合办	(周圭璋与今井邦三)大兴公司		民国四年十月	赔偿大仓	尚未出煤	探照三区
煤	热河阜新县新邱	中日合办	(顾志康与河野久太郎)大新公司		民国四年十月	同上		同上
银铜	吉林延吉县天宝山	中日合办	天宝山公司	中日各50万	民国五年九月	程光第私借中和公司款项	铜100吨	政府派有监督
铁	奉天辽阳弓长岭	中日合办	弓长岭铁矿公司	100万日元	民国八年	政府特许	尚未采矿	

临城已列入"官商合办表"，兹因原约未废且为历史关系，故复见于此。又阜新铁矿及天宝山银铜矿表面虽系遵照矿章领照，然历史与寻常不同，盖起初起时，均有契约关系也。

（乙）"二十一条"所要求之九矿

矿质	地点	国籍	矿权者	矿区面积	最近产额	备考
铁	奉天海城盖平辽阳鞍山站等地	中日合办	振兴公司	共八处23方里2 000余亩	163 596吨	秦日宣于冲汉及镰田弥助出名炼厂则为南满铁道会社所有

续前表

矿质	地点	国籍	矿权者	矿区面积	最近产额	备考
煤	奉天本溪湖田什付沟	中日合办	孟凌云与浅田龟吉			民国四年五月七日之换文言明"中国政府允诺日本国臣民在上列各矿除业已探矿或开采各矿外速行调查选定即准其探勘或开采在矿业条例确定以前仿照现行办法办理"（按即照现行中外合资办法）惟至今尚未全数领照
煤	奉天本溪湖牛心台	中日合办	彩合公司		65 244 吨	
煤	奉天锦县暖池塘	将来中日合办				
煤	奉天海龙县杉松关	将来中日合办				
煤	奉天通化县铁厂山	将来中日合办				
煤	吉林省城附近缸窑	中日合办	阎庆山与峰簾良充			
煤铁	吉林和龙县杉松关	将来中日合办				
金	吉林甸夹皮沟	将来中日合办				

（丙）遵照矿章领照者

矿质	地点	性质	矿权者	发照年月	面积	最近产额	备考
煤	直隶宛平县门头沟	中英合办	通兴公司	民国元年	4 770 亩	现不出煤	原为 36 亩后两次增区旋改名门头沟公司并收并通兴
煤	同前	中英合办	裕懋公司	民国三年八月	4 486 亩		
金	吉林东宁县绥芬支流	中俄合办	绥芬金矿公司	民国二年十月	2 800 亩		
煤	吉林县火石岭	中俄合办	裕吉公司	民国四年六月	670 亩		合同未批准
煤	吉林额穆县望宝山	中英合办	邢哲臣与李赖	民国四年十一月	9 方里420 亩		
煤	安徽怀宁县董家冲等处	中日合办	中日实业公司	民国五年四月	3 502 亩又 4 965 亩	1 843 吨	

续前表

矿质	地点	性质	矿权者	发照年月	面积	最近产额	备考
煤	直隶宛平杨家坨	中日合办	杨家坨煤矿公司	民国六年二月	560亩	30 000吨	
铜	凤城青城子小边沟	中日合办	刘鼎臣	民国七年一月	1 820.83亩		与日人森峰一合办
煤	抚顺县东五十里石门寨	中日合办	张顺堂	民国八年四月	933.33亩		与日人峰八十一合办
煤	抚顺县东四十里得古土口子	中日合办	姚铭勋	民国八年六月	1 598.92亩		同上
煤	抚顺四乡张尔甸子塔连咀龙补坎	中日合办	大兴公司孙世昌	民国五年六月	921亩		日人饭田义一合办
煤	西安县北五里许半截河子	中日合办	邹立贤	民国八年一月	4 297.5亩		与日人守田辰得合办
煤	西安县正北五里许半截河子西岭地方	中日合办	杨魁元	民国九年三月	1 711.947 9亩		与日人松本健次郎合办
煤	西安县北十里东孟河亮东北地方	中日合办	梁兆璠	民国九年三月	3 662.867亩		同上
煤	锦西县东北六十里大窝沟龙尾把等处地方	中日合办	陈应南	民国七年十二月	5 378.815亩		日人安川敬一郎
煤	锦西县正北三十五里沙窝屯西南十里沙金沟前富廱山沙金沟后山卧虎山等处	中日合办	李润身	民国八年三月	2 931.98亩		与日人守田辰得合办
磁土	复县南兴华乡五湖嘴	中日合办	孙以萍	民国五年一月	1 620.31亩		与日商韦津耕次郎合办

续前表

矿质	地点	性质	矿权者	发照年月	面积	最近产额	备考
铅	开源县东南九十里一面城村南五里关门山小河沟南山	中日合办	冯竹初	民国八年七月	451.6 亩		与日人筱崎军吉
铅	本溪吉祥裕	同上	孙世荣	同上	681.08 亩		日人浅田龟吉合办
煤	克山西乡政字二十八号	中俄合办	马薰卿	民国九年四月	5 040 亩		
煤	同上二十四号	同上	同上	同上	5 175 亩		
煤	章邱普济镇天尊院一带	中日合办	旭华公司管象坤	民国十年二月	29 方里435.45 亩		与日人冈崎忠雄合办

（三）经政府赎回者

矿质	地点	前矿权者	成立年月	赎回年月	赎回用款	现矿权者	附录
煤铁	山西盂县平定潞泽平阳各府	英商福公司	光绪二十四年	光绪三十三年	银 270 万两	保晋公司	本地官商请求集资
铁	安徽铜陵县官山	英商凯约翰	光绪三十年	宣统元年五月	52 万元	泾铜公司	以逾限废约
煤铁	四川江北厅	英商立德乐	光绪三十一年	宣统元年七月	22 万两	江合矿物公司	以逾限废约
各矿质	山东五处	德商瑞记洋行	光绪二十五年	宣统元年十月	34 万两		
同前	沿胶济铁路十里内矿权	德国政府	光绪二十四年	宣统三年七月	21 万元		
同前	云南七府	英法云南隆兴公司	光绪二十八年	宣统三年七月	150 万两		债权至今未了
磷	东沙岛	日本政府					日本强占交涉撤销
煤	湖北阳新县炭山湾	法商蒲旭		民国元年四月	80 万两	湖北省署	黎副总统提议

（四）经政府取销或消灭者

矿质	地点	矿权者	成立或发起年月	取消年月	备考
煤铁砂	贵州铜仁	奥商戴玛德	光绪二十五年	光绪三十一年	试办期满营业复失败
金	福建邵武县	法商大东公司	光绪二十八年	光绪三十三年	因不缴照费
煤	江西余干乌港村	中日实业公司	民国三年七月	民国四年二月	赣省以重复力争取消
煤	江西丰城乐平	顺济公司	民国三年	民国七年	探照逾期取消原为中日合办
金	奉天海龙海仁	香炉盆子金矿公司	宣统元年		唐元湛呈请中英美合办迄未实行
金	直隶滦平县八道河	泰丰金矿公司		民国七年	
石棉	热河凌源县青石岭等处		民国三年三月	民国七年	
石棉	热河丰宁宽沟			民国七年	以上三矿均于对德宣战时取消
金银	直隶迁安热河建平平泉承德	周家鼎李士伟与美商订立合同			部批修正合同事遂中止

（五）悬案未结者（附议定合同中央尚未核准者）

矿质	地点	国名	备考
金	黑龙江右岸	俄	光绪二十七年订立草勘草约三十三年取消两国互索赔偿迄未解决
各矿质	四川	英	光绪廿四年四川矿务局与摩尔根订立合同逾限应废累次争执未决
石油	新疆	英	民国九年中华矿业公司（中英合办）呈请有案因新疆反对未决
煤	广东	英	英商嘉素于民国九年与广东省署订立勘矿合同中央未准
煤及石油	山西	英	民国九年福公司与山西省署订立合同中央未准

（六）有借款关系者

矿质	地点	公司	开办年月	欠款数	债权者	抵押品	备考
煤铁	湖北大冶汉阳江西萍乡	汉冶萍公司	光绪十年六月	1 200万日金	日本八幡制铁所	新旧财产	订有四十年供给矿砂及生铁合同遵照铁矿暂行条例
铁	安徽繁昌桃冲	裕繁公司	民国三年七月	200 000元	中日实业公司	矿砂	

按矿商之借外资者，不止于此，如安徽当涂宝兴公司之与开滦，当涂利民福民公司之于日本，均有售砂借款关系，惟远不及上列两矿之重要耳。

上所列七①表，虽不敢谓全无遗漏，然光绪初年至今外资矿业之有案牍可稽者，实皆其备。夫外资之输入，在他国有百利而无一弊，故常为其输入国所欢迎，惟吾国则反是。推原其故，固由于领事裁判权之障碍，内地不能容外人杂居。然当日士大夫之冥顽固陋，盖亦不能无咎。况满清末季，国势漫衰，政府又初无标准政策，分别利害。其以矿权请者，或拒或予，皆视其要求之强弱为率。商民官吏之不肖者，乃复因以为利。而外资开矿，遂为举世所诟病。兹综观其结果，完全外资之矿，大抵由于外国政府之强求，其国籍今仅限于俄、日，而尤以日本为最多。中外合办之矿，有特别契约者，初皆由于私人之结合，其名目或为借款，或为合资，而事权则无不完全操于外人之手。且无论完全外资，或中外合办，其资本之国籍，无不与所谓势力范围有关。故在云南者为英法，在四川者为英。在山东者前为德，而今为日。在东三省者，非俄即日。其利害得失，可令人深长思矣。尤可异者，赎回矿权，公私所费，共计洋七十余万元，银五百六十余万两。其分期交款者，尚有利息（如隆兴公司）。故合计当在一千万元以上。然当日让与矿权时，政府固未得分文，取得矿权者，亦未尝有所设施也。盖此辈大抵非业矿之人，初未尝有一定之矿，惟指某某省某某府某某铁路为范围，而以其矿权为投机之具，间或于其中有所发见，则售其余各地之矿权于吾国政府，以为资本。故福公司得款二百七十五万两而开煤矿于焦作；胶济铁路公司，收费二十一万元，以开煤矿于坊子黄山。而吾国官吏之任交涉者，

① 原件如此，疑误，似应为"八"。——编者注

犹以收回利权为功，诚可怪也。

自民国三年矿业条例颁布以后，中外合资，遂有定律。然迄今七年，照章领照者，百分之九十以上，殆为日本国籍，且均在山东与东三省。其章程合同虽均以中日资本各半为准，然资本之来历，事前既无从稽查，事权之分配，事后尤无从干涉，名实之不副，固其宜也。民国以来，朝野之所注意者，莫如铁矿，故民国三年有铁为国有之政策，非经政府特许，不能领照，其用意未尝不善。但吾国炼厂过少，矿石苦无销路，有矿而无厂者，势不能不借出口以自给，于是售砂借款，遂为采铁矿者惟一之生活，而条件之苛刻，事权之旁落，亦不可免，如表中所列之汉冶萍与裕繁公司，均为契约所束缚而不能解脱，盖将来吾国钢铁事业发展之大障碍也。

三、民矿

五十年前之重要金品，若金、银、铜、铅，均为政府所专有，开采不得自由。乾隆盛时，铜与铅锌，视为要政，民办官收，颇著成效，前既略言之矣。若金若银，则内地原无佳矿，边徼又为禁地，虽无苛政重税，固亦不易言发展也。惟云南人吴尚贤，曾于滇边之耿马开采铅、银，遂致矩富，然卒为滇中大吏所捕，瘐死狱中。私采金银，悬为厉禁，其后无复敢问津者。若煤与铁，则政府视为农余之生计。初不干涉。故其开采之权，大半操之地主。然其时交通不便，迷信复深，地主居奇，外人裹足，既无法律之保障，亦无事业之可言也。迨光绪初叶，李文忠督直，始有提倡开矿之举。又以创兴海军，缺乏燃料，故尤注意于煤。然其始款则出之于商，而事则操之于官，故开平矿务局以官督商办称，即山东峄县之煤矿，亦开始于光绪五年之官窑总局，其法律手续，均根据于奏案，其事权则出于北洋通商大臣，非寻常商民之所敢过问者也。厥后路矿设局。钦简督办大臣始渐有开放之议。然所立章程，均多苟简窒碍，不能实行。直至光绪三十三年，张文襄入枢府，始有大清矿务章程之规定，是为吾国矿法之嚆矢，其内容多参照各国矿律，颇以保护提倡为主义。然其第十八款规定，凡各矿所得利益，除开支一切用费外，净存余利，业主（即地面业主）应得十五〔成〕之二五，国家酌提十成之二五，矿商应得十成之五。国家与地主，坐分矿商利益之一半，又孰肯以资本心力为他人作牛马者。况开矿领照，必先得地主之同意，为迷信者开阻挠之门、奸猾者留敲诈之具，宜商民之裹足不前，毫无成绩也。盖官吏之勒索，与地方之牵制，为矿业发展之大障碍，终前清之世，不能革除。直至民国三年新矿业条例成立，完全取优先权主义，轻地主之权，减政府之税，而后领照探采者渐多。迄今七年，领照采矿，面积多至三千余方里，矿区税收入年达数十万，不可谓非民国政府之成绩也。兹就呈部立案各大公司，考其资本数目、成立年月、矿质产额，同列一表。而附以各矿质领照注册面积之总数，以供参考焉。

重要民矿一览表

公司名称	矿质	股本	地点	注册年月	最近产额
中兴公司	煤	500 万元	山东峄县枣庄	光绪三十一年九月	683 112 吨
汉冶萍公司	煤铁	2 000 万元	湖北大冶汉阳 江西萍乡	光绪三十四年二月	铁矿 824 491 吨 煤 790 168 吨
江合公司	煤	20 万两	四川重庆	宣统元年	未详
贾旺公司	煤	200 万元	江苏铜山 贾家湾	民国四年	143 093 吨
六河沟公司	煤		河南安阳 六河沟	光绪三十三年	232 618 吨
柳江公司	煤	72 万元	直隶临榆柳江	民国七年	94 492 吨
天源公司	煤	15 万元	山东章邱埠村	民国八年	尚未出煤
井陉正丰公司	煤	178 200 元	直隶井陉	民国八年	82 974 吨
山西保晋公司	煤	300 万元	山西平定阳泉	光绪卅二年又民国八年	185 560 吨
鄱乐公司	煤	100 万元	江西鄱阳乐平	民国八年	尚未出煤
长兴公司	煤	220 万元	浙江长兴	民国九年	1 845 吨
普益公司	煤	30 万元	安徽凤阳蚌埠	民国十一年	13 000 吨
同宝公司	煤	300 万元	山西大同 胡家湾	民国十年	尚未出煤
中和公司	煤	24 万元	直隶磁县		5 000 吨
怡立公司	煤		同上		24 148 吨
北票公司	煤	500 万元	热河朝阳北票	民国十年	尚未出煤
昌明公司	煤		江西吉安		13 230 吨
华丰公司	煤		山东宁阳		37 761 吨
华昌公司	锑	150 万元	湖南长沙	光绪卅四年又民国七年	近已暂停
裕繁公司	铁		安徽繁昌桃冲		62 220 吨
宝兴公司	铁		安徽当涂县		44 389 吨

续前表

公司名称	矿质	股本	地点	注册年月	最近产额
扬子机器公司	炼铁		湖北汉口	民国九年	约日出 100 吨
裕牲公司	锰		湖南湘潭	民国五年	4 653 吨

领照亩数表

矿质	探	采
金	93 607.50 亩	187 813.077 亩又 480 丈
铜	24 594.441 亩	20 138.542 亩
铁	22 973.98 亩	141 558.67 亩又 22 355 丈
铅	32 624.029 亩	42 966.583 亩
锰	6 348.16 亩	9 254.71 亩
煤	1 804 020.999 7 亩	1 468 836.901 1 亩
石棉		16 535.712 7 亩
重晶石		55.5 亩
硫化铁		1 297.5 亩
颜料石	□	156.92 亩
银	7 600.21 亩	5 831.25 亩
钼	4 301.21 亩	9 841.08 亩
钨	□	295.4 亩
云母	61.06 亩	1 097.94 亩
硫磺	□	3 217.034 亩
铜铅	1 075.8 亩	□
银铅	2 700 亩	960 亩
水银	2 417.5 亩	□
笔铅	5 473.10 亩	3 980 亩
弗石	166 亩	7 893.99 亩
长石	□	1 080 亩
滑石	554.35 亩	6 025.90 亩
磁土	□	2 269.78 亩
苦土	50 亩	18 706.96 亩
铅银	2 139.8 亩	2 700 亩
银铜	1 537.4 亩	32 400 亩
锑	30 705.34 亩	19 571.35 亩

续前表

矿质	探	采
铜镍	□	1 572 亩
石膏	1 856.60 亩	850 亩
磺	□	133.72 亩
磷酸石灰	□	2 179.5 亩
大理石	□	60 亩
锌	1 038.39 亩	5 484.26 亩
锌铅	554.11 亩	1 253.61 亩
铅铜	255.06 亩	□
铜锌铅	195.6 亩	□
绿松石	□	26 亩
铁锰	□	806 亩
煤铁	30 亩	□
锡	1 784 亩	13 385 亩又 5 里 99 丈 9 尺
锡砒	1 219 亩	96 亩
铅锑	52 亩	□
铅锌	□	277 亩
铅砒	□	136 亩
铅钨	384.5 亩	□
砒	□	148 亩
汞	171.033 亩	□
雄黄	□	64 亩
石灰	810 亩	□
铝	3 671.97 亩	□
硃砂	726.5 亩	□
金砂	8 方里 56 亩 8 丈	163 亩
总计	322 547 方里	374 906 方里

民矿之历史,多极复杂。兹限于篇幅,不能详述。仅举汉冶萍与中兴两公司为例,以类其余。盖不特其成败得失,有关于吾国国势之盛衰,且其因革变迁,实足以代表时代之潮流也。

光绪十六年,张文襄督两广,议设铁厂,使驻英公使薛福成转请英国梯赛特厂,代为计划。然于原料之来源,矿石之性质,初未遑计也。

迨机炉购定，文襄去之鄂，继任者为李翰章，颇不善其所为。文襄乃移其厂于湖北。适光绪二十年，盛宣怀以所发现之大冶铁矿献之文襄，其明年文襄遂建厂于汉阳。然有铁矿而无焦炭，铁不能炼。初文襄告户部，得二百万即可周转，至是用款五百万，而铁未出，部中颇有违言，文襄大困。乃于光绪二十二年，奏请交盛宣怀招商承办，每生铁一吨，纳银一两，以为还本之用。照章程应招商股一百万两，督办由商股公举，鄂督奏派。二十三年，盛宣怀添招股二百万两，督办厂事，二十四年，始从德国矿师言，借德款四百万马克，以经营萍乡煤矿，于是燃料有着，规模稍具焉。然文襄原定钢炉，与矿质成分不合，故所出钢轨，含磷太多，为京汉铁路所拒。乃于光绪三十年，以日本所预付矿石价日金三百万元，建筑新炉，改良旧厂。光绪三十三年告成。次年奏准组织汉冶萍公司，完全改归商办。至宣统三年，先后收股约一千万两，而负债倍之。论者谓文襄迹近鲁莽，而其心可原，盛氏不免虚糜，而颇有毅力。盖功过殆不相掩也。所可惜者，辛亥革命，全厂停工，盛氏出亡，经费大绌，遂有民国二年日本制造所一千五百万元之借款，预约于四十年内供给日本铁矿一千五百万吨，生铁八百万吨，其价值以日本制造所购入价值为准，并不得于国外另借他款。民国四年五月，日本"二十一条"要求中，复有"此汉冶萍公司之不得收归国有，倘该公司与日本资本家商定合办时，应即照准，又不使该公司借用日本以外之外国资本"等语。盖自有民国二年之合同，汉冶萍公司不复能自由独立矣。近六七年来，虽因铁价骤增，年分红利，然汉阳产额，因南北战争而屡减，大冶新厂，因欧洲大战而停顿，公司之前途，正未可遽取乐观也。

中兴公司之历史，与汉冶萍似同而实异。盖亦始于官督商办，继于借重外资，然卒以办事人之忠诚，值时会之顺利，而成今日振兴之局。溯其原起，则亦倡始于李文忠公。文忠于光绪六年奏办峄县矿局，派戴华藻以二万金先办土窑，成绩颇著。至二十一年，因水患淹没工人三百余名，为东抚李秉文所封。二十二年，由直督裕禄、直隶矿物督办张翼派张莲芬接办，议添招德股，改名为华德中兴公司。其后德股未集，改用华股，至三十一年收股八十万两，改名为中兴有限公司，呈部注册，三十四年，自修台枣支路运煤，张莲芬复辞兖州道员，专任公司总理。弃官营业，毁家纾难，五十年来，一人而已。民国四年，大井新成，忽招水祸，张君未几病没，幸继任者善承其志，又值欧战，煤价骤增，遂获厚利。年来增加产额，添新开井。民矿中成立既以中兴为最早，成绩亦当以中兴为最著也。

欧洲战争，其影响之及于吾国矿业者，至重且大。盖战争期中，矿物金品，价值骤增。北方之业煤者，因得借以立足。中兴之成功，既已如上所言，其他如河南之六河沟，直隶之怡立柳江，江苏之贾旺，安徽之烈山，无不因之而获利。六河沟煤矿，且以其余力收买临城矿务局比国之借款，民矿之势力，因之而益固，不可谓非近年来国民能力之进步也。

南方之金属矿，与北方之煤矿，同受欧洲之影响。故湖南之锑，民国三年不过值二百万余元，至五、六年，殆值千万。其他如锡、如水银、如锌铅，产额既有增加，价值亦皆骤涨。其尤可惊异者，厥为钨矿。钨之发现，始于民国四年，至六、七年，则江西、湖南、广东所产，几达四千余吨，价值一千万元。世界产钨之国，除美国外，殆以吾国为最盛。所可惜者，南方金属各矿，开采均用土法，组织初无规模，成则互争，败则瓦解，故欧战既停，销路忽滞，改革无术，失败接踵，与北方之煤矿相较，然后知新旧之不能相容，土法之不易持久也。

四、供给与需要

（甲）产额

欲知供给与需要之真相，首须知全国之产额。吾国土法采矿，辍作靡常，组织不备。虽业矿者，亦往往不自知其确数，故统计颇极困难。然近年以来，新式矿厂，渐占产额之大部，其出产均有数可稽。而矿税收入，铁路运输，矿工人数，农商部地质调查所颇不乏材料。故土法采矿之大致产额，亦可据之而约计。兹以民国六、七年之平均数目，与五十年以前相比较，列表如下。

矿质	五十年前产额	最近产额（民国六、七年）
金	10 000 两	108 000 两
银		30 000 两
铅		14 000 吨 砂 10 000 吨
锌		1 400 吨 砂 27 000 吨
铜	100 吨	1 300 吨
铁	150 000 吨	355 000 吨

续前表

矿质	五十年前产额	最近产额（民国六、七年）
锰矿		13 000 吨
锡		9 000 吨
锑		钝锑 10 000 吨 生锑 16 000 吨
汞		314 吨
钼		2 吨
钨		2 000 吨
煤	7 000 000 吨	20 000 000 吨
砒		1 000 吨
硫磺	200 吨	770 吨
石棉		500 吨
滑石	1 000 吨	10 000 吨
白云石或苦土		10 000 吨
明矾	1 000 吨	16 200 吨
石膏	2 000 吨	27 120 吨
石油		2 800 吨

此以吨数计也。若以价值计，五十年前全国矿物金品，每年最多不过一千七八百万元，今且达一万万元以上，孰谓吾国矿业之无进步哉。

（乙）外国贸易

差额之比较，既如上所言，然仅知本国之产额，不足言五十年来需要供给之全局也。夫以我之所余，供他人之不足，于是乎有出口。以他人之所余，补我之不足，于是乎有进口。进出口之数目，为吾国之外国贸易，为言矿业者所不能不知，兹将五十年前及最近矿物、金品进出口之比较，列表如下。

矿质或 金品	进口		出口	
	五十年前	最近	五十年前	最近
金	不可考	值 32 910 493 两	不可考	4 966 276 两
银	不可考	值 49 014 547 两	不可考	1 990 592 两
铜	1 200 吨 值 500 000 两	20 933 吨 8 765 125 两	无	549 吨 186 327 两

续前表

矿质或 金品	进口		出口	
	五十年前	最近	五十年前	最近
钢铁	17 000 吨 值 1 000 000 两	无	无	166 424 吨 8 485 551 两
铁矿	无	无	36 922 吨 202 775 两	635 363 吨 2 402 524 两
锡	29 000 吨 值 1 354 000 两	6 910 吨 6 912 522 两	无	8 781 吨 8 432 604 两
锡板	280 吨 27 000 两	26 324 吨 4 001 842 两	无	无
锌	不可考	1 648 吨	无	108 吨 24 198 两
锌矿	无	值 373 269 两	无	34 吨 162 两
铅	12 000 吨 975 000 两	9 991 吨 1 381 634 两	无	11 吨 1 955 两
铅矿	无		无	136 吨 6 698 两
镍	无	422 吨 407 281 两	无	无
白铜	不可考	20 吨 21 770 两	无	无
黄铜	不可考	1 646 吨 1 006 201 两	无	无
铝	无	127 吨 306 083 两	无	无
锰矿	无	17 吨 674 两	无	无
锑	无	无	无	8 277 吨 615 398 两
锑矿	无	无	无	575 吨 20 600 两

续前表

矿质或金品	进口		出口	
	五十年前	最近	五十年前	最近
汞	230 吨 293 000 两	36 吨 88 108 两	无	80 吨 223 189 两
硃砂	不可考	112 吨 268 622 两	无	无
硝	不可考	1 448 吨 16 001 两	无	无
硫磺	不可考	2 033 吨 95 561 两	无	无
雄黄	不可考	无	不可考	223 吨 53 436 两
砒	不可考	无	不可考	57 吨 10 567 两
白矾	无	无	无	3 279 吨 261 929 两
石棉	不可考	164 136 两	无	无
石膏	不可考	898 吨 28 097 两	无	4 145 吨 53 405 两
玉石与宝砂	不可考	301 537 吨	无	无
煤	140 000 吨 1 270 000 两	1 216 844 吨 3 972 584 两	无	1 477 433 吨 7 257 876 两
焦炭木炭	无	7 975 吨 156 162 两	无	50 289 吨 680 839 两
煤油	不可考，不足 400 万两	203 049 799 加伦 47 667 424 两	无	无
其他	85 000 两	9 338 吨 48 492 两	760 吨 155 000 两	19 434 吨 2 087 097 两

观上所言，五十年前进口金品矿物，共值五，五〇四，〇〇〇两，至最近时（民国八年）则增至一六〇，八〇六，五二八两。出口为

二五七，七七五两，至最近时则增至三二，七九四，八九二两。以出口之数减进口之数，再以之与产额相加，即吾国需要之数。计五十年前，共为二千五百二十余万两，最近时为二万二千八百万两，假定人口未尝增减，则前时为每人每年不足银六分，近时为每人每年五钱七分，增加之率约为十倍。

自海关成立至今，凡各金品矿物，除硃砂外，其进出口贸易，均有增加。惟其中亦互有消长。统计其骤低之年份，共有四次。曰甲午（一千九百〇四年），是为中日之战争；曰庚子（一千九百年），是为拳匪之乱；曰丙午丁未之交（一千九百〇七至〇八年），是为美国之金融恐慌；曰辛亥（一千九百十一年），是为第一次革命。政治金融之影响于贸易，固如是之重且大也。

吾国海关报告，最早者出版于同治六年，故统计甚为完备。兹据历年报告总册，分述其梗概如左。

金砂及生银 金砂及生银之数，与金条银条元宝相混，故其进口之数，与金融有关，不足以证是年矿业之盛衰。溯其增盛之原因，不外贸易总数之相差，赔款之支出，债款之收入，及在吾国外国银行准备金之增减，与金银价值之涨落而已。惜庚子以前，海关报告，以其无税，未列入统计，故其有可考者皆在是年之后。

铜 本国所产之铜，专供造币之用，尚患不足，故无出口。进口之铜，旧多供制造日用之品，故自一千八百六十七年至一千八百八十四年，每年进口，皆在一千吨上下，价值不足七十万两。一千八百八十五年，始超过二千吨。自是以至一千九百〇二年，十七年中，入口之铜，均在三千与二千吨之间。盖造币制械，已不得不仰给于外铜矣。一千九百三年，一跃而为五千余吨，明年为一万七千余吨，又明年为五万八千余吨，价值几三千二百万两。两年之间，骤增十倍，是为各省争铸铜元之直接影响。自是以后，涨落于一万七千吨与二千吨之间，大约鼓铸铜元之多寡为率。最低之年，（一千九百〇九年）且在二千吨以下。过此则复见增高。至民国三年，年达一万七千吨，为一千九百〇六年以来最高之数。欧战期中，复伸缩于一千三百吨（民国五年）与七千九百吨之间（民国七年）。至八年忽增至二万一千余吨。进口之铜愈多，铜元之鼓铸亦愈盛，非吾国国民之福也。

钢铁 钢铁为今日进口之最大宗。民国八年达三十二万九千余吨，价值三千二百万余两。然五十年前进口之数仅六十余吨，价值三十余万两。以今与昔较，增高五十三倍。但其增加之率则甚渐。自一千八百八十以至庚子，虽全额渐加而每年间有涨落。庚子以后，则除美洲金融恐慌时代，与第一、第二次革命之外，皆逐年增加。欧战发生，复受影响，至八年始复骤增。至于出口，则自一千九百〇三年汉阳铁厂改组以来，始有钢铁出口。一千九百〇八年与一千九百十二年，均逐年增加，迨辛亥革命而骤落，至民国三年尚未能恢复。四年以后，铁价大涨，故出口亦随之增。近年以来，伸缩于十七八万吨之间，将来今日建筑或计划之厂，完全开工，出口之振兴，殆未有艾也。

铁矿　铁矿之出口，大约与汉冶萍有关。进口之数，昔本极微，民国三年始稍增，盖本溪湖开矿炼铁曾试用高丽之赤铁矿故也。出口之数，辛亥以后，增至二十万吨。民国三年至七年，平均约三十万吨，八年忽增至六十余万吨，则是年铁价之飞腾，有以致之也。

锡　锡之进出口，涨落颇多，其原因不一，而锡价之无定，实为其主动。进口最低时，为一千八百七十一年，计一千八百余吨，其次即为辛亥，计一千九百余吨。最高为一千八百七十七与七十八两年，均约为五千五百吨。出口则一千九百〇三年以前，当不过二千五百吨，一千九百〇五年增至四千四百余吨，始超过于进口之数。民国元年增至八千六百吨，是为五年中最高之数，锡价渐高，故产额渐增，而云南个旧，尤为产锡之大宗。自一千九百〇九年滇粤铁路开车以后，交通便利，运动大减，故日进月盛，而臻此巨数。民国二年比较稍减，三年秋间，欧战发生，数月之间，销路大滞，业锡而破产者十九，出口之数遂锐减至七千有奇。四、五两年，仍在八千吨之内，至六、七年则骤增一万吨以上。至八年欧战告终，乃复减至九千吨以下焉。

锡板　锡板之进口，逐年增加。在一千八百七十年，其数仅九百吨，至民国三年为二万五千五百余吨，价值二百七十余万两。庚子以前，尚多涨落。庚子以后，则几有涨无落。惟欧战期中，为数稍减，然旋即恢复。盖近年来用锡板制造日用器具者日多，故进口日盛也。

锌　锌及锌矿之分列于海关报告，自一千九百年始。是年进口之锌，不过一百四十余吨，至一千九百〇四年增至一千吨以外，明年复增为二千三百余吨，是为锌质进口次高之年。过之者，惟民国二年，为二千四百余吨。锌质锌矿，亦于一千九百〇五年，始分列于出口表中。锌以民国二年为最高，计约九百吨，矿以一千九百〇十年为最高，计约九千七百吨，然合出口锌质锌矿之价值，仍不能与进口之锌质相抵。欧战以来，逐年减少，至八年乃仅二吨。盖出口皆原料，进口则多制造品也。

铅 铅无出口，其进口之数，颇多涨落。按一千八百六十八年进口之铅，约为九千五百吨。至民国三年，仅为七千二百吨。至七年乃仅五千余吨。至八年复为九千九百吨。其五十年最低之数，为四千吨（一千八百六十七年），最高之数为一万七千九百余吨（一千八百七十八年）。

铅矿 铅矿之列于海关报告，自一千九百〇五年始，是年出口之数约为一千五百吨。其后除一千九百〇八年美国金融恐慌、一千九百十二年第一次革命及一千九百十五年欧战开始外，大都逐年增加，以民国六年（一千九百十五年）为最高，计为一万三千七百余吨。然其后逐渐减少，至八年仅一百三十二吨。盖水口山出产日少，且金价太低为之也。

镍与白铜黄铜 镍与白铜皆有进口，而无出口。自一千八百九十四年来，无大差别。镍之最低数，为一千八百九十四年（中日战争），计三十余吨。最高数为一千九百十九年，计四百四十吨。白铜最低，为一千九百十八年，计十五吨。最高则为一千九百〇六年，计四百六十余吨。黄铜之有统计，较镍与白铜为早，其进口数亦较多，最低之数为七百〇三吨，是为一千九百十六年。一千八百九十一年，达二千吨有奇，为进口之最高数。自是年以至于今，除中日战争（一千八百九十五年）、拳匪肇乱（一千九百〇一〇二年）、美国金融恐慌（一千九百〇七〇八年）、两次革命（一千九百十一十二年）、欧洲战争（一千九百十四至十八年）五时期外，进口之黄铜，伸缩于一千五百六十吨与二千吨之间。盖三十年以来，黄铜在吾国之需用，初未尝有增减也。

铝与锰 铝与锰亦有进口无出口者。锰之销路，几仅限于汉阳铁厂，故一千九百〇六年进口不过数吨，至一千九百〇八年乃达五百五十吨，至革命时乃复落至十吨。铝之用途虽广，然在吾国销路不多，但海关所列，逐年增加。民国元年，约为十二吨，二年、三年皆在五十吨左右，四年减至四十七吨。其后遂不复列表，数不可考。

锑 锑为我国矿业中之新发见者，出口有统计，距今仅十四年，而蒸腾日上，超过其他金类。一千九百〇三年生锑、纯锑出口数为八千三百余吨。民国三年，乃达一万九千余吨，四年达二万三千吨，六年达三万四千吨，可谓盛已。然其后锑价骤落，颇有一蹶不振之势。至民国八年仅八千二百余吨，凡业锑者无不受其影响。此后苟无新发明，增加锑之用途，吾国锑业之恢复，正未易言也。

水银与硃砂 水银与硃砂，我国昔所固有，但自用不足，故仍须仰给于外人。硃砂有进口而无出口，一千九百十四年进口数最高，计为三百余吨。以后数年，在四十与一百五十余吨之间。水银进口，逐年渐减。一千八百六十七年进口水银为三百二十余吨。民国三年则不足三十吨。八年亦仅三十六吨。自一千九百〇四年出口有单独之统计，是年为二十吨有奇，尚远出进口之下。至一千九百〇九年减至五十余吨，超出进口之上。其后以两次革命关系，出口复落，至民国三年，恢复原状，乃复在进口之上。欧战期中增至二百九十吨，为自来所未有。八年亦有八十吨。由是观之，水银进口之增减，大约视本国之产额为转移也。

硝石与硫磺 硝石与硫磺，几完全为兵工厂所需用，而二者本国又皆有所产，故其进口之数，每年略有不同。然硝石自一千九百〇三年至今，最多进口数为四千二百余吨（一千九百〇六年），最少进口数为八十吨（民国五年），硫磺则受战争之影响较深。故两次革命及欧战期中，进口吨数，均在一千一百至三百吨之间。除此以外，则进口之数最高为二千二百余吨，最低之数为一千七百余吨，距别盖至微也。

白矾 白矾有出口而无进口。然欧战以前，贸易颇衰，自一千九百〇三年至一千九百十四年，均在八百吨至千余吨之间。至一千九百十五年，骤增至一万一千吨，然其次年复衰，故八年亦仅三千余吨。

石棉硼砂 石棉硼砂有进口而无出口。自一千九百〇六年以来，石棉以价值计，伸缩于四万七千两与十万七千两之间，大抵逐年增加。硼砂以重量计，最高达三百吨（一千九百十三年），最低为一千九百〇八年，亦有一百七十五吨。其销路似颇有定数。一千九百十六年后，遂不另列，数不复可考。

石膏 石膏于一千九百〇三年，始另列表册，有统计可稽。历年进口，民国三年以前，伸缩于三千五百吨与八百五十吨之间。其后每年递减，至八年仅八百九十余吨。出口则在四千与一万吨之间，以民国五年为最多。

玉石与宝砂 玉石与宝砂（粉布纸）皆有进口而无出口。玉石自一千八百八十六年起，进口数伸缩于三百三十吨（一千八百八十九年）与一百五十吨之间。惟民国元年降至六十吨以下，盖例外也。宝砂一千九百〇五年进口，值六万七千余两，而一千九百〇八〇九与十一年，降至三万七千两以下。民国三年复增至九万两，其后逐年增加，至民国八年遂达十七万两以上，盖需用日有增加也。

煤 煤亦为进口之大宗，然今年以来，出口已超过于进口。庚子以前，煤无出口者。扬子江下流及闽、粤各商埠，大抵仰给于外国煤之进口，其吨数几于逐年增加。一千八百七十年，其数最低，计为八万吨有奇。至一千九百〇三年已达一百四十七万，民国三年达一百七十余万，其后则伸缩于一百一十万与一百四十余万吨之间，较之五十年前，不啻二十倍。出口之煤在一千九百〇四年不过一万余吨，不足进口煤十分之一。至民国三年乃增至一百九十三万吨，其后逐年增加，至七年达八百一十万，八年亦七百二十余万。盖开平、抚顺两大煤矿，近来开辟销路于日本、朝鲜、香港及南洋群岛一带有以致之也。

焦炭木炭 与煤相类者为焦炭木炭。一千九百〇五年焦炭进口，亦有一万四千余吨。然自此以后，均在一万吨以下。民国三年，焦炭出口，超过进口约三千余吨，八年则达三万四千吨。木炭进口最多为一千九百〇八年，计一万六千余吨。至民国三年，降至一万吨。以后逐年渐减，是年木炭出口为八千七百余吨，盖亦几与进口相抵矣。

煤油与石脑油 进口矿物价值最大者，厥为煤油。自一千八百九十年以来，逐渐增加。是年进口约为三千万加伦，价值四百万两。一千九百十一年，增至二万三千八百万加伦，价值三千五百万两，是为历年来最高之数。民国三年亦达三千四百五十万两，以后则减至一万一千三百余万与二万余万加伦之间。与煤油同类者为石脑油。历年以来，除一千九百〇九年外，年有增加。一千九百〇六年，为十三万加伦有奇，一千九百十一年，已增至二十七万加伦以上。民国三年乃达八十二万加伦，较之十年前，几增七倍。民国五年，减至六十八万加伦，然次年即复增至一百万以上，八年乃达二百五十余万加伦。推其原因，盖近年来汽车盛行，用途渐广，内地又无出产，故进口日增也。

海关报告中所分列各矿物金品，既如上所言。此外尚有不分类之金属品及矿物。前者进口超过于出口，后者有出口而无进口。然其历年之比较，颇不完备，且每年之总数，视海关报告是年分类之法而异，故不若分列各表统计之有价值也。

（据《最近之五十年》，申报馆，1922 年）

重印《天工开物》始末记

　　民国三年余奉命赴滇，调查迤东地质矿产。读《云南通志·矿政》篇，见所引宋应星著《天工开物》，言冶金法颇详晰，因思读其全书。次年回京，遍索之厂肆，无所得；询之藏书者，皆谢不知；阅四库书目，亦无其名。惟余友章君鸿钊云，曾于日本东京帝国图书馆中一见之，乃辗转托人就抄，年余未得报，已稍稍忘之矣。今年迁居天津，偶于罗叔韫先生座中言及此事，先生曰："是书余求之三十年不能得，后乃偶遇之于日本古钱肆主人青森君斋中，遂以古钱若干枚易之归。君既好此，当以相假。"于是始得慰十年向往之心，然初不知宋应星为何许人。

　　书计十八卷，九册。凡食物，被服，用器，以及冶金，制械，丹青，珠玉之原料工作，无不具备。说明之外，各附以图。三百年前言工业天产之书，如此其详且明者，世界之中，无与比伦；盖当时绝作也。书为日本管生堂所翻刻。前有明和辛卯年（乾隆三六，西一七七一）日本大江都庭钟序；次为著者自序，序末书"崇祯丁丑孟夏月奉新宋应星书于家食之问堂"。汉文旁加有和文字母。卷首载"天工开物，分宜教谕宋应星著"。欲觅奉新分宜两县志证之，急切不能得。思教谕大抵出身举人，因取《江西通志》选举门阅之，果见其名于万历四十三年乙卯科表中。下注："奉新人，知州。"同科又有宋应昇。下注："奉新人，知府。"奉新旧属南昌。复于通志列传南昌人中得宋应昇名。其文曰：

　　　　宋应昇，字元孔，奉新人。尚书景曾孙。万历乙卯乡试，与弟应星并魁其经；时有二宋之目。五上公车不第。谒选得湘乡知县，复补恩平，历广州同知，升广州知府。所至有慈惠声。家居孝友恭谨，亲族困乏，必勉振之。自广州请告归，未几卒。所著有《方玉堂集》。

乃略知先生家世。后数日于京师图书馆得顺治《奉新志》。选举门载：万历四十三年乙卯举人，"宋应星，字长庚，北乡人，第三名。福建汀州府推官，升南直亳州知州。著有《天工开物》，《画音归正》，《杂色文原耗》诸集行世。"又载："宋应昇，字元孔，北乡人，广州知府。有传。"传文曰：

> 宋应昇，字元孔，北乡人。少为诸生，试辄冠军。领万历乙卯乡荐。崇祯末以恩平令两迁至广州守。广州故嬗地。应昇独以廉著，邑墨吏望风解绶。及闻甲申之变，杜门守丧，拊心啮齿。时按粤刘公远募兵勤王，盖括妻孥妆饰以助。嗣是病眩。次年告归。归日忏佛以诗曰："朝汉台前海水流，千年洗净赵陀羞。如何今日光天德，偏入黄巾半壁秋。岭表衰臣惭禄仕，佛前血疏告君雠。誓同戮力询方去，追恨当时水火谋。"抵家，不入城市，有欲要之出者，笑而不答。约同志披缁百丈，会大雪不果。书二绝曰："撒手悬崖谁未休？归山正欲唤同游。如今开落知何似？一夜六花散九州。千里江山带雪看，无君此日亦无官。一生忠孝归何处？惟有冰魂念岁寒。"自是朝夕向祖宗前呢呢默诉，询之亦不对。一日忽泣然曰："吾其死乎？"室人惊遽，次日无疾坐中堂而逝。左右扶就箦，鼻口喷紫血数把，盖仰药云。刻有《方玉堂集》。

志成于顺治十八年，先生无传，疑其时尚存。宋应昇传辞意亲切，当即先生手笔。先生之曾祖宋景，字以贤，嘉靖丙午为都察院左都御史，卒赠太子少保、吏部尚书，谥"庄靖"。志亦有传。景子介庆，字幼徵，嘉靖十九年举人，南直黟州知州。或即先生祖也。又据志所列，宋庆，宋应和，子士中，均举人。庆子国华，仕至贵州左布政使。因知北乡宋氏为奉新望族。

京师图书馆又有乾隆十五年修《奉新县志》，选举不及旧志之详。文苑列传，亦有宋应昇名。传文与通志同，盖皆录《南昌府志》。惟应昇传之下，附应星传。其文曰：

> 应星，字长庚，官至亳州知州。崇祯间邑贼李肃十等为乱，应星破产募死士，与司李胡时亨等讨平之。著有《天工开物》、《画音归正》、《厄言十种》等书。

凡上所引，无言及分宜教谕者。乃复征之《分宜县志》。学识门载：

　　宋应星，奉新人，举人。崇祯七年任。升汀州府推官，有贤声，汀人肖像祀之。（下列）陈良璧，崇祯十一年任。

　　于是知先生于十一年去分宜。复检亳州汀州各志。中仅载姓名，无他事实可考。惟亳州志载其为明代最后之知州。意先生于十一年赴汀，任满后始赴亳欤？

　　原序中所称之涂伯聚，疑即通志有传之涂乔迁。南昌人，万历进士，官至南京太仆卿。以拒建魏珰生祠去官，卒于崇祯末年。

　　因综述以上事实而为之传曰：

　　先生讳应星，字长庚，江西奉新县北乡人，宋氏为奉新望族，科举甚盛。先生曾祖景，嘉靖丙午官都察院左都御史，卒赠尚书，谥庄靖。景子介庆，嘉靖十七年举人。仕至黔州知州。万历四十三年乙卯，先生与兄应昇同魁其经，先生名列第三：一时有二宋之目。然卒不第。崇祯初，著《画音归正》，其友涂伯聚为之梓行。未几，邑贼李肃十等为乱，先生破产募死士，与司李胡时亨等讨平之。七年任分宜教谕。著《天工开物》。十年刊行。十一年升任汀州府推官，有贤声。十四年再迁亳州知州。甲申解官归，遂不复出。所著尚有《杂色文原耗》、《卮言十种》等书。兄应昇，官至广州知府。国变后告归，未几卒。著有《方玉堂集》行世。先生生于万历中叶，卒于顺治康熙之交。兄弟早领乡荐。不第改官，所至有惠政。遭逢国变，弃官不出。居乡孝友恭谨，以文学著述自娱，邑志府乘均有传云。

　　论曰，明政不纲，学风荒陋。贤士大夫在朝者以激烈迂远为忠鲠；在野者以性理道学为高尚；空疏顽固，君子病焉。殆乎晚季，物极而反，先觉之士，舍末求本，弃虚务实。风气之变，实开清初诸大儒之先声。先生生于豫章。鄱阳之煤，景德之磁，悉在户庭；滇南、黔、湘，冶金采矿之业，又皆操于先生乡人之手。《天工开物》之作，非偶然也。善乎先生之言曰："世有聪明博物者，稠人推焉。乃枣梨之花未赏，而臆度楚萍釜鬵之范鲜经，而侈谈莒鼎。画工好图鬼魅而恶犬马，即郑侨晋华岂足为烈哉？"故先生之学，其精神与近世科学方法相暗合。乃身遭国变，著作沦散；非邻国流传，天幸遇合，则毕生之业，没世而无闻矣。悲夫！

　　传既成，就正于叔韫先生，复承先生之命，以付印事商诸张菊生先生。因原刻附有和文，不宜摄影，乃另抄副本排印，加以句读，而书其始末于首。后生末学与有荣焉。

（据《读书杂志》，第 5 期，1923 年 1 月 7 日）

一个外国朋友对于一个留学生的忠告

A 是一个生长中国的外国人。我与他认识了十多年；近来因为他回国去了，许多时没有看见他。前天在火车里头，忽然遇见他。寒暄了几句，就谈起政治来。

A：我回来了一个多月，很想找你谈谈，总见不着你。后来听说你离开了北京去做买卖。我还不相信：因为你在北京办事也还顺手，也还有成绩，以为你必不肯舍去了的。难道你当真不愿意再做官吗？

我叹了一口气道：官是做不得的了！我到北京十年总主张好人努力去做官：做官的多是好人，政治就有了办法了。一来同志太少，好人多不肯做官；二来官也太难做，好人都学不会；三来许多好人做了官就变坏了。眼看见好人做官的一天少一天，政治一天坏一天，况且一心要做好官，不肯弄钱，不肯兼差，做了十年官，仍旧是毫无积蓄。到如今薪水常常发不出，衣食都不周全，方才有一种觉悟：知道政治一天不清明，一天没有好人可做的官；做官的心思就淡了一半。又看见我们想做好官的人，辛辛苦苦费了多少年做成功的事业，一个无知无识的官僚或是政客，用一道部令，就可以完全推翻，觉得我做的事业，是沙滩上的建筑，绝对没有地基的，所以才改了行出来做买卖。

A：你这番话自然是真的，我们也很原谅你。但是我倒要请教你，出来做买卖，政治就会得清明了吗？

我：政治清明，谈何容易！这不是一天可以做得到的。现在我们社会上的大患，是失业的太多，知识太缺乏。平民政治的根本，丝毫没有。要培植这种根本，一方面是要兴办实业，一方面是要提倡教育。实业教育有了成绩，方才可以希望政治真正清明。我做买卖固然与政治直接无关，然而间接的可以养活许多人——养活了我自己，使得社会上少了几个寄生虫，或者也是尽我国民义务的一种方法。

A：呵呀！怎么你不会钻到了这种太极圈里面去！近两年来这种说话，我听得不耐烦了。教育实业不发达，政治不会清明；政治不清明，教育实业会得发达吗？教育的情形，我不甚晓得。要从表面看起来，教职员索薪，学生罢课，也决不是教育发达的气象。我是做买卖的人，实业的情形我可是很知道的。我看中国有一班人趁欧战的机会，发了一点小财，就自己以为是实业家，而且以为实业是可以离政治而独立的。试问你们现在配得上叫做实业的，有几种甚么事业？就是把银行也算在实业里头，新式组织的买卖，银行以外，只有煤矿，纱厂，面粉厂三种。即一种现在是站的住的？煤矿全靠运输：去年奉直战争的结果，京奉京汉京绥三条路的车，不是扣在关内，就是扣在关外，连中英合办的开滦都要没有红利；天津的红煤卖到十八块钱一吨，还没有地方可买：用煤的人叫苦连天，销煤的人束手无策。再胡闹两三年，这些煤矿，不一个个要破产么？面粉厂纱厂，说起来更是可怜的了。出麦子的地方，种了鸦片烟，或是遭了土匪，麦子出得少了，价钱也贵了，十个厂有五个不能开工，开工的也是亏本。纱厂受的害也是一样。加之棉花还要出口：花价越大，纱厂越没有利钱。况且面粉厂纱厂也都要靠运输的。去年奉直战争的时候，大一点的厂那一家没有存起几万包面，几万箱纱？一个公司压死了一二百万块钱的货，不能流通，不是关门，就是借债。今年若是再有战争，怕他们不破产么？这种事业，根本在农业，命脉在交通。这几年的旱灾，水患，匪乱，那一件不是可以由行政上设法免去的？有了好政府，交通的发达怕不是一日千里么？我看欧战后的一种机会已经完全过去了；现在本来是实业恐慌的时代，然而若是政治有办法，这种恐慌，是不久就可以过去的。现在有知识财产的人，不去想法子廓清政治，反要来添设工厂。工厂越多，销路越滞，破产的日子越快。况且几个大的银行，都与政治有连带的关系，政治没法子解决，这几年辛辛苦苦聚集起来几个钱，都要变成废纸，还有甚么实业可说呢？

我默然了半晌，勉强答道：政治不能放弃的我也很知道的。所以近来做买卖之外，也拿余力来谈谈政治……

A：咳！政治是实行的，不是资谈助的；政治是要拿全力去干的，不是以余力来消遣的。

我：你这话固然是不错，然而拿全力去干政治，不是容易实行的。我觉得近十年来我们中国的政治，就是坏了一班没有职业的政客手上。

他们以政治为饭碗，所以越弄越糟。我们想先吃定了一碗饭，然后投身政治，庶几乎可以置个人利害于度外，不受饭碗的影响。

A：无职业的政客，是世界通行的寄生虫，不但是你们中国有的。但是你的计划，只可以在太平时代实行，当这种危急存亡，间不容发的时候，你不来救国家，反先要保全自己的饭碗，做近世国民的不是应该如此的！况且你的饭碗也没有保全得住的道理呢？

我：你说我们国家已经到了危急存亡间不容发的地位，未免太悲观了。我们的大患是在不统一，不统一所以不能裁兵，不能裁兵所以财政紊乱，然而根本讲起来，财政并不是没有办法。目前国家的四分五裂自然是无从讳言，不过这种四分五裂，是中国历史上常有的事：是暂时的，不是永久的。我们从前所最怕的是敌国外患。自从第一次革命到如今，大家不肯破坏到底，不敢提倡彻底的革命，却是有一种迷信：以为秩序一乱，外国人一定要来干涉，所以凡事都是迁就敷衍，调停退让。近两年来我觉得这种惧外的观念是错误的。张作霖强占了京奉铁路的一段，英国人何尝有法子赶他？外债到期没有下落的以万万计，我们的债主何尝能强迫我们还债？国际的政策到如今是成功了一种互相牵制的形势，一时决不能来积极干预我们的内政。只要没有外患，我们有了时间来奋斗，来竞争，自然可以由分而合，由乱而治。所以我个人对于目前的中国，虽然没有具体的计划，可以立时统一，对于将来的中国，倒是狠乐观的。

A：你这种话是几十年几百年后的历史家的眼光，不是一千九百二十三年的中华民国国民应该说的！由历史上说起来，目前的混乱，不过是中华国民做的一场恶梦，梦总有醒的时候。但是做国民的义务，不是在冥想可能的将来，是要抓住了稍纵即逝的现在。不然，波兰亡国的时候，他的国民也只要冥想一千九百十九年波兰会得复兴，不必去抵抗普奥俄三国的征服了。这种历史观是你们中国人的长处，也就是你们中国人的短处。一个国家弄得土匪遍地，政府号令不出国门，军阀割据，贿赂公行，内外债没有着落，上下人无法生存，就是没有敌国外患，有知识的国民难道还可以放弃他们的义务，说没有到危急存亡的时候，可以不必着急么？况且你所说的国际形势，是似是而非的。你们从前的怕外国人原是没有道理，但是现在的不怕外国人也是没有眼光。照近两年来的国际形势看起来，列强侵略中国的野心似乎比欧战以前是要好些，但是这也是一时的，不是永久的。经过大战争的国民自然厌恶战争：宁可暂时牺牲相当的利益，不肯出头发难，担负干涉中国的责任，然而这种观念列强本来不是一致的，也不是一成不变的。到了山穷水尽的时候，眼见中国有知识的人缩头藏尾，不肯出来奋斗，政治上无一线的光明，自然有人出来提议积极干预——共同干预做不到，就会有单独行动。干预的困难是经济同军事的担负太大，怕有得不偿失的结果，所以人人不敢轻举，然而近来已经有人提议，用中国自己的人，自己的钱，来监督中国。你看见上月英国《圆桌》杂志（*Round Table*）里面的一篇文章吗？做这篇文章的人似乎狠熟悉中国的内情，通篇没有一句不符事实的话。最后他说，要希望中国自动的整理债务，破除军阀，恐怕没有那们一回事；最好各国分头占据现有的几条铁路，就用铁路的收入来组织护路队；用中国人当路警，外国人当警官，不久就可以太平。你自然知《圆桌》杂志是英国阴谋政治家的机关报，要算英国政治上最有实力的言论机关。这种文章登在这种杂志上，不狠可以使得人注意么？用中国人来征服中国人，不是新主意，但是用铁路来征服中国，却是一种可以实行的毒计。你要明白，我不是赞成这种计划的外国人，而且不是劝你们怕外国人的人，然而有知识的人放弃他们的义务，听军阀土匪胡闹，无论外国人干预不干预，却是你们极大的耻辱，却是延长你们人民的痛苦，我以为有计划的革命不怕外国人干预，没有革命的计划，外国人的干预，怕是逃不了的。

我不禁点点头道：你这番话是狠有道理。

A：我最不懂的是你们那儿来的这样耐性！有知识的人如何肯听一班无知识人来支配他们，宰割他们，连一点儿严重的抵抗也没有，真是令人费解！

我：你这话我们可不能完全承认。你难道没有看见学生运动吗？

A：你提起学生运动来，我更有话要问你了！政治运动岂是可以交付给未出学校的青年的？世界上的革命学生加入的，只有一千八百四十八年德奥的暴动，然而那时候指挥学生的却是学堂的教习。你们的学生运动是甚么人的主动，我是不晓得的，然而学校的教习却是完全取一种旁观的态度。前几天学生向参议院请愿，我是个在场的证人。当警察用皮带子赶打学生的时候，有几个看热闹的中年以上的人，吓得脸都青了，跑的比学生还快。只有几个十六七岁的学生，骑了自行车，在那里散布传单，到还有点子丈夫气。这就譬如一家人家上了强盗，或是失了火，所有的壮丁都藏了起来，把救火，打强盗，这种大事都交给十几岁的孩子手里，岂非是怪事？而且你们的学生运动也是最特别。挨打受伤的学生都是向人家请愿去的。为请愿而受辱，未免太不值得了！不是我替英国人吹牛。我们国家若是有了重大的运动，有知识的国民，老的少的，无有不加入的。你只要看欧战发生的时候，英国人争先恐后去当兵，是何等爱国，何等勇敢！现在你们国家的危险，比英国加入战争的时候，大小如何，何以人心竟丝毫没有感觉呢？无怪布兰特一类的人要骂你们麻木了。

我：我们中国人不容易感觉，不容易集合做政治运动，我是承认的。但是近几年来麻木，实在是一种反动。当满清末年，一班有志志士恨满政府腐败，秘密结合起来，做革命运动，何尝没有牺牲的精神，慷慨的气节？广东的将军，安徽的巡抚，北京的军谘使，都是炸弹炸死的；摄政王，袁世凯，同出洋的五大臣都也曾受过虚惊；广州的黄花冈至今还有牺牲的纪念。当日人心不能说不激昂，流血的也不全是未出学堂门的学生，何以到如今竟没有人出头来牺牲，来奋斗呢？你要知道，当辛亥革命以前，人人心里头有一种公共的目标：第一是"排满"，第二是"平民政治"；以为满人倒了，政体改为共和，天下就太平了。对于这两件事有一种绝对的信仰，大家才肯牺牲，才肯流血。这十一年来的经验，把这种信仰完全打破了。满人倒了，起来代他的同他一样坏；政体还没有变得全，代议政治已经完全破了产。大家没有了信仰，四顾彷徨，不知道如何中国才弄得好。要牺牲，为的甚么？要奋斗，为的甚么？谁也答不出来！始而是失望，继而是消极，消极的结果便是麻木。譬如欧战初起的时候，"救比利时"，"抵御强暴"，"巩固世界的平民政治"，都是激发人心的好目标。到如今停战已经四年，和平仍然无望，不要说从前所唱的高调了。要是英国人现在再要替傍人战争，我可以断定奋勇从军的人万不能如一千九百十四五年那们踊跃，这也是从失望而消极的结果。

A笑道：你又讲起历史观念来了，我无话可以驳你。我只有一句忠告：在目前的世界上，凡没有信仰而消极麻木的民族，都是不能生存的！说到这里，火车已经过了崇文门。A站起来戴上帽上，穿上大衣，向我握手道：一个国民的知识与责任，义务与权利，都成一种正比例。我总觉得留学生是中国知识最完全的人，也是享社会上最大权利的人；所以我一面庆祝你的买卖成功，一面希望你不要忘了政治！

（据《努力》周报 42 期，1923 年 3 月 4 日）

历史人物与地理的关系

历史同地理的关系，是近代科学上最有兴味的问题，也是最没有解决的问题。布克儿（T. Buckl）是十九世纪用科学知识研究历史的第一个人。照他的学说：凡人类的历史，都是气候土壤交通的关系。这种物理派的历史观，在他的《文化史》（*History of Civilization*）出版的时候很有势力。到了十九世纪末纪，遗传性的研究，渐渐进步，于是注重种族的比注重环境的学者要多。美国的格兰特（Grant）就是极端主张种族论的人，但是他的研究方法是不科学的，不足以做遗传性历史论的代表。最近美国学者如伍治（F. A. Woods）用遗传性研究欧洲历史上的人物，贡献很多。他的主张是一国的历史，是种族的根性同偶然发生的首领所造成的。他所著的书，如《皇族与遗传性》（*Heredity in Roy-alty*）是近代历史学上的名著。同时研究地理学的人，还是主张文化是气候的产物，不过他们不复如布克儿那们极端，那们简单。汉亭顿（E. Huntington）就是这一派人中最有成绩的。但是无论我们对于种族，环境同偶然产生的首领，这三种势力，偏重在那一种，总应该承认地理同历史有密切的关系，因为广义的地理，包括生在地上的人种。

中国人是最注重籍贯的：所以遇见了一个生人，问了他的尊姓大名，就要问他是那一省那一县的人，因为我们脑筋里头觉得"湖北人"，"广东人"，"江苏人"，"山西人"……这种名词，是代表这几省人的特性；知道一个人的籍贯，就知道了他是我们心里头的那一类。这不但中国人如此，就是欧美的人也是如此。说到了新下台的英相乔治，不知不觉就想起他是维尔司的人。美国选举总统，第一个问题，就是他还是生在南几省或是北几省。所以若是我们把中国历史上的有名的人物，照他们的籍贯，做一个统计：看看一个时代之中，那一个地方的人，在政治上、社会上最有势力，最有影响，岂不是很有兴味？

这一种研究，最困难的是定历史人物的标准。一个人有怎么样的资格，才配做历史人物呢？伍治研究欧洲人物的时候，完全用一种客观的方法。譬如他研究一个时代皇室的人物，就把所有那时代的书籍，细细的读过。凡有提起皇室人物的地方，都抄了出来，做一个详细的统计：看看那一个最受人称赞或是批评；称赞批评，又到如何程度；然后决定当时人的总判断，拿来做标准。又如他研究近代有名的科学家，就把他所晓得的名字开了出来，请现代的科学家投票。这两种方法，都是极其费工夫，而且对于中国的历史，不很适用。我为简便起见，暂时用了一个武断的标准：把《二十四史》来做我的下手地方。凡有二十四史上有列传的，都假定他是"历史人物"，假定是我研究的一种单位，然后拿他们的籍贯来计算一时代中那一个地方，历史人物的数目最多。

用这一种方法，有两个大缺点：第一是行业不同的人，混在一块计算。文艺家同将帅，性质迥不相同；照我这种方法，都算是一个单位。第二是程度不同的人，没有区别。绝大的人物，如张江陵、王守仁只算一个人；极小的人物，仅仅够得上有列传的，也要算一个人。所以进一步的研究第一是要分类，第二是要分等。但是分类，分等，都有主观的毛病，而且很费时间的。这一次的研究，只能算一种粗浅的统计。好的统计的人数较多，两种毛病都可以减少。因为无论一个人是甚么职业，二十四史上有了列传，总是那个时代的一个人物；对于社会政治，总有一种影响，不妨视为一类，与没有列传的人区别。至于有分等的毛病，只要地方的单位大，也就可以减除：譬如湖北出了一个大人物张江陵，当然同时明史上有传的湖北人，就有许多小人物。以此类推，无论那一省都是如此。假如拿省替省比，大小人物混在一齐，各省同时吃亏，同时占便宜；虽然不能全公道，也并非全不公道。

第二种困难，是地方单位问题。我们这种研究，是要知道人物与地理的关系，但是地理包括地文人文两种。若是以地文为标准，浙江的温处台应该归入福建，不能同浙西在一个单位之内。但是就文化而论，温处台同福建的关系浅，同浙西的关系深。诸如此类，不胜枚举。所以要求一个地文人文相合，而且区域较大的地方来做单位，是不可能的。我再四斟酌，还是拿省来做单位，较为妥当。一来这种单位，不用说明；二来省是一种政治的地理单位，与政治有多少关系；三来现在的省分，虽不能合于科学的地文人文标准，然而可以算折衷于二者之间。

我所谓历史人物，是指历史上有势力的人物而言，所以不论善恶邪正，只要当日他的言行，曾有影响于政治社会的，都一概收入。

这种统计，系各地方人物贡献的比较，所以只能就统一的时代研究，因为分裂的时代，各省自然有各省的首领，无从混合计算。秦以前，是封建政治；就是秦代，时间太短，也当然不在研究范围之内。秦以后共分六期：一前汉，二后汉，三唐，四北宋，五南宋，六明。元朝不但是蒙古人的世界，而且时间不长，政治上有特别的组织，暂时可以置之不论。至于前清，一则清史未成，没有同二十四史一样官书，可以做根据，而且私家著述很多，材料较为丰富，应该提出另行研究。这一次的讨论，只限于上边所举的六代。这六代有列传的人，有六千多人；有籍贯可考的也有五千七百多人。因为古今地名不同，逐一的考证起来，颇费时日；仅仅对过一遍，错误恐不能免，不过这种错误，对于各省的百分率数目，不能有很大的影响，所以我大胆先把现在研究的结果，做成一个表，一张图，发表了出来，希望引起历史学者的兴味，多几个人来用这种方法研究中国历史。

省别	前汉		后汉		唐		北宋		南宋		明	
	人数	百分率	人数	百分率	人数	百分率	人数	百分率	人数	百分率	人数	百分率
陕西	22	20.58	73	15.97	261	20.4	63	4.31	6	0.99	20	4.51
直隶	21	10.1	28	6.12	223	17.6	212	14.51	7	1.16	128	7.23
山西	10	4.92	16	3.5	182	14.2	141	9.65	17	2.81	56	3.16
河南	39	18.75	170	37.2	219	17.1	324	22.18	37	6.12	123	6.94
山东	61	29.33	57	12.47	97	7.6	156	10.68	13	2.15	93	5.25
江苏	23	11.06	13	2.84	82	6.4	97	6.63	49	8.1	241	13.61
浙江	2	0.96	14	2.99	34	2.77	84	5.74	136	22.50	258	14.51
湖北	7	3.36	11	2.4	29	2.4	19	1.30	14	2.33	67	4.29
安徽	3	1.44	24	5.25	21	1.7	53	3.62	38	6.29	199	11.24
四川	4	1.92	26	5.68	12	0.9	93	6.36	71	11.7	57	3.22
江西	1	0.49	2	0.42	7	0.5	81	5.54	83	13.4	204	11.51
湖南	0	0	2	0.42	2	0.2	12	0.82	12	1.98	27	1.52
福建	0	0	1	0.21	2	0.2	95	6.5	88	14.5	92	5.19
广东	0	0	0	0	3	0.2	3	0.2	4	0.66	50	2.82

续前表

省别	前汉		后汉		唐		北宋		南宋		明	
	人数	百分率	人数	百分率	人数	百分率	人数	百分率	人数	百分率	人数	百分率
广西	0	0	1	0.21	0	0	2	0.13	6	0.99	13	0.73
贵州	0	0	0	0	1	0.1	0	0	0	0	10	0.56
云南	0	0	0	0	0	0	0	0	0	0	14	0.79
甘肃	10	4.92	17	3.72	53	4.1	19	1.3	23	3.89	23	1.29
奉天(汉人)	0	0	0	0	3	0.2	0	0	0	0	0	0
内蒙(汉人)	3	1.44	1	0.21	0	0	0	0	0	0	0	0
外族	2	0.96	1	0.21	50	3.9	7	0.61	0	0	14	0.79
总数	208		457		1 282		1 461		604		1 771	

　　我们把上边表上的数目，详细分析起来，第一件可以引起我们注意的，是在一时代以内，各省人物的贡献，数目至不平均。即如后汉一代，最多的是河南，百分率在三十七以上，其余广东，贵州，云南，奉天，都是零；江西，湖南，福建，广西，四省，都在一以下；山西，江苏，浙江，湖北，都在五以下。然而同一个省分，在六个时代之内一时代的贡献，又与其他时代，相距的很远：即如河南在后汉是百分之三十七，到了明不过百分之七。江西在前后汉都在千分之五以下，到了明就有百分之十一以上。这种人物分数的变迁，实足以代表文化中心的转移。这又是甚么原因呢？

　　第一个最明显的原因，是建都的关系。即如后汉，北宋都在河南建都，所以河南的人物最盛。南宋的都城在浙江，唐的都城在陕西，所以浙江在南宋，陕西在唐，人物最盛。况且二十四史上的人物，虽不全与政治有关，但是最大的部分是官吏。官吏是从考试得来的，重要的考试，都在都城：离都近的省分，考试先占了便宜，人物也自然容易出头，但是距都城远近，不是人物贡献的惟一原因，又有很明显的证据。即如前汉的都城在陕西，而陕西所出的人物，还抵不上江苏，更不必说山东，河南了。明的都城在直隶，然而江苏，浙江，江西，安徽四省的人物，都比他多。无论那一代，四川比湖北，远，而四川六代的平均分数是四，湖北是二；云南，广西，都比贵州远，然而有明一代，贵州的人物，不如云南，广西。足见得都城的地位，虽是很有关系，然而决不是人物变迁的惟一原因。大概文化的中心，比都城的地位重要。若是都城也是那时代的文化中心，建都的省分，人物自然比他省要多，不然，还是文化中心要紧。

皇室的籍贯，也是很有关系。"从龙"的固然大半是丰沛子弟，而且他们的子孙，袭了祖宗的余荫，变成功一种世家：故乡的亲戚朋友，又要攀龙附凤；皇帝的同乡，自然是很占便宜。江苏在前汉时代，百分率是十一，安徽在明也是十一，都是占了汉高帝，明太祖的光。

经济的发展，也是一个重要的原因。无论甚么时代，没有几分的经济独立，就无从讲起教育。孔子若是要凿井而饮，耕田而食，那里还有功夫去敦诗说礼？到了后世，教育的中心，在重要的书院，书院里的发达，又是靠地方上担负的能力。地方上越富庶，教育越振兴，人物也自然越增多。江苏，浙江两省在南宋以后，变成功中国的文化的中心，与两省的经济史，总有关系。在唐以前，钱塘江同扬子江之间，沿海都是盐塘，同现在江北开盐垦的地方差不多。直等到钱镠筑了海塘，沿海的田地，经渐渐的成熟，南北运河一通，丝米都可以出口，江，浙，两省才成了全国最富庶的地方。同时这两省所出的人物，也就驾于各省之上。影响于国民经济最大的是战争。元以后北方的退化，明以后四川，江西，福建的衰落，多少都受了兵灾的影响。北方不但遭了兵灾的残破，而且因为水利不兴，旱地的收入，一年少似一年，恐怕也就可以使得经济不振。但是我目前没有精确的研究，可以证明北方农业的退化。

还有一个原因，是"生存优点"的变迁。生存竞争，优胜劣败，但是何者为优，何者为劣，在人类方面，全是看社会的习尚为准。假如社会崇尚忠实，诚恳：把社会上最高的位置，给忠实诚恳的人，这种人自然是优胜；若是社会推重文学美术，有文学美术天才的人，就可以得势。中国北方人，是忠实诚恳的一路；扬子江下游的人，是比较的长于文学美术。看上列的表，宋以前北方人占优势，宋以后扬子江下游的人占优势。或者是宋以后同宋以前社会的崇尚不同，生存的优点变迁，所以如此。但是细细研究：宋，明两代长江下游的人物，忠实诚恳的也是很多，宋以前的北方人也很多，长于文学，恐怕这还不是人物贡献南北变迁的重要原因。

据我的研究，最重要的原因，是殖民同避乱。秦以前中国的文化中心在山东，河南。就是两汉，除去了四川，江，浙，长江以南的省分，可算同中国历史没有甚么关系。湖南，广东，江西，福建，都是唐末宋初因为殖民的结果，方才归入中国文化范围之内；贵州，云南，广西到了明，才可以算是中国的领土。东三省一大部分，始终在东胡族手里，在中国历史上，当然不能有甚么重要的人物。避乱同殖民的性质，本是相同。但是殖民的人，不必一定是中国社会里优秀分子，而东晋同南宋两次渡江，随从南行的，都是当日的士大夫，不肯受外国人统治的；声明文物，自然是在这班人手里。宋以后江苏，浙江的勃兴，大概很受这种避乱人的影响。至于北方受了外族统治，文化一定不能如前。五胡的时代，倡乱的外族，都还是受过中国文化的人居多，所以为害不大。金元两代，北方全是野蛮人的天下，经他们蹂躏以后，一时不容易复原，也是意中的情事。

综论起来，前汉时代，中国的文化，本来在山东，河南，所以这两省出人最多。陕西是建都的关系，江苏是皇室籍贯的关系，所以也比较的发达。其余如湖南，福建，广东，广西，贵州，云南，同东三省，都完全没有开化。浙江，安徽，四川占的分数，也是极微，惟有湖北是因为是楚国的旧境，人材较多，可算是南方各省的例外了。后汉情形，同前汉相差不远，不过河南是皇室籍贯同建都两重的关系，特别人多，南方几省，也渐有进步。唐代文化的中心在陕西，北方各省的程度，比两汉较为平均。南几省除去江苏以外，仍旧不大发展。四川，安徽反为退化。北宋时虽因为建都的关系，河南特别出人，然而江，浙，四川，江西，福建，或是因为经济发展，或是因殖民移民，文化进化，大有一日千里之势，渐渐要同北几省争衡。南宋北方不在版图以内，自然没有许多人物：文化中心，从此就到了长江下游。江西，福建都表现有史以来未有的盛况。明朝北方因为受了外族的统治，农业又复退化，仍然一蹶不振，江苏，浙江，江西，安徽四省，远出其他各省之上（安徽因为皇室同从龙功臣的籍贯关系，与他省不同），西南也慢慢的露了头角，与宋以前的中国，宛然是两个世界了。

细细研究上列的表，还有一个要点。在宋以前，不但文化的重心，是在北方，而且文化的分布，很不平均。在两汉的时代，山东，河南两省所产生的人物，总在百分之三十以上。后汉时河南一省就有百分之三十七。汉以后各省的程度，渐渐平均，出人物的省分渐多，每省占的成分也渐多。在后汉的时代，最多的省分百分率是三十七，最少的省分是零；在明朝最高的是百分之十四，最低的是千分之十五；可见得从前中国人的文化，本来全在黄河下游，以后因为殖民避乱的关系，逐渐把这种文化普及全国。这是我们民族对于世界文明最大的贡献。把远东的许多野蛮人，变成功受中国文化的国民，这种事业，比罗马人在西欧洲的功劳还大。但是普及同提高，往往不能同时并进；普及的成绩好，提高的程度就差了。

各省文化逐渐平均，虽然是事实，然而表上所列的百分数，都不完全与事实相符。本篇所说的历史人物，大部分与政治有关系的。自从科举取士以后，要出身于政治界，首先要列名于科举。明朝科举不但举人是各省有各省的定额，就是进士也是南北分界，所以各省出人物的机会，受了科举定额的影响，不是自由竞争的结果，而当时定科举额子的人，要使得各省人都有出身，虽然文化较盛的省分，额子较多，文化较低的省分，免不了滥竽。我曾拿明代进士题名录来做了两个表：一个是有明一代各省所出的进士的数目，一个是同一时代各省所出鼎甲的数目。进士是有额子限制，鼎甲是完全自由竞争的。所以前者是当日政府对于各省文化所定的一种标准，后者是各省自由竞争所得的成绩。

明代科甲表

省别	进士		鼎甲	
	人数	百分率	人数	百分率
江西	2 724	11.9	55	21.0
浙江	3 267	14.0	54	20.5
江苏	2 627	11.4	48	18.0
福建	2 208	9.5	29	11.0
安徽	881	4.0	12	4.5
直隶	1 500	6.5	10	3.8
湖北	996	4.3	8	3.2
陕西	924	4.0	6	2.3
顺天	454	1.9	7	2.7
山东	1 678	7.2	7	2.7
广东	849	4.0	7	2.7
四川	1 334	5.8	6	2.3

续前表

省别	进士		鼎甲	
	人数	百分率	人数	百分率
河南	1 493	6.4	6	2.3
山西	1 099	4.7	3	1.1
广西	196	0.85	2	0.76
湖南	427	1.9	1	0.38
甘肃	76	0.33	1	0.38
贵州	72	0.32		
奉天	20	0.08		
高丽	1	0		

拿这两个表来一比较，就知道官定的各省科举额，不足以代表各省的程度。浙江，江西，江苏，福建四省的进士，占百分之四十六；这四省的鼎甲，占百分之七十。可见得若是当时进士没有限制，边远的省分，还要吃亏。又各省进士的数目，同各省人物的数目，竟大致相同。科举额子的影响，可以想见。

第二件可以注意的，是新殖民地的勃兴。四川是秦时才入中国版图，在前汉时已占有将近百分之二，在浙江，安徽之上，而且其中有司马相如，扬雄一代的文学家。到了后汉更是发达，竟占有百分之五点六八，为扬子江流域各省之冠。江西，福建，都是唐末才有中国人去殖民。北宋时代，江西的人物，如欧阳修，王安石都是当时的人杰，百分率在百分之五以上。较之唐代恰好增加十倍。福建在北宋的地位，同江西相仿，而且渐渐的变为文化中心。闽刻的宋版书，同浙刻一样的重要。政治理学，福建人都是重要份子。这几省勃兴的理由，当然是很复杂的，然而最重要的原因，是一种旧民族忽然迁移到一个新世界里面，就能发展许多新事业起来。譬如关内的豆子，种在东三省，收成就比从前加倍，一样的道理。近五十年来湖南，广东同最近的东三省人，也都是新殖民地勃兴的好例。

唐朝社会风尚，自成一代，同汉朝迥不相同。如文学美术的发达，宗教的自由，男女的交际，都是唐人的优点，汉人所不及的。唐人的弱点，是政治没有轨道，组织没有能力，习尚过于放荡，这又都不及汉人。所以我早就疑惑唐代的人种，受了外族的混杂，已经不是汉族原有的文化。即如唐代皇室自称为李广之后，久居陇西，究竟同李陵之后的龙居李氏，甚么关系。唐书的世系表是否可信，本来是个疑问。唐高祖的皇后是拓拔，更是无疑义的。

现在看此次所列的表，新旧唐书上外国人有传的有五十人之多，几占总数百分之四，其中如高丽的李师古占据山东三代之久，真可令人惊骇。这还是专指真正的外族，唐书所不认为中国人的，若是把南北朝遗留下来已经同化的外族计算起来，至少也应该有总数百分之十以上。

唐史外族列传表

国名	人数	国名	人数
高丽	9	热海	1
百济西部	1	铁勒部落	1
契丹	7	鲜卑	1
范阳奚族	5	于阗	1
代乙失活部落	5	回鹘	1
突厥	4	吐蕃	1
西域胡	2	柳城胡	5
鞨鞨	2	胡	1
河曲部落	2	总数	50
哥舒部落	1		

唐书的宰相世系表，最可研究。统计唐代宰相，为裴，刘，萧，窦，陈，封，杨，高，房，宇文，长孙，杜，李，王，魏，温，戴，侯，岑，张，马，褚，崔，于，柳，韩，来，许，辛，任，卢，上官，乐，孙，姜，陆，赵，阎，郝，郭，武，骞，沈，苏，薛，韦，汪，邢，傅，史，宗，格，欧阳，狄，袁，姚，娄，豆卢，周，吉，顾，朱，唐，敬，桓，祝，郑，钟，宋，源，牛，苗，吕，第五，常，乔，关，浑，齐，董，贾，权，皇甫，令狐，段，元，路，舒，白，夏侯，蒋，毕，曹，徐，孔，独孤，乌，同龙居李氏，共为九十八姓。其中竟有十一族，不是汉人！

河南刘氏	匈奴	浑氏	匈奴
独孤氏	匈奴	洛阳长孙	拓拔
代州宇文	拓拔	元氏	拓拔
京兆于氏	曾人拓拔	邺郡源氏	拓拔
昌黎豆卢氏	鲜卑	洛阳窦氏	鲜卑没鹿回部落
龙居李氏	李陵之后		

此外尚有格氏，狄氏两姓，似乎也不是汉族，足见当时经过南北朝人种混杂之后，北方的民族，决不是纯粹的汉人，而且宰相的民族，有百分之十一不是汉人，无怪当时种族的观念很浅，将帅藩镇，往往要用纯粹的外国人了。

是篇之作，动机在三年以前。去岁移居天津，得借用梁任公先生藏书，始着手统计。今夏科学社开会于南通，曾讲演一次，然其时仅有总表，文实未脱稿也。十一月复以英文讲演于北京协和医学校，乃发愤竭两日之力成之。讨论切磋，得益于任公及胡君适之者甚多。抄写核算，则雷君英广贯任其劳。余弟文浩间亦襄助，爰书数语道谢，且以志服官经商者读书作文之不易也。

民国十一年十一月十五日，丁文江识

（据《努力》周报43、44期，1923年3月11日、18日）

玄学与科学

——评张君劢的《人生观》

玄学真是个无赖鬼——在欧洲鬼混了二千多年，到近来渐渐没有地方混饭吃，忽然装起假幌子，挂起新招牌，大摇大摆的跑到中国来招摇撞骗。你要不相信，请你看看张君劢的《人生观》!(《清华周刊》)张君劢是作者的朋友，玄学却是科学的对头。玄学的鬼附在张君劢身上，我们学科学的人不能不去打他；但是打的是玄学鬼，不是张君劢，读者不要误会。

玄学的鬼是很利〔厉〕害的；已经附在一个人身上，再也不容易打得脱，因为我们打他的武器无非是客观的论理同事实，而玄学鬼早已在张君劢前后左右砌了几道墙。他叫他说人生观是"主观的"，"直觉的"，"自由意志的"，"起于良心之自动而决非有使之然者也"，"决非科学所能为力，惟赖诸人类之自身而已"，而且"初无论理学之公例以限制之，无所谓定义，无所谓方法"。假如我们证明他是矛盾，是与事实不合，他尽可以回答我们，他是不受论理学同事实支配的。定义，方法，论理学的公例，就譬如庚子年联军的枪炮火器，但是义和团说枪炮打不死他，他不受这种火器的支配。我们纵能把义和团打死了，他也还是至死不悟。

所以我做这篇文章的目的不是要救我的朋友张君劢，是要提醒没有给玄学鬼附上身的青年学生。我要证明不但张君劢的人生观是不受论理学公例的支配，并且他讲人生观的这篇文章也是完全违背论理学的。我还要说明，若是我们相信了张君劢，我们的人生观脱离了论理学的公例、定义、方法，还成一个甚么东西。

人生观能否同科学分家

我们且先看他主张人生观不受科学方法支配的理由。他说：

> 诸君久读教科书，必以为天下事皆有公例，皆为因果律所支配。实则使诸君闭目一思，则知大多数之问题，必不若是之明确。……甲一说，乙一说。漫无是非真伪之标准。此何物欤？曰，是为人生。同为人生，因彼此观察点不同而意见各异，故天下古今之最不统一者莫若人生观。

然则张君劢的理由是人生观"天下古今最不统一"，所以科学方法不能适用。但是人生观现在没有统一是一件事，永久不能统一又是一件事。除非你能提出事实理由来证明他是永远不能统一的，我们总有求他统一的义务。何况现在"无是非真伪之标准"，安见得就是无是非真伪之可求？不求是非真伪，又从那里来的标准？要求是非真伪，除去科学方法，还有甚么方法？

我们所谓科学方法，不外将世界上的事实分起类来，求他们的秩序。等到分类秩序弄明白了，我们再想出一句最单简明白的话来，概括这许多事实，这叫做科学的公例。事实复杂的当然不容易分类，不容易求他的秩序，不容易找一个概括的公例，然而科学方法并不因此而不适用。不过若是所谓事实，并不是真的事实，自然求不出甚么秩序公例。譬如普通人看见的颜色是事实，色盲的人所见的颜色就不是事实。我们当然不能拿色盲人所见的颜色，同普通所谓颜色混合在一块来，求他们的公例。况且科学的公例，惟有懂得科学的人方能了解。若是你请中国医生拿他的阴阳五行，或是欧洲中古的医生拿他的天神妖怪，同科学的医生来辩论，医学的观念，如何能得统一？难道我们就可以说医学是古今中外不统一，无是非真伪之标准。科学方法不能适用吗？玄学家先存了一个成见，说科学方法不适用于人生观；世界上的玄学家一天没有死完，自然一天人生观不能统一。但这岂是科学方法的过失吗？

张君劢做的一个表，列举九样我与非我的关系，但是非我的范围，岂是如此狭的？岂是九件可以包括得了的？我们可以照样加几条：

（十）就我对于天象之观念……星占学、天文学

（十一）就我对于物种之由来……上帝造种论、天演论

再加（十二）（十三）以至于无穷，为甚么单举他所列的九项？试问有神论无神论等观念的取舍，与我所举的（十）（十一）两条，是否有绝大关系？照论理极端推起来，凡我对于非我的观念无一不可包括在人生观之中。假若人生观真是出乎科学方法之外，一切科学岂不是都可以废除了？

张君劢也似乎觉得这样列举有点困难，所以他加以说明："人生为活的，故不如死物质之易以一律相绳也。"试问活的单是人吗？动植物难道都是死的？何以又有甚么动植物学？再看他下文拿主观客观来分别人生观同科学：

> 物质科学之客观致力最为圆满；至于精神科学次之。譬如生计学中之大问题英国派以自由贸易为利，德国派以保护贸易为利，则双方之是非不易解决矣。心理学上之大问题，甲曰知识起于感觉，乙曰知识以范畴为基础，则双方之是非不易解决矣。然即以精神科学论，就一般现象而求其平均数，则亦未尝无公例可求，故不失为客观也。

诸君试拿张君劢自己的表式来列起来：

（十二）就我与我之贸易关系……自由贸易、保护贸易
（十三）就我与我之知识起源……感觉主义、范畴主义

试问我的（十二）（十三）与他的（一）至（九），有甚么根本的分别？为甚么前二者"不失为客观"，而大家族主义小家族主义等等一定是主观的？

学生物学的人谁不知道性善性恶，和达尔文的生存竞争论，同是科学问题，而且是已经解决的问题？但是他说他是主观的，是人生观，绝不能施以一种试验，以证甲之是与乙之非！只看他没有法子把人生观同科学真正分家，就知道他们本来是同气连枝的了。

科学的智识论

不但是人生观同科学的界限分不开，就是他所说的物质科学同精神科学的分别也不是真能成立的。要说明这一点，不得不请读者同我研究研究知识论。

我们所谓物，所谓质，是从何而知道的？我坐在这里，看着我面前的书柜子。我晓得他是长方的，中间空的，黄漆漆的，木头做的，很坚很重的。我视官所触的是书柜子颜色，形式，但是我联想到木头同漆的性质，推论到他的重量硬度，成功我书柜子的概念。然则这种概念，是觉官所感触，加了联想推论，而所谓联想推论，又是以前觉官所感触的经验得来的，所以觉官感触是我们晓得物质的根本。我们所以能推论其他可以感触觉官的物质，是因为我们记得以前的经验。我们之所谓物质，大多数是许多记存的觉官感触，加了一点直接觉官感触。假如我们的觉官的组织是另外一个样子的，我们所谓物质一定也随之而变——譬

如在色盲的人眼睛里头蔷薇花是绿的。所以冒根（Morgan）在他的《动物生活与聪明》（*Animal life and Intelligence*）那部书里边叫外界的物体为"思构"（construct）。

甚么叫做觉官的感触？我拿刀子削铅笔，误削了左手指头，连忙拿右手指去压住他，站起来去找刀创药上。我何以知道手指被削呢？是我的觉神经系从左手指通信到我脑经。我的动神经系，又从脑经发令于右手，教他去压住。这是一种紧急的命令，接到信立刻就发的，生理上所谓无意的举动。发过这道命令以后，要经过狠复杂的手续，才去找刀创药上：我晓得手指的痛是刀割的，刀割了最好是用刀创药，我家里的药是在小柜子抽屉里面——这种手续是思想，结果的举动是有意的。手指的感觉痛，同上刀创药，初看起来，是两种了。仔细研究起来，都是觉官感触的结果。前者是直接的，后者是间接的，是为以前的觉官感触所管束的。在思想的期间，我觉得经过的许多手续，这叫做自觉。自觉的程度，是靠以前的觉官感触的多寡性质，同脑经记忆他的能力。

然则无论思想如何复杂，总不外乎觉官的感触——直接的是思想的动机，间接的是思想的原质。但是受过训练的脑经，能从甲种的感触经验，飞到乙种；分析他们，联想他们：从直接的知觉，走到间接的概念。

我的觉官受了感触，往往经过一个思想的期间，然后动神经系才传命令出去，所以我说我有自觉，旁人有没有自觉呢？我不能直接感触他有，并且不能直接证明他有，我只能推论他有。我不能拿自己的自觉来感触自己的自觉，又不能直接感触人家的自觉，所以研究自觉的真相是狠困难。玄学家绝说，自觉的研究是在科学范围之外。但是我看见人家受了觉官的感触也往往经过了一个期间，方才举动。我从我的自觉现象推论起来，说旁人也有自觉，是与科学方法不违背的。科学中这样的推论甚多。譬如理化学者说有原子，但是他们何尝能用觉官去感触原子？又如科学说假如我们走到其他的星球上面，苹果也是要向下落；这也不是可以用觉官感触的。所以心理上的内容至为丰富，并不限于同时的直接感触，和可以直接感触的东西——这种心理上的内容都是科学的材料。我们所晓得的物质，本不过是心理上的觉官感触，由知觉而成概念，由概念而生推论。科学所研究的不外乎这种概念同推论，有甚么精神科学、物质科学的分别？又如何可以说纯粹心理上的现象不受科学方法的支配？

科学既然以心理上的现象为内容，对于概念，推论，不能不有严格的审查。这种审查方法是根据两条很重要的原则：

一、凡常人心理的内容，其性质都是相同的。心理上联想的能力，第一是看一个人觉官感触的经验，第二是他脑经思想力的强弱。换言之就是一个人的环境同遗传。我的环境同遗传，无论同甚么人都不一样；但如果我不是一个反常的人——反常的人我们叫他为疯子痴子——我的思想的工具是同常人的一类的机器。机器的效能虽然不一样，性质却是相同。觉官的感触相同，所以物质的"思构"相同，知觉概念推论的手续无不相同，科学的真相，才能为人所公认。否则我觉得书柜子是硬的，你觉得是软的；我看他是长方的，你看他是圆的；我说二加二是四，你说是六，还有甚么科学方法可言？

二、上边所说的，并不是否认创造的天才，先觉的豪杰。天才豪杰是人类进化的大原动力。人人看见苹果从树上向下落，惟有牛顿才发明重心吸力；许多人知道罗任治的公式，惟有安因斯坦才发明相对论；人人都看《红楼梦》、《西游记》，胡适之才拿来做白话文学的材料；科学发明上这种例不知道多少。但是天才豪杰，同常人的分别，是快慢的火车，不是人力车同飞机。因为我们能承认他们是天才，是豪杰，正是因为他们的知觉概念推论的方法完全与我们相同。不然，我们安晓得自命为天才豪杰的人，不是反常，不是疯子？

根据这两条原则，我们来审查概念推论：

第一，凡概念推论若是自相矛盾，科学不承认他是真的。

第二，凡概念不能从不反常的人的知觉推断出来的，科学不承认他是真的。

第三，凡推论不能使寻常有论理训练的人依了所根据的概念，也能得同样的推论，科学不承认是真的。

我们审查推论，加了"有论理训练"几个字的资格，因为推论是最容易错误的。没有论理的训练，狠容易以伪为真。戒文士（Jevons）的《科学原则》（*Principles Science*）讲得最详细。我为篇幅所限，不能详述，读者可以求之于原书。

我单举一件极普通的错误，请读者注意。就是所谓证据责任问题。许多假设的事实，不能证明他有，也不能证明他无，但是我们决不因为不能反证他，就承认是真的。因为提出这种事实来的人，有证明他有的义务。他不能证明，他的官司就输了。譬如有一个人说他白日能看见鬼——这是他的自觉，我们不能证明他看不见鬼，然而证明的责任是在他，不在我们。况且常人都是看不见鬼的，所以我们说他不是说谎，就是有神经病。

以上所讲的是一种浅近的科学知识论。用哲学的名词讲起来，可以说是存疑的唯心论（Skeptical idealism）。凡研究过哲学问题的科学家如赫胥黎、达尔文、斯宾塞、詹姆士（W. James）、皮尔生（Kare Pearson）、杜威，以及德国马哈（Mach）派的哲学，细节虽有不同，大体无不如此。因为他们以觉官感触为我们知道物体唯一的方法，物体的概念为心理上的现象，所以说是唯心。觉官感触的外界，自觉的后面，有没有物，物体本质是甚么东西：他们都认为不知，应该存而不论，所以说是存疑。他们是玄学家最大的敌人，因为玄学家吃饭的家伙，就是存疑唯心论者所认为不可知的，存而不论的，离心理而独立的本体。这种不可思议的东西，伯克莱（Berkeley）叫他为上帝；康德、叔本华叫他为意向；布虚那（Buchner）叫他为物质，克列福（Clifford）叫他为心理质，张君劢叫他为我。他们始终没有大家公认的定义方法，各有各的神秘，而同是强不知以为知。旁人说他模糊，他自己却以为玄妙。

我们可以拿一个譬喻来，说明他们的地位。我们的神经系就譬如一组的电话。脑经是一种很有权力的接线生，觉神经是叫电话的线，动神经是答电话的线。假如接线生是永远封锁在电话总局里面，不许出来同叫电话答电话的人见面，接线生对于他这班主顾，除去听他们在电话上说话以外，有甚么法子可以研究他们？存疑唯心论者说，人之不能直接知道物的本体，就同这种接线生一样：弄来弄去，人不能跳出神经系的圈子，觉官感触的范围，正如这种接线生不能出电话室的圈子，叫电话的范围。玄学家偏要叫这种电话生说，他有法子可以晓得打电话的人是甚么样子，穿的甚么衣服。岂不是骗人？

张君劢的人生观与科学

读者如果不觉得我上边所讲的知识论讨厌，细细研究一遍，再看张君劢的《人生观》下半篇，就知道他为甚么一无是处的了。他说人生观不为论理学方法所支配；科学回答他，凡不可以用论理学批评研究的，不是真知识。他说"纯粹之心理现象"在因果律之例外；科学回答他，科学的材料原都是心理的现象，若是你所说的现象是真的，决逃不出科学的范围。他再三的注重个性，注重直觉，但是他把个性直觉放逐于论理方法定义之外。科学未尝不注重个性直觉，但是科学所承认的个性直觉，是"根据于经验的暗示，从活经验里涌出来的"（参观胡适之《五十年〈来〉世界之哲学》）。他说人生观是综合的，"全体也，不容于分割中求之也"。科学答他说，我们不承认这样混沌未开的东西，况且你自己讲我与非我，列了九条，就是在那里分析他。他说人生观问题之解决，"决非科学之所能为力"，科学答他说，凡是心理的内容，真的概念推论，无一不是科学的材料。

关于最后这个问题，是科学与玄学最重要的争点，我还要引申几句。

科学与玄学战争的历史

玄学（metaphysics）这个名词，是篡辑亚列士多德遗书的安德龙聂克士（Andronicus）造出来的。亚列士多德本来当他为根本哲学（first philosophy）或是神学（theology），包括天帝、宇宙、人生种种观念在内，所以广义的玄学在中世纪始终没有同神学分家。到了十七世纪天文学的祖宗嘉列刘（Galileo）发明地球行动的时候，玄学的代表是罗马教的神学家。他们再三向嘉列刘说，宇宙问题，不是科学的范围，非科学所能解决的，嘉列刘不听。他们就于一千六百三十三年六月二十二日开主教大会，正式宣言道：

> 说地球不是宇宙中心，非静而动，而且每日旋转，照哲学上神学讲起来，都是虚伪的。……

无奈真是真，伪是伪；真理既然发明，玄学家也没有法子。从此向来属于玄学的宇宙就被科学抢去。但是玄学家总说科学研究的是死的，活的东西不能以一例相绳（与张君劢一鼻孔出气）。无奈达尔文不知趣，又做了一部《物种由来》（读者注意，张君劢把达尔文的生存竞争论归入他的人生观！）证明活的东西，也有公例。虽然当日玄学家的忿怒，不减于十七世纪攻击嘉列刘的主教，真理究竟战胜，生物学又变做科学了。到了十九世纪的下半期连玄学家当做看家狗的心理学，也宣告了独立。玄学于是从根本哲学，退避到本体论（ontology）。他还不知悔过，依然向哲学摆他的架子，说"自觉你不能研究，觉观感触以外的本体，你不能研究。你是形而下，我是形而上；你是死的，我是活的"。科学不屑得同他争口舌：知道在知识界内，科学方法是万能，不怕玄学终久不投降。

中外合璧式的玄学及其流毒

读者诸君看看这段历史，就相信我说玄学的鬼附在张君劢身上，不是冤枉他的了。况且张君劢的人生观，一部分是从玄学大家柏格森化出来的。对于柏格森哲学的评论，读者可以看胡适之的《五十年来世界之哲学》。他的态度狠是公允，然而他也说他是"盲目冲动"。罗素在北京的时候，听说有人要请柏格森到中国来演讲，即对我说，"我狠奇怪你们为甚么要请柏格森，他的盛名是骗巴黎的时髦妇人得来的。他对于哲学可谓毫无贡献；同行的人都狠看不起他。"

然而平心而论，柏格森的主张，也没有张君劢这样鲁莽。我们细看他说"良心之自动"，又说"自孔孟以至于宋元明之理学家，侧重内生活之修养，其结果为精神文明"。可见得西洋的玄学鬼到了中国，又联合了陆象山、王阳明、陈白沙高谈心性的一班朋友的魂灵，一齐钻进了张君劢的"我"里面。无怪他的人生观，是玄而又玄的了。

玄学家单讲他的本体论，我们决不肯荒废我们宝贵的光阴来攻击他。但是一班的青年上了他的当，对于宗教、社会、政治、道德一切问题真以为不受论理方法支配，真正没有是非真伪；只须拿他所谓主观的、综合的、自由意志的人生观来解决他。果然如此，我们的社会，是要成一种甚么社会？果然如此，书也不必读，学也不必求，知识经验都是无用，只要以"自身良心之所命，起而主张之"，因为人生观"皆起于良心之自动，而决非有使之然者也"。读书、求学、知识、经历，岂不都是枉费功夫？况且所有一切问题，都没有讨论之余地——讨论都要用论理的公例，都要有定义方法，都是张君劢人生观所不承认的。假如张献忠这种妖孽，忽然显起魂来，对我们说，他的杀人主义，是以"我自身良心之所命，起而主张之，以为天下后世表率"，我们也只好当他是叔本华、马克斯一类的大人物，是"一部长夜漫漫历史中秉烛以导吾人之先路者"，这还从何说起？况且人各有各的良心，又何必有人来"秉烛"，来做"表率"，人人可以拿他的不讲理的人生观来"起而主张之"。安见得孔子、释迦、墨子、耶稣的人生观，比他的要高明？何况是非真伪是无标准的呢？一个人的人生观，当然不妨矛盾；一面可以主张男女平等，一面可以实行一夫多妻。只要他说是"良心之自动"，何必管甚么论理不论理？他是否是良心之自动，旁人也当然不能去过问他。这种社会可以一日居吗？

对于科学的误解

这种不可通的议论的来历，一半由于迷信玄学，一半还由于误解科学，以为科学是物质的、机械的。欧洲的文化是"物质文化"。欧战以后工商业要破产，所以科学是"务外逐物"。我再来引一引张君劢的原文：

> 所谓精神与物质者：科学之为用，专注于向外，其结果则试验室与工厂遍国中也。朝作夕辍，人生为机械然，精神上之慰安所在，则不可得而知也。我国科学未发达，工业尤落人后，故国中有以开纱厂设铁厂创航业公司自任如张季直、聂云台之流，则国人相率而崇拜。抑知一国偏重工商，是否为正当之人生观，是否为正当之文化，在欧洲人观之，已成大疑问矣。欧战终后，有结算二三百年之总帐者，对于物质文明，不胜务外逐物之感。厌恶之论已屡见不一见矣。……

这种误解在中国现在狠时髦、狠流行。因为他的关系太重要，我还要请读者再耐心听我解释解释。我们已经讲过，科学的材料是所有人类心理的内容，凡是真的概念推论，科学都可以研究，都要求研究。科学的目的是要屏除个人主观的成见——人生观最大的障碍——求人人所能共认的真理。科学的方法，是辨别事实的真伪，把真事实取出来详细的分类，然后求他们的秩序关系，想一种最单简明了的话来概括他。所以科学的万能，科学的普遍，科学的贯通，不在他的材料，在他的方法。安因斯坦谈相对论是科学，詹姆士讲心理学是科学，梁任公讲历史研究法，胡适之讲《红楼梦》也是科学。张君劢说科学是"向外"的，如何能讲得通？

科学不但无所谓向外，而且是教育同修养最好的工具，因为天天求真理，时时想破除成见，不但使学科学的人有求真理的能力，而且有爱真理的诚心。无论遇见甚么事，都能平心静气去分析研究，从复杂中求单简，从紊乱中求秩序；拿论理来训练他的意想，而意想力愈增；用经验来指示他的直觉，而直觉力愈活。了然于宇宙生物心理种种的关系，才能够真知道生活的乐趣。这种"活泼泼地"心境，只有拿望远镜仰察过天空的虚漠，用显微镜俯视过生物的幽微的人，方能参领得透彻，又岂是枯坐谈禅、妄言玄理的人所能梦见。诸君只要拿我所举的科学家如达尔文、斯宾塞、赫胥黎、詹姆士、皮尔生的人格来同甚么叔本化、尼采比一比，就知道科学教育对于人格影响的重要了。又何况近年来生物学上对于遗传性的发现，解决了数千年来性善性恶的聚讼，使我们恍然大悟，知道根本改良人种的方法，其有功于人类的前途，正未可限量呢？

工业发达当然是科学昌明结果之一，然而试验室同工厂绝对是两件事——张君劢无故的把他们混在一齐——试验室是求真理的所在，工厂是发财的机关。工业的利害，本来是狠复杂的，非一言之所能尽；然而使人类能利用自然界生财的是科学家；建筑工厂，招募工人，实行发财的，何尝是科学家？欧美的大实业家大半是如我们的督军巡阅使，出身微贱，没有科学知识的人。试问科学家有几个发大财的？张君劢拿张季直聂云台来代表中国科学的发展，无论科学未必承认，张聂二君自己也未必承认。

欧洲文化破产的责任

至于东西洋的文化，也决不是所谓物质文明、精神文明，这种笼统的名词所能概括的。这是一个狠复杂的问题，我没有功夫细讲。读者可以看四月份《读书杂志》胡适之批评梁漱溟"东西文化"那篇文章。我所不得不说的是欧洲文化纵然是破产（目前并无此事），科学绝对不负这种责任，因为破产的大原因是国际战争。对于战争最应该负责的人是政治家同教育家。这两种人多数仍然是不科学的。这一段历史，中国人了解的极少，我们不能不详细的说明一番。

欧洲原来是基督教的天下。中世纪时代，神学万能。文学复兴以后又加入许多希腊的哲学同神学相混合。十七十八两世纪的科学发明，都经神学派的人极端反对。嘉列刘的受辱，狄卡儿的受惊，都是最显明的事实。嘉列刘的天文学说，为罗马教所严禁，一直到了十九世纪之初方才解放。就是十九世纪之初高等学校的教育依然在神学家手里；其所谓科学教育，除去了算学同所谓自然哲学（物理）以外，可算一无所有。在英国要学科学的人，不是自修，就是学医。如达尔文、赫胥黎都是医学生。学医的机关，不在牛津、圜桥两个大学，却在伦敦同爱丁堡。一直到了《物种由来》出版，斯宾塞同赫胥黎极力鼓吹科学教育，维多利亚女皇的丈夫亚尔巴特王改革大学教育，在伦敦设科学博物馆、科学院、矿学院，伦敦才有高等教育的机关；化学、地质学、生物学才逐渐的侵入大学，然而中学的科学依然缺乏。故至今英国大学的入学试验，没有物理化学。在几个最有势力的中学里面，天然科学都是选科，设备也是狠不完备。有天才的子弟，在中学的教育，几乎全是拉丁、希腊文字，同粗浅的算学。入了大学以后，若不是改入理科，就终身同科学告辞了。这种怪状一直到二十年前作者到英国留学的时代，还没有变更。

英国学法律的人在政治上社会上最有势力。然而这一班人，受的都是旧教育；对于科学，都存了敬而远之的观念，所以极力反对达尔文至死不变的，就是大政治家首相格兰斯顿。提倡科学教育最有势力的是赫胥黎。公立的中学同新立的大学加入一点科学，他的功劳最大，然而他因为帮了达尔文打仗，为科学做宣传事业，就没有功夫再对于动物学有所贡献。学科学的人，一方面崇拜他，一方面都以他为戒，不肯荒了自己的功课。所以为科学做冲锋的人，反一天少一天了。

到了二十世纪，科学同神学的战争，可算告一段落。学科学的人，地位比五十年前高了许多；各人分头用功，不肯再做宣传的努力。神学家也改头换面，不敢公然反对科学，然而这种休战的和约，好像去年奉直山海关和约一样，仍然是科学吃亏，因为教育界的地盘，都在神学人手里。全国有名的中学的校长，无一个不是教士；就是牛津、圜桥两处的分院院长，十个有九个是教士。从这种学校出来的学生，在社会上政治上势力最大，而最与科学隔膜。格兰斯顿的攻击达尔文，我已经提过了。近来做过首相外相的巴尔福狠可以做这一派人的代表。他著的一部书叫《信仰的根本》（*The Foundation of Belief*）依然是反对科学的。社会上的人，对于直接有用的科学，或是可以供工业界利用的科目，还肯提倡，还肯花钱；真正科学的精神，他依然没有了解，处世立身，还是变相的基督教。这种情形，不但英国如此，大陆各国同美国亦大抵如此。一方面政治的势力都在学法律的人手里，一方面教育的机关脱不了宗教的臭味。在德法两国都有新派的玄学家出来，宣传他们的非科学主义，间接给神学做辩护人。德国浪漫派的海格尔的嫡派，变成功忠君卫道的守旧党。法国的柏格森拿直觉来抵制知识。都是间接直接反对科学的人。他们对于普通人的影响虽然比较的小，对于握政治教育大权的人，却狠有伟大的势力。我们只要想欧美做国务员、总理、总统的从来没有学过科学的人，就知道科学的影响，始终没有直接侵入政治了。不但如此，做过美国国务卿、候补大总统的白赖安（Bryan）至今还要提倡禁止传布达尔文的学说。一千九百二十一年伦敦举行优生学家嘉尔登的纪念讲演，改造部总长纪载士（Gedds）做名誉主席的时候居然说科学知识不适用于政治。他们这班人的心理，狠像我们的张之洞，要以玄学为体，科学为用。他们不敢扫除科学，因为工业要利用他，但是天天在那里防范科学，不要侵入他们的饭碗界里来。所以欧美的工业，虽然是利用科学的发明，他们的政治社会，却绝对的缺乏科学精神。这和前清的经师尽管承认阎百诗推翻了伪古文《尚书》，然而科场考试仍旧有伪《尚书》在内，是一样的道理。人生观不能统一也是为此，战争不能废止也是为此。欧战没有发生的前几年，安基尔（Norman Angell）做一部书，叫做《大幻想》（*The Great Illusion*），用科学方法，研究战争与经济的关系，详细证明战争的结果，战胜国也是一样的破产，苦口的反对战争。当时欧洲的政治家没有不笑他迂腐的。到了如今，欧洲的国家果然都因为战争破了产了。然而一班应负责任的玄学家、教育家、政治家却丝毫不肯悔过，反要把物质文明的罪名加到纯洁高尚的科学身上，说他是"务外逐物"，岂不可怜！

中国人的"精神文明"

许多中国人不知道科学方法和近三百年经学大师治学的方法是一样的。他们误以为西洋的科学，是机械的、物质的、向外的、形而下的。庚子以后，要以科学为用，不敢公然诽谤科学。欧战发生，这种人的机会来了。产生科学的欧洲要破产了！赶快抬出我们的精神文明来补救物质文明。他们这种学说自然狠合欧洲玄学家的脾胃。但是精神文明是样甚么东西？张君劢说："自孔孟以至宋元明之理学家侧重内生活之修养，其结果为精神文明"。我们试拿历史来看看这种精神文明的结果。

提倡内功的理学家，宋朝不止一个，最明显的是陆象山一派，不过当时的学者还主张读书，还不是完全空疏。然而我们看南渡士大夫的没有能力、没有常识，已经令人骇怪。其结果叫我们受野蛮蒙古人统治了一百年，江南的人被他们屠割了数百万，汉族的文化几乎绝了种。明朝陆象山的嫡派是王阳明、陈白沙。到了明末，陆王学派，风行天下。他们比南宋的人更要退化：读书是玩物丧志，治事是有伤风雅。所以顾亭林说他们"聚宾客门人之学者数十百人……与之言心言性。舍多学而识以求一贯之方，置四海之困穷不言，而终日讲危微精益之说"。士大夫不知古有〔又〕不知今，"养成娇弱，一无所用。"有起事来，如痴子一般，毫无办法。陕西的两个流贼，居然做了满清人的前驱。单是张献忠在四川杀死的人，比这一次欧战死的人已经多了一倍以上，不要说起满洲人在南方几省作的孽了！我们平心想想，这种精神文明有什么价值？配不配拿来作招牌攻击科学？以后这种无信仰的宗教，无方法的哲学，都被前清的科学经师费了九牛二虎之力，还不曾完全打倒；不幸到了今日，欧洲玄学的余毒传染到中国来，宋元明言心言性的余烬又有死灰复燃的样子了！懒惰的人，不细心研究历史的实际，不肯睁开眼睛看看所谓"精神文明"究竟在什么地方，不肯想想世上可有单靠内心修养造成的"精神文明"；他们不肯承认所谓"经济史观"，也还罢了，难道他们也忘记了那"衣食足而后知礼节，仓廪实而后知荣辱"的老话吗？

言心言性的玄学，"内生活之修养"，所以能这样哄动一般人，都因为这种玄谈最合懒惰的心理，一切都靠内心，可以否认事实，可以否认论理与分析。顾亭林说的好：

> ……躁竞之徒，欲速成以名于世，语之以五经，则不愿学；语之以白沙阳明之语录，则欣然矣。以其袭而取之易也。

我们也可套他的话，稍微改动几个字，来形容今日一班玄学崇拜者的心理：

> 今之君子，欲速成以名于世，语之以科学，则不愿学；语之以柏格森杜里舒之玄学，则欣然矣。以其袭而取之易也。

结论

我要引胡适之《五十年〈来〉世界之哲学》上的一句话来做一个结论。他说：

> 我们观察我们这个时代的要求，不能不承认人类今日最大的责任与需要，是把科学方法，应用到人生问题上去。

科学方法，我恐怕读者听厌了。我现在只举一个例来，使诸君知道科学与玄学的区别。

张君劢讲男女问题，说"我国戏剧中十有七八不以男女恋爱为内容"。他并没有举出甚么证据；大约也是起于他"良心之自动，而决非有使之然者也"。我觉得他得出的问题很有研究的兴味。一时没有材料，就拿我厨子看的四本《戏曲图考》来做统计，这四本书里面有二十九出戏，十三出与男女恋爱有关。我再看《戏曲图考》上面有"刘洪升杨小楼秘本"几个字，想到一个须生、一个武生的秘本，恐怕不足以做代表。随手拿了一本《缀白裘》来一数，十九出戏，有十二出是与男女恋爱有关的。我再到了一个研究曲本的朋友家里，把他架上的曲本数一数，三十几种，几乎没有一种不是讲男女恋爱的。后来又在一个朋友家中借得一部《元曲选》，百种之中有三十九种是以恋爱为内容的；又寻得汲古阁的《六十种曲》，六十种之中竟也有三十九种是以恋爱为内容的！张君劢的话自然不能成立了。这件事虽小，但也可以看出那"主观的、直觉的、综合的、自由意志的、单一性的"人生观是建筑在狠松散的泥沙之上，是经不起风吹雨打的。我们不要上他的当！

十二，四，十二

（据《努力》周报 48、49 期，1923 年 4 月 15 日、22 日）

玄学与科学

——答张君劢

五月九日我请张君劢吃晚饭，我给他说笑道："我答你的文章的帽子已经做好了。"

张君劢答作者的文章共计几万几千几百几十字，其中真正可以算得谩骂的，不过三十几个字——如"自己见鬼"、"伪为不知"、"顽固不化"、"斯之谓不通"、"白日说梦话"、"蝼蚁不知春秋"、"雷同附和"，——我不能不谢谢他的雅量。适之到南边去养病，叫我替《努力》做文章，我正愁不能交卷，对不起朋友。恰好他下笔万言，载满了《努力》的篇幅，使得我可以安安静静的偷懒；我不能不谢谢他的慷慨。他的文章虽长，论点不多；我一句可以答他的两句。况且他几万几千几百几十字里面，引人家的话有四千字；这不是他自己说的话，我当然没有答的义务。不能不谢谢他的体贴。大凡辩论的文章越长漏洞越多，越容易攻击；就譬如战线越长越容易冲开，胰子泡越大越容易吹破……

我的话还没有说完，旁边有人拿梁任公宣布的国际公法给我看，说我犯了第二条。吓得我连忙把话匣子关起。所以我这篇文章是从第十八行起。

任公的国际公法谁敢不遵？谁忍不遵？不过我要在将来的公断人面前申诉几句。我第一篇文章里面，"虐谑"则有之，"谩骂"则完全没有。读者拿原文细细的看，就知道我不是胡赖。君劢答辞里面的三十几字，就是我的谩骂的定义。

严重的辩论不应该有虐谑夹在里面，我是承认的。但是"玄学与科学"这种题目，是要有特别兴味的人方才觉得有趣，《努力》同《晨报》都是给一班人看的；不带一点滑稽，恐怕人家看不了几行，就要睡觉。我或是在《国学季刊》或是《地质汇报》上边做文章，当然不敢如此放肆。听说许多学者要加入战团。向来不屑得替人家辩论的君劢居然肯把杜里舒先生的讲义搁起，来做几万字的答辞，足见得我的虐谑，已经有"抛砖引玉"的效果。我若是做文言，我一定要说："予岂好谑哉？予不得已也。"我又可以反用诗经说："善戏谑兮，不为虐兮。"

我狠感谢任公，宣布了我们向日的交情，可以免除读者的误会。我们这种战争，劈头就不遵守国际公法，因为宣战了一个月，仍旧没有绝交。见了面依旧是剧谈，依旧是"每谈必吵"，吵的程度比做文章还要利〔厉〕害十倍。况且两方面毫无秘密，毫无成心。我的知识论的来历，是我自己劝君劢看皮耳生的《科学规范》，他方才知道。他引翁特的科学分类，我就向他借翁特的书。所以一方面战争，一方面交换地图，交换军械，这就同威尔逊的外交一样，是用公开的计划，作公开的战争，越战争交情越厚，读者不要替我们担心。不过我劝读者不要跟我们学，因为世界上没有几个人有张君劢这样的雅量。

任公国际公法的第一条同第二条的性质完全两样。"剪除枝叶"，是战争的原则，与公法无关。这明明是论坛老将给我的暗示，我如何肯不遵。所以我的答辞就分成两部：第一是本题，第二是枝叶。

本题

一、君劢的现在主义

学科学的人最反对独断式的言论。"人生观是主观的，直觉的……"，请你用事实来证明！"科学方法不适用于人生观"，请你用理由来解说！张君劢在清华讲演所举的理由是，"人生观最不统一"。我前次对他说，"人生观现在没有统一是一件事，永久不能统一又是一件事。除非你能提出事实理由来证明他是永远不能统一的，我们总有求他统一的义务"。他这一次的答词仍旧是说，"人生观没有公例可举"，同人生观最不统一是一样的用意，但是他又加了一段，答我驳他的话：

> 事之比较当以今日为限，不得诿诸将来。若诿诸将来，则无一事之能决，譬诸甲曰：世界为进化的。历举种种发明与夫政治情形为之证。乙则反之曰：今之世界，未必胜于古代，并举欧战情形与白人之凌虐异族为证。甲驳之曰：如君所举病征，我固无异言，然今日如此，安知他日亦必如此？于是乙之抱悲观主义者从而答之曰：吾人但论现在，不问将来。甲闻乙言，瞠目咋舌，不知所对。

我不知道君劢的甲是甚么人，不过若是我是甲，决不肯这样的老实。决不致于"瞠目咋舌，不知所对"。过去、现在、将来三种时间中最不可靠、最不可捉摸的是现在：君劢做上篇时候的现在，已经不是他做下篇时候的现在；我写这一张时候的现在，到了我文章做完的时候，已经成功了过去。所以讨论现在，没有不讲到过去同将来的。我们所举的事实，那一件不是过去？我们所希望的、要求的，那一件不是将来？假如我说三岁的小孩子现在不会说话，将来也不会说话，君劢岂不要说我是"疯子"或是"伪为不知"？假如我说十年后张君劢的学问、事业、幸福，同现在的君劢一样，他岂不要说我是"谩骂"？假如君劢对我说，将来的中国永远同现在一样——政府避债、国会卖身、部员索薪、军警闹饷、军阀括钱、土匪绑票——我岂不要自杀？我举小孩子来做比例，因为人类的进化史同小孩子的发育史是一样的性质。经过了一百万年的演化，人才从猴类的动物变成功，用石斧石剑的猎夫，再经过万把年的演化才从穴居野处的野人，变成功今日有文化的民族。现在白人的凌虐异种，比非洲人待俘虏如何？比中国待苗族猓猓的历史如何？欧洲的战祸比中国的洪杨捻匪如何？演化是很慢的，所以许多野蛮的根性至今还存在我们的血骨里头，但是演化一天没有停止，我们一天不必悲观，拿过去推测将来，我们决不敢自暴自弃。若是君劢的乙是指他自己，我不能不以郑重诚恳的态度劝他牺牲他的意见，这种现在主义，反进化论的人生观，是事实上无立足之余地的！

二、人生观的定义与范围

君劢的清华讲演仅列举了九条我与非我的关系，没有给人生观下正式的定义，所以我前次的讨论就以这九条为根据，以为我与非我的关系决计不止九条：譬如星占学与天文学，上帝造种与天演论，自由贸易与保护贸易，感觉主义与范畴主义，都可以照样加入。君劢答文说我"昧于物质科学精神科学之区别"，又说"所举九者皆属于精神方面，皆可以主观作用消息其间。……此种界限至为明晰，而在君伪为不知"。他又为人生观下一定义道：

> 人之生于世也，内曰精神，外曰物质。……所谓物质者，凡我以外皆属之：如大地河山，如衣服田宅，则我以外之物也；如父母妻子，如国家社会，则我以外之人也。我对于我以外之物与人，常求所以变革之，以达至善至美之境。虽谓古今以来之大问题，不出此精神物质之冲突可也。我对我以外之物与人，常有所观察也，主张也，希望也，要求也，是之谓人生观。

读者注意！这一段里面除去了人生观的定义以外，还有两个狠重要的论断：（一）物质精神的分别是以内外分，以我与非我分。照这样说起来，物质精神是随人而异，没有一定的，因为从我这方面看起来，我是精神，非我的人是物质；从人家方面看起来，我是他的人，是物质，人是他的我，是精神。（二）我对于我以外之物与人，"常求所以变革之，以达于至善至美之境"，然则我对于我以外的物同人完全是善意的，不会得想利用他，破坏他，占领他的。既然是完全善意，似乎可以不致于冲突，不知道何以又会成功古今以来的大问题。这两个论断，我下文还要详细讨论，目前姑且不说，单看他人生观的定义与我前次加的第十至第十三那四条是否是不能相容的。

人生观是我对于我以外的物同人的观察、主张、要求、希望。范围既然这样广，岂不是凡有科学的材料都可以包括在人生观里面？因为那一样科学不是我对于物同人的一种观察，一种主张？即如地质学，何尝不是我对于大地河山的观察？或者君劢的原意是凡我对于我以外的物同人的观察、主张、要求、希望，"可以主观作用消息其间的"叫做人生观——我们是友谊的讨论，不必一定以辞害意的。可惜就是加上这一句，还是不甚了然，因为从前人类以为可以主观作用消息其间的东西，现在大家承认完全不是那们一回事的狠多狠多。譬如相信星占学的人，对于天象不但观察，而且有主张、希望、要求。天象有变，汉朝丞相照法律应该引咎辞职，或是自杀；圣君贤主，修德格天，希望要求免去天变的，历史上不知道多少；求雨求晴，禁屠斋戒，至今中国还是奉行；他们何尝不以为"可以主观作用消息其间"？就是阴阳五行，何尝不是主观？这种历史上的事实，给我们一个极大的教训，知道主观作用的范围，是随着知识变更的，是绝对不可靠的。因为如此，所以不但我不知道精神科学同人生观的界限，连君劢自己也往往要弄错了，自相矛盾的，譬如他答词里面说：

物种由来虽至今尚无定论，然生物学中一部分之现象，则亦有公例可求，故关于物种当然在科学范围以内，而不属于人生观。

但是他在清华的讲演明明说：

达尔文之生存竞争论与哥龙巴金之互助主义，其所见异焉。凡此诸家之言是非各执，绝不能施以一种试验，以证甲之是与乙之非。何也？以其为人生观故也，以其为主观的故也。

又譬如他清华讲演说：

心理学上之大问题，甲曰智识起于感觉，乙曰智识以范畴为基础，则双方之是非不易解决矣。然以精神科学论，就一般现象，而求其平均数，则亦未尝无公例可求，故不失为客观也。

然则智识论明明是心理学上的问题，明明是科学的问题了，但是他看见我在知识论上边加了"科学的"三个字，说"斯之谓不通"。又说：

知识论者，哲学范围内事也，与科学无涉者也。

我不敢说"斯之谓不通"，但是我不能不说"斯之谓矛盾"。矛盾的原故是因为连君劢自己也觉得精神科学同人生观的界限，不大显明，一个不小心，就要弄错。然则他如何可以说"界限至为明晰，在君伪为不知"？

要知道精神科学同人生观的界限是否是分得清的，我们不能不研究物质同精神究竟有无根本的分别，君劢拿内与外，我与非我，来分别精神物质，根本能否成立。但是我没有讨论这个问题之先，不能不说明他对于科学种种的误解。

三、对于科学的误解

君劢对于科学最大的误解是以为"严正的科学"是"牢固不拔"，公例是"一成不变"，"科学的"就是"有定论"的，所以他费了一万多字来证明生物学同心理学没有价值。其实近代讲科学的人从牛顿起，从没有这种不科学的观念。牛顿说发见科学的公例有四个原则："（一）如果一个因足以说明观察的果，不必再添设其他的因。（二）凡相似的果，应该归之于相似的因。（三）凡可以观察的物质所有的性质，不妨类推于一切的物质。（四）凡根据于许多事实所得到的科学观念，应该假定他是真的，等到发见新事实不能适用的时候，再去修正他。"

牛顿这种精神，真是科学精神，因为世界上的真理是无穷无尽，我们现在所发见的是不过极小的一部分。科学上所谓公例，是说明我们所观察的事实的方法，若是不适用于新发见的事实，随时可以变更。马哈同皮耳生都不承认科学的公例有必然性，就是这个意思，这是科学同玄学根本不同的地方。玄学家人人都要组织一个牢固不拔的"规律"（System），人人都把自己的规律当做定论。科学的精神绝对与这种规律迷的心理相反。所以我说："科学的方法，不外将世界的事实分起类来，求他们的秩序。等到分类秩序弄明白了，再想一句最简单明白的话来，概括这许多事实，这叫做科学公例。"凡是事实都可以用科学方法研究，都可以变做科学。一种学问成不成一种科学，全是程度问题。君劢再三的拿物理学来比生物学同心理学，想证明物理学已经成了科学，不是生物学、心理学所能希望的，好像科学是同神仙一样，也有上八洞下八洞的分别。研究物理学的人决计不敢如此武断。因为物理学上的公例时常在那里变迁。牛顿的发明，不止于三条公例。他的原子光学论，到了十九世纪之初就被人推翻。他的"力"的观念，许多人早就觉得不狠适用，所以才拿能力来替代他。皮耳生同马哈都是不满意于"力"的观念的人。等到爱因斯坦的相对论成立以后，牛顿的公例已经不能适用。因为爱因斯坦说，吸引的现象是空间的性质，无所谓力，用不着力的观念。空间自己是曲线的，所以凡在空间运行的物质都走曲线，牛顿所说的直线运行，是世界所没有的现象，用不着这种假设。君劢说"近年以来，则有爱因斯坦之说，虽其公例之适用范围有不同，然奈端（即牛顿）公例之至今犹能适用，一切物理学家所公认者也"。读者只要看爱因斯坦的"相对论"再拿牛顿的 Principia 来比较，就知道他这种话有无根据。

君劢说："物理上之概念，曰阿顿，曰原子，曰质量，曰能力。"似乎不知道"阿顿"就是原子的。若是我谈玄学把"也过"（Ego）同"我"当做两样东西，我不知道君劢要如何责备我。原子论是达尔登（Dalton）创造的，但是他所谓原子包括分子在内。分子的观念起于阿我喀杜维（Avogadro），于是学化学的人都认原子为物质最小的单位，不能再分而为二。自从铱质发明以后，化学家方知道原子自己会自动的分裂：铀（Uranium）变为钍（Thorium），钍变镭（Radium），镭变锕（Actinium），锕变铅，于是不但原子论要完全修正，就是化学上所谓原质的观念也不能成立。力同原子都是理化学上根本的概念，尚且有如此变动，试问君劢所谓一成不变的公例，物理学上找得出找不出？"严正"科学是否牢固不拔的？

他引杜里虚的话来证明达尔文学说没有价值，我本来不必给他辩论，因为不但达尔文学说是"李杜文章，光芒万丈"，杜里虚还不配去撼这种大树，我那里配去做他的马前小卒，而且生物进化是一个狠复杂、狠专门的问题，没有研究过发生学、生物构造、古生物学或是遗传性的人，不配参与讨论，就譬如没有高等数学知识的人，不能瞎批评相对论，是一样的道理。为免除读者误会起见，我转请君劢自己找出来的"生物学大家"托摩生（他是否是生物学大家，我下文还要说起。）来替我单简的说几句话：

> 若是我们所说的达尔文主义，是指从他的主要观念——变迁、选择、遗传性——里面当然发生出来的活学说，不是死守达尔文的话，一个字不改，我们可以说达尔文主义从来没有如今天这样稳固！（《科学大纲》第二册三六八页）

他又说：

> 若是进化的学说自己不进化，岂非自相矛盾？

君劢最得意的话是"牢固不拔"的物理学能"推算未来"，不是生物心理学公例所做得到的。他没有给"推算未来"，下一个定义。他只举了一个例说："物体上左右各加一力，则其所行之路为平行方形之对角线。"他又说天文家可以预算天象。读者诸君，预算天象的把戏，我们三千年前的野蛮祖宗已经会做，不算甚么希奇。我不知道君劢信不信医学是用生物学，不过若是有人得了肠气夫斯或是打疟疾，连我都可以预算他的温度。我再举一个郑重的例。自从德夫利士（Devries）重新发现曼德尔（Mendel）公例之后，若是我们拿一种黄皮的玉蜀黍来和白皮的杂种，新生出来的玉蜀黍上面有几粒是黄皮的，几粒是白皮的，都可以预先算得出来。近年来这种遗传性上大发明，在我个人眼光看起来其重要不亚于爱因斯坦的相对论。最近嘉沙尔（Castle）要证明生殖细胞的独立性，拿一个未成年的黑巴西猪的卵巢，植在一个成年的雌白巴西猪肚皮里头，四个月以后再用一个雄的白巴西猪给他交合，生下来的三胎，都是黑巴西猪！足见得雌的白巴西猪的身体营养，对于原来黑巴西猪的卵巢，没有发生一点影响，而且曼德尔公例也是完全适用，同嘉沙尔的预言是一样的。

我的心理学的程度同君劢的生物学差不多，不敢冒昧给他辩护，但是就我所知道的正式心理学以外，动物心理学、孩童心理学，同反常心理学近来发明很多。我对于动物心理学比较的明白一点，我觉得其中的公例尽有可以"预算未来"的，请君劢不要一笔抹杀。就是他所最鄙夷的生计学社会学，也狠有公例可以计算未来的事，我举两件最近的事实来做一个例。

欧战以前安基尔（Angell）做一部书叫做《大幻想》，罗列种种的经济事实，说近世的战争，能使得战胜国同战败国一样的破产。欧洲这一次大战争的结果，完全证明他的公例是不错的，这不是"预算未来"

的事吗？阚士（Keynes）的"和约的经济结果"说，压迫战败国过度，使他不能生活，与战胜国有害无利。这四年中的欧洲不件件被阚氏说中了吗？

君劢对于科学第二种误解是把科学的分类当做科学的鸿沟，托摩生的《科学引论》（八三页）说："科学的分类是为实际上同知识上的方便，但是满身都是困难。"他又引皮耳生的话说："各种科学是同本的树枝。"为研究方便起见，我们把他分成功物理，化学，等等，其实绝不相类的科学之间，又有许多互相联带的科学把他们贯串在一齐。例如论理学与生物学似乎性质绝不相类，然而由论理而数学，而物理，而化学，而生物化学，而生物学，彼此重复，界限不清，足见得他本来是同气连枝的。所以从来各家的分类不会一致。我不知道君劢为甚么单举翁特的分类来做标准，因为翁特原书并没有讨论科学分类，君劢所举的是他《论理学》各章的标题，所以是不完备、不精密的！我猜想或者君劢因为这种分类里面没有地质学，所以拿来给作者开顽笑。况且"确实"不是"物质"的代名词。大多数的人把数学同论理放在一齐，叫他们做抽象科学。君劢自己引韦尔士的话说："算也，量也，数学之全部构造也，皆出于人之主观，而与事实之世界相背。"

照君劢的精神定义，岂非数学也是精神科学？何以又独为确实？他既然把生物学认为确实科学，何以又竭力证明他不确实？他说"纯粹心理无公例"，"近年来所谓实验心理者，大抵所试验者以五官及神经系为限，若此者谓为生理的心理学则可，谓为纯正心理学则不可"。君劢所引的翁特的标题，没有生理学，想起来应该归入生物学。实验心理学既然是生理的，当然是确实的，何以又说他"视生物学又下一等矣"？凡此矛盾都是以为各科学真正有鸿沟，拿这种观念来强加之于翁特的分类，自然不能自圆其说。

分类是科学方法的第一步，作者如何可以不承认？但是承认科学分类是一件事，承认精神科学物质科学真有根本的分别又是一件事，假如我为研究地理人物的关系把直隶省的人分做北京人、天津人等等，难道这种人真正有甚么分别？

我并不是说生计学是同物理学一样的确实，我也并不是说各种科学的材料不可分出类来研究，我说是分类是为方便起见，确实是程度问题，不能拿得来证明知识界真有鸿沟。这种观念，学科学的人普通都知道，所以苏笛（Solddy）说，物理同化学分不开，化学同生物学分不开。(参观《物质与能力》)赫胥黎论科学精神说："如果如我所信，世界越老，这种观念的地位越坚固，这种精神要推广到人类思想界的全部分，并且同知识界的范围一样宽广；如果如我所信，人类走到壮年，要承认世界上只有一样知识，只有一种方法去取得他，那么我们还是小孩子（阚士《方法与结果》四一页）。"

詹姆士说："多数的思想家都有一种信仰，以为只有一个包括一切的科学，并且有一件不知道，没有一件可以全知道。这样的一个科学，如果成功事实，就是哲学。现在都距事实狠远，所以我们只有许多知识的起点，分布在各处，并且为事实上方便起见，彼此分开，以待将来生长联合成功一个真理。"（《心理学教科书》第一页）

君劢说否认物质科学同精神科学真有分别，是从"在君始"，太恭维我了，我不敢当。总括讲起来，科学的态度是极平等的：知道各种科学走的路，虽不一定是一条，路上看见的景物，虽不一定是一样，然而出发的地点是相同的，走路的方法是相同的，越走的远，各路离开的越近，彼此越可以互相帮助。今天我走得快点，明天他也会得追上，或是走到前面去，决不肯妄分畛域扬此抑彼。科学的态度是极谦和的：知道知识界同空间一样，看不见边际的；我们现在所已知道有限，将来所知道的无穷，正如君劢所引的托摩生的话："小秘密去，大秘密又来。"然而若是有人来对科学说，你走的路是错的，有几条路不是你所能走的，旁的还有巧妙的方法可以走到你前边，或是走在你上头，科学绝对的不能承认，因为用这种超越方法的人走了几千年仍然走回他出发的地点，脱不了自己制造出来的太极圈子。所以我说："在知识里面科学方法万能；科学的万能，不是在他的材料，是在他的方法"。我还要申说一句，科学的万能，不是在他的结果，是在他的方法。

四、存疑学者的态度

君劢说："在君……自号曰存疑的唯心论。既已存疑，则研究形上界之玄学，不应有丑诋之词。不知自谓存疑，而实已先入为主，此则在君先已自陷于矛盾而不自知"。他对于存疑主义，分明没有了解，我不能不加以说明。

为存疑主义开成立大会的是赫胥黎。我请这一位开山大师来亲自说话：

……我年纪越大，越分明认得人生最神圣的举动是口里说出和心里觉得："我相信某某事物是真的"。人生最大的酬报和最重的惩罚都是跟这一桩举动走的。这个宇宙是到处一样的；如果我遇着解剖学上或生理学上的一个小小困难，必须要严格的不信任一切没有充分证据的东西，方可望有成绩；那么，我对于人生的奇秘的解决，难道就可以不用这样严格的条件么？用比喻同猜想来同我说，是没有用的。（《赫胥黎传》，第一册，页二三三）

他又说：

我说笛卡儿敬奉怀疑，请你要记得这是葛笛（Goethe）所说的活的怀疑，"这种怀疑的目的是要征服怀疑自己"、不比得那一种从油滑同懵懂产生出来的东西，只知道延长怀疑，好拿来做懒惰同麻木的借口。（《方法与结果》，页一七〇）

所以存疑主义是积极的，不是消极的；是奋斗的，不是旁观的。要"严格的不信任一切没有充分证据的东西"，"用比喻同猜想来同我说，是没有用的"，所以无论遇见甚么论断，甚么主义，第一句话是："拿证据来！"他的证据不充分，我们不信他；他把比喻猜想来做证据，我们一定要戳穿了他的西洋镜，免得他蒙混人。用比喻猜想来假充证据，柏格森要算第一把能手。他说："从一种状态变到另一种状态，同固守于一种状态是没有根本的分别"（《创造的演化》第二页）。我们对他说："拿证据来！"他又说："心理的生活是时间造成的，时间是有抵抗力的，有物质的。"我们对他说："在心理学上时间是觉官的感觉，在物理学上时间是空间的补充，都是根据于可以试验的事实来的，你的这种时间何从而来？你怎样来证明他是有抵抗力的，有物质的？"他说心理的状态同滚雪球一样，越滚越堆积得多。又说生物同流水向前流一样，越流分支越多。我们对他说："慢来，慢来！这都是比喻，请你把心理状态同雪球的关系，流水同生物的同点，用事实来证明白了，然后再从这种比喻上发生你的无限制的推论。"不但柏格森这种玄而又玄的话一攻便破，存疑学者对于康德的"断言命令"、倭伊铿的"精神生活"、欧立克的"精神元素"都只有一句话："拿证据来！"

五、知识论

用君劢的名词，我的知识论是唯觉主义。我说他是"科学的"，并不是说已经"有定论的"——这是君劢自己对"科学的"下的定义，与我不相干——是因为这种知识论是根据于可以用科学方法试验的觉官感触，与正统派哲学的根据不同。新代的经验主义用经验来讲知识，用生活手续来讲思想，新唯实主义用函数来讲心物的关系，虽与唯觉主义的人地位不同，然而都可以说是科学的，因为都是用科学方法来研究知识论的。唯觉主义所根据的事实本来狠复杂的，我用了二千字来说明，我自己本来觉得不透彻，可以讨论的地方狠多。幸亏君劢狠体贴，他仅仅的拿了正统哲学的口头禅来驳我，我只用几句单简的话就可以答复他。

我不知道君劢所说的"论理的意义"还是人类所独有的呢？还是高等动物所公有的呢？还是成年人所取得的呢？还是孩童所本有的呢？以感觉为知识的原子，有许多心理学的证据，最重要的就是动物心理学同孩童心理学所研究的结果。高等动物同孩童都有感觉，都有记忆力把感觉的印象留住。研究动物同孩童的心理的人，都不承认感觉有论理的意界；就是成年的人看见红色，也未尝一定对自己说，"红色如此"，"此真是红"，如果如此，凡人遇见极简单的感觉，都要辨别真伪，我们的生活岂不要苦死？君劢承认不承认生理学所谓无意的举动？无意举动的动机是否是感觉？是否有论理的意义？假如我拿一根棍子照你头上打一下，你是不是立刻觉得痛，还是要对自己说，"痛是如此"，"此是真痛"，然后能感觉是痛？西班牙决斗的雄牛，看见红色就要乱刺人，是否他也对自己说，"红色如此"，"此真是红"？还是动物对于激刺的一种反动？康德的先天综合判断对于西班牙的牛适用不适用？动物为甚么对于激刺能发生影响，人类为甚能用感觉成功概念，用联想而得推论，是生物学上根本的问题，现在是"小秘密虽去，大秘密又来"，没有能完全解决的。然而学生物学心理学的人用不着康德的"先天综合判断"，用不着德国思想心理的"论理意义"，因为比较心理学已经宣告了他们的死刑。

唯觉派的知识论本来是理论，本来有讨论之余地的。至于我们说，"凡常人心理的内容其性质都是相同的。……我的思想的工具是同常人的一类机器。机器的效能虽然不一样，性质却是相同。"这是事实，不是理论。自从嘉尔登拿统计的方法来研究生物的现象，成功了所谓生物测量学（Biometrics），我们所谓"常人"已经有了统计上的根据。即如英国的常人是五尺八英寸高，五尺以下的是矮子，六尺六寸以上的是长人。但是矮子同长人的标准完全是随意的：五尺以下的矮子，和六尺六寸以上的长人之间又有许多过渡的人把他们和常人联合在一块，智慧测量的结果同高度是一样。假如我们说痴子的智慧是零，天才的是一百，常人的是五十，一至四十九把痴子同常人联合一气，五十一至九十九又把常人同天才的界限相混合。肢体与高度相称的是长人；若是一个人头异常的长，身异常的短，或是四肢绝对不能相称，他就是一个怪人，同心理上的疯子一样。研究疯人心理的学者，都觉得疯子的性质一部分与天才有几分相似，因为都是感觉特别发展的原故，但是疯子的一部分发展过度，失去了心理的平衡，而天才的各部分发展相称，能保存生活的常态。长人矮子同常人是程度问题不是种类问题，天才痴子，同常人的分别，也是比较的，不是绝对的：常人虽然长，然而他的长的程度是为种族能力所限制，所以世界上没有八尺九尺的长人，况且长人的体格的系数（Index）如头骨的宽长，手臂的比例，等等，还是同寻常人一样。天才的智慧，高出常人的程度，也是为种族能力所限制，他的心理同生理的组织也是同常人的是一类的机器。这是近七十年生物学心理学的根本观念，不是可以随便推翻的。

从天才与常人的关系，还可以推论两种重要的观念：

（一）知道天才是为种族能力所限制，而且同常人的分别是程度的，不是种类的，所以我们不相信有不学而能的孔子，上帝产生的耶稣，或是智慧无边的佛。正如世界上没有见过高与天齐的长人。

（二）天才的智慧虽然是有限制的，我们决不敢因为如此而看他不起，因为智慧高一分，识见要高一丈，常人无论如何努力都赶他不上。就譬如我们五尺六寸高的人，决不敢鄙薄六尺六寸高的人，说他不过比我们全身高五分之一有零，因为若是我们要给他对打，绝对没有赢他的希望；若是在人丛中看戏，我们一点儿看不见的时候，他可以满台都看见。

君劢说：

> 明明有官觉的印象相同而其所得结论则大异。器官之征异，达尔文曰，是环境使然；拉马克曰是用不用使然。果达氏，拉氏官觉组织之不同耶？果如在君所谓谁为疯子谁为非疯子耶？关于时空问题，奈端曰，时空绝对，爱因斯坦曰，时空相对。果两氏官觉组织之不同耶？果在君所谁为疯子谁为非疯子耶？……此数人者，所以各持一说之故，理由甚多，姑置勿论。要之以……常人官觉之相同为推理相同之惟一根据，则断断乎其不可通。

我请读者平心静气的看看，究竟谁可通谁不可通。拉马克是达尔文的前辈；《物种由来》出版的时候，拉氏已经死了三十九年，达尔文所举的事实，大部分是拉马克所不知道的。牛顿殁于一七二七年，爱因斯坦相对论所根据的事实，牛顿没有柏格森先生的直觉，当然不能预知的。一个人所知道的事实，本来就是他觉官的印象，如何可以说拉马克同达尔文，牛顿同爱因斯坦有相同的觉官印象？他们觉官印象不相同，自然有许多君劢所"姑置勿论"的理由，如何能说他们的"官觉组织不同?"与我所说的疯子又有甚么关系？我且问君劢，我们两个人的人生观不一样，是否因为是一个"中了科学毒"，一个"被玄学鬼附上身"，所以觉官的印象不相同，还是他的官觉组织真正和我的是两样的？议论不相同，就说是觉官组织不相同，有甚么事实的根据？你要我在生理学上举多少的反证？若是相信柏格森的直觉主义的人，真正相信他们的觉官组织与我们两样，我只好对他们说："你们有你们的直觉，我们有我们的直觉，除非你们能证明，你们的觉官组织比我们的高明，我们用不着你们的直觉!"

读者还要注意：我第一篇讲审查概念推论所举的第三条说："凡推论不能使寻常有论理训练的人依了所根据的概念，也能得同样的推论，科学不承认是真的。"

我说能得同样的推论，不是说一定得同样的推论，因为能不能是一件事，肯不肯又是一件事。我记得巴尔福有一篇文章载在惜培德（*Hibbert*）杂志上。他说人类有自由意向的学说，科学上的根据狠薄弱，他是知道的，但是他觉得这种学说狠可爱，不肯放弃他。足见得他的肯不肯是情感问题。许多人重情感而轻知识，所以往往的"非不能也，不肯也"。我们现在是就知识论知识，没有把情感计算在内。

六、精神与物质

我们说物质科学同精神科学没有根本的分别，因为他们所研究的材料同为现象，研究的方法同为归纳。至于精神同物质根本有无分别，如果有分别，究竟是一种甚么质，本来是哲学上大问题。君劢拿内与外同我与非我来说明精神物质，同没有说明一样，因为内与外同我与非我本身的界限定义，也是极难解决的。除去了正统派的哲学以外，近代拿科学方法来研究这个问题的有三派：（一）马哈的唯觉主义，（二）行为派的心理学，（三）新唯实论；杜威可以代表第二派，罗素可以代表第三派。

马哈说感觉是知识的原质：声、色、温度、压力、空间、时间等等联想起来成功许多复杂体。其中比较永久的现象深印于记忆，发表于语言，成功了我们所谓的"物"。记忆同情感所成功的复杂体，联合到一个特别的物！我们的身体上面，就成功了"我"。"我"自然也是比较永久的，但是我们往往只记得他是永久的，忘却他的永久是比较的。"我"的永久全是以思想的连续同养成的习惯做根据的，然而细想起来今日的"我"同许多年以前的"我"，究竟有几分相似？若是我们没有记忆来联合他们，今日的"我"就未必认得昔日的"我"，所以"我"不是一个固定的，不可变的单位。"我"的特点是在连续，但是连续不过是预备同保存在"我"里面的内容的一种方法，内容是基始的，比副从的"我"重要得多，所以"我"尽管不存在，我的内容如果有价值，如美术家的创造，科学家的发明，改造社会的事业，仍旧可以永久存在。（马哈这种观念同中国人所谓"三不朽"是一样的。）

物同"我"都是同样原质（感觉）所成功的复杂体，所以物同"我"没有一个明显的、一定的、普遍的界限。把与苦乐最有密切关系的原质联合起来，做成功一个理想的单位——"我"——是避苦求乐的人类的天性，是一种实际上狠有用的假说，然而为求真理起见，这种观念不但无益而且有害。马哈又引李虚登堡（Lichtenberg）的话说："我觉得有许多表现是离我而独立的，有许多是离不开我的；究竟界限在那里？我们所真知道的不过是感觉、表现同思想，所以我们说，'我思想'是同说'天响雷'一样"（参观马哈的《感觉之分析》）。

我不必详细说明行为心理学者同新唯实论者的意见，因为这两派的大师杜威同罗素都在中国讲演过的，听过他们讲演的人自然比我（没有去听讲的人）要了解的明白。简单讲起来，行为心理学者的态度是三派中最极端的：他们根本不承认内省（introspection）是求知识的方法。知识是完全从观察来的：凡所谓思想的表示，从观察方面讲起来是一种语言的习惯；要说明他，用不着那种不可观察的假设。他们的根据是从比较心理学上来的。研究动物心理学的人久已知道，从前对于动物心理的推论是完全靠不住的！狠复杂的行为不必一定有狠复杂的思想：譬如初长成的鸟第一次造他的巢的时候，完全不知道他将来要在巢里边生卵；他的行为是一种天性的冲动。凡不是天性的行为都是养成功的习惯，所以说明动物的行为不可以用自觉同思想这种假设。把这种方法推广到人类上来，思想的表现是语言，语言的行为完全是养成功的习惯。至于君劢的"精神"同"我"更不是杜威派的学者所能承认的了。

罗素的地位，正在马哈同杜威之间。他的《心之分析》，一部分是从马哈来的，一部分是从行为派心理学来的。他引詹姆士的话，根本不承认自觉是一种实体，说自觉是"我"的鬼，"我"是"灵魂"的鬼，完全用不着的。罗素又批评布兰唐诺（Brentano）的话说，思想的手续，没有他所说的"行为"（act）；思想不必有一个思想的主体。这一束思想是甲，那一束思想是乙。我们说"我想"，"你想"，不如单说"想"，同说"下雨"一样；或是说，"我里面有一个思想"。他所讲的天性，习惯同内省，大部分同杜威派相同。他虽不完全否认内省，但是他再三的说"内省所发见的东西同观察所发见的没有根本的分别"。

这三派的学说虽然有许多不同，但是都可以说是科学的，因为他们都是用科学的结果同科学的方法来解决知识论的；同君劢所信仰的根本不能两立的。君劢这一派的学说，普通叫做正统的哲学，因为他们的方法是从亚立士多德一脉相传下来的。亚立士多德的宇宙论同生物学已经完全为科学推翻；若是我们仍然保守他的哲学方法，是不是他的哲学高出于他的宇宙论同生物学几十倍，还是我们的哲学观念太嫌幼稚一点？

读者或者要对我说："我明明白白知道有个我；你如何把'我'变成功一束的思想、行为的动物，或是记忆情感所联合的复杂体？"读者注意！没有许多年前，世界上不能有对无的人，同太阳的东升西落，都是最明最白的事，现在谁也不承认是真的了。可见得我们虽然是明明白白觉得有个"我"，"我"不一定是真有的！

况且无论我们相信那一派的哲学，只要我们不是完全不理会生物学同心理学所得的结果，我们决不能相信有超物质而上的精神，与外相隔绝的内，或是虽非我而独立的我。喝几杯烧酒，我就会得胡说，嗅几把淡养，我就会得狂喜，饮食消化太慢，我就会得烦躁，内腺分泌失常，我就会得恐惧。上了麻醉药，我的"精神"，"内"，同"我"就都不知去向。我的行为自觉的只有一部分：所有记不得的经验，多年前的感触，不自知的欲望，都与我有密切的关系。管束我的精神的，有"身体上的营养，动物性的行动，野蛮人的传说，孩童时的印象，惯例式的回效，承继来的知识"。我的意义是不是"自由"的？我的"纯粹的心理"，向那里找去？

七、美术、宗教与科学

君劢答词里面最不可了解的要算他中篇的第三章，所谓"科学以外之知识"，因为他不但是滥用没有定义的名词，不但是矛盾，而且是无的放矢。我不知道他的人生观从几时起才加入美术的，不过我再三读他的清华讲演的文章，在他九条的人生观宪法里面找不出与美术有关的观念来。我攻击他的文章完全是对于他的讲演发言；那里面所说的"人生观"单是指他的九条！我并没有给人生观下定义！所以当然不提及美术，他何以知道我是狭小，是不承认美术？这岂不是无的放矢么？

他一面说美术是知识，一面引托摩生的论美术话说："人类之大目的，其于自然界，不仅知之！此是科学之事！又在能享受之。人者有情感者也。"这岂不是矛盾么？

"享受"同"情感"都是知识，然则饮食男女都是知识。我不知道君劢的"知识"有甚么定义。我的那三条里面所说的"真"，第一条是指概念同推论，第二条是指概念，第三条是指推论，界限是极明白的；与美术、道德、宗教有甚么关系？难道他的正统哲学，连知识情感同天性（instinct）都弄不清楚？这不是滥用没有定义的名词么？

他把美术宗教当做知识，不但学科学的人不承认，恐怕学美术的信宗教的人也未必承认的。美术固然不是可以完全离开知识的，譬如声学可以补助音乐，几何可以补助图画，文法可以补助诗歌，但是运用死方法来表示人所不能表示的情感，是神而明之，存乎其人，所以说是术。人之所以能觉得自然界的美，同人能寻出自然界的秩序，自一样的原因；都是演化的结果，因为不如此是不能生存的。假如我们看了自然界，就觉得丑，就要呕吐，我们如何可以活得长？学科学的人没有不崇拜美术的，因为两样东西性质虽然不同，都是供给人类的需要，而且可以互相帮助的：知识越丰富，表示情感的能力越大；越能表示情感，知识越丰富。况且诗人画家虽是常有奇怪的想象，他们最诚实，决不像玄学家拿想象来骗人的。画地狱的人决不说我们要到他画里面去受罪；杜牧之说"蜡烛有心还惜别，替人垂泪到天明"决不是叫我们相信蜡烛真有惜别的心，真能替人吊眼泪。若是柏格森对我们老实说，他的玄学是同诗人的诗一样，我们决不肯再反对他了。

我岂但不反对美术，并且不反对宗教，不过我不承认神学是宗教。十二年前我做动物教科书说蚁类优胜的理由：

> 然所谓优胜者，就蚁之种系言则然耳。若以蚁之个体观之，则固有难言者。如彼后蚁，当其初生时，无家室之累，生殖之劳，有翅能飞，来去自在，其乐何如也？未几而巢穴成而翅去，蛰居土中，日以产卵为事，终身不复有他望。使后蚁而有知，应亦自悲其运命之穷欤？如彼工蚁，则更不足以自慰。人类之为子孙作牛马者，达观者犹讥其愚。今工蚁又不能生殖，无子孙之可言；寿不过

数月，而终日仆仆觅食，为数年之蓄，其愚不更十倍于田舍翁乎？合至愚之蚁为群，而蚁之种乃优胜。若是者何哉？曰牺牲个体之利益，以图一群之利益也；牺牲一群一时之利益，以图一种万世之利益也。言弃学者可以鉴矣。（页一一八至一一九）

论天演的末节我又说：

> 综观动物生活之景象以及天演施行之方法，而知所谓优劣成败者，不关于个体而关于全种；不关于一时而关于万世。然个体一时之利害，往往与全种万世之利害相冲突，故天演之结果，凡各动物皆有为全种万世而牺牲个体一时之天性，盖不如是不足以生存也。人为万物之灵……当上古智识初开之时，有有宗教心者，有无宗教心者；有者为优，无者为劣，故无者灭而有者存。迭世聚积，而成今日宗教之大观。然则宗教者亦天演之产物也，所谓神道设教者非也。

所以我的宗教的定义是为全种万世而牺牲个体一时的天性，是人类同动物所公有的。这种天功不是神学同玄学所能贪的，所以许多人尽管不信神学玄学，他们的行为仍然同宗教根本相合，就是这个原故。凡动物的天性却不是圆满无缺的。人类的宗教性既是合群以后演化的结果，合群以前的种种根性不利于合群生活的，仍旧有一部分存在；往往同合群式的宗教性相冲突。人之所以为善为恶，全看这两种根性那一种战胜。君劢说："我对于我以外之物与人，常求所以变革之，以达于至善之境"，就是我所说的宗教性；他所说的"物质与精神的冲突"，就是我所说的不适宜于合群的根性。我们根本不同的点是，他以为人性是善的，物质与他冲突所以人才为恶；把物质变成功耶教里面的苹果。我说人性有一部分是适宜于合群的，一部分是相冲突的，都是要受物质的影响的。一个人的善恶（一）是看他先天的秉赋，（二）是看他后天的环境。优生学是想改良先天的，教育是想利用后天的。那一种环境最能使宗教心的发展适宜于人类的生活，是教育上最大的问题。

我们所以极力提倡科学教育的原故，是因为科学教育能使宗教性的冲动，从盲目的变成功自觉的，从黑暗的变成功光明的，从笼统的变成功分析的。我们不单是要使宗教性发展，而且要使他发展的方向适宜于人生。况且人类的冲突往往不是因为目的，是因为方法：回教徒同耶教徒都想进天堂，冲突起来，使世界变成地狱；新旧教都讲兼爱，都信耶稣，三十年的宗教战争，把四千万的德国人杀去了四分之三。这种历史上的教训，举不胜举。要免除这种恶果，规律的神学，格言的修身，文字的教育，玄学的哲学，都曾经试过，都没有相当的成绩。惟有科学方法，在自然界内小试其技，已经有伟大的结果，所以我们要求把他的势力范围，推广扩充，使他做人类宗教性的明灯：使人类不但有求真的诚心而且有求真的工具，不但有为善的意向而且有为善的技能！

八、结论

读者注意！我始终没有给人生观下定义。我第一篇文章所讲的"人生观"是君劢清华讲演的九条，这一篇所讲的是照君劢答词里面的定义。我已经证明君劢的定义是不能适用的，因为用精神与物质，内与外，我与非我来讲人生观，越讲越不明白，因为精神不能离物质而独立，内不能同外分家，他所说的"我"是不是真有的还是一个疑问。他的两种人生观都不是能离开知识的："在知识界内科学方法万能。"知识界外还有情感。情感界内的美术宗教都是从人类天性来的，都是演化生存的结果。情感是知识的原动，知识是情感的向导；谁也不能放弃谁。我现在斗胆给人生观下一个定义："一个人的人生观是他的知识情感，同他对于知识情感的态度。"

情感完全由于天赋而发展全靠环境，知识大半得之后天而原动仍在遗传。知识本来同情感一样的没有标准；近几百年来自然科学进步，方才发明了一个求知识的方法。这种方法，无论用在知识界的那一部分都有相当的成绩，所以我们对于知识的信用比对于没有方法的情感要好；凡有情感的冲动都要想用知识来指导他，使他发展的程度提高，发展的方向得当。情感譬如是长江大河的水，天性是江河的源头，环境是江河的地形，情感随天性环境发展，正如江河从源头随地形下流，知识是利用水力的工作，防止水患的堤岸，根本讲起来也是离不开地形的。这就是作者的人生观，究竟比张君劢的那一个适宜于现在的世界，请读者自择！

枝叶

君劢答词里面的枝叶是千头万绪，驳不胜驳。我现在以友谊的态度，用他的枝叶来指明他两个狠大的毛病，请他反省。

一、武断与事实

我不知道君劢的文章里面有几条"不容动摇"的"学术上的天经地义"（中篇，第三，第一段），但是我觉得他满纸却是"必"字"决"字或是"吾敢断言"。学术上本来就没有"天经地义";你越不容人家动摇他,他自己越会得摇动,我没有功夫做一个完备的"武断之分析",我只好随便举几个例。

(例一)"国人迷信科学","国人之思想混沌若此",请问君劢的"国人"是指的谁?最奇怪的是他说,"国人所以闻玄学之名而恶之者,盖惑于孔德氏人智进化三时期之说也"。要是他的话果然是真的,作者可以代表"国人",应该有做总统的希望。只可惜我并没有读过孔德的书。

(例二)"今国中号为学问家者,何一人能真有发明,大家皆抄撮外人之言耳。"旁人的学问,我不知道;我请君劢看看地质调查所出版的书:其中翁文灏的《矿产区域论》同《地震与地质构造》,这一次国际地质学会的外国人,都说他"真有发明"。就是作者的《扬子江下游之地质》同《云南东部之地层构造》,虽不能真有发明,也还不至于"抄撮外人之言"。

(例三)"以为人生观为可以理智剖解,可以论理方法支配,数十年前或有如在君之所信者,今则已无一人矣。"如此说来,我孤立于世界,顽固得固然可怜,然而以一人敌全世界的人,连我自己也觉得勇气可喜。无奈君劢又说:科学能支配人生乎?不能支配人生乎?此问题自十七世纪之末,欧美人始有怀疑之者,今当为一种新说。欧立克是以为人生观不受科学支配的人。君劢引他说,"吾之立脚点不至无人承认"。然则君劢同欧立克也是孤立于世界的?

(例四)他说托姆生是"美国第一流之生物学家","其不带杜氏之玄学气味,当为海内科学家公认"。君劢称我为"地质学家",可见他的"甚么学家"是不值钱的。学科学的人对于这种界限,却不肯如此统笼。凡对于科学没有直接贡献的不敢号称为家。托姆生是讨论批评旁人的贡献的人。他屡次要做英国王家科学社的社员,至今选举不上。所以他生平直接的研究,只有他的《男女性的进化》那一部书。他后来自己承认这部书没有根据(参观他的《遗传性》)。杜里虚的朋友冒根批评托姆生,说他拿不可证明的玄想来解决科学问题(参观冒根的《试验动物学》)。可见得他不但不是"第一流",并且没有成家,并且狠有玄学的气味。

(例五)君劢反对富强,说"在寡均贫安之状态下,当必另有他法可想"。中国现在寡到甚么程度,贫到甚么田地,君劢研究过没有?那一年北方遭旱灾，没有饭吃的人有三千万人：卖儿女的也有，吃人肉的也有。这种贫安得了么？中国人每人每年平均的收入，据我所研究不过五十元至六十元，同松坡图书馆的听差的工资差不多。这种寡均得了么？

这五个例已经可以证明我的话不是随便说的了。其余如"玄学教育"，如"心性之学与考据之学"，如"社会改造的原动"，引不胜引。好的我不是同他豁拳，不必一定要凑成半打的。

二、断章取义

君劢的断章取义，我为篇幅所限，只能举三个最明显的例：

（例一）我说玄学容易袭取，所以懒惰的人喜欢他。君劢就拿袭取两个字来责备我。凡据人家的话为己有的叫做袭取。我的知识论是从皮尔生同马哈来的，我自己早经声明，似乎不合于袭取的定义。从前奥马（Omar）王烧埃及的图书馆，说这许多书不是反对回教的圣经，就是赞成回教的圣经：反对的固然要烧，赞成的也用他不着。君劢对于我的批评同奥马王的心理差不多。他找不出我的议论的来历，就说"此世界之所未闻，有之自在君始"。我自己告诉了他我的来历，他说是"君子之袭取！"

（例二）他说詹姆士"五体投地"的崇拜柏格森，所以"不得以玄学目之"。（在这一处君劢似乎也不以玄学为然！）读者可以参考开郎（Kellan）的《詹姆士与柏格森》那一部书。开氏说詹姆士天性最慷慨，所以恭维反对他的人比恭维他的朋友还要热心。其实他的哲学与柏氏的玄学根本不同的。我所认得的前辈里面，梁任公就颇有这种脾气。我们若是把任公"五体投地"过的人的名字聚集拢来，大约可以成功一部人名辞典！

（例三）最发笑的是君劢引托姆生的话转引了兰克司德（Ray Lancarter）来证明科学的限界。他也应该打听打听兰氏是何许人。我现在文章已经做完了，忍不住要说一个笑话。

玄学鬼看见科学要打他，连忙的去找了几篇文章来当经咒念，做护身符。先找到了在北京的杜里虚，教了他一大段的经；再飞回伦敦，请了玄宗的恶鬼欧立克来演他的法术。究竟他心虚，恐怕经咒不灵，法术无效，忽然想起以毒攻毒的恶计，硬把科学小说家韦尔士求了出来给他挡一阵。韦氏骗他道："我不是真的科学家，恐怕不中用。你不如到科学宫里去看看。"玄学鬼没奈何只得向科学宫走去。走不了许多时，就看见一座狠大的宫殿，光芒万丈，紫气千条，门前有三个大金字："科学宫"。他在宫殿的左右前后，踱来踱去，不得其门而入。忽然看见照壁墙下，站着一个老头子，在那里宣讲圣谕。他认得是科学宫的门斗托姆生。连忙上前把他手里的书抢了过来一看，原来是一本《科学引论》。他不管三七二十一就当做玄学经咒大念起来。念了几句忽然念到兰克司德的名字。那里知道这位兰氏是科学宫内的恶金刚。一听见玄学鬼在那里念他的名字，就大吼一声，跳出墙来，把他认做柏格森，没头没脑的乱打；一头打，一头说道："人类的知识好比是代数上括弧里面的内容，括弧外面是一个 X，代表不可知的东西。玄学家就拿这个 X 来变把戏。……他们所做的事又好像一个瞎子在一个暗房子里捉一个黑猫——最妙的是房子里面只有一个 X，并没有猫！……柏格森不但是说时间是有质的，有抵抗力的，理智是靠不住的，直觉是真向导——这本来就譬如他告诉我们，他在暗房子里面已经捉到了猫尾巴上的儿根毛——他还要来瞎讲科学，看他的神气好像他是懂得生物学的，细细一研究绝对不是那们一回事！所以他不是一个有趣的戏法家，他是一个说谎的骗子！"（节译《近世科学与柏格森的幻想》的序子）

我向任公告饶道："下次不敢了！"我再三向君劢赔罪道："小兄弟向来是顽皮惯的，请你不要生气！"

十二，五，三十

（据《努力》周报 54、55 期，1923 年 5 月 27 日、6 月 3 日）

玄学与科学的讨论的余兴

天下没有打不完的官司，笔墨官司自然也不是例外。两边既然已经用了三四万字把有关系的事实论点发表了出来，惟有听读者做审判官慢慢审查判决；不然，不但读者要讨厌，连《努力》同《晨报》的主笔也未必肯把他们的有限的篇幅永久来供给我们发挥，所以我认为我这方面的辩论，已经可以宣告终了。这一段余兴，一来是我对于参加诉讼人的答复，二来是对于读者供献的参考资料，就譬如律师将文书上的证据呈给审判官一样的。

参加诉讼的人对于我有重要批评的是梁任公同林宰平，我对于他们两位好像不能完全缄默。但是我细看任公的那篇文章是兴会所至，信手拈来的批评，对于我的第一篇宣战书似乎没有详细研究。他看了我的第二篇答词，大概可以了解我的态度，所以我为经济起见，只预备对于宰平先生做一个简单的答复。

一、答林宰平

宰平先生是我生平最敬爱的朋友。他肯给我这样的明白严正的忠告，我不但不敢生气，而且狠感谢他。他自己说是反对我的，然而我细细读他的文章，却不能不引为同志。因为他引屠正叔的话说：

> 科学的精神在于抛除成见，服从客观真理。研究科学的人一定是平心静气拿极公平的态度，极细密的眼光，去处理他们所研究的对象。因为不如此不能得狠好的结果。人类经过科学的训练以后，可以养成谨慎、忠实、公正诸美德。

宰平先生又说：

> 这种见解现在说的人狠不少。在君先生所主张，我们平日谈话

之间，本来没有甚么相反的意见。对于上列科学的方法是否有益于
人生观，当然是肯定的。

他又说：

> 有许多人说科学是完全物质的，机械的，冷酷残忍的；科学文
> 明的结果就是这回世界的大战，及现在欧洲财政破产情形。这种主
> 张我们也不敢赞成。

读者要记得，科学之法是否有益于人生观，欧洲的破产是否是科学
的责任，是这一次讨论里面的最重要的问题。对于这两点，宰平先生的
态度既然这样明显，无论他对于我其他的议论如何反对，我当然不敢不
引他为同志。

他反对我的理由一半由于误会。这种误会，他看了我第二篇文章，
自然会得解除。一半由于他反对我攻击玄学，反对我的态度同讲法。

学佛的人同学科学的人对于玄学的态度，当然是不能相同的——这
种绝对不能相容的讨论大半是辞费。但是他说玄学就是本体论，张君劢
所讲的人生观与玄学无关，我却不能承认。君劢的人生观大部分是从柏
格森的玄学脱胎出来的，他自己答我的文章已经完全承认。我请宰平先
生细细的看看君劢所说的玄学教育同玄学的派别，是否单单限于本体
的。鲁滨孙（J. H. Robinson）说的好：

> 许多人崇拜玄学，说他是我们求最高真理的最高尚的努力。许
> 多人鄙夷玄学，说他是我们最愚蠢的盲动。在我看起来，玄学同烟
> 草一样，是对于他性情相近的人的一种最快心的嗜好。当他一种嗜
> 好看，是比较的无害。（《在制造中的心》，页一○二）

无奈好玄学的人大都不肯把他当嗜好看——他们明明是吸烟，却要
骗我们说，烟草可以当饭吃。我们如何能不反对他呢？宰平先生要我给
玄学下一个定义。我就斗胆说：

> 广义的玄学是从不可证明的假设所推论出来的规律。

至于宰平先生反对我们的态度讲法，更是不成问题的了。一个人的
态度讲法，是对于激刺的一种回效——我第一篇文章是看了君劢的清华
讲演做的，我的态度是受了他独断论调激刺的结果，就譬如连宰平先生
这样恳挚的人，受了我的激刺，也会说出许多俏皮话来，是一样的
道理。

宰平先生说我是带几分宗教的口气，我承认他是我的知己。韦尔士批评亚剌伯人的科学文学说：

> 他们或者是自己骗自己；以为政治上虽然有不盲目同暴动的表现，科学文学仍然可以继续发展的。从前这种态度无论在那国可以代表科学文学。聪明的人向来不敢同强悍的人决斗：他大抵带几分趋炎附势同幸臣的臭味。或者他对于自己，并没有十分的信仰。讲道理有知识的人从来没有迷信宗教的人的那种胆量同决心。但是在最近这几个世纪里面，他们的确积蓄了许多的信条，增加了许多的胆力；他们慢慢的从普及教育同平民文学方面找出了一条握权的路，所以从有史以来到如今，他们从来没有像今天这样放胆的说话，而且要求在人类事业的组织里面，占一个指挥的地位。（《世界史大纲》，页四三四）

二、参考的书籍

我们所讨论的问题范围这样广，参考的书籍自然是举不胜举；况且我又蛰居在天津，除去了南开的图书馆以外，苦于无书可借。所以我现在只能把我平日自己爱读的书，同这一次参考过的书列举出来，供读者选择。

（甲）关于生物学同演化论的：

达尔文著《物种由来》

要知道达尔文的学说，最好是看他自己的书。我不知道在中国批评他学说的人，有几个从头至尾看过这部名著的。

威尔逊著《发生同遗传中的细胞》（E. B, Wilson：*The Cell in Development and Inheritance*）

冒根著《试验动物学》（T. H. Morgan.：*Experimental Zoology*）

这两部都是近代的佳作，但是都是为专门学者说法的。比较的容易懂的是下列的两部：

孔克林著《遗传与环境》（E. C. Conklin：*Heredity and Environment*）

托姆森著《遗传性》（J. A. Thomson：*Heredity*）

（乙）关于理化学的：

安音斯坦著《相对论》（Einstein：*Relativity*）

苏点著《物质与能力》（F. Soddy：*Matter and Energy*）

施罗森著《创造的化学》（Slosson：*Creative Chemistry*）

（丙）关于人种学的：

琦士著《人类的古代》（A. Keith：*The Antiquity of Man*）

德克峨士著《体形学与人种学》（W. L. H. Duck worth：*Morphology and Anthropology*）

这两部都是很重要的书，但是没有学过比较动物学的人不容易看得懂。下列的两部书比较的浅近：

德克峨士著《有史以前的人》（Duckworth：*The Prehistoric Man*）

戈登外叟著《人种学引论》（Goldenweiser：*Early Civilisation*，*Introduction to Anthropology*）

（丁）关于科学的历史，方法，同人生的关系：

赛推克著《科学小史》（W. T. Sedgwick and H. W. Tyler：*A Short History of Science*）

梅尔士著《十九世纪欧洲思想史》（J. T. Merz：*History of European Thought in the 19th Century*）

皮耳生著《科学规范》（Karl Pearson：*The Grammar of Science*）

詹文斯著（科学通则）（S. Jevons：*The Principles of Science*）

赫胥黎著《方法与结果》（Huxley：*Method and Results*）

赫胥黎著《科学与教育》（*Science and Education*）

韦布伦著《近代文化中科学的地位》（Veblen：*The Place of Science in Modern Civilization*）

苏点著《科学与人生》（F. Soddy：*Science and Life*）

鲁滨孙著《在制造中的心》（Robinson：*The Mind in the Making*）

（戊）关于心理学的：

詹姆士著《心理学的通则》（W. James：*The Principles of Psychology*）

比上列的这一部书容易看一点的是詹姆士的《心理学教科书》（*Text Book of Psychology*）

诺司峨塞著《孩童心理学》（N. Norsworthy and M. T. Whitley：*The Psychology of Childhood*）

何尔姆士著《动物智慧的进化》（S. J. Holmes：*The Evolution of Animal Intelligence*）

（己）关于知识论同玄学的：

马哈著《感觉的分析》（E. Mach：*The Analysis of Sensations*）

罗素著《心之分析》(B. Russell：*The Analysis of Mind*)

罗素这一部书是介绍心理学同哲学最好的著作。他是为中国学生做的，所以说理是由浅入深，引证是折衷众说，而他的文章简练活泼，步步引人入胜。

杜威著《哲学的改造》(J. Dewey：*Reconstruction in Philosophy*)

杜威著《实验论理文存》(*Essays in Experimental Logic*)

杜威著《德国的哲学与政治》(*German Philosophy and Politics*)

要知道君劢所信的正统哲学在德国政治上发生的恶果，同对于欧战应负的责任，不可不读此书。

柏格森著《创造的演化》(H. Bergson：*Creative Evolution*)

柏格森著《心理的能力》(*Mind Energy*)

开仑著《詹姆士与柏格森》(H. M. Kallen：*William James and Henri Bergson*)

哀利屋特著《近代科学与柏格森的幻想》(H. S. R. Elliot：*Modern Science and the Illusions of Prof. Bergson*)

十二，六，五

（据《努力》周报 56 期，1923 年 6 月 10 日）

少数人的责任
——燕京大学讲演稿

我们中国政治的混乱，不是因为国民程度幼稚，不是因为政客官僚腐败，不是因为武人军阀专横；是因为"少数人"没有责任心，而且没有负责任的能力。

人在世上的成败，不外乎两个原因：第一是他父母遗传给他的性情聪明体质，第二是他所处的境遇机会时势。讲生物学的人告诉我们说，凡人之所以为人，根本在他的遗传性；不但是强健的父母生强健的子孙，就是聪明能力道德，都是能够遗传给子孙的。要这种遗传性完全发展出来，自然是要有相当的境遇：譬如假使达尔文生在我们中国，他虽有他的科学的天才，绝对不能用在生物学上，做成功他的《物种由来》的名著；这是显而易见的。然而就是在中国这样的社会，有天才的人，又何尝完全不能发展？不过发展的方法不同，结果就不一样罢了。普通讲起来，无论在那一种社会，那一种国家，有遗传的天才，因为境遇不好而终身埋没，或是中庸以下的人物，遇见绝好的机会，也能有所成就的，虽是不少，然而因为遗传境遇两样都有相当的遭际，所以能在社会上占一种地位，成一种势力的，自然也是狠多。这一种人是社会的天然首领，是国家的中流砥柱，就是我所说的"少数人"。

天下的事业，没有那一件不是少数的人做成功的。所以毛赖（J. Morley）说的好："成功的历史就是少数人的历史。"我们今天单就政治讲：自从有历史以来，政治上的成功，那一件不是少数人的成功？远如秦始皇的破除封建，汉武帝的驱逐匈奴，近如孙文黄兴的提倡革命，梁启超蔡锷的反对帝制，都是最明显的事实。又如俄国有二万万多人民，几万个真共产党，受了两三个人的支配，就成功了过激派的政府。这种样子的例，无论那一国那一个时代，都是举得出许多来的，所以罗素先生尝对我说,我们要是把历史上的重要人物除去了十几个,假定他们是没有存在过的,世界上的历史决计不是如我们现在所知道的。

少数人的成功,自然要得一班的人心,与相当的机会,但是在国家危急存亡的时候,消极的人心,被动的机会,是不中用的。收拾人心,运用机会,是做首领的义务,也就是做首领的权利。

诸君一定要疑惑我这番话,是同平民政治的主义相反的。今天我没有功夫详细说明少数人同平民政治的关系,但是单简讲起来,假定我们不是相信无政府主义,是相信政府是政治上不可少的一种组织,组织政府当然是少数人的事。假使我们要政治清明,自然要少数的优秀份子去做这种政治的生活,这种目的,无论那一种政体,都是一样的。平民政治的特色,是在想出一个法子来,一方面使得握政权的人,永久是优秀份子;一方面使得多数人,在受少数人支配范围以内,仍然能够去监督他们,使他们不敢滥用职权。因为君主政治贵族政治的大毛病,是政权传代,所以开国的祖宗,虽然有时候是优秀的,到了他们子孙手里,就慢慢的腐败起来。况且受他们统治的人民,只能够服从他们,不能够监督他们;滥用权力,就变成一种极平常的事。平民政治的目的,是要使得每一时代有一时代的优秀份子去担任政治上生活。他们的职权,又是同他们的成绩相连带的。成绩不好,就有别的优秀人来替代他们。由此看起来,平民政治,是使得政治清明的一种方法,这种方法,究竟能不能完全成功,原还是在一种试验时代,目前还不能确下断语的。

平民政治的目的,虽是为最多数人,谋最大的利益,然而当日同非平民政治奋斗的人仍然是少数。诸君只要把平民政治发源的英国来研究他政治的历史,就知道了。英国宪法的第一步,就是大宪章(MAG-NACHARTER〔Magna Charta〕),是贵族对待英王的契约。以后英王慢慢强盛起来,贵族几乎被他压倒,又幸亏有有金钱有势力的乡绅出来奋斗,演出了清教徒的战争。复辟了以后,王家的势力,已经远不如从前,况且又有一部份的贵族,连合了乡绅抵制他。到了十世纪工商业发达了,中级社会的人,才又把乡绅式的议会推翻。所谓"贵族"、"清教徒"、"乡绅"、"中级社会",那一个团体不是英国全国的少数人?况且当日出头发难的,那一次不是少数人里头的少数呢?

所以无论那一个时代,那一个社会,少数优秀的份子,握了政权,政治就会得清明。用他们的聪明智识能力,向政治方面去努力,是少数人天然的责任。

自从民国以来，有知识的人，大家都把平民政治成功的历史认错了，所以开口就说甚么"民智不开"、"国民程度不够"。试问民智不开，难道官智已经开足了么？国民程度太低，难道政客程度已经高透了么？知识程度，都是相对的名词，没有标准，是无从说起的。譬如一个人，要进高等小学，只要会写得两句白话，懂得极浅近的加减乘除，程度知识，就算够了。以这样子的程度，就想进中学大学自然是不成功的。所以我们要批评我们国民的程度，先要晓得他们在社会上担任的职务；要是他们的能力知识，同他们的职务相当，我们就不能说他们的程度不够。我们的国民，大多数是种地的，劳动的。我们先拿劳动的来评论。劳动最低的阶级，可要算是拉洋车的。看看他们的程度，真正要叫我们惭愧。北京城里外，万把多辆洋车，有几个不能走路，不能拉人的？不但如此，而且在一样阶级里面，各人所处的地位，是很有公道的。年纪过老或是过小，走得不快的，只好拉破胶皮车；年纪相当点的，走得得劲点儿的，拉的车就漂亮一点；再要身强点，力壮点，衣服干净点的，就会还拉外国人、拉包月。诸君想想，拉洋车的，他自食他的力，他所受的社会上的待遇，同他对于社会的供献，何等相当？再说种地的。同一样的地，同一样的天气，一年的收入多少，全看种地的人的勤俭的程度。出几分力，花几分钱，就有几分好处。庄户人家，大大小小，男男女女，有几个吃闲饭的？一年十二月，有几个月没有事的？试问现在北京城里，坐汽车、住大公馆的人，自己拿镜子照照脸，有几个能像拉车、种地这样俯仰无愧的？他们这班人不知道忏悔自己的罪过，革除自己的习气，学会自己的行业，反摇头摆脑的说，"民智不开通，教育不普及"，好像中国的国家，是拉车的种地的弄坏了的，岂不是不要脸么？老实说一句话，中国今天弄到了这步田地，明明是做总统的不会做总统，做总理的不配做总理，当议员的不够当议员。总统，总理，议员，都是应该少数的优秀份子去做的，所以我说中国政治混浊，不是因为国民程度幼稚，是因为少数的优秀份子没有责任心，而且没有负责任的能力。

总统，总理，议员，不是官僚，就是政客。既言说这三种人不称他们的职务，怎么又说政治混浊，不是因为政客官僚腐败呢？诸君知道，总统，总理，议员，应该是少数的优秀份子去做的。凡是优秀的份子，都可以有做总统，总理，议员的希望；不比得皇帝是传子传孙的。皇帝不好尚且可以赶他走，何况那有任期的官僚，第一任的不得人，第二任就应该想法子使他得人。议员选得来的，总统是举出来的。上了一次当，为甚么又上第二次？我们的官僚政客，弄得一代不如一代，不是中国全国没有优秀份子，就是优秀份子不管事。我不敢诬蔑我们国民，说这么大的一个国家，没有有知识道德的人，所以我说是因为他们没有责任心，没有负责任的能力。

我何以说不是因为武人军阀专横的呢？文官武官同是一样的官，同是政治上的一种器械，又何尝有甚么根本的区别？上次欧洲大战争的末年，做武官的，大半是寻常的文人。受过教育的人，学会了放放枪、骑骑马，就是军人；何况我们的军人，不特没有受过教育，况且有许多枪多不会放、马都不会骑的呢？优秀的份子为甚么恭恭顺顺，把这种政治的武器，让现在这班武人呢？马牟强盗，有本事会作督军，为甚么受过教育的有爱国心的人，就没有本事弄一个督军做做呢？况且武人专横，原是有人把他们养成功的。握政权的人，存了一个私心，要想利用他们做爪牙，所以故意的不肯把兵权交给有知识的人，恐怕他们不肯听调度。久而久之，反客为主起来，才有今天这种奇怪的日子。就是到了今天，难道就是真正没有办法？不说旁的，只说爱尔兰对付英国人的方法。英国在爱尔兰的军队，有好几万。爱尔兰的总督，就是欧洲大战英国的元帅。爱尔兰全国的人，不足五百万，不过英国的十分之一，然而爱尔兰的新芬党，在英国人的鼻子底下，组织起军队、议会、内阁、总统出来，与他抵抗。不上几年，居然使得英国人让步，造成功了一个爱尔兰自由国。当他们新芬党才成立的时候，何尝不是少数？难道我们的武人军阀，比英国的经过百战的兵还要利〔厉〕害？我们全国要找像那几个新芬党的人，都找不出来么？所以我说中国政治混浊，是因为少数的优秀份子，没有责任心，没有负责任的能力。

我们的优秀份子，所以弄到这般田地，原是有历史上的原因的。自从满清人做了中国的皇帝，三百年里头，把国民的志气，销磨得干干净净。才进关来的时候，遇见有能力的人，不是想法子去杀他，就是高官厚禄来引诱他。日子常久下来，我们的优秀份子，都变成了无用的好人。他们在社会上处世立身的方法，另成功的一种风气：不敢进取叫做高尚，不辩〔辨〕事非叫做忠厚，不知世情叫做风雅，不管闲事叫做聪明，不耐劳苦叫做享福。能力同知识事业同道德分了家，好人都是无用，有用的都不是好人。所以民国以来，所谓优秀份子，听那般腐败的官僚政客，专横的武人军阀，把持我们的政治；说两句不冷不热的话，叹两口不死不活的气，就算是完事了！

照这样说来，岂不是没有法子想？岂不是要坐在这里等死么？我的意思，却以为不然。拿我们全国的优秀份子来批评，我前边所说的话，自然是对的。但是少数里面还有少数，优秀里面还有优秀。何况中年以后的人，不久是要死的；来替代他们的青年，所受的教育，所处的境遇，都是同从前不同的。只要有几个人，有不折不回的决心，拔山蹈海的勇气，不但有知识而且有能力，不但有道德而且要做事业；风气一开，精神就要一变。我且举一个例，给诸君听；就可以证明我这些话，不全是一种妄想。

当前清咸丰初年，洪秀全从两广造反，正是前清政治很腐败的时候。有人说，那时候文官要钱不怕死，武官怕死又要钱，所以洪杨几个无知识的游民，结合了些不怕死的强盗，从南边杀到北边来；遇见官兵，就打胜仗；没有许多时候，就把长江一带占据完了。从广西向长江，第一是要经过湖南，那时候湖南有一个不得志的翰林，叫做郭松〔嵩〕焘。又有一个在家守孝的侍郎，叫做曾国藩。他两个是要好的朋友。有一天郭松〔嵩〕焘去对曾国藩说："这一班从广西来的人，逢人便杀，见钱就抢；全是强盗行为。单靠着官兵挡他，是挡不住的。你是湖南有名的乡绅，应该出来号召几个人，练几个团练，保卫着乡里，才说得去。"曾国藩听了他的话，就招集了他的五六个同志，办起团练来了。这些人都是手无寸铁的念书人，不懂得仗是怎么打的。就拿了明朝戚继光的兵书，依稀仿佛的定起制度来。但凭他们的勇气，居然把洪杨的军队打败了几仗。正式的军队，起初是嬉笑他们，以后是妒忌他们；想种种法子牵制他。大小的文官，因为他们不是地方官，不肯帮他们的忙。曾国藩同他的许多朋友，要饷没有饷，要械没有械，但是拿定主意，要想平定匪乱。先还只肯在湖南省里，其后往湖北，往江西；得尺则尺，得寸则寸；经过了许多危险，居然把太平天国削平了。现在我们不管他们的举动，与中国利不利，使我们事后的意见合不合。他们的那一种志气能力，正好做我们的模范。可见得只要有少数里面的少数，优秀里面的优秀，不肯束手待毙，天下事不怕没有办法的。况且曾国藩的事业离现在不过五十年。五十年前可以做的成得事，难道五十年后就做不成的么？现在的时势，未必比五十年前的时势，难到那里去，何况我们又学了外国的许多政治方法，可以利用的武器，比曾国藩的高明的多呢？

所以我以为中国现在不怕外交失败，不怕北京政府破产，不怕南北要战争。最可怕的是一种有知识有道德的人不肯向政治上去努力。睁着眼睛，闭着嘴，束着手，看人家来抢掠我们的财产，支配我们的权利。有时候还要说："中国是没有希望的了，等外国人来替我们裁兵罢，监督财政罢！"

诸君想想，印度亡了国一百来年，埃及三四十年，朝鲜也十多年。他们的优秀份子，尚且天天在那里组织政党，鼓吹舆论，冒死的恢复他们的自由。我们的国还没有亡，优秀的份子，先就一点法子不肯想，单等外国人来制服我们；不要被印度，埃及，朝鲜的人笑话死了？要晓得中国的前途，全看我们少数人的志气，我们打定主义，说中国是亡不得的，中国就不会亡。我们说，中国恐怕要亡，中国就真正亡定了。况且不管他亡不亡，若大的一个国家，那们久的一种文化，到了急难的时候，没有人肯出来奋斗奋斗，保全我们民族的最后的一点名誉，岂非是亘古未有的丑事？我们又如何对得过我们的锦绣的江山，文明的祖宗，同大多数的勤勤恳恳、种田地、守法律、耐劳苦的同胞呢？

我们着手的方法，进行的手续，也是不难决定的。我们第一是甚么人都不倚赖。民国十年之内，起先我们是依赖袁世凯，以后是黎元洪，段祺瑞，吴佩孚，陈炯明。天天希望人家把江山打了下来，我们过现成的太平日子。天下那儿有那样便宜的事？要是我们各人倚赖各人自己，中国早已不是今天的中国了！第二是我们甚么人也不怕。腐败的政客官僚，固然不足怕；那些拿枪带刀的武人，又何尝可怕？多数当兵的人，是在那里混饭吃的，长官要是无法无天，他们又岂肯替他们出甚么死力？遇见了有目的的首领，有纪律的队伍，没有不闻风而逃的。我们并且不怕外国人。只要我们没有不讲情理的举动，只管整顿我们的家事，外国人那儿管得了许多。就是有有特别野心的敌国，要干涉我们，也不是容易的事。要想统治我们，一定先要征服我们。中国有二十二省，每省派一师，就要二十二师。照现在各国国民的心理，财政的状态，是万万做不到的。第三是要能够团结，肯受训练。天下事无论大小，不是一个人可以做得成的，不是没有组织可以做学成的。要拉了许多志气不同的人，强迫叫他们共事，自然做不到。但是凡有我们同志的人，都应该死心塌地的，结合在一条路上，然后细细选择出几个首领来，听他们的号令，一致的向前冲锋，不怕事体做不成功。第四是要认定了政治是我们唯一的目的，改良政治是我们唯一的义务。不要再上人家当，说改良政治要从实业教育着手。试问这几年来，政治没有办法，实业教育，那一件不是天天要破产的？若是说，要得政治好，先要有好教育好实业；反过来又可以说，要得有好教育好实业，先得要有好政治。岂不是自己做了一个圈套，成天的在里头转；转来转去，也没有出头的日子？

我们还应该把我们的责任弄弄明白，问问自己，是不是中国的少数的优秀份子。旁的不用说，单说我们所受的教育。中国的人民，号称有四万万：进过小学堂以上的学校的人，最多不过四百万；中学堂以上的，不过四十万；进过大学堂，晓得一点科学，看过几本外国书的，不过八万。我们不是少数的优秀份子，谁是少数的优秀份子？我们没有责任心，谁有责任心？我们没有负责任的能力，谁有负责任的能力？

（据《努力》周报 67 期，1923 年 8 月 26 日）

谢家荣编《地质学》序

十三年前我在上海教书。最使我奇怪的事，是中学校以上的科学都是用外国语教授。校长以此为条件，学生以此为要求，教员以此相夸耀；还有许多不通的留学生，说中国话不适用于教授科学！我初起还以为这种风气只是在上海通行，以后到了北京，才知道北京的学校也是如此。清华学校的算学，先用国文教一年，第二年把同样的算学，用英文再教一年！内地学校的科学却多是用国文教的，但这不是他们开通，却是因为请不到这许多会说外国话的教习。内地学校的程度，因为种种的原因，自然不如上海、北京，所以上海、北京的教员，往往拿这种事实来证明教授科学非用外国语不可。结果科学教员不是教科学，是教英文；程度差一点的学生，固然是丝毫不能领会，就是好学生也不免把教授的语言，当做教授的本旨，又何怪卒业的学生只知道 abc，不懂得 xyz 呢？

要改革这种恶风气，第一是要有几部用本国文做的科学教科书。有了相当的课本，只会说外国话的教员，就失去了护身符，只会说中国话的教员，就有了指南针。

但是做一部好的科学教科书，谈何容易！做一部好的地质学教科书，尤其困难。数学物理化学，没有地理的关系，无论那一国，材料都是一样的。做教科书的人，不会做，也会偷。动物植物，已经不能不取材于本国，然而究竟只要举几种标本，比较还有办法，惟有地质学，同地理的关系太密切了；不知道本国地质学的人，竟自无从下笔，偷也没有地方偷。加之本国的学生对于世界地理的知识太幼稚了，看见外国的地名一百个中认不得一个。把美国或是英国的地质学教科书译成中文，满纸是面生可疑的地名，如何可以引起他们的兴味？

欲做好的教科书，还有一种困难。教科书越是浅近，越是不容易做。做书的人不但是要对于本门的学问，有专门的知识，而且（一）要曾经自己做过许多独立的研究，（二）要有过许多教书的经验。不然不是对于本科没有亲切的发挥，就是不知道学生的苦处。所以美国的标准地质教科书，是张伯伦同沙尔士伯里（Chamberlain & Salisbury），法国的是奥格（Haug），德国的是开撒（Kayser）。这几位都是大学校的老教授、地质学的大明星，所以他们的书，不但风行本国，而且世界皆知。在中国目前，地质学者，备这两种的资格的人本来是极少数；有这种资格，又不一定有功夫去做这种书。万不得已，与其仅有教书的经验，不如单有研究的资格；因为教书一半是天材，做过独立研究而有几分天材的人，就是没有教书的经验，还能想像教书的需要，若是没有独立工作过的人，教的书是死的不是活的，做出来的教科书，自然也带几分死气。英国的纪器（Geikie）就是一个绝好的例。纪氏生平没有教过书，但是他是英国地质调查所老所长，对于地质学的供献很多，所以他的《地质学教科书》（*A Text Book of Geology*）、《地质学课本》（*A Class Book of Geology*）都是英国科学界的名著。

谢家荣先生是中国地质学界最肯努力的青年。他生平没有教过书，但是自从民国五年以来，除去在美国留学的三年之外，每年总有四个月在野外研究地质。他的足迹，东北到独石口，西北出嘉峪关，东到山东、江西，西到湖北、四川的交界，南到湖南的郴州、宜章、江华。又做过中国地质学会的书记，熟闻中外师友的发明，饱受地质学界老将葛利普先生的指导，所以他至少有了做中国地质教科书一大半的资格。他又好读书，能文章，所以他做的这一部教科书，虽不敢说是理想的著作，然而其中的条理分明，次序井井，所举的例都是中国的事实，如地震的原因、矿产的分布、河流的变迁，都采入最近的研究，以引起读者的兴趣，不能不算是教科书中的创著了。全书分两部：上部是谢君自己做了，下部将由徐君韦曼续做。徐君是谢君的同学，在东南大学教授地质。若是他能把这几年教书的经验，来补正谢君的缺点，成功一部中国的标准教科书，谢、徐二君就是中国科学教育界的功臣了。

十三、八、九

丁文江

（据谢家荣编：《地质学》，上编，商务印书馆，1924 年 10 月初版）

赫胥黎的伟大

英国十九世纪最伟大的人物，不是奈尔孙（Nelson）同格兰斯顿（Gladstone），并且不是达尔文（Darwin）同嘉尔登（Galton）——他们这几位自然各人有各人的伟大，但是除去赫胥黎以外，没有那一个能把种种伟大的特性聚在一个人身上。

赫胥黎第一件特点，是他不但有科学的兴趣，而且有文学的天才。他的著述久已为英国人公认为作文的模范；不但是他的普通的论文精悍警炼，令人百读不厌，就是他的专门的著述，没有那一篇不是绝好的文章。例如《人在自然界中的地位》（*Man's Place in Nature*）完全是一部人种学的教科书，但是英国十九世纪出版的科学教科书，没有那一部有那种文学的价值。

赫胥黎第二件特点是他虽然是"多才多艺"，他的学问——比较体形学（Mophology）——都是最专门，最精深的。若是我们单读他动物学的论著，万想不到他对于所有其他的科学，对于玄学，对于历史，对于政治，对于教育，都有他的独到的见解。他是一个点石成金的大祖师：凡百学问，到了他手里，立刻有了统系，有了发明。

赫胥黎研究学问，最喜欢讲高深的原则——天演论的风行一世，他要算第一位功臣——然而他一方面富于理想，一方面又最注重事实：一丝一毫，不肯轻容易放过。中国人误把他同斯宾塞一样的看待；不知道他有斯宾塞的长处，却绝对没有斯宾塞的短处。斯宾塞的《生物学原则》（*Principles of Biology*）至今天已经变了一部不可再读的书，而赫胥黎的关于生物学的言论，没有一篇与近三十年来的发明相冲突的。所以他常讥笑斯宾塞，说"斯宾塞眼中最大的悲剧，是一个极好的假设，被一个极可恶的事实打破了"。这就是他与斯宾塞最不同的一点。

赫胥黎是一个无书不读的人，然而，他最长于组织，最善于治事。伦敦大学的科学部差不多是他一手改良的。他又做了许多年的皇家学会（Royal Society）的书记，管理会里的杂物，决定会里的政策。他出身很穷苦，结婚又早，子女甚多，在伦敦以教书为生活，每年所入，不过八百镑。他却能维持他相当的生活，教育他的子女，结交他的朋友。所以至他晚年的时候，许多人都说他是一个理想的事务官，希望他做教育总长；因为他不肯卖身于政党，所以不能实现。

赫胥黎最喜欢关起门来读书，而他一身一世最愿意管闲事。凡有政治教育宗教的问题发生，他总有他的主张，总尽他的力量去奋斗——他是一个真正的学者，他同时是一个真正的社会服务家。

赫胥黎律己最刻，知人最明，然而待人却是很宽；对于年老的人，尤其和蔼亲切，一点没有架子排子，丝毫没有牧师的面孔。经他陶镕过的学生——如现在美国博物院院长渥斯本（Osborn）——终身不忘他的好处；前二年渥氏到中国游历，提起他来，还感激泪下。

世界之所以为世界，本来是两种人造成的：一种是有智慧的 Intellectual man，一种是有猛力的 Forcible man。赫胥黎的伟大是因为他又有智慧，又有猛力。他本是一个过渡时代的人物：十九世纪是从宗教玄学到科学时代的过渡。所以在过渡时代的中国，赫胥黎真是我们最好的模范。我们欣赏他的文章，不要忘记文章是他的余事；佩服他的科学，不要忘记科学是他的职业；赞叹他服务社会热心，不要忘记他不是靠服务社会寻饭吃的；崇拜他学问的成功，尤其不要忘记他不是"理乱不知黜陟不闻"的书痴子。

昨天才接到《晨报》记者的信，叫我做一篇赫胥黎百年纪念的文章，限今天交卷。百忙中无书参考，只好就我所记得的事实，拉杂写了出来。请读者原谅。

十四，四，三十作者自记

（据《晨报副刊》，第 98 号，"赫胥黎百年纪念号"，1925 年 5 月 3 日）

徐霞客游记

钱牧斋说，"徐霞客千古奇人，《游记》乃千古奇书"，似乎他真是徐霞客的知己，然而看他所做的《徐霞客传》，连霞客游历的程途都没有弄明白，真可谓怪事！后来的人随声附和，异口同音的说"奇人奇书"，但是他们不是赞赏他的文章，就是惊叹他的脚力，除去了潘次耕以外，没有一个人是真能知徐霞客的。因为文章是霞客的余事，脚力是旅行的常能，霞客的真精神都不在此。

徐霞客游历的目的

徐霞客曾游过五岳、匡庐、白岳、黄山、天台、雁宕，所以近人有五岳之中游过几岳的，他们的朋友就要恭维他为霞客第二。这真是把徐霞客看得太不值钱了！我们看他现存的《游记》，一共有一千零七十余日，其中讲五岳名山的不到一百日，其余都是他最后一次的游记：从浙江到江西、湖南、广西、贵州、云南；从崇祯九年出门，一直到崇祯十三年方才回家。其中尤以在云南的日子为最多，《游记》为最详。崇祯九年，徐霞客已经五十一岁了。他的长子屺、次子岣都已成立婚娶，长孙建极已经三岁。他有一妻一妾，家境甚裕。他的朋友如文震孟、陈仁锡、陈继儒、黄道周都是当世知名之士，很推崇他的文章人格。寻常人处这种境遇，一定要抱孙课子，做老太爷，享清福，优游林下以卒岁了。他却一切不顾，同了一僧一仆，自备资斧，到云南、贵州、广西这种边远的地方，成年的去跑。半路遇着一回盗、两回贼，旅费偷完，绝粮几次；他又不肯骑马坐轿，每日步行，有时还有自己挑着行李；至于遇雨把衣服湿透，投宿与牛马同巢，更是家常便饭毫不稀奇的了。到了后来同行的和尚死了，带去的仆人逃了，他还不肯回家；直等到他有了足疾，不能走路，方才东归；到家没有大半年也就死了。这究竟是为的甚么来？

他是很爱山水的，然而赏玩山水决计不是他惟一的目的。况且近省的山水可以赏玩的很多，何必去吃这种大苦？他是颇信佛教的，然而他绝对不是行脚僧，以拜佛为朝山的目的的——况且他去的许多山都无佛可拜。他最后出游的真目的，他的朋友陈函辉（木叔）给他做墓志铭，说得最详：

> 霞客不喜谶纬术数家言。游踪既遍天下，于星辰经络、地气萦回，咸得其渊源所自。云："昔人志星官与地，多以承袭附会：即江河二经、山脉三条，自纪载来俱囿于中国一方，未测浩衍。"遂欲为昆仑海外之游。

不喜谶纬术数家言，不肯承袭附会，所以要自己去观察江河二经、山脉三条的真相——这是先生游历的真目的。

这种"知识欲"——为真理而牺牲的精神，十八世纪以前，世界上很少见的，先生乃得之于二百八十年前。这真是我们学术史上无上的光荣！钱牧斋说他以张骞、元奘、耶律楚材自拟，恐怕是牧斋附会的，然而据我们眼光看起来，他的成绩不亚于这三人，而精神却不一样，因为这三个人不是恭维皇帝，就是恭维佛爷，霞客是纯粹的为知识而求知识，与他们有求己求人的分别。

徐霞客游历的途程

知道先生游历的目的，然后能了解他所选择的途程。他从浙江入江西，自玉山、广信赴弋阳，由贵溪抵建昌，西南游南丰。然后返建昌，经宜黄、乐安、永丰、吉水抵吉安。再由永新去湖南。沿途所游的龟岩、仙岩、龙虎、天柱、会仙、麻姑、芙蓉、华盖以及禾山、武功都是南岭山脉江西境内最高的山峰。这是先生研究扬子与西江分水山岭的第一步。

到了湖南，除去游南岳以外，先生从祁阳、永州、道州、江华、临武、宜章抵郴州。由永兴、耒阳回衡州。沿途游朝阳、芝山、澹岩、华岩、月岩、斜岩、玉琯、飞龙，遍历九疑山的中峰；复游三分石，穷潇江之源。再从衡州溯湘江到广西，在全州的北境上陆，穷湘、漓二江的源流。这是先生研究扬子与西江分水山岭的第二步。

在广西，先生从兴安、桂林到阳朔，是沿桂江；从柳州到融县，再从柳州到浔洲，是沿黔江的支流——柳江；从浔洲到南宁，是沿郁江；从南宁到太平，是沿右江；从隆安回南宁，是沿左江；从南宁经过南丹到贵州的独山，又过盘江。凡有在广西境内的重要水道，都被先生走遍了。

从贵州到云南的路上，先经过关索岭、铁索桥，过北盘江；再从普安的亦资孔到小洞岭，探火烧铺同明月所两条水的源头。在云南的沾益、曲靖、陆凉，是研究南盘江的上流；从云南省城到石屏州的关口、临安府的颜洞，是溯南盘江的西支——泸江；从阿迷、弥勒到广西府、师宗县、罗平州，过贵州的黄草坝，回曲靖、沾益，是求南盘江的去路；从沾益到寻甸、嵩明回省城，是研究杨林海子水的北流。《盘江考》的材料，于是搜集完备了。

从云南省城向西走：经富民、武定，到元谋，是看金沙江。从大姚、姚安、云南（县）、宾川到鸡足山，是去把静闻的一付骸骨埋在山上塔下（静闻是同先生出游的一个和尚，半路死在南宁。先生把他的骸骨带在身边，走了一年零两天，方才照他的遗嘱，给他安葬）。从鸡足山经过鹤庆到丽江，从丽江、鹤庆、剑川到大理，一面知道金沙江是从石门关来的，一面又知道它同南方各大江的分水山岭。这都是先生做《江源考》的资料。

最后从大理、漾濞、永昌到腾越，经过澜沧、怒江。在腾越北到滇滩、明光，南到跌水，是穷大盈、龙川两条江的源流。从腾越回永昌，再从永昌到顺宁、云州，是求澜沧、怒江两条江的出路。所以先生的游历，没有一回是没有目的的。

徐霞客的发见

先生这三年零八个月的旅行，地理上的发见很多，最重要的是：

（一）自先生始，才知道金沙江是扬子江的上流。先生所著的《江源考》说：

> 江河为南北二经流，以其特达于海也，而余邑正当大江入海之冲……生长其地者，望洋击楫，知其大而不知其远；溯流穷源，知其远者，亦以为发源岷山而已。余初考纪籍，见大河自积石入中

国，溯其源者……皆云在昆仑之北……何江源短而河源长也？岂河之大更倍于江乎？迨逾淮涉汴，而后睹河流如带，其阔不及江三之一，岂江之大，其所入之水，不及于河乎？迨北历三秦，南出五岭，西出石门金沙，而后知中国入河之水为省五……入江之水为省十一……计其吐纳，江既倍于河，其大固宜也。按其发源，河自昆仑之北，江亦自昆仑之南，其远亦同也。……发于南者，曰犁牛石，南流经石门关，始东折而入丽江，为金沙江；又北曲为叙州大江，与岷山之江合。余按岷江经成都至叙，不及千里，金沙经丽江、云南、乌蒙至叙，共二千余里。舍远而宗近，岂其源独与河异乎？非也！河源屡经寻讨，故始得其远；江源从无问津，故仅宗其近。其实岷之入江，与渭之入河，皆中国之支流，而岷江为舟楫所通，金沙江盘折蛮獠溪洞间，水陆俱莫能溯……既不悉其孰远孰近，第见《禹贡》"岷山导江"之文，遂以江源归之，而不知禹之导，乃其为害于中国之始，非其觞滥发脉之始也。

先生这篇文章，不但是完全与事实符合，而且劈头提出他惊疑的原故，然后拿他自己的观察来一层一节的来证明解释，末后又说江源不易知的原故，是一篇绝好的科学论文。

（二）自先生始，才知道南盘江上流的来历。

先生所著的《盘江考》说：

南北盘江，余于粤西已睹其下流。……《一统志》谓南北二盘俱发源于沾益州东南二百里，北流者为北盘，南流者为南盘……后西过交水城东，中平开巨坞，北自沾益州炎方驿，南逾此，经曲靖郡；坞亘南北，不下百里；中皆平畴，三流纵横其间，汇为海子；有船南通越州。州在曲靖东南四十里。舟行至州，水西南入石峡中，悬绝不能上下，乃登陆，十五里，复下舟，南达陆凉州。越州东一水，又自白石崖、龙潭来与交水海子合，出石峡；乃滇东第一巨溪也，为南盘上流云。……余已躬睹南盘源，闻有西源更远，在西南至石屏州。随流考之，其水源发自石屏西四十里之关口，流为宝秀山巨塘，又东南下石屏，汇为异龙湖。……水又东经临安郡南，为泸江，穿颜洞出，又东至阿迷州，东北入盘江。盘江者，即交水海子，南经越州、陆凉、路南、宁州，至州东六十里婆兮甸，合抚仙湖水，又南至播箕街，河甸合曲江，又东至阿迷州，稍东，合泸江，二江合为南盘江，遂东北流广西府东山外。余时征诸广西土人，竟不知江之所向。……已而至罗平，询土人盘江曲折，始知江自广西府流入师宗界，即出罗平东南隅罗庄山外，抵巴旦彝界，会江底河。……又东北经巴泽、河格、巴吉、兴隆、那贡，至霸楼，为霸楼江，隧入泗城之八蜡，者香。

读者试拿一本新地图，对证上列的地名、河流，就可以知先生发现的重要。

（三）自先生始，才知道礼社（即红水江）、澜浪、怒江是三条江，分别各入南海。

己卯四月十一日过怒江。先生《游记》说：

> 其江从北峡来，往南峡去。或言东与澜沧合，或言从中直下交南，故蒙氏封为四渎之一。以余度之，亦以为独流不合者为是。

同年八月初九日至云州。《游记》说：

> 《一统志》言"澜沧从景东西南下半里"，而于元江府临安河下之江，又注谓"出自礼社江，由白崖城合澜沧而南"。余原疑澜沧不与礼社合，与礼社合者乃马龙江，及源自禄丰者，但无明证澜沧之直南而不东者，故欲由此穷之。前过旧城，遇一跛者，其言独历历有据。曰："潞江（即怒江）在此地西三百余里……不东曲而合澜沧也。澜沧江在此东百五十里……不东曲而为元江也。"于是始知……东合之说为妄。又询之新城居人，虽土著不能悉。间有江右、四川向走外地者，其言与之合，乃释然无疑，遂无复南穷之意。

（四）自先生始，才知道龙川、大盈、槟榔江的源流。

己卯四月十六日在腾越，《游记》说：

> 大盈江过河上屯，合缅箐之水，南入南甸……沿至干崖北，为安乐河，折而西，一百五十里为槟榔江，至北苏蛮界，注金沙江，入于缅。……又按芒市长官司西南有青石山。《志》言："金沙江出之，而流入大盈江。"又言："大车江自腾冲流经青石山下。"岂大盈经青石之北、金沙经青石之南耶？又按："芒市西有麓川江，源出峨昌蛮地，流过缅地，合大盈江。南甸东南一百七十里，有孟乃河，源出龙川江，而龙川江在腾越东，实出峨昌蛮地，南流至缅太公城，合为大盈江。"是麓川江与龙川江，同出峨昌，同流南甸南、

干崖西，同入缅地，同合大盈，然二地实无二水。岂麓川即龙川，龙川即金沙，一江而三名耶？盖麓川又名陇川，"龙"与"陇"实相近，必即其一无疑。盖峨昌蛮之水，流至腾越东，为龙川江；至芝市西，为麓川江，以与麓川为界也。其在司境，实出青石山下，以其下流为金沙江，遂指为金沙之源，而源非出于山下可知。

读这两段，可以知道考究云南水道之难。在交通便利的地方，一条水上下流只有一个名词——例如在甘肃的河叫做黄河，到了陕西仍旧是叫黄河。在云南西南这种地方，河流是在极深的峡中，两边都是高山（最低的岭比河身要高出六七千尺！），河里又不能行船。一条河隔几十里名目就变；上流的人同下流人，这条河同那条河的人，都是老死不相往来！要打听一条水的来源出路是极不容易的事。《一统志》把大盈、龙川、金沙三条水，分分合合，弄得茫不可解。拿最新的地图来对照：大盈就是大车江，槟榔江就是太平江，缅甸金沙江就是 Irawadi，龙川就是 Schwelli，太公城就是 Mandalay。大车流入太平江，再同缅甸金沙江合流到太公城同龙川江合。先生所说大致不错，但是先生似乎不知缅甸金沙江的源流，因为先生没有到过缅甸，当然是不知道的。

徐霞客是否到过西藏、四川

陈函煇所做的墓志说：

> 负静闻遗骸，泛洞庭，逾衡岳，穷七十二峰、十洞、十五岩、三十八泉、二十五溪之灵奥。念前者峨游既未畅，遂从蜀道登峨，北抵岷山，极于松潘。又南过大渡河至雅砻、瓦屋、晒经诸山。复寻金沙江，极于犁牛徼外。由金沙而南泛澜沧，由澜沧而北寻盘江……由鸡足而西，出石门关数千里，至昆仑，穷星宿海……又数千里，复策杖西番，参大宝法王。

钱牧斋所做的《徐霞客传》，辞意与陈志大概相同。陈、钱都是先生的朋友，传、志是先生卒后数月内做的，其中的事实，应该是千真万确。由此看来，先生不但到过四川，而且到过青海、西藏了。但是细细考起来，《游记》上绝对没有游川藏的话，而且崇祯十二年九月以前，先生的游迹，有记可考，万无能到四川的理，不要说西藏、昆仑了。况且其他的事实也与传、志不符。第一，静闻死在广西南宁，在游衡岳以后。第二，先生从湖南到广西，并没有"泛洞庭，从蜀道登峨"的事。第三，寻盘江在崇祯十一年秋间，而游澜沧在次年夏天，如何可以说"由澜沧而〈北〉寻盘江"？所以潘次耕说（见《遂初堂集·徐霞客游记序》），先生无上昆仑、穷星宿海的事。作者于民国十年在北京文友会讲演，也辩他没有到过西藏、四川。但是崇祯十二年九月十五以后，没有游记，或者先生于崇祯十三年由云南到西藏、四川，也不是绝对不可能的事。陈志说：

> 霞客于峨嵋山前作一札寄余。其出外番分界地，又有书贻某宗伯（指钱牧斋），并托致予。书中皆言其所历涉山川诸瑰状，并言江非始于岷山，山河亦不由天上。

钱传的话也大概相同。陈志又说：

> 病足不良于行。留修鸡山志，三月而成。丽江木守为饬舆从送归，转侧笋舆者百五十日。至楚江困甚。黄冈侯大令为具舟楫，六日而达京口，遂得生还。是庚辰夏间事也。

钱传也说：

> 足不良行。修鸡山志，三月而毕。丽江木太守侍糇粮，具笋舆以归。

又说：

> 西游归以庚辰六月。

"峨嵋山前作一札致〔寄〕余"，这话说的太确实了，似乎不应该弄错。从丽江回武汉，有四条道：（一）从昆明、贵阳、遵义到重庆。（二）从昆明、贵阳到镇远，下沅江到武昌（现今东川、昭通同宣威、威宁那两条道，在明时都不通）。这两条道的旱路都不到三千里，最多两个月可以走到，用不着"转侧笋舆一〔者〕百五十日"。（三）从丽江回元谋，过金沙江，由会理、宁远到雅州、成都，然后东下，三个月也可以到武汉。（四）从丽江、中甸到巴塘，再由巴塘、打箭炉至雅州。若由嘉定、峨嵋，下重庆，一共有四千四五百里，一百多天，才能到武汉；比较起来，和陈志所说的"百五十日"数目相近。先生崇祯十二年九月十五日在鸡足山，十三年六月方才到家。这九个月中有三个月是修志，其余六个月的事实不可考。若是陈志所说的"峨嵋山前作〈一〉札"同"百五十日"的话是真的，这六个月当是由丽江到川边，再由川边到嘉定、峨嵋，然后由重庆、武汉回家。

然而细看《游记》，又有许多事实，可以反证上边所说的话不甚可信。

崇祯十一年，戊寅，十一月八日，先生在昆明的笻竹寺。僧体空一定要留先生住下，先生不肯。《游记》说：

> 余曰："师意如此，余当从鸡山回，为师停数日。"盖余初意欲从金沙江往雅州，参峨嵋。滇中人皆谓此路久塞不可行，必仍假道于黔，而出遵义。余不信。及濒行，与吴方生别（吴是江南人，遣戍在云南）。方生执裾黯然曰："君去矣！余归何日？后会何日？何不由黔入蜀，再图一良晤？"余口不答而心不能自已。至是见体空诚切，遂翻然有不由金沙之意。

又十二年二月先生在丽江，欲到中甸看三丈六的铜像。木土府说："中甸皆古宗路，多盗不可行。"先生的《丽江纪略》也说：

> 胡股、必烈，俱丽江北界番名。甲戌岁（崇祯七年），先有必烈部下管鹰犬部落，得罪必烈番王，遁居界上，剽窃为害。其北胡股股商，与西北大宝法王之道皆为所中阻。乙亥（崇祯八年）秋，丽江出兵讨之，……丽师大败。……国人大愤而未能报也。

由此看来，先生从金沙到雅州的计划早已取消，丽江到巴塘的路又复不通，由藏边入川的假定，仍旧不能成立。况且先生的《江源考》叙江的发源，并不详尽，但说"出犁牛石，经石门关"。按石门关在丽江西数十里，并不在入藏的大路上。先生若是到过川边，似乎不应该不说起金沙江走过的巴塘。又崇祯十二年九月十五以后没有游记，也是一种反证——据先生的朋友王忠纫说，以后是没有记，并非残缺——若是走川边雅州，先生似乎不会没有记录的。

拿《游记》的证据来比陈志、钱传，当然《游记》可信，陈、钱不可信，然则先生终久没有到过西藏。但是重庆离峨嵋不过六七百里路，先生就是从遵义到重庆回家，不难向西一游。果然，则陈志、钱传峨嵋山作札同一百五十日的话，也都可以解释了。

《游记》的文学价值

先生的《游记》的价值本不在乎文章，然而侥幸能得保存流传，却是因为他的文学，是有目共赏的原故。不过爱读《游记》的人往往知其然而不知其所以然。据我看起来，《游记》的文章有三种特色：

（一）观察的详尽真确。

吾国文学最缺乏的是描写自然界的长篇。这并不是描写的工具不佳，实在是能文的人观察自然的能力太薄弱了，所以不能不用一种现成的套语来塞责。一个几丈的陡崖就是"峭壁千尺"，几里周围的湖就是"一望无际"，其余如登泰山可以望见东海，把汶河当做黄河的人，更不值识者一笑了。先生一部《游记》，从头至尾，没有一句浮泛的话；远近大小，总是有里数、尺数、步数；而且凡百天然的现象，先生一看就有一种真确的影象在脑子里。兴趣又很广：凡地形、地质、植物、物产、矿业、兵事、历史、风俗，没有一件不留心；下起笔来，自然句句切实详尽，令人百读不厌了。

（二）用名词的不苟。

吾国文人描写起地形来，往往滥用名词，毫无界说。譬如一个"岭"字，在"五岭"、"秦岭"这种地方，本来是指一条山脉中间的低处，同英语的 Pass 同意，然而"横看成岭侧看成峰"，岭又变成功一条长冈。诸如此类，举不胜举。先生所做的《鸡足山志》，第二章叫做"名胜分标"，把所有鸡足山的地形分做台、石、岭、梯、谷、峡、箐、坪、林、泉、瀑、潭、涧、温泉十四种。这种分析的精神，的确是先生的独到，所以全部《游记》，所用的名词，没有重复、模糊的毛病。

（三）统系的明白。

富于观察分析能力的人，当然是有统系的。《江源考》同《盘江考》就是绝好的例。不但是专著的文章如此，就是寻常的日记，亦复如此，所以游的地方虽多，观察的事务虽然复杂，而读他的游记，觉得条理井然，有头有绪。

（四）欣赏的真诚。

观察、分析、系统，固然重要，然而若是描写风景的没有真正的兴趣，无论他观察如何真确，分析如何精细，系统如何明白，文章仍然干燥无味，不能引起读者的同情。先生是以山水为性命的人，所以读他的《游记》，就是不爱游的人也要为他所感动。陈函辉送他的诗，说他："寻山如访友，远游如致身"，真可以形容他乐而忘返的天真。作者最爱他描写兴化九鲤湖的九漈那一段："盖自四漈来，山深路绝，幽峭已极，惟闻泉声鸟语耳。出五漈山势渐开：涧石危峭屏列，左则飞凤峰回翔对之，乱流绕其下，或为澄潭，或为倒峡。若六漈之五星，七漈之飞凤，八漈之棋盘石，九漈之将军岩，皆次第得名矣，然一带云蒸霞蔚，得趣固在山水中，岂必刻迹而求乎？盖水乘峡展，既得自恣，其旁崩崖颓石，斜插为岩，横架为室，层叠为楼，屈曲成洞，悬则瀑，环则流，潴则泉：皆可坐、可卧、可倚、可濯。荫竹水而弄云烟；数里之间，目不能移，足不能前者竟日。每历一处，见有别穴，必穿岩通隙而入，曲达旁疏，不可一境穷也！"

"不刻迹而求"，而"目不能移，足不能前"，这才是真能游、真爱山水。我最后要引潘次耕的《游记序》来做一结束。他说：

> 记文排日编次，直叙情景，未尝刻画为文，而天趣旁流，自然奇警。山川条理，胪列目前，土俗人情，关梁阨塞，时时著见。向来山经地志之误，厘正无遗。奇迹异闻，应接不暇，未尝有怪迂侈大之语，欺人以所不知。故吾于霞客之游，不服其阔远，而服其精详，于霞客之书，不多其博辨而多其真实。

可怜如许人读先生的游记，二百八十年来，只有一个潘次耕是他的真知己！

（据《小说月报》，第 17 卷，"号外"，1926 年）

重印《徐霞客游记》及
新著《年谱》序

　　余十六出国，二十六始归，凡十年未尝读国书，初不知有徐霞客其人。辛亥自欧归，由越南入滇，将由滇入黔。叶浩吾前辈告之曰："君习地学，且好游，宜读《徐霞客游记》。徐又君乡人，表彰亦君辈之责。"因搜昆明书肆，欲得之为长途消夜计；而滇中僻陋，竟无售是书者。元年寓上海，始购得图书集成公司铅字本，然时方以舌耕为活，昼夜无暇晷，实未尝一读全书也。

　　三年复入滇，携棚帐二、仆五、骡马九，独行滇东滇北二百余日，倦甚则取游记读之，并证以所见闻，始惊叹先生精力之富、观察之精、记载之详且实。因思舆地之学，非图不明，先生以天纵之资，刻苦专精，足迹又遍海内，故能言之如指掌。后人限于旧闻，无图可考，故仅知先生文章之奇，而不能言其心得之所在。颇欲搜集新图、分制专幅，使读者可以按图证书、无盲人瞎马之感，而所藏图不多，不足以证全书；回京后又为职务所羁，无复余力；仅于十年夏间，作一总图，加以先生游历之路线，及于北京文友会中，宣读英文论说一篇，略叙先生之生平而已。

　　时友人胡君适之，方作《章实斋年谱》，谓传记可以为治学作人之范，年谱为传记之特式，乃吾国人之所发明，宜改善而扩充之。因思仿其意，为先生作一年谱。适江阴郑君伟三为觅得《晴山堂帖》全部，并为抄《徐氏家谱》六巨册，罗叔韫、梁任公、张菊生诸前辈，复假以所藏明人之诗文集及县志，乃发愤尽两月力，成数万言。

　　书既成，欲印一小册子，为单行本。适之谓宜与《游记》同印，方足以互为考证，时沈君松泉之《徐霞客游记》适出版。沈君用新式符号，标点全书，用心甚苦，然亦无插图，其缺点与旧本正同。乃搜集地质调查所所藏各省地图,并嘱所中同人及诸友,于旅行时为之留意。于是朱君庭祜遗以天台雁荡,叶君良辅遗以白岳黄山,谭君锡畴遗以嵩山,李君济之遗以华岳,谢君家荣遗以太和,王君竹泉遗以庐山,刘君季辰遗以衡岳各名胜详图。复得闻君齐、赵君志新为之按记编纂,共得图三十有六,虽不能尽精尽确,然已可为读《游记》者之助。计自十二年起,至十五年冬,始克竣事。而标点尚为闻君齐、赵君志新、方君壮猷及余四人所分任,故符号运用往往不能一律,校对则为赵君志新、冯君景兰、史女士济瀛及余,盖余困于职务,苦不得暇,非诸君之助,则至今亦不能成书也。

余所见《游记》,沈松泉之新印本外,有集成之铅字本、扫叶山房之石印本、光绪年之活字本、嘉庆年之叶氏初刻本、蒋君汝藻及叶君景夔所藏之清初抄本。而校雠所据,一依叶氏,盖叶本为诸印本之宗,且系据乾隆年先生族孙徐镇初刻之本,而参以杨名时、陈泓各家精抄之本,其价值实远在诸抄本之上。惟叶本又有旧印新印之分:旧印本不载钱牧斋所作传,仅载其二书,其一下有其名而后涂去(叶氏藏版,原为乾隆年徐镇所刻;叶氏仅为添补修正。传另立一页,去之甚易;书牍则篇幅相连,故仅去作者之名),盖当日距乾隆时不远,钱氏著作,列在禁书,故有所忌讳,新印本则载其传而隐其名。又有咸丰年印本,卷首加先生小像,乃胡君适之在申之所购得,像为诸本之所未见,即本书卷首之所载也。

凡诸印本,皆分十册,每册复分上下。书牍、墓志、诸本异同考略及辨伪,则汇为外编,附于十册下之末。是盖徐氏刻本之旧。十册之外,复有补编,录遗诗、题赠、《秋圃晨机图》赋记、《徐氏三可传》,及《圹志铭》,是盖出于叶氏。以叶本原用徐版,重刻太费,不得已而出此,然颇不便于检查。兹都编为二十卷:每册各为二卷,十册下并入十册上为一卷,而另以外编补编及《晴山堂帖》诸本所未刻者为第二十卷:分诗文、题赠、书牍、传志、家祠丛刻、旧序、校勘、《盘江考》、《江源考》诸文,亦编入诗文,以便检查,非故为异同也。

至于《游记》之评判及先生之为人,已散见年谱,兹不复述。所足述者,乃先生所处之时世。当明之末,学者病世儒之陋,舍章句而求实学,故顾亭林、王船山、黄梨洲辈,奋然兴起,各自成家,遂开有清朴学之门。然霞客先生,生于顾、黄、王诸公之前,而其工作之忠勤、求知之真挚,殆有过之无不及焉。然则先生者,其为朴学之真祖欤?又先生生于明季，游滇之时，天下已乱。观其小记诸则，述当日政事甚详，知先生非不关心时局者。乃求知之念专，则盗贼不足畏，蛮夷不能阻，政乱不能动；独往孤行，死而后已。今天下之乱，不及明季，学术之衰，乃复过之。而青年之士，不知自奋，徒借口世乱，甘自暴弃；观先生之风，其亦可以自愧也乎！

十六、七、七

丁文江

（据丁文江编：《徐霞客游记》，上册，商务印书馆，1928 年）

中国地质学者的责任

　　科学是世界的，是不分国界的，所以普通讲起来，中国科学家的责任与其他国家的科学家完全没有分别。例如我们不能说中国的天文算学，算学者，或是理化学者，有与外国同类学者不相同的责任。

　　但是有几种科学，因为它所研究的材料，根本有地域性质，所以研究这种科学的人，也就因为地域不同的关系，发生不同的责任。地质学就是这种科学之一。所以研究地质的人，往往对于世界和对于本国，有特别的义务。因为一来材料不同：甲地方所有的材料，往往乙地方没有！所以有许多原则可以发见于甲，而不能发见于乙。二来无论甚么地域，都是地球的一部分。地质学是研究全地球的历史的；那一部分的历史，没有研究清楚，地质学全部都受相当的影响。而且一个地域总与连带的地域有关系。往往因为临近的区域地质不明了，本区域内许多问题，也不能解决。或是甲乙两个地域，不相连续，一个问题在甲地研究，得到一种结论，在乙地研究，又得一种结论。这两种结论，往往不能完全符合。一定要把甲乙之间的地方，研究比较，才能够融合贯通。三来因地质调查在各国都变成政府的事业：除去所谓纯粹科学之外，不能不注意于应用。近代工业最重要的是原料供给问题，而这种原料，十有八九是地里面取出来的。在本地域范围以内，研究重要的原料的储藏质量，是各国地质学者对于他本国最重要的责任。

　　这个问题，范围太广了，性质太复杂了，不是一次讲演所能讲得完的。我今天只能就上边所说的几条纲领，逐一举几个例，来供大家参考。

　　各地方地质的材料不同，是很明显的。因为材料不同，各地方地质学者的贡献，也就有地域性的分别。逆掩断层的发见，当然首先在瑞士和法国；反过来说，在没有冰河层的中国，当然不能对于冰河地质有甚么贡献。在北美地文的表现，比任何地方都明显，世界的瀑布，第一要数拿亚加拉（Niagara），峡谷第一要数考罗拉到（Colorado）；同时有极大的草平原和古生代所成的大山，所以地文学初起的时候，是美国人的科学。

中国地质材料与其他各国不同的当然很多。我现在只举两个例：第一是黄土，第二是大河流的沉积工作。

黄土不是中国所独有的东西。黄土的译文是 Loess，原是德国冰河前边所沉积的细土。但是任何地方的黄土，没有在中国的这样厚，分布得这样广，而且我们的黄土是否和欧洲所谓 Loess 完全一样，还是问题。李希特和芬（Richthofen）说黄土是风吹得来的。近许多年来的工作已经证明他的意见是不错的了。于是乎世界的地质学者才知道风的力量之大。这已经是研究中国地质学者对于地质学的特别贡献。但是近几年来的研究，渐渐的知道李希特和芬所说的黄土，包括了许多与黄土毫不相关的东西。黄土的下部有沙砾有红土，土的性质和里面所有的化石，完全与黄土不同，李希特和芬把他混在一块，都认作黄土，是不对的。又近年来研究黄土下面和里面的化石，渐渐的知道中国黄土成功的时代，就是欧美冰河时代，于是可以了解为甚么中国莫有冰河。不但如此，黄土下面的红土，有原始人的遗骸（周口店所发见的"北京人"），红土上面砂砾的上部，有旧石器时代的遗物，黄土上面有新石器上部的遗物。这种结果，不但对于地质学上有重要的影响，而且对于人类古物古史学，都有绝大的贡献。我简单的举一个例：黄土上下都有石器时代人的遗迹，但是在上面的新石器，与在下面的旧石器时代，相去很远，是绝对不连续的。黄土中间始终没有看见人的遗物。然则是不是黄土成功的时候，人不能在中国北部生存？果然则远在周口店时代，中国已经有猿人。到了黄土刚要发生的时候中国也有旧石器的人。一到黄土时代，在中国就绝无人迹——黄土上面新石器时代的文化，就不能发生于中国，就是从外面来的。这不但对于中国上古史有重要的暗示，而且对于世界的历史都直接发生影响。但是我们要觉悟我们目前对于黄土的研究还是很幼稚的，许多大问题都没有解决。例如黄土时代的气候，我们还不能说知道。黄土与欧美的冰河期大致相当，但是冰河期又分了好几个时代，与黄土相当的究竟是那一个？这都要希望将来的中国学者彻底去研究；研究的结果一定有很重要贡献的。

　　大河流的沉积，当然也不是中国所独有的，但是无论那一处，都没有中国几条大江河的可惊。据翁文灏先生计算，中国几个大河流的侵蚀比例平均每平方公尺是〇点一八公厘。换言之就是要侵蚀去一尺高的陆地，在中国只要一千五百年——在世界要四千年。中国河流侵蚀的能力比世界河流的平均要大到一倍有半。不但如此，世界河流的沉积，大部分是在所谓三角洲——就是河流入海的地方。这种三角洲的面积当然很有限的。中国则不然：黄河和江淮三条河流所沉积的面积，北以渤海湾起，南到钱塘江，西到太行山，东到东海。这一个大平原里面的沉积工效，世界上任何地方都没有看见。不但如此，中国这个大平原冲基层的厚度，也是任何地方所没有的：在北平凿井，凿到七百多尺还没有看见石头；在上海凿到过四百多尺也只有遇见砂砾。这是因为大平原自从始新期以后慢慢的下降，而地壳一面下降，河流沉积的结果一面把他填高。填高的速度恰好为下降的速度相当，所以冲积层越填越厚而不见其高，地壳越降越深而不见其低。于是我们知道，单靠河流的沉积，可以成功很厚的淡水地层。欧美人研究地质，遇见了以前的淡水地层，总假定当日有很大湖沼，以为不如此不能有相当的厚度、广漠的分布。照我们研究中国河流的结果，知道这种意见至少一部分是错误的。我们对于中国河流沉积的研究，比我们黄土的研究，还要幼稚，要发明真正的原则，还要等大家将来的努力。

　　再讲中国地质与世界地质的关系。这个问题更大了。我现在也只对于地层和构造各举一个例。一是讲二叠纪的地史，这是讲地层；二是讲中国山脉造成的时代，这是讲构造。

　　亚洲的地质自然以印度、俄国、日本三处研究的最有成绩。现在单讲俄国和印度的上石炭纪和二叠纪的地层，在欧洲原以俄国最为完备，所以上石炭纪的 Uralian 就是从乌拉尔山得来的。Permian 就是从俄国乌拉尔山西坡的 Perm 地名得来的，西欧各国海水所成的上石炭纪、二叠纪的地层极不完备，而且仅有一部分有化石，所以欧俄的地层在欧洲没有详细的比较。及等到英国人研究印度的地质，知道南部全是陆地所成的地层，北部盐山山脉（Salt Range）都是海水所成的石灰岩（Productus limestone）和沙岩。两部下面都是冰河层。盐山系石灰岩里面化石很多，但是给俄国的二叠纪比较起来，又不完全相同。于是冰河层同盐山系石灰岩的时期，都成了问题。英国的学者往往用二叠——石炭纪（Permo-Carboniferous）或是含炭纪（Anthracolithic）来表示他们的怀疑。许多德国学者都以为盐山系全部分是二叠纪，俄国学者根据他们乌拉尔山的地层和化石来比较，以为盐山系的下部和中部都属上石炭纪，和乌拉尔系相当。上部与下二叠纪相当，但是盐山系的上部直接与下三叠纪相接，而且盐山系的化石有许多种是乌拉尔系里面所没有的（例如最奇怪的腕足类的 Lyttonia）。所以这个问题始终没有能解决。

我们注意中国的地位，恰好在乌拉尔山同盐山之间。若使中国的二叠纪能够有明显的时代标准，印度和俄国方面的观察应该可以融会了。这几年来我们努力的结果，觉得居然有解决的希望了。中国南部石炭纪以上的古生代地层，比北方完备，尤其西南各省。扬子江下游中石炭纪石灰岩之上就是所谓栖霞石灰岩。据李仲揆先生最近的研究二者之间有不整合。在扬子江流域大部分没有中石炭纪；栖霞石灰岩往往直接在上石炭纪或是泥盆纪，或是志留纪之上。到了贵州北部，它有时直接在奥陶纪或是寒武纪之上。到了贵州的南部，栖霞石灰岩，又同中石炭纪地层相连，但是两种石灰岩之间，大抵有薄层的砂岩相间。可见得栖霞石灰岩之下到处有很大的不整合。是一纪的天然的界限。

栖霞石灰岩的下部化石极少中部渐渐有珊瑚，上部渐渐有腕足类，和纺锤虫。研究化石的结果是一部分给俄国的乌拉尔系，一部分给印度的下盐山系相同。

栖霞石灰岩上边是乐平煤系（所有南方古生代的煤都在这里面）。在贵州这一层化石极多。单腕足类就有一百七十多种。且含得有 Lyttonia 与 Oldhamina，上部有 Hongarites 和 Gastrioceras，所以全部与上中盐山系相当。

乐平煤系以上在贵州北部扬子江流域是大冶石灰岩。向来都假定是二叠纪。最近者贵州发现许多三叠纪的头足类化石（Mercoceras etc），同时俞建章先生在湖北的西部同样的岩石里面发见了同样的化石，于是知道大冶石灰岩是三叠纪的最下部。

但是若是我们由贵州向南至广西，乐平煤系之上，不是三叠纪的大冶石灰岩，而是一种马平石灰岩。这种石灰岩里面化石极多——单是腕足类在一百种以上——包含有三叶虫，当然仍旧是古生代。

由此看起来，扬子江附近，大冶石灰岩为乐平煤系之间有很大的不整合，由此知道印度盐山系上部与三叠纪也有很大的不整合，因为盐山系上部为乐平系上部相当，而却没有马平石灰岩的踪迹。

以上所讲的三系，上下却有不整合，可见的三系同属一纪——就是二叠纪。并且可以进一步说，印度的盐山系全部代表中下二叠纪；上二叠纪（我们的马平石灰岩）却不存在。再同俄国方面比较，我们觉得向来认为上石炭纪的乌拉尔系。或者不是上石炭，竟是下二叠纪，也与我们的栖霞石灰岩相当。

如果上面所说的话不十分错，还有许多问题，可以同时解决，就是印度、南非洲古生代冰河层和公杜瓦那（Gondwana）陆地时代的问题。印度、南非、澳洲古生代上部都有冰河层，冰河层之上有同样的植物化石，所以地质学者都以为在这时代，三处是连在一起的——这叫做公杜瓦那陆地。植物化石最著名的是 Glossopteris。如果盐山层全部是二叠纪，其下的沙河层大概是上石炭纪——就是中国在上石炭纪的时候，与印度、南非、澳洲同为陆地。那么公杜瓦那陆地，至少一部分是二叠纪的时代。我们还有一个旁证。乐平煤系里面普通石灰岩占大部分，但是从贵州向西到云南，海水所成的石灰岩慢慢的变成陆地所成的砂岩和页岩。煤层也逐渐的加厚，而且煤系之下有数百个米突厚的玄武岩，在栖霞石灰岩之上，足见在云南的中二叠纪也是陆地，大概与公杜瓦那陆地同时。

上面所讲的问题，本来是极复杂的。许多详细事实，还不能完全说明，但是我认为解决世界二叠纪的地层问题，是中国地质学者很大的责任。

二是中国山脉造成的时代。世界地质研究最详细的当然是欧美两洲。但是这两洲山脉造成的时代，颇不一样。欧洲除去了古生代的 Galedonian 和 Hercynian 这两个造山时代以外，就只有中新期（Miocene）的阿尔普司（Alps）造山期，美国在古生代的末期也有一个 Appalachia 造山期与 Hercynian 大致相当，但是最近的造山期却在中生代最后期，与新生代前，这叫做 Lamnidian。欧洲地质学者来研究亚洲地质，往往存了成见，以为亚洲的造山期不是 Hercynian 就是 Alpine，尤其是阿尔普司山脉从欧洲横穿到亚洲，东西湾湾曲曲的相连，一直到喜马拉亚。喜马拉亚造成的时代是 Miocene，同阿尔普司山一样，所以更足以使得欧洲人觉得中国的山也是同一时期造成功的。大概从李希和芬起，到最近的阿尔公（Argand）止，说中国的山脉总以为一部分比较低的，或是在东部的，都是属于古生代的 Hercynian；比较高的，或是在偏西部的，都是 Alpine。就是广东派在四川的韩姆（Heim）去年还说四川、云南的山都是 Alpine 时代造成功的。

我们在中国二十年的工作知道这种理想是完全错误的。中国北方的山脉大都是侏罗纪以后白垩纪以前成功的。南方的山大都是白垩纪以后，始新期以时成功的。在南北两方面这两种造山时期都留了痕迹，不过在北方第一种的影响大，在南方第二种较为普遍。但是无论南北始新期以后绝对的没有造成任何山脉。至于 Hercynian 造山的动作，中国虽然也曾受过影响，但是与目前的地形丝毫无关。由此看来，中国的山脉造成的时期与美洲西部的山脉大致相同。这种造山的动作，在这时期之中，何以单限于太平洋的两岸，必定有相当的理由，把这种理由详细分析起来，总可以了解亚洲和美洲大陆与太平洋的关系，同时总可以了解亚洲大陆的真正原因。解决这种问题并且求中国造山期与喜马拉亚造山期的关系，是中国地质学者对于构造地质最大的责任。

现在我们可以讨论中国地质学者对内的义务。要建设一个新的国家，一定非工业化不可，这句话大概无论何人都可以承认的。工业所需的原料，种类很多，不能列举。我现在单举所谓根本的原料。

根本的原料第一就是能供给原动力的燃料——煤和石油。

自从李希特和芬到中国来以后，中国就有了富有煤矿的盛名。不幸此种盛名，"其实难副"。李希特和芬匆匆的在各处游历，处处看见有土法开采的煤矿，或是从前开采土窑的遗迹，于是他以为中国煤量的丰富，无论那一国都比不上它。他不知道煤虽是分布的极广，因为煤层太薄，太不规则，构造复杂，变化太多，真正可以用新法开采的煤田，远不如他理想的那么多。但是因为李希特和芬在地质学界有很大的"威权"，中国煤量极富的迷信，至今还不能完全破除，所以民国元年国际地质学协会研究世界的煤量，前北洋大学的教习杜赖克 Drake 计算中国煤量有九百九十六亿吨之多（一亿等于十〔一〕万万）。民国十年翁文灏先生和我，就真正研究过的煤田计算，以为全数不过四十至五十亿吨。这个数目太少了，因为有许多没有研究过的煤田，没有计算在内。民国十四年谢家荣先生利用最新的材料，计算全数为二百十七亿吨。民国十八年翁文灏先生重行逐一计算，认为是二百六十五亿吨。翁、谢二位所得的结果，相距不远，比较的可信。但是我知道他们两位对于西南各省，没有个人的经验，计算的方法仍然太宽。据我个人的观察，他等的数目还应减少。我想将来详细研究的结果，大概可以证明中国的煤量在一百五十至二百亿吨之间。就以一百五十亿吨说，数目不可谓少，但是若是拿中国的面积和人口来做比例，却不见其多。俄国人口不到二万万，煤的储量却也有二百亿吨，而且地位集中，容易开采。我们与俄国比，每人可分的财产不到他们的一半。美国人口共为一万万二千多万，每年产煤六万万吨，所以全国人口平均每人用煤五吨，要是中国人用煤的程度也同美国人一样，则四万万人每年应产煤二亿吨。不到二百年也就用完。况且二百亿吨将近一半在山西，距海岸和工业区很远。一部分又是无烟煤，不适宜于工业。

在中国煤矿开的很早，除黑龙江、吉林这种地方以外，没有那一个煤田，没有经人开道，没有那一个地方还有煤层的露头存在。所以地质学者要发见新煤田，是极不容易的事。但是这也并不是绝对不可能的。例如安徽的烈山煤矿，煤田本来很小，煤质也是无烟煤，不能炼焦。其后经刘季辰先生去研究，从构造上推论，以为煤田西南没有露头的平地，还有有煤的希望。果然打钻的结果，证明刘先生的意见不错。新煤田的煤量在一千万吨以上，煤质可以炼焦，是淮河流域重要的原料。这种发见，决不限于烈山，所以我们一面应努力研究已经发见的煤田，决定它们的层次、构造、性质和储量，一面还要就地层上的构造，详细研究，希望增加新的煤田。

煤以外重要的原料就是煤油。中国有煤油露头的省分是陕西、甘肃、新疆、四川四省。陕西北部已经于民国三四年由中国政府和美孚公司合作，费去了三百万元的探矿费，证明结果不好了。新疆距海岸太远了，所以有希望的省分第一是四川，第二是甘肃。研究油田，第一步要从地层上决定含油的是那一层，第二步要从构造上决定油聚在那一区。在四川方面照最近的工作，已经知道含油的地层，大概是二叠纪——至少是在下三叠纪之下。将来进一步的研究，应该要决定那一处的外斜层最有产油的希望。这种研究完全是地质学者的责任。

与燃料不同而结果一样的就是水力。要利用水力发电，第一是要有"水头"（head），就是水在一个地方直上直下的高度。所以最容易利用的就是天然的瀑布。第二是要有相当的流量，就是每秒钟水流的容积；只要我们知道水的宽、深和流的速度，很容易计算出的。在中国天然瀑布比较的很少。有的时候，流量又往往不多，所以除了瀑布之外还要注意以下所说的三种现象。

第一，在山里的河流往往成功很深的湾曲。假如湾曲的一端是甲，一端乙。从甲到乙，水的高度虽然不同，但是距离太远了，不能利用。但若是从甲点起，平凿一条山洞，穿过湾子的直弦，水从甲点经过山洞，平流到乙点之上，才再向下流，成功人造的瀑布。甲乙两点的高度的差数，就变成瀑布的高度。永定河在三家店以上，拒马河在张坊以上，有几处如此，将来或者可以利用。

第二，一条河河身虽然很平，但是往往顺他的支流上溯，不远就到岭头，过去忽然有深谷或是低原。如此可以把水从上流高的地方引到岭上来，再向浑谷或是低原下放。若是引不过来，还好从支水合流的地方开渠或是凿洞。拒马河在紫荆关附近就是这种情形。拒马河从涞源向东，河身很平。到了紫荆关的西面，忽转向北流。从河身到关顶高度相差不到二十米突，距离不过四百多米突，而出关向东，是一个陡坡，给坡角的下坡村高度相差二百五十米突。直上直下的地方，至少有六十米突。要利用这种水力，并不甚难。

第三，河身的坡度虽然不陡，而水在峡谷里面，可以筑一个高坝，把峡谷隔断，使得上流的水，积蓄得同坝顶同高，然后由坝顶流了下来，也成功一个人造的瀑布，美国的考罗拉到河的大坝，就是这种办法。中国许多河流，两岸都是绝壁，筑坝不难。只要河身不过平，筑了坝以后，上流被淹的地方，面积不太大时，都可利用。贵州的乌江，广西的红水江，都是好例，因为两条江有峡谷的地方，人烟都是极少，上流被淹没了，没有多大的损失。

研究水电原不是地质学者的责任，但是可以利用水力的地方，往往很荒僻，很不容易走到。地质学者因为职务的关系，比别人观察的机会多点，所以在调查地质的时候，应该注意这种事实。有机会的时候，还应该测量水的高度和流量，做专门家第一步的参考。

燃料水力之外，根本的原料就是金属。金属的种类很多，我现在只讲铁、铜和铝三种。

铁是一国的根本工业，谁都知道的。中国铁矿的储量，二十年来，有比较的精确调查。总数为九万万八千万吨，一部分在南满的鞍山站附近，已经由日本人开采，又因为一部分的矿质不好，所以九万万八千万吨矿砂，只含有生铁三万万八千多万吨。以中国的面积、人口来比较矿量，铁的穷更非煤矿可比的了。现在美国每年平均每四个人可用一吨铁。要是拿这个数目做标准，我们每年应该要出一万万吨铁方可足用；现在的储量，只可以供给四年！就是拿苏俄做标准，我们也就很穷。苏俄的生铁已经增加到五百万吨一年（我们现在大概不到五万），所以全国人民每四十个人用铁一吨。照这个标准，我们每年也应该出到一千万吨，不到四十年，所有的储量也就用完了！

不过铁不是煤可比：要发见新煤矿，希望不多；要发见新铁矿，却比较的容易。上面所说的九万万多吨，有一万万五千万吨是地质调查所的人发见的。我们自古以来用铁不多，大部分铁矿的露头，完全存在。并且铁矿的种类成因也研究得有个头绪。量最多的铁矿，生在结晶片岩里面，例如鞍山铁矿。其次是在震旦系石灰岩内石英岩之间的水成矿，例如宣化龙关。又其次是与花岗岩接触的石灰岩附近，例如大冶。最后是下石炭纪砂岩里面的鱼子铁矿，例如宝庆萍乡。地质学者在野外工作的时候，应该对于上面所说的几种地层特别注意，将来一定还有相当的发见，我今天可以预言的。

铜的性质给铁恰恰相反。我们自古以来，因为铸钱的关系，需铜极多。凡有可以开采的露头，都挖得干干净净。又近七十年来，何以向外国买铜；本国的铜矿除去极少数之外，多已经歇业。所以又不比得煤矿虽无露头，有土窑可以下去看看。因为如此，要研究铜矿是一件极不容易的事，地质调查所对于铜矿向来特别注意，但是从来没有甚么发见。但是我以为这也不是绝对没有希望的。从前所开的铜矿，大抵成分高而矿量少——如在云南东川矿石成分总在百分之五以上。在变质的火成岩和结晶片岩中间或者可以有成分低而矿量大的矿，为从前人所不能开的。这种矿只要成分在百分之二点五以上，就可以用新法大规模来开采。我们在山西闻喜县的箆子沟，就见过这一种矿床，可惜成分过低，目前恐怕还不能开采。地质学者应随时留意，尤其是在变质岩或是变质火成岩中间细细的寻成分低的铜矿。如果附近有人开采过的，不但要调查旧矿井的状况，尤其要研究附近的地质。铜是工业的必需品，现在是为美国、智利、日本三国专利了。我们若能够在本国有相当的发见，于国家的经济总算有重大的贡献了。

铝是新金品，从前当然没有开过，而且矿物只有一种，矿床成因单简，在中国颇有发现的可能。最近在山东的博山、淄川、宁阳等处发见了铁铝养石（Beauxite），生成在煤系上面的黄绿色页岩中间。可惜铁铝养石的细块散布在页岩中，过于零星。但是这种页岩在北方分布得极广。从前没有注意到铝矿，此后地质学者应记得铝对于近代工业的重要，遇见了这种地层，细细寻找，不可轻易放过。

此外还有锡和钨都是我们的特产，都是可以利用地质学的方法来寻找新矿的，因是时间的关系，我不再细讲了。

工业固然要紧，但是中国人百分之八十左右是农业的，改良农业的重要，与国家的工业化，有重大的关系。改良农业不外乎振兴水利，改良耕种方法，选择种子和利用人造肥料。前几项与地质学者无关，人造肥料的原料，都大部分从矿质来的。利用新肥料的必要，在北方比南方尤甚，因为南方的水田，每年大抵有點新土或是新原质由灌田的水带来，北方是种的旱地，无论用草灰或是人畜粪做肥料，追究起来，都仍然是从土里面取出来的。所以算起总账来，每年从土里面取出的东西，总比送回土里的肥料要多。日子久了，土地自然渐渐变瘠起来，近几年来进口的人造肥料，已经超过一千万两，可见农民已经有了这种需要的觉悟，但是要专靠外国供给肥料，国民经济上又多了一重负担，所以中国地质学者，应该研究本国的矿物有没有可以制造肥料的可能。

肥料所需要的原子是淡气、钾和磷。淡气我们可以不必研究，因为蒸发烟煤就可以得到硫酸亚母尼亚做副产品。而且若是能利用水力发电，电的成本便宜，可以从空气中吸收淡气。钾和磷都是很稀见的矿：钾矿只生在德、法两国，磷只生在美国。大宗的含钾与含磷的肥料，都是从这三处来的。由此我们知道想在中国发见钾矿或是磷矿是很不容易的事。但是钾与食盐同生，中国西南部，如四川、云南，都有很大的盐矿，也就有发见钾矿的可能。所以第一步是要在不出盐的地方详细研究，有没有含钾的地层。中国的特产矿物之一是明矾。最大的矿在浙江的平阳。据叶良辅先生的调查，平阳矾山镇一处矿石有二十万万吨之多。其中含钾养〔盐〕五千一百万吨，在外国莫有利用明矾矿来取钾盐的，大概是因为不甚经济，不能与天然钾盐竞争。但是我们的明矾矿特别的丰富，是世界上绝大的矿，含钾养〔盐〕如是的多，一定有利用的必要。明矾矿是在火山岩里面的。这种火成岩在沿海一带，分布很广，详细调查起来，或是有发见新矿的可能，所以我特别说出来，引起大家的注意。

至于磷矿虽不如钾矿之少，但是发见也不容易。十年前在海州火成岩里面发见，磷灰石（apatite）的矿脉，遂有人开采出口。海南岛的南面，有著名的西沙岛。岛上面有粪化石（guano）。据朱庭祜先生调查，矿量有十七万多吨之多。这两种矿石当然还有机会发见，但是矿量必不能很多。此外所应注意的是各地层里面的不纯粹的石灰岩。凡灰黑色的石灰岩往往有含磷的可能。中国的三叠纪、下石炭纪、泥盆纪中，这种石灰岩颇多。遇见的时候应该多取样子回来化验，如果含磷酸到百分之十以上就有经济的价值。

以上所举的矿物，种类虽然不多，却都是根本原料，中国地质学者若是果然能把它们逐一的发见，使我们样样能够自给，就是新中国的真正的功臣。

地质学者责任如此的重要，能够尽职自然要有长期的预备。这种预备可以分做校内校外两种：在校内的时候应该对于各种课程平均努力，以期得到相当的常识。北大对于地层和地史，是最有成绩的，但是若是一个人对于岩石矿床没有普通的知识，决没有发见金属矿的可能。同时专门所谓经济地质的人，假如不能了解地层地史和构造的原则，决不能从事煤田、油田、食盐的观察。翁文灏先生说得好，科学是整个儿的，本无所谓纯粹与应用。与其说"应用的科学"不如说"科学的应用"。我们要真正能懂得科学，决不怕它不能应用。出了学校以后的预备第一是要得到野外工作的能力，这种能力没有相当的指导经验，不容易得到的。现在有许多人，出了学校门，就想要独立工作，不愿意做人家的助手，受人家的指导，这是很大的错误。我们的责任很重大，很复杂，所以训练越彻底，工作的效能越大，凡要自欺欺人的人，断不能成地质学者，断不能负地质学者的责任。

民国二十年三月十五日

（据《国立北京大学地质学会会刊》，第 6 期，1931 年 4 月）

所谓北平各大学合理化的计划

近几天北平的报纸忽然宣传教育部因北平公私立各大学院共有十二个，计三十多学院，"院系重叠，势难发展"，有电令到平，令蒋梦麟、沈尹默二人组织评定会，将相同学系归并。同时发表教育界某要人的谈话说"北平各大学均具有相当历史。例如北平大学之各学院，均为以前之独立大学；农，工，医又为北方教育之骨干。师大为全国师资之最高学府，清华更具特殊精神……交通大学直隶交部。……北大成绩甚佳，惟其学系与国立各校重复。法学院北平大学有之，文理二学院师范，北平，清华，三校均有，故可合并者仅北大一校"。

听说到本日止部令尚未到北平，所以我们无从晓得这种消息的真假。但是北平各大学校院，很多重复，很不经济。如果教育部真有决心改革，使高等教育得合理化，我们是极端赞成的。不过这是一件狠重大狠不容易的事。事前必须有公开的，公平的调查，然后可以定合并的标准。决不是蒋梦麟沈尹默两个人所能评定的。

合并的标准我们以为应该完全以学生的成绩为定。学校的目的是教育学生。假如教育的结果，学地质的学生不认得岩石，学化学的不能做分析，学文学的文法不通，这种学校无论它有多么长久的历史，都应该裁并。若是不然，满清政府有二百七十年的历史，就不应该被人革命了。

北平各大学的种种不能满人意的状况，当然不是一天养成功的，也不是可以归咎于那一个人的——这也是"俱有相当历史"的。学校的当局未尝不说要改革。但是最大的理由，是经费不能按时领到。教职员变了学校的债主，当然有特殊的地位，改革起来，困难更大。然而平心而论,北平的各国立大学,每年的经费有三百六十万,就是只领到一半,也还有一百八十万。加上清华的一百二十万元,一共也有三百万。各大学的学生一共不过五千人,平均每一个学生每年要费国家六百元。果真各大学能合理化,就是照目前的情况,经费也应该可以够用的。

我们已经说过,这样重大的改革,决不是北京北平两个大学的校长所能评定的。不但他们本身有切己的关系,评定一定十分为难,而且纵然他们破除一切困难来改革,未必能得到多数人的信服。我们以为改革第一步,应仿照英国所谓王家委员会(Royal Commission)的办法,先切实的调查研究。这种委员会,在英国的习惯,不但有权可以调取于所调查有关系的卷宗账目,而且可以用法庭的仪式开会,招集证人请他们答覆问题,表示意见。开会的时间无论何人可以旁听。问答的话报纸上逐一登载。如是一方面使得多数人同时有机会了解事实的真相,一方面免除一切秘密运动。调查完了,委员会公同做一报告,如意见不能一致,少数的委员可以另自做一报告。这种报告都由政府公布。然后以它为根据把改革方案提出议会。假如中央政府设立一个调查委员会,派七个到九个资望学识为社会所公认而与北平各大学校院没有直接关系的人充当委员。给与他们同英国王家委员会一样的权限,到北平来调查。不但他们可以把各校院的设备,账目,统计,教职员和学生的成绩,彻底的调查,而且可以把发生疑问的各点,招集有关系的人,请他们公开的说明。这样一来,凡一切腐败的内容,无从掩饰,而万一外面所传说,攻击的话,与事实不符,当事人可以有机会更正否认。事实既然完全明了,而且为一般人所公认,然后做一个整个的计划,选择设备最完,或是成绩最优的院系做每系的根底,把其他重复骈枝的院系一齐裁减归并,任何人也不能反对。

这种办法,看来好像迂缓,其实并不难实行——只要政府有改革的决心,公道的诚意。在这种办法没有得到结果以前,政府应组织一个大学毕业试验委员会,也以与北平各大学没有关系的人来做委员,于本年或下学年来北平考试各大学应该毕业的学生。然后以各校考试的成绩互相比较,得到各校学生成绩的大概。考试的结果应该立刻公布,使人人都知道真相。成绩太坏的院系,立刻禁止它下半年再行招考新生。

若是不然,政府随便的处置,纵然公道,一般人不明真相,也不能心服,何况不经慎重的公开研究,单凭一两个人的意见,处置绝不会公

道呢？处置不公道，或是受处置的人不能心服，一定要发生狠大的纠
纷，于各大学院系不但没有好处，而且使将来的改革，更发生一重
障碍。

廿一，五，廿七

（据《独立评论》，第 3 号，1932 年 6 月 5 日）

中国政治的出路

凡改革政治无论在甚么时代，在甚么国家，不外乎两条路：一是用武力革命，在短时期内推翻原有的政府；二是用和平的手段，经过长期的奋斗，来取得政权。

民国成立以来，政权的纷争，无论成败，差不多都是取第一种手段。从二次革命起，所谓护国、护法等战争，以至于国民党的北伐、内讧，共产党的扰乱割据，主义虽然完全不同，手段却大抵是一样。共产党的活动，我希望将来另有详细的讨论，本文内暂且不提。此外一切的革命都发生了同样的困难。分析起来，大概如左：

第一是自从洪杨之乱以后，中国政治的趋势，已经变为外重内轻。民国以来，这种趋势逐渐的变为事实。就是民国三四年袁世凯全盛的时代，中央对于地方，也是敷衍对付的多，指挥命令的少。袁世凯死了以后，完全成为割据的形势。旧有的政治系统既然紊乱，中央政府已经失去了效能。凡要用革命手段取得政权的人单占据了名义上的中央政府，对于地方不发生任何的效力。不比得苏俄的革命，共产党占领了圣彼得堡和莫斯科，就可以命令全国。

第二中国地方太大，物质交通的设备，太不完全。军事和政治的改革，极不容易从一隅而推及于全国。例如苏俄革命的时候，俄国已经有七万公里的铁路；铁路到那里，中央的政权就可以到那里。中国的铁路一共不过一万公里，其中四千多公里在东三省。从莫斯科运兵到海参崴，一星期多可以到达，从南京运兵到成都，或是广东，不但是时间要一个月，而且物质上的困难极多。因此割据的局面极不容易打破。

第三是旧有政府的机关和组织，很少可以利用。普通其他国家的革命，政治虽然发生极大的变化，但是在革命刚成功的时候，总得利用旧有的行政机关和组织，来做统治的武器。例如苏俄革命以后，军队和警察，虽然主义上有彻底的改革，而机关组织则完全承袭旧来的制度，所以可以立刻发生相当的效能。中国旧有的机关组织，不是极其单简，就是极其腐败，绝对的不适用于新式的国家。革命的人一方面要努力于政治上的工作，一方面要另行建设统治的武器。在青黄不接的时候，常常有崩溃的危险。或因为不能不利用旧机关与旧制度，利用的人不久就为旧环境所腐化。

第四中国的军事教育比任何其他的教育都要落后。所谓陆军大学，军官学校程度极其幼稚。教官不是出身于日本士官，就是保定军官学校。专门的训练，固然不能与外国同等的学校相比，而且普通的常识异常的缺乏。例如翻译教课的制度，在其他各大学已经废弃了二十年，而现在陆军大学的外国教官上课的时候，都用翻译；学生没有一个能直接听讲的。足见高等军事教育比其他高等教育至少要落后而二十年。其结果是虽然因为竞争的关系，军事首领不少有指挥的天才，爱国的热心，或是坚强的毅力，而因为缺乏最低的近代知识和训练，不足以担任国家的艰巨。多数的人则因为毫无修养，极容易为环境征服而堕落。在革命时代要使军人不干政，是很不容易的。军人干政在革命史上也有相当的前例，少数的成功，而在中国则军人根本没有干政的知识和训练，又没有不干政的修养和觉悟。这种现象可以说任何国家革命史上所没有的。

第五因为租界，内河航行权与领事裁判权的存在，行政权的行使早已不能完整，所以革命的企图很容易在本国境内外国人势力之下产生。革命失败又很容易逃避失败应负的责任。近二十年来，内争失败的首领，几乎没有一个受失败的惩罚。革命的发生如此的容易，而消灭政敌又如此的困难，无怪人人都以革命为儿戏了。

以上所说的五件事实，都是比较永久的，一时不容易铲除的。此外还有两个临时的原因，使革命这一条路更不容易走得通。

列宁说得好，凡一个革命的成功，一定要有革命心理的成熟，不是可以单靠一时的机会。俄国革命的原动力有两个：一是兵士厌恶大战，二是农民希望均田。一九一七年共产党利用这两种原动力，所以能够取得政权。中国现在的农民一部分受了共产党宣传的影响，发生了均田的希望，然而我们敢说大多数的农民还是希望和平。均田虽然是农民所希望的，但是因为均田而要引起长期的内战，重大的牺牲，则绝对与农民所希望的相反。此外的人民因为历年受内战的痛苦，大概没有再愿意继续革命的。在这种空气之下，列宁所谓革命的心理，可以说完全没有成熟。

第二就是目前的外患。不但是东三省的丧失，上海的战争，使得国民对于外患有真确的认识，而且因为日本的宣传，国际共管的空气，又比九一八以前为浓厚。所谓圆桌会议，所谓扩大国际调查团调查的范围，都是这种空气的作用。假如革命的内战继续发生——无论革命的目的和成绩如何纯洁优良——不但日本进一步的侵略，无法抵抗，而且国际上一定要发生很不利的变化。结果革命没有成功，交通便利的都市和近海沿江的商埠，势必沦于共管。

综合以上所说的各种原因，在今日的中国，武力革命是极不容易走得通的一条狭路。所以我们只好用和平的手段，长期的奋斗，来改革中国的政治。

我所谓奋斗可以分做两种：一是对于政府的，一是关于我们本身的。

国民党是以一党专政为号召的。我们不是国民党的党员，当然不能赞成它"专政"。但是我们是主张"有政府"的人。在外患危急的时候，我们没有替代它的方法和能力，当然不愿意推翻它。我们对于国民党最低的要求是在它执政之下，它应该做到这几个条件，使政治的和平改革有逐渐实现的可能。

第一我们要求国民政府绝对的尊重人民的言论思想自由。这是和平改革政治最重要的条件。这一层要做不到，纵然我们不赞成革命，革命是万万不能免的。要免除革命，第一是要使异党的人有对于人民宣传他们信仰的机会，使他们有用和平手段取得政权的可能，使得人民觉得革命不是必要的牺牲。我们的要求是绝对的，是普遍的。例如我们以为在不扰乱地方秩序或是违犯其他刑法规定范围以内，共产党应该享受同等的自由。

第二我们要求国民政府停止用国库支出来供给国民党省县市各党部的费用。不然则各党的待遇地位完全不能平等，竞争的机会不能一律，革命也不能避免。

第三我们要求国民政府明白规定政权转移的程序。这可以说包括实行宪政，设立民意机关种种提案在内。我个人不是绝对迷信民治主义的，但是滥用权力是人类普遍的根性：无论是独裁的首领，或是少数的阶级，包揽政权而不受任何的裁制监督，其结果一定把他们自己的利害，当做全国的利害，惹起政治上的暴动。中国现在是否有真正民意机关实现的可能，所谓"民"是包括全国人民几分之几，目前是否有实行宪政的方法，我不否认都有讨论的余地，但是最低的限度，是国民党对于党内党外一定要先有明白的规定，握政权的人凭甚么上台，经何种手段可以叫他下台，然后可以免除用武力争政权的惯例。

从实际政治上讲，我并不希望以上的要求，立时实行于全国，但是至少在南京政府权力所及到的地方，要努力的实现。我们应该在不用武力革命范围以内，督促它，劝导它，使这几个最低限度的条件能早日实现。在这种条件之下，我们可以尽力与国民党合作，一致的拥护政府。

关于我们本身的努力，我认为与对于政府的要求一样的重要。单简讲起来，有下列各点：

第一组织小团体，公开的讨论我们根本的信仰和政治的主张。中国今日社会的崩溃，完全由于大家丧失了旧的信仰，而没有新的信仰来替代的原故。祖宗不尊敬了，尊敬甚么？宗族不亲睦了，亲睦甚么？英雄不崇拜了，崇拜甚么？妇女解放了，男女之间，是否仍然要遵守相当的规律？天堂地狱都是假的，人生甚么是真的？我们若是相信共产主义，用甚么方法，使我们以最小的牺牲，得最大的结果？我们若不相信共产主义，用甚么主张替代它，来谋最多数人最大的幸福？这种新信仰和新主张决不是国民党的党纲所能代表的。我们只要看学校里纪念周的岑寂，和党义教课的无人过问，就知道建设新主义非另起炉灶不可的了。

第二我们要救济青年。近几年来，许多中年人不知自反，而反要把一切社会的堕落，学校的腐化，归咎于青年。我个人的经验，现在青年的勇气和常识，比十几年前的青年高明的多。不错，许多青年进了共产党，许多青年在学校里闹风潮。但是平心而论，假如我今年是二十岁，我也要做共产党，也要闹风潮。因为闹风潮而不能读书，固然是很不好的；然而若不是当局怕学生闹风潮，恐怕护兵马弁都要当校长，舅爷"勇爷"都要当教员了！少数的堕落与浮薄，都是校长教员或是父兄教出来的。教员只知道要钱，到处兼差告假，怎能怪学生怕考或是旷课呢？父兄任意的狂嫖滥赌，怎能怪子弟不读书讲恋爱呢？至于社会的不公道，无是非，更足以使青年失望消极。到了今天，中年的人还不知道责备自己努力的忏悔，中国真正要没有路跑了！我不敢说指导青年，我至少想救济青年。救济的具体方法是要督促政府不欠教育经费，慎选校长，实行考试用人制度，多设奖学年金。是要与我同辈的人相约：多工作，少享用，不兼事，不缺课；纵不能为青年的模范，至少不要做他们的恶榜样。尤其是要清理我们自己的思想，认识我们的立场，实行我们的信仰。然后青年的烦闷才能消除，兴趣才会转变，我们也才有指导他们的能力和机会。

第三要研究具体问题，拟议建设新国家的方案。这几年来，国民政府天天讲建设，而成绩几等于零。推究起来，原因固然是很复杂，至少研究不科学，方案不切实，也是一个原因。满口开发西北，连西北的土地面积，雨量多少都没有弄清楚；计划许多新铁路，连主要的山脉，天然的交通，都完全不理会。无怪建设的机关越多，建设的成绩越少了。我们要反其道而行之：先搜集事实，后提出计划。所谓建设是广义的：发展交通、水利、矿业、农业固然是建设，改革财政、军事和经济制度，又何尝不是建设。近世的行政是渐渐的技术化了。就技术方面研究行政问题，才可以有能实行的方案。

有了坚决的信仰，得了青年的同情，造成了具体的方案，然后联络各种信仰相同的小团体，来成功政治上的大组织。这种组织才有生气，才有力量。这是我认为我们政治上的出路。纵然我们的能力、知识、环境不能使我们有个人的成功，至少我们不至因欲为善而反造孽；至少我们可以得到自己良心上的安慰。

（据《独立评论》，第 11 号，1932 年 7 月 31 日）

假如我是张学良

自从日本人有侵略热河的消息，中央政府与地方政府天天计划抵抗的办法，但是抵抗没有实现，中央与地方先发生了冲突：本月七日，汪精卫辞职，同时通电责备张学良。据八日的《大公报》，张学良也有辞职的消息。大难当前，军政首领依然不能合作，真正使我们觉得中华民国的末日到了！

试问汪精卫和张学良都辞了职，热河的问题就可以解决了吗？负军政责任的当局一辞职就可以告无罪于国人了吗？不错，假如张学良觉得抵抗日本，事实上是不可能，或是抵抗所必需的条件，中央的力量可以做的到而不肯容纳，那么他除去辞职，当然没有第二条路走。但是我以为事实上并不是如此。

我先讲抵抗日本的具体办法。我们先要觉悟一旦热河有了军事行动，北平天津是万万守不了的。单就陆军方面看起来，我们的第一道防御线在山海关，第二道在滦河。但是秦王岛在山海关的后方，天津在滦河的后方。日本人随时可以在这两处上陆，上陆要比在浏河容易十倍。在这种状况之下，无论军队如何精多，武器如何优良，因为地理的关系，没有法子可以长期的防守。何况从山海关到天津北平都是平原旷野，日本的飞机，坦克，重炮，都可以使用，还不比得闸北江湾处处有小河，小沟和水田，使得日本人无法利用他们的坦克。

但是我们要抵抗日本，我们决不希望军事当局在山海关天津之间，作大规模的战争，或是长期的守御。我们只希望他牺牲一部分的实力，为国家争点人格，使日本人取平津必须出相当的代价。我们要明白日本的目的不在平津，而在热河，所以我们的真正的防御，长期的战争，也不在平津，而在热河。因为日本人要取得了热河，热河就永久不能恢复；日本人纵然占领了平津，平津总有日子收回。假如我是张学良，要预备积极抵抗，第一步先把司令部移到张家口，同时把重要的军实，北宁路的车辆，逐次的运到居庸关以北。只留一部分的军队在山海关秦王岛滦州天津等处。在这几处经过相当的抵抗以后，也预备从冷口，喜峰口，古北口，分别退到口外。现在驻在热河边界的军队应该从速的进到朝阳，并且积极筹备朝阳凌源，平原承德各地间的运输。热河东南两部完全是山地，不但日本人的坦克重炮都不能使用，就是飞机也有许多危险。喜峰，古北，和南口，三处都是天险。每处有一两万人防守，日本人非有一倍以上的兵力，不能进攻。只要能守得住热河，放弃了平津是不足惜的。只要当局有必死的决心，充分的计划，热河是一定守得住的。

为甚么我说司令部应该在张家口呢？因为平津放弃以后，在热河察哈尔的军队与中央失去了联络；一切的接济都要仰给于山西。大同到张家口不过几点钟的火车，大同到太原有现成的汽车路，一天可以达到，太原有比较新式的兵工厂，可以源源接济前方，所以张家口做司令部最为适宜。

第二是军费问题。这一次中央与地方的裂痕，这问题是导火线。我不知张学良所辖的军队究竟有多少人，打起仗来究竟要用多少钱。据日本报纸所发表，不连热河，一共还有十五万支枪。据我所闻，目前北平所发的军费，每月是四百一十万。十九路军在上海作战的时候，一共三万人（八十八，八十七师在外），中央每月发五十万。要拿这个数目做标准，则每月四百一十万，养十五万兵，已经很多。据军政部长何应钦最近的报告，中央剿共产党的军队，夫子不算，一共是六十万人。因为作战，每月要多用三百万。要以这个数目做比例，则十五万人每月应增加七十五万。似乎用不着汪精卫电报里所说的那样的多。不过我们没有看见过官方的正式报告，以上数目是否与事实相符，我们无从知道。若是我是张学良，我一定请中央一面派人点验我的军队的枪支人数军实，一面把所有华北的税收机关由中央派人接收。作战时候的军费，子弹，以及其他的需用，一切由中央照全国军队最优的待遇供给——照十九路军在上海作战的时候一样。张学良要真正有抵抗的决心，这种办法事实上一点不会吃亏，因为抵抗的事实一发生，平津与河北地盘万无可以保存的道理。将来退到热河、察哈尔，军费一定要中央供给的。落得从现在起，先为其他军队做一个模范。他不要怕中央不能按期发饷，他只要有抗日牺牲的决心，全国人都会做他的后盾。任何人是中央政府，都不敢不接济他的。

若是肯如此，张学良可以不必辞职，汪精卫也决不可辞职，中华民国也许还有一线的希望！

（据《独立评论》，第 13 号，1932 年 8 月 14 日）

自　杀

　　自杀是人类极普遍的现象；在任何国家里面总有少数的人因一时情感的冲动，或是经长期的悲观和失望，不愿意再活在世上。但是社会对于自杀的观念则因为人生观或是宗教信仰的不同，各国不完全一律。基督教认自杀为罪恶，所以欧西的人都把自杀者看做社会的劣分子。英国人态度最严重。法律上认为自杀者是一种刑事犯；自杀不遂的人要受法庭的审判，处有期徒刑；自杀身死的人检验的时候陪审员照例的要加以因一时发疯而自杀的判语。社会上都认为自杀是不名誉的事。自杀者的亲属往往引为耻辱，戒为忌讳。在欧洲大陆各国自杀虽然不在刑事范围之内，社会大抵以为自杀是卑怯者的行为。连共产的苏俄也是如此。我们只要看共产党重要党员霞飞自杀了以后，他的朋友对于他的批评就知道了。

　　在我们中国则恰恰相反。社会上认为自杀是弱者的一种反抗，往往表示同情。羞愤自尽的是烈女，合室自焚的是忠臣，厌世蹈海的是烈士。甚至于因为恋爱而情死的也传为佳话。刑事律上有"威逼自尽"的一条；威逼的人要受严厉的惩罚。所以受了人家的委屈而不能报复的人往往跑到仇家门前上吊，使他打一场人命官司。这种观念不但与欧洲通行的思想冲突，而且绝对的有害于近代化的社会。稍有知识的人大概都能同意的。

　　不幸这种观念无形的影响到我们对于国家的态度。许多人不知不觉的把国家当做一个人看待。等到遇见危难的时候，往往以为国家宁可自杀，不可以对于敌人有任何屈服或是让步的表示。慷慨激昂的士大夫开口就是"宁为玉碎，不为瓦全！"南宋之于金元，前明之于满清，满清之于列强，都是如此。其结果是国家自杀的目的果然达到了，而造成国家的人民势不能个个自杀，演成功我们历史上的许多丑态和悲剧。

现在国联调查团的报告书发表了。我们看国人的舆论，觉得国家自杀主义又要风行全国了。我先要声明，我个人对于报告书的意见完全给孟真相同（见《独立评论》二十二号），他对于报告书所提议的办法，表示许多不满意的点，但是最后他说："反正这个办法是实行不了的，反正日本人要奋勇当前担负破坏这个计划书的责任的，则中国政府不可不取对于此报告有相当好意的态度。不过同时也要步步有着，句句慎重，以免将来成为口实"。他又说应该特别保留下列几件：

一、拟议之东北地方政府不得有对于普遍于全国之事项之立法权。

二、不得有限制关内人向东北移民之任何立法及行政措施。

三、不得对于关内中国居民往关东者有特别之待遇。

四、应明言使用外国顾问的年限。

五、中央应保留在东北设置最高监察官之权。

我认为这是一个实际建设的提议，是我们今日唯一的途径。老实讲起来，国联调查团报告书之不能满我们的意，稍有常识的人早应该知道了。报告书之不能发生直接效力，至少到日本承认"满洲国"以后，谁都也明白了。所以今日我们所应该决定的不是我们满意不满意或是直接有无效果的问题。我们最大的希望，不过是要运用外交，使日本在世界上完全孤立，使得全世界的人从今以后觉得破坏和平的责任完全在日本，而不在中国，把日本许多对于中国不利的宣传，许多很能动人听闻的辩护一齐推翻。做到这一步，已经是我们外交上的成功。一个国家不能自卫，而要靠外交来收复失地原来是绝对不可能的。

我们看看这几天国内大多数所发表的言论，完全不从对付国际舆论着想，只知道激动国民的情感，甚至于痛诋国联和国联调查团不公道。连上海的十五个中委和西南执行部政委会所发的通电态度都是如此。我们不知道这种态度的用意究竟何在。我们希望国人要反省，照这种通电来决定我们对付国联的方针，完全是自杀。我们先要明白国联积极帮我们恢复失地的能力固然是有限，列强公然承认日本统治东北，却可以给我们很大的打击。我们要希望将来收复失地，目前至少要保存世界对于我们的同情，消极的否认"满洲国"政府。要做到这一步，无论我们对于国联调查团的报告书如何不满意，不能不采用好意接收的态度，万万不可丧失列强的同情。这几天日本的报纸极其注意中国的舆论，并且利用这种材料做对于我们不利的宣传。一面要表示中国人也不承受报告书，足见得破坏国联信用的责任不专在日本。我们再要唱我们的高调，喊我们的口号，岂不是睁着眼睛上日本人的当么？

平心而论，我们不能抵抗侵略我们的敌人，而向友邦求援，本来不是什么名誉的事。不错，照国联的盟约我们是可以要求人家援助的，但是援助的程度本来是要大家决定的。何况这几年来我们的革命外交把可以援助我们的国家差不多都得罪尽了。譬如两个私人打架，弱者吃了亏，向旁观者申诉求援。因为旁观的人主张调停，不肯加入打架，弱者就向旁观者谩骂。这是何等愚蠢！

还有许多人以为我们依赖国联是根本错误的。凡一个国家不能保卫自己的领土，而要依赖旁人，当然不是办法。但是在我们没有能够恢复自卫的能力以前，当然应该要利用国际上的情势，来增加我们的能力，和缓我们的危急。凡知道日本军阀的计划的人，都能相信在这一年以内，国联和国际的公论已经给了我们不少的援助。我们在这个时候，决不可得罪国联，决不可失去世界的同情心，决不可自杀。

个人自杀是卑怯的，国家自杀不但卑怯而且是疯狂。个人自杀，还可以一死了之。国家自杀，人民仍然是不了。国家公法不比得大清律例，没有威逼自尽的条文。我们向日本国上吊，不但不能得到世界的同情，而且要遭世界的笑骂。我们的口号应该是"宁为瓦全，不为玉碎！"因为碎的玉变为尘土，一个钱不值；全的瓦还可以建筑新屋，为我们民族谋将来的生存。

（据《独立评论》，第 23 号，1932 年 10 月 23 日）

废止内战的运动

十月三十日废止内战大同盟在北平成立分会。距发起的时候已经五个多月，距总会的成立也两个多月了。这几个月中许多人对于这种结合免不了悲观；以为空言于事实无补，而且与事实矛盾，所以原则上虽然赞成，不肯有积极坚决的援助。

最足以使人悲观的是这几个月所发生的内战。上海各团体发起废战大同盟的时候，正遇着陈济棠与海空两军破裂。其后总算和平了结了，但是广东海军里面最大的飞鹰舰已经炸沉。到了九月山东韩复榘和刘珍年冲突。至今这一件战事还没有结束，四川又发生了大战。加入战争的军队人数在三十万以上。由此看来，我们尽管发表我们的主张，人家依然打他们的私仗，似乎所谓废战同盟没有任何的用处。但仔细一想，这种意见是不对的。中国内战的习惯和原因，已经有几十年的历史了。这种几十年的病，就是"三年之艾"也未必能医，何况成立不到三个月的私人团体。若是只要我们随便的结合一个团体，发表几次宣言，内战就可以消灭，这种团体真正没有存在的必要了。内战越容易发生，废战的运动越要加紧工作。我们相信全国人心的确厌恶内战。但是这种厌恶的心理没有具体的表现和组织，决不会发生效力。废战运动是组织表现反对内战舆论的第一步。所得的效果全看加入运动者的热心和能力，并且要经过长期的努力和坚决的奋斗，才会发生影响于政局的。

第二可以令人怀疑的点就是所谓内战的定义。谁都知道共产党是个政治团体，但是它是全付武装的。国民政府把它当做匪看待用大兵去剿它，它并没有因此丧失它政党的资格。然则所谓"剿匪"工作是否在内战范围之外？韩复榘攻击刘珍年说他破坏省制，残虐人民，所以不能不解散他的军队。韩复榘不是最高军事机关，我们可以说他本没有自动解散其他军队的权力。假如中央政府认为某处军队作恶太多，有裁制它的义务，而这种军队不受裁制并且武装的抗命。中央是否应该避免发生内战，听它存在？假如在一区域之内有甲乙两军驻扎。乙军忽然开枪，向甲军进攻，甲军是否应该避免内战，用不抵抗主义退出防地，或是听乙军缴械？这种复杂的事实问题，五月二十五日发起废战大同盟的几个团体的通电和所拟的章程，并没有说明。就是沪江大学刘湛恩先生的《国内非战建设运动释疑》的一篇文章也只引用章程第二条说，"政府如果不顾国家运命，……倒行逆施，……军阀如果恃兵以逞，争杀不已，……吾人须用非武力方法解决。无论任何一方有此嫌疑，应由民意机关裁判曲直，加以制止"。惟在八月二十七日上海总会成立的大会所通过的二十四件提案之中有一件，"将内战意义确定为非剿匪性质之战事行动，而由常务委员会就事实上考察认定之"，与本问题颇有关系。照这个议案的用意看起来，一种军事行动是否认为内战，应由常务委员会随时就事实决定。但是内战的定义没有确实的规定，常务委员会恐怕很难临时判断，判断的结果是否能令多数会员满意，也是疑问。发起废战同盟最热心的吴鼎昌先生六月九日在南开大学讲演这个问题，说的比较的明白。他劈头说：

> 内战是甚么？简单说，不是一种"叛乱"，就是一种"革命"。……民国二十一年来内战之历史，武昌之起义，云南马厂之伐叛，广州之北征，本来无人表示不赞成之意，更无人倡废止之说，然而其结果均等于零点。此种有意义之内战，人民尚只受其祸，未蒙其福。此外内战之次数，更指不胜屈。表面上无一不标榜政治意义之存在，事实上无一不暴露个人权利之竞争……故有人主张中国"内战"二字应改为"私战"。……鄙人就这样民生状况而论，敢说是无意义的内战，现在固然打不得了，就是那有意义的内战，暂时也打不得了，恐怕结果都是为敌人打的啊！

由此看起来，吴鼎昌先生的意思内战分叛乱和革命两种，有意义的内战是革命，无意义的内战是叛乱，但是结果都等于私战。照这样讲，"剿匪"当然是内战，而中央政府裁制不良的军队所发生的冲突不一定是内战。

季廉先生在《国闻周报》（九卷二十二期）所发表的《论非战运动》也说到这一点：

所谓内战，该同盟章程并无明确规定。……内战虽多，性质不同，有为军阀互讧的内战，有为假借中央政府地位，实行铲除异己的内战，但若想树立健全的中央政府讨伐叛乱的内战（连共在内），在相当范围内，也不能避免。……废止内战，应指废止前两种，至于根据真正民意，奠定国基，讨伐叛乱的内战，是树立长治永安大业的必然过程，……这种战争人民要竭诚拥护援助。……主张非战运动的人，对于此点应加说明。

参观上面这两段，内战的定义可以算比较的明白；就是凡有以武力反抗政府，或是不得政府命令，自相火并，都是内战。同时中央政府以武力讨伐叛乱不在废止之列。然则废止内战运动，事实上不能不拥护现在的政府；至少反对任何人以武力来推翻现在的政府。

这种意见我个人是赞成的。我赞成的原因不是因为我对于现在的政府比较的满意，是因为在外患危急的时候，我们万万不可以没有政府。用武力来推翻现在的政府，不但如吴鼎昌先生所说，最后结果未必良好，而且目前政局先要混乱，国家立刻要丧失一切自卫的能力，或者竟丧失国际发言的权利。不过假如我们一方面反对以武力推翻政府，一方面不能不承认政府有讨伐叛乱之权，或者反足以促进政府以兵力统一的政策，增加内战的爆发。韩复榘攻刘珍年就是以统一省政为口号的。我以为我们可以进一步主张，在几年之内，外患没有告一结束之前，国内政权军权的分配一切暂以维持现状为原则。已经在中央政府权力之下的省分固然不能有任何叛乱的动作，实际上等于独立的区域更不能扩张它独立的范围。同时中央政府也应该暂时放弃它统一的政策，不可以武力来强迫这种区域，减少它独立的程度。这就是几年前胡适之所讲的和平割据，不过目前割据的形势不若那几年明显而已。适之这种主张我一向是不赞成的，因为这不但不是根本的办法，而且根本不是办法。然而目前外患的危险远非前几年可比。再有内战，国家立刻有灭亡的可能。割据无论如何不好，总比灭亡好的多，两害取轻，暂时不能不容忍部局的割据。然后可以希望全国同心协力一致御侮，免得有人要利用外交问题，报复私仇，扩充私力。我这种主张不但适用于国民党旗帜之下的势力，就是共产党也应该受同样的待遇。只要共产党肯放弃它攻城略地的政策，我们不妨让它占据一部分的土地，做它共产主义的试验。但是它若是仍然要贯彻武力革命，趁外患危急的时候，扩张它的地盘，我们应该赞助政府以全力来扑灭他，因为要不然国家必不能抵抗外侮。等到中国亡了，中国的共产党又岂能单独生存？

上面所讲的办法不能适用于土匪式的军队。我们既然承认政府有讨伐叛逆的权利，当然更要承认政府有维持寻常秩序的义务。凡任何区域内有强迫人民种鸦片烟的，有用残酷的刑罚榨取人民钱财的，有用强盗的行为掠取给养的，都是不可姑息的蟊贼，应该用兵力消灭的，因为这是养成叛逆，促成革命的原动力。不能及早消灭它，内战是决不能避免的。

如果我这主张是不错的，则废战运动的最重要的责任是造成有是非有公道的舆论。因为有了这种舆论，人民才能够判断那一种战争是我们应该反对的内战。某一次内战应该由某方面负责任。那一种战争是我们应该拥护的讨伐。在任何国家——尤其是在革命流行的国家——要使拿枪杆的人把他们的争斗是非，取决于私人的机关，是绝对不可能的。非武力式的抵抗，不是绝对不能做的，但是先要多数的人民了解事变的重要，明白曲直的真相，然后人民才有牺牲的决心和勇气。不然大家只抱着悲天悯人的态度，奔走号呼，当事的人心不能服，气不能平；事外的人，模糊影响，敷衍对付，于事何益。就如这一次山东的事变，上自政府，下至人民，都没有从是非方面着想。我以为当韩复榘出兵的时候，中央政府的责任不仅仅在于制止战事，同时要派人彻底查究，韩复榘攻击刘珍年的事实是否是真的。如果刘珍年的行为真如韩复榘所说的一样，政府应该彻底的消灭这种恶军队，不可因韩复榘出兵而反存姑息。韩复榘事前没有向中央陈诉，先自出兵，当然也应该受相当的惩罚，不能因为刘珍年有罪而完全卸脱责任。现在政府只知道命令两方停战，而对于争斗的是非完全不管，如何可以服人，如何可以保全威信？如果刘珍年的军队是应该保存的，何能因韩复榘攻他就把他调往他省？如果他是无恶不作的土匪，山东不要他，为什么要移祸于他省？同时韩复榘要明白，要统一省政，要先自己没有破坏全局统一的行为。目前省政依然没有统一，而已经供给日本人许多绝好的宣传材料，使我们在国联的代表无面目见人。这种行为于国家固然有害，于他自己又何尝有丝毫的益？至于四川的战争，情形更为复杂，是非更不容易明了。但是何以中央至今不派人到四川去调查？四川距中央太远了，中央制止战争，远不如对于山东的容易，但是假如能将战争的真相调查明白，尽量的把它宣传出来，至少国人可以认清这一次川战的责任应该谁负，政府一切的处置才可以得国人的谅解。

　　吴鼎昌先生说，中国的内战都是私战。要打倒这种私战，先要揭穿一切假公济私的面具，一无顾忌地宣布事实的真相，才能够有公道的舆论，具体的主张。

（据《独立评论》，第 25 号，1932 年 11 月 6 日）

假如我是蒋介石

　　自从日本攻击山海关以来，全国人士又纷纷的宣言抵抗，连许多军人也都打电报请缨。但是抵抗强敌不是发宣言打电报所能发生效力的。假如日本再向昌黎滦县进兵，在塘沽上陆，占领天津，并且利用东交民巷的守卫来扰乱北平，我们的当局应该用甚么方法来保全将失去的国土，——纵然保全不了国土，至少要保全国家的人格，使敌人不能长驱直入，使他受相当的损失，使世界知道中国人对于国土是不肯轻易放弃的，——我们还没有看见有任何具体的讨论。

　　到今日而言抵抗日本，谈何容易？平津到山海关是一片平原，无险可守；所有日本人尽有而我们全无的武器在这平原上面都可以发生可恐怖的效力。日本人完全掌握远东的海权，渤海是等于日本海军的演武湖。一旦有事，秦王岛、塘沽随时可以上陆，断我们军队的后路。北方军事最高机关所在的北平还有几百日本兵守卫。不必说北方的青岛，烟台，海州以及南方沿江沿海的城池都是日本人俎上之肉。在这种情形之下若是我们没有明白的认识绝大的决心，坚固的团结，纵然抵抗，决不能发生任何的影响，纵然局部有短期的效能，决不能防止全部分的瓦解。

　　我先说明白的认识，因为决心和团结都要从认识来的，我个人向来极端唱"低调"的：我向来主张中国遇有机会，应该在不丧失领土主权范围之内与日本妥协。并且应该利用一切国际的关系，来和缓我们的危急，来牵制日本使它与我们有妥协的可能。不幸我们把几次难得的机会都丧失去了；国际的形势又因为其他的复杂问题有于我们不利的趋势。等到日本公然的承认满洲国，积极消灭黑龙江的义勇军，我们就知道日本一定要有进一步的举动，我们一定不能苟安，所以我们主张积极的防御热河。迁延到去年年底，军事当局方始有防御的表示。防御的布置还没有实行，山海关已经发生了冲突。

然则这一次的乱子不是我们自己惹出来的吗？若使我们不想进兵热河，山海关不是就没有事了吗？这正是日本政府公开的主张。日本已经认为热河是"满洲国"的领土，我们出兵就是挑衅。但是这种主张我们能承认吗？我们若是把与河北唇齿相依的热河省，不发一兵，拱手让给我们的敌人，我们能保全察哈尔，绥远吗？我们能坚守河北省吗？譬如山海关被日本占领以后，日本政府说这问题可以地方解决。只要中国兵退到昌黎，让"满洲国"的警察占领山海关，日本就不再进兵。表面上看起来，我们立刻屈服了，可以得一时的苟安。但是几个月以后昌黎依然会发生冲突，我们得退到滦县。滦县将来一定发生同样的冲突，我们得退到天津。如此则每次日本只要牺牲一百二十个官兵就可以占领我们一大片的土地。我们变成功一大块肥肉，被日本人从从容容的，一刀一刀的割去，慢慢的，一口一口的吞下，舒舒服服的消化掉。这样便宜的事日本人岂有不来？这样没出息的国家，还有谁肯援助？

这不是我们的幻想，是稍懂得日本军阀的计划的人所不能否认的。日本军阀有这种计划原不从今天起的。起初也不过是少数人的幻想。其后在东三省处处顺手，处处不费气力，他们屡要把他们的幻想整个儿来实行。要不是义勇军扰乱，马占山，丁超，李杜，和苏炳文的反抗，热河早已有日本兵的踪迹了。我们的军事当局不于苏马没有失败以前向热河进兵，是很大的失策。到了今天，若是依然以苟安为目的，这是最下流的自杀政策！

我们是极端反对自杀的。任何国家，无论环境如何困难，都要有决心在万死中求生存。我们要明白的认识下列的事实：

（一）日本是得步进步的。决不是割一小块土地，就可以保全一大块土地的。他们是要实现"全亚洲"主义，和"亚洲孟罗"主义的。我们越不抵抗，这种主义越实现的快，越有实现的可能。

（二）日本的实力不是无限制的。要吞并中国不是可以不计代价的。我们唯一的生路是尽我们力量来抵抗。我们不能保全国土，我们至少应该使敌人出最高的代价来买他，不能拱手的奉送于他。如此方始能使我们的敌人反省，他所要买的地土价值是否太高。

（三）我们无论如何抵抗，是不能希望日本因此而放弃他的计划的。我们要生存，还得要靠国际的均势。但是要人帮忙，先要自己帮自己忙。个人如此，国家又何尝不是如此。只要我们肯牺牲，有牺牲的办法，得到牺牲的成绩，我们不怕没有人援助的。若是我们对于我们自己的国土不甚爱惜，而反希望旁人来替我们抵抗，天下那里有这样便宜的事件？

如果上面所说的话是对的，我们主张抵抗，不是唱高调，是唱最低的低调，不是凭一时的情感，是用十分的理智，不是谋自杀，是图生存。把这个前提认识明白了，然后才能有决心，有办法。

假如有了认识，有了决心，办法在那里呢？要知道我们要提议具体的办法，不但先要知道许多未经公布的事实，而且要了解握军政权人的心理和能力，不然，空言的办法，是决不能实行的。不过假如我是蒋介石，我的办法如左：

第一，我要立刻完成国民党内部的团结。自从九一八以来，南京政府常常以举国一致相号召，并且对非国民党的人表示愿意合作。但是南京政府依然是党的政府，党的内部依然是四分五裂。在这种情形之下，非国民党的人有两种感想，使他不能充分的合作。一是觉得政府没有诚意：政府当局和他们共过患难的党人，在这种危急情形之下，仍然不能彻底的放弃私怨，谋国家的生存。非国民党的人加入党的一部分，是否有合作的可能。二是觉得政府没有能力。当大难临头的时候，举国一致来负责任，天下事还未可知。现在各人依然以各人的政治生活为前提：你伺我隙，我攻你短。非国民党的人加入党的一部分，于事有何裨益。这一次三中全会，在广东的重要会员都没有加入，加入的孙科和伍朝枢，还有一个置身事外。在这种情形之下，要谋彻底的抵抗，是极端困难的。广东派和南京派的分裂，原因固然是很复杂，但是胡汉民和蒋介石的冲突至少是导火线。广东派之至今不能合作，蒋胡之不能以诚相见，是最大的原因。假如我是蒋介石，我一定立刻使胡汉民了解我有合作的诚意，用极诚恳的忏悔态度，请胡到南京。天下惟诚可以动人，何况在现在的情形之下。纵然胡始终不肯来，至少使国人知道蒋有与胡合作的诚意。不来的责任，在胡而不在蒋。若胡真能到南京，不但全国人知道国民党又变为完整的政党，我们拥护它，也还值得，也还可以希望发生效力，而且世界各国（日本在内）都知道中国的首领居然是"阋于墙外御其侮"的，于我们抵抗的能力、国际的形势有莫大的影响。

第二，我要立刻谋军事首领的合作。曾经反蒋的阎锡山和冯玉祥在北方依然有相当的势力。日本人终日放谣言，说某某要拥戴某某，推倒某某建设第二个"满洲国"在北方，与南京对抗，我个人绝对不相信冯阎二人与这种谣言有任何的关系。但是要在北方抵抗日本，山西是我们真正的后路。察哈尔是我们第二道防线。北方的兵工厂比较的在安全地带的是在太原。我们预料平津到山海关的区域是不能久守的，如果张学良或是任何其他的军队退出居庸关，他们和政府的联络，全要倚赖山西。所以第一步要与阎锡山有彻底的谅解，由中央尽量的供给他原料，日夜增加兵工厂的工作。在北方作战所需要的子弹，当然要由山西供给。冯玉祥是提倡积极抗日的。看他在河南内战的成绩，他是壕沟战术的能手。今日不妨给他一部分的军队，守一部分的土地。如是则全国军人都了解这一次作战与内战完全不同。拼命不是为个人而是为国家的。然后军队的调遣，给养的供给，子弹的分配，才不至于因政治问题而发生顾忌，发生障碍。

第三，我要立刻与共产党商量休战，休战的唯一条件是在抗日期内彼此互不相攻击。如果共产党不能同意，无休战的可能，应该责成广东福建湖南江西四省从速合围，纵不能立刻彻底的消灭它，至少要封锁它在一定区域之内，使它在抗日期内不能做破坏的工作。共产党与第三国际的关系，是大家都知道了。中俄已经复了交了。形势与去年一月不同。为抗日计，与其与苏俄订不侵犯条约，不如与中国共产党休战，这是很容易了解的。

以上的三件事实上能做到如何的程度，虽然没有把握：但是以蒋介石的地位与责任，是应该要做的，做到十分，我们抗日的成功就可以有十分的把握；做到一分也可以增一分的效能，如果对于江西的共产党有相当的办法，长江以北的军队可以尽量的向北方输送；把守卫南京及长江下游的责任交给剿共的军队。总司令应该来往于石家庄与郑州之间。军队战守的分布应该打破防区制度，通力合作。如防守胶济路固然可以交给韩复榘，但是蒋介石直辖的军队，未始不可加入。救援热河，固然可以责成张学良，而冯玉祥何尝不可以指挥。山海关以西一直到平津，用甚么军队布防，甚么军队作战，应该通判筹算，由全国的军队在最经济最有效能范围之内，共同担当，夫然后可谋军令的统一，劳逸的均平。

国家当然不是蒋介石一个人的国家，抵抗也不是蒋介石一个人的工作，这是不用说的。但因为地位的关系，军事委员会的委员长所负的责任，比任何人为重大，谁也不能否认。中国今日已经到了死中求活的地

步。无论内政的经过如何，在今日都不能算账。当局的人果真能为中华
民国为最后的挣扎，国民当然要同他站在前线准备牺牲。要不然束着手
等人家宰割，固然是该死，无计划，无决心的对付，牺牲未必不大，而
结果是不堪问的了！

（据《独立评论》，第 35 号，1933 年 1 月 15 日）

抗日的效能与青年的责任

　　这是我在燕京和协和讲演的题目。当时并没有稿子。以后在报纸发表的是听讲人的纪录，当然与我所讲的不能完全相符。我现在追忆两次讲演合并写出来，登在本刊。

　　在今天国家危急的时候，青年的责任是什么？青年应该做什么？这种问题不但青年要问，就是我们已经不是青年的人也常常要问。但是没有答复这问题以前，我们先要知道我们工作的效能，因为抗日救国不是单凭情感所能收效的。不管效能如何，盲目的工作，不是负责任的办法。

　　今天中国对日本的关系完全是变态的，通常国际的关系不是和就是战。我们的领土被日本占领了一年多了；上海的战争，我们死去好几万人，损失万万元以上；现在山海关又被日本占领了，而我们既然没有宣战，又没有议和！于是有许多人提议出兵收复失地，与日本断绝国交。他们虽没有明言对日宣战，但是如果我们实行这种主张，宣战当然是免不了的。对日宣战，能够发生效能罢？我们政治上的情形和官兵的训练，我暂且不提。单就物质上讲，我们没有宣战的可能。中国号称养兵二百万——日本的常备兵不过二十万！中国的人口比日本要多四五倍；以人数论，当然我们是占优势的。但是我们的一师人往往步枪都不齐全，步枪的口径也不一律。全国所有的机关枪大概不过几千杆！——欧战的时候作战的军队每一师有一千五百杆。七五公厘的野炮大概一万人分不到两尊！——实际上需要二十四尊。重炮，坦克，毒气和飞机可算等于没有。所以以武器而论，我们的二百万兵，抵不上日本的十万。欧战和上海的经验告诉我们，近代的战争是最残酷的，是不限于战斗员的。海上和空间完全在日本武力支配之下。沿江沿海的炮台都是四十年以前的建筑,丝毫没有防止日本海军的能力——吴淞的炮台不到五分钟就毁于日本炮火之下。十九路军在上海抵抗的时候,江北的军队受日本海军的监视,不能过江。最后上官云相的一师夜里用小船偷渡,因为拥挤,船翻掉好多只,淹死了好几百人,而过江耽搁久了,浏河没有防御,日本人就在那里上岸,抄袭十九路军的后路。上海事变一发生,南京政府就不能不迁到洛阳。凡日本的海军和空军力量所达到的地方当然完全是日本的俎上之肉。所以我们对日宣战,完全是等于自杀。

作战不但要兵器,而且要钱。中央的收入,最好的时候不过六万万多万。其中一半以上是内外债的抵押品。九一八以前,中央所能自由运用的款项每月不到三千万。上海的事件一发生,中央可以支配的收入一落就落到二百万!当时凡有靠中央接济的机关立时等于停顿。军队的饷项也就没有着落。所以一旦正式宣战,日本占领上海,封锁我们江海港岸,中央的财政立刻即要破产。

以上的事实原是人人都知道的。但是提议出兵收复失地的人,或者是另有作用,或者是为情感支配,不免自己来欺骗自己。

我们既然不能对日宣战,我们只好抵制日货了。抵制日货是应该做的,是可以做的,因为至少我们要使得我们的敌人知道他们侵略中国会发生恶影响的,是要受相当的损失的。可惜我们去年抵制日货的成绩太可怜了!去年中日贸易进出口一共是五万万圆(五〇〇,四九七,〇〇〇圆)。其中由中国输出到日本的是二〇六,四四二,〇〇〇圆,由日本输入到中国的是二九四,〇五五,〇〇〇圆。两者相抵,我们的对日的入超是八千七百万圆!这是连东三省的贸易计算在内。东三省去年的对日贸易进口是一三四,八三二,〇〇〇圆,出口是一〇二,七一九,〇〇〇圆。所以入超是二千二百多万圆。若是把东三省除外,我们依然有五千五百万圆的对日入超。这是有两种原因:一是因为日圆落价,所以日货特别的便宜,二是因为日本增加百分之三十五的关税,所以我们的输出减少。但是单中国本部,对日贸易总数仍然有二六二,九四六,〇〇〇圆之多,足见去年抵货的成绩是不可问的了。

去年的成绩不好,今年不妨从新努力的。但是从上面的数目字我们又得到一个很大的教训。日本全国的对外贸易共约为二,七〇〇,〇〇〇,〇〇〇圆,所以中国本部的对日贸易(东三省除外,香港在内)还不到日本对外贸易总数的百分之十。纵然我们的抵制日货政策绝对的成功,中日的贸易完全消灭,日本的对外贸易仍然有二,四〇〇,

○○○，○○○圆之多。由此看起来，虽然抵制日货可以使日本受相当的损失，然而决不能制日本的死命，决不能使日本交还我们的失地。何况不用政府的力量来裁制，中日贸易绝对的不能消灭——就是多量的减少也不很容易。而且中日贸易原不是单于日本有利。果真消灭，中国也要受很大的牺牲呢？

所以目前要出兵收复失地，不但不能成功而且还要有更大的损失；抵制日货最大的效能，是使日本减少对外贸易百分之十。真正要收复失地，非中国能战胜日本不可。如何能使中国有战胜日本的力量，是全国人民的责任，尤其是现在受高等教育的青年的责任。因为这决不是几年以内所能做得到的。如果中国有这一天，一定是现在受高等教育的青年努力奋斗的结果。

我所谓抗日，不是单指收复失地而言的。目前的问题已经不是收复我们已失去的东三省，是保全我们将失未失的热河和平津。在九一八事件发生的时候，大多数的日本人不过希望维持"南满"的权利。因为占领辽宁和吉林太容易了，于是才扩张到锦州以西，长春以北。假如日本又轻轻易易的占领了热河，日本军阀一定要向长城以南打主意。华北如果不保，中南两部又岂能偏安？如此则中国全部的灭亡不过是时间问题，要使日本军阀不能实行他们的计划，唯一的办法是使日本受最大的牺牲才能占领热河，使他们的军阀知道中华民国的土地是不容易让与人家的，是要用金钱和性命来交换的。这两件东西日本都不是不甚爱惜的。若是我们咬紧牙关抱定了不贱卖主义，他或者出不起这样大的价钱，放弃他们一部分的野心。这是我们目前唯一生路。

为保存热河华北，目前固然要积极抵抗，但是这种抵抗，决不是短时期可以了结的。纵然日本不攻热河，我们当然还要收复东三省。纵然热河又丧失了，我们还要保全华北。所以抗日的工作，不是凭一时的热心可以了事的，是要有长期的继续工作，使中国真能自卫，真能战胜日本，才可以发生真正的效能。

认清了这个目的，然后我们再问青年的责任是什么？青年应该做什么？

这个问题也只有在变态的国家才会得发生的。假如中国的国家和欧美一样，全国的青年早已接到了动员令，拿着枪，背着包，"执干戈以卫社稷"去了。那里还容你演说，捐款，贴标语，喊口号，视察前线，慰劳伤兵呢？因为这些轻松的工作，都是不能拿枪作战的人所能做的，轮不着青年的。做这种工作，决不足以尽青年的责任的。如果有大学学生要逃难逃考，纵然不被枪毙，至少也被学校革除，家族不容，社会不齿。

如此说来，我岂不是劝青年去当义勇军吗？这却又不然。义勇军的作用与抵制日货一样，是应该做的，是可以做的，是能使日本受相当损失的，但是不能制日本的死命的。已失的土地不是单靠义勇军所能收复的，将失未失的省分不是单靠义勇军所能保存的。凡有青年凭他的良心，为国家去牺牲，我对于他们万分的感谢，万分的敬仰，但是我决不劝告青年去当义勇军。第一我对于目前受高等教育的青年是否有当义勇军的资格，不免有几分的怀疑。前几天我看见报上发表了几位燕京学生从热河的来信。他们叙述从北平坐汽车到热河的经验，似乎已经觉得很是苦痛。有几位受不了震摇，已经呕吐了。如果当了义勇军，吃不饱，穿不暖，睡不足，在冰天雪地之下，做日本人飞机重炮的目标，他们是否受得了，实在也是问题。就是义勇军——或者尤其是义勇军——不能不讲纪律的。纪律最重要的原则是要能服从命令。在学校里以主人自居惯了的学生，不肯听校长教员命令的学生，是否肯听义勇军连排长的命令。也许我这种怀疑是过分的。欧战的时候，许多大学的学生，每天非洗澡换衣服不可的学生，在战壕里喂了好几年的虱子。足见得吃苦并不是一件很难的事。只要有军令的强迫或是爱国的真忱。但是目前中国的需要和欧战时完全不同。欧战的时候（尤其在不用征兵制的英国）所最需要的是"人力"（Man Power）。中国现在并不是如此。在热河和东三省能当义勇军，肯当义勇军的人至少在十万以上。目前的问题，不是缺少人，是缺少钱，缺少枪，缺少子弹，缺少服装，尤其是缺少能指挥和组织的人材。现在一个受大学教育的学生去当义勇军，纵然他能吃苦，肯服从，学会了打枪骑马，是否比一个字不识的义勇军高明，还是疑问，而他从小学到大学，十几年的工夫已经糜费了国家社会好几千的金钱。从社会国家看起来，这是极不经济的一种办法。不错，这种自动的牺牲精神，是很足以感动人心，激发士气的，所以我已经说过了。我对于他们只有感谢，只有敬仰，但是这只可听极少数的人凭自己的良心情感去做的，不必也不可劝告的。就是在欧洲大战的时候，作战的国家也未始不打这种算盘，所以凡有有专门技能的人，都设法使他们做专门的工作，不一定强迫他们到壕沟里去。

凡是不能或是不肯当义勇军的学生，当然不妨做些后方的工作。捐款也好，慰劳前线也好，救护伤兵也好。这些事我并不反对。但是我要请他们觉悟，这都是太太小姐们所能做的工作，不算什么希奇。不能发生多大的效能的。这不过在无法之中，做自己良心上的安慰，就譬如我们几个人办《独立评论》一样。决不能因此要求学校里放假，停课，或是免考，正如我们不能因为办《独立评论》，要求学校不叫我们教书。

我说后方的工作不能发生多大的效能。这句话也许要加以说明。工作最切实的莫如捐款。但是我们仔细想想，我们的困难真正是因为没有钱吗？我们每年的军费在三万万元以上，占中央收入百分之五十。这十年来日本的军费还不如我们的多。只有一九二一年他们的军事预算到过三万万五千万元。何以我们不能和他抵抗？再进一步说，人人都知道我们养兵太多，所以没有余钱来供给武器。假如明天我们能够把兵额减少了一半，省下钱来去购买或是制造新式的武器，我们就能抵抗日本吗？甲午中日开战的时候我们海军的吨数船只都在日本之上。何以海战我们弄得一败涂地？足见得单有武器，没有能运用武器的人，还是不行的。现在的军官真有运用新式武器的能力与否，实在还是疑问。因为目前的高等军事教育比任何高等教育还要落后。三十年前所通行的翻译教授制度，只有军事教育仍旧的沿用。这就是落后的铁证。在这种状况之下，私人的捐款最大的效能，只能使前线作战的兵士知道后方的国民没有忘记他们，或者可以振作他们的敌忾心，增加他们的抵抗力。但是我已经说过，这种工作，太太小姐们多能做多肯做的，实际上用不着青年，轮不到青年。至少青年不能以捐款为他们不读书的口实。

还有许多工作大可以不必做的。即如所谓军事训练。在目前的状况之下在大学里面临时添设这种功课，效果是很有限的。学生所可以学的，不过是普通的步兵操法。这种技能除了去当兵之外，没有用处。不愿或是不能当兵的人来受这种训练，不但是白费时间，而且带几分欺人的性质。愿意当兵的尽可向前敌去投效。国家养一个大学学生，一年平均要用一千元，学生私人的费用还不在内。一个兵士一年只要用一百多元，拿办大学的费用来养成当兵的人材，那是多们不经济。纵然说有少数人要以此为当义勇军的预备，要求学校帮忙，学校当局应该要求他们立下志愿书，在短期时间之内，一定去做义勇军，不去则愿意受相当的惩罚。如此才能够免去虚伪欺人的毛病，增加社会上对于学生的信用。

第二种不必做的工作就是所谓抗日的宣传。这种工作日本人天天在那里替我们做着。许多中年的人做起来比学生要有力量。况且宣传的目的无非是要引起国人的爱国心。我认为这并不是我们的缺点。中国人自古以来都是知道爱国的。要不然金元清三朝的入寇倒不会遇着那样长期的抵抗了。但是若是单有了爱国心，国家就不会得灭亡，那么，金元清也不会得成功。许多学生以为爱国心是进过学校的人所独有的东西。要向民众去宣传。这是很大的错误。上海事变的时候，送给十九路军的丝绵背心都是不肯要钱的裁缝做的。当老妈子丫头的人，拿首饰出来捐款的，我所知道的就不止一个。前几天我在交民巷走路，看见有几个日本兵雇洋车，一排七辆放着，只有一个车夫理会他们，而开口就要四毛钱，结果日本兵只好走路。中国的不识字的民众何尝不知道爱国呢？不但民众如此，军阀又何尝不是如此。吴佩孚的不肯住租界，段祺瑞的离开天津，都是他们爱国的证据。我所见过的军人，如冯玉祥，阎锡山，蒋介石，张学良，孙传芳，李宗仁，白崇禧，黄绍雄，我相信都是爱国的。可惜他们虽然爱国，他们没有法子使爱国心发生效能！中国上上下下都是低能的国民，都不知道新式的国家应该如何组织，如何统治。其中有许多人受的教育太粗浅了，人格上没有经过相当的陶镕和修养，利欲当前的时候，免不了要受诱惑。这是我们今天不能抵抗日本的根本原因。

今天青年的责任是什么？青年应该做什么？他们应该要十二分的努力，彻底的了解近代国家的需要，养成功近代国民的人格和态度，学会了最低限度的专门技能，然后可以使他们的一点爱国心，成功结晶品，发生出有效能的行为。抵抗日本，收复失地，一定要到中国能有战胜日本力量的那一天，才会得成为事实。要中国能有那一天，一定要彻底改造一个新式的中国。做这种改造新国家的预备工作，是今天受高等教育的青年唯一的责任！

这是积极的。消极的讲起来，至少青年不可做于抗日有妨碍的举动。逃难，避考，向影戏园写恐吓信，溜冰场抛炸弹，都是例子。中国的铁路都是单轨的，都是缺少车辆的。军政当局根本不知道运输应该有事先的计划。一旦运起兵来，火车立刻就要误点。逃难的人一多，火车的运输更形拥挤，铁路的秩序更没有法子可以维持。一月初旬东西车站的紊乱，都是逃难避考的学生所演出的。这不但增加了政府许多困难，而且损失了国民许多信用。普通人民对于学生的举动向来是原谅的。到了这一次，社会上的质难渐渐的深刻。北平已经有人提议把北方大学的经费改充军饷。听说南方也有人向政府提出同样的建议。这种计划如果实行，中华民国的前途更没有希望，因为要建设新式的国家，必须要有受过新式教育的人材。大学如果停办，新人材的来源就断绝了。那不是等于自杀吗？但是要得这种提议不能实现，青年要尊重自己的人格，恢复社会的信用。要不然他们就是国家最大的罪人！

看影戏溜冰都不能认为是不正当的娱乐。溜冰尤其是维持健康最好的运动。中国的士大夫阶级，有一部分向来是反对运动，反对娱乐的。所以我们在私塾读书的时候，一步不准出书房，终年没有假期。不料到了今天，受高等教育的青年，还有这种错误的思想，以为娱乐和运动是与救国不相容的。试问要做救国工作的人，就不要维持他的心理上身体上的健康了么？终日"楚囚相对"，贴慷慨激昂的标语，喊痛哭流涕的口号，一定要弄出神经病来。抗日的工作又岂是神经衰弱的人所能担任的？日俄战争的时候，我在日本。我没有看日本政府对于娱乐场有丝毫的限制。欧战的时候也没有任何的国家禁止青年运动。我不是要奖励青年在国难期中作为无益。凡真正作为无益的人——只知道看电影溜冰的人——无论在任何社会都是废物，于国难的有无，没有关系。况且如果我们认为某种娱乐是于抗日有妨碍的，我们只可以要求政府正式禁止，或是提倡一种风气，用社会的力量来裁制，万万不可用恐吓的手段，来扰乱秩序。抛一个炸弹，并不能使电影院关门，尤其不能使看电影的人，省下钱来，捐给义勇军，徒然增加市民的恐慌，损失政府的威信。我们只要看见北平娱乐场发现炸弹的第二天，米面杂粮一齐加价，就知道这种举动是误国不浅的了。

抗日救国，不是几天的事，并且不是几年的事，是要有长期的决心和努力，才能够有成效的。在目前的中国，四十岁以上人很少有建设新中国的能力；我们的唯一的希望，是在目前受高等教育的青年。我相信逃考逃难，以贴标语喊口号自欺欺人的学生是少数的，是一时的，所以我把这两次的演说合并写了出来，献给他们。

（据《独立评论》，第 37 号，1933 年 2 月 12 日）

我所知道的朱庆澜将军

许多不满意于青年的人往往归咎于前辈的人格堕落，不能做青年的模范。平心而论，这种话不是完全公道的。前辈中可以做青年模范的固然不多，却不是绝对没有。只可惜青年很少有知道他们的机会：因为一来这种人对于青年不能常常接近；二来目前的风气以骂人为时髦；除了哀启以外，很少看见有恭维人的文字。青年所看见的大抵是描写社会堕落的小说，或是攻发人阴私的新闻。无怪他们以为普天之下没有好人了。我现在要来介绍一位我最尊敬的前辈给青年，使他们有所景仰，或者可以帮助他们养成他们自己的人格。

谁都知道朱庆澜将军是一位慈善家。留心东北近事的人也许知道他是义勇军的首领。但是很少人知道他的详细历史。我认识朱将军不过十年，一共和他见面不过十次，不配给他做传记。我现在只能把我个人的观察写点出来，表现他的人格。

我第一次认识朱将军是在民国十一年的夏天。那时候中国科学社在南通开年会。我因为有事要到上海，会没有开完，就先走了。临走的时候，张孝若说，"朱子桥将军也是今晚上船。你路上可以不寂寞。"我知道他是民国以来的第一位廉能的疆吏：做过广东巡按使，黑龙江将军，政绩都极好；而且宣统末年他在四川做新军的统领，部下有许多人是我的朋友，他们每次讲起他来，都是极口的推崇。但是我并没有见过。听见可以给他同船，我很高兴，立刻请张孝若写了信介绍，并且打听他在江口所住的旅馆。孝若对我说江口只有一家旅馆可住，到那里决不会错过。

但是我到了江口，向旅馆打听朱庆澜将军，却没有人知道。江口等轮船是一件很苦的事。下水船到南通都是在夜间，又没有一定的钟点，事前也没有电报。南通不是一个"通商口岸"。轮船没有码头可靠。只凭"洋棚"的人在一个高台上瞭望。看见了轮船的灯，立刻用小划子把客人装到江心去迎着轮船。所以等船的客人都不敢睡觉。等到旅馆的人一声叫喊，立刻就要起身。南通的蚊子极多。夏天晚间张着口说话，往往蚊子会飞进你口里去。我虽然可算是南通人，但是离家乡多年，抵抗蚊子的力量早已丧失，只好躲到帐子里面去。帐子是洋布的，闷的透不得气。床上铺的席子，染过无数旅客的汗，臭不可当。不得已只好跑出来喂蚊子。等到实在咬得太利〔厉〕害了，又钻到帐子里去躲一阵子。如是进出了好多次，好容易听见说望见灯了，连忙出来上划子。一出旅馆门，就看见一位客人，身长六尺以外，挺着胸脯，在我前面走着。我心里一动，想到，"这一位不要是朱庆澜将军?"再一看，他走的很快。旅馆的伙计帮他拿着两个极大的皮包，跟他不上。他就接一个皮包自己拿着。我想做过巡按使将军的人，在内地旅行，岂有不带一个当差的道理。这当然不会是他。上了划子，听见他说的是一口山东话——朱将军原籍绍兴，在山东生长——我又疑心起来。就低声向旅馆的送客的伙计打听。他回我道，"这一位是盐店里管事的"。划子上的水手把灯一提，我看见这一位大汉，乌黑的头发，脸上没有一点皱纹，大约岁数不过三十岁左右。我想不必再胡猜了。在宣统三年朱将军已经当统领。那时候至少也有三十岁。民国十一年他至少在四十以外。这一位一定不会是他了。

上了划子一会子，方知道我们的船并没有来，来的是一只货船。没有法子，大家又回到旅馆。我既怕蚊子，又怕帐子里汗臭，只好在旅馆里穿堂过道，走来走去。看见一间房开着门，我同行的一位熟人坐在那里和那位大汉谈天。我就也走了进去，向那一位大汉请教姓名。他说，"姓朱"。"台甫呢?""子桥"。我才恍然大悟，他果然是我要见的朱庆澜将军。但是灯光底下细看他的面目，实在像是比我年轻。问起他的岁数，他说是四十九，比我大十三岁!

天大亮了船方才来到。上了划子，我问朱将军道，"子桥先生预先定了舱位罢?"因为我以为他一定是坐大餐间的。他说，"舱位用不着定。好在如果房舱没有地方，总可以在统舱里挤一挤的"。我方才知道他是不怕坐统舱的。划子摇到轮船边，客人和行李，救火的一样抢着上去，倒没有甚么。上了船以后，却困难了。我们的船是太古公司的大通，是长江船里最老最不堪的一只。那天又特别的拥挤：统舱的客人把甲板上，楼梯口，锅炉傍的地方都占满了。朱将军两只手提着他的两个极大的皮包，挤在人堆里面，很难走动。我只带得一个小包，手差不多空着，我就把朱将军的皮包接过一个来帮他拿着。这一个包有五十斤重，我仅仅手提得起来。好容易挤到房舱，却早已没有地方。我怕他老人家要坐统舱，不等他同意，就向官舱里跑。居然在房间外面所谓客厅上每人占了一席之地。我因为一夜没有睡，困顿不堪：躺了下去就睡着了。等到我醒转来，看见朱将军立着和人谈天。原来他遇见了一位四川军官，是他的旧部。他非常的高兴，向着他问长问短，不但没有睡，而且没有坐。开出饭来，他一口气就吃了四碗。吃完了依旧的剧谈。一直等到天将晚了，船到上海，他始终没有一点倦容。船一到岸也没有看见有人来接。他一个人提着他的皮包下船去了。

这一年的冬天，我到奉天。他已经做了中东路特别区的长官，恰巧也在奉天。见了面他很高兴约我去逛北陵。十二月天气，温度在零度以下十几度，而且刮着大西北风。我穿了皮大衣还觉得很冷，他着的是夹呢的军服，上面只披着一件夹外套，但是他下了汽车，各处飞跑，没有一点瑟缩的样子。回来已经天黑。我到一个熟人家里吃晚饭。主人听说我跟朱将军去逛北陵，大笑道，"你遇见这位先生，真正是晦气了。请问这种天气，除了他还有谁会想到逛北陵？他在此地没有那一个不讨厌他。他是老前辈，凡有宴会，人家不好意思不请他。他又每请必到。到了以后，穿起军服，正襟危坐。凡有要吸鸦片，叫条子，推牌九的人都觉得不方便。他酒既不会喝，菜又不知味，坐在桌上，只晓得等饭吃。吃起饭来至少三碗，叫一桌子客坐在那里等他。人家请他吃酒席，真是冤枉。请他吃饭最好甚么菜都不预备，只请他吃水饺子。给他几十个水饺子，他就很高兴了。你是做买卖的人，何必和这种人来往？"我于是知道朱将军在中东路特别区决不能久于其位的了。果然到了民国十五年我在上海的时候，他已经辞了职到南方去。我请他在我家里吃中饭，只请他的旧部温应星陪他。家里人以为三个人吃饭。有一百只水饺子，一定够了。那知道他老人家甚么菜都没有十分吃，却一口气吃完了六十只饺子！

我第四次看见他是在塘沽火车站。民国十九年我从贵州回来，从上海坐船到塘沽，在那里等火车。忽然听见有人叫我的名字。回过头来却是朱将军。寒暄以后，他拉我到他车上坐坐。我去一看他坐的是一个铁蓬〔篷〕货车，挂在一列粮食车的最后面。他的铺盖摊在地下。傍边放着一个小炉子烧饭吃。我问其所以。他笑着道，"我这几年无聊，做点慈善事业。现在蒋同冯打起仗来了。陕西的人民都要活活饿死！我弄了几个钱，买了几车粮食，想运到西面去。第一是要车辆运输已经很难。有了车辆，还要弄火车头。好容易火车开动了，走不到几站，火车头又被人抢去了。临时再得想法子。我现在就是在这里等车头"。我说，"子老何必自己押运？派两个得力的职员还不行吗？"他说："你那里知道！现在他们打仗，车辆和车头都很缺乏。粮秣也不充足。要不是我自己在车上，不但车辆车头半路上要被人抢去，连粮食也都要没有下落！好在我没有甚么事。从此地走起，运气好五六天也就可以到郑州。到了那里和冯焕章接洽好，再向西就没有困难了。"

我听他这番话，无言可答。等了一会，通车到了。我本来想坐头等车的。想起他的铁蓬〔篷〕车，心里很惭愧，就买了一张二等车票回到北京。

我已经说过他是民国以来第一位廉能的疆吏。他在黑龙江和广东的政绩，我并不知其详。我只晓得凡有广东黑龙江两省的人提起朱将军，没有不肃然起敬的。赈灾的捐款，华侨是大宗的来源。他们捐款的条件往往是要朱将军个人的收条。民国十七年我在澳门去参观赌场。遇见一个侍者告诉我，"现在澳门的生意远不如从前了，因为省城的河南地方已经开了赌。省城的人就很少到澳门来了"。他又说，"先生你是外江人，不知道赌是广东最好的买卖。做官的没有不靠这个发财的。只有朱将军不肯要这笔钱。其余的那一个不弄几十万！"民国十九年秋天我到哈尔滨。火车上遇见一个会说中国话的白俄。他说，"我是生长在哈尔滨的，俄国没有去过。我对于苏俄的共产党，并没有恶感。但是我已经入了中国籍了。因为朱将军在这里的时候，我看他待人太好了——他待我们和待其他的中国人完全是一样。我想我的财产都在哈尔滨，不如做了中国人罢。那知道他没有许多时就辞职走了；后任的人就大大的不同"。他听见我说我认识朱将军，立刻肃然起敬，介绍他同行的朋友，请我喝酒。"你是朱将军的朋友，我们应该款待的。"

从民国十九年到如今，只有前年夏天，他来看我一次。以后就不通音问。最近这几天我方才又看见他。他对我说道，"丁先生你是讲科学的，凡是都要讲计划，讲预备。我们只晓得胡干。想到甚么就干甚么，干到那里是那里。等你计划预备好了再干，人民都饿死了，国家也亡掉了！"

　　我与他见面的次数虽然不多，每次见面都谈的很久。我从来不听见他骂人，说刻薄话。他自己穿布，但是他并不怪人家穿绸；他现在自己吃素，但是他并不厌恶人家吃荤。他的刻苦是他的天性。他并不因为如此而不近人情。他口里虽不臧否人物，但是他并不是不识人。我第一次看见他，讲起我们所认识的一个青年军人。那时我很恭维他，以为前途很有希望。朱将军把两只手向上一托道，"太浮。脚跟没有立定"。果然没有几年这位军人就堕落了。我才佩服他的先见。

　　他三十八岁做统领，四十二岁做将军，四十四岁做巡按使。今年他整整六十岁。头发也白了，脸上皱纹也多了。但是他这几根白发，几条皱纹，救活了百十万灾民，组织了十五万义勇军，为中华民国争了几分人格！

　　我所知道的朱将军不过如此。青年的读者，请你们想想，这一位前辈，配不配做我们的模范！

二十二，二，二十

（据《独立评论》，第 39 号，1933 年 2 月 26 日）

给张学良将军一封公开的信

汉卿先生：

最近这几次见面有许多话要想详细的对您谈谈。始终因为在座人太多了，不能容我一个人演说，不能畅所欲言。我现在索性把我要说的话写了下来，请您考虑。

我认识您到今天差不多十一年了。从民国十一年到十五年，我当北票公司的总经理，常常因为公司的事和您见面。您对于公司的帮忙和对于我个人的好意，我至今没有忘却。到了今天，不但是中华民国生死存亡的时会，而且是您个人遗臭流芳的关键。在这个时候，您很需要几个朋友忠实的对您说两句真话。我下面所说的话，我知道都是您的朋友心底里的话，但是因为种种关系他们不肯说或是不敢说。以我的观察，您不是一个拒谏饰非的人。友谊的忠告您未必即以为忤。万一我这封信能够增加您几分的决心和勇气，就是使您感觉一时的不痛快，也是值得的。

热河的战事是二月二十一日开始接触的。二十二早上八点钟日军已经由南岭开进北票。二十五日就到了朝阳。二十四开鲁失守，二十六日军占领下洼子。以后三月一日失凌南，二日失凌源，三日失赤峰平泉，四日失承德。据东京的路透电，四日上午日军已经占领冷口。自今以后不但我们的国境只能到长城，而且长城上的要隘都在日本人的手里。朝阳到承德一共有六百四十多里，日军七天就占领了承德。昔人说："日蹙国百里。"这真是这一次战事的结论了！

不错，把这一次战败的责任完全放在您一个人身上是不公道的。汤玉麟这几年在热河无恶不作，弄得十室九空，天怒人怨，是这一回悲剧的背影。不过汤玉麟是谁用的？他的行为是从今日才变坏了的吗？九一八以后您对他不能没有顾忌，我们可以有相当的原谅。从民国十七年到二十年，您完全主持四省的军政。那时候您岂不能早为之地？您前几天对我们说热河的老百姓并不知道东北军和汤军的区别，把东北军当汤军一样的看待。老实说，这种心理并不限于热河的人民。我敢说今天大大多数的人都是如此观察。就是知道最近事实的人至少也不能不承认汤玉麟是张家的人，张某人应该负相当的责任。

这一次作战计划最大的错误是把朝阳建平，和开鲁赤峰这两路交给汤军。董福亭没有打伤一个日本兵就放弃了朝阳，崔兴武没有抵抗到一天就退出了开鲁。从纯粹军事上看起来，开鲁是不容易守的，朝阳是不容易接济的。但是一点没有牺牲就把这两个地方丧失了，对于我们的人心士气都发生了很大的影响。何况建平赤峰又丝毫没有准备。日军到了开鲁，孙殿英的队伍还没有完全达到围场！因此在凌源的主力军队左翼受了威胁，军心因之慌乱。您是总司令。去年十二月初已经向热河进兵。这三个月中难道不可以从容布置？如果早把孙殿英放在赤峰，宋哲元放在建平，战争的结果何至于如此的不堪？不错，这种计划汤玉麟未必同意。但是他一共不过二万杆枪，而且分散在各处。您如果有决心，他就是阻挠，也不会发生效力的。

就是您自己亲信的军队在凌南凌源作战的，也没有给国家争得丝毫的人格。我们知道因为朝阳开鲁失守，建平赤峰空虚，凌源的左翼受敌人的威胁原是事实。但是日军的占领凌南和凌源都是从正面攻击的。我们没有等到左翼发生危险，先就崩溃了。凌南凌源，两处的军队一共在六旅以上，何以日军用三旅人不到几天就轻易的攻下？我们原不肯相信日本人的宣传说，攻凌源的时候他们只损失了九个兵士，或是说凌源的战壕里面不但抛弃了无数的辎重粮秣，而且还掉下了许多现款。但是川原的队伍一日才用汽车由朝阳出发当日就到叶柏寿，二日就占了凌源，三日就占了平泉。白石咀，纱帽山都是天险。何以绥中的日军二十七出发，当天就占了白石咀，廿八就占了纱帽山，一日就占了凌南？凌南、凌源的地势比吴淞江湾如何？闸北仓卒作战比这次有三个月的预备何如？何以十九路军能支持一个月，您的军队抵抗不到半天呢？

不错，您有您的许多困难。您所直辖的军队三十几万，有一半是杂牌，因此号令不能统一，指挥不能如意。加之兵多饷少，部下不免都有怨言。但是去年夏天以前您是国军的副司令，现在是军分会的代理委员长。这一年以来稍有知识的人都知道热河免不了要有战事。整顿淘汰军队是您惟一的责任。日本的经常陆军预算每年不到二万万元。您的军费每月是四百多万元。为甚么我们每年化五千万元钱，得到了今天丧师辱国的结果？

您知道国民的愤激痛恨到如何程度吗？中国的人民不是不爱国的。东北热河后援会几日内已经收到二十五万捐款。其中的八百多元是一个山东的农民倾家破产寄来的。自今以后要想捐一个钱都做不到了。我有一个朋友从上海来的，他并不是有钱的人，这一次在上海筹了一千二百元，预备捐给我们的。昨天他遇见了我，气得要死，说："我的钱是捐给他们打仗的。他们既然望风而逃，我不再捐钱了。"今天我雇一辆洋车到西城。洋车夫对我说："这两天抓车，昨天不敢出门，一家子挨饿。今天受不了了，只好出来。先生！不要说公家一天还给八毛钱。就是不给钱，只要有得吃，我也愿意帮着打日本人。现在兵不肯打仗，只知道叫我们吃苦！"《大公报》是最负责任的。主笔都是您的熟人。今天社论的题目是《当局误国至何地步？》。

到了今天，为您个人计，自己立刻跑到前线去，把畏缩不前的将领枪毙几个，趁日本兵还没有完全集中，亲自带着比较精锐的军队，不顾死活，不计成败，一直向承德冲过去，使天下人都知道您是真爱国的，不怕死的——凡是真正为国效死的人，以前的事都可以不提。这是上策。立刻引咎辞职，束身待罪，这是中策。若是还要保全所谓实力（？），所谓地盘，坐等着您的政敌纷纷起来攻击您，惹起极大的内争，摇动全国的政局，使中央帮您忙的朋友一个个受累，这是最下的下策！

我知道您也是爱国的，是有血性的。不过是因为环境的关系，爱国心和血性都发作不出来。所以公开写封信，希望所有您的朋友看见它都一致的主张，完成您的晚节。文天祥说的好："人生千〔自〕古谁无死？留取丹心照汗青！"我希望您猛省！

二十二，三，五

（据《独立评论》，第 41 号，1933 年 3 月 12 日）

评论共产主义并忠告中国共产党员

共产党是中国今天最重要的问题，但是我们少看见报纸上有任何的讨论。这足见我们思想界的麻木。我虽不是共产党，但是我自信我颇了解共产主义。现在我先对于共产主义作简括的批评，然后说我对于中国共产党员的希望。

共产主义的根本立场是马克斯的价值论和唯物史观。马克斯说一切物品有两种价值：一是应用的价值（use value），一是交换的价值（exchange value）。前者是物品的用途，后者是物品的售价。用途因物而不同，售价则为物所共有。售价的根据是制造物品所需要的劳动。所以在某种社会生产现状之下制造某种物品平均所必需的劳动时间就是这物品的价值。劳动本身也与其他的物品一样，它的价值就是养活劳动者所必需的生活费用。但是在资本主义制度之下，劳动者所制造的物品远过于他的生活费用，他的工资。工资以外的物品价值叫做剩余价值（surplus value）。剩余价值原是劳动者所制造的，论公道原是劳动者所应得的。但是在资本主义制度之下却都被资本家取去做利润了。所以劳动者是失主，资本家是强盗。资本也有两种：一是有定资本（constant capital），如建筑原料机器等等，是不能生产的；生产的是变动资本（variable capital），就是用在有定资本上的劳动。所以凡不劳动的人都不能生产，都是寄生虫。出钱的资本家和买卖货物的商人都不能产生利润（profit），利润是劳动的剩余价值。

我们仔细分析起来，马克斯的价值论是很难成立的。价值是制造物品平均所必需的劳动。我们用甚么来量这种劳动？马克斯说用物品的售价。但是售价是根据甚么的？马克斯说是平均所必需的劳动。然则我们是钻在一个太极圈子里。不但如此，若是生产单靠劳动，所谓"变动资本"，然则几个工厂有同样的有定资本，劳动者越多，生产力越大。但是谁都知道事实上不是如此。从事实看起来，现代社会是很复杂的。价值是从这种复杂的社会关系产生的，很难追求每人制造的成分。分工合作的结果使得生产的价值超过每个人生产总数的价值。没有问题交换——供给和需求——能增加物品的价值。

但是我虽然不相信马克斯的价值论，我决不否认马克斯对于经济学和社会学的贡献。他做《资本论》的时候正是十九世纪中叶工业发达的初期。他眼看见社会生产的工具集中在少数人的手里；资本家所得的利润与劳动者所得的工资，没有丝毫的公道的比例。富的越富，穷的越穷，穷人不但是穷，而且丧失了个人的自由；不给资本家做工，劳动者就要饿死。资本家有资本，纵然有损失，不会饿死。所以劳资间的交涉，绝对不能平等的。因为穷的原因，子弟不能受充分的教育，政治不能与闻，法律不能享受，生命完全在富人的手里。马克斯又看得很清楚，资本家为牟利起见不得不把工人集中在工厂。因为集中，所以容易团结，工人慢慢的反抗起来。于是资本家利用科学发明来改良机械减少劳动的需要；于是有定资本愈多，"变动资本"愈少。前者使小资本家不能存在，生产的工具更集中在少数人的手里；后者使劳动供过于求，失业的人数永远增加起来。结果是多数人购买力顿减，生产过多，消费过少，常常发生恐慌。而且因为自由竞争的关系，不能不设法垄断国外的市场，霸占原料的来源，建筑关税的壁垒，总有一天要发生战争；总有一日劳动阶级觉悟了联合起来把资本阶级完全推翻。马克斯痛恨社会的不平等，所以要鼓动阶级战争；因为要鼓动阶级战争，所以造出他的价值论来证明劳动者为失主，资本家是强盗。他的价值论与其说是经济的真理，不如说是政治的口号。

我们知道了马克斯的价值论是政治的口号，然后可以了解他的经济学说的势力。因为这种学说是应运而生的，是适合于时代要求的。平等的观念从法国大革命以来深入于人心；而十九世纪以来的经济制度是完全不平等的。所以许多人不是马克斯的信徒而一样的主张经济平等，主张国家来统治生产的工具。他们与共产党主张不同的点是他们不相信马克斯的价值论，不积极提倡阶级战争。

共产党不但主张阶级战争而且极端的相信这种战争的结果劳动阶级一定胜利。他们的自信心是从唯物史观来的。唯物史观的根本原则是很简单的：凡一切社会中的思想制度，都是从经济制度产生的。资本家把生产的工具拿在手里，所以国家的法律警察都是保护资本家的。宗教是麻醉劳动者的鸦片烟。哲学是资本制度的辩护士。这一种历史观也不是共产党所独有的。共产党和别人不同的点是从辩证法得到的历史逻辑（logic of history）。辩证法是黑格尔所用的哲学方法。黑格尔以为历史是演进的。指挥演进的是思想。演进有三种程序：正面论（thesis），反对论（antithesis），综合论（synthesis）。思想是时代的产儿。应时而生的思想第一步是正面的。但是当正面论产生的时候已经潜伏了反对论的根子，因为这是伦理的天性。凡思想都有反正两面的：例如说到爱就联想到恨；爱是正面，恨是反面。况且时代是变动的，演进的。不久正面论渐渐与时代不适宜。反对论起而代之。两种相反的思想交战的结果，综合论发生。马克斯采用了他的方法而放弃了他的内容。黑格尔以为历史演进的原动力是思想，马克斯以为是经济制度。资本主义是正面，阶级战争是反面，战争的结果是无阶级的社会制度发生。当资本主义初发生的时候，它已经种了它灭亡的根子，因为它一定要压迫劳动者才能榨取利息。榨取的结果一定要引起反抗，发生阶级战争。战争的结果劳动阶级一定要胜利的，因为照辩证论的论理——共产党的历史论理，反面总要推翻正面的。劳动阶级得胜以后，无阶级的社会制度一定要实现的，因为照辩证论的论理反对论以后是综合。不过马克斯知道以阶级战争到无阶级社会制度一定要有一个过渡，这个过渡就是所谓无产阶级的专政（dictarship〔dictatorship〕of the proletariat）。

共产党的理论根据是马克斯的价值论和唯物史观。从唯物史观共产党又得到他们革命的手段。现在的生产工具全在资本家手里。国家组织不过是保护资本家的武器。平民政治完全是假的，因为经济不平等，平民政治是不可能的。从历史上看起来，要使得有政权的阶级放弃政权，惟一的办法是暴动的革命，所以无产阶级要推翻资本制度只有阶级战争。凡有主张和平的，渐进的，宪法的改革的人都是共产党的敌人。最后的胜利总是共产党的，有历史的逻辑为证。在阶级战争期中为目的完全不择手段，要不然战争不能胜利的。政权是资产阶级的武器，所以第一步是用革命手段来握政权。一旦拿到政权，用资产阶级的武器来消灭资产阶级。无产阶级的专政是必要的过渡。在这过渡期中为巩固政权起见，绝对的不择手段。恐怖政策是必需的手段之一，因为不如此资产阶级不会消灭的。共产党的杀人与资本阶级完全不同。因为资本阶级的杀人，不过使得阶级战争延长，所以是极不人道的。共产党的杀人是要使阶级战争缩短，是以杀人来消灭杀人，是最后一次杀人，因为资本阶级完全消灭了以后，无阶级社会产生以后，就永远没有杀人的必要了，所以是极人道的。在过渡期中，平民政治完全不能适用，因为无产阶级虽然是多数，因为受了资本制度的压迫和麻醉，一时不能使他握政权。只好以少数的共产党来代表无产阶级专政，因为共产党是这阶级中最优秀，最有决心，训练，组织的分子，共产党的政治就是无产阶级受过共产教育以后，脱离资本制度束缚以后所要做的政治。等到无阶级社会实现，各人就各人的能力对社会服务，各人就各人的需要受社会酬报，人人平等，人人自由，资本制度的政治机关都用不着了。但是在这种社会没有实现以前，共产党不但不能取消这种机关，而且要变本加厉，加倍的利用。

简单讲起来，这是共产党的理论和手段。以我们非共产党的眼光看起来，理论和手段都不能使我们信服的。我承认马克斯的经济学说包含一部分的真理。自从法国大革命以来平等的要求已经变成为普遍的心理。在任何制度之下，完全违反这种原则，是很难维持社会的安宁的。所以我们对于现行的资本制度是不能满意的。但是马克斯把资本主义制度看得太单简了。他以为世界上只有两种阶级：资本家和劳动者。事实上这两种阶级之间，有许多的过渡阶级，很难把他们分类。马克斯的劳动者的定义是广义的，包括劳心者在内，因为他认他自己为劳动者的一个。然则如近来托洛司基做他的自叙传，销路极好，他的收入比普通工厂的经理要高的多。托洛司基是否还是劳动家？许多的英国工人多少不等有点储蓄，有股票证券之类的财产。他们是否是资本家。资本家坐享利息一点事不做的固然是很多，但是同时管理工厂，或是做专门技术的人也是不少。他们究竟要归在那一个阶级？生产工具渐次集中在少数人手里，但是这往往是权力的集中，不是利润的集中，因为近来的股分公司的股分往往在许多人手里，决不是如马克斯讲的那样单纯。马克斯说资本主义的结果穷人越过越穷。但是这七八十年来西欧北美工人的生活程度远高于马克斯做《资本论》的时候，谁也不能否认。就是在世界经济极端恐慌之下，在英国的失业工人所得到国家的失业津贴还远高于苏俄的工资。这又将何说？不错，有几点都是细目，但是很重要的细目，足以表示现代社会的复杂性。正如我们批评马克斯价值论的时候所说的话：在分工合作之下很难追求每人所制造的价值的成分。社会既如此复杂，要改革它决不是单纯的方法所能奏效的。

马克斯的唯物历史观也包含大部分的真理。许多思想制度都是经济制度的产儿，谁也不能否认。但是经济制度能产生思想，思想也产生经济制度。如第一个实行社会主义的人是资本家奥温（Robert Owen）。马克斯假定人人是自私自利的，而且人人都知道他自己的利益是甚么的。这两点都不的确的。马克斯自己是中产阶级人家的子弟，为甚么他要著书推翻中产阶级？苏俄的共产党的首领有不少的是贵族。他们为甚么要闹共产革命？不错这些人都是少数，但是他们影响社会的能力都远出于多数之上，不可以抹杀的。马克斯大半生住在英国，资本主义最发达的国家。如果阶级战争是绝对不可免的，英国人为甚么准他出版他的《资本论》，为甚么他的共产党的宣言书没有变为禁书？难道英国的资本主义家是痴子？马克斯说英国人的自由主义是放任经济（Laissez faire economics）和自由竞争的产儿。这话是不公道的。自由主义和平等主义同是法国大革命的成绩。不是有自由，决不会得有平等的。所以我们虽不敢说不经共产党式的革命，平等一定可以实现，至少我们可以说在某种环境之下和平的革命未必不可以成功。不错，历史上没有见过一个统治阶级和平的把政权让出；政权的转移，总是要经过剧烈的奋斗，但是这种奋斗不一定是要如苏俄的形式的。十八世纪法国的封建制度经了大革命的恐怖，方始推翻。但是以后欧洲许多国家都和和平平的把政权由封建贵族的手里转移到中产阶级手里。共产党的革命在苏俄是极残酷的，但是我们没有理由说在其他各国一定要如苏俄一样的。

我说我们没有理由，这是假定我们不相信从马克斯的辩证论能找出不可变易的历史论理。我个人根本不相信历史有甚么论理。罗素说得好："世界上政治生活的大事件是由物质环境和人类的情感所决定的。"物质的环境各国不同，已经够复杂的了，何况人的情感是随时随地不可捉摸的东西。硬把不可捉摸而且很复杂的东西来做成刻板的规律，而且拿它来做暴动恐怖杀人的根据，那是多们危险？共产党是最反对宗教的，而共产党的信条和宗教的教旨实际没有分别。辩证论和历史论理的无法证明和宗教的上帝天堂一样。在过去的时期中宗教用上帝天堂的名义来烧杀，现在的共产党拿历史论理的名义来枪毙。所不同的是宗教是为人谋来世的幸福，共产党是为人谋后世的幸福。来世固然靠不住，请问后世的幸福又有多大的把握？

托洛司基有一句最可笑的话。他说，"赤色的恐怖是对付命运注定要消灭而不愿意消灭的阶级的武器"（"Red Terror is a weapon utilised against a Class , doomed to destruction，which does not wish to per-ish")。他不知道照共产党的历史论理，资产阶级虽然命运注定了要消灭，照别人的历史论理，或者共产党也是"命运注定"了要消灭的。你有你的历史论理，他有他的历史论理；横竖谁也不能证明谁是对的。"杀人者人亦杀之"，这个公例，比辩证论准确的多！

辩证论是一种哲学上的假设。尽管共产党说它是科学的，学科学的人不能承认。如果我们不承认辩证论所得的结果，马克斯的两种预言都发生问题。第一，我们何以能知道阶级战争的结果一定是共产党胜利？不错，在俄国是他们胜利了。然而这种胜利是有特别原因的。旧俄经过三年苦战，兵士厌恶打仗，农民希望分田，贵族糊涂堕落，和平派愚暗无能，所以把政权轻轻让共产党抢到手了。在西欧北美的国家中产阶级的组织远不是旧俄可比。他们眼看见苏俄的惨剧——不但自己本身枪毙或是饿死，而且连子孙都降为惰民，不准享受公权和教育。他们又岂肯束手待毙？近代的战争内战和外战一样的残酷。他们手里有汽车，坦克，飞机，和毒瓦斯。战争起来，没有武装的劳动阶级有几分机会可以侥幸成功？纵然能成功，工业和文化的设备经过长期的战争，大都已经变为焦土。新政府的资本也不过剩了几根鸡肋了。

第二，共产党训政以后，我们何以知这平等自由无阶级的社会一定可以实现？照苏俄的现状我们看不出一点平等自由的光明。不错，资本阶级是没有了，但是替代它的是共产党统治的阶级。不错，统治的阶级，很廉洁，很努力，许多非共产党都可以承认的。然而平等则完全不是。统治者住的房子，吃的东西，坐的汽车，那一件是普通人所能梦想的？托洛司基放逐到中央亚细亚的时候，书籍家具是一列专车装了去的。足见得苏俄统治者的生活与平民是两样的。尝过这种滋味的共产党谁能保他将来肯拱手而放弃他的权力——权力和金钱一样，是很可怕的毒药。纵然开国的几位元帅，志行坚定，不为毒药所麻醉，谁敢保他们继任的人一定能和他们一样？因为训政的时期是马克斯列宁所没有规定的，一定是很长的。共产党受了权力毒药长期的麻醉，谁能保证他们一无变化？从杀人，放逐，到自由平等，是一条很远的路，半路上未必不会走错的。何况恐怖未必真是到自由平等的路呢？

平等我不知道，自由则我极端的怀疑。自由是人类最近所得到的幸福，很容易失却，很难取得的。训政的时期久了，人类也忘却这种幸福了。苏俄的首领最相信科学的。但是自由是养活科学最重要的空气。今天说这是资产阶级的余毒，明天说这是与马克斯列宁学说违背。科学如中了煤毒的人一样，纵然不死，一定要晕倒的。

我虽不赞成共产主义，我都极热忱的希望苏俄成功。没有问题，苏俄的共产是一个空前的大试验。如果失败，则十五年来被枪毙的，饿死的放逐的人都是冤枉死了，岂不是悲剧中的悲剧？而且我是相信经济平等的。如果失败，平等的实现更没有希望了。反过来说，如果成功，如果用苏俄的方法，能使得国民生活程度逐渐的提高，生产和消费相均衡，我很相信，用不着剧烈的阶级战争，西欧北美都要共产，至少现行的资本制度要彻底改变，快快的走上平等的路去。

现在我要讲到中国的共产党了。在这个以前，我们先要知道中国共产党是第三国际的一部分。共产党是相信世界革命的。托洛司基还相信所谓永远革命（permanent revolution）。他相信如果世界革命不能成功，苏俄也不能立足。还是他和司太林分裂的一个原因。但是这不是说司太林不相信世界革命。要希望达到这个目的，苏俄组织了所谓第三国际，把世界的共产党都包罗在内。凡要加入第三国际的一定要自称为共产党，一定要遵守第三国际所定的党纲，而且要服从它的命令。在一国以内只能有一个党。第三国际的下议院是世界大会，每年开会一次。各国的共产党看他的实力如何得有若干票数。开会的时候一切可以自由讨论，但是投票决定以后，不论各党原来意见如何，一定要绝对的服从。世界大会能决定党的大政方针，接受党的报告，但是当然不能执行任何事务。执行的机关是执行委员会，每月开会一次。人数普通是四十五。其中只有五个是苏俄国人，但是经费是苏俄出的，苏俄共产党完全可以指挥它。执行委员的权限极其广大。各国的共产党不能违背它的命令。不但如此，执行委员会可以派代表到各国的共产团体说明，并且执行它的议案。该国的共产团体纵然与代表意见不同，不能反对。各国的团体或是个人有对于执行委员会的决定不满意的可以向世界大会声诉，但是执行委员会有权可以禁止团体或是会员出席世界大会。执行委员会又选出若干人为常务委员。常务委员会的主席就是执行委员的主席。执行委员会之下还有许多机关。最重要的是组织部和秘书厅。组织部是第三国际的参谋部。凡有具体的计划都是从这个机关产生的。

由此看起来，中国共产党不过是第三国际的一个支部，一切举动不能自由的。莫斯科是共产主义的罗马，执行委员会主席的地位很像教皇。中国共产党就譬如是天主教在中国传教的教会。在这种情形之下，我们当然不能离开第三国际而对于中国共产党有任何的希望。我以下的话是对于中国共产党党员个人说的。

我第一个希望当然是请他们把我对于共产党的主义和手段的批评平心静气的考虑。我对于共产主义表相当的同情，但是对他们的手段绝对的反对。因为我不相信任何人的预言，而共产党的手段一部分是从马克斯的预言产生的。马克斯预言的不可尽信是很容易证明的。我已经说过，马克斯说资本主义的发展是使穷的人越穷，而事实上西欧北美工人的生活程度比十九世纪中叶增高得很多。我现在再举一个例：马克斯说共产革命一定是先在工业最发达的国家发生，而事实上是在工业最落后的俄国。我很希望中国共产党员想想马克斯最重要的两种预言：（一）共产暴动一定胜利，（二）胜利之后自由平等的无阶级社会一定实现，是否可信。至少我们是否应该根据这种预言和辩证论所产生的历史逻辑来牺牲数十万百万人的性命。实行共产主义——求经济平等——是否还有别的途径，至少是否要等别的途径都走不通再从事于暴动。

我希望中国共产党党员仔细想想在第三国际的铁腕之下，中国共产党是否能达到它的目的。我知道第三国际除去鼓动世界革命之外并没有其他的用意——我知道苏俄并不利用第三国际来谋苏俄一国的利益。但是革命的情形是很复杂的，从莫斯科发号施令是否有成功的可能。我们看第三国际对于英国共产党的处置就可以知道这种制度的弱点。在一九二六英国总罢工的时候，英国工党完全谢绝与第三国际合作，因为共产党完全不知道英国的国情，处处失却同情。这是因为莫斯科以马克斯列宁的遗教为天经地义，强把不相符的事实来凑合他们的教旨。对于相距比较近，言语容易通的英国尚且是如此，何况中国。不错，世界大会的时候你可以发言，但是一年一次的大会，如山的报告和议案，关于中国问题以你的经验看起来，是否有机会通过你的主张？

我希望中国共产党党员把俄国的革命史与中国的国情来做一个详细的比较。人都说俄国是一个文化落后的国家。然而一九一七俄国已经有七万公里的铁路，组织极密的警察，与德国作战三年的军队。一旦革命，共产军沿铁路走到那一站，共产政府的命令就推行到那一站。秘密警察转手而变为共产党的武器。二万个旧军官加入苏俄对外的战争。我们以精神文化立国的中国，本来就只有一万公里的铁路，而有四千多公里在东三省。假如共产政府在长江成了功，它的势力用甚么方法来达到全国呢？不能建设统一的政府，共产党能在中国立足吗？中国的警察组织能奉行苏俄 G. P. U. 的职务吗？我们最好的军队，共产党所畏惧的军队，对日本作战，不过三星期就败退下来。共产党将来靠甚么武器来抵抗帝国主义的强邻？一九一七俄国革命的时候，国家银行的金币有一，二九五，〇〇〇，〇〇〇卢布，储蓄银行的存款有一，六八五，〇〇〇，〇〇〇卢布。我们中央银行的现金和储蓄存款恐怕不到上列数目的十分之一，而且都在租界里！欧战以前俄国是出超的国家，每年的超出在四万万卢布左右。我们的入超民国二十一年是五万万六千万元。俄国革命前有一万万七千五百万公亩已耕的田，四千万公亩可耕而未耕的田，全国人民每人可分十七公亩，约等于华亩二十五亩。（此外还有二万万七千九百万公亩未经试验。）我们可耕的田每人分不到六亩！俄国有九百兆公亩的森林，我们（除去东三省）差不多一亩全无！俄国有三千兆吨的石油储量，欧战以前每年已经出产到一千万吨，我们是一吨都没有！欧战以前俄国每年出产四百九十万吨钢铁，我们现在的产额不到六七万吨！所以我们给俄国比，是一个无产可共的国家。照马克斯的标准，我们不配谈共产革命。我希望中国共产党党员想想，他们有甚么方法真正使共产革命成功？经济上财政上的建设从何着手？

因为建设中国共产国当然不是在内地山里做土皇帝，杀几个土豪，分几千几万亩田，就算成功的。当然要使中国工业化，使全国生产力增加，生活程度提高的。要达到这种目的，不但要建设强有力的统一政府，而且要能御外侮，能向外国购买我们必需的工业品和机械。但是从国际情形看起来，这种目的无论如何是达不到的。苏俄不但有帝国所遗留下来的军备和军官可以用来抵御外兵，而且海岸线极短，国防比较的很容易。我们中国是靠天吃饭，门户洞开。九一八以前也许还有人不相信。现在无论何人是不能否认这事实的了。日本对于我们的野心中国共产党党员也应该知道。目前军事只限于华北，完全是顾忌其他各国在长江的利益。如果共产军胜利到了海口，日本占领中部的机会就来了。我敢预言，共产党如果到了南京，日本兵一定要到上海。那时侯至少英国要赞成它，也许加入干涉。民国十六年英国兵到上海就是前车。沿江沿海一带的城市是全国的精华，而敌人的军舰处处可以开炮轰击。长江是一条国际共管的水道。江北的共产军绝对的不能与江南联络。岂但沿江沿海，就是华北的八条铁路也要为外兵占领的。这样封锁破坏起来请问还有甚么共产政府可以建设？不错，从希望世界革命的苏俄共产党看起来，帝国主义者占领封锁中国，可以增加东方人民的仇恨，是帝国主义者自掘坟墓。无奈这种坟墓是掘在中华民国的国土上！我希望中国共产党党员冷静的想想，是否值得为不可捉摸的世界革命，把中华民国送到帝国主义的日本手里！

总而言之，我不希望中国共产党党员放弃共产主义，我只希望他们从实际政治立场，脱离第三国际，放弃暴动政策，从秘密党变为公开党，要求有公开宣传主义的自由。因为就是要暴动也得等到如列宁所说"革命机会成熟"方才可以着手。暴动要成功，也得脱离第三国际的牵制，方始有成功的希望。

我还有一点要希望中国共产党党员注意。革命是一件极不容易的一件事。暴动成功固然不容易，成功了以后，保持政权，进行改革，更不容易。苏俄的首领大抵经过很彻底的训练，对于西欧的经济，政治，历史都有深切的研究。凡读过列宁托洛斯基①的文章的人，不管是否共产党，都能够佩服他们的天才和学识，所以我们知道苏俄革命的成功不是偶然的，是"革命机会成熟"的时候又遇着相当的首领来运用这机会，才能有十五年不倒的政府。我们回头看看我们的共产党首领，他们的知识和天才比列宁托洛斯基何如？别的我们不知道，现在几个共产党首领的历史我们是知道的，宣传共产的文字我们是看见的。从这几个首领的历史看起来，没有一个在西欧常期住过，没有一个真正受过近代式的训练。宣传品的内容是极肤浅的，刻板式的口头禅。我至今没有看见中国共产党党员有一个能做列宁托洛斯基或是布哈林那样的文章。"言者心之声。"声这样不中用，我们不由的对于他们的"心"也发生疑问。要建设中国共产政府不是靠莫斯科所能成功的，还一定要我们自己有自己的首领。我希望中国共产党党员至少要觉悟他们知识的落伍，要努力做中国共产党的首领，对于西欧的文化一定须有充分的研究，对于近代的统治组织方法，一定须有丰富的常识。不然，单靠莫斯科发下来的小册子，跟着人家喊口号，中国共产党永远是不懂我们国情，固守马克斯列宁教旨的第三国际的牺牲品！

（据《独立评论》，第 51 号，1933 年 5 月 21 日）

---

① 前文用的是"托洛司基"，原文如此。——编者注

公共信仰与统一

我们国家的不能统一原因很多。第一，在今日要建设统一的政府，领袖一定要有近代的知识，交通一定要有近代的设备，行政一定要有近代的组织，因为我们的国家要绝对的近代化是辛亥革命以后不可遏止的趋势，是中国独立生存不可缺少的条件。不幸所有近代化的必需品我们一概都没有。二十年来握政治实权的人都是地位超过他的知识，天才超过他的教育。同时一千万方公里的国家只有一万公里的铁路，其中四千多公里又偏在东三省。所有前清所遗留下来的中央的部司，外省的道县，都市的警察，没有那一种制度真正可以供革命政府的利用。在这状况之下要建设一个统一的国家已经是极端困难的了。

何况内部的困难之外还有许多外部的阻力。我们的邻国时时刻刻对于我们的内政直接间接来干涉，挑衅，离间。而国内的租界，领事裁判权，外国籍的航船件件都能使得革命容易发生，难得扑灭。革命的人没有拿到政权以前不能不充分的利用这种便利。握了政权以后就不能防止他的政敌来利用同样的便利。

以上种种都是我们不能统一的原因，然而都还不是最重要的原因。我以为我们不能统一最重要的原因是二十年来对于政治活动有兴趣有能力的人始终没有找着一种最低限度的公共信仰。

这种信仰是政治安定第一个条件。在任何国家都是如此。在十九世纪的下半期西欧北美的政治最安定。那时候他们的公共信仰范围也最大。英国尽管有自由保守两党，美国尽管有共和民主两党，他们都相信议会政治，放任经济，消极宗教，所以只有政争而没有革命；思想言论都有自由。等到二十世纪——尤其大战以后——公共信仰慢慢的丧失了，于是社会政治组织不很健全的国家都陆续发生了革命。或是新信仰战胜了旧信仰，如苏俄；或是旧信仰经过相当的变相压倒了新信仰，如德意。而战胜以后利用政权来消灭不同的信仰，则苏俄德意完全一样。凡是见过民主政治全盛时代的人对于这种新的趋向，自然不能不感觉痛苦，但是任何人也不能否认这是革命以后不可免的程序。

注意！我所讲的公共信仰是"最低限度"的。我以为有公共信仰必要的是"对于政治活动有兴趣有能力的人"。在任何国家里面要思想完全统一是不可能的，但是至少对于政治经济社会的制度，许多根本观念不能没有相当的同意。在任何革命的期内要多数民众了解新信仰，肯为新信仰牺牲奋斗，是不可能的。但是只要对于政治活动有兴趣有能力的人多数受了新信仰的洗礼，一般民众自然会跟着他们走的。

中国的革命完全是与欧美接触的结果。可惜我们接触的时期太晚了。因为我们与欧美商业上的接触虽然很早，知识上的接触是在二十世纪才真正发生的。而到了二十世纪欧美的人已经自己丧失了他们固有的公共信仰。于是有共产革命，法西斯蒂革命。就是未革命的国家也大半靠他们固有制度的惰性来维持秩序。中国又胡乱派了许多留学生分散在他国。于是乎举凡欧美所有的一切新旧思想在中国都发生了代表。我们旧社会制度的惰性早已失去了作用，而少数对于政治有兴趣有能力的人又为许多绝不相容的主义分为许多党派。消极的对于旧势力的奋斗减少效能，积极的对于新国家的建设无从合作。而任何党派的势力又不足以完全消灭敌党。如此而要想统一当然是不能的了。

我不是否认民国以来的政争一部分是因个人利害恩怨而发生的。但是我们要了解除去了个人利害恩怨以外，事实上当然有不同的信仰在背后的。早如吴佩孚冯玉祥的冲突，近如国民党共产党的分合，谁也不能否认信仰问题的存在。我敢说总要有政治首领能使他个人的信仰，变为多数对于政治有兴趣有能力的人的信仰然后才可以有着手统一的可能。过去的政治首领惟有孙中山有这种觉悟，所以他拿三民主义来做他政治的口号。可惜他的忠实信徒太少了，或者他的主义根本不能有忠实的信徒。

一个公共信仰的产生必须要有相当的时间。就是三民主义到如今也有了十年以上的寿命了。照现在国家危急的情形，统一是不可再缓的了。在短期内再不统一——至少是消极的统一——将来是否有统一的机会，实在是一个疑问。我希望国民党，共产党，第三党的人把个人恩怨各党的利害除开，平心想想是否我们可以承认一个最低限度的信仰，使得大家在这种信仰之下，有和平活动的可能。

我更希望国民党的当局想想为甚么在一党专政之下，许多青年不肯加入国民党，而反要冒危险，受压迫，去做其他各党的党员。为甚么用三年的工夫，几十万大兵，全国的财力去打共产党，到如今还没有结果。为甚么和你们共过患难出过死力的人会背叛国民党。今后的政治一党专政也好，开放政权也好，做首领的人，不能以公共的信仰为信仰，或是不能把他自己的信仰变为公共的信仰，没有能统一中国的道理。国民党这几年的成绩是否能使人满意，姑且不论。许多人以为成绩不满意是党的制度不好，换了一种更时髦一点的制度，披上一种最新的制服，拥戴一个最有权力军人，暗杀几个无权无勇的新闻记者，就可以变死党为活党（或者是变活党为死党），这都是错误的。因为制度，制服，武器背后没有一种可以维系人心的信仰，终久是不中用的。

（据《大公报》，1934 年 1 月 14 日）

再版《中国分省新图》序

《中国分省新图》是二十二年八月十六日出版的。不到半年就有再版的必要，是很出于我们意料之外的。足见得这种地图不少可以供给社会上一种需要。同时各报上的批评和私人通信，指出了原图上许多错误。这些错误凡时间来得及的都已在再版的图上更正，已付印以后所发见的只好列在勘误表上。我们对于批评和通信的诸君十分的感谢。

以上所说的错误，最容易指出的是县名的变更或是县治的增设和迁移。这种变更从民国二十年到民国二十二年不下五十处。全国共有一千九百余县，三年之中有百分之二点五的变动，而其中的百分之一都是在二十二年的下半年，这很足以表示行政制度的不安定。感觉不方便的，恐怕不仅是编制地图的人！

除去这类错误之外，还有许多点批评的人表示不满意，而一部分系出于误会，一部分因为各人观察不同的原故。我现在大略的申述几句。

凡是印刷的图书，决没有法子把付印以后的材料，完全加入的。《中国分省新图》第一版是民国二十二年八月十六日出版的，事实上付印在一年以前，许多幅图的绘成还在以前。所以付印以后发见的事实，没有法子可以加入。譬如这次再版着手在十一月，那时杭江铁路还没有通到玉山，因为我们预计它不久可以完全通车，所以图上改正到玉山。同时粤汉铁路已经通到昌乐，而事前我们没有料到，图上的终点原来还画在曲江，以后电告印刷人，始行改正。

批评和通信的诸君，多数觉得汽车道遗漏太多了。这并不是无意的。我们并不是以为汽车道不重要，但是有时候很难决定那一条真是汽车道，那一条不是。北方的平原，许多没有经修筑的路，在天气好的时候也可以勉强走汽车。然而不但并没有定期的汽车常常在那里走，而且一下了雨，连大车都不容易通过！西南有几省的汽车道，是费了很大的工程开出来的山路，但是一直到如今，许多路还没有经一辆汽车走过！这一次再版，我们尊重读者意见，添了许多汽车道。但是读者要注意图上所绘的汽车道，不是有同等的价值的。

中国通行的地图，图之外附有说明有表解。我们没有。有一位在《大公报》上批评的说："普通地图末后附有各种表解，……此图一概废除，但于卷首增分类图数幅，所得恐未必能偿所失。"这个问题我们曾详细的考虑过。地图有说明是中国旧有地图的特色，是世界通行的地图所没有的。如果图的缩尺和投影是准确的，印刷是清楚的，符号是明显的，根本用不着说，用不着解。旧图之所以有说是因为非说不明的原故。例如某处到某处多少里，旧图缩尺和投影不准，或是根本没有缩尺和投影，只好列之于说。新式的地图，读者尽可随时照缩尺自己去量，用不着再用方舆纪要式的文章，或是统计表来帮助它。我们并不是说图以外不需再有说明地理的文章，但是这是做地理教科书，或是地理论文的人的事，不必附在地图里面的。

最后我还有几句话告诉我们同行的人。我们三个人都不是地理专家，都不是中学教员，我们不过是懂得地图，测过，绘过，读过地图的人。我们认为通行的地图至今还根据康熙年的测量做底图，是一件很可笑的事。因为近三十年来外国图不计外，就是中国陆军测量局所测的详图，已经有相当的材料，可以利用。所以才有编制中华民国新地图的发起。我们的供献在地形与基点（经纬度）的比较可信，此外都是余事。大的中华民国新地图如此，缩印的分省图也是如此。我们不但没有"打倒一切"的意思，并且没有轻视旁人的态度。我们只希望以后同行的诸君，少讲些龙脉，少画些笔架，使得中国青年渐渐的了解地形是怎样一回事，我们已很满意的了。别的图也许有别的用处，例如中国通行的图后表解也许可以帮助学生们考试时抄录之用，但我们只希望做成一本略进一步的中国地图罢了。

民国二十三年一月

（据《中国分省新图》，第二版，申报馆印行，1934 年 2 月 1 日）

我所知道的翁詠霓
——一个朋友病榻前的感想

　　我在南方四十天，没有看《独立评论》。回来才见着九十五期《编辑后记》，有人因为适之讲翁詠霓先生的病，讥讽我们"台里喝采"，"互相标榜"，说是"未免有点肉麻"。这是难怪的：写信的这一位一定是不很知道翁先生的。现在一般人都以为"社会万恶"，"世上没有好人"。听得有人说人家好话，当然疑心是"标榜"，觉得有点"肉麻"了。我现在把我在杭州翁先生病榻前的感想写了出来。这一位看见了或者可以了解为甚么翁先生的许多朋友十分的敬爱他。

　　三月二十六日我在杭州。翁先生的病忽然加重起来。到了晚上医生说随时可以发生危险，叫家族不要离开，并且给他预备后事。他的当差的老吴对着我们哭道："我们老爷真是可怜！我跟了他二十年，没有看见他想着吃点好的东西，穿点好的衣服，住点好的房子。每天八点钟起来，十二点钟睡觉，整天的忙着做事，从来不肯休息。现在病在床上也还是想着做事。我们老爷是做工做死的！"

　　那一天晚上我睡在医院里，翻来覆去，不能合眼。想着老吴的话真是不错。他做了二十年的官，连一件皮大衣都没有。最冷的天他穿一件衬骆驼绒的厚呢大衣——这还是那一年冬天他到哈尔滨去特地做的。民国二十年冬天，他因为中华文化教育基金会请他做了研究教授，收入多点，才做了一件黑羊皮的大衣，用猫儿皮做领子。过了几天，我又看见他穿上旧的夹大衣了。问起来方才知道新的皮大衣已经孝敬了老太爷了。

　　衣是如此，食呢？民国十七年我从广西回来，他劝我利用地质调查所做点工作。我家住在东城，离调查所有十几里，不能回家吃午饭。他家里送饭到所里来，他留我一块吃。我一看两小碟子素菜夹着几薄片的肉，抵不上我平时吃的菜的四分之一。他一口气吃了三碗饭。"在君！你看我的食量如何？"我向他苦笑道："吃白饭不吃菜，所以你会得软脚病！"民国十二年他到甘肃旅行因为饮食太坏了，得着软脚病回来，所以我如此说。我于是讲演了一大套饮食品滋养料的成分，强着他叫一瓶牛奶。没有几时我听说他又把牛奶省下来给他的小孩子吃了。

他的房子是他唯一的财产，是民国七八年间把宁波的老宅子卖了还债，剩下来的钱买的。房子前后两进，后进划出来出租，前进自己住。但是前进只有五间上房是整齐的，被老太爷老太太带两个孙子孙女占去了。其余的人只好住窄小的六间厢房。他和他夫人住的是三间西厢房；三间里面有一间放着两个破书架子，一张小书桌，算是他的书房。他日里要写信，见客，指导人家工作，编辑印刷的稿子。所有这十几年来他的文章都是晚间八点到十二点在那一张小书桌上写的。

他个人旅行都是坐二等火车。前年他到南京去预备就教育部长职的时候，我到车站上送他，知道他的习惯，到车上一找就找着了。许多小学教员和新闻记者也要找他，但是他们都先到头等里去，所以一直到火车将开的时候方才找到二等来。地质调查所是个穷机关，当然没有汽车。他代理清华校长的时候，清华有汽车。可是他除去到清华来回以外，从不用学校的汽车。去年各方面补助地质调查所的经费比较从前多了。我们因为他身体不好，冬天容易伤风，极力的劝他买一辆汽车。他说："一辆汽车的费用至少可以做两个练习生的薪水了。为我自己舒服而少用练习生是不应该的。"所以始终他只坐一辆旧洋车。

他的生活程度如此不是因为他有丝毫的矫情——他向来是不赞成冯玉祥方式的人——是因为他收入少家累重的原故。他有八个子女，除去长女出嫁以外，其余都在学校里。他的父亲还健在；母亲是两年前才过去的。他家原来是宁波的富户，等到他留学回来已经中落，到了民国十年以后就完全破产了。民国十年以前地质调查所的同人相约不兼差。以后欠薪逐渐多了才有人兼教课，但是始终没有人同时在两个机关里拿全薪的。他原先在师范大学兼少数的钟点，以后到清华做地理系的教授兼代主任。他在清华的时候，地质调查所最穷，他完全不支薪。清华也不支全薪，因为他要维持不能在两个机关拿全薪的原则。到了民国二十年，他的生活很难维持，又因为工作太多，常常生病。于是文化教育基金会特别请他做研究教授，一个月给他六百元，使他可以辞去清华的功课，专心在地质调查所任事。去年夏天他忽然自动的把六百元的研究教授辞掉了，改在地质调查所支薪四百元！我从外国回来才始知道。当时很埋怨他不必如此。他说："我当地质调查所所长，薪水是应该在所里支的。以前所里太穷，没法子只好仰给于文化教育基金会。今年地质调查所经费增加了，我个人不应该再要文化教育基金会的钱。月薪四百元是我自己定的。因为我觉得新到所的同人——尤其是新回来留学生——常常嫌钱少。我自己薪水小了，他们或者容易满意点。"谁都知道他辞清华校长和教育总长。谁都不知道的是民国七八年他的一位至亲做财政总长，请他去当一个最阔的税务差使："这个差使奉公守法的人一年有六万元的好处，你去一年先把生活问题解决了再回来做科学工作不迟。"他毫不迟疑的答他道："谢谢你的好意，我的生活很单简，用不着这许多钱的。"

关于他衣食住的状况，老吴的话是不错的，不过他不知道这是他自己情愿的。老吴只知道他一天到晚做事，他还不知道他的做事与旁人不同的。

地质调查所的行政费与事业费的比例是任何机关所及不到的。现在连罗氏基金会及文化教育基金会的补助费计算，每年的支出在二十万元以上，而始终非专门的职员只有一个会计，一个庶务，两个人的薪水一共不过二百余元。他没有秘书：所有的信都是自己写——往往一早上写几十封信，把手写痛了，提不起笔来。信写完了就考察各部分的工作。除去地质调查所本身的工作以外，还有燃料，土壤，地震和新生代地质四个研究室。其中燃料与土壤原不是地质学者分内的事。但是除去古生物一部他不大过问外，其余的工作他不但能了解，而且能随时指导。余下来的功夫都用在编辑印刷物上面。地质调查所本身的汇报，专报，古生物志等等已经极烦重的了。他又是地质学会事实上的总干事兼总编辑。这两个机关的出版品总数在一万页以上，至少有一半是经他手细看过校过的，有四分之一是经他改正过的。我有时候看见他把人家的论文从头到尾替他重做过，然而仍然署原作者的名；他自己不要求丝毫的声明和酬谢。百忙之中还要见客，讲演，开会，跑南京。志行稍弱的人自己再也不能做研究工作的了。他却不然。读过他《锥指集》的人都知道他的通俗文章的成绩。真正研究的方面，如地震，矿床，矿物，河流的沉淀，造山的运动，他都有很重要的供献。若不是因为大部分的光阴消磨在"为他人做嫁"上面，他的科学的成就一定要十倍于此的。所以他一方面因为地质调查所的关系不肯做校长部长，一方面极希望脱离地质调查所所长的职务，专心做他研究的工作。只是苦于找不着替人。替人当然是很难找的——纵然有人能有他的聪明学力，有谁能有他的牺牲精神。他与别人不同的是：他是个性极强的人而主张很温和；他是极明察的人而待人很厚道；他是极清廉的人而处世很平易。我常对他说笑话道："我根本不相信世上有圣人。若是有，你总要算一个！"

青年的读者！有人告诉你，"社会是万恶的"，"世上没有好人"。你不要相信他，因为翁先生就是一个极好的反证。

有人要告诉你，环境是不可抵抗的，人是环境的产物，你不要相信他。翁先生早年的环境是一个十足的纨绔。他祖父死的时候他父亲分得有二十万两现金；上海还有一所铺子，每年有好几千收入。他是长房的独子，祖母的爱孙——八岁时就要陪祖老太太打牌。然而他十三岁就进学做了秀才。以后在中国和外国学校里念书，考试总在前五名。他的中年的环境是北京城里的一个灾官，然而他从没有因此而志气颓丧，或是因为室家之累而放弃他的为学与做人之道。足见得肯努力的人可以战胜环境。

有人告诉你，非会得吹牛拍马不能在社会立足，你不要相信他。翁先生是最不会吹牛拍马的人。记得民国五年他刚进农商部的时候，当时的总长硬要把他的位置给一个从美国回来的无赖——现在这一位无赖变为被通缉的刑事犯了。因为他不会吹牛，连外国学者新认识他的时候，都不知道他。民国八年我出国一年，翁先生代理我的职务。当时我的朋友农商部顾问安特生先生很不以为然。等到我回来，他对我认错道："翁先生是一个受过完全教育的地质家，在任何国家里都不容易找到的。"

有人要告诉你，社会没有公道，朋友没有真心，你不要相信他。这一次翁先生受了伤，许多和他交情很浅而且没有利害关系的人都纷纷的打电报写信探问他的病状。他做人虽然极其和平，对于属员的工作丝毫不肯放松。有了过失往往不客气的责备。然而二月十七那一天地质调查所的同人听见了他重伤的消息，一个个相对流泪。受伤后十天内，除他家族以外，有六个人轮流在医院守夜：两个是他的旧同事，两个是十年以上的属员，一个是去年毕业的学生，一个是西湖博物馆的主任。

由此看来，中国现在的"世道人心"并没有比任何时代，任何国家坏。青年的读者，希望你们把翁先生做模范，努力来建设簇新的国家！

（据《独立评论》，第97号，1934年4月22日）

我的信仰

　　有许多人看了我第一次给《大公报》做的《统一与公共信仰》那篇文章，不约而同问我道，"你的信仰是甚么？"

　　这是一部二十四史，不容易在二千多字的社论里面说得明白的，因为信仰是包括情感和知识而言的。有了情感，问题就复杂了。譬如建筑北平图书馆的时候，有人主张用宫殿式的图样，所以单建筑费用去一百四十多万；屋里多了许多无用的大柱子，遮碍光线。建筑费用多了，购书费不得不相当的减少。这就是证明当日主张的人相信宫殿式建筑的价值远在藏书之上，远在光线之上，不妨牺牲后二者来达到前者的目的。这大部分是情感问题，不是单从知识方面讨论所可以解决的。所以我现在讲我的信仰，一来为篇幅所限，不能不提纲挈领，二来一部分是个人的情感，无法证明是非，难免有武断的嫌疑，请读者原谅。

　　讲起信仰来，第一个要解决的是善恶问题。我大胆下一个定义道：善的行为是以有利于社会的情感为原动，以科学知识为向导的，人不能离社会而独立的，所以善恶问题离开社会讲，就完全没有意义。社会里各人有各人的利害，各人有各人的欲望，不但各人的利害欲望往往冲突，就是一个人的利害欲望有时也是互相冲突。我可以再下一个定义道，凡能够满足最大多数人最大部分的欲望的行为就是有利于社会的行为。

　　知识问题也要下几句注解。我说以"科学知识"为向导，其实科学二字是可省的，因为我相信不用科学方法所得的结论都不是知识；在知识界内科学方法万能。科学是没有界限的；凡百现象都是科学的材料。凡是用科学方法研究的结果，不论材料性质如何，都是科学。从这种知识论所得的结论是举凡直觉的哲学，神秘的宗教，都不是知识，都不可以做我们的向导。我不相信有主宰世界的上帝，有离身体而独立的灵魂。不错，我不能完全证明上帝和灵魂是没有的。但是第一：证明的责任是不在我而在相信神秘的人，因为上帝和灵魂都是看不见，听不到，摸不着的东西。你相信它们是有的，应该先请你拿证据来。第二：没有上帝和灵魂的可能性，比有的要大得多。科学的原则，都是可能性的问题。人人都相信太阳明天是要从东面出来的，然而严格讲起来，谁能证明太阳明天一定从东面出来？不过从东面出来的可能性与不从东面出来的可能性相比较，是几万万万与一的比例而已。

这虽然是消极的结论，但是了解了它才能够明白为甚么王荆公说"天变不足畏，祖宗不足法"。我还要把他的"人言不足恤"换为"圣贤不足信"。马克斯也好，列宁也好，孙中山也好，若是他们的话与我们的知识相冲突，我们就没有法子相信它的。

许多人并不十分相信神秘的宗教，但是他们以为没有神秘的宗教，社会的秩序就根本不能维持。我以为他们误会了宗教的来源了。宗教心是为全种万世而牺牲个体一时的天性，是人类合群以后长期演化的结果，因为不如此则不能生存。不但人类，就是合群的动物如蚁如蜂，都有这种根性。神秘的宗教包含这一种天性在内，不过神秘的部分是从恐惧自然界演化出来的。现在我们对于自然界的了解逐日的明白起来，我们的态度由恐惧而一变为利用，神秘当然无法保存，然而这几十万年合群天择的结果，已经把宗教心种在人类的精血里，不是可以随却神秘而消灭的。打倒神秘最努力的莫过于苏俄，但是最富于宗教性的莫过于共产党。这就是我这段话的证据。

我并不是说人人都有同样的宗教心。因为人不但不是同样的，而且不是平等的。十八世纪以来讲平等的人大抵是富于情感的人。二百年来的经验完全可以证明这种情感的错误。宗教心是人人有的，但是正如人的智慧，强弱相去得很远。凡是社会上的真正的首领都是宗教心特别丰富的人，都是少数。因为如此，所以我对于平民政治——尤其是现行的议会的政体——没有任何的迷信。

同时我也不是迷信独裁制的。在现代社会中实行独裁的首领责任太重大了。任何富于天才的人都很难称职。何况这种制度的流弊太显明了。要能永久独裁，不但必须要消灭政敌，而且要使政敌不能发生，所以一定要禁止一切的批评和讨论。在这种制度之下做首领的腐化或是"盲化"只是时间问题。我以为假如做首领的能够把一国内少数的聪明才德之士团结起来，做统治设计的工作，政体是不成问题的。并且这已经变为资本主义共产主义国家所共有现象——罗斯福总统一面向议会取得了许多空前的大权，一面在政客以外组织他的智囊团，就是现代政治趋向的风雨表。

我说善的行为要以有利于社会的情感为原动。凡能够满足最大多数最大部分的欲望的行为就是有利于社会的行为。拿这个标准来测量目前的许多问题，我们不难得到具体的结论了。譬如男女问题，阶级问题，都可以拿这块试金石来验一验的。为满足男子欲望而牺牲女子的欲望，为满足少数资产阶级的欲望而牺牲多数劳动者的欲望，都与上面的定义不符，都不是有利于社会的。照我的定义，宗教心是有利于社会的，是人人有的根性。可惜此外人类还有许多不利于社会的根性存在。其中最可怕的莫过于嫉妒心。要使得嫉妒心在社会上少发生恶影响，最有效力的方法是减少物质享用的不平，所以我一方面相信人类的天赋是不平等的，一方面我相信社会的待遇不可以太相悬殊。不然社会的秩序是不能安宁的。近年来苏俄的口号："各人尽其所长来服务于社会；各人视其所需来取偿于社会"，是一个理想的目标。

然则我何以不是共产党的党员？第一我不相信革命是惟一的途径——尤其不相信有甚么"历史的论理"能包管使革命会得成功，或是在任何环境之下革命一定要取同样的方式。第二我不相信人类的进步除去了长期继续努力以外，有任何的捷径。所以我尽管同情于共产主义的一部分（或是一大部分），而不赞成共产党式的革命。正如我尽管相信自由恋爱，而不主张立刻破除婚姻制度，尽管相信家族制度应该打倒，而不同情于逃避家族义务的人。

（据《大公报》，1934 年 5 月 6 日）

实行统制经济制度的条件[*]

现在最流行的口号要算是"统制经济"了！左倾的也好，右倾的也好，大家都承认放任经济的末日到了；统制经济是人类走向极乐世界的大路。

统制经济制度在中国今日情形之下可以实行吗？这二十三年来我们亲眼看见许多从国外输入的主义和制度，·到了中国不久就改头换面，完全失却原来的意义。没有别的，这是因为一种主义或是制度的发生，需要一定的条件；在这种条件没有实现以前，随着条件而发生的主义制度自然是不能存在的。例如在全国人民百分之八十五以上不识字的情形之下而要实行普遍选举当然是不可能的。我们今日要在中国实行统制经济究竟需要些甚么条件？

没有问题第一个条件是要有真正统一的政府。在放任经济制度之下政治不统一，对于经济的影响比较的还小。没有真正统一的政府而要厉行统制经济，结果各个政权各行其是；本来统一的经济乃因为政治不统一而破坏——或者竟产生一种经济的结果足以为政治统一的障碍。这本来是极容易了解的事实，似乎没有申论的必要。无奈许多提倡统制经济的人，往往根本不知道由经济上讲起来，中国全国是一个整个的，不可分裂的团体。最近我遇见一位负一省建设责任的人，他就主张本省自给；要用公款开某处的煤来抵制邻省的某矿，要用公款救济本省的工厂来抵制邻省的棉纱——他竟不知道他所管的是中国最不能自给的一省！这种趋向在政治比较清明的省份尤其表现得清楚；大如山西的修狭轨铁

* 本文原为丁文江为《大公报》撰写的"星期论文"，发表于 1934 年 7 月 1 日；又转载于7 月 8 日出版的《独立评论》第 108 号。《独立评论》转载时，漏掉题目中的"制度"二字。

道，小如湖南的抵制外省棉纱，都是很可注意，很可怕的现象。

他们未尝不知道政治统一是建设的前提，但是以为在中国今日状况之下真正的统一是遥遥无期的。不如以一省来做单位，先求闭关自给。殊不知道中国没有那一省是可以自给的，例如山西是中国煤量最丰富的省分，但是田地面积比较的小，土壤比较的瘠，人口比较的少。要想改良山西人的生活，定要把储藏的煤挖了出来，运销到华北平原去。同时山西所需要的资本，机器，人材以及喝的茶，吃的糖，穿的丝等等都是要从外省输进去的。在这种状况之下而要用统制经济来实行闭关自给的政策没有不失败的。山西如此，北方各省都是如此。扬子江流域所烧的煤，所用的棉花，都不能不仰给于北方。假如中国的糖业毛织皮革都是要自己生产的，则西北和东南各省都不能不与扬子江流域发生密切的关系。粤汉铁路一通，湖南的米可以到广东，外国米进口立时可以减少。南北如此，东西亦复如此。就以食盐一项而论，除去晋陕甘三省有盐池，川滇两省有盐井之外，没有海岸的省分那一省不要仰给于海盐？不懂得地理的人常常要把中国的省来比欧洲的国；以为欧洲那们多小国却能各自成一个经济单位，中国各省未始不可仿效，而不知欧洲的海岸线与面积的比例较任何其他的大陆要长，所以国数虽多，没有海岸的国家屈指可数。中国则沿海只有七省，此外都没有海口的出路。何况欧洲的大患正在国数太多，关税壁垒太高，所以经济衰落不容易恢复。目前有识的人正要提倡欧洲联邦，经济同盟来补救历史上的错误。我们当内政落后，外患增高的时代，反要化整为零，岂不是自杀么？

所以政权一天不统一，统制经济是一天不可实行的。中国是一个整个的经济单位，要使得富源利用合理化，生活程度现代化，一定要有最高的机关来通盘筹算，以有余补不足，既救贫且免不均。不然则各地方各行各的统制经济。大则把中国变为许多矛盾的经济团体，政治上永远不能统一；小亦使得受统制者饱尝无益的痛苦，延长经济衰落的时期。

第二个必需的条件是收回租界，取消不平等条约。要得统制经济成功，统制一定要普遍。一有了例外，统制的效能就失掉了大半，何况例外是外国人呢！统制棉业而外资的纱厂不能过问，统制航业而外资的船只不就范围，统制煤业而外资的煤矿不受支配，统制的目的如何可以达到？统制经济之下最重要的项目当然是交通与金融。现在我们的银行大大部分在租界里面，可以利用的现金大大部分在外国银行里面。从内地到租界，从中国银行到外国银行，没有关卡，没有稽查。一旦有统制的消息，资本在几分钟之内可以逃避的干干净净！从上海到重庆一千二百海里，航行的船大部分是挂的外国旗帜。要统制起来，只好把招商三北几家的船只拿来变把戏而已，于经济有何好处？

第三个必需的条件是行政制度先要彻底的现代化。我所谓现代化是广义的。现代化的行政制度第一要有廉洁的官吏。在任何时代人人都希望官吏廉洁的，但是官吏的廉洁变为普遍的却是近代的事。要官吏廉洁有两个条件：一是用人一定要由考试；二是官吏要有相当的俸给和保障。这两层同时做到是近代的事。第二行政组织要健全。目前我们的地方行政制度不用说是极单简的了。就是中央的各部也是沿袭以前的司科制度，是一个对付例行事务的机关，不是可以直接执行复杂政策的。第三握政权的人要能够信任科学技术，识别专门人材。第一与第二大部分是制度问题，第三是这种制度的运用。无论制度如何完善，运用不得人，一切都是死的；假如令相信"国医"的人办卫生，相信"国术"的人治军械，无论卫生署兵工署的组织如何完善都是没有结果的。在放任经济制度之下，行政组织不健全，其害还小，因为经济的影响是间接的，是区域的。若要实行统制经济而官吏不能廉洁称职，机关不能灵活运用，则供给与需要不符，生产与消耗停剩，金钱变为废纸，粮食烂作泥沙；所谓"洪水猛兽"有过之无不及也！

以上所讲的三项原本是建设新中国的途径，不仅是实行统制经济的条件。我们所以要特别提出讨论者，是因为许多人眼看着国家危亡，急不暇择，以为用统制经济的政策，可以促进政治的统一，缩小外国的势力，改良行政的系统。我们认为这不但是舍本求末，反因为果，而且是病急乱投医，譬如把一个心脏很弱的人交给一个毫无经验的医生，用重量的麻醉剂麻醉过去，再用没有消过毒的刀子把肚子破开看看。这种病人没有不死在解剖台上的！

（据《大公报》，1934 年 7 月 1 日 "星期论文"）

关于国防的根本问题

九一八以后——尤其是一二八以后——人人都知道注意国防问题。因为一方面靠天吃饭的迷梦被日本的炮火惊醒了，知道强敌侵略是随时能发生的事实；一方面眼看见淞沪、喜峰、古北几处将士的勇敢与牺牲，觉得人心没有死，军人不是全不爱国的；于是乎不知不觉的希望在短期之内我们可以想法子取得自卫的能力，免除"坐以待毙"的耻辱与危险。

这种希望不能不说是"生于忧患"的一种觉悟。但是一班人——许多负责的军人在内——都以为我们的军事失败完全是由于器械的不精良；只要有新式的武器，我们就可以不怕侵略了。这是一种很幼稚的误会。实际上讲起来，国防问题不是如此的单简的。因为近代的战争，久已从少数军队的对抗，一变而为全国民的生产质量，知识程度，组织能力与牺牲决心的比赛。认清了这个前提，我们就知道国防问题是全国民近代化的问题，是整个的，是没有捷径的。

我们近代化的程度远不及印度与土耳其。例如印度全国人民的收入平均为每人每年八镑（约合华币一百二十元），我们则不足三十元；印度每年产铁将近一百万吨，我们则不足十分之一。而地理上、历史上的困难又非任何其他国家之可能比拟。从绥远到新疆的省城，骆驼要走三个月，汽车也得走二十天，而从苏俄的铁路边走到迪化只要一星期！从南京到昆明至少要走四十天，而从安南边境走却只有两天的火车！人人都知道我们的海军是丝毫没有防御的能力的。几千里的海岸线，没有一个新式的炮台。敌人随时随地都可以登陆。凡是沿海的大都会——全国精华所在的地方——没有一个不是敌人的俎上之肉。中央的收入一半以上是靠国税的。一有战事，对外贸易立刻完全消灭，关税当然是分文无着。就是盐税、统税大部分也都要同归于尽。大家应该记得一二八的事变发生，中央政府的收入立刻从五千多万一月减为二百多万。这还是没有正式宣战的呢。假如中日正式开战，日本决心占领上海的租界，凡有全国可以利用的现金立刻都要到敌人的手中。不但如此，我们受了残酷条约的束缚，把一条扬子江变为国际共管的水道；外国的兵船平时可以一直驶到离海口三千六百里的重庆。一旦有事，江南江北的交通完全断绝。一二八的事变，江北的兵不能到江南，上游的兵不能顺江到上海，大家还应该记得的。其他如大沽口不能设炮台，北宁路得驻有外兵，所以日本人一面在长城作战，一面可以命令我们的铁路替他运兵，都是这种条约的恶结果。国力不充实，这种条约不能取消；这种条约不取消，国力又何法可以充实？

凡此种种原是人人皆知的悲惨的事实。惟其可悲可惨，所以许多人不愿意提起。他们讲起国防来，好像这些事实都是不存在一样的。我现在特别提出来的目的，不是主张我们应该束手待毙，是要大家觉悟国防的问题不是在短期中可以根本解决的。无论我们如何努力，因为地理上、历史上的束缚，二三十年以内，是无法可以真正阻止敌人侵入的。我们最合理的希望是专注意于一二种新式的武器，如飞机潜水艇之类，使得敌人来攻击我们的时候，至少须出相当的代价，或者竟至得不偿失。三十年内能做到这一步，就算是我们最大的成功。

一面我们要觉悟我们的最大的希望不过如此，一面我们要了解这种希望的实现全要靠国民生产质量的增加。所以凡百建设，与其以国防为前提，不如以经济为目的。前者虽是直接的，效果是很有限的；后者虽是间接的，影响是很可靠的。我现在可以举几个具体的例，来说明我的用意。为直接国防计，正太铁路应该永远用狭轨的，因为假如日本占领了华北平原，狭轨铁路可以使得日本人不能用平汉的车子运兵到娘子关去。但是这种障碍的所得，远抵不上平时的损失，因为要发展山西的富源，并且利用它来做国防的工具，正太铁路应该及早改为宽轨的。要讲国防，不能不振兴钢铁事业。现在最经济的办法是利用山东南部的煤，安徽南部的铁，在扬子江下游设煤厂。单从国防上着想，这种煤厂很容易为敌人破坏，不如设在交通偏僻的河南或是江西。但是煤厂的出品要有销路的，要受世界市价的支配，因为目前兵工直接所需要的钢铁一年不过三千六百吨，不到一个小钢铁厂的出品百分之四，其余都得向普通市场找销路的。如果成本重了，根本不能存在，于国防有何益处。所以宁可冒战时被轰炸的危险，不能放弃经济的原则。正如明知道南京不是安全的首都，而在平时势不能把国都移到潼关以西，是一样的道理。要讲国防，不能不改良交通。单为国防计，应该赶紧把陇海或是平绥铁路延长到迪化。但是不但路很远，而且造成功以后，每年一定要赔几千万的养路费。远不如先修川汉路，来开发四川，来利用它的富源，做国防上的准备。

除去了培养国民的生产能力，最重要的问题莫过于军事教育的改良。近几年来许多人颇注意于一般的教育，而对于军事人材养成的机关，几乎从来没有人讨论。平心而论，军事学校的纪律和秩序远在一般学校之上，这是不可以否认的。然而要论学生对于基本科学和基本科学的工具——外国语——的程度，则没有问题，军事学校比一般的学校相差很远。这种事实很容易证明的。第一是翻译制度的存在。三十年以前一般的学校普通科学都是请日本人教，用懂日本话的人来翻译。因为成绩太劣，这种制度在一般的学校早已经淘汰掉了。现在如北大，清华，中大都有外国教员，但是学生都能直接听讲。军事教育所用的外国教员比一般的学校还要多，然而教员授课全靠翻译。我曾经问过许多军官学校和陆军大学的学生，他们没有一个不痛骂翻译制度的。这就是军事教育落后的铁证。第二国内的大学毕业生不少直接到外国大学去继续研究，得有很好的成绩。而军事方面只听得有"游历"、"考察"的人，而没有听见说有在外国军事学校真正研究的人。改良的办法，第一是要提高大学生外国语的成绩，废除翻译，直接听外国教官授课。第二是要把所有基本科学的课程，改用非军人的教员教授。如此方能希望有科学化的军官，有科学化的国防。要是不然，则纵能有极精良极多量的武器，运用的人程度不够，依旧是要一败涂地的。四十年前我们有八万吨的海军，日本只有四万，就是前车之鉴。

国民生产现代化，军事教育现代化，然后可以讲国防。否则国防是经济发展的障碍，是军人专政的口实。

（据《国闻周报》，第 11 卷，35 期，1934 年 9 月 3 日）

徐君光熙行述

今春三月，地质调查所所长翁君詠霓车覆于京杭道中，伤重几殆，事闻于旧京，同人震骇。乃推徐君光熙偕翁君家人赴杭。君因留南中。侍疾之余，为之接待宾客，处理文书会计。翁君病危时，君两次移居病院。与翁夫人及其子女相守达旦。迨翁君病少瘥，神志犹不清。见君辄呵责，谓："令尔任天津矿业展览会陈列事，来此何为？"于是君不复敢入病室，仅朝夕至窗前窥窃颜色。如是者月余，未尝有倦容。

五月君护翁君北来，始复治展览会事。惧其愆期也，则继日以夜。六月十二日余将南行，别君于古生物室，时已昏黑，君犹伏案上，余见君面赤声哑，涕泗咳嗽，劝其珍重。君谓废事已久，开会期近，不可以小恙误公，余惘然别去。不四日而君竟以肺炎殁于北平首善医院，年仅三十有六。君浙之平湖人，两亲年逾六十，妻与君年相若，子女四人，皆未成立，伤哉！

君于民国十四年毕业于北京大学地质学系。十六年一月入地质调查所为练习生，累迁为调查员陈列馆主任。陈列馆有矿产，矿物，地层，动力地质，古生物各室。君又兼管摄影，切片，绘图，制型，仪器各部。事务极繁，不复能读书作文。故同辈诸生大率有所著作，以自表见，而君则反无藉藉之名。然近八年来古生物之图版，皆君之所监制；李君四光之纺锤虫，孙君云铸之笔石，皆君之所亲绘；余采自西南之岩石，薄片凡二千余，皆君之所代切。其有功于科学者，固不仅限于标本之整理陈列而已也。

君为人诚笃和易，任劳而不言功，与同人未尝有一言之忤。又能分公私，识大体。前数年地质调查所俸给极薄，所入不以自给。君得长官许，兼任北京大学讲师。去年余代主地质系，谋减政，以助教代君职。

君知我之为公也，未尝有怨言。其友赵君亚曾遇匪被害于滇，同人集资恤其孤，以君任会计。赵君之长子由高小入中学，学费日用，皆取给于君之手。君视之如子，有过失呵责不稍宽假，盖行事以忠，接人以诚，乃君之天性。故君殁之日，凡知君者无不哀悼失声。

余于是窃有感焉。近年以来，世之倡言复古者动辄以青年堕落，道德沦丧为口实。余固深知其非。观于徐君而益信。以余所知，新旧首都，任教职部曹，年与徐君相若，而能忠于所事如徐君者，固比比皆是。逊清末造，余尝漫游滇黔湘鄂江南旧京，而得交当时之达官通人矣。其公私无惭德，能与徐君比肩者，千百中不可得一也。今昔人之不相及，抑今人之胜于昔人欤？爰徇同人之请，述徐君为人之大略如右。匪特以发徐君之潜德，且欲昭示来者，知有言民国以来教育破产者非信史也。

二十三年十月二十七日

（据《中国地质学会志》，第 13 卷，1934 年）

民主政治与独裁政治

近几月来我们许多朋友常常讨论这个问题，而主张极其不一致。蒋廷黻先生是赞成独裁的（参观《独立评论》第八十和八十三号）。胡适之先生是主张民主的（参观《独立评论》第八十五号）。最近胡先生又因汪蒋两先生感电有"中国今日之环境与时代，实无产生苏俄政制之必要与可能"的话，作文批评钱端升先生在《东方杂志》所发表的《民主政治乎？极权国家乎？》（参观《独立评论》第一三○号），申说他以前的主张。

胡先生以为独裁不是必要的：因为独裁（一）不能促进钱端升先生所希望的沿海各省工业化；（二）不能达到蒋廷黻先生所希望的统一政权。他又不信（一）中国今日有能独裁的人，党或是阶级；（二）中国今日有可以召号全国人的情绪与理智的活问题，使全国能站在某领袖某党某阶级之领导之下造成一个新式的专制；（三）中国民族今日智识经验够不上干那需要高等智识与技术的现代独裁政治。所以他以为独裁是不可能的。

平心而论，中国今日没有独裁的可能是大家应该承认的。汪蒋两先生是当国的政党的领袖。他们都说，"中国今日之环境与时代，实无产生苏俄政制之可能"，然则他们一定是承认中国今日没有能独裁的人或是党（？）。

独裁政治不可能，民主政治是可能的吗？这当然是要看"民主"两个字怎样的解释。假如民主政治是要根据于普选——就是凡是成年的人都要有选举权，然后算是民主政治，则民主政治在中国今日不可能的程度远在独裁政治之上。因为中国今日是否有能独裁的人或是党，还是个信仰问题——我们不信有这种人或是党，别人也许相信。至于中华民国的人民百分之八十或是七十五以上是不识字的，不识字的人不能行使选举权的，是大家应该承认的。若是所谓民主政治是相对的，是逐渐推广的，则当然有讨论的余地的了。前清的谘议局和民国的国会都是"可能"过的了。不过这是不是我们所谓民主政治。

近年以来许多人——不赞成独裁的人如威尔士（H. G. Wells），如罗素（Bertrand Russell）——都觉得真正的平民政治事实上不可能。维多利亚时代的人以为大家都识字，选举权普遍，政权当然是在选举人手里的了。近几十年来的经验才知道是不然。多数人对于政治根本没有兴趣。他们识了字是看体育新闻（sporting news），读侦探小说。政治上的问题除非是为他们直接有利害关系的，他们绝不愿意过问。同时靠政治吃饭的人又发明了一种骗人的利器——宣传。宣传是要组织的，组织是要钱的，于是就是在西欧选举权普遍的国家，实际的政权旁落在出党费，开报馆，办无线电广播的人手里。所以现在连反对独裁的人对于民主政治都发生了很大的疑问。

胡适之先生说，"民主宪政只是一种幼稚的政治制度，最适宜于训练一个缺乏政治经验的民族"。这句话是不可通的。理论的根据我们姑不讨论；事实上看起来，民主宪政有相当成绩的国家，都是政治经验最丰富的民族。反过来说，政治经验比较缺乏的民族，如俄，如意，如德，都放弃了民主政治，采用了独裁制度。足见民主宪政不是如胡适之先生所说的那样幼稚的。"民主政治只要有选举资格的选人能好好的使用他们的公权。"不错的，但是这就是世界上最困难的一件事。所有行民主宪政的先进的国家，都还没有做到这个地步。

胡先生说，"民主政治的好处在于不甚需要出类拔萃人才……在于集思广益，使许多阿斗把他们的平凡常识凑起来也可以勉强应付"。他似乎相信，"两个臭皮匠，凑起来是个诸葛亮"。他太乐观了。事实上两个臭皮匠，凑起来依然是两个臭皮匠！胡适之先生似乎以为专门技术人才是行独裁政治才需要的。事实上在任何政治制度之下，民主也好，独裁也好，如果国家是现代式的，胡先生所举的一百五十万个专家一个也少不了的！英美政治以前比较的单简，因为他们是实行正统经济学的放任主义的 Laissez faire，与政制无关。现在英国也要有专家政治，美国也要有"智囊团"了。因为放任经济主义在英美也不能存在了。岂但英美，连落伍的中国银出口也要加税了。这都是时代的表示。

"苏俄与意大利都不是容易学的。"这话当然是不错的。但是没有问题，英法美比苏俄与意大利更要难学。"领导四万万个阿斗，建设一个新的国家"当然是"非同小可的事"。但是要四万万个阿斗自己领导自己，新的国家是永久建设不起来。

所以我的结论是在今日的中国，独裁政治与民主政治都是不可能的，但是民主政治不可能的程度比独裁政治更大。凡胡适之先生所举的独裁政治的困难和需要，都是实行民主政治不可免的困难和需要，而且程度加大。实行民主政治，一定要有普通的教育，完备的交通，健全的政党，宽裕的经济。实行独裁政治所需要的条件或者不至于如此的苛刻。

"可能"的程度如彼，"必要"的问题如何？我以为这个答案是很明显的。中国的政治完全在革命期中，而且在内战期中。在这种状况之下，民主政治根本还谈不到。独裁政治当然是不可避免的。汪蒋两先生尽管通电说独裁政治不是必要，而事实上国民政府何尝不是变相的独裁，不过不是蒋廷黻钱端升两先生理想的独裁而已。岂但我们的政治没有脱离革命的方式，我们的国家正遇着空前的外患，——不久或者要遇着空前的经济恐慌。在没有渡过这双重国难以前，要讲民主政治，是不切事实的。胡适之先生自己说，美国"到了近年的非常大危机，国会授权给大总统，让他试行新式的独裁"。我们的国难十倍于美。除去了独裁政治还有旁的路可走呢？

"试行新式的独裁！"我们应该注意"新式"二字。因为新式的独裁与旧式的专制是根本不能相容的。胡先生说，"打倒专制"的口号可以使统一不能成功，这是真的。但是大家要打倒的是改头换面的旧式的专制，并不是新式的独裁。独裁如何才可以算是"新式"，我以为有以下的几个条件：

一、独裁的首领要完全以国家的利害为利害。

二、独裁的首领要彻底了解现代化国家的性质。

三、独裁的首领要能够利用全国的专门人材。

四、独裁的首领要利用目前的国难问题来号召全国有参与政治资格的人的情绪与理智，使他们站在一个旗帜之下。

我已经说过，目前的中国这种独裁还是不可能的。但是我们大家应该努力使它于最短期内变为可能。放弃民主政治的主张就是这种努力的第一个步骤。

（据《大公报》，1934 年 12 月 18 日）

中央研究院的使命

中央政府所属的科学研究机关不止中央研究院一个：除国立大学有许多也做研究工作者外，还有北平研究院；实业部的地质调查所、农业实验所、工业试验所；经济委员会的蚕丝改良、棉产改进所、茶叶及畜牧改良场、卫生实验处；以及参谋部和兵工署所属的试验室等等。这许多机关所用于科学研究的经费，合计起来，在三百五十万与四百万元之间。中央研究院设有天文、气象、地质、动植物、心理、工程、物理、化学、历史语言和社会科学十个研究所。经费每年一共为一百二十万元。所以它研究的范围，与经费的数目都比其他机关为大。究竟它研究的目的和内容是否值得使国家来耗费这一笔巨款呢？

要回答这个问题，最好我们先分析中央研究院的职务。

中央研究院的职务最容易了解的是许多有常轨的任务（routine service）。天文研究所的推算历本、观察变星、数日中黑子；气象研究所的观测温度、气压、风向、雨量以及报告天气显然是属于这一类的。不但如此，就是化学的普通分析，工程的标准试验（testing），物理的地磁测量，地质的测绘地图，动植物的采集标本，都是一种有常轨的任务。严格讲起来，这不能算是"研究"（research）工作，但是这是许多研究工作的基本，而且往往要经过长期的时间方始得到结果。譬如工程师要建筑桥梁、开发水利，农林家要改良农产、提倡森林，都要知道许多年以来这地方的平均雨量。这种工作在任何国家都是政府来直接担任，都不必一定与教育机关发生关系。担任这种任务的机关，往往是独立的。在中国却偶然的容纳在一个机关——中央研究院之下。中央研究院的使命，不但是要使得各种有常轨的任务做得切实精确，而且要利用它特殊的地位，使得做这种工作的机关，互相联络，互相援助，一切的工作合理化、合作化，可以以最少数的经费来做最大量的任务。

中央研究院最重要、最有实用的职务是利用科学方法，研究我们的原料和生产，来解决各种实业问题。在我们工业落后的国家，要自己有新异的发明是极不容易的。然而我们有我们特殊的天产、传统的技能。假如我们先彻底了解我们原料的质量、生产的原理，很容易利用科学方法来改良旧的工业，或是开发新的事业。研究地质的人能够用新的方法，研究各种矿产的质量、地层、构造和成因。运气好可以发现新矿——如地质调查所的发现龙烟铁矿。无论如何至少也可以决定旧有矿产的经济价值。例如浙江平阳出明矾是大家都知道的。直到五年前中央研究院地质研究所叶良辅先生去调查，方始知道它储量在二万万吨以上！于是才有人提议利用它来制钾盐（肥田粉）与铝养。如果成功，这就可以成为国家一个极大的富源。金属矿产中钨和锑都是我们的特产。锑的用途极少，所以每苦没有销路。钨是炼钢与电工业的必需品，然而因为美国关税太重，销路也发生影响。研究锑和钨的用途，或是制造新的合金品，是学冶金人的责任。自从协和医院证明麻黄精是治喘哮的特效药，许多人都开始研究中国的药材。但是我以为比药尤其重要是中国劳动阶级的食品问题。谁都知道中国劳工的效能极低——比不上西欧人的一半。中国的矿工一个人工作十二小时，平均只能掘煤半吨；英国的矿工，在差不多同样的情形之下，工作八小时，能掘煤一点二吨！然而欧战的时候，中国这种矿工被英国人运到法国去掘战壕，吃的是面包牛肉，工作的效能并不在西欧人之下。足见工作效能问题与营养有绝大的关系。我们不能希望个个人都能吃肉，但是不能不希望学化学的人把劳动阶级的通常食品逐一研究，来决定它们的营养价值（food value）。据说北平的大萝卜所含的生活素（vitamin）与美国橙子一样。然则不但穷人应该多吃萝卜，有钱的人也可以少买些金山橙子。豆油麻油本来有生活素的，但是经久时间的煮熬，生活素都消灭完了，所以用这种油炸的食品，营养价值就很差。然则我们应该改良我们做菜的方法，保存这种素油的优点。据说许多眼睛病与缺乏生活素很有关系。协和医院的前眼科主任毕拉特（Pillat）曾经用一调羹鱼肝油救了一个人的眼睛。所以他曾主张中国政府应该每年"放鱼肝油账"。他的计划原不可实行，然而利用科学方法，为我们劳动阶级定一个食谱，使他们以最少量的钱，得最大量的营养，是学化学人的责任。无线电收音机在中国目前是有闲阶级的消闲品。然而真正利用起来，这是民众教育的利器。我们能不能用本国的原料来制造真空管？普通的收音机价钱太大了，无从希望它普及的。我们能不能制造一种一个真空管的收音机，专门供给普及的需要？磁器是我们老祖宗发明的，而现在我们反仰给于日本。学陶业工程的人应该联合地质化学的同人，彻底的研究江、浙、闽、赣以及河南北的陶土及釉料，参用机械来谋我们陶磁业的复兴。

与上面所讲有密切关系而不完全相同的是一种模仿与介绍的工作。许多工业上的技术方法，在别国已经革新了，而我们工业界还不敢采用。研究院方面可以用小规模的模仿或是稍为变更，使它适合于我们的原料和环境。然后把它介绍于我们的工业。

凡此种种，举不胜举。上面所说的单是就中央研究院已经着手或是预备着手的工作，随便举几个实例而已。

以上所说的两种使命——执行有常轨的任务和解决工业上的问题——是大家都可以承认的。但是这种职务以外，中央研究院还有许多工作：一部分是没有直接经济价值的——如所谓"纯粹"的物理和化学；一部分是完全没有经济价值的——如历史、语言、人种和考古。在中国今日状况之下，这种工作是否有必要呢？纵然有必要，是否应该中央研究院来担任呢？

先讲所谓"纯粹"科学问题。国家应否花许多钱来提倡没有直接经济价值的研究？世界各国，在过去与现在，都有人提出这个问题。但是事实上凡是"应用"科学发达的国家没有不同时极力提倡"纯粹"科学的——美国有许多"纯粹"科学研究都是实业界花钱的。因为"纯粹"与"应用"根本无从分别的。许多——或者是大多数的——科学的应用是发端于所谓"纯粹"的研究。这种例举不胜举。工程学的全部都是从物理化学来的；无线电和X光线就是最近的最明显的实例。就地质学而言，最无用——最纯粹——莫过于古生物学。近来美国因为搜求油矿，不能不利用古生物来计算油层的上下深浅，古生物学一变而为石油地质学者的必需科；美国的石油工程师协会还专发行一种古生物学的杂志！所以昨日的"纯粹"科学，今日可一变而为"应用"科学。同时从应用方面着手的研究，往往可转到纯粹问题上去。过去的例是热力学的第二律，是从研究蒸汽机来的。最近的例是用X光线研究羊毛而发明蛋白质分子的构造；为无线电应用研究空气上层而了解地球的真相。我的朋友翁咏霓说的好，科学是整个的，本无所谓"纯粹"与"应用"。与其说应用的科学，不如说科学的应用。

　　许多人赞成研究纯粹科学，但是认为这是各大学的职务，研究院不必越轨。他们的理由是做"纯粹"科学研究的人一定要与青年接近，方可得到相当的兴奋（stimulus）。这种理由是不充分的。与青年接近可以得到兴奋，岂但"纯粹"的研究如此，"应用"的研究又何尝不然？果然则各大学之外也不应该有应用的研究？同时有许多天才丰富的人——尤其是物理学家——往往不善教人。与青年接近不但不能使他兴奋，而且使他痛苦。这种人自然是以在不必授课的研究院里工作为宜。以纯粹研究为大学的职务，是从欧洲的正统大学观念化出来的。正统的大学原来是教"形而上"的学问的，科学本来不在其内。到后来不能不加入科学，"纯粹"研究变为"形而上"的科学，与"形而下"的应用相对峙。"形而上"的科学是没有用的，所以是高贵的，正如贵族阶级以不动手脚为高贵一样。这种观念在英美新式的大学已经打破了。大学既然不必以"纯粹"科学为唯一目的，"纯粹"科学就当然不是大学的专利品了。

　　话虽如此，在中国今日，研究院的工作当然应该相当的偏重"应用"，因为工作既然是一样的科学的，乐得从应用着手。而且所谓"纯粹"研究，往往不容易得到相当的结果。研究没有结果，在大学里教书的人，还尽了他的教书的职务，在研究院专做研究的人就不容易"交差"了。不过若是有天才超越愿意研究"纯粹"问题而不能或是不愿教书的人，研究院应该给他以工作的机会，因为天才是发明之母，国家之宝——一个诸葛亮抵过千万个臭皮匠！

　　最后要说到历史、语言、考古和所谓社会科学。这里面一部分是最新的科学——如考古和人种；一部分是最古的学问而最近才科学化的——如历史。既然科学化了，则性质与所谓"自然"科学没有根本的分别。凡上面所讨论"纯粹"科学的话，许多部分可以应用到这里来。但是在中国今日研究这几种科学的人，还有一个绝大的使命。中国的不容易统一最大的原因是我们没有公共的信仰。这种信仰的基础，是要建筑在我们对于自己的认识上。历史和考古是研究我们民族的过去；语言人种及其他的社会科学是研究我们民族的现在。把我们民族的过去与现在都研究明白了，我们方能够认识自己。最明显的例莫如历史：目前守旧的人相信上古有"黄金时代"，所以主张维持旧礼教、读经、复古。共产党员，相信马克斯的唯物史观——相信可以从辩证论寻得出"历史的逻辑"，所以主张阶级战争。这两种历史都是不科学的，真的历史决不是如此的。用科学方法研究我们的历史，才可造成新信仰的基础。历史如此，其他也复如此！了解远东各种民族根本是无大区别，有测量可证；了解各种方言完全是一种语言的变相，并且可以找出它们变迁的规则；了解中华民国是一个整个的经济单位，分裂以后，无法生存；然后统一的基础才建设在国民的自觉上！

中央研究院是不是国家"最高"的研究机关，应该设法来统制一切科学研究？不是！不是！国家甚么东西都可以统制，惟有科学研究不可以统制，因为科学不知道有"权威"，不能受"权威"的支配。所以任何国家都没有一个统制科学研究的机关——连苏俄都是如此。不错，在财力与人材都感觉缺乏的中国，政府的研究机关当然应该有相当的接洽：消极的要免除无意识的重复，积极的要取得有计划的合作。但是这也决不是说一切研究都不可以重复，都非合作不可。真正的科学研究，除去有常轨的任务以外——譬如一个地方当然不必有两个气象台——免不了重复，至少免不了连锁与交叠（inter locking and over lapping）。中央研究院只能利用它的地位，时时刻刻与国内各种机关联络交换，不可以阻止旁人的发展，或是用机械的方法来支配一切研究的题目。

这是中央研究院的使命。我不敢说目前的中央研究院已经能不辱它的使命，但是大部分的同人对于它的使命的确有几分认识，并且知道努力。只要政府与社会不要极端的急功近利，责备它在很短的期间发生很大的效果，我相信每年政府所给的一百二十万元不是冤枉花掉的。

（据《东方杂志》，第 32 卷，第 2 号，1935 年 1 月 16 日）

再论民治与独裁

去年十二月十八日我在《大公报》上所发表的《民主政治与独裁政治》那一篇文章引起了许多人的批评。我所看见的有胡适之先生的《答丁在君先生论民主与独裁》（《独立评论》一三三号），陶孟和先生的《民治与独裁》（《国闻周报》第十二卷第一期）和《双周闲谈》（《独立评论》一三三号），吴景超先生的《中国的政制问题》（《独立评论》一三四号），和陈访先先生的《知识份子的两极端》（《大公报》一月一日）。

胡适之与陶孟和先生所讨论的大部分是民主与独裁理论上的利弊。这个问题太复杂了。不是在两千多字的社论上所能讨论的。我那篇文章上只说明这个问题并没有解决：第一许多不赞成独裁的人都觉得真正的平民政治事实上不可能；第二民主宪政不是如胡适之先生讲的那样的幼稚——苏俄与意大利都不是容易学的，但是没有问题，英法美比苏俄与意大利更要难学。我的结论是今日的中国，独裁政治与民主政治都是不可能的，但是民主政治不可能的程度比独裁政治更大。我仔细读胡陶两先生的文章，并没有举任何理由来证明我这话的错误。他们只列举民主政治在英美的成绩，和民主政治理论上的好处。这并不能告诉我们这种英美式的政治如何可以实现于今日的中国。吴景超先生把民主与独裁的选择认为价值问题，换言之就是没有绝对标准的。这句话我不能完全承认。不过至少可以证明民主政治的价值是没有解决的。

苏俄的共产党理论上也是承认民主政治的。从马克斯起到司他林止，都把劳动阶级专政认为过渡的，是达到真正民主政治的一种手段。关于这一点，陶孟和先生的话很可以互相发明。他说，"民治主义所以日陷残缺，大部分要经济的变动负责任……在经济不平等状况之下，一般无资财的人有何办法？"因为如此所以共产先〔党〕要用劳动阶级专政来使经济平等。假如我相信共产主义可以实现于今日的中国，我一定加入共产党了。可惜外患的压迫，生产的落后决不容许我们来做共产的试验。用吴景超先生所谓阶级政治——少数人的议会政治，能使今日的中国走上经济平等的路上去么？

这许多话都是支节。我们当前的问题是不但政治没有脱离革命的方式，我们的国家正遇着空前的外患，和空前的经济恐慌。我们如何改革我们的政治，才始可以生存？

陶孟和先生自己说，意德诸国的独裁政府"是一种危机时代的政府。欧洲大战之后，各国百孔千疮，社会、经济、财政、产业，无不陷于不可收拾状态之中。在一个政府硬闯，瞎撞差不多要束手待毙的时候，于是一个最能应用心理的人，因缘时会，便做了选克推多。我们应该注意，所有现在欧洲独裁的国家，即发现危机的政府的国家，全都是民治经验最短，民治的传统最脆弱的国家"。这是历史的教训。我们民治经验的短，民治传统的弱，当前危机的大十倍于欧洲任何的国家。在这种状况之下，我们应该想想，那一种政治比较的容易实现，比较的可以希望使我们可以渡过空前的难关。陶先生说我是"实际主义者"，这是不错的。请问当今之时，知识阶级还不讲实际，难道我们甘心去做南宋亡明的清流吗？何况实际主义者正不必如陶先生所想像，一定要"对于现状视为当然的"呢？

国家的危机任何人都可以了解，不用我引申的。我所要说的是我们实际的政治。胡适之先生说，"国家的生死关头……是可以一言兴邦，一言丧邦的。……今日提倡独裁的危险，岂但是'教猱升木'而已，简直是教三岁孩子放火"。胡适之先生忘记了今日中国政治的实际了。"猱"也罢，"三岁小孩"也罢，木已经升了，火已经放了，我们教不教是毫无关系的。我们的责任是使这种火少烧几间有用的建筑，多烧几间腐朽的庙堂。尤其是如何利用这把火，使得要吞噬我们的毒蛇猛兽，一时不能近前！

胡适之先生说，"中国今日若真走上独裁的政治，所得的决不会是新式的独裁，而一定是那残民以逞的旧式专制"。这话也错了。中国今日的政治原来是"旧式专制"。胡适之先生难道忘记了他自己《论汪蒋通电所得的自由》①那篇文章吗？他所列举的事实那一件不是可以证明

---

① 原题为《汪蒋通电里提起的自由》。——编者注

"旧式专制"的存在？在这种状况之下，单主张民主政治，反对独裁，能够发生任何的影响吗？若是国家没有外患的压迫，我们可以主张革命，可以主张——如吴景超先生所说的——用教育的方式和平的走上民主政治的路。现在这两种方法都是不能实现的，都是缓不济急的。唯一的希望是知识阶级联合起来，把变相的旧式专制改为比较的新式独裁。

中国式的专制原来是不彻底的。所以我们饱尝专制的痛苦，而不能得到独裁的利益。九一八事变刚发生的时候，有一位反对国民党的朋友对我说道："蒋介石一定和日本人妥协，国民党一定要卖国了！"我回答他道，"我希望你这话是真的，但是我恐怕事实上是做不到的！"二十年十一月胡适之先生写了一封长信给宋子文先生主张及早和日本人交涉。我告诉他道，"我是赞成你的主张的，可是国民党的首领就是赞成也不敢做，不能做的，因为他们的专政是假的"。这就是我们的"前车之鉴"。

我少年时曾在民主政治最发达的国家读过书的。一年以前我又曾跑到德意苏俄参观过的。我离开苏俄的时候，在火车里我曾问我自己："假如我能够自由选择，我还是愿意做英美的工人，或是苏俄的知识阶级？"我毫不迟疑的答道，"英美的工人！"我又问道："我还是愿意做巴黎的白俄，或是苏俄的地质技师？"我也毫不迟疑的答道："苏俄的地质技师！"在今日的中国，新式的独裁如果能够发生，也许我们还可以保存我们的独立。要不然只好自杀或是做日本帝国的顺民了。我宁可在独裁政治之下做一个技师，不愿意自杀。或是做日本的顺民！

陈访先先生是赞成独裁的。但是他责备我"自私"，"爱惜个人的名誉"，"不肯拥护领袖"。对于这一点我无从答复，因为这全是良心问题。我的态度是否由于"自私"，只有我自己知道。我自问居心无愧，不怕人家责备的。我所要告诉陈先生的是目前中国的领袖不怕没有人"拥护"，而怕没有人好意的批评。政治上地位稍为稳固一点的人，连一句不愿意听的话，都传不到耳里。这正是中国国民党与苏俄共产党不同的地方。真正爱护国民党的人，应该觉悟的。

（据《大公报》，1935 年 1 月 20 日）

现在中国的中年与青年

现在中国有一件很可怜而又很可笑的事实：就是中年的人与青年的人互相轻视，互相埋怨。九一八以前学生的闹风潮，赶教员，甚至于打校长，不用说都是青年人对于中年人不信任的表示。近几年来学潮似乎平靖了许多，但是这并不是说中年人已经恢复了他们的信用。凡是留心青年的行为和言论的人都知道青年的不平和烦闷并没有根本的减少。同时中年人似乎也取了"反攻"的态度：我们常常听见同辈的人说，"教育破产"，青年"不道德"，"堕落"，要"整顿学风"。

假如这种笼统的批评是不错的——假如多数的青年真正是堕落，教育真正是破产——那么，中国的前途是真正没有希望的了。因为要在短期时间里，补救破产的教育，改革堕落的青年，谈何容易？幸亏我们很容易证明这种批评是完全不确的！

凡是善恶都是比较的。我们要批评现在的青年，只好拿过去的青年来做比较的标准。我们常常听见中年的人说："我们青年的时候不是这个样子的！"意思就是说："我们青年的时候比现在的青年高明的多！"我们试把现在青年的体格，知识，能力和道德与二三十年前的青年来比一比看。

先讲青年的体格。三十年前受教育的青年都是在旧式私塾里读书的。不特一切的新式运动完全没有梦见，而且受了"规行矩步"的影响，终年不肯劳力，因此"书生"变为全国最"文弱"的阶级。三十年来的学校教育把这种恶习惯完全打破了。我十六岁以前没有步行到三里以上，学地质的时候才努力学了走路。等到二十年前我回国来教书，学生走路的能力已经比我幼年高得许多，但是每次地质旅行，许多学生免不了畏缩；上山下坡都得教员走在前头。四年前我从新教书，学生常常要求增加旅行的次数和日期，走路往往走在教员前头去了。人种测量的结果使我们知道大学学生发育的程度，在一般人之上——体高大约比一班人要高一寸半以上。这岂是三十年前所能梦见的！体格的发育与智能道德都有关系的。堕落的学生体格岂能好么？体格好就是没有堕落的证据。

体格如此，知识能力何尝不是如此。三十年前的青年，做的是八股试帖。普通科学不用说了，就是历史地理国文，都还不如现在的青年。我第一次看见中国地图是在日本。教我书的先生是一位名贡生，但是他写封普通信札，还不如现在高中毕业生写得流畅。以前国文真正通顺的人是极少数。拿这种少数人来做标准当然是不公道的。三十年来我们眼看见大学学生从翻译授课变为直接用外国语听讲，三十年前的留学生能够考入外国大学就可以补官费，现在要有著作，能入研究院，方始有出洋的希望。青年知识能力的改进不仅限于书本子的。三十年前的青年只知道读死书，不知道观察实物。中了这种教育的毒，对于科学就根本学不会的。我第一次在日本学几何的时候，只觉得教员讲的一个点，一根线，是一种毫无意识的举动。凡是近年来在大学教过书的人都知道这种毒渐渐的消灭掉了。现在的青年能够观察实物，与社会接触，所以应世接物的能力也增加了许多。三年前我在南京看见一群十五六岁的童子军，一天里捐到了二千多套棉衣去救济灾民。回想到我自己从前见着生人就红脸的情形，使得我又高兴，又惭愧！

我这单就男青年而言。要谈到女子，则更不成问题的了。别的不讲，单讲缠足。纵然新式教育一无好处，单单打倒了缠足文化，免除了一万万多女子受残废的刑罚，也就是很值得的了。

最后我们要讲到道德问题了。目前旧道德观念已经失了它的权威，这是毫无疑问的。在新道德标准没有完全成立以前，许多青年免不了要进退失据，是当然的。但是不能因为道德的标准变更或是在演化中，就说现在的青年“不道德”。不肯“敬宗睦族”，“畏天祀祖”的人，未必不肯为社会而牺牲自己。正如孝子贤孙有时候是社会的蟊贼。就我个人的经验讲起来，现在的青年家族的道德观念比较过去的青年淡薄，但是对于社会和事业的责任心则只有增加，没有减少。我可以随便举几个例。民国十八年我到贵州去。约好同行的一个是赵亚曾。原定他从叙州，我从重庆出发。临时我听说由四川到云南的路上不太平，打电报叫他到重庆同走。他回我道：“西南太平的地方很少。我们一点工作没有做，就改变路程，将来一定要一步不能出门，所以我决定仍旧冒险前进。"不幸不上一个月他就在昭通被匪打死了！三十年冬天地质调查所派了一位王恒升在黑龙江北部调查。他无意中走到中俄界线没有划清的地方，被苏俄的边防军逮捕去了。他带得有军用地图、测量与照相器具。苏俄疑惑他是侦探，几次要把他枪毙了。他于极冷的时候在西比利亚监狱里，吃了十八天的酸黑面包，方才被放了出来。他到了满洲里，打电报给我说，"再有二星期工作可毕！"他毕竟把预定的计划完成了方始回来。我不是说这种精神是现在多数的青年所皆有的——这种精神在任何时代，任何国家，都只能望之于少数人的。我是说现在青年里有这种人存在，足见得青年没有堕落；在真正堕落了的社会里，这种精神是不能存在的。

我要希望中年人注意：第一责备青年不道德，是否因为他们的道德标准和中年人不一样。共产党的道德也许不能实行于中国，但是真正相信共产主义而实行共产道德的青年不是不道德。第二不要把旧日的肺痨症认为现在的传染病：责备青年好讲恋爱，不要忘记支配旧式社会的花鼓淫词，才子佳人传奇，和《金瓶梅》，《肉蒲团》一类的小说；责备青年好闹风潮，不要忘记科举时代的闹考，书院高材生的侮辱学使。第三不要把自己下意识的嫉妒心认为救世挽俗的责任心：攻击青年不会做事，是否因为下意识怕青年来抢我的饭碗，预先以攻为守；责备青年色狂，是否因为下意识怕家里的姨太太被青年诱惑去。心理的分析是真假道德的试金石。最后中年人要时时刻刻的自省：青年轻视我们，是否我们的人格行为有可以被人轻视的理由？假如青年真正是堕落了，教育是真正破产了，这种责任是青年人的，还是中年人的？

许多人要坚我们民族的自信心，主张"宣扬国粹"，把高帽子给我们老祖宗戴上。我以为这是大可不必的。这三十年来青年的进步是我个人民族自信心的最大的根据。

青年对于中年也要有相当的了解。三十年以来，青年是进步了，中年又岂能没有进步！愤世的人有时要说，"满清时代握军政教育权的人比现在还好点！"这种话绝对不是事实。我只须举一个例。当前清光绪末年考留学生的时候，以人情得着官费的大概在一半以上。当时规定私费学生能够考进外国大学的可以递补官费。我考进了大学，而且几次考得第一，但是始终没有得着官费。同时有屡次入学试验不及格而补得两个官费的人！我看着现在清华和英庚款考试留学的严密公道，不能不歌颂现代的清明！

当国家危急存亡的时候，中年不能领导青年，青年不肯受中年的领导，是国家一个很大的弱点。中年与青年都有消灭这个弱点的责任。

现在的青年比以前是进步了。这不是说我们可以自满，不必努力。现在的军队会得用机关枪，迫击炮，比以前是进步了，但是依然不够保卫国家。不过要增加我们自卫的能力，不是讲国术，练大刀队所能发生效力的。凡是说教育破产要提倡读经祀孔的人都是讲国术练大刀队一路的朋友！

（据《大公报》，1935 年 3 月 24 日）

科学化的建设

　　大家都知道现在国家最大的危险是生产落后——因为生产落后所以对内不能免匪患，对外不能有国防。补救的方法，一面是治标：如剿匪，如抗日；一面是治本：如治水，如筑路。于是中央地方都要提倡生产，建设变为政治上最普通的口号。

　　这当然是好现象，是这几年来政治比较安定的结果。但是建设的目的是生产，生产不是一件很容易的事。欧美的生产增加，完全由于利用科学，所以要使得建设达到生产的目的，第一个条件是要科学化。

　　这本来是大家都可以承认的。不过事实上各人对于"科学"的观念并不一样。许多人对于"科学"的认识，到极粗浅的应用为止。其次也不过包括所谓自然科学，物理，化学，生物，地质等等。假如我说历史是科学，行政是科学，大多数的人是不承认的。其实这种狭义的范围是无意识的。在知识界里科学无所不包。所谓"科学"与"非科学"是方法问题，不是材料问题。凡世界上的现象与事实都是科学的材料。只要用的方法不错，都可以认为科学。所谓科学方法是用论理的方法把一种现象或是事实来做有系统的分类，然后了解它们相互的关系，求得它们普遍的原则，预料它们未来的结果。所以我们说这一种知识是真的，就等于说这是科学的，说一件事业有系统，合理，就等于说这是科学化的。

　　拿这个广义的定义来做科学化的标准，我们可以来讨论建设问题了。建设如果要科学化，第一：建设的费用除非有外资的输入不能超过国民经济的能力。建设用款全数是固定的投资。这种投资虽然可以希望生利，但是本钱的收回为期很远，所以在一种经济现状之下，这种投资可能的总数是与国民全体的收入有相当的比例。一九二九年以前，美国国民的收入平均每人有七百元美金（照目前汇兑约为华币一千七百五十元），其中六分之一为储蓄。储蓄总数的一半为固定投资。所以就是以美国国民收入如此之多，而固定投资还不过国民收入总数百分之九。苏俄的国民收入为一百五十卢布。而第一次五年计划时用于固定投资占国民收入百分之二十以上，因而全国人民食不能饱，衣不能暖。因为收入越少，越不容易储蓄，储蓄之可以用于固定投资的部分越不能大，否则人民必受痛苦。中国的国民收入据最可信的估计不过每人三十元，不过苏俄的十分之一，美国的六十六分之一。储蓄的一部分虽没有统计，大约平均每年每人到不了一元（各银行的储蓄增加每年不过四千万元）。假如人口是四万万，每年国民的储蓄不过四万万元。假如这个数目的一半可以拿来做固定投资，则总数不过二万万元。其中至少又有一半是要用于旧式的固定投资，如修理建筑房屋之类。要是通盘筹算，全国每年可以用于新式的建设事业大约不能超过一万万元。否则人民一定要感觉痛苦。因为举办新的建设，筹款的方法不外乎征税，招股，募债。招股同募债是直接从人民储蓄里得来的。征税是从人民应该储蓄的股分取来的。

上面所列的数目虽然不敢说是确实，但是数目的大小程度大概不错。但是我们看见这三年来中央地方政府建设的政策所需要的款项，远超过上列数目之上。我现在单举一个例，去年各机关向经济委员会请求款项的总数为十万万元！幸亏政府没有法子搜括这笔大款来供大家的挥霍，要不然又不知道有多少人民要因为建设而冻死饿死的了。

要使建设科学化，第二：是要有轻重缓急的标准；宁可少做几件事业，但是一定要有始有终。上面已经说过，去年向经济委员会请款的总数是十万万元，而实际上经济委员会可以支配的款项不过一千五百万元，当然不能不把一大部分的请求放在一边。然而因为应付各方面的要求，不能完全集中用途，于是公路，卫生，棉业，蚕丝，茶叶，燃料研究，经济调查，江西、西北的建设，无形中把力量分散了。而所新设立的机关，到了本年度经费已经发生问题。如果不能继续，则去年的钱都是白费的了。则不但经济委员会如此，凡是有款项可以供给建设的，如英美庚款委员会，无一不是如此。只还都是成绩最好的机关，其他浪费款项毫无办法的更是不用说的了。

所谓轻重缓急的标准可以有两种：一是政治的，二是经济的。譬如公路是这两年来建设很重要的成绩，但是公路的价值事实上是政治的，于国民经济上所发生的影响至为有限。这不是说公路是不应该修的，因为政治建设是经济建设的前提。修了公路能使政府的统治的能力增加是一件很重要的事实。不过政治建设最好与经济建设分开，庶几可以互相援助而不致于互相牵制，而且可以使主持建设的人，明白知道政治与经济各占建设经费的多少成分。因为政治建设虽然重要，然而若占的经费成分过多了，是不能持久的。我们可以拿修铁路来做一个例。现在所计划的铁路有政治上相当的重要而又可以获利的，有可以获利而政治不甚重要的，有政治上相当的重要而一二十年内不能获利的。有许多人主张，不管获利不获利，一切以国防为标准。由科学化的建设看起来这是错误的。因为修铁路不比得修公路，费的固定投资太多了。二来修成了以后铁路必须有相当的营业方可以维持。照各铁路的统计，一公里铁路在中国平均要有五千元的营业收入方始可以维持，其余付息还本等等都不在内。假如铁路修成功以后不能获利，不是国库增加一笔支出来维持它，就是路要废止——如南浔湘鄂是前者的例，漳厦铁路是后者的例。在目前中国经济状况之下是没有力量来修这种路的，因为这种路不但不能生产，而且每年还要使建设经费因之减少的。

第三：建设当然要有统一的职权。因为不然则上面所列的两种条件都是做不到的。但是我所谓统一职权不是随便照着纸片上的系统可以做得到的。国家应该把要建设的事项做一个整个的计划，把各事项所需要的研究，设计，执行与普通行政分析清楚，再考察现有各机关的成绩与人材，然后决定他们的去留增减。我可以举一个例来说明我的意思。现在中央政府所属的地质机关有两个，一个是实业部的地质调查所，一个是中央研究院的地质研究所。最近有人提议把地质调查所归并到地质研究所里面，并且把它的原有经费减去一半。这位提议的人完全不知道两个机关的成绩和性质。地质调查所是全国科学机关成绩最优秀的，它的职务比地质研究所复杂的多，因为它除去做地质图以外还研究古生物，先史人种，燃料，土壤及地震。政府每月给它的经费只有六千元，事实上不足它所需要的四分之一。中央研究院的地质研究所职务只有地质与古生物，比地质调查所单简的多，而每月经费也有七千元，偌大一个国家，地质调查如何重要——苏俄的地质调查经费每年为一千二百万卢布——难道六千元一月还嫌多吗？减少一半是否强迫它裁人？许多人拿少数的薪水，努力许多年，冒危险，吃辛苦为国家做事，现在不问它的成绩，不管它的需要，忽然要把它的经费减去一半，这种政策于国家有利益吗？提议的人以为合并了以后可以省钱。他不知道事实正相反。因为地质调查所如果迁到南京来，第一要砌房子，第二要加薪水，因为它的职员薪水是以前北京政府的标准，比南京目前的低的多。所以我说统一职权要分析各项事业的需要，各种机关的成绩和人材方始可以着手，不是可以凭着纸片上的系统可以做得到的。

第四：凡百建设，未经实行以前必须有充分的研究与设计。目前讲建设的人，往往犯了一个普遍的毛病，就是急功近利。政治上不安定使得做建设的人时时刻刻有去职的危险。于是人人希望于他未去职以先做点成绩。所谓成绩，只要表示他个人的努力，不必一定于国民有永久的利益。你给这种人讲研究，讲设计，他就回答你道："等到你研究设计好了，国家已经不存在了。我的口号是做了再说。"他口里说，国家不存在，心里是想他"自己不在位"。做了再说，失败了所负的责任，不见得比不做事的责任大，侥幸成功呢，岂不更妙。这还是实心想做事的人，其他想乘机发财的人更不用说的了。这种人的议论于建设有害而无利。近代的建设事业太复杂了，没有相当的研究和设计，不会得侥幸成功的。中国是一个极其缺少资本的国家，是禁不起失败的。一条铁路的路线画错了，一条水道的河身开错了，一个铁厂的地点定错了或是厂价买贵了，以后往往没有法子更正，而且做了一个不好的榜样使后人寒心。民国十八年华洋义赈会在绥远开的民生渠，一共费去了八十万元，而事前没有测量，许多地方渠身比河身还高，河水流不进渠内，至今全渠成了废物。假如从前没有汉冶萍，中国的钢铁事业也许早有点成绩了。因为汉冶萍失败了，人人以为在中国根本不能办钢铁厂，没有人再肯投资。

以上所讲都是事物的建设，其实建设应该包括人材。假如国家不能养成专门的技师，一切专门的事业当然无法着手。比专门技师尤其重要的是任用专门技师的首领。假如他们不能了解科学的意义，判断政策的轻重，鉴识专门的人材，则一切建设根本不会成功的。

（廿四，五，七，中央广播电台讲演）

（据《独立评论》，第 151 号，1935 年 5 月 19 日）

苏俄革命外交史的一页及其教训

　　一九一七年十一月七日共产党革命成功，同年十一月二十七日苏俄政府单独向德奥布土四国提议休战，明年的三月三日布赖司特—立陶乌斯克（Brest-Litovsk）条约签字。这三个月可以说是共产政府最危险的时代。三年的残酷战争把俄国兵士的战斗能力和勇气都消灭馨尽了。托洛茨基从彼得堡到布赖司特—立陶乌斯克的时候，亲眼看见兵士纷纷的离开战线，自动的回家。他回到彼得堡来，要求中央执行委员会军事部的部长作一篇"爱国"的演说来援助在前线议和的代表。这位部长的回答是："决不可能!"

　　武装的兵士态度如此，政治上的派别更是纷歧。十一月七日的革命虽然成功，在民众选举的宪政议会（Constituent Assembly）里，共产党却是绝对的少数。列宁原是反对立刻召集议会的。但是多数共产党的首领觉得议会是多数人民多年的希望，不召集恐怕使得共产党的地位摇动，而且共产党是用不召集议会来攻击临时政府的，自己如何能食言呢？等到一九一八年一月十八日用武力解散新举出来的议会，共产党政治上的势力是比以前巩固了，然而本党的内部对于和议问题，却又是完全不能一致。共产党的基本党多是左派的分子；十一月的革命成功，这一班人的力量最大。而他们多数是反对无条件议和的——他们的口号是革命战争。右派的态度较为和缓，但是他们却与共产党的敌人——社会革命党——比较的接近。假如列宁不顾左派的意见，无条件投降，共产党内部就要发生分裂的危险。

　　地方和中央的关系也是万分的困难，波兰和波兰的海岸被德国占领的一部分是不用提的了。其他各部又纷纷的与中央脱离关系。芬兰早已宣告独立。高加索和贝沙莱比亚也组织了独立政府。尤其重要的乌克兰的态度。俄国当日的新工业完全在乌克兰境内，而且粮食也仰给于南俄。乌克兰却不承认共产党的政府。它的军政部长不得到苏俄的同意，下命令使乌克兰的军队退却。不等到和约签字，先行供给德奥的粮食。一九一八年一月三日乌克兰政府单独派代表向四国议和！

共产党惟一的希望是：（一）德国军事当局急于要把东战线的兵移到西战线去，不能不急于谋正式和约的成立；（二）利用各国人民厌战的心理，宣传一致休战以为世界革命的第一步骤。所以共产党的策略是绝对唱高调——不占地，不赔款，民族自决等等变为他们议和的"原则"。而且尽力延长议和的时间，使得国外的同志得以充分的预备。不幸这两种希望都失败了。德国军事当局虽然急于求和约的成立，但是他们彻底了解俄国已经完全没有抵抗的能力和勇气，不肯放弃战争所得的土地和权利。并且他们渐渐的认识共产党的真相，极力的设法使得旧日的俄国分裂，所以与乌克兰单独另订和约，强迫苏俄承认。又出兵芬兰援助地主扑灭芬兰的暴动。经两个月的宣传，德奥的劳工没有任何的同情表示。协约国的人民大多数以为共产党是德国人的傀儡，是俄国的汉奸。所以经过了两个月的延宕，德国人于二月十八日又开始进兵。第二天列宁就不得不无条件屈服了。

凡此种种本来已经变为很陈旧的历史了。我所以要"旧事重提"者，是因为当日苏俄首领的态度和策略很足以做我们当局的殷鉴。

在共产党方面和约的签字几乎完全是列宁一个人的力量。那时托洛茨基是外交部长，第一次出席和会的是越飞。一九一八年一月七日乃改为托洛茨基自己出席。这是列宁的意思。托洛茨基说："和居尔曼子爵与贺夫曼将军讲和不是一件有意思的事件。"但是列宁说："要使得和议延长，不可没有人去做延长的工作。"他的意见与列宁并不是一致的。列宁是始终主张无条件签字的。托洛茨基则以为一定等到德国人真正动兵，最好经过相当的抵抗，然后可以屈服。如此可以使得国内的人谅解政府出于万不得已，以减少内部分裂的危险；同时可以使得国外的人明了共产党不是德国军部的傀儡。他没有出席以前向列宁陈说：俄国是不能再战的了。德国人能再战吗？德国的兵士是何心理？俄国革命在德国发生的影响如何？正月里德国的罢工是工人与军部破裂的表现……列宁回答他道："这是很动听的。这种问题不是没有关系的。不过这是危险的，很危险的！假如德国的军国主义者还有力量来攻我们（而这是最可能的事），那又怎样呢？我们不敢冒这种危险；因为我们的革命是目前世界上最重要的一件事！"

托洛茨基到了和会以后又提议："和而不签约"。列宁叫他回来面谈："这是很动听的。如果贺夫曼将军不能进兵，这种办法是再好没有的了。不过这种希望是很少的。他一定把特别选择的南德农夫所组成的军团运了出来。那又怎样呢？……当现在的时候我们的革命比任何其他为重要。我们一定要使它安全——不论出任何的代价。"

托洛茨基告诉他党内或者要分裂。列宁答道："不错的。但是目前的问题是革命的运命。……我们一定要保存革命。与其等武力来推翻革命，不如听党内分裂。何况分裂是未必实现的——左派将来气过了会回到党里来的。若是德国人征服了我们，我们没有一个能够回来的。"

最后托洛茨基表示他不过要使得国内外了解共产党是万不得已才签字的，并不赞成继续"革命战争"。列宁才勉强采用他的"和而不签约"的政策。果然不出列宁所料，德国决定于二月十八日进兵。托洛茨基还要等到德国兵真正进攻后，方肯签字。列宁不听。因为列宁的主张中央委员会才通过发电屈服。然而因为采用托洛茨基的政策，最后的和约比以前的苛刻——各种损失以外，又丧失了爱沙亚尼、拉底维亚，承认了乌克兰的单独和约，偿付了相当的赔款！

当中央政治会议最后讨论签字问题的时候，有人问列宁："假如德国人不管我们签字不签，仍然进攻莫斯科，那又怎样？""我们向东走，到乌拉尔山，再向德国表示我们愿意签字。西比利亚的古士奈茨克（Knsnetsk）是一个很大的煤田。我们利用乌拉尔和从莫斯科、彼得堡带去的工人，发展工业，建设乌拉尔—古士奈茨克共和国。有必要的时候，我们可以越过乌拉尔山再向东走。只要我们能一致团结，我们不妨去到勘察加。国际形势会得有几十回变化的。我们可以把乌拉尔—古士奈茨克共和国的国境推广，回到莫斯科彼得堡。若是我们目前继续作革命的战争，把我们党和劳工的精华丧失了，当然我们永久不能回来！"

托洛茨基没有去签字，并且辞去了外交部长。但是他仍旧加入政府，努力革命——并没有告病假或是脱党。他辞职的理由是要使得德国人，觉得苏俄真正屈服，不再有旁的要求。

华北是我们的乌克兰；湖南、江西、四川是我们的乌拉尔—古士奈茨克，云贵是我们的勘察加。我愿我们的头等首领学列宁，看定了目前最重要的是那一件事，此外都可以退让。我们的第二等首领学托洛茨基：事先负责任，献意见；事后不埋怨，不表功，依然的合作。我愿我们大家准备到勘察加去！

（据《大公报》，1935 年 7 月 21 日）

实行耕者有其地的方法

九月十五日蒋廷黻先生作《大公报》"星期论文"题为《民族主义不够》。他的大意是："我们所处的是非常的时期。没有大力量的政府及政策，我们不能渡过这难关。……单纯的民族主义的运动已经过期了。现在的民族主义不加上高度的社会主义或民生主义，不能成为大有力的发动机。……我们所须行的就是耕者有其地。"

九月十六日阎锡山先生就发表了他的《土地公有案》。他的办法是由村公所发行村公债收买全村土地为村公有。然后按照全村农民劳动的能力把土地分给他们耕作。十八岁授田五十八岁还田。收买土地的公债只分年还本，不付利息。还本的担保是：（一）动产不动产的百分之一的保护税。（二）百分之三十的利息所得税。（三）百分之十的耕种收入所得税。（四）百分之一的耕农以外的劳动所得税。

阎锡山先生的方案当然与蒋廷黻先生文章毫无关系。我所以把它们相携并论的原故，因为一个负实际政治责任的人和一个大学历史教授不约而同的主张实行"耕者有其地"的政策，足见这个问题已经由理论而转入实际政治了。

"耕者有其地"原来是国民党的口号。但是自国共分家以来，国民党右倾，早已把这个口号忘记。近来不但忘记而且有不少反对的论调。综合起来，反对的理由不外乎下列的几点：（一）目前田赋很重，地主收租有时还不够纳税。如果把地权转移于耕农，田赋当然随之转移。耕农的担负反而增加。这个理由显然是不能成立的。因为田赋比田租还重，是极少数的例外，而且这种状况也决不能持久的。（二）把土地所有权移转于耕农，不论用任何方法，地主免不了吃亏。在革命潮流极盛的时候，或者可以用革命的手段破除一切阻力。现在已经右倾了多年，忽然要实行革命式的土地政策，一定不能成功。我以为这理由也不是充分的。国家（或是党）的政策随时可以应需要而变更的。一九二二年列宁实行新经济政策。一九二八年斯丹林不妨把它取消，而且更严厉的实行五年计划。假如国民党是个活的党，不难把农民的同情来扫除地主的阻力。何况实行的方法未始不可比较的和缓，使地主不致于不能生活。（三）农民的需要不是土地所有权，是增加生产。这话也是似是而非的。假如我们仅仅给农民一张空纸，承认土地是他的，而不能丝毫减轻他的担负，当然不是一个办法。使"耕者有其地"的目的是要消灭田租，使农民多得收获。这比增加生产容易得多，而且心理上的影响也不是单单增加生产所能比拟的。

所以我以为"耕者有其地"的政策在目前的中国是有实行的必要，并且有实行的可能的。我并不是说"耕者有其地"以后农村一切问题都已解决——土地不敷分配，生产力薄弱当然如故。然而最受痛苦的农民因此而减轻地租的担负，于政治上、经济上，都有极好的影响。

不过实行这种政策困难很多。讨论土地问题的人往往引外国的成例：爱尔兰如何，丹麦如何。不知道人家的土地早经测量过的。户籍早经登记过的。我们则只有几种极其靠不住的估计。不但是耕地究有多少亩，佃农究有若干户，不能知道，就是简单的纳税的册子都找不出来。试问如何下手。不论用甚么方式来抵补地主的损失，至少先要做个预算。土地根本没有图，没有登记。预算就无法可做，不用说抵补地主的损失，钱从何来？当然是最重要的问题。

我们看阎锡山先生的提案知道他对于这几点并不是没有注意。他用的方法是"快刀斩乱麻"。土地没有清丈，不要紧的。"一村的土地情形，村中人原即明白"——即不清丈，不调查，"也未尝不能分配"。以四种税款偿还收田公债，是否足用？"偿还无利公债无所谓足用不足用。税款如不多，偿还可多分年限。"

阎先生方案中的"公有"及"授田还田"等制度是否利多弊少，是否可以实行，姑不具论。（读者可以参观萧铮先生的《评阎锡山氏之土地村有》和刘君煌先生的《中国农地问题与阎锡山氏之土地村有计划》。）他以村为主体来分配土地，担负公债，的确可以免除许多困难。但是这种办法在都市不发达的山西，在村公所、村长制度比较完善的山西，或者有实行的可能。在其他省分一定无法着手。地主占势力的村子，一定乘机剥削贫农。贫农占势力的村子，公债担保一定分文无着。

其结果必引起地主与贫农的纷争与仇视。我以为阎先生的办法最好先在情形单简的山西，选几县试办。如果成绩昭著，再推行全省。目前中央恐怕没有普遍采用的可能的。

关于收买土地的财政问题吴景超先生有一个很巧妙的办法。他在他的《耕者何时有其田?》（《独立评论》一六五号）那篇文章里面提议，政府以土地债券向地主购地，给与佃户。债券的本息由佃户于若干年内摊还。"其数目之多少，以不加重佃户负担为原则"。他举一个例：有地值一百元，每年收租七元。政府以土地公债一百元给地主，令他将土地让与其佃户，而令佃户分年将公债一百元本利还清。假如公债利息定为六厘，佃户每年应出利息六元，比他现在所出田租较少一元。这一元就拿来还本，如此计算，三十三年之后本利就可还完，土地完全为佃户所有。

吴先生的办法的确很巧妙的，但是三十三年之内农民的担负虽然没有增加，却是分文没有减少！农民在这长期时间所得的好处不过一张契纸。政治上经济上所发生的影响必等于零。

要使得"耕者有其地"而同时农民担负减轻，一定要政府筹大宗的款项来供收买土地之用。这种款项的来源最好是清理田赋。人人都知道中国的田地不但税则轻重不均而且漏税的极多。假如清理起来，收入一定可以增加。照近二十年来清丈的结果言，江南浙西漏税地少，江西两湖等省漏税极多。据我所知，江苏的宝山无粮之田为百分之零点三，昆山为百分之八，浙江黄岩为百分之四，但同省的衢县却为百分之百！听说江西南昌测量的结果，田地比完粮的亩数要增加三分之一以上。全国平均计算，如果实行土地测量，把无粮之田地变为有粮，田赋收入一定可以增加四分之一以上，大约是有把握的。

清理田赋不用说一定要举行土地测量。一般人听见，一定要以为迂远难行。其实近年来土地测量的结果不好，完全由当事者办理不善而且不"度德量力"的原故。杭州举办土地测量用款一百数十万！就是南昌用航空测量，也用款二十余万。这是因为地图力求准确，缩尺过大——千分之一——的原故。假如准确的程度只要百分之八十五，缩尺只要四千分之一（为土地登记暂时本已可适用），我曾经详细计算，用航空摄影，每年用款二百五十万到三百万，五年之内就可以测量一百万平方公里。全国可耕之地除外蒙，西藏，东四省，青海，西康，新疆不计外，大约最多也不过此数。

我以为政府应该采用吴景超先生的方法以土地公债来收买土地，分给佃农。公债的利息由佃农担任。还本则五年以后开始。五年之内由中央集中全力用航空摄影完成耕地土地图，缩尺以四千之一为标准。五年之后清理田赋所得的收入，全数用于公债还本。如此则佃农土地所有权可以早定，担负亦可于短期之内逐年轻减，"耕者有其地"的政策方有实现的可能。

（据《大公报》，1935 年 10 月 13 日"星期论文"）

我国的科学研究事业

　　科学研究事业在中国才不过有二十年的历史，而中央政府所属的机关，有中央研究院，北平研究院，实业部的地质调查所、农业实验所、工业实验所，经济委员会的蚕丝改良会、棉产改进所、茶叶及畜牧改良场、卫生实验处，以及军事机关所属的实验室等等。再加上各大学的研究院和各省政府所属的研究机关，如两广、湖南、河南地质调查所之类。政府所用于科学研究的经费，合计起来在三百五十万元以上。此外私立的团体，在北平有静生生物调查所，在塘沽有黄海工业化学研究社，在天津有南开大学经济学院，在南京有中国科学社的生物研究所，在重庆有中国西部科学院，他们经费一共大概在三十万元左右。所以公私两方面用于科学研究的款项，每年当不下四百万元。

　　要在几十分钟里面说明公私各机关的工作成绩，当然是不可能的。最近蔡孑民先生在六中全会纪念周讲演，有一篇有系统的报告，登在十一月五日至八日的《中央日报》，诸位可以拿来参考。我今天与下次二十八日讲演，只能就我所知道最详细的几个机关，向诸位报告。

　　中国科学研究机关成立最早的是实业部的地质调查所。民国元年南京的临时政府，在实业部矿政司之下，已经设了一个地质调查所。民国二年北京政府把它改为地质科，三年又改为地质调查所，仍属于矿政司。田野的工作民国二年已经开始。同时为养成技术人员起见，农商部与北京大学合办了一个地质研究所。民国五年，地质调查所改为地质调查局，离开了矿政司而独立。以后虽然再由局改所，但是性质上仍是农商部的附属机关，与民国五年以前不同。地质研究所同时于民国五年停办，毕业的学生就是当日地质调查局的基本职员。

　　地质调查所开办的时候，大部分的工作是研究中国的矿产，特别是煤铁。铁矿研究当日有瑞典的地质家安得生先生指导。从民国五年到民国十年，五年之间，所发现的新的铁矿有一万万吨之多。同时所有北方的重要煤田都经过了科学的研究。结果是我们第一次对于中国的煤铁储量，得到了比较可靠的估计。许多人都知道，六十五年前，有一位著名的德国地质家李希霍芬（Richthofen）子爵到中国来做地质旅行。他在中国不过两年，而旅行的区域很广，所以当然不能做任何详细的工作。他看见中国到处有煤——尤其在北方几省——而且当时山西的土法炼铁，还没有受外国钢铁的影响。所以他以为中国的煤铁工业，前途异常远大。从此世界上人都以为中国是矿产最丰富的国家，是第二个美国。1896年德国人的侵略胶州，以及各国人的要求矿权，都是受了他宣传的影响。等到地质调查所成立以后，我们详细研究的结果，才知道一方面可以发现新的铁矿，一方面旧式的铁矿事业，如山西的平定潞安泽州，没有存在的可能。煤量虽然比铁矿丰富的多，但也远不及一般人想象之大。民国二年国际地质学会所出版的《世界之煤量》，说中国的煤量，有九百九十六亿〈吨〉之多。地质调查所研究的结果，才知道实在的煤量不到上面所说的数目四分之一，而且大的煤田，离海岸很远，可以炼焦的烟煤，并不很多。所以中国的富源，不能希望与西欧或北美作比较的。

煤铁如此，石油、铜、铝、金、银等矿也是如此。这种矿分布都有相当的面积，储量都不很大。只有江西的钨、湖南的锑、云南的锡是我们的特产——尤其是钨与锑，这两种金属品我们可以支配世界的市场。

地质调查所基本的职务是测量全国的地质图。地质调查所普通用的比例尺，除去了特别重要的地点以外，是二十万分之一。已经出版的材料一部分是二十万分之一，一部分是一百万分之一。一百万分之一的地质图，照国际协定，每张应包括纬度四度，经度六度。如果把新疆、西藏、蒙古、青海、西康、东三省除外，应该有三十张图，才能够普遍全国。二十年努力的结果，已经测量的面积，只够做十二张图。但是所测量的面积已经在一百五十万方公里以上！

除去了研究矿产、测量地质图以外，与地质有关系的科学，如矿物、岩石、古生物，当然也在地质调查所工作范围之内。其中古生物尤为重要。因为要作地质图，先要知道地层的分类，古生物学是地层学的根本。民国九年，地质调查所与北京大学合聘前美国哥伦比亚大学教授葛利普先生（Grabau）为古生物组主任兼北京大学教授。葛先生不久就训练一班青年，做中国古生物的工作。地质调查所出版一种《古生物志》，专门印刷这种工作的结果。《古生物志》第一册是民国十年出版的。到民国二十二年为止，共出了七十册，共有六千四百多页。中国人之外，有英、美、德、法、瑞典古生物家的著作。《古生物志》变成功国际上很有名的刊物。除古生物之外，地质调查所还出版了二十四册汇刊，十七册专报，一共有七千几百页。这几乎完全是本国地质学者的著作。

上面所说的都是地质学者分内的工作。近几年来地质调查所于它的分内工作以外，又研究地震、土壤、燃料与先史。

地震的研究，完全是地质调查所长翁文灏先生个人兴趣的产物。民国九年，甘肃大地震，受害的人在十万以上。翁先生那时代理地质调查所所长。到甘肃去调查回来，就注意中国历史上关于地震的记录。民国十九年，因为有朋友捐助，才在北平的西山建筑一个地震室。设有Wiecher地震仪两副，Galitsin仪三副，适合于所谓头等地震室的设备。从十九年以来，继续观察，每两月出专报一册，与世界各国的地震研究交换。

地震研究室成立以后，不久地质调查所又受中华教育文化基金会的委托，组织土壤研究室。先后请了两位美国人主持其事。慢慢的训练了许多本国的青年作土壤调查的工作。并且发行一种土壤专报，登载他们工作的结果。

许多年努力于田野工作的结果，大家渐渐觉得在中国很少有发现大量石油的希望。于是地质调查所渐渐的注意到利用煤提炼汽油的问题。起初也得到私人捐款，最近又受经济委员会的补助，在南京建筑燃料研究室，专门研究低温蒸馏与氢化，希望将来能够利用我们的煤，来供给我们汽油的需要。

最后还有和协和医学校合作的新生代地质研究室。民国十年安特生先生在距北平一百里的周口店地方，发现了脊椎动物的化石。民国十六年，地质调查所得到了罗氏基金的补助，请协和医学校解剖系的主任布拉克先生为名誉主任，领导杨钟健、裴文中先生，在周口店石灰山洞开始大规模的发掘。不久就发现了所谓"北京人"（Sinanthropus Pekinensis）的遗骨。这是世界上最古的人种之一。到现在为止，寻得了有二十几个人的遗骨。并且有石器和用火的遗痕。这是我们对于世界先史学上极大的贡献。所以现在国际科学界几乎没有人不知道中国地质调查所工作的重要。

这是我国最早研究科学机关的小史。现在大多数人都知道地质调查所的成绩，但是很少有人了解他的成功的秘诀和当事人的牺牲。民国以来，北京政府设的研究机关，地质调查所以外，还有许多，何以只有这个至今存在而且受社会上的称许呢？

第一，地质调查所是一个极穷的机关。民国五年开始组织的时候，预定是十二万元一年。从民国五年到民国十五年，每年实在收到的经费，平均不过五万元。最少的时候，不到三万元。到至今政府所给的经费也还不过七万二千元。当事人的困难，可以想见。但是正是因为穷的缘故，所以免去了许多政治上的干涉。因为经费少所以薪水也比较的少，而且田野工作，是件极苦的事。很早的时候，大家都知道地质调查所工作极其紧张，而待遇极薄。起初还有人向所长乱荐条子，到以后不是对于地质真有兴趣的人，提到地质调查所就摇头不愿意加入。因此在政治很混浊的环境之下，地质调查所居然能够没有受它的传染。民国以来，任何政府机关的长官都常常更换。惟有地质调查所始终只有过两个所长。现在的所长翁文灏先生在职已经十四年。管辖他的农商部实业部部长和代理部长的人，却更换了二十个以上！因为穷所以能不养闲人，所以所长能久于其事。这是地质调查所成功的第一个条件。

第二，从开办以来，地质调查所即注意于实用问题。不但他们发现了许多新矿，而且调查地质矿产的人，随时随地帮开矿的人忙。不论是测量矿区图，或是地质图，化验矿质，决定打钻地点，只要是真正办矿的人，地质调查所都愿意帮他工作，帮他计划，个人与机关都不受任何的酬报。所以矿业界的人，都知道地质调查所是他们的朋友。遇有政治上的困难，大家出来替它说话。而且这二十年中，私人捐助它的款项，将近廿万。所有地质调查所在北平的图书馆，解剖室，古生物与燃料研究室，地震室，都是用私人的捐款来建筑的。政府的研究机关，而得到大量的私人捐助，恐怕只有地质调查所一个。

第三，地质调查所能够充分的利用外国学者。近几年来，许多研究科学的青年，受了民族主义的影响，往往不愿和外国人合作，或受外国人指导。不知道这是大错误的。科学原来是西欧的产物。欧美人研究科学，至少已经有一百五十年的历史。我们才不过二十年。人家当然比我们高明，我们当然要与外国人合作，受外国人指导，方始有赶上人家的希望。反过来说，有许多政府机关雇用外国人，往往不能用他，而为他所用。不知道外国人虽然比我们高明，但是他不会说中国话，不知道中国的需要。没有相当的中国人作领袖来指挥他，不但他不能尽其所长，而且还要误事。况且一般的外国科学家虽然比我们高明，但是能够指导我们而又能到中国来的人，却是少数。地质调查所所聘用的外国人，都是头等人才，都在长官指挥之下，与他的中国同事合作，所以才能收相当的效果。

上面所说的几个条件，虽然重要，若是没有一个很牺牲自己的所长，地质调查所也决不能有今日的成功。当民国十四年到民国十六年地质调查所最困苦的时候，翁文灏先生完全不要薪水。二十三年前，所长是荐任官，但是翁先生因为不愿意离开地质调查所，所以不愿意作清华的校长和教育部部长。目前所长改为简任官了，而翁先生拿的是简任官最低的俸给。这种精神，当然传播到全所职员心里面。许多人宁可少拿薪水，不愿意离开地质调查所。作田野工作的人，把吃辛苦，冒危险，当作极平常的事。民国十八年，赵亚曾先生奉派往四川到云南。宁可在昭通被土匪打死，不肯放弃原来调查的计划。民国十九年冬天，王恒升先生在黑龙江边界被俄国的军队当作奸细捉了去，关在西比利亚监狱里，喝凉水吃黑面包十八天，两次几乎枪毙。等到他被放出来，到了满洲里，他照常的作他的田野工作。一直等到预定的计划实行了，方始回去。这种精神，是我们民族复兴的根本。我愿意青年人个个都知道这种事实，个个都学他们的榜样。

科学研究机关继地质调查所成立的，是科学社的生物研究所。科学社是我国留美学生所组织于民国四年在美国绮色佳城成立，民国七年办事机关从美国迁到本国来。当时的事业是编印所谓《科学》，是一种通俗的杂志。民国九年秉志先生从美国回来担任东南大学的动物学教授。秉先生是科学社的发起人，并且是第一届理事之一。他是最热心研究的人，但是东南大学原本是高等师范改的，不但仪器设备很简单，房屋很窄小，而且教课很繁重，当局对于研究的工作也没有提倡的能力。于是秉先生就想利用科学社来做研究生物学的根据。恰巧财政部把南京成贤街文德里的官产拨给科学社做社所。除去了办公室，图书馆之外，还有几间余屋。秉先生就联合他的朋友东南大学植物学教授胡先骕先生提议在科学社里面组织一个生物研究所。于十一年成立，秉先生做所长，胡先生做研究员。当时生物研究所只占得两间小房子，每年的经费只有二百四十元！秉先生胡先生不但不支薪水，而且同他们的朋友陈焕庸、陈桢两先生各人把他们自己的书籍拿了出来，放在科学社作为公共的图书馆。所必需的仪器药品都从东南大学借得来使用。日里忙了教习，没有时间，晚上吃了晚饭以后再跑到所里来工作。十二年又向科学社要得两间大点的房子，做陈列室。这一年的秋天，江苏省政府决定一个月补助他们三百元。从十二年到十五年这三年之中，科学社生物研究所的经费一年一共不过三千八百四十元，但是秉先生和他的朋友们分别担任采集，陈列，研究各项的工作，先后发表了八篇论文。他们的工作都是夜里和夏天做的，因为别的时间都忙了教书。我还记得十三年夏天，科学社在南京社所开十周年纪念大会。那一天天气酷热，屋子里坐不住，会里一切程序都在露天举行的。吃了晚饭以后，举行各种游戏和娱乐，我到处找秉先生，看不见他的影子。到后来才知道他和他的助手都藏在楼上抱着他们的显微镜呢！不久江浙战争起来，南京屡次发生恐慌，但是秉先生们不但没有搬家逃难，而且每天照常工作，没有间断过。

十五年以后一直到现在，科学社受了中华教育文化基金的补助，经费比以前渐渐的宽裕了。补助费第一次是一万五千元一年，目前是四万六千，最多的时候也不过五万。而生物研究所一面常川派人在野外采集标本，一面建筑新屋，增加设备。现在仪器，陈列室已经粗备，出版的论文有九十多篇，藏书几千余册，标本五万多件。用款的经济，比一般政府机关真可谓有"天渊之别"了。

科学社生物研究所的工作，大部分注重于分类。近几年来颇有人责备秉先生，以为他的工作太不时髦了，太狭隘了。这种批评是不公道的。不错，在欧美各国动植物的分类学是已经过时的了，然而这是因为他们已经把本国的动植物的种类分布，在这二百年中弄明白了。并不是分类学不重要。我们则刚刚着手。譬如与动植物有实用关系的莫过于渔业、农业和森林。假如我们连有几种鱼，几种树，几种害虫，都说不明白，如何能讲到应用，高谈深造呢？秉先生做分类的工作，在他个人是一种牺牲，因为他本来是学体形学（morphology）的：他个人的兴趣原不在分类的。动植物学范围太广泛了。要把各种研究工作都包括在一个机关里面，本来是不可能的。何况他的经费，只有四万六千元一年呢！

我开始已经说过，中国现在的研究机关渐渐增多起来了。我所以单讲地质调查所和科学社的生物研究所的原因，一来是时间不够，二来是我个人对于这两个机关特别的知道清楚，尤其是他们两个都经过艰难困苦的创造。我不是为我的朋友来"标榜"——他们的成绩具在，用不着任何人标榜的。我是要使有志的青年，知道这种事实，"闻风兴起"。我常常对中年人说："现代的青年比我们高明。"我也要对青年说："社会不是万恶的，有几个前辈的做人治学的精神是足以做青年人的模范的。"

我今天所要讲的是我国科学事业的联络与合作。但是我先要说明中央研究院的历史与任务。

中央研究院是民国十七年四月成立的。照它组织法，它是中华民国最高学术研究机关，直接隶属于国民政府。它的任务，一是实行科学研究，二是指导联络奖励学术的研究。为实行第一种任务，中央研究院共设立了十个研究所。物理，化学，工程三个所因为要同国内外工业机关联络，所以设在上海。此外天文，气象，地质，动植物，心理，历史语言，社会科学与管理行政的总机关都集中在南京。由此看起来，中央研究院研究的范围是极其广泛的，一方面包括自然科学的大部分，一方面包括社会科学与历史语言。要了解它研究的内容，我们可以把它的任务分析为三种。

第一是许多有常轨的任务（Routine service），如天文研究所的推算历本、观察变星、数日中黑子；气象研究所的观察温度、气压、风向，报告天气，显然是属于这一类的。不但如此，就是化学的普通分析，工程的标准试验，物理的地磁测量，地质的测绘地质图，动植物的采集标本，都可以算是一种有常轨的任务。严格讲起来，这不能算是研究（Research），但是这是许多研究工作的基本，而且往往要经过长期的时间，才可以得到结果。譬如工程师要建筑桥梁，防止水患，农林家要改良农产，提倡森林，都要知道许多年这些地方的平均的雨量。这种工作，在任何国家，都是由政府直接担任的，担任这种任务的机关，往往是独立的。在中国却偶然的容纳在一个总机关——中央研究院——之下。这当然可以有很明显的好处，因为在一个机关之下，比较的容易使得做这种工作的人互相联络，互相援助，一切工作合理化、合作化，以最少数的经费，来做最大量的任务。

中央研究院最重要最有实用的任务，是利用科学方法来研究我国的原料和生产。在我们工业落后的国家，要自己有新异的发明，是很不容易的。然而我们有我们特殊的天产、传统的技能。假如我们能了解我们原料的质量、生产的原理，很容易利用新方法来改良旧的工业，或是开发新的富源。譬如矿产，用地质学的方法来发现新矿，我上次讲演已经提到实业部地质调查所的成绩了。现在我要就中央研究院地质研究所的成绩来举一个例。

浙江平阳矾山铺地方，向来是出明矾的。五年前中央研究院研究员叶良辅先生去调查，方才知道这是世界上第一个大的矾矿。它的储量，将近三万万吨。矾矿（Alunite mued）原来是一种硫酸钾铝。我们现在用土法把它做成明矾（alum）价值很少，而且销路很窄。每年出产不过值六十多万元。假如我们能把原来的矾矿一方面制造成氧化铝，作为炼铝的原料；一方面制造成硫酸钾，或是利用一部分的硫酸，制造硫酸铔，所得到的结果，就从用途很有限的明矾，变为几种销路极大的必需品。每年生产的能力，一定可以增加几十倍。目前这一个问题中央研究院化学研究所和塘沽的化学工业社都正在着手研究。因为技术上还有困难，所以还没有到真正成功的地步。但是知道矾山铺的矿量如此之大，就是这种研究的发动点。因为矾矿当然外国也是有的，不过矿量都比较的很小，所以不值得注意，不值得研究新法子利用它制造铝或是肥料。我们既然知道这种矾矿是我们很大的富源，当然不肯轻易放过，仅仅把它作为制造明矾的原料了。

大家都知道瓷器是我们老祖宗所发明的。而近年以来，我们的瓷器业慢慢的衰落，不能与日本的瓷器竞争。最重要的原因只不外乎两种：第一我们制造瓷器的工人，只知道遵照历代相传的方法来做坯做釉，烧窑。对于一切作用，但知其然而不知其所以然。譬如为甚么缘故表面上一样的陶土，在景德镇可以做白瓷，在宜兴只能作紫沙？你要问烧瓷的工人，他说不出原故来的。所以不但不能进步改良，而且因为原料质量的变迁，出产品反退化起来。第二因为是外国的瓷器是用机器作的，质量都有一定的标准。我们是完全用手工，质量不能一定。诸位只要到瓷器店里看看江西出的碗，同一个窑的出品，大小形式都不能一样，就知道新旧式工业的优劣和我们应该努力的途径了。中央研究院在工程研究所里附设了一个陶瓷试验场。先与地质研究所合作，把江苏、浙江、福建、江西、湖南各处的陶土釉料，彻底研究它们地质上的成因储量，用标准的方法，采取矿样来分析试验，使各种的原料，都可以标准化（standardization），然后选矿量最丰富、矿质最适用的原料，用小规模的机械，试验制造陶器。这种工作，开始还不很久，但是我相信短期里总可以有相当的结果，可以作我们陶业复兴的基础。

还有许多农工业上常用的方法，在外国可能，在中国不可能。要想模仿人家，必须要了解中国的环境，重新自己研究。譬如棉花有几种重要的病害，像炭疽病、角斑病、苗萎病和立枯病。这都是因为细菌妨害棉子的缘故。这种细菌，一部分附生于棉子的壳上，一部分藏在土壤里面。在外国都是在播种的时候，一面把棉子用药品消毒，一面把毒药撒在土壤里面。在中国这种方法，都不能采用。一来因为药品要向外国购买，价钱太贵，二来因为我们的农民太穷，花不起这种消毒的资本。而这种病害，在我国极其流行。受了这种病的棉花，或是发黑生斑，或是枯萎，每年损失很大。最近中央研究院动植物研究所邓叔群先生研究这个问题，得到了解决的方法了。他试验的结果，如果在播种以前，先把棉子放在滚水里面浸过，棉子壳上所附生的毒菌，都可以杀死。棉子壳子很厚，在滚水里浸过，不但无害而且可以使它早点发芽。再用氯化汞和草灰涂在棉子上面，然后播种，上面所说的病害，完全可以消除。氯化汞是一种毒药，可以消灭土壤里的病菌。因为不撒在土里面而用草灰相和，杀菌的效用相同而所需要的数量较少。而且我国农民的习惯都先用草灰拌子而后播种，所以如此办法并不多费人工。滚水是不用费多少钱的，据邓先生计算，用他的方法，每一亩地所用的棉子，只要用一两氯化汞，就可以发生效力。一两氯化汞照市价才不过一角多钱。比外国所用的旧法子经济得多了。如果我们的农民能够利用这种方法来种棉花，每一亩只要花极少数的钱，就能完全防止四种病害，减少的损失，至少比消毒所费的钱要多十倍。

麻黄原是中国的旧药，但是用法极不科学。自从陈克恢先生在协和医学校研究证明麻黄里所含的精 Ephedrine 是治哮喘病的特效药，麻黄的真正作用方才明了。所以现在北平研究院特设了一个药物研究所，请赵石民先生研究中国药材。中央研究院的化学研究所，也有人和赵先生合作做这种工作。但是比药物尤其重要的是我们的食品问题。谁都知道中国劳工的效能极低，比不上欧美人的一半。譬如中国的矿工，一个人工作十二小时，平均只能挖煤半吨。英国的矿工，在差不多同样的情形之下，工作八小时，能挖煤一点二吨。可是欧战的时候，中国这种矿工，被英国人运到法国去挖战壕。吃的面包牛肉，工作的效能并不在西欧人之下。劳动阶级的工人如此，小资产阶级的学生也是如此。凡是检查过中国学生身体的人，都知道中国的学生，体格发育，大都不能健全。其原因都是因为所吃的东西，不够营养。我们不能希望个人都能吃肉，但是希望学化学的人，研究我们通常的食品，决定它们的营养价值，使得我们能用科学的根据，来重新分配我们的食品。根据清华大学教授萨本铁先生的研究，北平的大萝卜所含的生活素，与美国橙子一样。果然如此，不但穷人应该多吃萝卜，有钱的人也可以少买一点美国橙子。中央研究院化学研究所正着手研究这一种问题。如果能在我国国民经济能力范围之内，改良我们的食品，一般国民的工作效能，一定可以增加了许多。

凡此种种，举不胜举。上面所说的不过就中央研究院已经着手的问题，随便举几个实例而已。

以上所说的两种任务以外，中央研究院还有许多工作，一部分是没有直接经济价值的，如所谓纯粹的物理和化学。一部分是完全没有经济价值的，如历史语言人种考古。

先讲所谓纯粹科学问题。国家是否应该花许多钱来提倡没有直接经济价值的研究。世界各国，在过去与现在都有人提出这个问题。可是事实上凡是应用科学发达的国家，没有不同时极力提倡纯粹科学的。美国有许多纯粹科学研究，都是实业界花钱。因为纯粹与应用，根本无从分别的。许多科学的应用，都是发端于所谓纯粹的研究。这种例举不胜举。工程学的全部是从物理化学来的。无线电和 X 光线就是很明显的实例。就地质学而言，最无用最纯粹莫过于古生物。近来美国因为搜求油矿，不能不利用古生物来计算油层的上下深浅。古生物学一变而为石油地质学者的必需科目。翁文灏先生说得好，科学是整个的，本无所谓纯粹与应用。与其说应用的科学，不如说科学的应用。

其次要说到历史语言考古人种和所谓社会科学，这里面一部分是最新的科学，如考古人种；一部分是最古的学问，而最近才科学化的，如历史语言。既然科学化了，它的性质与所谓自然科学，就没有根本的分别。凡上面所讨论纯粹科学的话，都可以引用到这里来。而且在今日的中国，研究这种学问的人，还有一个很大的使命。中国的不容易统一，最大的原因，是我们没有公共的信仰。这种信仰的基础，是要建在我们对于自己的认识上面的。历史和考古，是研究我们民族的过去，考古人种及其他的社会科学是研究我们民族的现在。把我们民族的过去与现在都研究明白了，我们方能够了解自己。最明显的例，莫如历史与考古。许多守旧的人，还相信上古有"黄金时代"，所以主张维持旧礼教、读经、复古。中央研究院近几年来，在河南安阳县发掘商朝时代的旧都与陵墓，得到许多材料，使我们了解那时候人的生活状况。他们迷信的奇异残酷，生活的简单幼稚，很可以帮助我们打破"黄金时代"的观念。

譬如一个皇帝死了，殉葬的车马器皿不算外，还要砍几百个人头，埋在四面，宫室大都是板筑，因为砖瓦还没有发明。皇帝的祭祀、田猎、战争，一切都听命于卜卦。把龟板上挖一个窟窿，用火烧它，然后再看上面的裂痕，来断定所卜的吉凶。如果主张复古的人是对的，复古应复到甚么程度？假如我们恢复到商朝的文化程度，我们又如何能够生活？考古历史的贡献如此，其他也复如此。了解远东各种民族根本是无大区别，有测量可证；了解各种方言完全是一种语言的变相；了解中华民国是一个整个的经济单位，分裂以后，无法生存；然后统一的基础，才建设在国民的自觉之上。

以上所讲的是中央研究院实行科学的办法。至于指导联络奖励学术研究的任务，是由中央研究院的评议会主持。评议会一共有四十一个会员。中央研究院的院长与十个所长，是当然会员。其余的三十个人是由各国立大学校长选举，再由国民政府聘任的。第一任的评议会于本年九月成立。凡国内重要的研究机关，如北平研究院，地质调查所，农事实验所，科学社的生物研究所，中华教育文化基金会的静生生物调查所，黄海工业化学研究社，北京、清华、武汉、中央、中山、浙江、南开、协和、燕京各大学都有代表当选。所以中央研究院的评议会，是一个代表全国学术研究的机关。开会的时候，照中央研究院已经设立的科目分组。再由各组委员会，调查全国研究机关的成绩和全国学者所发表的著作，以为将来联络合作的基础。

其实在评议会成立以前，国内的研究机关，已经有相当的联络与合作。譬如地质，有实业部的地质调查所，中央研究院的地质研究所，两广地质调查所，河南地质调查所，湖南地质调查所。近几年来这五个机关的工作，都有合理的分配，后来没有丝毫的重复，并且各机关互相援助，不分界限。譬如去年两广地质调查所调查广西地质，职员不够分配，就由中央研究院派了两个人加入。中央研究院派了一个研究员到云南调查矿产，地质调查所又派一个调查员做他的助手。湖南地质调查所经费不足，中央地质调查所每年就津贴它八千元，并且派人在湖南帮他们工作。又譬如生物，中央研究院的动植物研究所，中国科学社的生物研究所，在北平的静生生物调查所，北平研究院的动物植物研究所，都商量得有分工合作的办法。在北平的机关，担任中国北部的生物调查。科学社担任扬子江流域生物的分类，中央研究院则注重沿海的海洋生物。沿太平洋的国家有一个太平洋科学协会。会里面有一个研究海洋学的委员会。各会员国家都设有分会。本年四月，中国的分会，由中央研究院发起成立。分为：一、渔业技术；二、渔业；三、珊瑚礁；四、物理海洋学；五、海产生物学五组。各组会所代表的机关，除中央研究院外有北平研究院，中国科学社，静生生物调查所，实业部，海军部海道测量局，山东、厦门、中山各大学，青岛市观象台，中国动物学会，江浙两省水产试验场等团体。当时决议在厦门、定海、烟台、青岛四处设立海洋生物研究室，由厦门大学、中央研究院、北平研究院、山东大学和青岛观象台分别主持。同时海军部海道测量局，用资源委员会、财政部盐务署、中央研究院三处的补助费，提前测量扬子江口到海州的海道详图。第二舰队又把定海军舰，借给中央研究院，在山东半岛渤海湾作研究海洋生物的工作。中央研究院的职员常常在各大学担任教课，可是他们虽然兼差却不兼薪。因为中央研究院所有的职员，都受严格的限制，不准以任何名目，在院外受任何的薪水和公费。

此外中央研究院与各方面合作的事业，还有很多，我没有时间详细说明。上面所举的几个例，已经可以证明国内的研究机关，并没有多少冲突或是重复。而他们的互助合作的精神，很可以为其他团体作模范的。

最后还有一个问题，值得我们的讨论。我上一次播音的时候，曾经讲过，现在中国公私方面，每年用于科学研究的款项，大约在四百万元左右。要知道这个数目的意义，我们可以拿其他各国来作比较。据美国中央科学研究评议会（National Research Council）的估计，美国每天所用于工业研究的费用，约为七十五万金元。所以我们全国用于科学研究全年的经费，还抵不上美国用于工业研究的两天的款项。上面所说的数目，还不包括美国各博物院、各大学及政府机关，如中央地质调查所之类，单是地质调查所，每年的经费就有三百万金元之多。各项合计起来，美国全国每年用于科学研究的款项，至少有三万万金元。照现在的汇兑，约有国币九万万元。所以我们用于科学研究的经费，还抵不上美国二百分之一。据赫胥黎（Fulean Huxley）估计，英国人用于科学研究的费用，约为美国四分之一。就是比我们要多五十倍。我们的人口，比美国要多四倍，比英国要多八倍。我们一切工业学术都比英美人落后一百几十年。由此可以知道我们现在所用于科学研究的经费，与我们的需要相比，真正不过是九牛的一毛！

（据《申报》，1935 年 12 月 4 日、6 日、8 日、9 日）

《爨文丛刻》自序

　　《爨文丛刻》共十一种：除去"夷人做道场用经"是谭锡畴先生从四川西部带回来的以外，都是我自己从云南、贵州所搜集的猓猡文。"猓猡"是云南的俗语，含有轻视的意思。他们自称为"聂素"，是云南最重要的土人中之一种，分布在四川、云南、贵州三省。四川、云南交界的大凉山是他们最后的根据地。在山里面汉化的程度很浅。从大凉山向外边走，北到大渡河，南到北纬二十四度，西到西康，东到乌江，都有他们的村落。但是距大凉山越远，汉化的程度越深，种族越不纯粹。他们说汉话的时候自称为夷家。这当然也不能用为人种的名称。《云南通志》普通称他们为爨蛮；所列的爨蛮语言七百七十余字都纯粹是猓猡语。按史记、汉书《西南夷传》都详于地理而略于人种，惟《华阳国志·南中志》讲诸葛亮平南中，"移南中劲卒青羌万余家于蜀……分其羸弱配大姓焦、雍、晏、爨、孟、量、毛、李为部曲"。又说"亮受其俊杰建宁（今昆明县）爨习、朱提、孟炎及获为官"。这是爨人见于史书的第一次。仔细看起来，爨原来是当日这种人中大姓之一。现在所保存的大小爨碑，爨龙颜碑在陆凉，爨宝子碑在曲靖，都是在猓猡的区域以内，前者作于刘宋大明二年，后者作于晋安帝义熙元年（碑称大亨四年）。两碑字都写得很好。爨宝子碑不知道是谁写的。爨龙颜碑的书者是爨道庆。我们可以想见诸葛亮平南之后，猓猡的大姓，如爨习的子孙，汉化程度之深。从甚么时候起爨由姓氏而变为人种的名词，现在不能知道。但是樊绰的《蛮书》的名类篇已经说，西爨为白蛮，东爨为乌蛮。"在石城、昆川、曲阪、晋宁、哈献、安宁至龙和城谓之西爨。在曲靖州、弥鹿川、升麻川，南至陟头谓之东爨"。途程篇说，"第七程至竹子岭。岭东有暴蛮部落；岭西卢鹿蛮部落。第六程至生蛮磨弥殿部落。此等部落皆东爨乌蛮也"。猓猓当即卢鹿的转音（亦即武定之所谓罗婺）。所以称猓猓为爨，从唐朝起已是如此。我现在称本书为《爨文丛刻》，大概没有错误。

西南人种本来极其复杂，一班人对于他们的认识又极其幼稚。所以往往误用猓猓或是苗的名词来混指其他的种族。民国九年我在协和医学校讲演，曾把所有云南的人种做一个有系统的分类。现在略引于下，以备读者参考。

讲云南人种最详细的莫过于《云南通志》。它征引他书所得的人种多至一百二十七种。其实其中同种而异名的不计其数。譬如聂素就是猓猓，摆夷就是僰人，也就是白夷，土人就是土獠，葛猓猓就是个猓猓，鲁吾就是罗婺，摩察就是麦岔，也是维亚尔（Vial）神父所谓葛尼（Gni），阿者就是阿蝎，也就是阿车，母鸡就是鲁机，扯苏就是车苏，罗黑就是喇乌，也就是三撮毛，喇猇就是喇鸡，阿系就是阿哂，卡喇就是夏喇，结些就是羯些。其余如所谓飞头獠、地羊鬼等又全是迷信，与人种无关，若是把种类相同的归并起来，云南共有土人十五种：

1. 摆夷（僰夷或是白夷）包括水摆夷（吕人）、花摆夷、依人（龙人）、沙人、黑沙人、白沙人、土獠（土人或是土老）、花土獠、白土獠、黑土獠、孟乌、刺毛、贵州的独家和广西的獞人。

2. 民家（那马）大概是大理国的贵族与汉人的混种。

3. 猓猓（罗罗、爨蛮、聂素）包括黑猓猓（黑乾夷、乌夷、乌爨）、白猡猡（二夷子、海猓猓、海夷、蜜义）、妙猓猓、乾猓猓、阿者猓猓（阿车或是阿羯）、鲁吾（罗婺）、撒完、葛猓猓（个猓猓）、大猓猓、小猓猓、摩察（麦岔）、母鸡（鲁机）、白母鸡、黑母鸡、扯苏（车苏）、披夷、披沙夷、蒙化夷、东川夷、阿成。

4. 窝泥包括白窝泥、黑窝泥、普特、卡高（卡隋或是阿度）、骠人（缥人）、苦葱、扑喇（普喇）、白扑喇、马喇、沙卡（阿夏）、山苏、糯笔、黑铺（黑濮）。

5. 猍猓

6. 罗黑（喇乌、喇五、喇鲁、三撮毛）包括大罗黑、小罗黑、普剽。

7. 缅人包括阿昌（峩昌）、喇猇（喇鸡）、白腊鸡、阿系（阿哂）

8. 野人（野蛮即缅人之所谓 Kachin）

9. 苗人包括青苗、黑苗、花苗等。

10. 猺人

11. 蒲人包括蒲蛮、卡瓦、卡喇（戞喇、哈喇）、利米、小利米、结些（羯些或是遮些）。

12. 安南人

13. 藏人包括古宗与野古宗。

14. 西番包括西番、野西番、么些（那西）。

15. 怒人包括怒子和狨子。

这十五种人的语言虽然各不相同，但是都有下列的三个特点：

1. 一字一音，所谓单音语。

2. 无语尾变化，所谓孤立语。

3. 有平上去入等各声之别。

这三种特点都是中国语所有的，所以这十五种语言都与中国语有关系。合在一处为震旦语系。

我参照英国人戴维士（Davis）的意见，就各种语言的性质分类如下：

1. 掸人类（Shan）
　甲．摆夷
　乙．民家
2. 缅藏类（Tibeto-Burman）
　甲．爨人
　　子．猓猡
　　丑．窝泥
　　寅．猓猓
　　卯．西番
　　辰．喇鸟
　乙．缅人
　　子．缅甸人
　　丑．野人
　丙．藏人
　　子．藏人
　　丑．怒人
3. 苗猺类
　甲．苗人

  乙．猺人
4. 交趾类
  甲．安南人
  乙．蒲人

  以上各种人只有安南人、藏人、缅人、摆夷、猓猡和么些有文字。安南人是借用汉文，缅人、藏人和摆夷都受了佛教的影响，用从梵文变化出来的字母拼音。惟有猓猡和么些用一种象形文字。两种语言本来极其相近。么些有两种文字：一种很幼稚——象形的痕迹完全保存。另一种似乎与猓猡文很相近而不相同。

  最早研究猓猡文的是在云南的天主教士维亚尔（Père Vial）。他在一千八百九十八年已经出版了他的 *Les Lolos*，翻译了猓猡的《宇宙源流》的神话，而且把猓猡文和法文并列。其后他又著了一部猓猡字典。最近研究猓猡文的是中山大学的杨成志先生。一九三一年他出版了《云南罗罗族的巫师及其经典》。他所搜集的材料很多，可惜大部分还没有付印。我第一次看见猓猡文是在民国三年。那时我从云南到四川，经过武定县的环洲。李土舍的夫人送了我一本《占吉凶书》。书是先用朱墨写在草纸上的，以后朱字上又盖了一层黑墨。我屡次请教猓猡的"师傅"，他们都说是占吉凶用的，但是他们只会读，不会讲。

  民国十九年〔十八年〕冬天我从四川到了贵州的大定。因为得到了赵亚曾先生在云南被害的消息，没有心绪再做地质的工作。同时又因为约好了黄汲清先生在大定会齐，不能不在那里等他。同行的曾士〔世〕英先生看见我闲居无事，哀悼懊丧，极力劝我想法子消遣。于是我才再着手研究猓猡，一面测量他们的体格，一面搜集他们的书籍。第一部搜集到的是《玄通大书》，是内地会教士斯密特小姐（Schmidt）替我用八元钱买来的。内地会里有一位猓猡"师傅"，能读经典，可惜他不通汉文，不能翻译。其后有人介绍一位罗文笔先生，他已经七十岁，少年时曾经应过县考。他自己说原来是白夷家（白猓猡），本不懂猓猡文；五十岁以后信了耶稣教（先在内地会，以后转入安息会），想用猓猡文翻译《圣经》，才发愤学起来。他带了一本《帝王世纪》来给我看，我请他逐字讲解，才知道大部分是水西安家的历史。大定原是水西土司的地方——所谓水西是指乌江之西，是明朝最有权力的土司，最后为吴三桂所灭。书从宇宙开辟讲起，到吴三桂攻灭水西为止。罗文笔先生懂得注音字母，我于是给他约定，请他把他所藏的七部书全数翻译出来。翻译的方法是先抄猓猡文为第一行，再用注音字母译音为第二行，然后用汉文逐字对照直译为第三行，最后一行乃用汉文译意。他照我的方法费了三年的功夫才把七部书译完，陆续邮寄给我。这就是本书里面的《说文》（又名《宇宙源流》）、《帝王世纪》（又名《人类历史》）、《献酒经》、《解冤经》上卷、《解冤经》下卷、《天路指明》和《权神经》七种。《玄通大书》的译名也是罗文笔先生定的，但是他说没有经过师傅，不能翻译全书。因为要保存猓文真相，只好用罗文笔先生的墨迹石印。又因为《玄通大书》原来尺寸很大，不能再十分缩小，所以其他各书不能不以它为准，每页分印上下两页或三页，卷册未免太大一点。

在大定时又听说城西南四十里有一块千岁衢碑，是猓汉文合璧的。想找人去拓，全县竟无人会做这种工作。最后有一位书店的主人自告奋勇去尝试。等到他回来，张张都是反的！原来他只会印书，不会拓碑。他于是用印书的法子，把墨刷在碑上，所以全印反了！但是从他刷的反印样本，可以看见碑文的确是猓汉文合璧。我一回到贵阳，就托人找拓工专到大定去拓碑。那知道贵阳拓工很少，又因为在阴历底年，没有人再肯出门。最后找到了一位，再三和他商量，允许他先付一半钱做安家费，工钱以外，送他从贵阳到大定往返十天的轿钱，在大定的饭食、纸墨费和鸦片烟，他才勉强答应前往。他去了一个月方始回来。那时我已经离开贵阳往广西去了。等到我五月〔三月〕再回到贵阳，把他的拓本拿来一看，每张都是模糊的！因为他本来手段不高，天气又冷，墨容易冻。他从鸦片铺上起来，一脚把从贵阳带去的黑胭脂盆踢翻了。他没有法子只好搀水。墨又淡又冻，所以结果如此之坏。我因为这碑上是有年代的，是猓猡文最古的文献，所以把他列在卷首。希望有人注意，另拓佳本。我上面已经说过，《夷人做道场用经》是谭锡畴先生从川西带回来。译文及标题都是原来有的。

猓猡文的来历是一极有兴趣而且极重要的问题。我曾请教过猓猡的师傅。他毫不游疑的告诉我道："是孔夫子造的！孔夫子右手造的是汉文，所以汉文自右向左；左手造的是夷文，所以夷文自左向右！"东方的象形文字大抵与中国文有关。如西夏文，如朝鲜字，如日本的假名，都是从汉文化出来的。我们细看猓猡文却没有丝毫汉字的痕迹。这是很可注意第一点。猓猡的经典大抵四个字（有时三个字）一句。文法与俗语不同，所以没有师傅，不能讲解。他们文字与语言的关系正如我们的文言与白话。还有许多字单见于文言。例如"人"普通话是 ts′o。但文字里面有另有一个人字作"乸"。罗文笔先生的注音为厶。这两点都可以暗示我们猓猓文是有悠久的历史的。可惜最古的典籍到如今发现的只有大定的《千岁衢碑》是明中叶的产物。

关于此点幸而从《后汉书》的《西南夷传》得到一个旁证。《西南夷传》莋都夷下有白狼王唐蕞作的《远夷乐德歌》诗三章。汉译以外又用汉字注明原来的夷音。这是一篇语言学上极有价值的材料。值得我们详细研究的。原文如下：

汉文	白狼文	汉文	白狼文
1. 大汉是治	提官隗构	2. 与天意合	魏冒愉糟
3. 吏译平端	罔译刘脾	4. 不从我来	旁莫支留
5. 闻风向化	征衣随旅	6. 所见奇异	知唐桑艾
7. 多赐缯布	邪毗 谌补	8. 甘美酒食	推潭仆远
9. 昌乐肉飞	拓拒苏便	10. 屈申悉备	局后仍离
11. 蛮夷贫薄	偻让龙洞	12. 无所报嗣	莫支度由
13. 愿主长寿	阳雒僧鳞	14. 子孙昌炽	莫稚角存
15. 蛮夷所处	偻议皮尼	16. 日入之部	且交陵悟
17. 慕义向化	绳动随旅	18. 归日出主	路且倮雒
19. 圣德深恩	圣德渡诺	20. 与人富厚	魏菌度洗
21. 冬多霜雪	综邪流藩	22. 夏多和雨	莋邪寻螺
23. 寒温时适	藐浔沪漓	24. 部人多有	菌补邪推
25. 涉危历险	辟危归险	26. 不远万里	莫受万柳
27. 去俗归德	术叠附德	28. 心归慈母	仍路孳摸
29. 荒服之外	荒服之仪	30. 土地硗埆	犁籍怜怜
31. 食肉衣皮	阻苏邪犁	32. 不见盐谷	莫砀麤沐
33. 吏译传风	罔译传微	34. 大汉安乐	是汉夜拒
35. 携负归仁	踪优路仁	36. 触冒险陕	雷折险龙
37. 高山岐峻	偷狼藏幡	38. 缘崖磻石	扶路侧禄
39. 木薄发家	息落服淫	40. 百宿到洛	理沥髭雒
41. 父子同赐	捕苴菌毗	42. 怀抱匹帛	怀槁匹漏
43. 传告种人	传言呼敕	44. 长愿臣仆	陵阳臣仆

我民国九年根据维亚尔的 *Les Lolos*（那时我还没有他所著的猓猓字典）和《云南通志》所载的爨语发现白狼文与猓猓文有将近二十个相同的字，就大胆的认为白狼文是猓猓文的前身。以后杨成志先生和王静

如先生也都有此说。王静如先生用西夏文化比较尤其详细。现在我再用维亚尔的字典来对照得到相同的字如下：

汉	白狼	猓猡
天	冒	mou
不	莫	ma
来	留	li
赐	毗	bi
孙	稚	shleza
日	且	tche
出	倈	dou
雪	藩	va
部	补	po
万	万	va
母	摸	ma
食	阻	dza
盐	麤	ts′a
谷	沐	Chema
安乐	夜拒	k′ai tcho
石	禄	lou
木	息	se
到	髭	tch′e
父	捕	ba
子	苣	za
人	敕	ts′o

以上单据维亚尔神父一种方言字典白狼文与猓猡文相同的已经有二十余字之多。假如我们拿爨人各种语言来比较，相同的当然更多。例如"人"字白狼文在第四十二句作"敕"与维亚尔字典相合。此外如第二十句、二十四句"人"字白狼文为"菌"，与罗文笔先生的ፈ相近。第三十一句"肉"字白狼文作"苏"，与维亚尔字典不合。但是据《云南通志》么些语肉为"施"，又与"苏"相近。我们做这种比较要记得：（一）白狼歌是用汉字注音。后汉时这种字究竟作何读法我们已不能知道。（二）现存的猓猡经典已经与俗语不同。白狼文是二千年前的古文，当然不能与现代俗语符合。（三）我们的字典是一种方音（Gni）字典，不

能代表爨文的全体。所以我们有上列的结果已经可以说是出乎意外的了。纵然我们不敢说白狼文完全是猓猓文，我们相信白狼文至少是爨文的一种——凡是广义的爨文，天都作 mao 或 mou，否定词都作 ma，部落都作 pu 或是 po。差不多没有例外的。又四个字一句也是爨文的特色。

现在的猓猓语称汉人的 Shapo。Po 就是"部"字，Sha 我疑惑就是"诸夏"的夏字。白狼歌第一句译"大汉"为"提官"，第三十四句为"是汉"。这明明是借用汉音。用汉字注白狼音的人很不小心，往往同为一音而注音的汉字不同。从上面所举的例足见在汉时是，提与大同音，汉与官同音。第六句"所见"译为"知唐"，第十二句"无所"译为"莫支"，第三十二句"不见"译为"莫砀"，足见汉时知与支同音，唐与砀同音。"归"字在二十八句和第三十五句都译做"路"，而第二十七句却译做"附"。在汉时附与路或者也是同音。又"部"字第十六句译做"悟"，第二十四句译做"补"。补与悟或者也是同音。其他如第四句"不从"译为"旁莫"，否定词放在动词的后面，第二十四句"部人"译为"菌补"，形容词放在名词的后面，都足以为文法的参考。

当日白狼语是否写成文字，或者仅是口译，当然也不无问题。照《后汉书》讲白狼王"作诗三章"经邛崃大山来归，郡椽田恭"译其辞语"似乎已写成文字。而且白狼歌里面借用的汉语很多，例如缯布白狼为缯补，圣德为圣德，荒服为荒服，译传为译传，臣仆为臣仆之类。如果没有写成文字，很不容易借用这种汉文的文言的。

我们可以假设白狼文是已经写下来的文字，是猓猓文的前身。猓猓原来大概是从西北来的。《华阳国志》称他们为青羌，足见他与羌人相近。他们的文化至今还保存游牧的遗俗：如住在山坡，不耕水田，畜羊披氈等等。最近伯希和先生们以为猓猓语与西夏文最近，更足以证明西北是猓猓的老家。他们的字根本与汉文同源，但是极早就与汉人隔绝，所以看不出它们的直接关系。将来猓猓文的研究进步，不但可以发见语言上的关系（如否定词为 ma，部落为 pu，猓汉文至今相同），而且或者还可以知道文字的源流。

最后我还要谢谢傅孟真先生允许我用历史语言研究所的名义发表这种粗疏的材料。

丁文江　二四，八，十六。

（据丁文江编：《爨文丛刻（甲编）》，"中央研究院历史语言研究所专刊之十一"，上海商务印书馆 1936 年印行）

为汤中之子汤晋遗著作的序言[*]

汤爱理先生是我三十年以前的老朋友。民国以来，同住在北平，不断的见面。民国十六年我同他同住在德国饭店，一天晚上看见他同一位青年吃晚饭。我过去招呼方知道是他的公子汤晋，十七岁已经考入燕京。我当时很替他高兴。不料去年他竟因游水受伤死在南京了！爱理把他的遗文搜集起来出版为他纪念，叫我做序。我把这本遗著看过一遍，发生两种感想。汤晋是先学物理，后学新闻学的。在教育上这是一种很难得的连合。学自然科学的人往往不屑得做宣传与通俗的文章。普通新闻记者又很少有科学的训练。假如他不死，投身于新闻事业，一定可以提高新闻界的程度。我很希望有志于新闻事业的青年，学他的好榜样；在没有专习新闻学以前，先受一番科学洗礼。他的遗著很可以代表目前优秀青年的知识和志趣。七篇中文，五篇英文之中，一篇是他毕业的论文，是讲物理的，此外六篇讲航空，一篇讲医学史，一篇讲新闻史，两篇讲外交，一篇小说。许多腐化的人动辄骂现代青年不如从前。请问三十年前，那一位二十三四岁的青年有这种知识，能写这种文章？就是他的死也足以代表时代的进步。三十年前二十三四岁的青年，还饱受了"千金之子，坐不垂堂"的教训，路且不会走，何况游水？喜欢运动，不怕冒险，现在的青年比三十年前高明何止十倍！所以我看了汤晋遗著，一面为朋友和社会可惜这一个优秀的青年，一面觉得这是三十年来青年进步的证据；在国难当头的时候，给我不少的安慰，增加我不少的民族自信心！

（据《独立评论》，第 211 号，1936 年 7 月 26 日）

---

* 按，本文出自汤中回忆丁文江的文章，无题目，题目系编者自拟的。

漫游散记

这二十年来因为职务的关系，常常在内地旅行，二十二省差不多都走遍了。旅行的途中，偶然也有日记，但是始终没有整理。现在把其中比较有兴趣的事情，摘录出来，给适之补篇幅。因为次序没有一定，事实也不能连贯，所以叫做散记。

我第一次的内地旅行

不吉利的澡盆

我于一九一一年五月十日从欧洲经过西贡海防，到了劳开。距我出国留学的时候，差不多整整的七年。那时候滇越铁路刚刚通车。从河内起，到昆明，要走三天，每天要下车住。劳开是第一天的宿站，在红河的右岸，对河的河口，就是云南地方。

我直接从欧洲回来，没有带铺盖，下了车要想找一个外国旅馆过夜。到了站口，遇见了一个华安栈的接客的，再三拉我到他那里住。我到客栈一看，是一个广东的酒楼；客房的布置，也与上海、香港的广东酒楼一样，用半截木板隔开，一间一间的连贯在一排。而且各房都没有窗子。阳历五月劳开的温度已经在华氏九十度左右，一进屋衣服立刻湿透。我要出去找外国旅馆。接客的人说："先生不要忙，我带你看我们顶好的房间。"

果然酒楼的后边，楼上有一间大房，房里有一张床、一张桌子、一把椅子。床上挂着白洋纱帐子，铺着一张席子，放着一个小磁枕头，比普通的客房好得多。我于是就勉强住下。汗出多了，要想洗澡：叫茶房拿一个盆来。他只是摇头说"盆不干净"。我说："不管他，拿来再说。"

等了一会，他拿了一个圆木桶来，虽然太小却是很新的，并没有甚么不干净。他打了水来，就板起面孔对我说道："先生，你不管盆干净不干净，一定要洗，洗出晦气来，不要怪我。"我再三细看，竟看不出不干净的所在。他也急了，才说道："先生！你难道看不出这是女人用的盆！"我方才知道，用女子用过的盆洗澡是不吉利的！

我洗了澡，四面细看，房里墙壁上一点东西都没有，只挂着一张琵琶。我恍然大悟，这是妓女接客的房间，所以有不吉利的澡盆。果然吃了晚饭，左右隔壁都弹唱起来。一直到早上四点，才渐渐没有声息。我通夜没有能睡，不但弹唱的闹得利〔厉〕害，而且不放帐子睡，蚊子太多，放了帐子，闷热得受不住，席子上又有汗臭味，枕头是又硬又方的。好容易挨到天亮，刚刚有点睡着，茶房已经来开早饭了。

这是我回来第一次住中国客栈的经验！

私带军械

五月十一日六点钟，我从劳开上车过红河桥，到了中国境内的河口。在劳开法国的税关已经把我行李草草的查验过一次。到了河口，中国的海关又有人上车来查验。一个红头发的外国人同了两个中国助手，走上三等车，眼光就注视到我身上。

"你是中国人吗？怎么没有辫子？"这位红头发的先生用纯粹的爱尔兰口音问我。

"我是刚从英国回来的留学生，到云南来游历。"

"留学生！你带得有军火么？"

这一句话可把我呆住了。我有一个爱尔兰的同学，他到火车站送我的时候，拿了一杆英国陆军用的八寸长的手枪给我。他说："听说你要到中国内地去旅行，不可不带军械。这是我常用的一件东西，送给你防身，而且做个纪念。可惜我没有子弹了。你到了伦敦，千万买几百粒带去。"我到伦敦，忙了上路，忘记去买子弹，只把一支空枪带走。不想一到本国，就因此发生了麻烦。

"我有一支手枪，是一个爱尔兰的同学送给我做纪念的。"我只好硬起头皮老实的告诉他，一面拿手枪出来给他。

"啊！我也是爱尔兰人。这是军械，不能私带的。你有护照么？"

"我有，我有！"我连忙把驻英公使发的一张护照给他看。他问他的中国助手，护照上写的甚么。

"护照上说他是英国留学生，回国来游历的。并没有提起手枪。"

"没有提起手枪，有护照也不行的！你知道私带军火，在中国是有罪的吗？子弹呢？"

"我只有枪，没有子弹。"

他一面摇着头，一面把我的行李反复细查。

"你这个人太奇怪了，竟带了一支空枪！"

"我对你说过，是一个同学送给我做纪念的。"

他想了一想，对我说道："手枪当然是要充公的。照例你私带军械，我应该把你送中国官厅扣留审问。但是你没有带子弹，又有使馆的护照，我不难为你了。但是这几天接到命令，因为广东有留学生闹革命，对于留学生，特别的注意。我不能不报告蒙自海关道台。我下去就得打电报，看你的运气罢！"

我眼睁睁的看着这个爱尔兰人把我的爱尔兰朋友送我的手枪拿着下车去了。火车到了蒙自，上来两个警察，对于我很注意。我把护照给他们看过，他们并没有提起手枪。大概红头发先生电报打晚了，或是竟没有打。我虽然犯了私带军械的罪，居然逃出了法网！

板桥驿——壁上题诗与滇越铁路

我在昆明住了两个多星期。当时叶浩吾先生做云南高等学堂的监督，极力的留我在云南教书。我因为离开中国已七年了，决意先由贵州、湖南回家一次。叶先生帮我做衣服铺盖，雇夫子，介绍我见云南提学使叶尔恺先生，派了两名穿号挂〔褂〕子的徒手护兵送我到镇远。从昆明经贵阳到镇远旱路一千六百里，按站走要走二十八天。我带得有许多仪器、书籍，本来想雇牲口。以后一打听，马行里的规矩，雇牲口至少十二匹才肯单走，不然要给人结伴，极不方便。只好做三个竹架子，雇夫子抬行李。我自己坐一乘"滑杠"。这是一种极单简的竹轿。用两根长竹子做杠，前后捆两根横竹板。中间挂一块木板做座位，把铺盖打开，铺在上边。前面再挂一根小竹子做踏脚，只有两个人就可以走长路，比四个人的轿子省便的多。一共八个夫子，一个空身的夫头，都是从麻乡约行里雇来的。麻乡约是西南最有名的夫行，专做运输的买卖，据说创办麻乡的约是四川人，跟杨玉科平云南回乱有功。他不愿意做官，就组织了一个夫行。凡去四川、云南、贵州旅行的人，都得请教他。半路上夫子偷东西或是逃走，都由他行里负责。一直到民国十九年我到四川、贵州的时候，重庆、贵阳都还有他的分行存在。

五月二十九日我装了假辫子，留了胡子，穿上马褂袍子，带着黑纱的瓜皮小帽，同九个夫子、两名护勇，九点钟从昆明出发，下午一点半到板桥驿，夫子就不肯走，说前面没有宿处了。住的客栈，很像北方的"四合厢"的房子。前边三间是柜房、厨房，朝南的是三间上房，东西各有三间厢房。我住的上房：地是土铺的，桌子也放不平。屋上瓦极薄，透光的不止一处。那一日下小雨，房子里面已经漏湿了好几处，房后面有窗，开了一看，正对着马槽猪圈，立刻飞进来无数的苍蝇。房子里面一张床、一张桌子、一条板凳，都堆满了灰。桌子上有半分厚的黑油灰，擦不掉，抹不去。最不得了是我八点钟吃的早饭，一点半到店，三点半才有饭吃。因为客栈的规矩，只供给白饭，菜由客人自备。客人一到，先要买菜，然后挨着次序做菜。后到的客人，要等先到的吃过了，锅子方始有空。我没有带厨子，幸亏带的两个护勇，有一个姓陈的跟赵尔丰当过哨官，到过西藏，是老于出门的。他虽不是厨子，在军营里住久了，会得炒青菜、鸡子，不然沿路上只好吃白饭了。我才晓得劳开的华安栈，已经是百二十分近代化的了。

外面下雨，不能出门，坐在房里饿着肚子等饭吃，异常的烦闷，忽然看见墙上题满的诗，仔细一看，都不很通，惟有一首引起我的注意：

> 万里作工还被虐，乡山回首欲归难。十人同路余三个，五日奔波始一餐。乞食几家饭韩信，干人有客愧袁安。寄言来往衣冠者，末路应怜范叔寒。丙午春偕同辈作工于滇省，不堪法人之虐待，相率辞归。既出省城，资斧断绝，同行者十人，惟存余三人而已。寒宵不寐，书此以自写苦况。津门穷客

丙午是 1906 年，是滇越铁路开工的第三年。这条铁路是一米突宽的狭轨铁道，最陡的坡度是四十分之一。全路工程异常的困难。从劳开到蒙自，一一三英里，有一二八个山洞；蒙自到昆明，一七六英里，还有三十个山洞。全线二八九英里，一共有一五八个山洞；山洞的总长度为十一英里有半，所以全线的二十五分之一，都是山洞。建筑费每公里为三十五万五千佛郎。而且路线的大部分在极深的峡谷里面，温度、湿度极高，"瘴气"极其利〔厉〕害。法国人修路的时候，本地人怕瘴气，不肯去做工。于是法国人同包工的意大利人到山东、直隶两省，大登广告，招募工人。招去的一万多，死去五千以上。南溪一段，有"一根枕木一条命"的传说。这一位"津门穷客"一定是一万多人中的一个，被法国或意大利人骗到云南来的。当日招工的时候，山东、直隶的地方官极力的帮外国人忙。到了云南以后，云南的地方官对于他们的待遇绝对

不敢过问。这是在中国修铁路最可痛的历史。所以津门穷客的诗虽不好，却有保存的价值。

地无三里平——雍正以前的地图——新旧驿道

贵州有个俗语说，"天无三日晴，地无三里平，人无三两银"。初听得的时候，觉得未免形容过分。等到在贵州旅行久了，才知道这三句话都与事实相去不远。我第一次在贵州境内旅行了一个月零七天，下了十五天的雨。民国十八、十九两年再到贵州，旅行了五个月，只有二十八天是真正的晴天。可见得"天无三日晴"的话是不错的。我现在要举几个例，证明贵州是"地无三里平"的。但是在这个以前，先要说明通行的贵州地图的错误。

从昆明经过马龙、霑益到白水镇，有英国军官戴维士所测的地图：沿路的距离高度都还可信。过了白水向平彝县，再向东到贵州境内就只有武昌舆地学会所出版的略图可供参考：高度完全没有测过。照这个图，从平彝到贵阳的驿道，要经过亦资孔、普安、盘江、铁索桥、永宁、关索岭到安顺的黄果树。我从平彝起，就自己用指南针步测草图，并用气压表测量高度。过了亦资孔，我以为一定快要到普安了，而大路忽然走向了东北，经两头河、刘官屯、杨松、罐子窑、花贡，向毛口河。以上的地名除刘官屯、毛口河以外，都不见于图上。从亦资孔到毛口河要走五天。我天天打听甚么时候可以到普安，天天不得要领。以后快到毛口河，我详细问我的夫头。他说大路不但不经过普安，而且并不走铁索桥、关索岭。一过了毛口河就到郎岱，然后再经坡贡到安顺的黄果树。他走了几十次，都只知道这一条驿道。我当时大惑不解，何以武昌舆地学会的图竟会把驿道都弄错。以后到了贵阳，买了一部贵州通志，方始知道老的驿道原是走普安、铁索桥、关索岭，大概如图所载，但是雍正七年鄂尔泰已经奏明把驿道改到毛口河、郎岱了。再仔细一想，武昌舆地学会的图就是所谓胡文忠公地图，是根据乾隆年的大内舆图翻刻的。大内舆图虽是在乾隆年刻的，实际是用康熙年间天主教教士所测的图做蓝本的，并未加以丝毫修正。新驿道是雍正七年改的，图是康熙年间测的，当然不会相符合的。所可怪的是，这是云贵两省的大道，每年来往的士大夫不在少数，竟没有人发见图的错误！因为不但是武昌舆地学会的图如此，所有商务印书馆的"最新"中国地图，和英、德、法、日文的一百万分之一的图都是如此！一条贯通两省的驿道，在图上错误了二百多年，没有人发见，足见我们这二百多年地理学的退步。

据鄂尔泰的奏疏，因为旧驿道经过盘江、铁索桥等处，异常的难走，所以才改修新道。但是据我当日的实测，经毛口河、郎岱的新路也极其不平，而且向东北绕了一个大湾子，要远了将近六十里路，很不可解。当日很想找个机会，把旧驿道也测量一回，来做比较，但是始终未得如愿。直到民国十八年铁道部提议要修滇湘铁路，派了一队人测量路线，一位姓周的队长误听了本地人的话，从亦资孔经过刘官屯、盘江铁索桥、关索岭测量了一条路线到黄果树，方才把这问题解决了。我现在把周工程师所测的旧驿道和我所测的新驿道，择要列成两个表如下：

旧驿道（高度以出海面公尺计算，距离以公里计算，各地自西往东排列）

地名	高度	从刘官屯起的距离	各地间的距离
刘官屯	1 624		
三板桥	1 467	22.2	22.2
普安县	1 667	28.7	6.5
江西坡顶	1 610	42.7	14.0
洒米河	900	48.6	5.9
江东坡顶	1 500	52.5	3.9
安南县	1 519	60.6	8.1
盘江铁索桥	620	80.4	19.8
永宁县	1 454	90.9	10.5
北口	931	100.1	9.2
关索岭	1 110	105.2	5.1
坝陵桥	903	114.4	9.2
黄果树	1 008	118.5	4.1

新驿道

地名	高度	从刘官屯起的距离	各地间的距离
刘官屯	1 624		
杨松	1 443	21.3	21.3
江西坡顶	1 525	26.3	5.0
江西坡底	1 220	29.7	3.4
炒米铺河	1 199	38.5	8.8

续前表

地名	高度	从刘官屯起的距离	各地间的距离
罐子窑	1 473	44.5	6.0
铁场	1 588	48.3	3.8
河底	1 033	62.7	14.4
花贡	1 180	71.2	8.5
毛口河西坡	1 268	83.6	12.4
毛口河	711	93.9	10.3
三王庙	1 794	105.1	11.2
郎岱县	1 432	115.4	10.3
坡贡	1 202	141.2	25.8
黄果树	1 008	153.2	12.0

细看上面的两个表，我们可以得到一个重要的地理知识。云南东部是一个一九〇〇公尺上下的高原；昆明的高度是一八九二公尺，可以代表云南东部的高原。贵阳的高度是一〇九五公尺，可以代表贵州中部的高原。从昆明向东到平彝，经过的山不过二〇〇〇公尺，所以路比较的好走。平彝的高度与昆明差不多。但是一过平彝经过两道小山路就向下；亦资孔的高度不过一千七百多公尺，刘官屯刚过一千六百公尺，但是路是逐渐向下的，还不十分崎岖。黄果树在贵州中部高原的西边，高度是一〇〇八公尺，与贵阳差不多。若是从刘官屯到黄果树，路也是逐渐低下去的，则一百公里，低下六百公尺，坡度并不能算陡。无奈刘官屯与黄果树之间，有三条很深的峡谷：在第一表上所看见的是（一）洒米河，（二）盘江，（三）北口。洒米河、北口都是北盘江的支谷。北盘江在铁索桥这一处高度只有六百多公尺，洒米河、北口只有九百公尺。这三个峡谷的东西两岸都是陡坡，成为交通上绝大障碍。在第二表上所看见的是（一）炒米铺河（河西也有个江西坡，但是与第一表的江西坡不在一条水中），（二）铁场河，（三）毛口河。毛口河就是北盘江的上流，炒米铺河和铁场河都是它的支谷。所以也是三条峡谷，两岸也都是陡岩。在这种地形之下，要从云南东部直接修一条铁路，通到贵阳，事实上绝不可能。

我们又可以了解为什么在贵州"地无三里平"的了。第一它是一个高原，但是比西面的云南东部高原要低八九百公尺；从高的高原向比较低的高原走，路当然不能平。第二贵州高原中间又有许多五百公尺到一千公尺深的峡谷。第三所谓高原并不是平原，中间处处都有丘陵起伏，地形极其复杂。中国旧图上硬要把这种复杂的丘陵峡谷画成了长蛇式的山脉，无怪它一无是处了。

要是拿新驿道来与雍正七年前的旧驿道比较，还是新驿道的路好走，因为新驿道虽然也有三个大峡谷，两岸的坡度，除去毛口河到三王庙一段之外，都比旧驿道的洒米河、铁索桥、北口三处的峭壁要平。所以路虽然要远到六十里，还是值得绕越；鄂尔泰把驿道改到毛口河、郎岱，还是不错的。

人无三两银——贵州人吃盐的方法

我是生长在扬子江下游的北岸的。没有到欧洲去以前，曾经到江南去过。从小就听见说江南是中国的好地方。"上有天堂，下有苏杭。"但是我并不觉得江南有什么好处，尤其不知道为甚么苏州可以代表天堂。到了欧洲以后，更觉得苏州的六尺宽的石板路、弓背式的石桥、满河的臭水和满街的马桶是人间的地狱。等到我坐滇越铁路到云南，看见河口到蒙自的路，在高山峡谷里面走，几十里没有人烟，而且火车里头二等都没有客人，三等里也不过三四个人，所有的中国旅客都在四等车里面，我渐渐感觉到江南的好处。从昆明出发向贵州走，经过头一个城是马龙州，城是土墙砌的，城里不过几百口人。我更知道云南不是个"好地方"。但是云南虽然是一个丘陵起伏的高原，中间还有许多"坝子"——西南人叫山中间的平原为"坝子"。如昆明坝子、曲靖坝子、中间满是水田，二里一个村，三里一个场，好像沙漠中的水草地，还有几分江南的风景。一到了贵州境内，连这种坝子都没有了。每天所看见的，不是光秃秃的石头山，没有水，没有土，没有树，没有人家，就是很深的峡谷，两岸一上一下，都是几百尺到三千尺。只有峡谷的支谷里面，或是石山的落水塘附近，偶然有几处村落。所谓城市都在这种比较浅而宽的峡谷里面，例如贵阳；或是比较大的古落水塘中间，例如安顺。从云贵交界的亦资孔驿起，到沅江上游航路终点的镇远止，一千里路，经过郎岱、镇宁、安顺、安平、清镇、贵阳、龙里、贵定、清平、施秉、黄平、镇远十二个州县，人口过一万以上的只有贵阳、安顺两县。如黄平、清平号称为州县，人口还不到一千。沿途的镇市村落，没有过一百户的。统计路线所经过的一千里路，自西到东，穿过全省，路边上的居民，一共不到十六万人，若是除去贵阳、安顺两个大城，其余的不过四万多人！

田地人口如此的少，省政府的收入当然很是有限——在前清时代，贵州全省的田赋不到一百万两，不过抵上江南的一个大县。农产本来极少，而且因为"地无三里平"的原故，通省没有车轮子的影子。除去靠湖南边境，有几条河，能勉强通小民船之外，一切的运输不是人背，就是马驮。当我第一次到贵州的时候，人工还很便宜，每一百斤的货物，运一天的路，运价只要两角多钱。在当日贵州生活状况之下，除了鸦片之外，农产物已经绝对不能外运。农产物之外，只有少数的木材、朱砂、水银，运出湖南。然而有两件必需品，贵州不产，非向外省运来不可：第一是食盐，第二是棉花。由这一点看起来，贵州连云南都比不上：因为云南本省有盐井，盐比较的便宜。棉花也得向外面去买，但是云南每年产一百万元的铜、一千多万元的锡，都销到外省，所以省的贸易还是出超。贵州则几于一无所有。要吃盐、穿衣服，唯一的办法，是把贵州的鸦片运出去交换。但是宣统三年的时候，禁烟是极严厉的。没有鸦片出口，食盐、棉花都发生了问题。所以"人无三两银"的话，在我第一次到贵州的时候，尤其是有目共睹的事实。

最足以使得我永久不忘的，是贵州劳动阶级吃盐的方法。我一到了贵州境内，就只看见辣子，少看见盐粑（四川来的成块的盐叫做盐粑）。大路边的饭铺子，桌上所陈列的是白米饭、辣子、豆腐、素菜，但是菜里面都没有一颗一粒盐屑，另外有一只碗里面放一块很小的盐粑。吃饭的人，吃得淡了，倒几滴水在这碗里，然后把这几滴盐水倒在饭菜里，得一点咸味。我从两头河到杨松的时候，在半路上"打尖"。一个夫子喊道："老板娘！拿点水来放在盐碗里。"一个五十多岁老妇人走了出来，慢慢的说道："盐碗里放不得水的！放了水化得太快了。你们嫌淡，拿起来放在嘴里呵呵就好了。"果然那个夫子照她的话把那块盐拿起来呵了一呵。不到一刻工夫，我眼看见这一块盐在九个夫子的口里各进出了一次！

我以后把这一段故事告诉我的亡友遵义人蹇季常。他说："你真是少见多怪了。我告诉你一个故事，才真正可以代表我们贵州人吃盐的方法。有一家人家，父子三个一桌吃饭。父亲把一块盐高高的挂在桌子当中。对他的两个儿子说道：'你们觉得淡的时候，吃三口饭，看一看盐，就可以过瘾了，不必吃盐。'等了一会，他的大儿子叫道：'父亲，弟弟吃一口，就看一看盐！''你听他去罢。他不懂得事，等他咸死！'"

我听了这个故事以后，只好向他苦笑道："谢谢上帝！我没有生在你们贵州！"

贵州的土著民族

我读了戴维士（Davis）的《云南》，就知道云南有很多的土著民族，语言、风俗、人种都不一样。但是在云南境内大路附近并没有机会遇见他们。只有从昆明去游西山，看见背行李上山的都是女人，同我同游的一位项先生告诉我这都是猓猓。但是她们穿的是青布裤褂，与汉人的男子装束一样，我当时也没有十分注意。

到了贵州境内，走的是雍正七年所改的新驿道。沿路上极其荒凉，从平彝县到郎岱，整整的七天，方才遇见城池。除去驿站以外，只看见十几家的小村落，而且都是汉人。一直等到我从郎岱经过坡贡到黄果树，新驿道与老驿道会合向安顺，方才看见贵州的土著。

西南几省乡村里买卖东西都很不容易：一个比较大点的地方都有一定的日期，把四围的农民聚在一齐，交换必需的用品。在云南叫做"赶街子"，在贵州叫做"赶场子"，在广西叫做"赶墟"。这种日期都是一个月里的一、四、七，二、五、八，三、六、九等日。但是普通都是用干支计算，某地方是逢龙日赶场，相距不远的地方或是逢猪、逢狗、逢马、逢羊等日赶场，以免得冲突。许多村子，都是以它赶场那一天的干支命名，所以云南有许多龙街、马街、羊街、鸡街，贵州有许多龙场、马场、羊场、鸡场。王守仁做驿丞的龙场，就是从贵州到四川大路上逢龙赶场的一个村子（现在的修文县）。

这种风气恐怕是西南土著民族所原有的，因为至今他们计算日子，还是完全用干支。我到黄果树的那一天，恰巧逢着赶场子。我赶紧叫人去买肉，因为不赶场子，当然不能宰猪的。我自己也到场上去玩玩，当时就看见许多穿着奇装异服的女人引起我的注意。第一种是穿百摺长裙子的，头上戴一顶凉帽，上身穿一件大袖子的短袄，束在裙子里面，但是也用纽扣扣着。衣料是一种蓝底白花的棉布，脚下都赤着脚穿草鞋。饭店的人告诉我这是狆家子。我看她们衣服虽然多半是旧的，但是洗得很干净，皮肤也生得很白，身材在一百五十二三公寸左右，行动很活泼，很给我一种好的印象。第二种是穿长领袄子的。衣服没有扣子，用一根带子束在腰间。裙子很短，腿上束得有裹腿布，头上盘有缠头。脚底下都是光脚，不穿草鞋。所有的衣服、裙子、缠头、裹腿一律都是青的。有的是棉布，有的是一种粗麻。衣服都是旧的，而且很不干净。身材比独家子要低二寸多，皮肤也比较的黑些。相形之下，远不及独家的入眼。这是所谓青苗。第三种人的装束格式与第二种大致相同。身材皮肤也差不多，但是浑身上下，穿着的都是红白二色相间的花布，连裹腿都是如此。这是所谓花苗。他们买卖交易，都用汉话，对自己人则仍各说各的土话。

当日我只带得有一副一镑钱买来的旧照相机，随便照了几张照相。但是这第一次与西南土著民的接触，很引起了我对于人种学的兴起。

从安顺到贵阳，偶然还看见独家，苗子却没有再遇见。从贵阳向东，一过贵定，又差不多天天遇见苗家，尤其是青苗。在黄平附近几乎全是青苗的世界。他们的装束，与我在黄果树所见的一样，不过衣服比较的整齐，而且往往带上许多银的首饰：镯子、环子之外，还有一种八两到十两的大银圈，带在颈项上。据我的观察，苗家的老巢在贵州的东部和湖南的西部。从贵阳向西，虽然一直到云南的西南、四川的东南，都有苗家的踪迹，似乎都是近代的移民。从昆明到贵阳的大路，又是独家和猓猓的分界线。大路以南都是独家的势力——东连到广西的獞人，西连到云南的摆夷，都是一种。大路以北都是猓猓的势力。大定一府原是明朝水西安氏的土地，所以沿路的地名，如普安、安平、安顺、安南，都有"安"字。至今安氏还是猓猓的大族。

在黄果树的场上我看见每人左边腰间都插着一个一尺多长的木壳子。我初起以为这一定是野蛮人带的刀，但是又没有刀把子。向他们拿出来一看，原来都是秤银子的小天秤。我很奇怪在"人无三两银"的地方，何以人人都要带着这件东西。等了一会，看见他们拿出来用，所秤的原来不是银子，是铜的制钱！在贵州西部一带，用制钱都不用数而论几斤几两，给用银子一样！

一千五百里的水路——从镇远到常德—— 沅水与沅江

我于宣统三年六月廿九日到了镇远。从昆明到湖南、湖北的旅客从此改坐民船，顺沅江向东到常德。我的旅费原是我的朋友李祖鸿供给我的，数目本来不多。走到镇远，所余已经无几。自己雇船费用太大，预算恐怕不能到家。幸亏我有一个同乡的前辈，在云南做普洱府知府，也走这条路回籍。他带得有家眷，本来要雇船。在昆明约定我到镇远等他，搭他的船同走。所以一直到七月六日方才由镇远动身。

镇远是沅江上游 沅水的航路终点。贵州东部的商业集中于此。号称有四千户，实际不足二千。街市分布在㵲水的两岸，北岸是县城，南岸是卫城。所谓"城"并无连接的城墙，因为县治的北面紧接着石屏山的南坡，卫城又在五老山的北麓。向东两山合拢来，把㵲水夹在中间，所以南、北、东三面都用不着城墙。惟有西边向文德关的路有一道短墙，从石屏山到江边；东南角五老山中断的地方，有个关隘，通清溪县。城的东面，㵲水之上，有一道很大的石桥，长九十多公尺，宽七公尺，高出水面十几公尺。桥有五个大孔，桥中间有一个十几公尺高的宝塔，是贵州很少见的建筑。

㵲水又名镇阳江，是沅江的支流。从贵州下湖南的水路，从镇远向东北经过清溪、玉屏两县，入湖南境内的大鱼塘。由此向东，经过晃州到沅州。过了沅州，江先向东北，再向东到榆树湾，转而向南到黔阳县，与沅江的正流会合，绕了一个极大的湾子。过了黔阳，沅江先向东到洪江，再转向东北，正北经江口向西北到辰溪县，再向北到泸溪。过了泸溪，江有时向东北，有时向东，曲折的经过桃源到常德。沿途重要地点的距离如下：

地名	距镇远里数	各地间里数	地名	距镇远里数	各地间里数
清溪	90	90	洪江	650	90
玉屏	140	50	辰溪	910	260
大鱼塘	185	45	泸溪	1 000	90
晃州	230	45	辰州	1 080	80
沅州	380	150	桃源	1 430	350
黔阳	560	180	常德	1 520	90

从镇远到常德一共一千五百多里路，我八天就走到了。这是因为一来宣统三年夏天湘沅一带大水，二来因为河身的坡度很陡，所以河流很急。我当日从镇远到洪江所测的高度（以出海面公尺计算）如下：

镇远	507	清溪	455	玉屏	365	晃州	270
沅州	240	黔阳	200	洪江	180		

看上列的表，从镇远到洪江，六百五十里路，水面低下三百二十七公尺，平均约每二里低一公尺。扬子江从重庆到宜昌一千里路，重庆出海面二三八公尺，宜昌出海面九十二公尺，平均每七里才低一公尺。所

以沅江的坡度比扬子江上游要陡三倍有余。不过因为水小，江流反不若扬子江的急。据我的估计，沅江夏天的水流速度平均在每小时十里左右。下水的船每天要走一百七八十里。若是上水，所需的时间在三倍以上，从常德到镇远至少要走二十四天。

沅水、沅江都是急流浅水而且多滩的山溪。从镇远到常德，可以就水的深浅、滩的性质和山谷的形势，分做三段：第一是从镇远到黔阳的五百四十里，这是沅水的本身；第二是从黔阳到桃源的八百七十里，这是沅江；第三是桃源到常德的九十里，名虽仍为沅江，实际上桃源以下，已经到了洞庭湖的淤地。

第一段在贵州境内的一部分，河身都在石山里面；江面最宽的地方不到四十公尺，狭的地方不过十七八公尺；水深的地方不到三公尺（如清溪附近），浅的不过一公尺（如镇远）。沿路滩很多：从镇远到大鱼塘，我数得有大小十八个滩；其中如镇远大桥以下的高花滩，蕉溪与镇远之间的三门滩、枚滩，都是比较大的。清溪以西，两岸的山比较的高，如镇远东边的高花滩，清溪以西的铜鼓浪鸡鸣关，都是绝壁。如蕉溪、如田铺都是比较大的村子，附近江边稍有水田。从清溪向玉屏，水田更多一点，但是在玉屏城西三四里仍然有一段石岩绝壁。从玉屏东向北入湖南境内，山谷渐渐开展，一直到晃州，两岸大部分是土山，山上往往有树木，滩也比较的少，江面之宽窄、水的深浅，与在贵州境内差不多。

一过了晃州，江右岸是一百公尺以上的山，左岸的山较低，山中间都有水田。江面在三十五十公尺之间，水深在一公尺半以上。如是一直到晃州以下廿八里的曹家溪，都没有滩。一过了曹家溪，一直到便水村，三十六里，两岸都是高山，中间有两个大滩——刺滩和黄后滩，尤其是刺滩有危险的名；江的右岸有许多石礁，把江水束狭到十五多公尺，滩长不过十六公尺，而水平差一公尺有余，所以极其难走。从便水到白马铺，两岸山渐低，水田较多，但是仍然有滩。从白马铺到沅州有好几个大滩：如沈家滩、山鹅滩、大关东滩都是上下行船危险的地点。

沅州是沅水边一块比较大的平地，县城在江左岸，江上架了有一座十五孔的石桥。城的东关都是水田。从此江向东北，两岸都是小山，河谷开展，水田很多。离公坪村不远的地方，江转向东，一直到榆树湾，左岸离大山较远，江边仍有水田。从榆树湾起，江转向正南到黔阳，沿途只有在鸭嘴岩附近，江左岸有高山，此外，两岸都是低丘。江面在沅州约五十米突，到榆树湾只有三十米突。沅州、黔阳之间，滩比较的少，水流也不很急。在黔阳城西，沅水的正源从西面来会。沅水的颜色是红黄的。沅水是清的，所以沅水又叫做清水江。两条水会合的地方，清水与混水合流，界限起初看得很明白；一直到城南，方才完全混合。

第二段是沅江的正流。沅、沅二水在黔阳会合，向东南九十里到洪江。两岸都是高山，水流很急。我一点四十分从黔阳开船，四点十分就到了洪江——两点半钟走了九十里路！沅水在黔阳江面不过一百二十公尺，合流后的沅水，江面在二百公尺以上。沅水深过二公尺以上的地方很不多，浅的地方只有一公尺，所以只能通吃水二尺的小船。黔阳以下，吃水三尺以上的船可以畅行。江面既然加宽，江中常常有沙洲，附近有滩。黔阳、洪江间大小有二十多个滩，其中有名的是鹭鸶滩、莲洲滩和狮子滩。

洪江是湖南有名的镇市。街道从沅江右岸向东，再沿巫水（又名竹舟江）的左岸向南，长不下十里。所有湘西的商业都在此地集中。巫水从南来，与沅江合。江面在四百公尺以上。从此向东北，两岸山都不很高，一直到洪江以下六十里的黄丝洞，江转向北流，才又遇见高山。黄丝洞在江的右岸，对岸山上有一个庙，过了庙，江流入峡谷，四十多里路，一直向北到铜湾市，方才出峡。铜湾市以下到江口，两岸仍然是高山，但是山谷较宽，两岸有水田，江口在沅江的右岸，小江从溆浦县来会。从此转向西北到辰溪，江面放宽，两岸依旧是高山，将到辰溪，地形忽然一变，江两岸都是很低的丘陵，中间都是水田。从洪江到辰溪二百六十里大部分在高山中走，是沅江风景最好的地方。沿途有许多沙洲，洲边往往有滩。最有名是岩门、淇滩、斜滩、潢滩、龙虎滩。

辰溪县在沅江的右岸，辰水从南来会。沅江转向正北。从辰溪二十里到浦市，江面宽二百至四百公尺，左岸差不多是平地，右岸都有断续的低山。浦市在江的左岸，是一个极大的镇市，居民在一万左右，比辰溪县城还大。从此向北再二十里，江又入山，江面也渐狭。从麻溪到泸溪县四十九里中，如小曲湾、红岩、岩角都是峭壁，江面以三百多公尺，缩为六十公尺。红岩附近出锑矿。从辰溪到泸溪的九十里路，中间很少有滩，但是沙洲颇多。如浦市上流的康公洲长在五里左右，泸溪上流的武口洲也有二里多长。

泸溪在沅江的左岸，武水从西来会。江面在四百公尺以上。从此沅江折而向东,两岸都有山,左岸约在三百公尺以上。离泸溪五里的大龙溪附近,江边都是峭壁。江面宽不过一百多公尺,再向东北,山渐渐低,江面开展到二三百公尺。过离泸溪四十里的荔溪口,两岸只有二三十公尺的小山。一直到辰州,地形没有变动。

辰州在沅江的北岸。酉水从西北来,在城西与沅江会。酉水可以〈行〉小船,所以辰州的市面总算繁盛,人口在一万以上。从此曲折或向东或自北,经过横石、北溶、朱红溪、大宴溪、麻衣洑到柳林汊,二百多里路,都是峡谷;江面宽一百五十公尺到二百多公尺,水深平均三公尺。从柳林汊十八里到界首,山势渐低。从界首向东北,再折向东南,经过夷望溪到新湘溪,沅江渐渐脱离山地;从新乡溪经白马渡到桃源,六十里路,完全在红砂岩的盆地里面,江面展宽到四百公尺左右,这是洞庭湖地与湘西山地的过渡地形。

从泸溪到桃源,沿路的滩很多,如泸溪以下二十里的丑溪滩,辰州以上二十里的酒杯滩,辰州以下五里的柏叶滩,横石以下的杨家滩,朱红溪以下的坞滩,以及界首以上的瓮子滩,夷望溪与白马渡之间的沙梦滩、毛药寺滩、沈滩,都是航路的障碍。以上所举的滩,都是沙洲所成。沙洲大的有四五里长,小的也有几十公尺。这种沙洲不但使河身忽然增高,水要经过高地,再向低处下流,而且洲与岸之间,江面较狭,水流更急。这种滩的性质,根本与黔阳以上的石礁所成的滩不同。但是沅江正流中也有几处石礁,而且所成的滩,比任何滩都要危险。这种石礁都在大宴溪以下,到缆子湾的十几里之中。这一段江,中间有许多长的石礁,顺着江岸排列,船往往须在两条石礁之间穿过,所以比普通横的石礁尤其困难。从大宴溪向东,有清浪滩洞庭溪、雷迴、五汊等滩,都是这种长石礁所成。

这种滩的危险,是我亲眼看见的。从镇远向东,我总是在船头上观察。每逢过滩,也是如此。起初船一到滩里,两边都是浪花,也觉有点可怕,以后看得惯了,也就不以为奇。船过了大宴溪,没有几里,就是清浪滩。有一只船在我们前面走,相距不过几丈,它快要过完滩的时候,我们刚进滩。忽然看见前面的船向右一侧船顶上放的一只鸟笼子先掉下水去,跟着就是一顶轿子,船头两个船夫,在右边的一个也摔了下去。只听见船舱里的妇女放声大哭起来。这一共不过几秒钟的工夫。幸亏掌舵的死命的把船一撑,船没有完全翻过来,先冲到浅水的沙滩上。掉下水的船夫也没有死,只不见了鸟笼子和轿子。当前面船要翻的时候，我只看见我们的船夫，脸都吓青了，手只是抖。寻常过滩，前后的船夫，往往唱和相应，壮自己的胆。到这时候，一切喊叫都停了，鸦雀无声。一等我们自己的船也出了滩，船老板到舱里面，向我的那位同乡大叩其头，口里只是说："大人！恭喜！托大人的福，大家都有了命！"我问他道："前边的船要是翻了，我们有甚么危险？"他说："老爷！你真正不明白！滩中间船可以走的路没有多宽。前面的船若是翻了，把我们的路塞住，我们的船也得要翻。"不几分钟到了伏波庙。船夫买了许多爆竹在船头上放，又带了香烛，上左岸山顶上庙里去叩头谢神。

第三段是从桃源到常德。桃源城在沅江的左岸，人口大约在二万以上。沅江的左岸到此完全是平地，右岸则还有二三十公尺的小丘。这大概是古云梦泽的西南角。桃源出海面的高度我当时没有测。不过长沙出海面不过六十多公尺，常德大概不过七十几，桃源想起来总在八十与九十之间。所以桃源城比洞庭湖水面高不了好多，一发大水，就要被淹没。我走过的那一年（宣统三年）是空前的大水，全城都在水里，城外的宝塔只有三级在水上面！从桃源向北到陬市要经过艚舫洲、鹭鸶洲等几个大洲。我经过的时候，大部分淹在水中。

陬市离桃源五十里，也被水淹了。由此向下，两岸没有山。沅江成一个四十里长 S 形的大湾子到常德。江面宽四百多公尺，边上有堤岸，有好几度被水冲破。许多灾民逃在没有冲坏的堤岸上住着。沿路只看见席篷子和用绳子挂着晒的衣服。常德上游十里左右，还有一个娘娘滩，也是沙洲所成的。这是沅江最后的一个滩。

常德在沅江的北岸，是湘西第一个大城，人口有五六万。城是东西长而南北短，所以东、西、下南、上南四个城门都靠着江边。那一年所遭的水患，没有桃源那们利〔厉〕害。但是从江边进城，沿途都铺得一尺多高的木板，城门口有好几寸的水。听说上游有个石堤，还没有冲破，不然全城也都要淹在水里面了。

常德到长沙的小火轮——买办打破头，我混着一顿饱饭

凡有一件东西，我们自幼看惯的，或是用惯的、吃惯的，其实并不是真的好东西，只要隔了许多年不看见它，我们往往冥想它的好处，忘却它有甚么缺点。给我同船的这位同乡前辈是一个老进士。在刑部守了十几年，才放了云南的普洱府知府。这是一个极苦的缺。做了三年，也没有剩几多钱。他年纪老了，就告老回家。他自奉极俭；只有一位乱头粗服的如夫人伺候他，连好好的听差都没有用。一到了常德，他头一件事是叫人买西瓜。他对我说道："我四年没有尝着西瓜味了。一到湖南境内，我就想吃它。无奈因为大水，沿途买不出瓜来。常德是个大码头，一定要多买几个来吃一顿。"等到买了来，瓜又生又小，一股子淡水气，但他一口气吃了两个，还觉得不过瘾。后来〈到〉了汉口，买到了好瓜，他一天吃好几个，路上就得了病。到家没有几天，就死了。

我当日对于小火轮的观念，也是如此。我未出国以前，到江南几次，都坐过小火轮。出国以后，八年没有看见过这种东西，把它的真相都忘记了。从云南到常德三千里路，以五月廿九日起，一直到七月十三日方才到常德。旱路虽然不很舒服，水路却很方便，而且一天走二百里，不能说不快。但是我心里存了一个成见，以为到了常德，有小火轮坐了，当然不肯再坐民船。所以我的同乡坐原船过洞庭湖到汉口，我却决定坐小火轮到长沙。

我向船家打听买票的地方。他说在岸上"洋棚"里买——"洋棚"是沿长江一带普通的名词。凡内地轮船码头办事的地方，都叫做"洋棚"。我一上岸就看见戴生昌的招牌。我隐约记得，我们家乡也有戴生昌的小火轮，高高兴兴的去买票。"我要买一张官舱票、一张统舱票到长沙。一共多少钱？"我向〔问〕那一位年轻的管事。他把我从头到脚，看了两眼，一点不迟疑的答道："官舱十块，统舱三块。"我有一点不信，再问他道："没有扣头吗？""先生你不知道，我们戴生昌的船是有名的。官舱是一人一间，极其讲究。饭食是一天三顿，每顿是两荤、两素、一个汤，大白米饭，所以比别家都贵点。"我很满意，当时就给了他十三块钱，换了两张船票。

我一面叫跟我的姓陈的护兵，早点押行李上船，一面自己进城到邮局发信。到了邮政局，看见柜台上贴得有布告，出售上年的邮务报告。我就要买一本。柜上的司事上楼去拿。好一会才下来说"洋总办请你上楼说话"。上楼去一看，一个二十多岁黑头发、棕色眼睛的外国人坐在那里，外衣脱了，领结都没有穿。他用中国话问我道："你会说外国话吗？""我刚从欧洲回来，会说几句。"我用法国话答他。他立刻从椅子上跳起来，紧紧握着我的手道："你是我的乡亲！你是我的乡亲！我说常德那里会有人要买邮务报告！"于是他拉我到他家里吃午饭，强迫我把假辫子去了，长衫脱了，开了一瓶香槟，亲手做了一壶咖啡，与我畅谈了两点钟，告诉我独身住在常德的痛苦："这是活地狱！活地狱！"他不断的对我说。

　　吃了饭以后，我的新朋友派了一个人领我上小火轮。我一面想今天要离开这"活地狱"了，一面想从此一路坐轮船到家，不必再愁下雨，或是过险滩，心里十分的高兴。一到了船上，我才知道我仍旧进了活地狱！

　　所谓小火轮不过二十多吨。全船只有一个官舱。这是一个七尺长、六尺宽的小房，在买办的账房后面。房里有两张木板床，丁头搁着。此外还有一张小木桌，一张高板凳。靠右面有一个没有玻璃的窗子。桌子、板凳上都有很厚的油灰。许多苍蝇从窗子里飞了进来。七月天气，温度在九十以上，一进房衣服就汗透。我问那姓陈的护兵道："这怕不是官舱，你弄错了罢？""账房说这就是官舱，而且船上没有第二间。"账房里坐的那位买办也走了过来问道："先生，你在那里买的票？""在你洋棚里买的。他们告诉我官舱一个人一间房，十块钱到长沙。怎么如此不堪！"那位买办哈哈的笑起来："先生，他们拿你开心，你上了当了！官舱只有这一间，而且是两个铺。到长沙寻常卖三块钱，有交情还可以打八扣。"我大怒道："岂有此理！我上去问他找钱去！""先生，你去也没有用。洋棚里的把戏就是这样，而且就要开船了。"正说着话的时候，又来了一个客人，要向我房里挤。我老实对他说道："朋友，你不用进来。这个官舱是我花十块钱包下来了。"我又向那位买办说："请你不要再卖官舱票了。我两个人已经花了十三块钱，抵四张票还多。虽然票是在洋棚里买的，究竟是你一家子。我不向你找钱已经是客气的了。要再叫一个人来给我同房，我可决不答应。"那买办看了我两眼，就向那个新来的客人说："不再卖官舱票了，请你别处找地方去罢。"我们主仆两个就占据了这一间惟一的官舱。

　　等到开了船，我到船板上看看，四边堆的满满的货，没有地方走动，而且太阳晒的很利〔厉〕害，只好仍然钻进房里去。照地图上看起来，一出常德，就应该进洞庭湖。那知道船开了许久，也没有看见湖的影子。两边不是高堤，就是芦草。原来从常德到龙阳，虽说是入洞庭，其实在湖南面的小港里，然后转到资江，再经过临沅口到湘江，上溯到长沙，四百三十里路，都是在内河里走。于是我大失所望，懊悔没有直接从常德到汉口。

　　太阳没有落，茶房就来开饭，我才知道每天是开两顿饭不是三顿。开的饭是一碗白盐水汤，里面有几片豆腐，一碟子生咸菜，一碟子辣子，一大碗红米饭，我才知道洋棚里人所谓两荤两素原来如此。菜我倒不注意，那一碗饭实在糙的不能下咽。我叫茶房给我换一碗白米饭来。他说："先生，你不知道常德一带只出红米，船上就没有第二种饭。"

等到天黑了，睡觉也发生了问题。我从昆明出发到常德，一路上都睡在我从欧洲带回来的帆布床上。这天晚上，因为从木板床到船的顶篷不过四尺多高，木板床又是钉死了的，帆布床没法子支起来，只好睡在木板床上。我躺下没有几分钟，浑身觉得奇痒。点起灯来一看，满床都是臭虫。只好起来，坐在高板凳上看书。连我的那个到过西藏的护兵也咬得睡不着。停了一刻，板凳上也发现了臭虫。只好半坐半站，等到天明。

天大亮了，臭虫渐渐藏起来，我才勉强睡下。不到一点钟，正是迷迷糊糊的有一点睡着了，忽然被嘈杂的人声闹醒了。只听得几百条嗓子，一齐喊着："慢慢的开！慢慢的开！开快了把堤冲坏了，我们要跟你拼命！"起来一看，堤岸上聚了无数农民，跟着轮船跑。那位买办也起来了。他立刻下命令开快轮冲了过去。但是一条长堤上，好几里路都是聚的人，他如何冲得过。"……妈妈！……奶奶！打！打！"大小的石头纷纷抛到船上来。我连忙退到我房里，一看床上已经有一块石头，大概从窗子里飞进来的。只好又走到买办的房里等着。同时两个茶房扶着"二买办"从船板上下到舱里来了。这位先生额角打破了一块，流得一脸的血。大买办急了，自己跑出去跪在船板上，向岸上叩头，一面说道："诸位不要打，我叫他们开慢点就是了。"岸上的人喊道："你不顾我们的命，我们就要你的命！"大买办叩起响头来："诸位千万不要再打，我下次再不敢开快轮了！"于是小火轮先完全停了轮，然后用一点钟走五六里的速度，慢慢开去。

虽然那时候小火轮的速度还抵不上从镇远下来的民船的一半，我不知道为甚么心里头觉得异常的痛快。回头来一看，那位二买办躺在床上，哼声不绝，头上的血把上身的衣服都染红了，却没有一个人理会他。我觉心中老大的不忍。我走了过去，对他说道："我带得有刀创药，给你敷上点好不好？"他看了我一眼，回我道："我不要！"我再诚恳的对他说道："我不是郎中，给你上药，不要你的钱。""啊！我不晓得先生肯做好事，请你快点给我上药罢。"于是我拿出我的药包来，先给他消毒，再敷上药，用纱布棉花扎好，足足忙了半点多钟。大买办和茶房都在旁边看着。

我上药还没有完，一个茶房已经来开早饭了。盘里装的仍然是一碗白盐水汤，一碟生咸菜，一碟辣子，一大碗红米饭。大买办看见了，连忙拦着他说："快拿回去！另外开饭。"不多一会，居然拿了两荤、两素、一碗汤、一大碗白米饭来。我饱吃了一顿，觉得二买办的头打破是很不冤枉的！

太行山里的旅行

太行山的东坡——所谓太行"八陉"之一的井陉

我于民国二年的二月到北京，做了工商部矿政司的地质科科长。我这一科里有一个佥事、两个科员，都不是学地质的。"科"是一个办公文的机关。我的一科根本没有公文可办。我屡次要求旅行，部里都说没有旅费。只有两次，应商人的请求，由请求人供给旅费，曾做过短期的调查。幸亏那时候北京大学因为地质门招不到学生，把京师大学原有的地质科停办。我就向北京大学把地质门原有的书籍仪器借了过来，由工商部开办了一个地质研究所，所以还不至于无事可做。同时我又把北京大学原有一位教授，德国人梭尔格，请了过来帮忙。民国二年的秋天，南通张季直先生来做工商部总长，要实行他的棉铁政策，我才有机会同了梭尔格和矿政司的一个科员王锡宾先生同到山西调查正太铁路附近的煤铁矿。

梭尔格原是柏林大学的助教，在京师大学的地质科教了三年书。所有他的中国同事都说他脾气不好，而且根本看不起中国人。我和他谈了几次，看见他在西山的工作，觉得他是一位很可敬爱的学者，力排众议，请了他来。这一次和他旅行了四十多天，我很虚心的请教他，他也极热心的指导我，我们变成功极好的朋友。可见得外国的专门家不能与中国人合作，不一定是外国人的过失。

我们的第一个目的地是井陉，因为这是正太铁路附近太行山东坡很重要的煤田。中国旧书上所谓太行山原没有一定的定义。据《述征记》，太行有八陉——两山之间的狭路谓之陉：一是轵关陉，在河南济源；二是太行陉，在河南沁阳；三是白陉，在河北磁县；四是滏口陉，在河北磁县；五是井陉，在河北获鹿；六是飞狐陉，在河北蔚县；七是蒲阴陉，在河北易县；八是军都陉，在河北昌平。由此看来，从黄河北岸起，一直到河北的昌平，都是太行山。但是实际上讲，太行山的范围似乎不应如是的广大，因为从河南的济源、沁阳，到河北的阜平，山脉是南北行的，这是所谓真正的太行山。从阜平起，山脉转向了东北，所以绕到北平的北面，再向东连到榆关，这一段地质的构造极其复杂，与太行本身不同。我的朋友翁詠霓先生把它叫做燕山。如是则八陉里面的军都陉（就是居庸关）、飞狐陉和蒲阴陉（就是紫荆关）都在燕山，而不在太行。其实所谓八陉，根本就没有道理。"八"这个数目，是中国地理上的一种迷信，起源于东、南、西、北和东北、西北、东南、西南，八个方向。所以说"大将军八面威风"。无论那一县的县志，都有本县的"八景"。只要臭水沟上有几块木板，就叫它为"板桥秋月"；一所破庙，就成就了"古寺钟声"。无论如何，四个字一景，总要凑成刻板式的"八景"。"八陉"的来历大概也不过如此。例如飞狐陉和蒲阴陉原只能算一陉；飞狐口是从蔚县入山的口子，蒲阴陉就是紫荆关，是出山到易州的口子；正如过居庸关的山，北面的山口在康庄，南面的口子在南口一样。现在却硬把它们分为两陉，来凑成八数。其他各陉，除去军都陉是居庸关通宣化的大路，井陉是河北通山西的大路，太行陉是从山西上党经天井关通沁阳的大路之外，都不重要。太行山里与轵关、白陉、滏口同等的小路不止十数，而从阜平向五台的龙泉关、向恒山的倒马关却反不在八陉之列，可见得八陉是根本没有意义的了。

若是我们把军都陉割在燕山里面，则穿过太行山的路没有那条有井陉重要，因为它是太行山里惟一可以走大车的路，此外各陉只通驮马。普通北方的马，走山路只能驮二百多斤；一个大车总可以装一千几百斤，所以能通车的路，在运输上的价值，决非不能通车的路所能比拟。井陉能通车道，在汉初已经有记录。韩信出兵井陉，郦食其说他"车不能方轨"。足见车是可以通的，不过不能"方轨"而已。山道的重要全看它能通车与否，不但太行山里如此，燕山里也是如此。横贯燕山的路不止十数（如民国十三年奉直战争出名的九门口、冷口都是例），然而大家所知道的，只有山海关、喜峰口、古北口、居庸关四条道，因为只有这四条道是可通大车的。这种路上的口子，中国地理书上叫做"险要"。其实既然能走车，当然是各路中最不险的地方，所以所谓险要，要则有之，险则未也。

井陉通山西的大路有两条，都经过井陉县城。一条路是走娘子关到阳泉，就是正太铁路的路线。从井陉县起向西，在乏驴岭有一个山洞。一条是走固关、石门，到平定，就是从前走大车的驿道。井陉县以东则只有一条路，都经过头泉到获鹿。从头泉到阳泉，或是从头泉到石门，都是太行山，距离差不多整整一百公里，娘子关和固关都正在山的中间。井陉县在头泉西三十五公里，离娘子关只有十七公里，与获鹿的平原已经隔了头泉以西岩峰附近的山。井陉煤田是太行山里面陷下去的一个盆地。南北长十五公里，东西宽二公里至五公里。盆地的中段最窄，地形也最高。这叫做凤凰岭，把煤田分作两部：北部大部分为德国人汉纳根所办的井陉矿务局所占领，总机关在冈头村，有十公里长的小铁路，与正太路的南河头车站联络。南部面积不到北部的三分之二。井陉县城就在它的中间。城西南二里有中国人自己办的半新式的正丰公司。

梭尔格是十一月十日离开北平的。我因为生病，一直到十一月十三日才到冈头。当时梭尔格已经到微水去调查。在矿上代理矿工程师的是一位学化学的戈尔登堡先生。他很佩服梭尔格，说："若是我们在中国的德国人都像他那样肯工作，那就为我们争气了！"他又问我，还有一个德国人，在北京大学教矿物，认识不认识。我告诉他，这位先生听说我请了梭尔格，就来自荐，说刚从井陉工作回来。但是我看他拿来的一张井陉煤田地质图，好像是用李希荷芬的旧图放大的，所以没有理他。戈尔登堡先生拍着桌子叫道："丁先生！你的眼力不差！我们因为北京大学地质科停办，这位同乡失了业，请他到这里来工作，预备给他找一个位置，那知道他到矿三个星期，一天也不肯出去。末后又偷偷的找了土娟到这里来胡闹。我没有法子，只好请他走了。临走的时候，我看见他把李希荷芬的旧图放大，正不知道他有何用处，原来他是拿去骗你。"我于是又知道所谓外国的专家，不是可以随便乱请的。

我在关头住了三天，天天同梭尔格出去研究，得了许多新知识，然后决定调查的方法和计划：梭尔格担任调查凤凰岭以北，我调查凤凰岭以南。我从十一月十七日起，到二十五日止，费了九天工夫，才把南部的地形和地质调查明白，于二十六日会同梭尔格由井陉步行到娘子关。井陉城附近的山最有登临的价值的是距城西南二里的雪花山。山比县城高不过一百公尺，但是因为四面是平地，望的很远：西北全是石灰岩的大山，紧逼煤田盆地的西边。东南大山较远，但是煤田的东边离山根也不过二三公里。西南煤田到长生口就不见了，但是因为盆地向西南延长，一直到固关，地势都很低。东北是凤凰岭一道低山，把煤田隔做两段。煤田全是在平地，地上满是黄土。这平地之中，只有两个小山：一个就是雪花山，一个是县城东二公里半的东定山，与雪花山东西相对。

棉水从乏驴岭东来，到县城成一个大湾子，环绕着县城东、西、南三面，然后向北绕到东定山的北面向东北去。铁路在棉水的南岸，西向乏驴岭进山洞，东由东定山的南面向南洪口。城西南二里，铁路的南面，有一个宝塔，是一个很好的测量的目标。井陉的城不过一里半见方。从山顶下望，房屋街市，看得清清楚楚。虽然隔了二十年，这一幅绝好的地图，还没有忘却！

　　这是我第一次在北方内地旅行。在冈头与梭尔格分手的时候，向他打听住宿问题。他说："北方的'店'很方便，有店就行。"我到了井陉，因为要知道东面太行山里的情形，决定由井陉东南向南障城，再向北到南洪口向西到井陉。听说南障城是大地方，原来预备到那里过夜。但是一早上雪花山测量，下来已经过了十二点。再因为我没有经验，沿途工作很慢，走到离城十几里路的高家坡，天已经黑了。沿路逢人打听，都说高家坡有店。到了村子里，好容易找到所谓惟一的店，门已经关上。打了半天门，才有人出来。他看见我的奇装异服，立刻说："我这里没有地方。再走三里就有大店。"说着就要关门。我知道从高家坡到南障城十多里路，中间没有村子。一面把一只脚跨进门里，不准他关门，一面拿一块钱给他说："我是好人，我先给钱。你不用怕。你不看我还有两头牲口吗？"店主人看见了现钱，口就软了。"钱不钱是小事。我这里实在没有地方。你不信，你自己进来看。"我进门一看，是一个一丈见方的小院子，朝南一个门，开了进去，一个通长的屋子，两边两排的长炕，西面一排炕的中间，有一个灶头。炕上面坐着睡着满满的人，地下满放着挑油的担子，绝对没有下脚的空隙。我只好请店主人去找村长。等了一会，回来说村长出门去了。正在无可奈何的时候，忽然看见院子西面有一间矮屋。推开门一看，满地都是草，屋顶上瓦也没有了。我叫人把东西搬了进去，才算有了住处。高家坡出海面一千多尺，十一月底，已经很冷。我十二点多钟的时候吃过一张半斤的饼。以后就没有喝过一口热水。到那时候真是饥寒交迫。只好把铺盖打开，钻进被窝里面等晚饭吃。赶牲口的走了进来说："老爷！你倒睡了。没有草，没有料，连铡草的刀都没有一把，我的牲口怎么好？"我只好请了店主人来，说了许多好话，先给了钱，请他买点草料，再借了一把铡牛草的刀来，喂了牲口。到了第二天上了路，我只看见赶牲口的一面走，一面打盹。我问他道："你昨晚上难道没有睡觉吗？"他回我道："我的老爷！那一间屋子，已经睡了三十二个人。炕边上坐都坐不了。那里还能睡！

我只好在油篓子中间蹲着过了一夜。"我才知道这种"望门投止"的办法，是不可为训的。

太行山以西——太原、平定、昔阳

我同梭尔格于十一月二十六日离开井陉，步行向娘子关。我们是完全沿了铁路线走，经过北溪、南溪，一直向上。因为路线是顺棉水向西的，所以比较的很平：从井陉到娘子关十七公里，不过上高了一百公尺。这大概是铁路走娘子关而不走固关的原故，因为固关虽是从前走大车的路，却比娘子关要高到一百多公尺。娘子关虽然不高，而从东边看去，却的确是一个关。棉水到此变成功很窄的峡谷，河两边都是很陡的石壁，不过石壁不很高，几丈以上，又变为平台，慢慢的向两边的大山高了上去。离娘子关车站不远，河两边有很奇异的水凌石，完全是石灰岩凝结成功的，但是中间有无数的小管子。因为管子的口径很小，所以石头的下部放在水里，水就能自己从小管子里上升。北平、保定人家常常把它放在花盆里，石头上边只有少许的土就能够栽着小草或是小花。

二十六日夜间忽然下起大雪来，一直到二十七早上还没有停。我们于是变更计划，坐火车先到太原，向官厅接洽调查平定、昔阳一带煤铁矿的办法。我第一次看见阎伯川先生。那时候山西还没有模范省的名，但是他给我很好的印象。在太原住了两天。二十九日骑着马到西山去调查硫磺矿。矿是在煤层里面的页岩，没有甚么价值，但是我们跑上了比太原城高四百公尺的山，望得很远，从太原到介休是一个很大的平原。太原已经到了这个大平原的北头，再向北就是黄土所成的低山。城东十里，城西二十里，都是四五百公尺高的石山；石山边上，都是黄土。但是我们看见东山边上的黄土比西山又多又厚，足见黄土是西北风吹得来的。

我在太原还得了一个教训。我十几岁在日本的时候，就到体育会去学骑马。教授站在场子中间，拿一根长绳子拴住马，再拿一根很长的鞭子，把马打了转圈子跑，初学的时，马跑得慢。以后逐渐的加快。等到练习了许多时，马跑快了也掉不下来，教授就叫你把脚蹬去了骑。再等几天，不但脚蹬去了，缰绳也得放下，两只手先交叉在前胸，再交叉在后背，单靠着两条腿夹住马背，我起初的时候进步的很快，但是到了把脚蹬去了时候，就常常要摔下来。等到把缰绳放下，一两分钟之内一定躺在地下。学来学去，一点进步没有，一失望就不再学了。到了欧洲，七年不骑马，从前所学的一点功夫，都忘记了。一直等到要回国来的那一年，为预备旅行，又到马术学校去上课。那里的教法没有日本的复杂：你骑上马，教员在旁边看住。先颠着小走，再颠着大走，再学奔驰。等到奔驰不至于容易摔下来，就教你打着马跳过一根离地二三尺的木杠。我学的成绩和从前一样，起初学的很快，但是到了奔驰的时候总免不了要摔几交。一到跳木杠子，没有一回能够骑住！这一次调查完全是步行；只有在冈头的时候同梭尔格骑过一回马到北山去。中国马身段很小，比外国马容易骑得多，所以我放胆跑。梭尔格也很称赞我的马术。从太原到西山去的那一天，阎伯川叫人送了两匹马来，说是他衙门里最快的，特地借给我们骑。两匹之中有一匹更精神。梭尔格客气，把它让给我骑。那知道刚跨上去，它就飞奔起来。我赶紧把缰绳勒住，已经没有用，因为嚼口被马衔着，随你勒它口不会痛。路上的薄雪结了很滑的冰，我身上背着有一千多块的仪器，一面怕马滑倒了，或是我摔了下来，一面怕它撞伤了人；所以虽然温度在零度以下十二度，我仍旧是浑身是汗。幸亏它一直向将军署的马房里奔；到了那里，就不走了，这才换了一匹老实点的马，再出城去。我受了这一次的教训，从此不敢卖弄我的马术，并且相信，一个人为天才所限，纵然积极训练，到了相当的程度以后，很难再向前进一步的。

我们于十一月三十日从太原到阳泉。这是正太铁路附近煤铁业的运输中心点。我们在保晋公司住了八天，把附近的地层次序、煤铁的价值，调查清楚，然后决定梭尔格担任测绘铁路以北的地质图，东到太行山边，西到寿阳，北到盂县。我担任测绘铁路以南，东到太行山边，西到煤系以上的地层，南到昔阳的南境。我于十二月九日离开阳泉，经过义井、南天门到平定。由平定西上冠山，经宋家庄、锁簧、谷头、立壁，东上到浮山。从浮山西南坡下来，经安阳岭、铺沟到昔阳。从昔阳南顺南河到柴岭，东南到蒙山，东北到凤凰山。然后北上风火岭，到张庄；再经马房、立壁、西郊、东沟、白羊墅，于十二月二十三日到阳泉。一共工作了两星期，我初次在北方过冬，御寒的衣具本来不完备，而这两星期中，早上出门的时候，温度平均在零度以下八度，最低的时候到零度以下十八度。上浮山遇见大雪，上蒙山遇见大风——在蒙山顶上十二点的时候，温度还在零度以下十度，所以很苦。但是这是我第一次在中国做测量地质图的工作，兴趣很好，回想起来，还是苦少乐多。

浮山和蒙山都是昔阳县境的名山。浮山上面有个大庙，修得很整齐。全山都是火山喷出的岩浆灰土，最上层有浮石，浮在水面不沉，所以叫做浮山。山在昔阳城东北十五公里，高出县城三百四十公尺。山虽不高，四面却望得很远。蒙山则是完全石灰岩所成，是太行山里的一个高峰。在昔阳城东南八公里，高出县城五百公尺。从这两个山测量，太行山西坡的地形和地质很容易明白。太行山全部虽是一条南北的山脉，山脉里的长岭却多是从北偏东向西偏南的方向。浮山本身就是这种长岭之一。从浮山向北偏东延长，到固关中断。从浮山向南，先看见的是建都河的峡谷，再过去就是蒙山的长岭，方向也和浮山一样。蒙山的东坡和南坡是凤居河的峡谷。建都、凤居这两条河在蒙山的东北会合向东，穿过太行山到平原，就是旧图上所谓沾水，在河北省平山县城北入滹沱河。凤居河以东，可以从蒙山看得见的还有两条长岭：一条叫鹅儿山，离蒙山不过十公里，高也与蒙山差不多；一条是文山，都与凤居河平行，从东偏北向西偏南。文山在蒙山东南三十公里，高度至少在蒙山以上四五百公尺，出海面大约在二千公尺左右，是太行山里有数的高峰。

浮山和蒙山都到了太行的西边，但是距低地还有三公里至六公里。这一边的坡度很小，所以从西向东，路并不十分难走。坡脚就是出铁矿的岩石。再向西是一条南北的低地。从平定以北的义井起，到昔阳以南的柴岭止，长约四十余公里，宽约七八公里。在昔阳以北最宽。向南到柴岭，渐渐的变为南河的峡谷。所有重要的村落、城市和煤矿都在这低地之中。低地的面上大部分是黄土。因为有许多河沟，所以并不是个平原。不过河沟不深；岭与谷的高度，相差最多不过几十公尺。

从平定—昔阳的低地向西，是一个黄红砂石的高原。平均比低地高出二百公尺左右。高原上的山岭，都是比较硬一点的石层所成。从东望去，大部分都是接连的长岩，与太行山里有石灰岩高峰的长岭完全不同。这种长岩全是自南向北。从浮山和蒙山所望得见最远的一条，在低地中心以西十五六公里，高出低地四五百公尺，大概就是高原最高的部分。高原与低地的分界是一条极其弯曲的南北线，和太行与低地的界线大不相同。因为高原的西坡，有许多河沟，向东流入低地；两条河沟之间，高原地伸一条东西长岭插入低地：在平定西南、南川河北岸的是冠山，南川河南、马房河北的是石钟山，马房河和北河之间的是药岭和风火岭。高原上面，树木极少，土地极瘠，差不多没有甚么大的村落。只有与低地接触的东坡上，有很厚的黄土，被我们农民经营了几千年，造成功一级一级的平台，可以耕种。

山西的乡下人不但靠黄土吃饭，而且可以利用它住房子。黄土是风吹来的，里面没有层次。被水冲开，往往成功陡壁。从这种陡壁边上，向里面挖一洞子。只要顶上挖成半圆形，如桥孔一样，不用一根梁或是柱子，不会倒塌。洞口可以安上门，门旁边还可以开窗子。黄土是不很传热的，所以屋子里是冬暖夏凉。这种土洞子，在河南、山西、陕西、甘肃黄土厚的地方，是很普遍的。通常叫做"窑"——《武家坡》上薛仁贵所回的窑，一定是指这种黄土洞子。北京的戏子不懂得，进窑的时候弯着腰，装着向地底下走的样子，就把它变成功煤窑的窑了。窑也并不是一定是穷人住的。我从平定上了冠山下来，住在宋家庄的地保家里，就是这种窑。里面墙壁刷得很干净，很大的一个暖炕，屋外空气的温度，在零度以下八度，屋里只有零度以上十二度。炕旁边放着一对磁县来的大青花瓶——这是北方乡下稍有资产的人结婚的时候必需的东西。瓶与平同声，取它平安的意思。住这种窑的人，最怕的是地震：因为黄土是松的，一经地震，整个儿会得塌下来。民国十三年甘肃大地震，死去的几十万人，大部分是葬在黄土窑里的。

太行山里的水道很值得令人注意。中国的传统地理学都把山脉当做大水的分水岭。太行山就可以证明这种说法与事实不符。唐河发源于浑源，经过倒马关到唐县；滹沱河发源于繁峙，经过榆枣关、卧石口到平山；漳河两源，一发源于昔阳，一发源于榆社，出了太行，才合流到磁县。这几条大水，都从山西穿过太行，流到河北。不但大水如此，就是小水，许多也是如此。在我所调查的区域以内，有两条比较大点的水：一是棉水，发源于寿阳，经过娘子关到井陉；一是沾水，发源于昔阳，经过杨庄口到平山，也都是穿过太行。从浮山和蒙山向西看，就知道这两水支流的复杂。平定、昔阳是一个南北的低地，而且南高于北；西面一个高原，东面一条太行山。我们以为最天然的水流，应该是一条从南向北流的水，吸受东西高处的支流。那知事实上完全不然。所有这区域内的水，除去昔阳城南的南河之外，都发源于高原，从西向东，横穿过平定、昔阳间的低地，直入太行山里，成功峡谷。最奇怪的是在平定以南的棉水的两条支流——南川河和马房河，都不从很松的黄土地流入棉水正流，却都向东流入太行西坡边上，在石岩上面，冲开一条南北的浅谷。可见得这些水道都与现在的地形有点冲突。研究这种水道的成因，是地文学上极有兴味的问题。

我们把太行山的东坡和西坡比较，就知道因为地形构造不同，发生了极重要经济的结果。太行山全体平均的高度不过一千一二百公尺，比西边的低地高不了四百公尺。所有煤层都保存在这低地中间。而且低地西面是个高原，地层很平，下面仍然有许多煤可采，煤层露在地面的区域，沿正太路是东西的：从榆次起，经过寿阳到阳泉，延长八十多公里；紧靠太行山西坡是南北的：从盂县起，经过平定、昔阳、和顺、辽县，到襄垣的南部，延长二百多公里；煤层既多且厚，是全国最大的煤田。东坡逼近平原；获鹿县出海面一百二十七公尺，比太行山平均要低九百公尺，所以从东向西坡度很陡。除去陷在半坡的井陉，河北省中部没有煤田。一直要到高邑、内丘才有临城煤田，又与河南的武安煤田不相连接。武安煤田因为种种关系，煤质煤量都不甚佳。南部的磁县、安阳是河北、河南最好的煤矿，但是逼近平原，南北长而东西狭，煤量因之减少，不能与太行以西的煤田相比。一座太行山把它以西的大煤田和用煤多的华北平原隔断了，可算是中国地理上最不幸的事实。

有名无实的山西铁矿——新旧矿冶业的比较

平定、昔阳的铁矿不容易用新法开采，所以没有多大的价值，已经是中国地质者所公认的事实。但是我偶然看见民国十七年武昌亚新地学社出版的《大中华民国分省图》里面山西幅的说明，仍旧有"铁矿煤矿甲于全球"的话。亚新地学社是中国研究旧式地理最有成绩的机关，而所见仍然如此，足见得这个问题还有普遍宣传的必要。

我民国二年到山西调查铁矿，抱了极大的希望。因为不但山西自古以出铁著名，而且德国人李希荷芬四十年前在山西旅行，极口宣传山西铁矿的丰富。我以为这一定是亚洲的罗伦（法国最大的铁矿）。等到我到了阳原，在正太铁路以北天天同梭尔格钻土法开采的铁矿洞子，没有看见有〇点六公尺以上的矿床，而且一个矿井所能开采的范围极小；矿床不但厚薄不均，而且并不成功有规则的层次。我渐渐的悲观起来。从阳原向南调查铁路以南的地质，才晓得在阳原所见的已经是平定、昔阳铁矿最好的一部分；越向南铁矿越少，越不规则：在平定境内，铁路以北有九百七十二座铁炉，铁路以南只有一百一十七座；在乐平境内只有十八座。我才觉悟平定一带的铁矿，在新式的矿冶业上，不能占任何的位置。

新旧式矿业的经济是根本不相同的，尤其是铁矿。煤挖出来，就可以烧。铁矿是石头，不炼成钢铁，没有丝毫的用处，而生铁是最不值钱的金属：一千六百多斤一吨的生铁，在国际市场的基本价值不过三十几块钱，而且不过是炼钢的原料。所以炼铁的炉子最小的经济单位是二百吨，建筑的成本就要好几百万。要使得这几百万资本能够逐年生利，而且可以逐年收回，必须要有极便宜极可靠的铁矿来供给炼铁厂使用。所以铁矿必须要成大片的、有规则的、开采极其容易的，方能算是"矿"。不然，就不过是一种矿物的标本。开采这种铁矿，也得有相当的设备，也需要几十万或一百万的资本。事先必须知道矿的成分、性质、数量、构造，然后可以决定施工的计划。平定一带的铁矿是零星的，是不规则的，是很薄的，是要开洞子的，与上面所讲的各种条件样样相反。土法开采铁矿是极单简的：三四人用几把锤子、钻子，凿一个几丈到十几丈的洞子；再有一个木头的手绞车，几根绳子，几个筐子，就可以开起矿来。矿质不好，可以用手来选择。在农闲的时候，人工本来是不值钱的：一个人只要能混一百几十个制钱，一天就可以过去。洞子里的矿挖完了，或是有了水了，不妨另找一个地方，把一套单简的家伙移了过去，从新打一个洞子。开炉房炼铁的是资本家了。不过他的固定资本，多则一千，少不过几百元。铁矿买了来，用人工打碎了，和上煤末子，装在一公尺长、〇点一公尺口径的泥罐子里面，把二百到三百个泥罐子堆在无烟煤上，再用已经用过的废罐子四面砌起来，就成功了一座炉子。开炉房的设备不过是几间房子，一个风箱，几把大铁棍子、钳子。一炉子所用的铁矿，不过一千五六百斤。再有二三千斤煤，几百个泥罐子，就可以开起炉来。铁矿价钱便宜，来源不断，则多开几炉。不然就少炼几炉，于他的事业不发生根本的影响。我们要了解这两种经济办法根本的不同，就知道为甚么原故，山西的铁矿用土法采炼有很长久的历史，有相当的产量，而决不适宜于新式的铁业的了。

这种炼铁的方法，是山西所独有的。无论古今中外，炼铁都是用高的风炉。新式的用焦炭，旧式的用木炭：都是把燃料放在下面，铁矿和其他融解的原料堆在上面，然后拉风到炉子里面。从没有把铁矿放在泥罐子里，堆在无烟煤里焖出铁来的。这种发明大概是不得不利用无烟煤的结果。平定一带既缺乏木炭，又没有可以炼焦炭的烟煤。若不是发明了这种焖炉，根本就不能出铁。据民国二年县公署的调查，平定一千多座铁炉，一年能出生铁七万吨。这大概是各铁炉所能够生产的最大数目，不见得是每年真正的产额。假如真正的产额是三四万吨，山西的铁业至少有一千年以上的历史，则最近一千年单平定一处，就出产了三四千万吨生铁。我们不能不五体投地的佩服我们老祖宗的本领。但是就是平定真正能出七万吨一年，还不到新式的汉阳铁厂产额的半数！完全说不上与新式工业比较竞争。

　　而且山西的土法炼铁，还有几个基本的缺点：第一是浪费铁矿。平定一带的铁矿，平均一百斤矿，含铁四十多斤。但是用土法来炼，一百斤矿，只能炼出三十多斤生铁，而且所谓生铁，不能与普通的生铁比较，因为里面杂了很多的渣子。要炼成熟铁，先要把渣子去掉，而去渣子的时候，连带的又损失了许多铁。所以一百斤铁矿，原来含四十多斤铁，等到炼成熟铁，所得不过二十多斤——三分之一以上，都流到渣子里去了。假如在最近一千年，平定出了三千万吨生铁，我们的老祖宗至少把一千五百万吨的铁，消耗到无用的铁渣里去了。就土法而论，不能不说是暴殄天物。第二所炼成的铁，品质很坏。所谓"生铁"，里面的渣子是不用说的了。此外每一百斤铁含磷二斤多，含硫磺〇点三五斤。这种铁熔点很低，而质很脆，所以平定一带，铁的大宗的销路是倒锅；炼熟铁的比较很少，完全不适宜于炼钢。山西土法炼铁惟一的好处是价钱便宜：每一吨生铁市价不过十二元左右，不过世界普通市价的一半。但是这是二十年前的事。那时候人工便宜，每一工人每日平均收入不过一百八十文制钱，所以能够如此。到了现在，恐怕土法炼铁的成本，也随工价而增加到两倍以上了。

　　根本讲起来，土法开矿——尤其是开煤矿——是与新式矿业不能相容的。新式矿业第一是要有确定的矿区，在这区以内，不准另有旁人开采。因为要如此开采的人才能够知道本矿区之内有多少矿可采，要用多少资本来购置机器，建筑房屋，布置井下的运输、通风的道路、泄水的方法。计划成功的矿，所用的资本，与所储的矿量和所产的吨数，都有一定的比例，可以预算。土法开矿则完全不是这样一回事。开矿的人只要买或是租一块一亩或是几分的地，就可以从这一点开洞子下去，向任何方向开采。地底下根本没有界址。假如我的洞子旁边的地是旁人的，他就可以开一个同样的洞子，向任何方向乱开。等到我们两个洞子在地底下开通了，不是打一场架，就是各换一个方面去挖，把开穿了的这一部分做一个中立地带。在这种办法之下，没有计划的可能。我完全不能知道我可以采的矿共有多少，能开几年。我的洞子里面的空气本来可以是很好的，但是因为旁人穿到我的洞子里来，通风变了方向，灯就会点不着。我的洞子本来是干的，但是因为旁洞子的水流了进来，随时可以把我的矿淹没。为中国矿业前途计，土法开矿绝对不能存在的。第一，它生产的能力太不成话了。平定是我们第一个大煤田。据民国二年本地官厅统计，平定县境内一共有煤窑三百六十座，昔阳县境内有七十一座，然而这四百三十一个煤窑每年至多只能出一百四十万吨，抵不上抚顺的五分之一、开滦的四分之一。何况所谓一百四十万吨，还不过是各煤窑生产的能力，实在生产的数目大概不足一百万吨。最大的煤田，用土法尽量开采，出产不过如此，足见产额与煤量完全不能相称的。第二，土法开矿绝对免不了暴殄天物。假如一个煤田有一百万吨煤，用新法开采，最少可以采得出八十多万吨，最多可以到九十五六万吨，残留在矿洞里永久采不出的煤成分很少。同样的煤田，用土法开采，最多可以采得出五十万吨，最少不过三十万吨。因为一个整个的煤田用土法挖烂了，处处都是废窑，每一座废窑里都是满的水，往往抽水的费用比存煤的价值还要大，要从新用新法开采，都不可能。况且土窑井底下又没有图。一旦洞口倒塌，谁也不知道地底下那里有水。后来开采的人，无论如何小心，免不了要被老洞积水淹没几次的。中国近二十年来新式开煤矿的大小灾祸，损失在五百万以上，死人在一万左右，一半是这种积水所造成的。这种暴殄天物遗害子孙的土法，当然是不应该听它存在的。

土窑的情形如此，半新式的"机器窑"更是如此。我这一次所看见的中国人自办的"机器窑"有两处：一是井陉的正丰公司，二是平定的保晋公司。正丰公司深十三丈的矿井，砌得很是潦草。井上有几个锅炉、一副绞车，井下有抽水机、小铁轨，所以土人就叫它做机器窑。但是公司并没有工程师，采矿也没有计划，井下边没有图。所用去的资本，公司人当日不肯实说。据我估计总在二十万元左右，但是每年只能出煤五六万吨。没有几年，这个井就废掉了。保晋公司是光绪三十三年所创立的，实收的股本为一百九十三万两银子。实际用在平定的，大约总在五十万两以上。但是民国二年，它只有铁炉沟、燕子沟、老先生沟、汉河沟、庄庄沟五处机器窑和贾地沟、段家碑、后山沟三处土窑。所谓机器窑，完全与正丰公司一样：没有工程师，没有计划，没有矿图。民国二年一共只出了十一万吨煤。我们只要拿当年德国人办的井陉矿务局来一比，就知道这种半新式的机器窑的不经济了。井陉矿务局实际股本不过二十五万两银子。民国二年已经出煤十七万多吨！不但如此，从民国二年到如今，保晋公司绝对的没有改良，每年最多的时候出过二十二万吨。井陉矿务局则出到六十万吨。正丰公司于民国七年改组，请了一个德国工程师，完全用新法另开新井。到了十六年，也增加到十六万吨。足见得土法与新法根本不能相容。完全用土法还有就是成本便宜的好处。把土法放大，变成功半新式的机器窑，如保晋、正丰之类，所用的资本比新式矿还多，而出产的能力与土窑一样；矿井不能永久，暴殄天物，遗害后人，也与土窑一样。可见开矿的人以"中学为体，西学为用"，一定与政治教育得同样的恶结果的。

云南个旧

个旧的地形与锡矿的分布

锡是中国的特产，发现很早，应用很广。自从有史以前，钟鼎兵器所用的紫铜都是铜与锡的合金。到了近代，日用器皿纯粹用锡做的更多：凡碗、壶、盆、锅、罐、盒在南方往往用锡。人死了以后还要烧锡箔。大概在十九世纪以前，世界上用锡最多的国家第一要算中国。到了二十世纪，全世界用锡的数量常常超过锡的产额，所以锡价逐次的提高，中国产锡的量也同时增加。最近二十年中最高的产额到一万吨左右，价值在一千六百万到二千万元之间，占世界产锡区的第三位，是中国金属矿产中最重要的出品。然而产锡的地点却是很少：全国出锡的县分只有湖南的宜章、江华、临武，广西的富川、贺县、河池、南丹，和云南的个旧。而其中个旧所产在九千吨以上，占全国产额百分之九十四五。

我于民国二年十二月底从山西回北京。第二天就奉到命令，派我到云南去调查矿产。当日蔡松坡刚从云南北来，交通部和中法实业银行新订了钦渝铁路的草约。松坡的意思要把这条路线经过云南的东部，再由贵州的西南部经广西到钦州。我的任务是调查假定在云南境内的钦渝铁路线附近的矿产。我回到家乡办完父亲的葬事，于民国三年二月二日离开上海，取道香港、安南，乘滇越铁路，于二月十三日再到昆明。我的任务是调查云南的东部。个旧在蒙自的西边，原不在我调查路线之内。但是我觉得到云南调查地质而不到个旧，未免太可惜了，所以决心在没有向东以前，先乘滇越铁路向南到个旧。

个旧在蒙自的西面六十里。滇越铁路原是要经过蒙自的，因为当时本地人反对，路线移向城东，车站在距蒙自十一公里多的碧虱寨。从昆明到个旧，先乘滇越铁路到碧虱寨，然后由碧虱寨经白沙冲到个旧，还有七十里的旱路。我于三年二月十八日离开昆明，十九日晚才到个旧。

碧虱寨的西面，蒙自的北面，是大屯海的湖地。从碧虱寨到个旧走湖的北面，从蒙自到个旧走湖的南面：两条路在冲门口会合。西南的通称山洞叫做冲。冲门口向东都是平原，向西顺着白沙冲进山到营房，再转向西南，上到高出平原约四百公尺的分水岭，然后再向西、向南下到个旧。

个旧出海面一千六百八十公尺，比蒙自高三百五十公尺，是两山之间的一个峡谷。县北的水向南流，县南的水向北流，在县城北的落水洞会合流下地中。个旧在蒙自的正西，直线的距离不过四十里，因为大路要绕到北边白沙冲，所以要远二十里。两县之间是一条大山：紧靠着个旧城东的是老阴山，高出个旧约六百公尺；从蒙自向西十里的是九华山，最高的峰比蒙自要高到一千二百多公尺。这一道山宽约三十里，长约六十多里，北到白沙冲，南到红河。所有个旧的重要锡矿多在这条山脉之中，而且最好的矿都在山顶上。山的大部分是石灰岩所成，东西都是峭壁。山里面的谷都是干沟——因为石灰岩是漏水的。山顶是个高原。高原之上有许多圆锥形的尖峰，高下杂错，远看好像石头砌成的坟墓一样。

个旧西面也都是山地，但是和老阴山完全不同。紧靠着个旧的是老阳山，高不到三百公尺。山是泥板岩所成，风化了以后变做红黄色的土。所以从个旧向西到老阳山，一层一层都是台阶式的水田，而其中绝对的不生锡矿。从老阳山再向西，山势又高了起来，山脊险峻如刀口一般，但山岭蜿蜒连接，不成圆锥。山脉仍然是南北向，但是山中间都是有水的深谷。距个旧最近的是黄沙河，最远的是龙岔河，介于两河之间的是贾洒河。这三条水都向东南流入红河。除贾洒河谷之外，都是花岗岩，里面也没有锡矿。贾洒河的南北岸都有石灰岩，所成的山比花岗岩的山要高。贾洒河北，哨谷村的正北，是石灰岩所成的轿顶山，高出个旧约七百公尺。山的南坡也有锡矿。贾洒河西六方寨的西面有一座小的石灰岩山，叫做峡石龙。山的四围都是花岗岩。石灰岩里面也产锡矿。

从个旧向北是到建水县（临安府）的大路，比较的平坦，完全不产锡矿。向南是一道深沟，叫做老个旧冲。水发源于个旧以南十公里的龙潭头的北面。龙潭头北的分水岭高出于个旧不过一百多公尺。再南水向南流，经过卡房、田心，十余公里在斗母阁北边的落水洞流入地中。这叫做大沟。沟东是老阴山向南延长的余脉。卡房东南山里面的龙树脚是以前著名的银矿，有路可直通蒙自。沟西都是低山，不生锡矿，因为山里毫无出产，人烟极少，是个旧县境内最荒僻的区域。从斗母阁向南五六公里就是红河。从龙潭头向南，地势渐低：卡房与个旧高度相等，田心比卡房低三百多公尺。斗母阁比田心更低。在斗母阁南的山上望红河，是一条三百多公尺深的峡谷，水从西北流向东南，两岸都是石灰岩所成的峭壁。峭壁顶上都是圆锥形的尖山，成百成千，高下相间，是西南几省所独有的奇观。红河比个旧要低七百公尺，谷身极狭，空气不甚流通。不但谷底不宜于卫生，就是红河的西南岸，因为地势比东北岸较低，汉人都怕有瘴气，不敢居留。土人单简的叫红河为江，江西南为江外。江外所产的是米、甘蔗、槟榔、芦子、肉桂之类的热带植物，都经卡房或是卡房东南的龙树脚运街〔到〕个旧、蒙自出卖。江外与江北的交通，只是夷人与汉人赶冲子的时候，才有人来往。

个旧原是蒙自县的一个村落，蒙自在元朝才设县，明朝才置汉官。个旧矿厂的开发，大约在明朝的中叶。初开发的时候，只知道有银，不知道有锡。其时银厂最盛的地点，不在个旧，而在距个旧四十多里的龙树脚（原名龙树邑）。从龙树脚向东四十里有大路直到蒙自县城。至今龙树脚附近炼铅、银留下来的渣子，到处皆是。直到康熙四十六年个旧才设银厂，乾隆以后才发现锡矿。相传道光中通海人赵天觉开办老厂的闵家老洞的锡矿，资本用完，没有见矿，一个人逃出个旧。走到宝华山，被工人追着，告诉他洞里已经发见富矿，方始回矿经营。以后发了财，捐款在宝华山修庙。后来开矿的人尊奉他为赵老祖公，把他配享庙中。足见道光年间锡矿还没有十分发达。开银矿的时代，重心在蒙自。等到锡矿发达，因为蒙自到矿厂交通不便，个旧才慢慢的成为中心。光绪十三年把临安府双水塘的同知移驻个旧，个旧才有官署。民国二年改厅为县，同时自滇越铁路于宣统三年通车，锡矿产额从四千多吨，增加到六千多吨，个旧遂变为云南最繁盛的都市。

当民国三年我到个旧的时候，全厂的锡矿共有六十多处。就它们地理的分布可为六区。第一是老厂区。在个旧市的东南，是各厂中最古的矿，初开的是银矿，等到银价日低、锡价日涨，厂家都不采银而采锡。其中最有名的是黄茅山、老城门洞、花扎口、银洞、耗子厂、湾子等处。每处最盛时矿工在四千人以上。其他还有在东北的黑明槽蒙自庙、黄泥塘、白石岩冲，在东南的蜂子洞、大冲、头台坡，和在西南的木登洞、新寨等处。这九处每处不过几百工人。第二是金钗坡区，在老厂之南、卡房之东。滥泥凹、新山、白沙坡、鸡心络等处皆属于此区。第三是大沟区。卡房、田心、龙潭头、芭蕉箐、大花山、小花山等处都在大沟之中。第四是马落革区，在个旧的东北。民国三年，开办不久，矿工不过千人。近几年来，大为发达，号称新厂，与老厂对峙。第五是古山区，在老阴山的东坡，与蒙自平原相接。当日出产很少，至今也没有发达。第六是峡石龙区，在贾洒河、龙岔河之间，离个旧市西一百里，是各厂中最远的一区。峡石龙之外，还有斗岩、禄丰寨两处，也属于此区。以上六区所用的矿工在二万人以上，所以个旧是中国金属矿中惟一的大厂。

个旧的土法采矿冶金业

个旧每年产锡一千万到二千万元。在民国三年，其中百分之九十五以上都是用土法开采提炼。这是中国土法实业最发达的地方，所以它的详细办法很有记录的价值。

个旧的矿业和任何其他的矿业根本不同：普通开矿最怕的是有水；抽水往往是开矿成本中重要的一笔账。个旧则最缺的是水。锡矿的大大部分生在五六百公尺的高山上。山是石灰岩所成，根本是漏水的。在开矿的地方，没有河，没有泉，没有井，而锡矿是一种生在红土里的细砂，非先把红土洗掉，不能提炼，所以个旧锡矿的产量常常看洗矿水的多少为定。普通洗矿全靠雨水。开矿的人在石灰岩的山上，用红土砌许多蓄水池。个旧的气候夏秋是雨期，冬春是旱期。旱期中无水可用，大家尽力的挖矿，并且把矿砂运到蓄水池不远的地方。五月以后，雨水来了，蓄水池有水可用，大家并力的洗矿。把红土洗净以后，矿砂才可以上炉提炼。因此洗矿时期不过五个月，产量上受相当的限制。

个旧厂通用的术语很多，这原是因为技术上的需要而自然发生的。但是有几个是根据迷信，譬如矿里的土叫做塂（含矿的土也叫做塂），石头叫做硖。因为土和石头都是没有矿的表示，所以应该避忌。塂是表示土里面和着矿，硖是表示石头里夹着矿，自然比土和石头吉利得多。矿叫做硪，大概是"矿"的讹字。开硪的地方都可以叫做厂。厂里的采硪的地点叫做尖子，地面叫做草皮（其实开硪的地方都是寸草不生），地面上的石头叫做磷岗。开采的方法可分为三大种：一为硐尖，二为草皮，三为冲塂。

硐尖是顺着矿苗向石头山里打的硐子。这种硐子普通高不过五尺，宽不过三尺。偶然遇着意外的好矿——所谓结瓜的地方，因为矿脉普通是细而长的，好像瓜藤；偶然变宽变大，成功整块，就好像瓜藤中结的瓜一样——硐子才会得放大。不幸遇着贫矿，或是矿脉断了，要打石硐再找矿脉，因为节省工本起见，这种地方高不过三尺，宽不过二尺，一个人背着矿砂刚刚可以扒得过去。硐子是顺着矿脉打的，矿脉是极不规则的，所以硐子都是弯弯曲曲，上上下下，忽平忽斜，忽宽忽窄。平的地方叫做平推（推就是梯子的意思），斜的叫做斜推，陡的叫做陡推，直上直下的叫做吊井。开采的年代越久，硐子越深，路越难走。老尖之外，又有支尖。老尖的路叫做大窝路，支尖的路叫做岔窝路。开矿的工人往往要走很远的窝路，才到挖矿的地方。这叫尖子头。从硐尖口到尖子头近的一百多步，远的到四千步。凡硐尖的深浅，都是以步计。据我的估计，因为窝路极难走，一步平均不过一尺半左右。所以个旧的硐尖近的百几十尺，远的有六千尺——约三里左右。这大约是个旧土法开矿最远的限制，因为再远了没有法子通风，灯点不着，人也不能生存。在坚固的石头里面，窝路往往只有石顶石壁，否则用两根直立的、一根横架的木头做支柱。这叫做架槤。顶篷石质松软的地方，有时每一步架一槤，甚至于每一寸架一槤（叫做寸槤）。槤木的圆径不过二寸至三寸，但是往往用很坚固的栗木。个旧硐尖的矿几乎全是所谓土质的墭，很少有石矿，所以挖墭只用椓子，不必放炮。只有探矿（叫做冲尖子）或是碛石太多的时候方才用火药轰炸。

硐尖开在土质里面的叫做草皮硐。这种硐尖最深不过几百步，寿命不过几年，比不得石山里的硐尖有百几十年还没有废弃的。

草皮尖是露天开采。单挖成片的土墭叫做开明槽。墭夹在地面石缝里的叫做办磷岗（又写做办炼缸）。开草皮尖比开硐尖当然容易的多：不但露天开采，工作方便，而且一块地方的矿量多少、成分若干，都可以预先计算，不至于有意外的亏本，不比得开硐尖的人对于矿量矿质丝毫没有把握，所以个旧的草皮尖多于硐尖十几倍。然而草皮尖的墭含矿平均不得过千分之二，硐尖则在百分之三以上。最好的硐尖，有时能挖含矿百分之二十以上的墭。办矿的人立刻可以发财。但是有时几年挖不出墭来，办矿的人往往破产。因为硐尖的墭含矿成分很多，硐尖的产量在民国三年也占个旧产量全部的三分之一以上。

冲墭尖是草皮尖的变相。个旧附近山谷左右的土，大抵含有锡砂。但是办草皮尖的至少须有含矿千分之一的墭，才可以不致亏本，所以有许多含矿很少的草皮，不能成尖。这种贫矿可以利用天然的水力先来冲洗，所以叫做冲墭。冲墭的方法是拣一个有水的谷道，在它上游开许多大池吸收雨水，并且把四面含有矿砂的水引入其中。这叫做水路。水路下游开一条长沟，或是利用天然的冲谷。这叫做龙沟。龙沟短的几里，长的十几里不等。沟的尽头用石头砌三四道平行的石槽，这叫做坝塘。靠坝塘的上游开一条横沟，把旁谷的清水引入龙沟。这叫做兑水。没有下雨的时候，先挖许多堆，堆在龙沟的两旁。等到雨水期来，水路的蓄水池水满，就把池里面的水放到龙沟里面，同时把龙沟两旁的堆推入沟中。这种含堆的浓水叫做堆水。堆水将到坝塘的时候，与兑水合流，细泥与所含的矿砂分离而上浮。水和细泥从坝塘的上面流了出去；矿砂分量较重，都沉在坝塘的底下。坝塘有三四道，最后的一道叫做滥渣。沉在滥渣坝塘表面的矿砂颗粒很细，成分已经不多。滥渣以下就完全是废水。坝塘前面又挖一个浅水池，把沉在坝塘底下的矿砂放到池里面冲洗。冲堆人工最省，但是非有相当的地形、水源不能利用，而且水少则堆不多，水大则坝塘容易冲破，所以地利以外还要能得天时。民国三年，只有大沟、卡房、老个旧冲和白沙冲几处产净矿每年约三百多吨，不及个旧全厂产额千分之四。

无论用什么方法挖出来的堆都得用水淘洗。淘洗的地点叫做溜口，都在挖矿不远的地方。溜口附近开几个水塘。水塘上流开许多小沟，使得上流的雨水可以流入池中。这叫做水路，是开矿极重要的需要。因为如果没有水路，就没有水洗矿，无论尖子如何好，都没有用处，所以开矿的往往因为争水路而发生冲突。洗矿用槽。槽的种类很多，洗的手续也极其复杂。简单讲起来，槽有三种：第一是用砖头砌成长方形的砖槽。槽底是一个四十几度以上的斜面，长约一丈五尺，宽约一丈。第二是用石头砌成的平槽，长约七尺，宽约三尺。槽面是平的，前后用木板隔为两部，后部蓄水，前部贮矿。前部之前有一个圆的深坑，与前部相通。第三是斜面的陡槽。槽的大小不一：大的长一丈，宽六尺；小的长四五尺，宽二尺半。斜面则自三十度至六十度不等。洗矿的方法，看矿砂的成分和颗粒而定。大致各尖子挖出的粗堆先放在砖槽的斜面上。一个人浇水，两个人用木扒揉研。大块的堆（叫做大头）检出来，另外捶碎再洗。碎堆经揉洗以后，轻的泥浆与较重的矿砂和杂质分离。流出的泥浆叫做出渣，留在斜面的不纯粹的矿砂叫做槽腰，然后把槽腰放入平槽。一面由槽的后部放水，一面工人用板锄搅拌。粗质留在槽底，谓之闷砂；细质泥浆流入槽前的坑中，也叫做出渣。闷砂再上平槽，用木扒淘洗，谓之勒矿。所得矿砂成分已在六十分以上，谓之厂碨。凡砖槽、平槽所流出的出渣，含矿还多。砖槽的出渣，再上砖槽或平槽揉搅，也成闷砂。平槽的出渣，颗粒较小，须上大陡槽（谓之瀑槽）用水淘洗（谓之汇），再上砖槽喷洗。所得之矿谓之喷碛。厂碛、喷碛都用驴马驼到个旧，先用石碾磨细，再上平槽或小陡槽搅喷。等到成分在百分之七十左右，方可上炉。这叫做上炉碛。凡所谓揉、搅、勒、汇、喷都是术语，表示手续的不同。研究其原则，在砖槽里揉矿，是使粗堁里的大部分泥浆为矿砂分离。凡各种堁都须经此手续。平槽是用流水分别粗细：粗者留在槽中，细者流出槽外。所谓搅和勒，不过是程度问题。但只可适用于粗矿。用陡槽汇喷完全是洗细砂（叫做冗碛），因为砂细了在平槽里面不能和泥浆分离，必须放在陡槽的斜面上，用少量的水慢慢的浇洗。凡用水洗矿都叫做溜，有一溜、二溜种种的名称。用砖槽、平槽洗矿又叫做大水溜，用陡槽洗矿叫做小水溜。最后一溜所得的泥浆叫做尾首。尾首还含有少量的锡矿，可以卖给专洗尾首的人细细的淘洗。这种人往往兼办渣子，就是把以前开矿人已洗过的废砂重新淘洗。连尾首渣子都不肯放弃，很足以表现我们国民节俭的精神。

凡运到个旧的厂碛不必再洗就可以出卖。计算的方法，不以重量而以容积。容积的单位是升。十升为桶，十桶为石，三石为槽。每升约重八斤到十二斤，看厂碛的成分而异。平均两石厂碛重约一公吨（一千六百八十斤）。

炼锡的炉子是土砖砌的。后墙直而前墙曲，所以炉身上部是半个漏斗的形式，上大而下小。后墙高七尺多，厚八寸，底下有二尺长的一条缝，缝上有一块横铁板支持墙腰。风箱管就安在缝里，四边用黄土封涂，不令透气。装风箱管不用圆洞而用长缝，因为如此可以把风管随意向上下移动，以应炉火的需要。前墙比后墙厚而低，底下也有一尺二寸的长缝，也用土封好，只在最下留一小孔。这是出锡的路。孔前有一砂池，砂就流入其中。不出锡的时候，风从后吹入，火从孔出，砂池温度很高，锡不能凝结。前后墙之间为炉身，矿砂和炭就装在里面。每炭两层，中间夹矿砂一层。每六小时，装砂八桶（约八百斤），用炭五百斤。上矿之后锡就陆续流入砂池。锡流完了，渣子方才流出。渣子流完，然后上矿。每三小时工人把砂池里的渣子去掉，取锡出池，倒在沙模里面，凝成锡片。每片重约五十斤，每五十片为一张。张是计算锡的单位，因为每锡五十片，课税一百二十二元，收税委员发税单一张，因此得名。出炉的渣子，含锡还多，又可以拿来碾洗。等到每渣百分含锡三十余分，再和矿砂搀合入炉。如是辗转炼洗，周而复始，所以从没有弃掉的渣子。又锡砂有硬软之分。硬砂要火力大，须用栗炭；软砂要火力小，须用水东瓜炭。砂在硬软之间则用松炭。或者用两三种炭混合上炉，叫做配炭，是土法炼锡最困难的技术。大约砂粒细则易熔，所以叫做软砂；砂粒粗则难化，所以叫做硬砂。火力过小则矿不能熔，火力过大则锡又氧化成灰，所以必须配炭。

个旧锡务公司

许多人知道张之洞开办汉阳铁厂的笑话。前清光绪十五年（1889年）提议建筑芦汉铁路（就是以后的京汉）的时候，张之洞做两广总督，他以为修铁路要用钢轨，制钢轨必先炼铁，提议在广东建筑铁厂，托驻英公使薛福成向英国厂家购买机器。英国人请他先把铁矿和焦炭标本寄了去化验，并且把铁矿、煤矿的矿量、距离详细说明。张之洞生气的说道："中国这样大的地方，那里没有好的煤矿、铁矿？只要照英国通常用的机器买一份就好了。"于是英国人卖给他两个一百吨的化铁炉，一个八吨的碱法炼钢炉，两个八吨的酸法炼钢炉。机器没有到，张之洞已经调任到湖北。他就把他的钢铁厂带到湖北来。机器到了，他把它随便的装在汉阳，一面才赶紧找铁矿、煤矿。幸亏盛宣怀把他所找到大冶铁矿献给他，铁矿问题方始解决。光绪二十年（1894年），厂砌好了，要开炉了，没有焦炭。他向德国去买了几千吨来试炼！从光绪十六年起到二十二年止（1890年至1896年），他用去了一千一百二十几万两银子没有能炼出铁来。光绪二十三年（1897年），盛宣怀接办，才找到萍乡煤矿。但是因为炼钢炉不合用，炼出的钢没有销处。资本又完了，没有法子，才向日本人开始借款三百万元。终久把大冶铁矿送给日本。

二十年以后，云南省政府组织个旧锡务公司，用新法炼锡。他们的办法和张之洞的差不多是一样！

个旧的锡矿原来是完全商办的，官家只晓得收税。到前清光绪十三年（1887年），唐炯做云南矿务大臣，仿照东川铜矿的办法，在个旧设立矿务公司，把销到四川去的锡，作为公司的专利品，不准旁人承办。事实上当时大宗的锡都是由安南出口，很少运向四川，所以矿务公司并没有在个旧发生多大的影响。光绪二十九年（1903年），土匪周云祥在个旧作乱，矿务公司停办。第二年个旧大旱，没有水洗砂，许多矿商因之破产。省政府为救济矿商起见，由藩库拨银三十万两，合商本二十万两，组织一个官商公司，放款于办矿的人，但是公司自己并没有办矿炼锡。光绪三十四年（1908 年），滇越铁路通到蒙自，法国人有要求在蒙自设厂的传说。省政府于是提议由自己在个旧设厂，用新法炼锡。第二年把官商公司改组为个旧锡务公司，定资本为二百五十万元。官股一百万元，陆续收足；商股的一百五十万元则始终只收到七十六万。

当日主持公司事务的是一位候补道，人极其能干，但是完全不懂办厂采矿，所请工程师是礼和洋行所荐的德国人费劳禄。这位先生是学冶金的，并不懂得采矿，而且机器是向礼和洋行买的，他是礼和荐的，名义上是公司的雇员，事实上变为卖机器人的代表。所以当日公司并没有探得有可采的矿，也没有与土法采矿的人订有任何的合同，劈头就向德国买了七十二万元的机器。其中有两个二百五十马力锅炉，一个三百基罗华特的发动机，一个每天能洗四百吨的洗砂厂，六座用煤气炼锡的倒焰炉，还有八千公尺长的高线铁道。这些机器单运费、关税两项费款二十四万元，装设费五十万元，再加上住房地基等等，共用去一百六十六万元，所以一吨锡没有出，公司的资本已经用得精光。

机器是民国二年装好的。洗砂厂每天可以洗砂四百吨，差不多可以把当日个旧全厂出产的砂洗完。但是砂从何来？土法开矿的人对于新法根本的怀疑，而且利害往往冲突，当然不愿意把砂送到新厂里来洗。况且土法的矿离新厂还远，地面又不集中，用什么方法把砂运到厂里来？公司所买的高线铁道，原是为运砂用的，但是运到个旧，公司并不知道安放在什么地方。当日公司的商股董事李文山原是用土法开矿的矿商。于是由他主张把高线铁道敷设到厂南边的南蛇洞。但是到民国三年止，南蛇洞并没有发见任何的矿苗。

不但如此，发动机、锅炉和炼锡炉都是要用煤的。煤从何来？安南的煤是无烟的，不能适用。云南全省并没有一新式的煤矿。于是乎要烧锅炉，只好向滇越铁路附近土法开采的小煤矿随时收买，再用骡马从碧虱寨运到个旧，每一吨价在二十元以上，而且时有时无。炼锡是用煤气的，普通的烟煤不一定适宜于制造煤气。炼锡炉原来计划每十二小时可以出锡，因为煤气不好，试验的结果常常需三十小时。最后才发见阿迷州附近鸟格村的煤最为合用，但是到民国三年止，鸟格只有几个极简陋的土窑，煤层又很薄，煤量极少，一年都挖不出几百吨煤来。

于是花了一百七十万元所建筑的厂虽然成了功，而高线铁路无砂可运，洗砂厂无砂可洗，炼锡炉无锡可炼，无煤可烧。和张之洞办汉阳铁厂的历史可谓无独有偶。所不同者，锡是贵重金属，不比得铁是不值钱的，铁的价值在国际市场上不过三分钱一斤，锡则在一元以上。个旧是中国土法采冶最发达的地方，不比得汉阳。所以个旧锡务公司新式厂失败以后，就用土法来救济。本来个旧锡务公司是用官商公司来改组的。官商公司原是个放账的机关，锡务公司就继续做这种放账的事业。但是到民国三年止，放了出去收不回来的款子有六十万之多，其中的三十万就是公司董事李文山所欠。

民国三年的时候，高线铁路和洗砂厂虽非完全没有用处，炼锡炉却有时可以开炉。砂的来路有两种：一是向用土法开矿的人买来的。个旧的习惯，开的人不一定自己炼锡，所出的砂往往卖给炉房。二是公司自己用土法开了几处草皮和硐尖。其中最重要的是在个旧市以北十里路的马落革。我在个旧的时候，公司出锡一年不过八十吨，当然不能维持开支。但是不上几年，马落革变为一个极旺盛的硐尖，到最近这几年，居然每年出到一千吨锡。因此公司没有破产。民国九年，请了一个美国工程师，把装在南蛇洞的高线铁路移到马落革来，所以民国十二年以后，马落革的矿可以用高线运到厂上，不必再用马驼。近来又开了一个二百尺深的直井，预备改良井下工程，但是煤的问题仍然没有解决。洗砂厂洗冗碓也没有十分成功。但比起汉冶萍的结局来总还算是差强人意的了。

在马落革的西南还有古山一区。民国三年的时候是由广东人所办的宝兴公司开采。当时所办的都是草皮，成分很低，但是因古山在老阴山的西坡，离蒙自不过三十里，交通很方便，所以工人很多。当日公司安置水管一万四千多尺，把大屯海的水引到古山。再用吸水机抽高一百八十尺，分配到洗塘的溜口。当日的水量每小时有六十吨，每年预计可得锡八十吨。近几年来，古山也归个旧锡务公司所有。草皮之外又有发现硐尖，将来或可变为马落革第二。

新旧矿冶业的比较

个旧锡务公司早年的失败与改革个旧的旧矿冶业有绝大的关系。当公司初成立时候，一班用土法的厂商虽然因为利害的关系不甚赞成，但是一方面怕官厅的势力，一方面对于新法莫测高深，也不敢公然反对。等到厂造成了，没有矿砂，也并没有看见公司的工程师能用新法探矿开矿，于是大家都以为个旧的锡矿，只能用土法开采。初次试验洗砂厂的时候，对于冗碓，成绩不佳，于是大家对于新法洗矿，也根本的怀疑。惟有新式炼锡炉完全成功。比较开通的炉户（凡炼锡采矿商人之通称），颇觉得新法炼锡比土法高明，但是因为旧有设备和利益的关系，不肯放弃旧业。而且锡务公司又因为煤的来源不可靠，常常停炉。停炉的时候自己也用土炉来炼锡，所以不能完全得到炉户的信用。

平心而论，个旧的矿冶业，的确可以算是土法的大成功。一点新式设备没有，硐尖能有几千尺远，距地面直下一千多尺深，当然不是很容易的事。在缺水的高原上面，能利用少量的水来洗很难洗净的冗矿，且工作不过半年，居然能维持八千吨上下的产额，当然是成功的表现。炼锡的手续很单简，出的粗锡平均含锡在百分之九十五以上，并不比新法所炼的粗锡坏。但是我们稍为研究，就知道这种成功，是有特别原因的。第一是锡矿生在石灰石的高山上。石灰石中间裂缝很多，是完全漏水的，所以开矿的人没有土法最怕的水患。因为同样的原因，上面的空气从天然裂缝流转地中，硐里面的通风并不困难。第二是锡砂的成分很高。各大硐尖的砂含锡平均在百分之五以上；以成分论，是最好的富矿。第三是锡矿是生在红土里，不但质很软，容易挖，容易碎，而且全部分氧化的程度极高；普通习见的硫化矿物，完全氧化，所以容易提炼。有这种好的天产和地利，而成就不过如此，实际上仍然没有能充分利用我们的富源。

第一讲炼锡。因为锡砂里面没有硫化物，所以很容易提炼。但是土法炼锡不加溶解料，所以矿砂一定要洗得极净，方可以上炉。用新式的炉子，加点白沙（矽氧）做溶解料，含锡百分之五十的砂就可以不必再洗。土法炉子所用的砂，含锡平均总在百分之五十五以上。又因为同样的原因，炉子的温度比较高的，流出的渣子里面含锡在百分之三十左右。不错，这种渣子，还是要辗、要洗，要再上炉，然而洗的最后那一次仍然有许多锡要流到废水里去。这还都不是土法的致命伤。土法所最不能存在的原因是它完全要用木炭。每炼锡一吨，用炭在四千五百斤左右。以个旧每年产锡八千吨计算，每年需用木炭一万六七千吨。个旧附近没有一根树木，所用的木炭来路在百里以外。在民国三年，土法炼锡每吨用款一百五六十元，锡务公司的新式炼炉，不用木炭而用煤，每吨用款不过一百元。当日据我的计算，从民国三年起再有二十年必至无木炭可用。照最近我所得的材料，我的预计果然没有错误。民国三年，一斤木炭平均价目是洋二分七厘。到民国十二年，一斤要卖四分五厘。民国十七年涨到一角二分。炼锡的成本从民国三年的一百六十元涨到六百余元。大概不出五年，土法炼锡因为没有木炭，一定要完全淘汰了。

第二是洗砂。土法洗砂最少要洗六次，多则十几次。每次所用的人工极多，时间很长，极不经济。假如个旧所产的砂都集中到个旧锡务公司洗砂厂淘洗，则一次就可以洗完！不但如此，因为山上没有水，所以非在雨期土法不能洗砂，一年之中不到半年可以工作。新法洗砂厂移砂就水，终年可以不停。即此一端就可以增加一倍以上的效能。

第三是采矿。个旧采矿的习惯与别处微有不同。办草皮的应向地主租地，每年不论出砂多少，应该付一定的租价。租价则看水路的宽狭而定，所以论槽而不论亩。每有可以洗一槽塘的水，再有相当的塘，办矿的人出租金三四百元不等。办碉尖的人也要纳租于地主（叫做抽收），但是以所得的矿砂为标准：普通碉尖所得的砂百分之三到百分之六为地主的租价，不得矿砂则不完租。所以无论是草皮或是碉尖，地主的租价是开矿的人一笔重要的担负。而其实开矿的地方本来是寸草不生，并没有经济上的价值。地主不但有取租的权利，而且有在碉子里挖塘的权利，叫做开还尖。碉的主权是开尖子人的，他可以允许旁人在他的碉子开分尖，叫做子尖。子尖出矿，碉主也有抽收和开还尖的权利。以此类推，子尖之中，又可以由旁人开孙尖。各碉尖本来相距不远，时常容易发生纠葛。再加上这种极复杂的权利和义务，其为障碍自不待言。用新法开矿，至少碉尖的地主权可以取消，开采的工作可以合理化。

当民国三年的时候，办草皮的比碉尖为多。但是草皮的面积当然是有限的。当日我预料草皮必定因为含矿塘的面积减少要渐渐了衰歇。果然到了民国十七八年的时候，草皮的产额只占全厂出产十分之一，比民国三年大约要减少了四倍。所以要维持或是增加个旧的产额，非多开碉尖不可。而目前所工作的碉尖，只有两处：一是老厂，一是马落革的新厂。除去马落革是个旧锡务公司所开之外，所有老厂的碉尖都是几十年或是百数十年的老碉。这是因为在个旧开新碉尖是很不容易的一件事。探矿的初步当然是要靠露在地面上的矿苗。这种矿苗大抵已经为前人挖去。马落革的成功实在是侥幸的。民国三年，我所见的矿苗才不过几公寸，并不足以表示地底下蕴藏。个旧锡务公司所以肯冒险开采，一来是有厂无矿，不能不努力供新厂的需用；二来资本当然比土法开矿的雄厚的多，比较的不怕亏本。所以要增加新碉尖非集中资本，不能成功。而且锡务公司的办法也是不可为训的。真正新法开矿，没有着手开大碉子以前，先要探矿。在个旧区域之内探矿，不能单靠露在地面的矿苗。将来必须要用最新式的电气或磁力测量，不必开碉先从这种测量决定地底下有无得到矿苗的希望。用电气和磁力测量原不适用于探锡矿，因为个旧的锡矿都杂在赤铁矿中间。探到赤铁矿苗，锡矿就可以探到，所以大概可以利用这种新方法。

目前老洞的工作大部分消耗于走"窝路"。从洞尖口子到尖子头——就是挖矿砂的地点——窝路往往在几千尺之外。因为窝路的倾斜平均在三十度以上，有的还是吊井，工人背了五十斤的矿砂从尖子头向洞口走，每一小时走不到四千尺，所以深的洞尖，一个工人每天工作八小时（一班），只能往返三次。实际上这种洞尖的尖子头离洞口虽远，距地平直下不过一千多尺。并且一个老洞里的还尖、子尖、孙尖虽然岔窝路很多，各尖的尖子头相距都不甚远。假如用新法开采，只要测定一个离各尖的尖子头最适中的地点，从地面开一个大的直井，一直下去，就可以达到各尖子头的左近。如是工人上下、矿砂运输都可以改用升降机。一个工人的效能比目前可以增加几十倍，矿砂的成本当然可以减少，产量当然可以大大的增加。

以上所说的各点还不是个旧土法采矿必须改良的主要原因。采矿原是劳动中最苦最危险的事。中国的土法采矿比任何新式的采矿都要苦几倍，危险几倍。而个旧的锡矿在土法里面又要算是最违背人道的。不但是锡矿生在红土的堭里面，顶篷很松，架的木头往往容易倒塌，把工人压死，而且堭的左右都是石壁，开的窝路为节省工本起见，往往只能使一个人侧身通过。在洞尖里面走路，头固然是抬不起来，而且忽上忽下，点着油灯，在很滑的石灰石上爬着，空着手已经危险。我在银洞曾下去过一次。两点多钟走了三千尺远——就是一点钟只能走半里多路！上来以后比走三十里路还累。背矿的工人用一个麻布褡裢口袋，一头装上二十五斤矿砂，前后的搭在肩上。右手拿一根一尺多长的棍子做拐棒，身上穿一身白粗布的裈裤，头上裹上一块白布的包头。包头右边插一根一尺长的铁条，铁条的头上挂着一盏油灯。包头左边插一根四寸多长的竹片或是骨片。背矿出洞，一步一喘，十步一停。喘的声音几十步外都听得见。头上流下的汗把眼睛闭着了，用竹片撑去，再向前挨着爬走。洞子里的温度当然比洞外高。走到洞口，浑身上下都是汗，衣服挤得下水来。凉风一吹，轻的伤风，重的得肺炎肺痨。尤其是未成年的童丁容易死亡。工人的住处叫做伙房，是一间土墙的草篷，几十个人睡在一处。我曾在银洞的伙房里睡过一夜。终夜只听见工人咳嗽的声音，此停彼起，络绎不断。我听着这种凄惨的音乐，想着在洞里听见的喘声，一直到天明，不能合眼。早上起来一看，没法可以下脚，因为地下到处都是工人的涕唾！工人的工资平均每月不到五元。身体最强健的往往于每日规定应背的矿之外，多背几斤（谓之私矿），另得矿价。这种少数的工人每月或可得洋十元。住宿、衣服、饭食都是办矿人供给。饭食每日不拘次数：往往背矿一次，吃饭一顿。米饭之外，只有黄豆磨的汤，别无旁的菜蔬。出砂多的尖子，每月吃肉一次，叫做打牙祭。普通则逢节才有荤吃。衣服已经讲过，是一套白布的单褂裤。个旧矿厂上水最缺乏。为节省用水起见，工人早上起来，洗脸就不准喝汤，喝汤就不准洗脸。洗脸都不能自由，更说不到洗澡和洗衣服。矿砂是红的。工人进出硐尖，衣服里外都染成红色。所以在厂附近旅行，看见着脏的红色衣服的，就知道是下硐子的工人。

饮食、衣服、居住如此，工作如此，工资如此，招工似乎不很容易了。事实上却又不然。云南是穷省份，生活程度很低。不但是离个旧不远的几县有人在矿做工，就是距厂十站的地方，到了农闲的时期，往往有人步行来厂应招。其中尤其以宣威县的人为最多。据办厂的人对我说，无论那一处的工人，在硐尖里的工作都抵不上宣威人。那一年（1914 年）的九月初，我从宣威向霑益调查。路上遇见许多人穿着极破烂的脏红布衣服，满面饥色，扶着竹杖，从南向北走。我猛然想起，这些人颇像个旧厂上的砂丁，但是九月是工作最紧张的月份，砂丁又似乎没有大队回家的道理。我正在疑虑着的时候，忽然有一个人向我说道："你不是丁委员吗？你不认得我了？我是带你在银硐下硐尖的老郭。你虽然胡子长长了，还是穿的一样的衣服，所以我认得你。"我问他道："老郭，个旧厂出了什么事了吗？何以你们这时候回家？又何以弄得这样穷？""委员！你不知道吗？外国人打起仗来了。大锡卖不掉，许多厂都歇了工。连欠我们的工钱都要不到。我们只好沿路讨饭回家。幸亏这几天田里的包谷（玉蜀黍）熟了，我们可以偷点吃吃。庄稼人也知道我们的苦处，就是看见了，也不追问。要不然真要在半路上饿死了！"我急问他道："外国和谁打仗？""我也说不清。只听说洋鬼子大家都打起来了，而且法国鬼子打败了。"

这是我第一次得到欧洲大战的消息。这也是我第一次看见欧战对于我们发生的影响。

云南的土著人种

蒙自个旧的土人——侬人、摆夷、黑苗、狇鸡、獏猁、土撩、猡猓

自从我宣统三年在贵州遇见独家和苗以后，我对于西南的土著人种就发生了兴趣，很想有机会研究他们。但是民国三年再到云南的时候，因为走得太匆忙，一切都没有准备，而且那时专心注意地质矿产，对于人种也几乎忘却了。直等到我从个旧到龙树脚，方才再遇见这种土人。

龙树脚原名龙树邑，在个旧东南四十多里，蒙自西四十里，是前清道光以前很有名的银厂。现在银厂虽然完全歇业了，因为地点在蒙自、个旧两个大城之间，而且有历史的关系，仍然是一个很大的街子。我于民国三年三月十七日到那里，恰巧逢着赶街。满街上都是异言异服的人。最足以引起我注意的是侬人。他们男子的服装和汉人一样，不容易区别。女人则大不相同。上身所穿的是小袖的短袄。大襟上面没有扣子；从左面斜围到右面，才用两个扣子，扣在右面腰间。这种长领和尚式的袄子，和我以前在贵州所见的大略相同，但是靠颈项的地方，领子忽然变为圆的，把喉下的部分完全遮住。大襟的上边，从圆领子底下发生，再向右斜围过去。大襟，圆领，和袖口都有镶边。短袄的下面，是一条百褶的长裙子，上下两种颜色，束在短袄的里面。最奇怪的是她们的帽子。额头上扎着一块绣花的包头。包头上面戴着一个圆布帽子，一直遮到耳朵上部。帽子似乎没有顶盖，因为上面是另缠着一块长布，在前面斜裹成一个十字，把头发完全遮住。有几个还带着一寸多口径的圆银耳环和很重的银手镯子。

人数最多却是摆夷。但是他们看见我要照相，纷纷的逃避，不能详细观察。只看见他用青布缠着头，遮没了头发。上身也穿着短袄，裙子也是百褶式的，但是束在袄子外面。领子的后面有一块方布，四边绣着花，把背脊上部和两肩的一部分遮住。

此外还有黑苗。她们的衣服完全是长领式的。喉下胸上完全露在外面。大襟没有纽扣，因为上袄的下部束在百褶裙子的里面，裙带就当做腰带。帽子是一个上大下小的圆套子。套子上织得有十几条狭边。头顶上用一块布扎上，布的下部与帽套子相连。

以上这些人大部分赤着脚。偶然也有几个穿了草鞋。

三月二十二日我从个旧向贾石龙走。在哨谷村的附近，遇见着一个

猓鸡女人。她却和龙树脚的摆夷态度刚刚相反。她先走过来用很流利的汉语给我说话，要求我给她看“西洋镜”——我的照相匣子。我就趁机照了一个相。她看了半天，不得要领，才失望的走开。她的装束又和别种人不同。上身是一件长袄，一直拖到膝盖。下面是双管裤子，没有裙子。长袄上面着一件背心。背心用纽扣扣住。背心的前面有一个围裙，用两根带子，挂在颈项上。头上用一方短布遮住头发，脚下穿了草鞋。最奇怪的是她背东西的方法：一个口大底小的竹篮，一面靠在背后。一条长皮带子，两头扎在竹篮的左右；皮带的中部却担在她额头上，所以竹篮的重量，大部分在额而不在背！我的挑夫告诉我，这是诸葛亮七擒孟获的时候留下的制度，来惩罚他们的！

四月八日我从个旧到蒙自，看见几个氆猁。她们大概是着的盛装。身上穿了三件衣裳：最里面的袖子最长，但是也到不了手腕，上面一件袖口恰到肘弯，最上一件只到肩下。每件的袖口都镶得有花边。领子是圆的，但是大襟用两根带子扎着，没有纽扣。衣服很长，不穿裙子，但是从颈项上又挂下一条围裙，遮在衣服的前面。帽子尤其古怪，前面的头发是从两边分向后的。离额发交界一寸多戴着一条包头。包头上面有一个七八寸高的竹弓，顶着一个长布口袋。口袋下部和包头连接的地方，扎着好几串用棉线做成的须子，挂在耳朵旁边。

在蒙自附近又看见土獠在田里工作。她们的装束，一半像氆猁，一半像猓鸡。衣服有两件：里面的袖子长而小，外面宽而短。领是圆的，大襟用纽扣。下面着双管的裤子，前面也有从颈项挂下来的圆裙。帽子是一个单筒的布套子。

最后我在婆西车站看见几个猡猓。她们的装束差不多完全和土獠一样：上身穿长袄，圆领，用纽扣扣襟。下面是双管裤子，不着裙子。帽子也是平顶的布套子。

以上所讲的七种人照他们的服饰，可以分为三类：第一是黑苗。他们是穿纯粹长领式的衣服，上身的袄子比较的长，束在百褶裾的里面。第二是侬人和摆夷。他们的衣服在长领圆领之间，上身的袄子很短，百折裙束在袄子的里面。第三是猡猓，氆猁，土獠和猓鸡。他们的衣服全是圆领的，下面不穿裙子，穿双管的裤子。前面有从颈项挂下来的围裙。

以语言而论，也与上面的分类相同。苗语自成一类。摆夷和侬人都是台语（Tai）——就是所谓僰人。氆猁、土獠和猓鸡说的话都是猡猓的分支，就是所谓爨人。据《蒙自县志》，除了我看见的七种人之外，蒙自境内还有僰子、沙人、窝泥三种。僰子和沙人都与侬人、摆夷相近，都是僰人。窝泥与猓猡相近，都是爨人。《蒙自县志》是乾隆五十六年修的。其中夷俗一门，列举以上各种土著，而单单没有讲起苗家。据我所知，滇南的苗族大抵是乾隆以后的移民，不是土著，所以他们生活最苦。县志可以做一旁证。

以体格而论，除去苗族身材极低与他族不同外，其余的虽然言语习俗不同，其实种族上似乎没有什么分别。我个人的意见，窝泥、猓猡、土獠、姆鸡虽说与爨语相近的话，恐怕原来都是僰人，因为汉代爨人南侵，被罗猓征服，才说爨语。惟有我所看见的猓猡，长得特别的丑——颧骨特别的高，嘴唇特别的厚。但是这也许是偶然的。就是所谓罗猓，也绝对和大凉山的真正的罗猓不同，恐怕也是僰人而爨化的。僰人和爨人是云南土著中的两大民族，爨在北而僰在南。以前的土司都是这两族人做的。

武定的土人——麦岔、猓猡、罗婆、苗

我于民国三年四月十三日回到昆明。因为要向迤北、迤东作长期的旅行，在昆明购买牲口，雇用仆夫，耽搁了十天。在这期间，我请云南兵工厂给我做了一副量圆体径的曲足规（Callipers）。当时我并没有带任何人种学的书籍。只有英国皇家学会出版的《旅行者的指南》（*Cuide to Travellers*），上面有一小部分讲研究人种的方法，附得有傅劳额（Flower）的曲足规的图样。兵工厂就是用这图仿做的。再加上几件普通测量用的仪器测杆、皮尺，就是我研究人种粗浅的工具。

我于四月二十四日离开昆明，经过富民县，沿途耽搁，一直到四月三十方到武定县。武定在明时是一个土知府，前清改州，民国改县。在迤北总算是一个重要的城池。到武定的第二天，就遇着赶街子。街上大多数是麦岔。但是我知道太迟了。等了我赶到，街子已经要散。他们看见我穿着旅行的外国衣服，拿着照相机，立刻吓得四处乱跑，不多时街子上就看不见他们的踪迹。我只匆匆的看见一眼，觉得麦岔与我在蒙自所见的人种，体格上没有甚么分别。男子的衣服和汉人一样。女人只看她们着得有裙子，衣服似乎是圆领的。言语则更没有机会研究。幸亏县里的一个差役告诉我，麦岔人自称为格泥。我才知道他们也是爨人——至少是说爨语人的，因为法国教士卫要〔亚〕尔（Vial）所研究的罗猓文字，就是从格泥（Gni）人得来的。即此一端，可见得考证云南土人种族的名称很是困难。

我看见武定的县长张先生，告诉他我研究人种的目的，请他帮忙。他说现在有一个很好的机会。武定县属有一个环州土舍。土舍和他的亲族是罗婺，是贵族；所管的人民是猓猓，是奴才，只能做佃户，不能有土地。目前这位土舍行为很不好。他所属的猓猓到县里来告状，反对他们的土舍。我要研究猓猓，当然可以叫他们到我寓里来。果然，我回到寓所不多时，就有十六位猓猓光降。他们的装束完全与汉人一样。为首发言的一位，说的很好的汉话。因为蔡松坡在云南实行征兵制，征兵的时候，每县应照各村落的分布向各村征派人来当兵。因为如此，所以凡穷乡僻壤的人，都有机会加入。征兵的服务期限是二年。二年以后，退伍归家，作为后备兵。这一位猓猓就是民国元年被征去的兵，新近退伍回来。他在军队里两年，眼界当然高了许多，所以就当了反对土舍的首领。

我问他们为什么要反对这土舍。这位退伍的兵士说道："从前的老规矩，我们猓猓是奴才，他们罗婺是主人。田地是他们的，我们只能当他们的佃户。不但田地如此，而且我们的生命财产一切都在主人手里，他要我们死，我们就不敢活。现在的这一个李土舍，年纪很轻，遇事胡为。向我猓猓照例的要钱还不算，而且常常到人家来骚扰，甚至抢夺人家的妇女。前几年来了两个基督教内地会的牧师，一个姓郭，一个姓王，到猓猓地方传教。他们看见我们受罗婺欺负，很为不平。这两年来许多猓猓都入了教，渐渐不肯听土舍指挥。李土舍因此常常派差役到这种村子里来拿人去乱打，所以我们才到县里来告他，请县长保护我们。"

我趁机请他们给我测验身体。他们很怀疑。幸亏这位退伍的兵士向他们说，他在军队常常干这个顽意儿，他们就勉强听我调度。所测验的结果如下（十六人平均数）：

	公分		
身高	159.80	头部指数	78.1
头长	18.02	胸周指数	52.2
头宽	14.05	足长与身高	15.7
头周	56.31	手长与身高	12.0
胸周	83.70		
足长	25.00		
手长	19.20		

他们又告诉我，内地会在武定一带的大本营在武定城西北的洒普山。歇了几天，我特别到那里拜访这两位牧师。他们的教堂和住房在洒普山的西坡一个花苗的村里。建筑虽然很单简，里面的陈设布置却是很洁净。一位年老的郭牧师英文名是 Nicols，是澳洲人，到云南已经多年，能说中国话和苗话。还有王牧师夫妇是新结婚从英国来的。郭牧师穿的是中国衣服，人极其严正，看见我似乎不很欢迎。王牧师夫妇还是西装，很高兴的留我吃茶。我说明我的目的以后，郭牧师倒也极力帮忙。但是下午的时候所有的男人都到地里做工去了，只有几个妇女在家。测验体格眼见得是做不成了。郭牧师把在家的妇女叫了四个来。穿上了她们礼服盛装，给我照相。这四位都是花苗，都是已经出嫁了的，但是只有两个生了孩子。这两个把孩子背在背上，用两根绳子十字交叉于胸前，完全给日本人背孩子一样。头上都没有带帽子，但是生了孩子的两个把头发在前面结成一个四寸多长的角高高的竖在头上。这是妇人已经有孩子的记号。其余的两个把头发平盘着，有一个前面还剪得有"刘海"。浑身的衣服和贵州的花苗一样，但是华丽的多。除去普通的长领花衫以外，还披上一件花外套，极大的袖子不过到肘弯。上边全是红白相间的花纹。有一位腹部裙子外面斜束一块四方的红花布。裙子也是花的，扎在长领衫子的上面。腿上是花布裹腿。脚下三个穿的草鞋，一个穿的布鞋。大概布鞋和前"刘海"都是模仿汉人的时装。

据郭牧师说，花苗来到武定不过二百年，都是因为雍正以后东川的猡猓被汉兵杀完了，从贵州西部移民过来的。

从洒普山回到武定，我又向武定西面的旧山箐去看铜矿。那一带是青苗的村落。到那里由县里的差役领我住在一位青苗的村长家里。这位村长是青苗中的首富，是很有体面的人，汉语也说得很好。他住的是瓦屋楼房。房子上房一排有五间，很好的木料，但是门窗都很简陋——窗子是单有竖的长格，而且也没有糊纸。楼房很低，大部分是堆的包谷（玉蜀黍），上房面前是个院子。院子左面是门，右面是猪圈牛槽。院子里堆得满的粪土。

这位村长听说我要测验体格，到村子里面找了十个人来，可惜我到得很晚，又还有其他的工作，匆匆只测验几点（十个人的平均数）。

头长　　　17.8公分
头宽　　　14.5公分
头周　　　55.2公分
头指数　　83.4

他们男子的衣服大抵与汉人一样。女子用青布缠头，上身穿的是没有纽扣的青布长领衫子；下面是一条青布裙子，束在衫子外面。大部分是赤脚，偶然也有穿草鞋的。

据村长说，他们是明末从四川移过来，原来也不是土著。

我因为听说环州是个土舍，是罗婺人的中心，就决心绕道环州再到元谋。从武定到元谋的大路是一直向西的。到环州则须绕道西北。我于五月七日从武定起身经过母西村、石腊他、糯谷、阿洒拉，于五月十二才到环州。上列的村子，都是猓猡。男子的衣服大抵与汉人一样，女子则穿半圆领的衫子，百褶长裙。但是衣服大部分是麻布的，绵织物是奢侈品。他们的生活极其可怜，因为他们不会种水田，都在山坡上种包谷、小米、荞麦，所以还不如种稻子的苗家，近几年都信了基督教。在石腊他就有极简陋的教堂。

猓猡人的穷苦，我在糯谷村看见得最真切。我那天到得比较的早。他们的住房不但是土墙茅顶，而且家里的猪圈牛槽，与住房相通。五月里的天，没有法子可以安身。我于是住在我自己带的帐棚里。我的马夫来告诉我，村里人不肯卖料给他。牲口只有草吃，明天恐怕不能上路。我把村首找了来，先给他一块钱请他帮我买包谷或是豆子喂牲口。他摇头说道："大人！我们自己吃的粮食都没有，实在买不出来。"我再三央求他，他才答应想法子。但是去了许久没有回信，太阳要落的时候，我忽然看见来了三匹驴子。骑牲口的人，一跨下来，就有人招呼，把牲口接了过去。不多一刻，就有人拿了一大斗包谷喂它们。我看见了，很生气，立刻把村首叫来，质问他道："你说拿钱买不出粮食来。为什么这三匹驴子一到就有料可喂，而我来了半天，牲口还饿着？"他哭丧着脸回我道："大人！这三匹驴子是环州李土舍家里的。我们是他的下人。他又是有名的凶神，没有事还要拿人去打。我们就是饿死，也得给他喂！"我问他道："他是不给钱的。我拿钱向你买，你为什么不卖？你有钱不好再去买回来吗？""大人！你那里知道我们的苦处！村里头没有那一家有余粮的。卖给你以后要再买，非走几十里路赶街子不可。街子上粮食又贵，路又这们远，来往要两天，所以大家都不愿意。"我立刻又拿了一块钱给他，说了许多好话。他才给我弄了几斗包谷来。

环州的罗婺

我于民国三年五月十二日从阿洒拉到了环州。这是土舍李自孔的所在地，是武定所属的三土舍之一。其余两个是慕连和勒品。土舍是土官里面最低的一级。土官原有土知府、知州、知县、土司、土舍等阶级，武定原是明朝的土知府。自前清雍正改土归流以后，这一方的土官，都已取消，只留下这三个土舍。土舍的官虽小，但是他是一个土皇帝：凡有他所属的土人都直接受他的节制。他就是非法的杀人，汉官都不过问。

环州是万山中的一个村落，一共不到一百户人家。东南离武定县城五十二公里，北距金沙江七公里，西距元谋县二十九公里，高出海面约二千公尺。交通极不方便。做土舍的是罗婺族的人。罗婺二字与猡猓音很相近，或者就是蛮书所谓卢鹿。环州的居民都是罗婺族，这是黑夷，是贵族。此外，他们的奴仆都是白夷——据 猓 猓人告诉我，他们也是白夷。

我一到环州，就有一位五十多岁的妇人，带了五六个差役来见，说是李土舍的母亲自老太太——自氏是黑夷的大姓。一坐下来，她的跟人就送上一瓶烧酒来，说是土舍衙门送的土仪。这位自老太太穿的是寻常的汉装，但是用黑布裹着头。说的很好的汉话。她说照前清的规矩，汉官来到，土舍应该出村子跪下迎接。因为她得信太迟，儿子年轻好顽出门去了，找他不着，所以失礼。她自己亲来赔罪。我问她的家世，她都说不上来。坐了几分钟，就起身走了。

不久有人拿一张洋式的名片来，上面写的是李玉兰，字佩秋，武定。说是土舍的太太，本来要来拜见，因为生病不能出门，问我能不能过去谈谈。我正要看看土舍家里的情形，就立刻同来人走去。土舍的家原来是个衙门，有大堂、二堂。堂上放着有公案、朱笔、签筒。两边还有刑具。领路的人一直把我带到上房的西厢。一进去方知道是土舍太太的卧房。这位土舍太太才不过二十岁左右，一脸的病容，上下都是省城的时装，脚不过五寸，大概是缠过的；头发结着一条大辫子，拖在背后。桌子上有玻璃镜子、雪花膏、刀牌的纸烟和《三国演义》。墙上挂着许多照相。床上是绸帐子、绣花枕头，但是原来白的被单已经变得乌黑。我因为要避嫌疑，同时拿一张名片请见她的婆婆。她先谢谢我亲来见她，说是很不应该的。不过因为生病不能出门，而且有话要告诉我，所以才派人去惊动。正说着的时候，自氏老太太来了，她就不开口了。自老太太比早上更客气，一定要坐在门槛上。

我先问她 猓 猓到武定告状的事。自氏叹口气说道：“这些人原是我们罗婺的奴才，相传十四代，从来没有反抗。自从郭、王两位牧师来了，他们纷纷的入教，就渐渐的不容易管束了。几个月以前有从省城退伍的兵回到这里来，他们就叫大家抗租。他们说在兵营里面，猓猡和大家一样，不但夷家不敢欺负他们，连汉家对他们都很客气，为甚么再当土舍的奴才。近来竟敢到县里告我们了。委员！请你写封信给张大老爷，把他们打几十板子就没有事了！"

我再问她土舍家里有没有家谱，有甚么古代的传说。自氏都说没有。她的媳妇插口道："委员，你以为我们也是夷家（猓猡对汉人自称为夷家）吗？那你就弄错了。我婆家姓李，这本是汉姓。我是慕连土舍的女儿，娘家姓糯，但是原来姓风。风也是汉姓。我的娘也是汉人。我父亲是很念过书的。我常常听他说凡有土舍，祖上都是汉人，都是江南人，和委员是同乡。明朝时候跟着沐英征云南，才封在武定做土官的。"

我知道以上的话完全是不确实的。据《武定州志》，环州李土舍原姓安，是四川建昌（宁远）人。始祖名安纳，于明万历四十八年奉四川建昌道宣慰司安世爵调到云南，征伐武定的土官风朝文，有功授职做环州甸的土巡检。他的后人有做过元谋土知县的，有加同知衔的。前清雍正时，李素衡奉调攻东川昭通，运粮失事，才降职为土舍。慕连土舍本姓风，是不错的，但是风氏是猓猡的大族，原是安氏的分支。安氏是四川、云南、贵州三省猓猡的豪族。世守定大，就是所谓水西安氏。足见得土舍的祖宗是我的同乡话是靠不住的。但是这种传说在汉化较深的土人中间流传很广。在云南、贵州都说是跟沐英的江南人，在广西都说是跟狄青的山东人。

我问她们的风俗服装。糯氏太太告诉我，他们罗婆妇人与猓猡不同：穿棉布的多，穿麻布的少；穿双管裤子的多，穿裙子的少；穿圆领有纽扣的长衫，不露前胸。但是无论已嫁未嫁，没有生子的都著尾巴帽：样子像唱戏小生所带的头巾。两头是尖的，背后有两根带子。有钱的人用银豆子镶边，上面用五彩绒线绣花。等到生了儿子就用青布或是黑布盘成功一个上大下小的缠头。这叫做锣锅帽。

女子有一二岁即出嫁的，男家请客庆贺。庆贺完结，女子又回到母家，等到长大了，才到男家。有时同丈夫在母家同居，等生了儿子，才离母家。结婚用媒人，但是单是代表男家，女家照例不能遣媒求婚。

最重要的神叫做土主，我从富民到武定的路上已经看见过。庙在大路边上，与汉人的土地庙差不多，但是只有男神。神是泥塑的，有六只手。神座前面满地的鸡血迹。神身上满贴得是鸡毛。这是敬神的时候重要的礼节。

罗婺的语言是云南、贵州通行的猡猓语，是所谓藏缅语属的一种。自称为 Neisupo；称汉人为 Sapo；称猓猓为 Lisupo，Po 说是"教"的意思，大概就是汉语的"部"字，因为《后汉书·白狼歌》里已经用它译汉文的"部"字。古代的部落区别，多少含有宗教性的。所以他们至今翻译部为教是很有意义的。

罗婺也有巫师叫做比冒，专管念爨文的经咒。糯氏太太叫人取了一册来送给我。书是用草纸抄的，一共十三页。原是朱笔，而朱上又盖了黑墨。文自左向右，每五个字一句，加有朱圈。我请这位巫师来讲给我听书里面的意义。他说他只会念，不会讲。我问他是否知道这文字的来历。他毫不迟疑的说道："是孔夫子造的。孔夫子两只手都会写字，右手造了汉字，所以汉文从右向左；左手造了夷字，所以夷字从左向右！"民国十八年我在贵州大定，遇见一位积学的白夷。讲到这问题，他对我讲同样的话。足见得这已经是很久远、很普遍的传说。

我要求自老太太叫几个罗婺来测验身体。她叫了十个人来，平均的结果如左：

身高	162.60 公分
头长	18.88 公分
头宽	13.82 公分
头周	57.20 公分
胸周	82.20 公分
足长	23.80 公分
手长	17.60 公分
头部指数	73.00

所量的这十个人都自称是黑夷，但是他们的身高和头指数——两个最重要的点——都与猓猓相近，而与真正的大凉山的黑夷不同。我疑惑他们或者是白夷冒充黑夷，或者是黑夷和白夷的混合种族。因为这两种人表面上虽是不通婚姻的，而白夷是奴才，生的女儿黑夷可以随便拿来使用。有时还抢掠汉族或其他的民族的女子来做婢妾。种族的纯粹当然是不能保存的。大凉山黑夷的身高是很足以引起人注意的，因为他们的平均数在一七〇公分以上，是东亚第一个高身的民族。不但男的如此，女的也是如此。这位自老太太身高就在一六五公分以上。

我量完了十位罗婺，要求给两位太太照相。自老太太似乎不很愿意。糯氏太太却很高兴，但是说请"委员明天再来，因为今天没有装束"。

第二天早上，这位李土舍亲自来见。他才二十七岁。穿一身青布的短褂裤，裤管极大。光着头，赤着脚，一副黑脸，满脸的横肉。我问他话，他一句不答。他带来的差役说："土舍年纪轻，不懂事，汉话也不大懂得，请委员原谅。"我给他照了一个相。他红着脸坐在凳上，一言不发，却又不走。直等到我对他的跟人下逐客令，他才蹒蹒跚跚的走了出去。

下午，糯氏差人来请我去照相。我到了那里，她已经着了盛妆：头发盘起，用黑湖绉缠头，上大下小，顶大如盘。身上穿一件蓝色绸衫，两袖露出红色的紧身。下边是百褶裙子，真可算夷汉合璧的妆束。此外还有两个年轻的仆妇，头上带的"尾巴帽"，上身着的镶边大袖圆领的长衫，下边踏着花鞋，一个穿着裙子，一个只着双管镶边裤子，两个腰间都束着很宽的带子，陪着主人一同照相。

照相完了，糯氏请我房里坐，并介绍我一位中年的小脚妇人，说是她的母亲，从慕连来看她女儿的。糯氏对我说道，昨天有许多话要向委员说的，因为我婆婆来了，不大方便，所以没有开口。今天没有外人，我要把我的苦处告诉委员，出一出气。我是慕连土舍的女儿，我母亲是汉家。我六岁的时候就许配于李自孔。我父亲很开通的而且很爱我，从小就把我送在昆明女学堂里念书。我十二岁的时候，李家就要求结婚。我父亲说我年纪太小，不肯听他。不幸我十五岁的时候父亲忽然死了。我从昆明奔丧回到慕连。忽然一晚上来了几十个人，明火执仗，把我从父亲棺材旁边拖了出来，抱上马就跑。我起初以为是土匪，以后才知道是李家派的人来抢亲。我自己想我是土舍的女儿，又受过点教育，被人强抢，岂不可耻？当时就想自杀。继而一想，李自孔是我父亲给我定的未婚夫，迟早总是要嫁给他的，也就罢了。那知道丈夫异常的凶暴。我虽然百般的承顺，总不能得他的欢心。结婚不到五个月，他就在外边强占人家一个有夫的民妇。我十五岁抢来，今年二十一岁。这六年中，完全守寡。幸亏我婆婆很慈善，我倒也相安，但是我陪嫁的婢仆，多不堪我丈夫的毒打，逃回慕连去了。如今只剩下刚才陪我照相的两个丫头。一个多月以前，我出门回来，叫人煮了鸡子酸菜吃晚饭。那晓得我丈夫所占的民妇的一个女仆在旁边偷偷的下了毒药。我吃了两口，觉得口味不对，就赏给两个丫头吃了。当夜我们三个人都中了毒，腹痛了一夜，几乎死去。幸亏是三个人分吃的，毒不很重，歇了几天才慢慢的好了。我想我丈夫如此的狠毒，我万万不能再住在他家。一个人私自逃回慕连。到了东坡，遇见我的哥哥：他力劝我回来。说："你中毒你丈夫是否知道，还不能证明。既然嫁了他家，不可轻易离开。"派了十二个人送我回来。我到环州村口，我的丈夫已经聚了一百多人，拿了刀枪，要杀到慕连去。他看见了我，如疯子一般，上前要打我。幸亏我带了人，他不敢下手。只把他自家里的人，一个个打一顿，对我示威。我母亲听见，亲自跑来看我。他初起吩咐门上，不准我母亲与我见面。歇了两天，我母亲住在村里不去，我婆婆才把她接到家里来。他还天天吵闹，要赶她回慕连去！

糯太太一面说，一面哭着。我于是才了解房中陈列品的由来。但是我是外客，无从安慰她。正在很窘迫的时候，自老太太派人来请我去照相。我乘机起身告辞。她又说道："委员是外人，我本不应该把家事烦你，但是一来说说出出气，二来我哥哥要到武定县去告我丈夫。我希望委员了解这事体的真相，主张公道。"她又拿了她丫头的一个尾巴帽送给我，说做我研究的材料。

六个月以后，我从人逆东回到昆明，遇见前署武定县的张县长。他告诉我李土舍被猓猡告发的案子已经了结了。因为他的太太人很明白，猓猡都爱戴她。正打着官司的时候，土舍太太出来调解，居然发生了效力。我方才知道昆明念过书的女子，究竟不同。这是后话。

自老太太也是盛妆：也是黑锣锅帽，圆领大袖的长衫，下面束着百褶裙子。她似乎猜到媳妇在我面前说了他儿子的坏话。照相一完，她就对我说道："我的儿子太不知事了，媳妇并没有错处，他偏与她不和。不过委员！你要晓得，我守了二十六年的寡，只有这一个儿子。凡事只好请大家看我老面上，不要十分与他为难！"

我回到寓所，又找了一个会说汉话的差役来，问问他罗婺的方言。以下是罗婺语最普通的几个字和汉语及卫亚尔所研究的麦岔（即 Gni）语的比较：

汉	Gni	罗婺	汉	Gni	罗婺
父	Eeba	Adi	眼	Neese	Nadu
母	Eema	Ami	鼻	Nabi	Numu
夫	?	Situze	耳	Naho	Nobo
妇	Maishlee	Usomo	口	Gn（i）gna	Nibu

兄	Apou	Amu	臂	Leeghhe	Lazi
弟	Ghip'ee	Nimo	股	Shlapee	Puder
巫	Seba	Bimo	腿	Tch'eghhe	Chiupu
千	T'itou	Ter-er	手	Leepee	Lepa
万	Tiva	Che-er	足	Tch'ebee	Chepa
高	Gaii	Chiomu	胸	Gnitouka	Nipo
矮	Gna	Chione			

卫亚尔的 Gni 辞典是普通所认为标准的猡猡语。看上列的表，虽然两种语的关系很显明，但是不同的点却出乎意外的多。

我在环州住了两天，于五月十五日起身向元谋。因为听见说苴宁的东面鸡冠山新发见了铜矿，就决定先到鸡冠山看看。从环州到鸡冠山，路不过十三公里，但是全是山路，牲口不能通行。幸亏土舍衙门的人给我雇了十五个夫子背行李，才能出发。这些夫子不用说都是猡猡。

汉人对于猡猡有许多成见。第一是说他们如何野蛮，第二说他们"登山如履平地"。从武定送我到环州的差役，尤其说得神奇。他说猡猡走山路如飞，因为他们是"铁脚板"，从小的时候就光着脚在铁钉上走，所以脚板极厚。那知道从环州雇的许多猡猡走山路还不如汉人。将到鸡冠山的时候，要下一个洋铁坡，有的地方路极其窄狭。有一个十七八岁之猡猡，背着东西，竟走不下去。等到人家把东西替他背过去，他空着身子还极其害怕。我在他后面，只看见他的腿发抖，最后竟要人扶他。可见得猡猡的"上山如飞"、"铁脚板"都是神话！

四川会理的土著人种

龙爪山的猡猡

我从环州到了元谋，于民国三年五月二十日过金沙江到了四川会理县境内。沿途所遇见的都是汉人，只有从松坪关向通安州的时候，在普隆河附近，遇见一位猡猡贵族妇人，骑着马，跟着一匹马，从我身边经过。她看见我绘图，就下马来问讯。她听见说我是北京来的委员，很恭敬的说道："舍下离此不远，请到那里休息。"我的向导告诉我她是普隆沙土司的妹子。我因为她家不在路边，就谢绝了。她也匆匆的上马去了。以后向导说沙土司做人最好，家里藏得有许多书。我很懊悔，没有去拜见他。通安土州原也有土司，但是我去的时候衙门没有人，而且这是会理著名的铜矿，汉人很多。我忙了看矿，就没有理会别的。

直等到六月四日我到了会理县城，要想到县城东北的龙爪山去测量，才又有机会看见土人。龙爪山离城十八公里，是会理境内有数的高山：出海面三千八百公尺，比泰山高出一倍多，比五台还高三千尺左右。天晴的时候很远的即望见它，——我以后到发窝的望乡台大山，离它一百三十多里还看得很清楚。一直到东川西南的牯牛寨大山，离它已二百多里，还隐约的认得。但是山周围都是猡猓的村落，不但上山要他们带路，就是下山的住宿也非找他们不可。于是县衙门里派人从龙爪山脚找了三个猡猓来，决定于六月七日引我上山。

从会理城到龙爪山直线虽不过十八公里，道路是弯弯曲曲的，实际上在四十华里以上。而龙爪山高出会理城一千三百多公尺——差不多与妙峰山和北京城的比例一样——还要下山住宿，所以路是很远。我天刚亮就出北门，到三元桥与向宁远的大道分路。我们的路顺着一条支河向西北。起身的时候本来是阴天，一过三元桥就下起大雨来，路上的水有五寸多深，很是难走。我们都披着雨衣。三位带路猡猓，带着羊毛的毡斗篷。这是四川猡猓的制服，无论冬夏都是如此。此外，他们的装束与汉人没有多大的分别，不过缠头的布要比汉人的长大点。

从会理城起，走了六公里多路就到山根。上山的路很窄狭，又因为雨忽下忽止，路十分难走。路是顺着山沟向上的。从山根起，走了八公里，到了沟的尽头，已经上了七百公尺。路原是向西北的，到了这里，要改向北。还有七公里，再上高三百公尺，就可以到山顶了。当时雨更下得大了，满山都是云雾，几步之外，就完全看不见路。我们的雨衣也都湿透了。而那三个带路的猡猓，一走到沟头的岭上，都蹲在地下，不肯再上，因为他们都已经喝得烂醉了！

原来一出城的时候，我就看见他们每人身边带着一个油篓式的瓶子。起初我以为是他们带的水，没有注意。以后看见他们不时举着瓶向口里倒，问他们方知道是酒。三个猡猓之中，只有一个汉语说得好。他对我说道："我们夷家只有包谷（玉蜀黍）做的酒，力量不够大。昨天晚上委员赏了我们钱，我们就在城里每人买了一瓶好烧酒。原来想带回家去喝的。下了雨路难走，身上湿了，有点冷，所以路上先呷几口。"那知道不呷则已，一呷就没有限制。刚到山根有一个已经把酒喝完了。狼狈的上山，一个人掉在后面。等到到了岭头，那两个也就喝醉了。

我上龙爪山原是想去测量的。眼看见一山的云雾，目的是达不到的了，天色又不早了，向导又是几个醉汉，只好决定放弃登山的计划。从岭头仍然向西北，下走到山腰的龙爪山村投宿。

向下走不到二公里，雨忽然止了，云渐渐开了。向北望龙爪山，虽然依旧是一片浓雾，西面的高山和山下的深谷却逐一的现露出来。路也由西北转向了北，顺着龙爪山的西坡走。高度仍然在出海面三千三百公尺以上（一万英尺以上）。路的西面是一个极深的大谷，就是安宁河下游的撒连河。从我们的路到谷底至少有一千七百公尺深——和美国驰名的哥老拉多峡谷（Colorado Canon）一样。若是从龙爪山顶上计算，还要加上五六百公尺。这大概是世界上最深的峡谷。谷底满都是水田。六月里都是绿秧。山坡全是红土。红绿相映成一幅绝好的画图。谷西面的高山，平均也在三千公尺左右，自南至北，像一道高墙一样。会说汉话的一位猡猓，酒也醒了，指着谷底的一个大村说道："这是撒连，著名出甘蔗的地方。撒连北面是潘林沟，田地极其肥美，是我们会理最好的地方。"我问他道："这大沟里有你们夷家吗？""一个也没有！我们夷家，第一怕蚊子，第二怕热。所以我们村落都在高山。这种沟里，全是热风，下去就要得瘴气。我们如何敢住！"

再向北走了六公里，才到了龙爪山村。这是一个十几家的猡猓村落，紧靠着龙爪山的西脚下，出海面仍然有三千三百公尺。六月里天气，傍晚的时候温度仍然在摄氏十六度左右。村子里面房屋极其简陋。我就住在帐篷里过宿。

我原来的计划，下了龙爪山要沿西坡绕到山北再向东到白果湾，去看会理著名的一碗水铅银矿。所以三月七日，从龙爪山村出发仍向北走。但是夜间又下了大雨，我的洋布帐篷不但是弄得满的泥浆，而且浸透了水，异常的重，驴子驮不动。只好临时雇几个人抬着走。如此一耽搁，出发的时候已经过了十点，眼看赶不到一碗水了。和猡猓向导商量，到毛毛沟禄家过宿。

禄家离龙爪山村不到十二公里，不过昨天走的一半路，但是全是山路。因为龙爪山是一条南北的大山，所有的山沟都是从东向西，流到撒连河的深谷里去。我们初起向北，二公里半到了红岩子，再向东北。路线正与沟成一直角。沿途都是一上一下。红岩子过去，过了两条沟，就转到了龙爪山的北坡上。从此又向上走到三千五百公尺左右，然后再下到毛毛沟。过了沟上东北坡才到禄家（高出海面三千三百公尺）。沿路又下着雨，走的很慢，二十多华里路大半天方始到着。

禄家是猡猓的富户：每年有六十石粮食可收。田地以外，还有五六个奴仆，三十头羊。牧羊是猡猓重要的工作：羊毛可以做毡斗篷，羊乳可以喝，还可以做乳饼。以上的种种事实足以证明猡猓原来是畜牧的民族。原住的地方大约在中亚细亚，因为这种生活不是在高山深谷水田的区域所能发生的。

禄家的男主人不在家。女主人是一位身长六尺的中年妇人，汉语不大会说，但是招待很是殷勤。我仍然住在帐篷里。因为篷布是湿的，里面很闷。雨不下了，就走在门口闲着。禄家住宅四围有院墙，门口有一座碉楼。忽然女主人走了出来，向山坡上一望，一把拉住我向里面跑，口里说着猡猓话。屋里跑出两个奴仆，一个手里拿着一支后膛枪，走到碉楼上去。不久下来，把枪放下，向女主人咕噜，她才有了笑容。我的猡猓向导对我说道："委员不用怕，是禄太太看错了，以为是她的仇家来了，所以拿枪上碉楼防守。其实不是。"我问她的仇家是谁。这位向导说道："禄太太的娘家姓马，也是一个富户，家里养得有许多奴才。不久以前，这些奴才造起反来，投奔到邻村的吴家去。马家向吴家理论。吴家不讲理，反带了人到马家抢东西，并且把禄太太的妹妹杀了。禄家为亲戚报仇，也就去攻吴家，杀了他家几个人。因此结下仇恨，时时得防备着。好在禄家有两杆好枪，二百多子弹，一座新碉楼。吴家就是来，也不怕的。"我问他道："你们杀了人，县里不管吗？""唉！我们夷家自己的事，县里那里管得许多！"

禄家有几个青年的妇女，相貌都生得很端正，皮肤也很白净。她们头上扎一块没有顶的包头，两边有两个掩耳。身上着一件长衫，衫上着一件马褂似的短袄，下面系着长裙子。女主人的装束也是一样，但是头上戴一顶八角的高顶和尚帽，是我在他处所没有看见过的。女子十七八岁才出嫁，婚姻用媒妁，同姓不通婚。

羊是他们最贵重的财产。羊要生病，他们把一只狗捆在路边，听它饿死，来为羊祈禳。若是羊病还是不好，他们再请巫师念经，同时拿一只小鸡捆在一双草鞋上放在路上供神。

我沿路跟我的向导学了几个猡猓字：

父	Ada	山	Kuchiu
母	Amo	石	Lomu
孩	Aye	纸	Terdje

手	Lie	出血	Sdolo
足	jitze	等一等	Ngalu
马	nba		

在禄家测验了六个人的身体，平均的结果如下：

身高	163.33 公分	胸周	87.60 公分
头长	18.67 公分	手长	18.60 公分
头宽	14.43 公分	足长	23.90 公分
头周	56.10 公分	头指数	77.83

他们都自称为黑夷，但是测验的结果与白夷相近，我很疑惑他们不是真的黑夷。因为六个之中三个是会理县找来的向导，他们的身高都在一六六公尺左右。其余的三个是禄家的奴才，身高都在一六〇左右。大约向导是黑夷，或是黑夷的杂种。那三个奴才十有八九是白夷。

苦竹的土司太太禄方氏

我于六月十四日回到会理县城。预备东行过金沙江去看东川的铜矿，就请县里派人向导。萧县长对我说过："你要走的这条路现在很不太平。听说大路要经过鲁南山，山附近都是猡猓，近来常常出来抢人。我到任没有两个月，已经出了十多起抢案，并且杀伤了好几个人。这还是报到县署里来的，没有报的更无从查考了。我要派人保护，多了我派不出；少了不但不中用，反因为有枪，做了猡猓的目标。我劝你还是绕回云南再到东川去罢。"绕回云南！说起来很容易，一绕就要二十几天。不但路远了一半，而且要走回头路，极不经济。我又知道鲁南山是大凉山的南尾，地质上一定极有趣味，极不愿意放弃了。我初起疑心这位县长图省事，不肯派人送我。以后遇见地方的一位马团总，问他究竟是怎么一回事。他说："萧县长的话完全是真的。不要说他没有兵可派，就是有兵，也派不得的。你要不信，只要向邮政局打听就知道了。因为这原来是东川通会理的邮道，近几年来因为不太平，邮政局久已不敢寄包裹，只是信件还是可通。这几个月来连空身的邮差都不敢走了。听说最后一次，邮差的衣服都被猡猓剥光了。你千万不可冒险。"

我听了这一番话只好发闷。恰巧一位内地会的牧师来拜我。他是爱尔兰人，在会理好多年，地方情形很熟悉。谈起我的路程问题来，他告诉我道："萧县长、马团总的话都是真的。但是我给你出一个主意。从城里到鲁南山要经过姜州和昌意坝。这两个地方中间有一个苦竹土司，离大路不过一里多路。目前的土司是一位妇人，人极其能干，家里有几百杆枪。凉山的猓猡没有不怕她的。你何妨顺路去见她，请她派两个猓猡送你过山。只要她肯负责任，你一定可以安全通过。"

于是我与萧县长说好了，请他派两个穿号褂子的徒手差役给我做向导，先到苦竹土司衙门。如果土司太太不肯保护，再想法子绕回云南。

我于六月十六日从会理出发。县里派的向导，倒也一早就来了。但是一个是十六岁的后生，一个是六十岁的老汉！我很生气，要到县里去请他另派两个精壮点的差役。那一个老差人对我说道："委员，请你将就点罢。昨天县长本来说是派两个精壮点的，但是全衙门百十个差人，没有一个肯去，大家都怕吃猓猡的亏。最后才推到我两个身上。我是个苦人，甚么都不怕了。他是新进衙门当差伙的，没法推却。委员要请县里另外派人，今天一定走不成了，因为他们宁可挨打板子，也不肯去的，况且我年纪虽是大点，路却是很熟；土司衙门我也去过，倒不会误委员的事。"我听他说得有理，只好罢了。

从会理县城到苦竹不过五十公里（九十华里），虽然是山路，两天可以赶到。我因为要沿途测量，分作三天走。第一天十四公里宿弹冠驿（又作痰罐驿），是一个三十多户的野店。第二天二十三公里宿姜州，是明朝洪武初年所设的七州之一——会理在明初是会川府，领七州一县。我住在贵州会馆，是一个极其高大的建筑。大殿上中间供的是南霁云，右边是黑神，左边是观音。南霁云的侍从，却穿着马褂，挂着辫子！会馆是道光七年建的，当时贵州人一定很多。经过咸丰年间的回乱，地方极其残破，到如今只剩有两家贵州人了。

我每天的习惯：一天亮起来就吃早饭；吃完了就先带着一个向导、一个背夫，独自一个上路。铺盖、帐篷、书籍、标本用八个牲口驮着，慢慢在后面走来。到中午的时候赶上了我，再决定晚间住宿的地方，赶上前去，预备一切。等到天将晚了，我才走到，屋子或是帐篷已经收拾好了，箱子打开了，床铺铺好了，饭也烧熟了。我一到就吃晚饭，一点时间都不白费。那一天从姜州起身我打听明白：姜州到苦竹十三公里，苦竹到昌意坝五公里半，昌意坝到波罗塘四公里半。一过了波罗塘，就上鲁南山，一直要走二十八公里半（约五十七里）到山东北坡的岔河，才有地方可以投宿。波罗塘、岔河之间，只有距波罗塘十公里，在鲁南山的半坡上有一个村子叫做李子树，但是这是猓猡的巢穴，每次抢人杀人都是这村子人干的，万不可住。于是决定第一天走二十三公里，宿波罗塘，第二天走二十八公里半，宿岔河。我自己半路上到苦竹土司衙门去请土司太太派人保护，当天赶到波罗塘过夜。预备好了我一个人先走。沿路加紧的工作，不到十二点，已经到了离苦竹二里多路的腰店子。驼行李的牲口也从后面赶到。大家吃了午饭，驼马由大路一直向昌意坝。我带着一个老差人、一个背夫，绕道向苦竹走去。

我在腰店子吃饭，向饭店里的人打听这位土司太太的为人，方知道土司姓禄，她娘家姓方，原是成都的汉人，几岁的时候就被禄土司买来，以后做了土司的姨太太。禄土司死了，留下了一妻一妾。妻姓自氏，住在苦竹；妾方氏，住在披沙，相距有一百五六十里路。本年阴历二月十四日（距我到那里的三个月以前），自氏太太被手下杀死了。方姨太太得了凶信，从披沙骑着马，带了一百多人，一夜半天工夫赶到苦竹，出其不意，围住衙门，把凶手拿住当场枪毙了。据店里人说，自氏太太人太老实，不能管束下人。这位方姨太太人极其能干，但是到这里不久，又经过乱后，所以秩序还没有恢复。

我从腰店子走，二十分钟就到了苦竹。村子四围有土筑的城墙，墙上站着有拿枪的土兵。但是我并没有受任何的盘诘就一直走到衙门前面。老差人指着对我说道："委员，你看这座衙门，多们阔绰。房子都砌在山上；从大门到后门，一共九进，一进比一进高。听说是仿照九重金銮殿砌的！"我抬头一看，果然是一个绝大的衙门，比会理县署雄壮得多。于是找着号房，拿了我的官衔名片和云南都督府给我的护照，一齐拿了进去。不一刻他跑了出来，说声"请!"一面把正门一齐开了，从大门，走上大堂、二堂，穿过中门，到了第四重的厅上，看见一位二十多岁的妇人，前后十几个差役簇拥着，迎将出来。见了面作一个揖道："委员从京城里来，很不容易！恕我不知道，没有出城迎接。"一面让我到客厅东房坐下。我再细看她：头上盘着青色的"锣锅帽"，身上着一件青布的大袖长袄，下边束着百褶裙子；身材在五尺一寸左右，一双天足，鹅蛋式的脸，雪白皮肤；眉毛虽不很细，却是弯长；眼睛虽不很大，却是椭圆；鼻梁虽不很高，却是端正；嘴虽不很小，嘴唇却是很薄很红；加上一口很整齐的白牙，不擦粉，不擦胭脂，是我生平所见东方人中少有的美人。她一面拿我的护照看着，一面说道："委员原来是要到东川看铜矿去的。从此地到东川，要经过鲁南山。我们夷家的孩子们不知道委员是甚么人，也许要得罪委员呢！""我正是因为如此，所以才来见太太，请你帮忙。"她笑着说道："不要紧的。我派几个人送送，就没有事了。"她又看了我几眼，再向外边一望道："委员走这么远的路，怎么只带着两个空身人，难道没有行李吗？""我的行李上前先走了。我今天要住波罗塘，请太太立刻派两个人和我同走罢。"她答我道："那有这样的道理？委员是贵客，好容易到我们这里来。我无论如何，也要请委员住一天。我还有许多话要告诉委员呢。"她也不等我回答，就喊着道："派人向前去把丁大人的行李追回来！"我眼看见走不成了，就拿我的片子，写了几句，叫他们把随身要用的东西拿几件来，其余的行李留在波罗塘等我。

她于是告诉我道："这几年来，我们吃尽苦头了。委员从京城里来，我正好诉诉我们的冤枉。会理原来有六大土司：普隆土司姓沙，黎溪土司姓自，其余的苦竹、披沙、者保、通安四处，南到金沙江、云南禄劝县界，北到西昌县阿都界，东到洼乌、云南东川巧家界，西到姜州，南北六百多里，东西三百多里，夷家一万多户，都是我们禄家的地方。这四个土司衙门原来是四房分管的。光绪年间，三房都绝了后，一齐归并到我们通安这一家来。先夫禄少吾在的时候，收租要收一万多石粮食。委员只要打听，他是极其奉公守法的土官。光绪末年，大凉山夷家造反，先夫奉调去打了三年的仗，先后折去一千多兵，垫了三十万两银子的饷，因功升为副将。不幸在凉山受了潮湿，得病回来，于光绪三十一年死了。只留下我们两个寡妇，一个一岁的女儿。照我们土司家的规矩，女儿也不是不可以袭职的。后来因为有贵州威宁稻田坝的远房本家出来争了承继，我们才呈报会理州，请州官替我们做主。州里批了下来，叫我们母女三个，带了土司的印，到城里去袭职。那知到了城里，州官就把我们送到宁远府监里！那时候宁远府是陈廷绪，会理州是王香余。他们两个迎合赵帅的意思，把四个土司一齐改土归流。同时派了曹永锡带兵来占据我们的地方。这些兵一到，把我们的衙门里所有的东西一齐抢的精光，并且还要虐待夷民，强奸夷女。于是披沙衙门的土兵为首抵抗，把官兵打退了，还夺下了五十多杆快枪。一直等到宣统三年革命，会理地方上的绅士出来讲和，把者保、通安两处归流，只留披沙、苦竹两处给我和自氏太太分住。这才把我们放了回来！"

"最可恨的是会理知州王香余。他三番两次逼我改嫁。委员，请你等一等，我拿一件东西给你看。"她说着就走进里面去。不一刻拿了一封信出来交给我。信是三张八行书。头上说改土归流是已决定的政策，不能变更。接着说她很年轻，很可怜，不能没有归宿。现在有一个马灿奎参将，"虽已有妻室，而两房兼祧，礼可再娶……行将由本州为媒，宁府主婚，不胜于为土司之妾万万哉！"下面签名"王香余"。方太太又说道："我虽是成都的汉人，但是从小就到夷地，和夷家相处的极好，又岂肯改嫁？改嫁又岂是地方长官所能逼劝的？何况他们害得我们破家荡产，又是我们的仇人呢？王知州也知道自己不对，后来几次向我要回这封信。可是我始终不肯给他，要留着做个证据！"

我安慰她道："这都是前清的事，与民国无干。现在五族共和，一律平等，决不致再有这种不幸的情事发生。还有一件我不甚明白。你不是说会理州绅士讲和的条件是把通安、者保两处改土归流吗？何以我上月到通安，土司衙门仍旧存在？难道你们放回来了，就不肯实行这项条件？那么，不是你失信了么？"她答我道："委员，你到过我们夷家地方的，应该知道土司衙门的情形。每个衙门养活着一百多户到二百户人。每年要多少粮食？讲和的时候我们以为家里存着有几万石粮食。靠通安、者保两个衙门的人家可以安插的，不妨答应把这两个地方改土归流。回到家来才知道家里的粮食早已抢光了。岂但粮食？委员，你看我们这样大的房子，里面家具都没有几件，就知道我们受了多大的害了。如果立刻把通安、者保两个土司衙门撤了，手下人没有法安插，一定要出事的。所以我没有法子，只好叫小女孩子向会理县长磕头求情，暂时把这两个衙门留着，等到我们休养几年，恢复了元气，再实行撤销不迟。"

我问她自氏太太死的情形。她说是因为小女孩子的奶妈妄想扶助幼主来篡位，勾通了几个下人下这毒手。

说了大半天话，她才站起来，进里面去。最后又说道："家里甚么都不方便，简慢的很。自己不便出来陪客，又没有旁人可以和委员同坐。晚上用饭只好请委员一个人独吃。请委员原谅。"

等她进去了，我才想起要给她照相。叫她下人传话进去。她慨然应允了，就传令排队伍一齐照在相里面。等了一刻，她忽然差人出来说："太太想自氏大太太死了才三个月，现在服中，照相恐怕不方便，请委员原谅。"

天没有黑，晚饭已经开了出来，原来是一桌"全羊席"：放得满满一桌子的羊肉、羊肝、羊肚、羊肺、羊脑等等。我一个人吃了几口，就咽不下去。我正吃着饭，忽然看见十几个背着枪的土兵和几个吹鼓手一直跑了进去。问起来，说是太太吃晚饭，照例要站班奏乐。不一刻，里面果然吹打起来。我方才知道土皇帝的尊严！

晚间，我又把她的巫师叫了来问他猡猓的风俗。他所说的和我在环州所听见差不多，语言也是一样。他的程度比环州的那一位是要高明点。我拿我在环州所得的书给他看，他说是占吉凶用的。我教他翻译几段，他也说不十分明白，因为他的汉话很不高明。他也有几本书，但是他不肯给我。抄写又来不及，只好罢了。

第二天一早起来，我就预备出发。方太太出来给我送行，一定要派二十支枪送我到波罗塘。我知道这种护兵于我工作很有妨碍的，而且波罗塘这边毫无危险，是绝对用不着的。于是我再三坚辞，她才答应只叫他们送我五里，作为她的敬意。此外又派两个徒手的黑猡猓送我过鲁南山，一直至岔河。

她拿出一张用蝇头小楷写的呈文交给我，请我带回北京，代呈大总统，请求不要改土归流。她又叫人拉了一匹小红马来送给我骑。我坚决不肯受它。她笑道："委员，你何必客气？这是你路上用得着的东西。你不要小看我这匹红马。它是凉山种，我常常骑它，走山路异常的稳当，比委员自己的牲口要强的多。"我谢谢她道："我很知道你的诚意，但是一来我要测量，很少有机会骑马，用不着它。二来现在民国时代，中央的官吏出来，旅费很充足，绝对不能受任何人的礼物，不然就要受惩戒。三来你要叫我回到北京给你说话。若是人家知道我受过你的礼物，岂不是要以为我得了你的好处，帮你说好话？"她沉吟道："委员既然这样说，我就不敢勉强。"

我临出门的时候对她说道："我承你招待，万分感谢。临别有几句话奉送。据你说你们过去的土司是没于王事的。这是很光荣的。我希望你不要忘记他的遗志，坠坏他的家声。如今五族共和，大总统事事主张公道，决没有欺负夷家的心事。但听说你所管辖的地方还有许多夷家不甚安分，常常要闹事。日子久了，一定要连累你的。我希望你赶紧的约束他们，恢复秩序，和汉家共享太平。"她直立着，扬起头来答道："敢不效犬马之劳！"作一个长揖，转身进去。我于是才真正相信她是读过书的。

鲁南山

我于六月十九日离开苦竹。因为和方太太周旋，等护送的猡猓兵同走，一直到九点多钟方才出发。送我的二十个猡猓兵服装和普通的猡猓一样。枪至少有四种：英国的旧来福，日本的九子，德国的老毛瑟，成都兵工厂的五响。此外还杂着有前膛土枪。枪既然是新旧不一,人也是长短不齐,而且并没有官长统率。二十个人前前后后的走着。我刚拿出指南针来看方向,大家就围上来看稀罕。好容易把他们撵开了,他们又在前面遮住了我的视线。走不到一里,遇见一群水鸟,有一个兵竟拿出枪来打着玩儿!这样走着,一点钟走不到四里。我没有法子,再三的叫他们回去,但是言语不大很通,他们只是摇着头,对我呆笑。如是走了三里,我实在受不了了,只好把送我的那个徒手猡猓叫来,厉声的责备他道:"你太太叫人送我原是为好。现在他们耽搁我的公事,叫他们回去,又不听话。以后你太太知道了一定要处分他们的。你快点对他们说,我不要他们送了。他们再不听话,我只好回头见你太太去。"这位徒手的猡猓却很懂事,看见我生气,很是惶恐:"他们因为太太吩咐要送五里,所以不敢回去。既然委员不要他们同走,我叫他们早点回去就是了。"于是他用猡猓话对他们咕噜了半天,这班猡猓兵才对我行一个礼,乱哄哄的向苦竹跑去。

把土兵送走了,我才加紧的工作。幸亏从苦竹到波罗塘一共不过十公里,路又是很平。虽然沿途耽搁,也就早早的到了。我的从人看见我带了两个猡猓来做向导,大家都很高兴。尤其是波罗塘的那位乡约。他拍着手道:"这一来可没有事了!委员,昨天你的管事的一定要我派人送你过山。李子树的夷家多么可怕。我们如何敢负这样大的责任?现在方太太派了人带路,你只要大胆放心去罢!"话虽如此说,我因为天气还早,要想到附近山上看看,他仍旧是极力的拦阻我,说:"白天大路上不要紧。天要晚了,又到山上,是不妥当的,还是小心点的好。"

波罗塘原是大路上的一站,正在鲁南山的坡脚下。我所住的店也还整齐,但是村子里的房屋三分之二以上是破烂的。据乡约说,从前因为是在大路上出山的口子,生意很好。自从宣统末年闹改土归流,猡猓造反,地方遭了大害——破烂的房子都是那时候烧的——现在只剩了三十家子。

二十日的绝早,我从波罗塘起身过鲁南山到岔河。我仍然照平日的办法:一个人带一个猡猓向导、一个会理的差人、一个背东西的苦力,上前先走;留一个向导、一个差人护送行李。往日我的从人知道路不远,不必着忙。等我起了身,他们才慢慢的收拾起来,总要到上午方赶上我。那一天路又比较的远,虽然说有猡猓护送,大家都有戒心,所以我走了不多时,他们已经赶到我前面去。一出波罗塘就上大坡。从坡脚到山顶一共约为十三公里。其中可分为五段：第一段长四千二百公尺，上高五百四十五公尺，坡度为百分之十三；第二段很平，长三千六百五十公尺，上高才一百公尺，坡度为百分之二点七；第三段长一千六百公尺，上高三百十五公尺，坡度为百分之二十，是各段中最陡的一段——李子树的村子就是这段的终点；第四段从李子树向东，长一千五百公尺，上高一百公尺，坡度为百分之六，比较的平；第五段上到鲁南山顶，长一千八百五十公尺，上高二百公尺，坡度为百分之十一。五段之中，第一、第三、第五这三段因为坡度很陡，不但没有田地，而且没有树木。第二和第四段比较的平，坡上有点土可以耕种。李子树的村子正在这二段之间。这两段都种过鸦片烟。六月里天气烟已经收了，但是罂粟的茎子还都留在地里。民国三年是禁烟最严厉的时期。尤其是在云南，凡种烟的无论多少都是要枪毙的。李子树是猡猡地方，所以才敢犯禁。

从波罗塘到鲁南山顶，地质极其有兴趣。因为路很远，又不放心，工作不能十分精细。走了将近十公里，上到第三段的陡坡，才不过十一点多钟。做向导的那个猡猡向路右指道："这就是李子树！"村子离路边不过几十公尺，我们悄悄的走过去，并没有看见人。我心里暗想道："走过李子树，没有惊动一个猡猡，大概今天可以没有意外了！"正想着的时候，对面来了一位裹着头披着毡的猡猡，当路站着，用汉话问道："你们来有甚么事的？"背仪器的夫子不等我开口，就回答他道："我们是来查鸦片烟的！"——他因为上坡的时候看见地里有罂粟茎子，所以给他开玩笑。他忘记了在猡猡地方玩笑是开不得的。我一听这话，就知道要出乱子，连忙的分辩道："你不要听他胡说。他是给你说笑话的。我是北京来的委员，到东川去看铜矿的。"他听了这话，也不理会，立刻向李子树村子里走去。我知道事情不妥，赶紧的上坡，但是路既然不好走，又还要测量，不能走得很快。等到上到鲁南山顶，已经有二十几个猡猡拦路站着，在李子树遇见的那一个也在其中。大概他们从村子里走小道先上山来等着我们的。

第一次遇见我们的那一个猡猡指着背东西的夫子说道："他说是来查鸦片烟的。"一个年纪最大的向我问道："你们究竟是来做甚么的？"我看他们虽然有二十多人，手里却没有任何的武器，心里就安了大半。"我是到东川去看铜矿去的。这个夫子他看见山坡上有烟茎子，所以和那一位说笑话。请你们不要理他。""你们不是一齐的吗？他的话怎么和你说的两样？"我拿出护照来道："我有云南都督府的护照。上面说得很清楚，我是来查矿的，与鸦片烟没有关系。"他摇头道："我们夷家不认得字。"我只好向我的向导说道："我来查矿，你太太是知道的。你拿夷家话对他们说说。"他果然用猡猓话向他们咕噜，但是说了半天，没有结果。二十多人仍旧把大路拦着，不放我过去。

我从昆明出发的时候，一个军界的朋友借了我一支"盒子炮"。我沿路从没有用着它，但是常常把它带在身边，寸步不离。为首的那个猡猓指着我那支枪道："十响毛瑟，顶好的枪。你肯送给我，我们放你过去。"我心里很踌躇。论起来，一支枪不算甚么，拿它做买路钱总算是便宜。但是他们没有武器，我有它还有抵抗的希望。把它送了出去，他们有枪，我是徒手，岂不是更危险吗？安见得他们不是要先缴我的枪再要我的性命呢？如此一想就决心不给，"一支枪不要紧，送给你们本来是可以的。不过我这支枪是向云南都督府领来的，回到省城还得缴回去。送了你们，我就交不了差，所以对不住，不能送你"。他们交头接耳说了半天的话，拿手指指枪，拿眼睛看看我，依然不放我走。

我只好对着我的猡猓向导说道："你太太原是怕他们麻烦，所以才叫你送我。现在他们要我的枪不放我走，你怎么不想法子？要是我走不了，我只好回到苦竹去，见你太太。那时看你怎样交差！"他满头流着汗，面色都变了，悄悄对我说道："委员，你走远点，到那边山头上去看看。等我一个人慢慢的对他们讲。"我依着他的话，离开大路向南几百公尺，走上一个小山，索性把一架经纬仪拿了出来测量四围的高山。我所在的地方出海面已经有三千公尺，所以望得很远。向西不但看见从会理来的大道，而且会理西北的龙爪山也看得很清楚。东面虽然看不见江底，江的深谷却已经在望；谷两旁都是三千公尺以上大山，南北横亘着。我东西眺望，不知不觉忘却了处境的危险。但是半点、一点钟以后，还不见猡猓向导来到。向北一望，二十几个人仍然在原地方站着，心里未免发慌，只好故作镇定，拿着显微镜东张西望。又歇了半点多钟，方才看见岭上的人慢慢的散了。猡猓向导飞跑上来，见了我拍着胸脯道："都被我赶走了！我们太太吩咐了话，他们敢！"

我连忙的收拾仪器预备下山。又照了一个相，把我自己和那位向导都照在里面。刚下去不到一公里，看见会理的差人，被一个骑马带枪的人拦在前面。我心里想："这一次恐怕逃不过了。"因为那个人背的是一杆长枪。走到面前方才知道，他是赶街子回来的。看见差人背着照相匣子，要求我给他开开眼界，并没有什么恶意。我又敷衍他好几分钟，方才踉踉跄跄的向山下跑。山东坡的路，因为多年不修，沿路横着大石块，比西坡还要难走。从山顶到坡脚河边十公里路，共下降七百多公尺，天已经完全昏黑。顺着河向下还有两公里半才到岔河村子，而路沿河边走，来往要过几道水。黑地里很是危险。正在没有办法，忽听见有人喊叫，而且看见灯光。我们同时答应。不一时灯光来到，是我的从人派人拉了马打着灯来接。骑上马，两个人扶着安全过了几道水，将近九点才走到宿处。我那当差的早已经急坏了。问起他来，方知道行李过鲁南山的时候也遇见猡猓。因为护送的人解释，没有丝毫的困难。足见得我的麻烦是夫子要冒充查鸦片烟惹出来的。我当差的又说："今日岔河赶街子，我数一数街上有三十多杆枪。差不得上街的人没有一个徒手的！"

过了岔河，我又走入云南省境。从此，只有在威宁、曲靖两处在猡猓的家里过了两宿，无甚可记。一直到民国十九年到贵州大定才再和他们接触。据岔河的人说，禄土司年轻的时候也很好胡闹，晚年却很守规矩。自氏太太是个无用人，所以为人害死。这位方太太却大不同，来到苦竹没有三个月，已经枪毙了十六个人，所以人家很怕她。

我于民国四年回到北京，把方太太交给我的呈子送了上去，请部里转呈。那知道部里的长官把原呈发还，说不是本部所管，不必多事。同年夏天，通安土州有人来说会理县长又与苦竹土司冲突，已经请兵去进攻。以后结果我没有打听。不过近来披沙已经设了新县，恐怕方太太就是尚在人间也不能再做女土皇帝了。我现在把她的原呈附在下面，来做本文的结束：

> 世袭苦竹土千户职妇禄方氏报为沥陈衷情，敬叩大总统宏恩电鉴，赏还疆域，淑慝攸分事。窃职氏夫禄绳祖承授祖德宗演，历功昭著，传袭会理县属沿边四署：披沙，者保，苦竹，通安。各设头目家丁，遵理旧制宪书，茯苓贡马，约束夷众，管辖生番。自前清雍正、康熙初年，始祖禄鲁姐率众投诚，招抚番蛮，镇靖、乌蒙、东川等府夷房有功，世世罔替，袭裔数代，无异继职。至氏夫绳祖禀请接铃任事。迭奉大宪札调，自备兵饷，办理宁远府属凉山乾象营、石板沟、昭觉县各寨夷蛮，猖獗忒甚，出没无常。氏夫督军剿贼，折兵千余，费粮饷叁拾余万，均由自垫。蒙军督大宪隆恩知遇，奏升副将，仍令威镇边陲。不料骤办三年，因染潮湿痰瘵，于光绪三十一年回籍夭亡。遗留一女，仅存嫡庶，抚鞠孤女。选议威宁家族稻田坝抱子承祧，禀恩就职，慑服夷众。陡遭宁远陈守廷

绪、会理州牧王香余叵测滥政，仗权压治。将氏嫡庶及禄祯祥拘留宁狱，勒缴铃记，家私抄没，并将孤女天祥改名刘龄。庐田坟墓，掘骨抛尸，数代灵牌宗祠毁化。派委曹永锡率兵役霸收租润，纵兵奸淫夷女，酷虐佃户，蹂践不堪。家丁概行驱逐，土署家资，尽被抄掠侵蚀。可怜一家之患而延万户。且又逼氏再醮马灿奎。如氏不允，守牧定要治罪。氏本坚笃忠贞，矢誓不二，惟死无憾，遂绝奸念。氏嫡庶只以朝夕涕泣，谅无生期。幸值大总统命令，五族共和成立，则荷川蜀隆遇，解释禄祯祥并氏嫡庶孤女回籍，恢复旧业。氏即聘员演说四凉山敬教新学，各守本分，稍有归化气象。是年旧历二月十四日，惨遭奸人弊窦，附合逆奴弑嫡。氏接凶耗，星夜兼程数百里，聚团平乱，办获十余逆正罪，以清九原冤魂。洒蒙会理县萧知事清慎廉明。查氏弹压夷虏有方，秋毫无犯，悉氏甘苦备尝，详请四署给还，准氏继职抚孤，抱子承祧，禋祀宜续。况夷人各认有主，历服世职抚驭，若以威胁，断不服输。惟有匍匐俯恳大总统镜察昭雪，悯氏抚孤劳瘁，电令川督赏还职妇全幅疆域，致免李代桃冤而祸桑树。不但众夷民咸慕来享来王，暨氏生生世世顶祝千秋不朽矣。特为缕诉，伏乞大总统台前，赏准昭察原宥瞻依之至。须至报者。

金沙江

江的南岸——武定元谋

最早知道金沙江是扬子江的上游的是徐霞客。他的《江源考》说的最明白："发于南者（指昆仑之南）曰犁牛石，南流经石门关始东折而入丽江，为金沙江；又北曲为叙州大江，与岷山之江合。"他于崇祯十一年（1638年）十一月十一日到武定，十二月一日到元谋的官庄。他走的路和我的大致相同。可惜从十一月十一日起到十一月三十日止他的游记残缺，他对于金沙江的直接观察，已经没有记录存在。他的朋友季梦良听见跟徐霞客同走的顾仆说："至武定留憩于狮子山，遍阅名胜。乃至元谋，登雷应山，见活佛，为作碑记，穷金沙江，由是出官庄。"

狮子山在武定城西四公里，高出武定城四百公尺。庙在山顶下六十公尺。庙门口有一个大牌坊：外面题的是"乾坤双柱"，里面是"此中有真意"。庙修得很整齐。大殿的匾额是"大雄宝殿"，里面是供的佛像。大殿后面，比大殿高一层的是后殿。后殿的题额是"帝王衣钵"。中间有三个像，当中是建文帝，两边两个像不知姓名。左边一间供着冯漼、史仲彬、叶希贤、程亨、严震五个人的牌位，左边一间供的是沐晟、焦云、杨应能、程济、郭节、黄直。大殿前面右边一株茶花，左边两株柏树，都说是建文手植。庙附近的一个泉也说是建文发见的。出了庙门上山，半路上有个破败的阁子，这叫做"朱君阁"。阁子下面是玉玄关。阁前面石头上刻着"云重石门"四个字。再上又有一个小阁，也供着建文的牌位。西南几省，关于建文的神话很多。可惜徐霞客的游记对于这一部分残缺，不知道当日是否已经如此。

从武定到金沙江大路是走石腊他，向东经马头山到元谋马街，再向北到金江驿过江。我因为要到环州，所以于五月十日从石腊他岔路向西北。走不到十公里，经过杨家村西的大岭，高出海面二千七百六十公尺。从峰顶向北，已经望见金沙江。江水出海面不过一千一百公尺，比我在的高峰要低一千六百多公尺，比从泰山顶上看汶河还要高二百公尺，而江面离我所在的地方不过二十多公里。从南向北的坡度在百分之六左右。从峰顶北望，只看见一条条的深沟狭谷，两边的峭壁，如刀切斧削的一般。加之岩石全是红绿色的砂岩。与远望见的红黄色的江水，两相映照，真是奇观！

我从环州往鸡冠山到苴宁，要经过洋铁坡的大岭，高度为二千八百公尺，而离江面不过五六公里。向北的坡度为百分之二十四。从洋铁坡向西下到苴宁的平原，不到十公里，高度相差一千五百公尺，平均坡度百分之十五。所以路极其难走。加之越向下走，温度越高：下到山根，早上十点钟，寒暑表已经高到摄氏三十二度以上！比环州要高十六度。

苴宁平原，南与马街、元谋相通，北到金江驿，坡度也是很平。从金江起到马街以南十五公里止，共长三十多公里，宽半公里至十公里。从马街到金江驿二十公里，高度相差不过一百公尺，坡度不过二百分之一！金沙江深谷边上忽然有如此的一个平川，是地理上极可注意的一件事。平川中间的水叫做龙川河，发源于楚雄以南的南安州。水源距马街一百公里，而高度相差不过七百公尺，平均坡度不过千分之七。从南安向南就到红河的支流的发源地。这种支流与龙川河之间的分水岭高度很低。现在的龙川河的水量很小，不能冲出如苴宁平川这样的宽谷。足见得在地质史上苴宁平川不是龙川河所独有的谷。我的意见是从川边来的鸦砻江，与龙川河、红河本来是从北向南的一条大江。以后鸦砻江的水被自东〔西〕向西〔东〕推进的扬子江抢了去了。于是鸦砻、龙川、红河就变成功三条不相通的江。

一到了苴宁平原，温度太高了，工作就发生困难。我在平原里几天温度的记录如下：

地点	年月日	时间	温度
水井田	三，五，十六	下午二时	35.8 度
苴宁	三，五，十六	下午九时	31.0 度
苴宁	三，五，十七	上午六时	26.1 度
普墩	三，五，十七	下午三时三十分	39.0 度
怕地	三，五，十七	下午八时	33.4 度
怕地	三，五，十八	上午六时	27.0 度
苴宁	三，五，十八	下午六时	32.6 度
苴宁	三，五，十九	上午六时	26.4 度
海螺	三，五，十九	下午六时	36.0 度
海螺	三，五，二十	上午六时	27.5 度
金江	三，五，二十	下午六时	37.5 度

看上面的记录，下午的温度比人的体温还要高。不要说工作，躺在床上都烦闷的难受。只有五点钟起来，六点出发，勉强做工到十点。一过十点，只好休息。休息也是很不容易。在苴宁，是住在学堂，怕地是住在庙里的。到了海螺和金江，都是住在乡下人家里。在海螺还好。在金江这一家，院子里是一大堆粪。太阳一晒，臭不可当。尤其可怕的是苍蝇。我生平走遍天下，没有看见那一处的苍蝇如苴宁平原里那样的多。我要想看看书，书上、头上、手上、眼镜上都是苍蝇。开上饭来，立刻碗上、盘子上聚得乌黑的一堆。没有法子，只好赶快躲到行床上帐子里去。直等到太阳落了，才敢钻了出来。一看放在桌子上的几本书，几张画图纸，都变成深棕色的：原来苍蝇给我铺上了密密的一层粪点！等到晚上九点钟，温度依然在三十度以上，要想睡觉也很不容易。

气候虽然如此不良，土地却是异常的肥美，所以人烟很是稠密。马街、苴宁都是平原里的大村落，住户都在一千以上。元谋的县治原在马街的东南。自从杜文秀乱后县城残破了，县衙门就移到马街。一般的人就把马街的名字来替代元谋。我到苴宁的那一天，正逢赶街子。六点钟街上还有一千多人未散。我从苴宁到怕地绕道到马街去见元谋县长。他极力夸说他这一县的富庶。怕地在苴宁南十公里。西面一公里是以前有名的铜矿,我去的时候已经衰歇。

苴宁平原不但现在农业很繁盛,有史以前大概就是"好地方"。因为民国十六年美国人奈尔生曾在马街的北面同东面发见了新石器的痕迹。据奈氏给我的信说,时代与河南的仰韶时代相当,是新石器时代的最上部。因为他虽然没有发见得彩色陶器(仰韶时代的特点),所得的石器可以和仰韶石器比较。其中有半月式的石刀,中间有两个小孔,尤其与仰韶的相同。

天气如此酷热,洗澡又发生问题。在云南省内,因为气候很温和,大部分人没有洗澡的习惯。笑话云南人的说他们一生一世只洗三次澡:生出来一次,结婚一次,死的时候一次。这话虽然是过分,但是民国三年我在昆明就没有找着浴堂。外州县也从来借不着浴盆。热得受不了,只好借他们的脚盆,仿照广东法子来"冲凉"。只有从苴宁向怕地,路上经过鲁墩,村子西面有个温泉。虽毫无设备,而且经过许多有皮肤病的人洗过,水很不干净,我遇见着如获至宝,不客气的脱去衣服,痛洗一顿。到了金江那一晚尤其酷热。太阳一落,我就跑到金沙江边上脱去衣服浸在江水里。我的厨子、马夫、仆役,都极力拦阻,说是要生病的。我不理会他们。不多时,一村子的人老老少少都走到江边来看稀罕。"江水里怎么可以洗澡?不怕受凉罢?"直等到我回寓睡觉了,还听得房主人在那里议论:"委员真正自在!当着许多人,脱了衣服就下水,也不怕人笑话。"

金沙江在金江驿这一段江身很窄,水流很急。我用单简的方法测量的结果:

江宽	200 公尺
江深	2~2.3 公尺
水流速度	每秒 5 公尺
江水流量	每秒 2 000 立方公尺

所以江面虽不宽,水也不很深,而因为速度很高,所以流量也比较的大。我测量的时候是五月二十日。那时候夏雨没有下,是比较的小水时期。照最近的研究,扬子江下游的水量平均为每秒六万立方公尺。如此则我所量的数目,才不过下游平均数的三十分之一。

江的北岸——会理

金沙江从巴塘的西面一直向南入云南。到了鹤庆的东面,才转弯向东。如是弯弯曲曲的走到禄劝的北面普渡河口，又转而向北，一直到宜宾（叙州府）。所以在云南、四川两省交界的地方，金沙江是一个极大的马蹄式的湾子。湾子以南、以东、以西都是云南。湾子以北除去了永北仍属云南外，都是四川地方。我过江的地点，金江驿（又叫做金江龙街），在北纬二十五度五十五分，是金沙江最南的一点。

湾子以北的大支流只有一条鸦砻江，从川边的河口向南，在会理的西面流入金沙江。鸦砻江的重要支流是安宁河，从冕宁的北面发源，经过西昌（宁远府），一直向南，到会理龙爪山的西南与鸦砻江会合。安宁河的河身很低，土地很肥美，就是著名的建昌谷。我足迹所经完全在安宁河以东，云南巧家县以西，都是会理县所属。在这个区域以内，地形很有兴趣：安宁河以东，会理县城以西，有一条南北的大山，高度平均在三千公尺。其中最高的峰就是龙爪山，高出海面三千八百公尺。金沙江从巧家县向南，西面也是一条南北的大山，高度平均也在三千公尺左右。鲁南山就是许多高峰的一个。鲁南山的南面的最高峰比龙爪山还要高六百公尺——出海面在四千公尺以上。在鲁南、龙爪这两道大山之间是会理县的盆地。盆地中有许多小山，平均出海面不过二千公尺——比东西两边的大山平均要低一千公尺。盆地中间只有两条重要的水道：一是发源于会理城北，经过县城向南的普隆河；一是发源于城东，经过波罗塘向南的姜州河。这两条河都直接流入金沙江。

对于鲁南、龙爪这两道大山而言，会理是一个盆地。对于金沙江而言，它却是一个高原。因为金沙江在这个盆地里面冲出了一条很深的峡谷，比会理又要低一千公尺。盆地中的姜州河和普隆河，在上游谷身很浅；越向金沙江走，谷身越深。如普隆河在离金沙江二十公里的会理城附近，出海面是一千九百公尺。到离金沙江六公里的普隆河村子，只有一千二百多公尺。鲁南山、龙爪山、会理盆地、金沙江的峡谷是金沙江北岸地理上的天然单位。

我于民国三年五月二十一离开金江龙街，渡过金沙江。在江南岸，因为苴宁平原与金沙江的峡谷是连接的，所以从苴宁到金江驿路是很平。一过金沙江向北走，要从峡谷走上会理盆地，所以路比较的陡。从江底上坡，又可分为两段：第一段从江边到坡脚村，七公里左右，上高不过二百六十公尺，坡度为百分之三点七，和平绥铁路从居庸关上八达岭差不多，比较的还平。第二段从坡脚村经过火焰山到坡顶，路不过二点七公里，却上高七百公尺，坡度为百分之二十五以上，是一个很陡的大坡。这两段的坡度如此的不同，在地文上有绝大的意义。坡脚村是在金沙江岸边的一个平台上。在不远的时代，金沙江的水面曾经与平台一样高，现在的金沙江是一个两重的峡谷。从坡顶到坡脚是一重，从坡脚到江面又是一重。一过坡顶，路忽然的变平坦了。向北走二点四公里到江驿，上高不过十六公尺，又四点五公里到界牌，上高不过一五二公尺。所以从金江驿向北走一到坡顶，已经上到高原上了。高原与峡谷的关系看了下列的表更容易明白：

地名	距江边公里数	出海面公尺数	坡度（百分率）
金沙江	0	1 143	
坡脚	7.00	1 405	3.7
坡顶	9.70	2 104	25.9
江驿	12.70	2 119	0.6
界牌	17.20	2 271	3.3

江北的地方虽然大部分属四川，而川滇两省的界线却不在金沙江，而在界牌。前清时代，江驿有个巡检衙门，巡检仍是由云南派的。

峡谷与高原地形既然不同，气候也完全两样。从金江起身过江，早上六点钟温度已经到了二十八度；上坡的时候，汗流如雨。从江边到坡脚，幸亏坡还不陡，但是七公里路，走了两点半钟方才到着。九点钟以前温度已经过了三十二度。坡脚以上的两公里多，是一个绝大的陡坡，牲口与人都走得极其疲乏。从坡脚到坡顶半路上有个村子，叫做火焰山，就是表示在温度很高的峡谷里面上陡坡的困苦。然而一过火焰山，温度渐渐的降低下去。到了坡顶，十点多钟，温度只有二十七度——比在金江六点钟的时候温度还低。走路的人犹如从地狱到了天堂！

对于金沙江峡谷而言，江驿虽然在一个高原上，但是向西是一道南北的山脉，对于它而言，江驿却在盆地。我从江驿离开了向北的大路，直向西走，不过一公里多点，就到了山根；再走一点八公里就到了山顶。山顶不过高出江驿四百二十公尺，但是望得很远：山的本身是一条南北（稍偏东西）的梁子，有二十多公里长。最北的一段，比较的更高。大路上的松坪关就在它的东南。山的东坡新发见了铜矿。最旺的矿苗在松坪关西的野猪窝。山的东面，是一片低地，其中只有小的丘陵起伏。西南的两面都被金沙江环绕。江从北向南，一直到了金江驿的西面，才转了向东。江外望得见著名的左侰方山。从山顶下望，看得清清楚楚：金沙江在平的盆地上面冲出了一条一千五百公尺的深沟。

从山上下来，经过绿水河，绕道去调查了野猪窝的铜矿，方才到松坪关。从云南到会理州的大路从此一直向北，我因为要先到通安州去看铜矿，就从松坪关向东北七点六公里到钱马沟，再转向东下到普隆河。由松坪关到钱马沟路是很平。从钱马沟向东走了一点八公里，路又向下。第一段从坡顶到凉水井的西面三点九公里，共下一五五公尺，坡度不过百分之四。再经凉水井，半坡下到普隆河，五公里有零，共下六百六十公尺，坡度为百分之十三。从普隆河向东北上坡，也是五公里方到坡顶。坡顶与普隆河的高度相差六百八十公尺，所以两岸的坡度完全相同。从钱马沟东面的小山上向东望普隆河，正与从江驿西山望金沙江一样——也是一个平平的高原忽然冲开了一条峡谷。不过普隆河的谷只有八百多公尺深，抵不上金沙江的伟大而已。

从普隆河到通安三十公里，路完全在盆地里面。通安南到金沙江不过十公里，所以向南流的水河身很深。在通安将军石铜矿北面的乍车河，离通安不过五公里，河身已经在一六○○公尺以下。我于五月二十九日由通安到鹿厂，又从鹿厂经凤山营到力马河的青矿山看镍矿，然后回到鹿厂，再向北到会理县城。会理盆地北到白果湾，西北到龙爪山脚，东到波罗塘，南到江驿，东南到通安，东西平均三十六公里，南北一百公里，面积三千六百平方公里。除去了凤山营以北的鸿川河、鹿厂以南的代石沟和波罗塘的大河以外，深谷没有在一千八百公尺以下的，高山没有到二千五百公尺以上的。气候很温和，土地很肥美，是川南万山中的乐土。

从鹿厂到力马河的一段，还有特别叙述的价值。严格从地质上讲起来，会理盆地，到鹿厂以西已经尽头了。从鹿厂经凤山营西南到青矿山，地形上好像仍然是会理盆地一部分，其实地质上已经发生复杂的变化。最奇怪的是凤山营北的鸿川河距金沙江很远，而河身特别的低——出海面只有一千七百多公尺，不但比普隆河的上游在会理城附近的一段要低一百五六十公尺，而且比普隆河中段也还低六十公尺，而鸿川河的水源很短，现时的水量也不大，不应该有这样的深谷。我的意见以为鸿川河现在虽然变为普隆河的支流，以前却是安宁河的一部分。安宁河发源于冕宁的北面，完全是一条南北的水。到了龙爪山西面、撒连村以南，忽然改向西流，与鸦砻江会合，是很不自然的。在安宁河改向西流的地点，有一条自南而北的支谷，叫做乌梭沟，流入安宁河。它的南面的源头与鸿川河的发源地相隔不过一个二千多公尺的分水岭。以前安宁河、乌梭沟、鸿川河、普隆河原是一条自北向南的大水。以后因为鸦砻江的水大谷深，安宁河的水被鸦砻江的一条东西支流向东推进抢了去了，所以乌梭沟改向北流，变为安宁河的支流，而鸿川河变为普隆河的支流，正如我以前所讲的鸦砻、金沙和红河三条水的关系一样。

鸿川河在凤山营的北面有一座铁索桥。桥是九根铁链子所造成的。链子两头扣在安入石头里的铁柱子上。链子上面铺得有木板，两边有栏杆。人和牲口都可以安然的通行，不过走得急的时候，桥身全体摇动起来，颇有点可怕。

在凤山营西南十一公里的青矿山，是中国惟一的镍矿。谁都知道汉口出白铜器。所有的白铜水烟筒、烟头、烟嘴，以及痰桶、面盆之类的器皿，都是在汉口造的。从前做这种物件的原料是"云白铜"。现在早已改用德国来的洋白铜了。所谓"云"者是指云南。白铜是镍和铜的合金品。其实云南只出红铜而不出白铜。以前的白铜完全是从会理的青矿山产生的。因为从会理运到汉口是利用云南的东川昭通运铜的大道，所以汉口人都以为是从云南来的。青矿山的矿石平均含镍百分之二，是一种富于基性的火成岩。但是以前中国人并不知道有镍，只知道用红铜来提炼就得到白铜和青铜。提炼的方法，极其复杂。据一个老工人对我说，提炼的手续如左：

（一）坐窝　用的炉子与西南普通炼铜的炉子一样，但是炉子的底部有一个五寸深、一尺径的"窝"。窝的上面涂得有木炭灰。然后把一千斤矿，加上五百斤从小关河来的白石头放在炉里。用焦炭生火。费时一昼夜，焦炭五百斤，第一步完成。除去流掉的渣子外，可以得到二百到二百五十斤的硫化金属两种。在下部的叫做"海底"，在上部的叫做"坐窝"。

（二）头火　用磨碎了的"坐窝"一百二十斤，加上六十斤木炭，放在一个用木炭生火的小炉子里面。六个钟头以后得到所谓"头火"七八十斤。

（三）毳火　用的炉子是一个浅坑。坑前面生得有火。再用风箱把火焰吹到坑上。坑底用木炭灰涂过，然后放上十斤"头火"，盖上木炭。两点钟以后，除去渣子少许以外，得有六斤"毳火"。

（四）过火（又名溜火或是化火）　炉子与毳火一样，但是还要小点——只有三寸深、六寸径。放入十二斤毳火，用十斤到十五斤木炭烧三刻钟，可以得到六斤"过火"。

（五）老铜　用三斤半麁火、一斤半过火、六斤半红铜，熔成所谓"老铜"。

（六）青板　用五十斤未经炼过的矿砂，加二十五斤次色红铜、三十斤石灰石放在和"坐窝"一样的炉子里面。三十六至五十小时以后得到所谓"青板"。

（七）金铜　把"坐窝"所得的"海底"放在"麁火"炉里提炼。五六次以后，原来的"海底"只剩有百分之一的重量。这叫做金铜。

（八）青铜　用金铜半斤、青板三斤半、红铜三斤半、老铜〇点七斤、铅〇点〇二斤混合放在五寸深、五寸径的泥罐子里面。罐子是白云山来的黄泥做的。罐子中间是一个空心柱子。各种物品放在柱子的四围，再盖上木炭。三十分钟以后，合金品如开水一样的滚了。然后把盖的木炭去了，加上炉灰，放在凉水里。

（九）白铜　完全与制青铜一样，但是不加金铜。

青铜、白铜都是最后的出品，可以直接到汉口出卖。以前每一百斤成本在银四十两左右。加上运费至少要卖到七十两一百斤方才合算。自从前清光绪初年，因为洋白铜进口，汉口的青白铜逐渐的跌价，炼青白铜的人都亏了本。到了光绪十三年就完全消灭了。当我到青矿山的时候，所有的老井已经完全湮没。只看见还有极多的贫矿堆在井的旁边。矿东一公里的元贞炉村和村北的街子已经成了瓦砾。只有一个极大西岳庙还没有完全倒塌。村子是在力马河的边上。河两边有竹子、芭蕉，是会理盆地里不常见的植物。

青白铜以外，会理南的鹿厂和东南的通安都出红铜。两个地方的铜矿性质很不一样：通安的是很富的脉矿，但矿量大小不易决定；鹿厂的是成层的贫矿，矿量较有把握。比起最有名的东川铜矿来，只有希望好点。因为交通不若东川方便，开采年数较少，霞头和潜水以上的矿还有相当的存在。可惜从会理到成都是三十二站的山路。到昆明虽只有十五站，而要经过金沙江，上下一千多公尺，没有法子可以改良运道。不过铜（尤其是镍）是贵重的金属，在较远的将来或者还有发达的希望。

东川巧家（上）

会理盆地的东边到波罗塘为止。从此向东，上鲁南山就走到金沙江的西岸。我前面已经说过金沙江在四川、云南交界的地方是一个马蹄形的大湾子，马蹄的缺口向北。我从金江驿向会理是在湾子最南的一点过江。现在从鲁南山向东，又走到马蹄湾子的东支。

从鲁南山到江边直线不到四十公里，其中却隔着从东北到西南的四道山：第一道就是鲁南山本身，高出海面三千公尺有零；第二道是望乡台，比鲁南山还要高二百多公尺；第三道是大银厂，高度和望乡台相等；第四道是大麦地梁子，高度也在三千尺左右。鲁南山与望乡台之间是岔河的谷，在岔河村的上游高度约为二千至二千四百公尺。望乡台与大银厂之间是炭山沟，沟身与岔河相仿。这两条河在岔河村的东面会合，同向东流到大桥村，再会从北方来的水向东南流，在象鼻岭的对面，入金沙江。大银厂与大麦地之间是铁厂河的支谷，在铁厂附近深不过二千一百公尺，但是铁厂河本身向南流，穿过大麦地梁子，在沙坪子与金沙江会合。

上面所讲的地形，最足以注意的是各山各谷的深度大抵相等：山在三千到三千二百公尺，谷在二千到二千四百公尺。假如我们能用土把谷身填上一千公尺左右，这一带的地形就变为一个单简的高原。不但如此，这几条山顶上的地层全是平铺着的；山之所以成功完全是水的作用。这就是说，未成山以前原本是一个高原，以后流水冲开了这几条一千多公尺的深谷，谷与谷之间的高地统成功了"梁子"。所以尽管各山好像是平行，实际上不成所谓山脉。尤其是铁厂河的支谷很短。大麦地梁子和大银厂在西南方面互相连接，平行的形势更不显明。

上面所举的几条水都是金沙江的支流。距金沙江不远的地方，它们的谷身还有二千多公尺，而金沙江本身出海面不过七百多公尺！例如铁厂河在铁厂的高度是二千一百公尺，东南十六公里到沙坪子入金沙江高度只有七百三十公尺。平均每一公里低九十公尺。这还是就比较大支谷的平均谷身而言。若是以谷两旁的山计算，距江水三公里的地方还有两千公尺，从山到江，每一公里低五百公尺，坡度为百分之五十！

这又是地形上很重要的特点，就是金沙江的谷身是两重的：第一重出海面二千多公尺，比山地低一千公尺，面积比较的平广；第二重是在第一重谷里面所凿成的一千三百尺的峡江。

这是江的西岸。江的东岸情形也是一样，但是表示得更为明显。金沙江与东川（会泽县）岔地之间有一条很重要的支流叫做小江，发源于寻甸。从南偏东向北偏西流，在东川西二十五公里象鼻岭村的北面入金沙江。小江的东岸是一道南北行的高山。最高的峰叫做古牛寨，出海面四千一百四十五公尺，是滇北最高的山。从古牛寨向西到小江不过十公里，而小江比古牛寨要低三千公尺，平均坡度在百分之三十。这可算是中国最深的峡谷——比美国著名的高老拉到（Colorado）大峡谷还要深一千三百多公尺。

从小江入金沙江的地方向南三十公里又是一片大山，东西长三十多公里，南北也几十公里。山顶各峰平均在四千公尺左右。山以东是小江，山以西是普渡河，都是金沙江的重要的支流，而因为大山的间隔，两条江之间，完全没有交通。譬如从禄劝县到东川，不是下到金沙江再顺着大山北坡向东（这可要算世界上有数的难走的路），就是要绕山的南坡到嵩明寻甸。如此重要的大片山地却没有一定的名称。《东川府志》上有所谓大雪山、风魔岭、罗木山，大概就在这一带，但这都不是山的总名。云南军用地图上把它分做两部：东部写做大雪山，西部乐英山。我测量的时候，土人都叫它为老雪山。我现在姑且用大雪山的名词来代表高山带的全部，因为这是地理上天然的一个单位，应该要有总名，而大雪山与土人所说的老雪山相近。

大雪山以北，金沙以东，小江以西，是一块三角形的地方。三角的底部地形比较的不规则，平均高度在二千五百公尺。三角的上部却异常的平坦——在大山、深谷之中自成一个两千公尺高的平原。在平原中心的安乐箐、拖布卡都是古湖地，地下还出泥炭。而向东、向西、向北，不远都下到小江或是金沙江的深谷，谷底比平原要低一千二三百公尺。因为它南北长而东西狭，北面在小江、金沙会合的地方中断，成功一个向北的尖子。土人叫它为象鼻岭，我现在把这个名词推广到这一块高原的全部上。

我于民国三年六月二十日下鲁南山到了岔河。这是属云南巧家的村子。从会理向东川的大路是由岔河向东到大桥再向东南到蒙姑过金沙江，经过江东的那姑到东川城。如此不但路近，而且比较的好走，因为蒙姑在象鼻岭的下游，所以只过金沙江，不过小江。二来那姑在东川的西北，已经到了古牛寨大山的北头，山不甚高。但是我是要到东川巧家所属的铜矿上去的，所有的铜矿都在大路的南面，所以不走向东的大路，改了向南经发窝到铁厂。在岔河找人引路竟没有人肯去，——从苦竹官村保护我过鲁南山的两个猓猡当然是要回去销差，不能再送。没有法子，问明白方向沿途走去，一直走到半路上的窄路箐才找到向导。

西南几省，各县的界线往往很不天然。这一县的村子有时陷在邻县的里面，与本县的地方完全不相连续。例如岔河已经属云南巧家。在它东面的大桥反属会理。发窝则附属于大桥的安土司。这都是因为各县的界线原是各土司土地的界线。土司是封建式的地主，所属的土地又因为战争、承继、婚姻，种种的关系，不免分裂。结果是甲土司的属地混在乙土司的境内。这叫做插花，是地方行政的障碍。

云南东山的铜矿全在小江与金沙江之间的三角地带，尤其在大雪山的北坡。惟有铁厂在金沙江的西岸。但是这是各厂中出产最低的厂。我到那里的时候，许多老硐已经衰歇，可以看的东西很少。只有在发窝和铁厂的时候，我走上望乡台、大银厂两条梁子顶上测量，地形观察很有趣味。在这两处不但都望得见鲁南山，而且可以看见七八十公里以外在会理西北的龙爪山。向东看的时候，江东的大山当然可以看见，尤其是古牛寨大山，高出众山之上，容易认识。大雪山则因为许多山尖高度相等，峰的个体不容易区别。金沙江相距不过二十多公里，都看不见——只能沿大桥河谷看去，望见江两边峭壁下削，造成峡江的形势。在大银厂向东望，又可以知道所谓大麦地梁子，已经不是如大银厂、望乡台的整齐，大桥河、铁厂河和南边的一条短的岩坝河把它切成功几段。平均的高度也较大银厂、望乡台稍低。

从铁厂到江东岸铜矿去，应该顺铁厂河向东南在沙坪子过江到拖布卡。我因为听说沙坪子南四公里有个盐井在江边上，要去看看。从沙坪子去，陆地没有路。沿江去是上水，而且在沙坪子未必找得着船。遂决意从铁厂走大麦地小路直到盐井。这条路极其难走，驮行李的骡马恐怕去不得。但是从铁厂到盐井虽是不过二十六公里，从铁厂到大麦地梁子，要上九百公尺，从大麦地到盐井要下二千公尺。沿路还要测量，一天是万万走不到的。半路上人家极少，没有地方可住，一定要带上帐棚。于是把大宗的行李用牲口驮着，一直向沙坪子过江去到拖布卡等着。我自己只带两个骡子驮着帐棚及必需的东西走小路向盐井。第一晚在大麦地梁子顶上打野。上到顶梁的时候天还没有黑，望的很远。向东望得见二千二百公尺深的金沙江，并且看见江中心的石头——著名的将军石和江心石。向南望得见普渡河的深谷。靠江边还有许多绿色的树木，夹着灰色的石头。再上，岩石变为红绿色，树木完全没有了。到了对岸的二千公尺，岩石又变为黄色。红黄色的江水在一条狭槽子〈里〉面流着，两边是一千多公尺的峭壁。真是天下的奇观。

晚间睡在帐棚里，很是舒服，不料半夜里下起大雨来，一直到早起才歇。别的不要紧，帐棚被雨浸透了，异常的沉重，原来的骡子驮不动了。这本是常有的事。寻常都是临时雇人抬。在大麦地雇不出人来，而且要下大陡坡，更是困难。幸亏有两个骡子，都驮得不重。只好把零碎东西解下来，叫马夫和向导帮着背。一个骡子驮帐棚，一个带驮帐棚的杆子。遇见难下的坡，两个人伺候一个骡子，一个在前面拉住缰绳，一个在后面捉住尾巴慢慢向下移动。路不很远，走了大半天，也就到了。

我仍然是一个人在后面走的。走出大麦地，路完全在山脊上，高度总在二千八百公尺左右，并没有多大的起伏。走了八公里，路忽然向下。到中梁子，两公里半下八百公尺。从中梁子向南路又忽平。不久又弯弯曲曲的向南下。走了四公里，下了二千公尺，才到江边！然后路转了向东，在离江水四五十公尺的坡上走。路是从陡坡上凿开来的，宽不过五六尺。许多地方又新被水冲坏了，缺缺凹凹极其难走，而且越向下走，温度越高。在中梁子，下午一点钟温度不过二十四度。下到江边，下午四点温度到了三十三度。江在一个极深的峡谷里面，下午四点已经看不见太阳。四点半走到盐井，天已黄昏。我背着许多仪器，穿着秋天的衣服，浑身都被汗湿透了。

到了盐井一看，是一条狭而长的小街，一共不过几十家子，大多数没有房子，住在岩洞里！在我到那里的时候，街离江水还有十多丈。用的、吃的水都得挑上来。吃当然是不可少的，用则就不能不节省了。但是天气如此的烦热，终年终日要出汗的。于是我看见很奇特的洗澡的法子。许多男男女女赤着上身聚在街心里。一木桶的水，女人先替男人洗。洗完了男人再替女人洗！因为水是太可宝贵的，洗的时候不可不小心保存。岩洞里太暗，点火费钱，只好在街上。街上太狭，帐棚支不起来。我只好在一个破庙里。屋顶大部分没有了，我睡在床上可以看着天上的星。饭米是我们带来的。此外一点任何菜都买不出来。

这几十家人都是靠煮盐生活。盐水是开井得来的。用石头砌许多浅的槽子，里面铺满沙子。然后把盐井水倒在槽里。晒上两天，连沙子刮起来，装在木桶里。桶旁边有一个小管子。沙子沉在桶底，盐水慢慢的从小管放到锅里。盐是惟一出产，也是惟一的货币。马夫来告诉我，一斤盐换九斤柴火。连他们买草鞋都是讲多少盐一双！

东川巧家（下）

我当晚雇好了一只小船。第二天一早放船顺流下去，因为从盐井过江是没有路的。盐井到沙坪子是六公里。我本来想放船到沙坪子的，因为那边是半大路，比上游好走。但是从盐井三公里以下就有大滩，船不能过，只好在半路上岸。盐井附近金沙江是东西的，下流一公里才转向东北。我下船的时候刚出太阳，江东暗西明，两相对照，别有奇景。江面宽不到三百公尺，水流的速度很急。小船六分钟走一公里，三公里路不到二十分钟已经走到。上岸先向东北斜上两公里到树节村。过树节一公里，坡忽然变陡。路是一条弯曲的盘道。牲口驮着已经难上，再加之盘道又短又窄，拐弯的时候，帐棚柱子太长，往往要碰在岩子上，几乎把牲口摔下坡去。没有法子，只好把柱子卸了下来，叫马夫、向导拿着。如是者四公里才上到新山，与从沙坪子来的大路会合。新山高度为二千〇六二公尺，已经到了象鼻岭顶上。从此三公里到拖布卡都是平路。在江边早上六点钟温度为二十六度半。树节村以下沿途有仙人掌、芭蕉等热带植物。再上，岩石含有盐硝，不生树木，而温度渐低。到了新山，正午的温度只有二十四度，已经是高原的气候了。

拖布卡是象鼻岭高原的中心，附近也产铜矿。我从那里向南经过麻㮚坡二十公里到大水。麻㮚坡平均出海面二千六百公尺——越向南越高。大水在一条沟里仍然高出海面二千五百公尺。沟两边的山都在三千公尺左右。大水是东川铜矿四大名厂之一——其余三厂是汤丹、落雪、茂麓。汤丹最重要，在大雪山高山区的东北端；茂麓最不重要，在大雪山的西北坡，距金沙江很近。大水、落雪，相距不过八公里，都在琪王山（琪是矿的意思，有时写作廾）东面一条沟中。关于东川铜矿，我另有记录。本文单讲金沙江东南岸的地形。

我因为要看看大雪山，所以不走近路，走远路；不走平路，走山路。由大水到茂麓，先向西上坡到二千九百公尺——这已经是大雪山最东北的一部分。从此西南下到造纸厂（二千五百公尺），再向西北上坡到二千八百公尺，再下到青龙山（二千四百二十三公尺）。路不过十四公里，上下坡各两次。从青龙山向北上坡到帽盒山，再下坡到大牛硐、四棵树各矿，转向西南下坡到茂麓。一共路不过十三四公里，而帽盒山高二千七百二十八公尺，茂麓高只有一千〇三五公尺。上下将近一千七百公尺。这一带的风景绝佳：山顶大部分是石灰岩成功的，有许多奇形的山峰；坡上有天然的山洞；北坡下就是二千公尺深的金沙江谷。从帽盒山四棵树看下去，比在江西岸还要骇人，因为石灰山的坡比任何岩石的坡还陡。从四棵树下金沙江，是一个绝壁，走不下去的。

从茂麓到落雪厂，正走着大雪山的北边，路离山顶不过几百公尺。可惜我走过的时候，下雨下雾，观察异常的困难。从茂麓一直向南六公里到腰蓬子，从一千〇三五公尺上到二千三百五十一公尺，坡还不能算陡。从此路向东南不到二公里上坡到二千九百公尺。坡既奇陡奇窄，下雨以后又奇滑，真正是普天之下最难走的路！从此直向东南，到了一个高原，平均高三千公尺。走了四公里，天已昏黑，在一个没有人家的地方，叫做长海子，搭起帐棚过夜。在长海子西北三千一百公尺的高点瞭望，东南却有烟雾，西北望金沙江两岸则异常的清楚：江两岸的悬崖绝壁，江中心的将军石、江心石，江外的大山，都在目前。因为峡江太深了，却望不见江水。跟着我背仪器的夫子，望了半天，指着江外一个山道："这不是大麦地吗？我们走了六七天，还望得见以前的宿处。这是一种甚么走路的法子！"

从茂麓到长海子，温度和植物的变迁，也可注意。在茂麓早上九点温度已经到二十七度。植物都是热带的样子。到腰蓬子正午的温度降到二十二度，到了高原上下午的温度降到十五度！沿途完全是童山，因为树木连根带干都被矿厂工人挖了烧炭炼铜。一直到了高原上才看见有一二尺高的矮松树。松树底下生着很多的野杨梅。我从前在瑞士留学常常同朋友到山上采野杨梅吃，这是亚尔帕斯山坡的美味，七八年没有尝着了。在帽盒山顶上我第一次再看见它。到了长海子，满山都是。我叫马夫、向导大家去采。不到半点钟，采了好几斤。于是开了一罐瑞士的牛奶，加上白糖，饱吃一顿，非常的痛快。不料吃的太多了，到了夜间大泻起来！

从长海子先向东南，再向东，经过三风口、二风口，到大风口，八公里多，都在大雪山前坡上，高度平均在三千五百公尺左右。大风口最高——三千七百公尺，比大雪山顶低得很有限了。从大风口到落雪厂，三公里，下四百多公尺。落雪到大水不过八公里。要不是绕茂麓和大雪山，不要半天就可以到的。因为绕路，一走就是四天。

从落雪到汤丹（又叫做老厂）有两条路：北路是走小江口、新甸房一直到汤丹；南路是走腰带哨、滥泥坪先到白锡腊，再到汤丹。两条路的远近差不多，而北路较平。我因为要研究大雪山的东部，所以走南路。从落雪向南不过三公里，又走上了大雪山。再向南四公里到腰带哨，高三千七百公尺，是我在大雪山所到最高之点。从此先向南再向东转，七公里，就到了大雪山东北端。然后一直向东走十公里，下不过七百公尺，就到了白锡腊（高二千八百公尺）。从白锡腊向东八公里就到汤丹。沿途在大雪山北半坡走，路线颇有起伏，将到汤丹才再下四百公尺。腰带哨一带的风景完全和长海子大风口一样，都是石灰石的奇峰，与各峰之间的洼地相间错。可惜沿途下雨下雾，观察极其潦草。

我于六月二十七日在盐井过江，七月十日离开汤丹。先后在产铜的地方调查了十二天。因为地形复杂，路极难走，常常下雨，成绩极其不佳。但为七八两月是雨期，势不能久待，只好匆匆的去东川。大路应该从汤丹向北，顺小江的西岸下到小江口，过江向东北经尖山热水塘到县城。我要上古牛寨绝顶看看，所以一直向东，不走大路。从汤丹到小江不过六公里有零。汤丹高二千四百公尺，小江高一千〇九十一公尺，下降一千三百公尺，而从汤丹四公里到马房，坡度颇平；陡坡在马房到小江边的两公里。幸亏都是土路，还不甚难走。过江的地点正在中厂河与小江会合的地方。江面宽约二百公尺，由中厂河口上船，逆流到对岸的沙海村上岸。岸是一个极陡的坡：五百公尺的盘道要上二百公尺。又走一公里半，刚到坡顶（高一千五百四十公尺），又下向一条自北向南的大沟。沟底高一千二百三十公尺，比较的宽阔：橄榄坪、大桥、大寨附近的几个大村子，都在一千二百六十公尺到一千三百公尺之间。从大寨一直往东，十公里有零，就到古牛寨山顶。但是古牛寨高出沟底二千九百多公尺，比从海面到五台山顶只低二百公尺，山顶又无宿处。所以我从汤丹第一日赶到半山的箐口村，第二天再由箐口上山，当晚下来仍住箐口。

从大寨算起，到山顶的路可分为四段。第一段从大寨到葫芦口，一点二公里，上八三公尺，坡度为百分之七。第二段从葫芦口到箐口，五点三公里，上九百六十二公尺，坡度为百分之十八。第三段自箐口到三三五九公尺的一点，三点六公里，上一千公尺，坡度为百分之二十八。第四段到古牛寨绝顶，直线不过一点六公里，而要上高七百八十六公尺，坡度为百分之四十九！第一、第二两段都在土里面，所以比较的平；尤其是第一段是顺山走的，所以更平。第三段在石灰岩里面，已经很陡。第四段是玄武岩（火山岩）所成的绝壁：百分之四十九的坡度，当然是无法可上的，所以我们跑到最后这一段，先向东南，再向东北，曲曲弯弯的绕着，到山北面，再向山顶。直线一六〇〇公尺，弯曲走的盘道长二点四公里，上不到一半，已经找不着道，只好手足并用，慢慢的斜着上。上到顶一看，古牛寨是一个五百公尺直径的圆顶，最高的点偏在西边，高出海面四千一百四十五公尺，是我在中国所登的最高的山峰。

从古牛寨四望，除去正南、正北两面为本山所掩以外，都望得很远。向西看时，最远、最高的是一百二十公里以外会理西北的龙爪山。鲁南山比较的近得多，而却看不见，或是不认识。此外，金沙江以西的望乡台、大银厂、大麦地三道梁子都看得很清楚。江的东岸从北向南是象鼻岭、麻栗坡、琪王山，以及大雪山的高山带。我虽然从西到东在大雪山的北坡走过一道，但是离顶太近了，反看不见它。在大银厂、大麦地又因为有雾不能望得很远。在古牛寨山顶恰好遇见晴天，才看明白大雪山是一个高山地带或是高山区（Massif）：不成脉，不成梁子。下半是个斜坡，越上越陡，最后是石灰岩的绝壁。顶上是个平台，台上又有许多尖峰，错杂高下，不易名状。再近一点的是小江。江上游是三条水所成的：最西的是四甲河，中间是柳树河，东面是小江。三条水会合的地方叫三江口，江东一个大村子叫糯姑田。从糯姑田向北一直到大寨的北面，约十公里长，是一个比较低的平谷，谷里种着有许多水田；从谷底向上，一层一层砌得有平台。大寨河是好几条水会合的：最远的源是紫牛坡。这条水与小江会合的地方，许多乱石堆成一个极大的三角砾洲。这是山西面所看得见的地形，不是我自己认识，就是箐口来的向导指示我的。山以东则只看见无数的不连续的山，比古牛寨的绝顶要低一千到一千五六百公尺。万山中隐约看见一条浅谷。向导说是野马川，是伊里河的上游。川以上是许多不规则的小峰，看去好像石灰岩，但是太远了，看不十分明白。

小江底高一千〇九十公尺，比金沙江要高到三百多公尺，而且江谷较宽，空气流通容易，温度应该比金沙江为低。然而我七月十日过小江，早上十一点温度已经到三十四度，比在盐井过金沙江的时候还要高。大概是因为我过盐井的时候是六月，又是雨后的原故。早上八点钟从箐口出发，温度是十六度。到了古牛寨山顶，下午一点，温度只有八度，山北坡还有一大块雪没有化完！

东川铜矿

历史

三十年前严又陵论铸铜元的害说，中国是以铜为本位的国家。这是极有见解的一句话，因为国家鼓铸的货币全是铜的。前清一代，铜政是行政上绝大的问题。从乾隆三年到咸丰初年，户部每年拨库银一百万两向云南办铜。那时中央政府的支出每年不过几千万两。办铜的费用要占中央支出百分之一以上。云南是铜惟一的来源，而云南的铜百分之八十以上出在东川。其实大多数的铜厂属于巧家厅。因为东川府是办铜行政的中心，所以东川铜矿变为公私文牍上通用的名词。我民国四年从云南回来曾做了一篇《东川矿政沿革考》，因为种种的关系始终没有发表。现在我把它节录在这里。

一、乾隆三年以前　东川一府，旧为禄氏土司所属，明洪武中始受节制。雍正以前，皆归四川管辖。现时所开各厂，究创始于何时，求之典籍，皆无可考。直至前清康熙三十六年，东川铜厂，始见于公牍。自三十六年至雍正四年，听民纳课开采，初与官吏无涉。其税额产数，皆不可考。雍正四年，东川府改隶滇省，遂由滇委道府总理其事，招集商民开采。先发资本，后收所出之铜作抵。是为东川官办铜矿之始。是时课税值百抽十：每出铜百觔抽课十觔，余九十觔，以银六分一觔，由公家收买。所买之铜，运贮东川铜店，或委员运赴江广发卖，或转运四川永宁、贵州威宁拨卖各省粮道总理。故自雍正四年至乾隆三年，官办东川各厂，实为完全专利营业性质：资本出之于官，采炼任之于民，营业之利，又归之于官。用意与盐法略同，故亦有槽户、炉户、炭户之称：开采者为槽户，炼冶者为炉户，采薪者为炭户。资本由官出，铜价由官定。骤观之，槽、炉、炭三户似无大利可图，然考其实际，当日东川各厂，每年产铜不下六百万。归官采买者，才不过八九十万，故此八九十万之铜，虽只可领官价，其所余之铜，仍可自由贸易。而当时滇铜市价，每百觔已在十两以上。为矿商者，固仍不以官价为困也。（见王大岳《铜政议》）

二、乾隆三年至咸丰初年　乾隆三年以前，京师铸钱所用之铜，大悉采自外洋（见户部原奏）。及滇省产铜日旺，铜价颇贱（洋铜价百觔十六两，滇铜约十两余），乃有停办洋铜、改采滇铜运京供铸之议。于是由京岁拨银一百万两，每年由东川各厂，额解京铜四百四十四万斤。六年增至六百三十三万一千四百四十斤。半由厂发运寻甸，至威宁转运镇雄、南广；半由东川转运昭通、泸州。收铜之法，每铜百觔，抽课十觔，收耗铜五觔（未几改为四觔二两）。每铜三百五十觔，收捐铜一觔。所谓耗铜者，本以备沿途磨擦折耗之用。按铜质坚硬，初无折耗之可言。盖当日马夫船户，沿途偷漏，损失颇多，解运官时有被累者，故以此补之。后因为数过多，乃酌提一斤为粮道养廉，三斤归公，故当日京运，常有正耗铜名目。由是观之，炉户出铜百斤，其可以向公家领价者，不过八十四斤十二两有奇。以雍正五年所定六分一斤计算，每铜百斤，官价五两八分五厘。后乾隆十九年、二十一年、二十七年、三十三年，迭次增加至七两。越三年，复减为六两四钱，遂以之为定价。然据厂中父老言，当日官价虽为六两四钱，炉户实收不过五两二钱八分三厘，故有"五二八三"之通称。是为滇铜官价最低时代，然亦为滇铜产额最高时代。盖京运六百三十余万斤以外，各省采买岁约三百余万，本省鼓铸亦且数十万，故每年产铜，必在一千万以上。其确数之见于公牍者，则乾隆三十八、三十九年，每年官买之铜，皆在一千三百五十万斤以上；较之现时产额，几及十倍，可谓盛矣！终乾嘉之世，铜价未增，产额亦未大减。道咸以降，纪籍过略，不能知其确数。所可知者，惟滇省回乱以前，铜价每百斤为七两四钱五分二厘。按其时京运未停，运额未减，则每年产额，至少亦在六百万以上。自乾隆三年始，至回乱之时止，东川铜矿皆归粮道及东川府经营，各厂复分设委员。京运不足，不特厂员获咎，总督以下各长官亦与有责焉。乾隆中功令尤严，厂官缴铜，以少报多，致有遭极刑者，其他可知。然当日厂务旺盛；京运以外，惟本省鼓铸、外省采买为正项，不可缺乏其余之铜，则往往由经理者私售之商人。盖官价收铜，百斤五两有奇。市价售铜，则十一两以外。一反手间其利倍蓰，故皆视为利薮。虽间被累，不以为惧。且官价每百斤虽不过五六两，而开支时浮滥捏报，平均统以九两二钱奏销（见唐炯光绪十八年奏案）。合计其他杂费运脚，每铜百斤，运京交纳，所费在十八两以外。较之当日洋铜，价反稍昂，其弊可知矣。

三、同治十三年至光绪十三年　自咸丰中叶，汉回仇杀，酿成巨变；兵祸蔓延，及于全省。滇省矿厂，均皆停歇，东川亦被其祸。直至同治十三年滇事大定，始有兴复之议。于是年定为官督商办，委本省绅士牟正昌包办全省各厂（顺宁、易门、永北亦在其列），每年认解京铜二百万斤。行之数年，迄无成效。每年所产，总不足数十万。遂于光绪五年改归官办，责成地方官经理。然滇省自大乱之后，户口零落，存者不足十分之一：贫困流离，救死不赡；旧有矿洞，倾覆淹没，存者无几。加之长官督责过严，胥吏从中舞弊，绅士认办者，无不受累。一旦归官办，凡所经营之槽洞、房屋、器具，皆为官有，而积欠之款，尚须追缴，遂至有倾家破产者。地方官鉴于其事，无复敢负此重责。一经受委，辄以洞老山空呈报，希图规避免累。至光绪八年，乃改用藩司唐炯议，仍招绅商承办，由官发本收铜。行之三年，仍无起色。唐炯时任滇抚，乃痛论官办之弊。建议招商开采，完全商办，设局沪上，招揽商股。然信用不著，商贾裹足；招股数年，仅得款七万余两。复领帑本十二万，每年出铜，不过六十万斤。适越南兵事起，唐炯因事被逮。滇政府不暇兼顾，乃奏派唐炯为督办矿务大臣。此光绪十三年事也。计自同治十三年起，试办东川铜矿，凡十有六年，云南全省出铜才八百三十七万斤，东川各厂约居十分之八。是平均每年产额，不过四十一万斤有奇。推求其故，固由乱后户口凋落，恢复不易，其大原因，则在资本不充，铜价太低，有以致之。盖同治十三年起，至光绪十三年止，铜课虽暂停收，耗铜仍未裁撤，余铜官价每百斤只十两三钱。与当日成本相较，实已无利可图，且先后帑本商股皆在二十万以下，实不足以供各厂之用也。

四、光绪十三年至宣统三年　滇省铜政，自同治十三年筹办恢复，迄无成效，既如上所言。乃于光绪十三年，特派前滇抚唐炯专任其事。唐炯久官于滇，深知官办之弊。至滇以后，即设立招商矿务公司，与滇商号天顺祥联络，厚集股本，自行开采，并延聘日本人多名为工程师，购置机器，筹划自设炼炉。当风气未开之时，毅然为此创举，不可谓非具有特识。惜其所延日人，程度过低；经理其事者，类皆贪刻无赖，只知自利。闻其与办白锡腊（地名）铜矿，先后不及二年，耗资本十余万，出铜才二十万斤，而总办黔人于某，遂因之致富。其所延工程师坐享厚俸，无所事事，至今厂中人犹传为笑柄。新法开采，既全归失败。不得已乃复招本地炉户，给以成本，听其自行开采。出铜后责其归公司收买，铜价则仍以十两零三钱计算。惟耗铜课铜，皆暂停收纳。至十八年乃奏明每铜百斤加价一两。二十一年请再加二两，格于部议未准。二十三年复以为请，始得部同意。二十五年前滇督王文韶入掌户部，熟于该省情形，始允唐炯之请，破格加价：每铜百斤，发价二十两。官价与本省市价，几不甚相远。然计唐炯于光绪十三年接办，十六年始接济京运。自十六年至二十四年，九年中约共运京铜一千万斤。自二十五年加价以后，至三十二年唐炯交卸时止，共计八年，共运京铜八百余万。是加价以后，每年所出之铜，不过一百万余斤；与未加价以前，初无增减。推原其故，实因唐炯接办之初，内格于部议，外蔽于厂员；二三年间，耗费银七十余万两。虽于光绪十六年支借帑项四十万两，然原奏十年扣还，故至光绪二十五年加价二十两时，业已扣还殆尽。而此十年中，办铜一百斤，运京纳部，运脚铜价，得费不足十七两。历年亏折，几及百万。而所谓招商矿务公司者，并无实在商股，其资本皆由唐炯以个人名义向商号挪借。其所恃以弥补者，惟以官价在个旧买锡，以民价销之于川，颇获厚利。旋个旧有周云祥之乱，锡矿分局，因之停歇，无利可图，亏款无着。故二十五年奏定加价为二十两以后，借口铜色过低，改铸须费，只以十四两发给炉户，直至三十二年未尝少变。此八年中，出铜共八百余万。是其中饱之款，约四十八万有奇，故交卸之日，得免亏累。据其二十五年奏请加价原折，东川出铜成本，每百斤约须银十五万两，而实发官价，不过十四，其不能发达也，又何足怪乎？光绪三十二年唐炯辞职以后，东川铜矿，改归本省藩司经理。其办法一仍其旧。是年出铜仅一百零三万斤。明年度支部派余主事晋方到滇，为造币分厂会办，与劝业道刘孝祚同查铜厂情形。谓部价二十两，不能全数发商。商人无利可图，故致衰歇。而部价所以不能全发之故，实因部发之运脚局费，概不敷用，故不得不私扣铜价，以补其缺。乃建议一律加价，改炼净铜。盖终唐督办之世，所运京铜，皆系毛铜，未经提净。每百斤含铜仅百分之八十有五。运京以后，始转运天津造币厂净炼。不特亏折甚多，且所耗之铜斤，亦须加入运脚。不如在滇自设炼局，改铸铜砖运京，以节运费也。余刘原议以二十两为铜价，实发炉商。净铜折耗，运京运脚，局员薪用，每百斤合计十七两。旋部核谓铜价过昂，减为十五两。故每百斤运京交纳，共费银三十五两。铜厂事务，改归劝业道经理。计自光绪三十四年至宣统三年，滇铜率以每百斤三十五两支销。而此五年中，实发炉户之价，不过十七两，与报销不符。故自劝业道承办以后，厂事虽稍有起色，每年所产，仍在一百五十万斤以下也。

五、民国元年至民国三年　东川各矿，既全为国有。自咸同以后，余铜过少，不准通商。炉户无利可图，大抵穷困。故其资本全恃协款，销路专资京运。及辛亥革命，京运忽停，协款无着，所积之铜无路可销，以致各厂失业，秩序混乱。滇政府乃陆续凑款数万，暂委东川府严庆祺原任厂员郑鸾锵接续办理。时滇绅刘盛堂建议官商合办，设立公司，吸收商股，自行开采，以图改良。实业司吴琨赞成之，蔡都督即因之批准。因议定公司股本为六十万元，官商各半。一面由实业司印发章程，于省城、东川、昭通、个旧、香港、海防六处，分设收股处；一面即委刘盛堂暂行充任东川矿务公司临时总理，以官本接续经理。此民国元年二月事也。是年六月，东川各厂炉商，以减少铜价（刘盛堂定价为每百觔十四两四钱），拣选成色过严，具控刘盛堂溺职败厂。七月刘盛堂辞职，实业司另委陈凤鸣专办汤丹各厂铜矿。每百斤定价为二十一元。时各处招股，应者绝少，自春徂冬，毫无成效。而川省开铸铜元，需铜孔急，滇铜销路因之大畅。陈、刘接办，日有起色。计自民国元年二月，至二年三月，出铜一百三十余万，共获净利二十余万元。合之前清所积铅铜变卖之价，及革命初实业司陆续拨款，当日实存现款，可以为资本金者，约四十七万元（此款除拨为股本及其他用度外，至民国三年六月底尚有余款二十六万五千余元，实存富滇银行。闻此后拨用甚多，现余无几矣）。此外，尚有陈、刘两总办放给炉户垫本七万三千余两。是距原定股本六十余万元之数，相差无几。滇政府遂派实业司副司长华封祝赴日，购买机器，聘请技师，以谋扩充。盖自同治十三年以来，出产之多，获利之丰，当以是年为最。而原议官商合办者，几已改定为完全官办矣。不谓是年冬十月底，乃有东川绅商学界代表唐学曾等数十人援据成案，呈请公举黄德润（东川人，是时为省议会会长），为临时总经理，组织公司，担任招股事宜，并声明商股未经招足以前，所有东川矿务，仍由公家办理。当时主持其事最力者，除东川绅士外，商界为马启华，军界为李鸿祥、谢汝翼，皆新兴州人也。及公司章程发布，则蔡都督锷、华副司长封祝、罗民政长佩金，亦皆列名于创办者十一人之中。政界中之反对最力者，惟实业司司长吴琨，故唐学曾等初次呈请合办，即经批驳。及再呈请时，吴迫于众议，勉允其请，然犹以三事相约：（一）商股三十万未经招足以前，公司不能成立。（二）所有房屋、器具、货物、碏硐，皆须估计作价，作为股本。如价在三十万以上，则须新公司于商股三十万之外，筹款垫还。（三）各厂所欠公款，应由新公司承认一定办法，分期清还。以上三项，皆吴所力争者，然其后皆完全失败。因黄德润倡议商股三期分招，第一期招足，即当成立。至二年三月，即催实业司移交，谓商股已在十万元以上。实业司乃派保延樑、王政齐验股（保后为股东，名列分红表中），覆谓现款合存贮米粮柴炭，已足十万元。然据该公司民国二年分红表计之，则是时所收现股，实为三千八百九十一股，合银三万八千九百一十元，与原报之数，固不符也。房屋、碏硐、机件、器具、货物，原估价约二十一万元。公司皆不承认。后由审计分处改派东川府保延樑（股东）、审计分处科员萧珍（审计分处处长陈价亦公司股东）另估。仅将房屋、器皿，估为一万八千四十一两；凡碏硐、机器、轰药，皆未作价也。各厂所欠公款，分新旧两欠：旧欠者系革命以前之欠款；新欠者系革命以后陈、刘两总办所放之欠款，共计二十万零五千三百二十二两有奇。其中新欠约三分之一。公司初成立时，实业司亦有作为公家股份之议。旋与新公司订立合同，每出铜百斤提三十斤为扣收新欠，十斤为扣收旧欠。然公司成立以后，并未实行此约。直至民国三年二月公司成立一年以后，始订章每铜百斤，扣银三钱，以偿前欠。计自民国三年二月，至民国四年二月，所收欠款，不过四千余两。是新旧欠二十万两，非五十年不能扣清。且新欠七万，即以常年六厘起息，则尚在四千两以外。是新公司每年代收之款，只足供新欠利息也。

以上三事，实业司所力争者，既完全失败。东川矿业有限公司，于民国二年三月成立。而公家遂以一万八千余两之代价，将需时二百余年，费款数千万元所经营之铅锌铜矿，移交于私人之手！且据公司章程第一章第三条，公司专利之权，虽仅限定于旧日官办之铜铅镰各矿，而公司成立以后，凡东川一府之矿，几无不为其所垄断。若以芦之硫磺、黄栗树之煤炭，其尤著者也。不特此也，东川矿业有限公司，名为官商合办，而照公司章程，凡选举会议，公家所派代表，必须有商股股票二十股以上者，方为合格；有五十股以上者，方可被举为总协理；三十股以上者，方可被举为董事。故公司成立以后，凡一切总理、监督之权，悉操之商股东之手，公家不得过问焉。

公司成立以后，定铜价为十六两。凡旧有自炼之铅铜炼炉，悉行停歇；完全以放本收铜为事。时滇铜销路大畅，每百斤市价在三十二两以上。公司坐享厚利，无用改良。乃一反实业司以前计划：华封祝所购机器，所延技师，概不承认，且谓原定资本六十万，为数过多，改减为三十万元。时本省绅商之未与闻其事者，见其利极厚，争欲入股，皆为公司拒绝。适滇中大吏更替，不平者欲借之为推翻公司之机会。公司中人大惧，乃退还官股五万元，另招商股以补其缺！于是新来滇之军政界多为股东，而公司之势力乃益巩固。此民国二年终三年初事也。计公司自民国三年四月开办起，至十二月底止，凡九阅月，以贱价发之于商，以市价售之于川。共溢利银十三万元有奇；滇政府所分，只三万四千五百一十元。较之民国元年官办时公家所获之利，不足四分之一，而炉、槽各户，反益困焉。至三年二月，乃有汉回仇杀之乱。为首者，为汤丹厂之李正平，以攻公司所派汤丹厂经理回人马正云为号召，聚众至数千人。调兵剿杀，月余始平。事后报复，累及无辜，附厂各村，被祸甚惨。论者谓虽肇祸之因，颇甚复杂，实亦公司任者横霸过甚，厂民积忿不平有以致之。事定后，公司乃加价为十六两四钱，然是时市价已达三十三两，厂民之不平固如故也。

（据《独立评论》之连载，第一篇发表于 1932 年 6 月 19 日印行的该刊第 5 号，最后一篇发表于 1934 年 1 月 14 日印行的该刊第 85 号）

苏俄旅行记

楔子

太平洋道中

民国廿二年六月廿三日我从上海乘古列基总统号的船到美国去。当廿一年有几个朋友提议到苏俄旅行邀我加入的时候，我并不热心，因为我有许多工作没有做完，而且又不懂俄国话，恐怕花了许多钱丝毫没有所得。廿二年的春天他们又重新提议，允许我便道到华盛顿赴国际地质学会，由西欧到苏俄；在苏俄我可以单独做地质旅行而且除去视察地质之外不必担任其他的调查。于是我趁此机会先到华盛顿去赴会。

同船去赴会的还有葛利普（Grabau）、德日进（Teilhard de Chardin）、赫那（Horner）和葛先生的秘书伍夫人。除去赫那以外都是我的老朋友。赫那是赫定（Hedin）先生西北科学考查团的团员，在青海、新疆做了许多工作，现在要回瑞典去。德日进原是巴黎天主教大学的地质教授。因为他做了两篇文章赞成进化论，被他基督会的上司革了职，放逐到远东来，归在中国的基督会严加管束。但是他不但不介意，而且欢天喜地的跑来，因为他认为这是上帝给他研究中国地质的好机会。果然到这里来不到一年就在河套发见了旧石器时代的遗物。一九二九年回到巴黎就被举为那年法国地质学会的会长。基督会的长官仍然不愿意他在巴黎住，所以他又回到远东来，拿三百元一月的薪水在地质调查所的新生代地质部做研究员。葛利普是德国种的美国人。他的祖父和父亲都是牧师。他却是极端反对神秘宗教。他原在哥伦比亚大学当了十六年的教授。到了一九一七年美国加入欧战，各大学纷纷的做反德运动，他就被革了职出来。一九二〇年他到中国来任北京大学地质系的教授兼地质调查所的古生物主任。他不但是工作极勤，而且是热心教育青年的人。当北京大学屡次索薪罢课的时候，他总把地质系的学生叫到他家里去上课。他因为"风湿"病的原故，两腿不能走动，手指也都肿胀，然而他的工作比任何人要多。这一次美国地质学会供给他一部分的经费，他才能回国去赴会。我们五个人坐在一张桌子上：一个瑞典人，一个法国人，一个德国种的美国人，一个英国妇人，加上了我一个中国人，成为全船上最国际化的一张桌子。

　　葛先生在中国十二年了，而且他决心终身在中国服务，所以他痛恨日本人。廿六日船到了神户，日本人上船来检查护照。葛先生就很不愿意："我又不要在日本上岸，他们为甚么还要查我的护照？"我告诉他我们是在日本领海里，只好听他。日本验护照的人的知识是很有限的，外国话是不大懂的，而又喜欢装出很大的架子。验葛先生护照的时候，一切问话都是我代他答了，倒还痛快。等到轮着他的秘书伍太太时候就麻烦多了，因为伍太太带的是一张临时的护照。查验的人问来问去弄不明白。葛先生看得不耐烦起来，对他厉声的说道，"她是我的书记。我们自从你们占领中国的土地，残杀中国的人民以后，再也不愿意把脚踏到你们国土上。你还不快点把护照交还她！"那个检查员大概也没有十分听懂，只向葛先生瞧了两眼。在他们两位的护照上面打上"不准上陆"四字，然后算完结。当时在场的人都很对于葛先生表同情。有一个人告诉我道，"日本验护照的人实在太没有脑袋了。同船的一位小姐把护照给他看。他照着护照上的款项一一问下去。'你结婚了没有？''没有'。'你有子女没有？'这位小姐大怒，同时在傍的人都大笑起来。然而这位检查员似乎没有懂得有甚么可笑，仍旧面不改色的向下问去！"

　　验完了护照，葛先生一个人坐在甲板上，还有余怒。忽然有不识相的日本人来向他招揽买纪念品。葛先生对他厉声的说道，"自从你们占领了中国的土地，残杀了中国的人民以后，我发誓不买日本货。你快点给我走开去！"于是全船的人都知道葛先生是个中国迷；他的爱中国远胜于中国人自己。

　　七月四日船到了檀香山。毕叔普博物院的主任布利安先生来接我们，用他的自用汽车带领我们游览了大半天。除去了伍太太之外我们都是到过檀香山的，但是大家都愿意再把旧游的地点温习一遍。山上的火山迹，海边的珊瑚礁，都是学地质的人所应该注意的。此外如水族馆的动物，公私园林的植物，奇绿的海水，深红的土山都是有目共赏的。我个人所最喜欢的是檀香山的气候。华〔夏〕威夷群岛已经完全在热带里，然而终年的温度并不很高；不但没有汉口、九江的那样酷暑，就是比上海、北京的夏天也温和的多。所以檀香山可以说有热带的好处，没有热带的坏处。我把这话告诉布利安先生。他说，"还有一点也是檀香山的特色。檀香山是太平洋的孔道，所以人种方面很是复杂。但是各种人相处的异常的和洽，从不听见有种族的争斗，连日本人都能与人相安！"

布利安先生把我们送到海边一个小饭馆里吃晚饭，因为他晚上另有约会。走上楼去，满座都是二十岁上下的学生；原来是庆祝七月四日国庆来开会的。学生之中土人之外还有中国人、日本人和美国人。我们从傍看他们喝着吃着，说说笑笑，演说以后又有本地的音乐，觉得布利安的话是不错的：檀香山种族的成见是比较的不深的。吃完了饭葛先生还要去看夏威夷的跳舞，叫侍者去雇汽车。葛先生又嘱咐不要日本人开车。等到我们下楼，我听见掌柜的打电话，只是说"摩西摩西"，我方才恍然大悟，饭馆子原来是日本人开的！因为他们美国化很深，连我不留心都没有看出！

夏威夷的露天跳舞场是在郊外。凡有常看电影的人都领略过的：歌舞音乐装束，都与我从前在电影里看见的一样。只有最后两个小孩子上高树取可可蕉果是电影里所没有的。歌舞的人大半是混血种；为首的一个男子几乎完全是一个美国人。葛先生看了却异常的高兴；每奏完了一剧他热烈的拍手。最后他又立起来和做首领的那个人拉手："我们很谢谢你肯努力保存这种歌舞和音乐。这是很重要的工作，希望你永久的维持下去，使得本地的文化不要消灭！"听见他话的人都很感动。一个女子走过来把她的一串黄花圈拿了下来套在葛先生颈上。我于是觉得一个人的热忱表现如果是真的，总可以获得人的同情的。

美国——从芝加哥到纽约

七月十日我们到了旧金山。因为大家没有事，所以决定当晚就向东去。赫那向东南去研究沙漠，葛利普、伍太太和德日进与我同车。葛伍中途下车赴黄石公园，我与德与十三日早上到芝加哥。适之和戴秉衡先生来接我到芝加哥大学附设的国际宿舍去住。这是一个可以容五百多人的建筑：公共食堂，阅览室，起居室之外，每人占一个极小的卧房。卧房虽然很小，里面的设备却很完全。住的客人的确是国际的：除去了欧美人以外，差不多亚洲的民族都有代表。他们都是与芝加哥大学间接直接有关系的。我虽然对于欧美的大旅馆有相当的经验，但是这种特殊的组织却是第一次领略，因为国际宿舍的特色是寄宿人的国籍虽然很不同，而各人的教育程度却完全相当，所以不但大家可以相安而且多数人觉得有一种特别的乐趣。这种组织远可以比中世纪的教会寺院，近可以比苏俄的工人俱乐部。我想没有问题苏俄的新式住屋与俱乐部都是很受了美国的影响。

戴秉衡先生陪着我去看芝加哥展览会。我们把大部分的时间用在科学馆里。我向来对于这种会是很少有兴趣的，因为我总觉得把博物院和游艺场合在一处的玩意儿是根本不可能的。但是我一进科学馆，就觉得这一次的会与寻常的展览或是博览会完全不同：寻常的展览都是死的，惟有这一次是活的。就地质而论，普通的展览不过是陈列许多标本、图书和说明而已，很难引起一般人的注意。这一次却不然：表示造山运动，游览的人眼看见平平的地层，因为两边加了压力渐渐的卷折起来，成功复杂的向斜层与背斜层等等。表示河流作用，眼看见真的石砾、沙子和泥被真的水冲洗淘汰。表示地质时代，用一个极大的圆钟，钟面上的针慢慢旋转着。同时有许多画片表示那时代的生物与环境，在钟的旁边轮流出现，与钟上针所指的时代相符合。关于利用大地物理来研究地下构造的方法也有极好的活的表示：一个磁针，或是摆钟慢慢的走过背斜层上面的时候，逐渐的发生变动，与地下的构造相应。同时仪器的背后陈列着一张图说明记录和解释这种变动的方法。上面所说的这许多活的表现都可以随游人的意指，或作或辍。游人要它表现，只要按一电铃，全部就自己会得动作起来；动作完毕，自己停止；再按然后再动。更使得游览者兴高采烈。地质如此，其他的各科学也是如此：凡有能用机械来做活的表现的，都有相似的设备，听游人自己按铃开机。游人对于活的表现与死的陈列兴趣不同在医学的部分最看的明显，这一部分一面是陈列各大学的医科成绩：每一大学占一间小屋，陈列些照相、房屋图、出版品和统计材料。一面是利用种种的机械表示生理或是疾病的作用。在后者的游人是前进后继，拥挤不堪，而前者别一间屋子里往往没有一个游人。

出了科学馆我们走到宗教馆去看看。比起科学馆来，地方小得多了，游人也少得多了——而且大部分是中年以上的妇人。全部分的陈列当然都是死的。名为世界的宗教馆，事实上只看见基督教的物品。基督教的各种派别却各有相当的代表，可惜所陈列的东西是"千篇一律"的彩色玻璃挂画、圣经之类。我们很不容易了解他们到底有甚么分别。我对戴先生说道："你只要看了科学和宗教两馆，你就知道科学是活的，是不朽的；宗教是死的，是僵化的了！"

戴先生是学社会科学的，最后一定要拉我去看社会科学馆。我进去一看，诧异极了！原来馆中一切陈列都是表示科学利用与社会变迁的关系，并与所谓社会科学本身无关！例如美国百年前的房屋建筑如彼，因为利用科学，现代的变为如此；百年前的社会生活如彼，因为利用科学，现代的变为如此。戴先生看了也很失望。我对他说道，"这可以表示三种事实：第一，科学是整个儿的，强把它分为社会科学、自然科学，是不可通的。第二，所谓社会科学的程度还比较的低，本身可以陈列的东西很少。第三，主持社会科学馆的人并没有能充分表现社会科学的重要发明。"戴先生说道，"第一和第二我是承认的。第三怎讲？要是你来主持，你陈列甚么？表现甚么？"我答他道，"这话是一言难尽的。单举一个例。社会科学最重要的发明是关于货币的种种原则。这就可以用机械的方法来做活的表现的。你看过诺门安琪儿（Norman Angell）的'货币'（money）吗？他做的许多的游戏（game）来表示货币的作用。为甚么不仿照他这种办法来说明货币与社会的关系呢？"

出了展览会我们又到费尔特（Field）博物馆与费尔特德日进吃中饭。费尔特先生是创立博物馆的人的侄子，是研究人类学的。他带领了我各处参观。我匆匆的留下了三个印象：第一，是他创设的现代人种室，室中有一百个铜像，表示世界上一切的人种。这是他请的一个著名的女雕刻家郝夫曼女士费了几年的工夫到各处游历的成绩。她到中国来的时候，曾为胡适之、翁詠霓、伍连德夫人和几个协和医学校的学生职员塑了石膏像带了回去。所以走到中国人的部分的时候，费尔特对我说道，"这几位用不着我介绍的，你都认得的。"我细细一看适之与詠霓的铜像都不十分好。只有伍夫人的石像雕的异常的像。第二是史前人种室。这是一条通长的屋子：一面排列着普通的陈列柜子，放着各处所发现的史前人的遗迹——骨骼或是骨骼的模型和器皿。一面却分为许多小间，每一间前面是一块大玻璃，里面是一个很真确的模型，代表世界上著名的史前人发现地的一处。例如代表中石器时代所谓 Cro-Magnon 人的一间，是到法国南部去拣了一个最有名的洞子，详细的测量一个图，到博物馆里照样造成一个模型。模型里的石质颜色草木以及著名的壁画，都与原洞一样。此外再照了最近研究 Cro-Magnon 人的结果，加上几个人的模型，表示他们的形状与生活。费尔特指着一间空的说道，"这是为你们的'北京人'留着的。将来你们的材料研究好了，我们就照样的做一模型放在这里。"这种陈列的方法是活的不是死的。游览的人纵然外行，看了这种模型，立刻可以得到一种比较更确的印象。不比得老式的陈列，非有相当的知识，不容易领会。第三是中国古物陈列室。这是著名研究中国古物的洛弗（Laufer）先生所主管的。这一间所陈列的物品并不多，但是陈列的方法完全是历史的。看了以后极容易得到文化美术演进的程序。就陈列的方法言，比我们的故宫博物院和古物陈列所高明的多了。

在芝加哥只住了一夜，就直向华盛顿去，因为我受了地质调查所的委托，去访马布特先生（Marbut），请他推荐一个土壤学者来帮我们工作。他是美国土壤学界的领袖，现任美国农部的土壤股股长。我向他说明了我们的需要以后，他立刻说道，"我自己去好不好？我今年七十一岁了，照法律应该休职。现在农部向总统请求特许延长一年，还没有奉批。我没有到过远东，很想在我未死以前去做点工作。"我没有料到他老人家会推荐自己，只好告诉他照美国的标准待遇很薄。而且田野工作也比在美国辛苦。他笑答道，"有好机会工作，待遇我全不在意。至于辛苦我是绝对不怕的。我虽然七十一岁，走路还如我少年时一样的，你不要过虑！"以后因为总统特别批准留他再服务一年，部长不放他出国，他另荐了一位少年学者。但是他预约一九三四年的秋天到俄国赴国际土壤学会的时候，经过中国可以不要酬报代我们做三个月的工作。不爱钱，不怕苦，不服老，是欧美第一流学者的精神。

我与他谈起美国农村复兴的问题。他叹口气道，"农村复兴，恐怕又要被关税的壁垒葬送了。我们美国的农产区，天然的可分为三大带：小麦带，玉蜀黍带，与棉花带。各带面积的广阔是世界上独一无二的。除非我们把耕种地的面积大大的缩小，农产品本国决用不完的。所以要维持农民的生活非设法令农产品出口不可。但是要使得他国能有购买我们农产品的能力，我们非相当的容纳外国货品不可，不然世界上那有只买进而不卖出的国家？所以真正要救济农村，应该要相当的放弃保护贸易政策，减少外国货品的进口税。当民主党竞争总统选举的时候，也曾有减低关税的口号。现在上了台似乎又放弃了以前的主张。总之我们的政治操纵在少数工业家的手里。他们宁可牺牲农民的利益，不肯减低关税，因为外货竞争当然于他们不利的。不过日子久了，农民的购买力减低了，本国的物品也就无从销售，迟早工业也一定有莫大的影响。所以这种政策终久是等于自杀！"

他知道我要到苏俄去，就与我谈起苏俄问题来。他对于苏俄的情形出乎我意料之外的熟悉。他对我说道，"政治的成见是最可怕而最可笑的。最近美国有几个反对共产的科学家，完全放弃他们的科学态度，却利用他们科学上的地位来做反共产的宣传。亨丁顿（E. Hungtington）就是一个。他不但说苏俄的气候不宜于近代的生活，而且硬要说苏俄的土地大部分不宜于农业，要证明共产制度不能在苏俄生存。我是学土壤的人。由土壤学上看起来，这种宣传可谓不值一笑。"我告诉他亨丁顿先生的议论一向是不可信的。他到中国来游历了几个星期。从福建、广东传教的教士口中得到很浅薄、很不真确的传说，回去就发表了他的《人种的特点》（Racial Characteristics）。在这一部书里，他说福建、广东人是中国北方最优秀的种到南方殖民去的，所以他们能在他认为不良的气候之下，依然保存他们的工作能力。他根本不知道广东、福建人与北方人人种上和历史上的关系，而就敢如此武断，足见他的半科学的成见是完全靠不住的。

在华盛顿住了两夜就到纽约去。因为国际地质学会先在纽约受美国地质学会与美国自然历史博物院的招待，然后到华盛顿正式开会。从华盛顿到纽约我第一次座"冷气的"火车。七月十七这一天温度已经将近一百度。我初起很愁火车里要热得难受。那知道一上火车，反是异常的凉爽。因为是用冷空气来降低车里的温度的。到了纽约我才知道几个新式的电影团与戏团都是如此，所以到了夏天，生意特别的好，因为有许多人情愿花几角钱到这种地方去避暑的。

在纽约四天都是住在我的朋友班恩（F. Bain）家里。他是研究经济地质的，到过中国两次，回国以后做过矿政局局长、矿冶学会的执行书记。十年不看见他，他当然苍老的多了，然而他的兴致很好。他告诉我道，"你也快五十了。你要注意，这是人生心理上的一个危险期。许多人到了这样年纪就发生了一种懊丧的人生观。回顾过去的生活，某件事不应该做的而竟做了；某件事应该做而反没有做。可惜这样，可恨那样。要是一个人老是如此想，人生还有甚么乐趣？结果当然是求仁得仁，早早的脱离苦海。若是志行坚强点的，经过相当的时期，就会恍然大悟，知道这种态度是自杀的。又回想受社会的供养四五十年，好容易占得今天的位置，学得有相当的本领。正应该趁未死之前努力报答社会的恩泽才是道理。如此一想，就如走路的喘过一口气来，脚步渐渐稳健，心脏渐渐的平和。你不看我的太太吗！她今年快六十了。两年以前她学驾驭飞机，居然得了文凭可以做驾驭师。去年她从纽约飞到旧金山，没有出丝毫的岔子。可见老年人不必颓唐，不可颓唐！"

国际地质学会

国际地质学会可算是各国际学会里最老的一个。发起远在一八七六年美国费列达尔费亚（Philadelphia）博览会的时候。当时美国的科学协进社在博弗罗（Buffalo）开会，通过一个议案，提议于一八七八年开巴黎博览会的时候召集第一次国际地质会，并且推举到会的几个欧洲学者加入组织委员会，赫胥黎就是委员之一。自从一八七八年起到一九十三年止一共开过十二次会：平均每三年半开会一次。依次开会的地点为法，意，德，英，美，瑞士，俄，法，奥，墨西哥，瑞典，加拿大。第十三次的会原来应该于一九一六年开的，因为欧战停止。一直到停战以后第四年方始再在比京开会。当日比国人拒绝德国人加入，所谓国际地质学会几乎失却了它的国际性质。其后一九二六在西班牙，一九二九在南非洲，又恢复了战前的盛况。这一次在华盛顿是第十六次，原应该在一九三二年开的。因为世界经济恐慌，所以展缓一年。

这一次开会有许多情形与以前的各会不一样。到会各会员的旅费——不论私人或是政府代表——照例是自己或是他所代表的机关出的。会员又要出相当的会费。表面看起来，似乎做主人的国家不必出钱。事实上却不是如此。因为不但开会的时候办招待、文牍、记录等等要用相当的雇员，而且开会前后有许多地质旅行，舟车旅馆等等费用照例都由做主人的国家设法减价。开会以后还要印刷报告。所以每次开会做主人的大概总要津贴五六万元美金。这笔款项向来都是做主人国的政府支出的。这一次美国政府因为经济恐慌的原故，不肯担任这笔费用。幸亏美国地质学会新得到一笔四百万元美金的遗产捐款，愿意出来代政府出钱，开会的费用才始有着。美国地质学会不但担任开会的普通费用，而且选择了许多外国著名的学者替他们出一部分旅费，因为不如此许多人是不能到会的。

开会的费用既然不是从政府方面来的，开会的时候就很少有政府的关系与彩色。向来做地主的中央或是地方政府对于到会的外国会员都有相当的欢迎仪式。在比京的时候是比京的市长出面，在西班牙是西班牙王。开会终了总要聚餐一次，使得各国的代表有机会作一次互相恭维的演说。这一次却不然。不错,第一次开会内政部长曾经到会作十分钟的欢迎演说。这是因为一切开会时事物都是由美国地质调查局局长主持而地质调查局是内政部的直辖机关的原故。除去了这一次以后,会与官厅没有发生任何的关系。第一,会场是在华盛顿的商会,不是政府供给的——一八七八年第一次开会是在巴黎 Trocadero 王宫。第二,除去了在纽约美国自然历史博物院请吃过一顿立食的午餐,在华盛顿美国科学院 Academy 于晚餐后请茶会一次之外,没有任何的公众宴会。许多怕应酬的会员深以此为乐,因为华盛顿八月里的天气完全是酷热的——有两天湿度温度都到一百度。幸亏一切都是非官样的:开会的时候大家把上衣脱下,单穿一件没有领子的衬衫,然而还觉热不可耐。如果要穿大礼服,戴高帽子,岂不要活活的热死?同时有几位欧洲的正式代表,老远的把大礼服带来,演说稿预备好了,没有机会用着,心里颇觉得不痛快。他们背后总批评美国人太脱略,不成礼统。幸亏会长是哈佛大学的教授林克仁(Lindgren)先生。他是瑞典种的美国人,还不脱北欧人好讲礼节的习气。每逢开会,连秘书长都脱得剩了一件单褂子的时候,他依然着了他的黑礼服,在台上正襟危坐着。他的身材,面貌,须眉有好几分像俾斯麦。加之他也戴的一副夹在鼻子上的眼镜,旁边挂一根黑线。老远的看起来,宛然是"铁宰相"的模样。许多欧洲好讲仪式的人看着他也可以过了他们穿礼服的瘾!

美国政府不但没有帮忙,有时还无意的捣乱。会员在华盛顿的住所是指定在 Shoreham 旅馆,是一月以前预定好了的。临时罗斯福总统召集了一个会议,许多人从外省到华盛顿来,硬把地质学会预定的房间抢去了。等到七月二十一日那天晚上,会员纷纷的来到,旅馆回说无房可住。招待的是几个年轻的学生,没有法子对付旅馆的掌柜的,只好临时另觅旅馆。许多外国会员是从野外旅行来的,满身的灰,满头的汗,脚上穿着很重的钉鞋,一直等到十二点钟不能洗澡换衣服。于是许多人骂美国政府不讲礼。我的朋友贝恩向我苦笑道,"老丁!你现在应该知道地质学者在美国是一个很不重要的人物。他的地位远不及大肚皮的财主!"

美国政府不重视地质学者,许多美国人与贝恩有同样的感慨。国际地质学会开评议会的时候,英国代表提议由大会通过一个议案向各国政府建议把测量大地物理的仪器免税进口。大会秘书长,美国地质调查局局长孟登郝尔先生答道,"诸君不要误会以为本会是一种官方的机关。

至少在美国政府眼里本会完全是一个私人团体。向政府建议未必比任何私人团体有力量。这种议案不过是本会的一种理想的希望而已。"许多欧洲的政府代表听了这话未免诧异。林克仁会长又立起来说道,"不幸秘书长的话是真的。美国关税是在税则委员会手里。他们不懂得有甚么国际地质学会的!"

话虽如此说,美国的地质学会是世界上的第一个阔学会。除了它以外,谁能有四百万金元的基金?谁能用五六万金元来代政府招待国际学会呢?

至于开会我也得到了许多教训。本来开一个科学会是很困难的。因为近来各科学愈变愈专门,不但隔了行不容易了解,就是同行,往往因为研究的问题范围太狭,只有少数人对于它有兴趣。一九一九年我在巴黎到科学院去旁听。这是世界上最尊严的一个机关;会员限定七十余人。那天是盛会:差不多全体都到了。未开会以前会员在会场上吸烟、说笑、写信。等到开会有人宣读论文,在场的会员依然的吸烟、说笑、写信。声音全被谈笑的声音淹没了。散会后我请教于介绍我去旁听的朋友。他说,"论文何必听它;明天就要排印出来的。况且大多数的人听不懂讲的甚么呢。""那么,为甚么大家要到会?""来给朋友见见面,而且来拿出席费的!"歇了一个多月我到伦敦参加英国王家学会开会。未开会以前先在图书馆吃茶。会员到者有二百人以上。茶吃完了,摇铃开会,大家一哄而散。到会场听讲的只有四个人;其中有两个是外国人!我请教于我的朋友。他说,"论文何必听它;明天就要排印出来的。况且大多数的人听不懂讲的甚么呢!"

国际地质学会开会当能比上面所讲的情形好多了,但是仍然要分组,不然许多人不能有兴趣的。同时还有几种特别的困难。第一是语言。照向来的惯例,英法德三国语言都是可用的。事实上会员能懂两种以上语言的是少数。第一次分组开会,有两位用德语宣读论文。宣读完了,一位法国学者立起来用法语讨论。原宣读者又用德语答他。其实这位法国人并没有听懂德语。答他的人也没有听懂法语!第二天有一位西班牙人用法语宣读论文。一位美国人立起来说他对于宣读的问题极感兴趣,可惜宣读者说西班牙话,他没有听懂!第二是时间不敷分配。到国际学会的代表多数想宣读论文的。论文太多,分了组时间依然不够用。于是最少的五分钟,最多的二十分钟,看题目的大小与宣读者的身分而定。时间分少了的人当然不很满意。如果大家确守时间那还有办法,而因为是一个国际的会，做主席的人不能不相当的客气，几乎没有一次不纵容宣读者超过他的法定时间。于是不能不把讨论的时间缩短或是取消，宣读的成绩也就往往与法国科学院和英国王家学会差不多了。第三是各国人猜忌嫉妒心往往流露。最后那一天开大会的时间，主席照字母的次序唱名请各国代表做极短的演说。唱到欧洲一个小国的时候，一个大国的代表昂然走了上去。等到会长告诉他听错了，他就大生其气，走出会场去了！

那么，大家老远的跑来开会，有何好处？第一是结交朋友，或是给老朋友见见面。到会的正式代表大抵是一国的首领。他的公开的论文未必足听，私人的谈话却很有意义。对于私人交际这一次尤其组织得完善：每日下午五点钟就在开会的院子里随便吃茶。所以大家很有认识和谈话的机会。第二是有有组织的地质旅行。这是参观一国地质的最好的机会，因为旅行的路程都是极有兴趣的。事前即得有指南，当时又有对于本地域地质最熟悉的人做向导，旅行的人可以于最短的时间内得到很多的知识。这是国际地质学会最重要的作用。可惜我这一次因为要到苏俄去，一开完会就得走，不能加入长期的工作。只在开会的前两天和开会的期间加入三次当日可以来回的旅行。

从纽约到柏林

我在美国住了三星期，于八月二日离开纽约向欧洲去。船离开码头的时候，我望着赫得森河边上的高楼，心里头发生一种不可形容的感想。一方面是惊骇：渺小的人如何能造成几百尺到将近一千尺高的楼房？这样的建筑，使得我了解物质文明的伟大，同时使得我觉得个人的渺小。一方面是欣赏：这样的建筑不是一座两座，是几十座几百座，高高下下沿河排列着。旧的是直上直下，成一个长方的盒子。新的是宝塔式的；到了相当的高度以上，就一层一层的缩小起来。竖的横的都各有一种对称，各有一种参错。这是二十世纪的产物了，是铁筋洋灰时代的美术品，又岂是木的或是石的建筑所能比拟的？许多美国人提起纽约的冲天高楼（Sky Scrapers）来，就连声的叫丑，而见着欧洲中世纪的教堂或是王宫，反五体投地的崇拜，真可说是妄自菲薄，爱古薄今！

这种成见原是从欧洲来的。在许多欧洲人眼光里，美国根本没有文学，没有美术，没有文化。这一半是欧洲人看了美国人钱多，不知不觉的发生了嫉妒心；一半是所谓文学、美术与文化的标准都是欧洲式的，都是主观的。我以前也很受这种影响，看不起美国人与美国的出品。直等到一九一九年我到美国漫游了两个多月，才知道这种成见的可笑，才了解新大陆的新和大。同时我又知道美国是"天府之国"，不但地大，而且物博。其他的国家没有美国的天产富源，而要过美国人的生活是不可能的。除去了美国，那一个能一年出六万万吨煤、三千万吨钢、三千万吨石油、八十万吨铜呢？一九三三年是世界经济最不振的时候。美国失业的人数几乎要占全国人口的十分之一，不可谓不严重。然而我在美国三星期，从西到东，并没有看见有真正挨饿的人。从芝加哥博览会出来，我站在天桥上，数一数桥两边的汽车在一万部以上！我十四年没有到美国，纽约与华盛顿都大大的改了观了。华盛顿市里的建筑如林肯纪念室，河畔公园以及许多的官署都是新添出来。我第一次到纽约，物尔物司高楼（Woolworth building）是全市第一个高的建筑。现在它已降为第四了！这种生活程度又岂是伦敦巴黎所能比拟的？不用说其他的都市了。

世界的金钱都集中在大西洋两岸，看着渡大西洋的船就可以知道的。我坐的一条船叫做"华盛顿"，是一九二九年下水的。它并不是大西洋上的头等船，因为它速度不快，从纽约到到哈吴尔要一星期。然而船上的设备、家俱、饮食等等远非走太平洋或是印度洋的船所能比的。我从北平出发起，到在纽约上船止，四十几天，没有休息。出了赫得森河口，才把一切工作放下。除去吃饭、睡觉、看小说以外，不做任何事，不与任何人交谈。如此一星期，才知道航海真是惟一休息的方法。

八月九日早上方始到法国的哈吴尔。本来可以一直经过柏林到苏俄去的，因为我想乘机到日内瓦、巴黎、伦敦、瑞典看看朋友，所以由哈吴尔到了巴黎，当天下午就飞到日内瓦。住了两天，飞回巴黎。再经过伦敦，坐船到瑞典，于八月二十五日从瑞京到柏林。计算半个月经过五国。除最后的德国外，平均每一国住了三天。在路上走的时间不过六十点钟。如此方才知道欧洲各国土地之小，国界之不天然。从巴黎到日内瓦或是伦敦，以时间计，比从南京到上海还近！

在英国前后不过四天，我还偷空到我十八岁进中学的乡镇去了一趟。我是一九〇四年到英国去的。当时听见吴稚晖先生说在英国留学有六百元一年就可以够用，所以学了几个月的英文就大胆的自费跑了出去。到了苏格兰方始知道六百元一年仅仅够住房子吃饭，衣服都没有着落，不用说念书了。幸亏无意中遇见了一位约翰斯密勒医生。他是在陕西传过教的，知道我是穷学生，劝我到乡下去进中学。于是我同我的朋友李祖鸿同到英国东部司堡尔丁（Spalding）去。这是一个几百户的乡镇，生活程度很低；我一星期的膳宿费不过十五个先令（合华币不过三十元一月），房东还给我补袜子。中学的学费一年不过一百余元，还连书籍在内。我在那里整整的过了两年：书从第一年级读起，一年跳三级，两年就考进了剑桥大学。斯密勒先生是本地的绅士，他不但给我介绍了学校，而且因为他的关系，所有他的亲戚朋友都待我如家人一样。每逢星期六和星期〈日〉，不是这家喝茶，就是那家吃饭，使我有机会彻底的了解英国中级社会的生活。我是一九〇六年离开中学的。以后只有一九〇九年去过一次，屈指已经二十四年了。一九一九年我再到英国的时候想去而没有成功，所以这一次决心去看看。

从伦敦到司堡尔丁要坐四点钟的火车。早车去，晚车回来，最多只能在那里耽搁一个下午。我上了火车就打算道，去是去了，到了司堡尔丁究竟去找谁呢？老年的人不知道是否尚在人间；同学的与我要好的不过四五个，不一定还在本镇。而且二十几年不通信，见面还认识与否都是问题。一下了火车，看见一位白头的行李夫，我问他道，"朋友，你在这里服务了几年了？""先生，三十一年！""那么你或者还记得我。我二十九年前在这里中学念过书。"他向我看了两眼道，"先生是中国人罢？我记得那时候有两位中国学生在镇上住。""我就是那两个中的一个，我请问你住在维兰得（Welland）河边的顾克（Cook）还在吗？""活是还活着呢，可是因为他的大儿子做投机的买卖亏空了好几万镑，他一气一急就发了疯了。他的太太也还在，但是也龙钟了。""法诺（Farrow）呢？""老夫妇早已死了。大儿子承继了老宅子，但是常常不在家。二儿子住得远，要坐汽车才能去呢。"顾克是斯密勒的姊夫，夫妇待我最好。法诺是我最要好的同学。我想不如先到一个地方吃了午饭，再慢慢的打听。记得惟一的旅馆"红狮子"是在市场（Market place）上。于是就向市场走去。不多几步就看见"红狮子"的招牌在市场的铁栏杆外边——司堡尔丁本来是一个农村。市场上最重要的买卖是牲畜，所以四边有铁栏杆围着。进去一问，掌柜的是新来的，不十分知道本地的旧人，但是他却认识我的朋友法诺。"法诺博士是本镇的科学家，谁都认识他。我替你打电话问一问好不好？"我诧异道，"住家的人也有电话吗？""先生，现在不比得二十九年以前了。"说着电话就接通了。只听得法诺的很洪亮的声音，"说话是谁？""说话的是文江！""甚么？文江！你不是在中国革命被人枪毙了吗？""我既然在这里说话，当然没有被人枪毙。""哈哈，我真糊涂，你几时来的？能住几天？甚么？当天要走。到我家里吃中饭——一点钟。我还是在老宅子住。你认得吗？文江！你真是天上掉下来的！"我拿表一看才不过十二点，不如先到中学去看看。出了"红狮子"的门，记得应该先向左转，再向右转。果然不错，走不几时望见了满铺着扒山虎的墙了。门前是短铁栏杆，门里一块草地，右面一个门是校长的住宅，左面是讲堂，完全与二十九年前一样——不过左面新添了一座新房子。到校长家门口按铃，半天没有人出来。只听得隔壁有人说话。走过去一看，原来是工人修理房子。他们带我各处看看，除去新添一所实验室之外，没有任何的变动。

出了学校向右手转不几步就到了维兰得河边的小桥。当年我住在河的右岸。每天要经过此桥四次。从寓所到学校不过十分钟，但是遇见雨雪也就很狼狈。记得第一年冬天鞋子穿破了，没有钱买新的。一遇下雪，走到这座桥，袜子一定湿透了。从学校回家，当然可以换袜子的。可是到家的时候袜子只有两双：一双穿在脚上，一双在洗衣服坊里。没法子只好把湿袜子脱下来在火上烘。吃中饭的时候，往往湿袜子没有烘干，就得穿上跑回学校上课去。

我站在桥上，想起当年的光景不觉出神。直等到一辆汽车来，才打断了我的冥想。汽车！当年刚刚通行。司堡尔丁镇上没有几辆。而且当时的路是石子路，汽车走过，灰尘冲天。报纸上天天看见有人写信骂坐汽车的人不道德。而今一概都是柏油路面了，灰尘也少了。我所住的一层楼的小屋也改造了。回转头来，看见桥头上一家药房。记得这是中学里教化学的贝尔（Bell）先生开的，但是招牌已经换了。走了进去，柜上站着一个中年的男人。我向他问道，"这不是原先贝尔先生开的吗？""是的，贝尔先生死了多年了。我是他的女婿。你怎么认识贝尔先生？""我在此地中学读过书。他曾教过我化学。""啊！你是文江罢？我常常听见他们讲起你来。一年跳三级，两年进大学。就是你罢？贝尔太太还活着呢。她一定欢喜看见你。请你五点钟到我家里吃茶好不好？"

出了药房门沿河走去，早望见法诺在门前等着我。他欢天喜地的接着我进去。"不是我咒骂你，实在因为许多老同学二十多年没有接到你的信。大家都以为你死了。……你同班最要好的几个人都很好：司金诺得了文学博士，现任沙赖省最大的中学校长；汤谟现任剑桥市教育局局长；乔治现任外交部书记官。其中以司金诺人缘最好。你记得吗？当你没有升级以前，第一都是他考的。等到你考在他前面，他不服气，到教员桌上偷看你的卷子。看了以后他反特别给你要好起来。老校长杜以得早已告老，现在还健在。"你自己呢？听说你专习植物得了博士，为甚么不做植物的工作？""生活太难了。当一个植物助教薪水才六十镑一年！接着父亲母亲都去世了。留给我九千多亩田，我就回家来种地。可是这两年来真不得了；我辛苦一年把粮食收了卖出去还亏九十多镑的本钱！今年我把田荒着不种它。幸亏我和我妹夫合开一个贩卖农具的公司，还可以维持。"说着又同我向各处看了一遍；"这是你以前睡过的屋子。这是你教我解剖田鸡的临时试验室。你看这房子比以前有不同的地方吗？""我从前觉得你家里房子很大。现在似乎变小了。""哈哈！我家的房子并没有变小；是你的眼睛眶子变大了！"

吃了午饭，他同我去参观他的农具公司。各处打电话问我旧日女房东的踪迹，不得要领。他又逼着我写了许多明信片给旧日的校长，和同学。然后同我到顾克家里去。顾克先生完全变了疯子，在屋子里走来走去："我要破产了！我受了儿子的累！"他的夫人也将近七十了。见着我完全不认得。我对她说道："二十九年前我在这里读书。你待我极好，所以来谢谢你。""啊！是真的吗？你不要谢谢我；我要谢谢你和上帝，给了我一个机会做点好事。"我们惘然的走了出来。到了门口，一个白头的老仆对我说道："老太太不认得你了。我却没有忘记你。你记得我在这边草地上教过你骑马吗？""怎么记不得！你故意的把马打了乱跑。几乎把我摔死！""哈哈！他们那时都说你如何聪明。想不到你骑马那样不中用！"

法诺又同我去看一个老教员，他没有在家。忽然有一位中年妇人开着汽车赶了来："文江！你还认得我吗？"我细细一看，原来是顾克先生的大小姐。我认得她的时候她才十四岁。"你是梅（May）顾克。""是而不是。我是梅贝迟，因为我嫁给贝迟。我刚才回娘家听说你来了，特地赶来看你。到我家里吃茶去。"法诺说道："好极了。文江是从天上掉下来的。我事前一点都不知道。现在我还有事，把他交给你罢。"我告诉梅先要到贝尔先生的女婿家里吃茶，约好吃了茶再去看她。

走到吃茶的人家，开门的却是老贝尔夫人。她看见我如亲人一样，拉着我说道："可惜我的丈夫不能见你——他死了十年了。你是他的最得意的学生。我还记得你化学考第一得奖。他对梅和罗伯说：'你们还不用功，看一个外国孩子，不上一年考在任何人的前面。'他是得肺炎死的。幸亏梅的丈夫很好。我就和他们同住。他们带了小孩子去看电影去了，立刻就回来的。可惜我的儿子罗伯不务正——这都是打仗学坏的！拿上枪就是英雄。放下枪甚么事不要干。"说着她的女婿，女儿，孙女，和儿子都回来了。围在一桌子吃茶，谈起许多旧话，仿佛是自己家里人一样。

吃了茶去看梅贝迟，刚坐下来，忽然有人在窗子外面喊我的名字，回头一看，原来是司金诺。他带着高帽子，穿着礼服，活脱是一位博士校长。他走了进来立着谈道："文江！你二十多年不写信，真正对不住人。我暑假回来看母亲的，五分钟里就要上火车回学校去。在'红狮子'听说你来了。从法诺家里追踪到这里，给你见一面。我因为认识你，常常留意中国的事，现在正在看《大地》。你常常写信来，介绍几本讲中国的书籍！"说着就握手走了。

梅贝迟道："你的运气真好！司金诺多年没有回来过了。今天你居然见着他。我听说我母亲不认识你了，请你不要生气。她的光景太不好了。约翰叔叔，他早已死了——把财产都留给我小兄弟。我们分文都没有分到。我丈夫早死了。我现在以种花为活，还算过得去。你说我给拖着辫子的时候一样少年？我的大儿子已经十八岁了！司堡尔丁变了吗？电话，新房子，柏油路，电影馆，不错的，但是这都是物质的。精神是一点没有变的。我是寡妇。一有男朋友来，四邻都延着颈项，张着眼睛看！一个小乡镇，大家闲着无事说是非！"

因为我要打听旧日女房东的消息，梅同我去看她的老朋友班奈儿夫人。她今年八十二岁了。一进门看见她和她的第三、第五两个女儿坐在家里做生活。她记忆力丝毫没有差，问起我的旧房东来，方知道她已经死了十几年了。班奈儿夫人的第五个女儿对我说道："你还练习钢琴吗？我记得你跟我学了两星期就能够弹 Home! Sweet Home！"我笑道："你不要挖苦我了。你难道不记得？等到你在钢琴上弹这个调子的时候，我一点听不出，你气极了不肯再教我！""不错你的耳朵是差一点！"坐了十分钟就坐了梅的汽车赶到车站。不一刻车就到了。梅指着站外一排玻璃屋道："这都是我的花房——就是我的饭碗。啊！今天送你到车站，我的四邻又要批评我说我交结中国朋友了！""不妨事的。我很少有再来的机会！"车动了，在她摇着手巾中我又离开我的第二故乡！

入苏俄国境的手续

普通经过苏俄的旅客在苏俄境内仅能停留两星期。这种过境的护照是不成问题的。若是旅客要停留在两星期以上，则事前须有相当的接洽。我出国前四个月就由翁詠霓先生写信给苏俄地质研究所所长莫虚克读夫问他能否给我以地质旅行的方便。莫氏是苏俄中年学者里国际最知名的人，因为向来开国际学会都是他代表的，信去了几个月没有回音。我出席国际地质学会是政府派的，所以得有官吏的护照。我请南京的朋友代向各领馆签字的时候，曾经把我的路程详细说明，要求由波兰入境在苏俄住两个月。歇了几天护照寄到北平来，有关系的各国都由领馆签字了。苏俄领馆签字完全用的俄文。我有点不放心，拿给我的一个懂俄文的朋友看看，方才发见签的是普通过境的办法，说明只准停留两星期，而且限期在七月内由海参卫上岸！我的朋友当然是把我的路程日期送到苏俄领馆的，领馆并没有拒绝他就自动改签为过境护照，而且改为从海参卫上岸，是他意想所料不到的——他以为既然没有拒绝，当然是照准了的。假如我也如此假定，带着这种护照由波兰到苏俄去，当然不能入境，或者要被扣留，可见得凡事是大意不得的。

那时距我去美国的船期只有一星期了。我立刻向北平苏俄大使馆交涉，巴郝夫参赞说须向莫斯科请示，时间来不及了，劝我到了柏林的时候再向驻德苏俄使馆交涉，并且写信介绍我，说明我旅行的目的。到了上海，原来代我领护照的朋友又向上海苏俄领馆接洽，也得到同样的答复。我想万一到了柏林以后，护照签不了字，岂不是冤枉？于是决心花了八十多元钱请上海苏俄领事馆打电报到莫斯科请示。给我的朋友约好把回电转到华盛顿去。如果可以在苏俄停留一个月以上，我就从华盛顿到欧洲去，否则国际地质学会事毕就可以直接回来，免得白走一趟欧洲。当时我的朋友颇觉得我过于小心。以后我到了柏林知道有人要签同样的护照，往往要等一个月方有回信，而且回信有时是不准签字的，才觉得过于小心是值得的。

上船的那一天莫虚克读夫的回电由北平转到了。他很欢迎我到苏俄作地质旅行，并且约我在华盛顿见面，因为他要代表苏俄赴国际地质学会去的。所以我一到华盛顿首先打听莫氏何时到会。那知道从我在上海上船与到华盛顿这时期之间——一共才二十三天——已经发生了变化。莫氏不但没有赴会，而且已经不当地质研究所所长了！代表苏俄的是苏俄地质矿产调查局局长古布金和几位青年的地质学者。古布金先生是苏俄科学院的研究员，见了我以后表示欢迎我到苏俄去。同时我又接到了电报，知道上海苏俄领事馆已经得到莫斯科的覆电，允许我在苏俄停留两个月，护照在柏林签字。入境的事似乎不成问题的了。

　　在国际地质学会最后一次的评议会里曾发生一个与苏俄有关的问题。向例下次开会的地点都是由本届决定。在经济繁荣的时候往往有两个以上的国家争做下届的主人，但是事实上也大抵在会外先接洽妥当，然后开会通过的。这一次也有两个国争做一九三六年的主人：一个是英国，一个是苏俄。英、美的重要会员多赞成到英国，然而一直到最后的那一天，美〔英〕国代表还没有得到政府的同意，所以不能向评议会提出。同时苏俄的代表却正式写信给评议会声明苏俄政府邀请下次国际地质学会到莫斯科开会。于是赞成到英国开会的人运动评议会不付表决，庶几两年之内还有机会可以请求英国政府出头来做主人。这是很不公道的主张，是向例所没有的。苏俄的代表都不甚会说外国话。临时请了一个美国籍的人加入代表团，可是他对于国际地质学会的内容又不甚了了。讨论的时候，美比的代表明白主张到英国。瑞士和法国的代表则主张到苏俄。最后主席主张将本案保留。当时苏俄的代表似乎不甚明白保留的用意，抗议不得要领。于是我立起来请求主席付表决。我的理由是在经济恐慌时期之内很难得有政府肯做主人。现在把现成的主人抛开不接收，是很可惜的，是向例所没有的。付表决的结果，果然赞成到苏俄开会的是多数。经过这一次讨论的后，古布金先生对于我个人愈加表示好意，第二天就派他的一位团员来讨论旅行的路线、时期。给我一封信介绍代理地质矿产调查局局长那瓦可夫，说我是他请到苏俄去参观的；应该派一个会说英国、法国或是德国话的人给我当翻译，并且招待我，不要使我自己花钱。

　　我到巴黎的时候特地去访罗克斐洛基金会科学部驻欧代表蓝波特先生，请教他在苏俄旅行的办法，因为他新从苏俄参观科学机关回来的。他说："除非你会说俄国话，能过俄国普通人的生活而且不计较时间，你还是在柏林或是伦敦先向苏俄旅行社（intourist）接洽。这是政府专为招待外国旅客而设的。对于买车票，定房间，雇汽车，它都有特权。其他的科学机关尽管十分尽力招待，因为组织设备的关系，断不能如旅行社的周到。不过旅行社招待旅客有一定的路程和次序，于我们参观科学机关的人不甚方便。最好和旅行社商量，未入境以前先订一种契约，仅仅规定每天应付款若干，路程等等言明到莫斯科与地质矿产调查局商量以后再行决定。在旅行社有机关的地方食宿运输完全由旅行社负责，此外则不妨接受地质矿产调查局的招待。假如你预备在苏俄旅行两个月，不必把两个月的钱完全付清：只须先付一半或是三分之一，保留可以照原定价目按日期延长。苏俄旅行社招待外国旅客分头、二、三三等。三等太苦了，我不劝你屈就。二等每日美金八元，头等每日美金十二元。其实二等与头等没有多大的分别，而且一出了大都市头等待遇根本是没有的。"以后我在苏俄旅行了一个多月，方才知道蓝伯特先生之话句句是金玉良言。至少要参观苏俄科学机关的人都可以采用他所说的办法。

八月二十五日我到了柏林，第一件事当然是到苏俄使馆去办护照。除去了北平大使馆的介绍信之外，又有苏俄驻瑞典公使柯兰戴夫人的公函——柯兰戴夫人是一位女著作家，在瑞京的时候诸昌年公使夫人给我介绍的。所以办护照的人异常的客气，可是时间依旧费去四小时之多，护照费如数照收，而且在苏俄停留的期限只有三十日！我再三的抗议说莫斯科有回电允许可以两个月的，不应该再有变卦，办护照的人领我去见总领事。他说莫斯科的训令没有说明日期。照例只可以一个月。但是他知道到了莫斯科以后，要求延长一个月是绝对不成问题的。我没有法子，只好听他的。

第二件事就是到苏俄旅行社去接洽。我把古布金的介绍信给他们看，完全照蓝波特先生的办法，要求单订一个笼统的契约，只规定每日应付的款项，路程等等到莫斯科再定。旅行的人说这种办法与定章不符，很有难色。正说话间忽然有一个中年的人从旁边一个小桌子上走了过来，向我问道："你是中国人学地质的。你知道有个丁文江吗？""我就是丁文江！""甚么！丁文江！你不认识我哪，我是尼采！"我仔细一看，可不是二十四年前在苏格兰给我同学的尼采！他是一个极苦的学生，一面读书，一面教俄文为活。一九一〇年他去巴黎学法文，川资用完了，困在那里。我寄了他几镑钱方始渡过难关。不料在此间无意中遇着。于是他从新给我介绍："这是我的老朋友，是帮助我学费的朋友！请你们大家照料。"于是大家都说是"奇遇！真事比小说还奇怪！"而所有的一切困难都随着"奇遇"迎刃而解了。第二天他请我到他家里吃晚饭，介绍他的续弦的夫人和儿子——他第一次结婚的夫人和儿子都在大革命期间活活的饿死了。

到苏俄（或是东欧）去旅行凡事不可不小心，我可以再举两个例。我在美国就看见苏俄旅行社的广告说，有一个环游旅行：九月初从莫斯科出发到中央亚细亚的大虚坑特（Tashkent）。然后经过里海到巴库。旅行费为二百四十镑。我到伦敦打听出发的确期，不得要领。到了柏林，旅行社的人说是九月一日出发，要求我立刻把旅费付足。幸亏尼采照料先打电话到莫斯科去问，方知这一次环游旅行因为人数太少已经取消了。若是立刻付了款，到了苏俄只能改游他处，现款是不能退还的了。第二是入苏俄境的时候，外国旅客所带的现款必须在税关登记，取得收条，然后离开苏俄的时候方始可以把用不完的现金带了出去。这是人人都知道的。当日我不知道这种制度已经为希特拉所采用。从瑞典到德国夜里入境，查车票，验护照，都是车上的侍者包办。他并没有告诉我现金有登记的必要，等到我在柏林护照签字到手，应付给旅行社的款项付出去，尼采问起来，我方才知道入境的时候遗漏了这一道手续，到边境的时候免不了麻烦。于是只好在柏林多留一日，向德国外部商量特别发给我证书，允许我携带我原带来的现金出境。足见得现在在东欧旅行不是一件很方便的事！

新旧的首都——莫斯科与列宁格拉得

从柏林到莫斯科

八月二十九下午五点五十八分我离开柏林。尼采来送我，说已经有电报给苏俄旅行社在边境招呼，并且派人到莫斯科车站来接。于是我很坦然的上车。夜间经过德国波兰边界丝毫没有甚么困难。第二天的下午三点钟到了波兰边境的司托尔甫采（Stolpce）。火车停了半点钟就原车开向苏俄境内。再半点钟以后开到了苏俄的奈高来罗依（Uego-reloe）。旅客到这里下车验护照，查行李，然后换苏俄的车入境。

车一停了，我各处找苏俄旅行社的接客的，不见他的踪迹。一个行李夫却自动的上车来把我的行李搬向税关去。"外交官？免验放行？"他用法国话问我。"不是。旅行社的客人 intourist。"于是他把我的行李放在普通验行李的木台上。税关的房子并不大：右面一个屋子是验护照的地方，左面两个小窗是旅行社卖票换钱的地方，中间是一排日式的木台。照我的估计，最多不过能容几十个人。那一天旅客很少；外国人除我之外，只有两个德国人，三个法国人，一个荷兰人。以后这四个都是经西比利亚到上海去的。最足以使人注意的是用德法语写的两大块红的标语横挂在税关的墙上："各国的劳动者，团结起来！"

一到了税关，我的护照就被一个兵拿去。我一个人在木台边等着验行李。忽然一个女人来说是苏俄旅行社的职员。"你验完了行李，到那边小窗口去取到莫斯科的车票"。说着时一位女职员来验我的行李。她是一位不到三十岁的妇人。白棉布褂子,蓝布裙子,白棉纱的袜子,面色很枯槁,脚上却着了一双极高的高底鞋子!她很客气,查验的时候把行李翻乱了,还给我放好,又把我的现款以及通济隆的旅行支票一一登记,给我一张收据,然后手续才算了结。我要向旅行社去取票,恐怕行李没人照料,想找一个行李夫看着,他们却不懂得。我向验行李的女职员说明我的意思,请她翻译,她也摇头不懂得。只好把行李放在原处,一个人去到旅行社窗口去。窗子口的一位女职员告诉我道:"行李放在那边不要紧的。到时候我派人去搬上车。护照验完了自然会得还你。这是你到莫斯科的火车票。今天晚上的晚饭,明天早上的早饭都得在车上吃的。你最好在此地买好了饭票省得在车上麻烦。两顿一共七个马克。要换钱那边窗口去。""我在柏林给你们的旅行社说好了。一到苏俄境内,一切都是包办的。何以吃饭又要另外付钱?""那我不知道。你现在吃饭一定要付钱的。包办的话到莫斯科再说吧。""请你打电报到莫斯科,明天早上派人到车站来接。""请你放心。一定有人来接的。"我只好完全照了她的话办。不过我知道卢布是不可多换的,所以只用了十个马克去换了五个卢布。以后我才知道在莫斯科的秘密市场上,六个马克可以换一百个卢布。就是在沿路旅馆里用,一个马克也可以抵八个卢布!

在奈高来罗依一共停了一点五十分钟。护照在税关就拿回来了。可是上车的时候,车门口的兵又得验过一遍。上了车以后又被车上的军警拿去,到第二天早起方始送还。我坐的是苏俄国际卧车的二等,一间房两个人。同我同房的是一位青年的德国人。我问他道:"你从柏林来的吗?""柏林?我如何敢从柏林来!我是共产党,是从捷克首都 Prague 来的。""这列车出乎我意料之外的洁净。简直与别国的国际卧车一样。""哈哈!你听惯了资本国家的宣传,以为苏俄的火车不知怎样坏法罢?你自己看看,这样宣传是靠不住的。""不但火车很干净,而且行李夫异常的规矩。上车的时候我给行李夫酒钱,他不肯要,说是旅行社全给过了。他安顿我的行李,都用梯子上下,不肯把脚踏在坐垫上。使我觉得苏俄劳动者知道爱惜人格,爱惜公共的东西。""哼哼!这又是偶然的。没有如你所想像的好。"他又说道,"共产主义完全成功只是时间问题。我常常到苏俄来的。来一回觉得进步一回。旅馆?我不知道,我来都是住在机关里的。中国的共产党真正有信仰吗?真正了解主义吗?阿!死的很多，不错，政权还是在反动派手里的！"他一面说，一面从皮包里取出一大块面包，一大包烤肠，大吃起来。"苏俄车上的饭食又贵又坏，没法子吃。"我初起以为他是自己省钱，借这话解嘲的。等到我看见我花了四个马克一顿的晚饭，只有一大块咬不动的牛肉，我才知道他是说的老实话。吃饭如此，睡觉也是不舒服，因为只有一条极薄的毡子，夜间很凉，害的我一夜没有睡稳。

地质探矿联合局

八月三十一日上午九点四十五分火车到了莫斯科的"白俄"站。吴炳文先生同一位黄先生来接。下车以后我们各处找旅行社的接客，丝毫没有影子！幸亏吴先生带了使馆里的仆人宜万（Ivan）帮我照料行李。他在使馆里好几十年了，不但会说英法德三国的语言，而且说得很好的中国话，虽然他没有到过中国。于是我们同坐了使馆的汽车，先到首都旅馆（Hotel Metropole）住定了房间，再把吴黄二位送回使馆，然后我带了宜万去到所谓"地质探矿联合局"去（United Geological and Prospecting Service，俄文缩写为 Soiusogeolorazwed）。

联合局在莫斯科河的边上。门前路没有修好，汽车极其难走。房子极其高大，但是多年没有修理，外面看起来不免破旧。联合局是大房子里面几个机关的一个。我同宜万费了许多事，东问西找，才找着代理局长奴维哥夫（Novekoff）先生的公事房。房是里外两间：里面一大间是他本人办公的地方，外面一小间，有一男一女坐着，大概是下级的职员。男的看见我的片子，立刻拿了进去，又出去找了两位会说英国话的翻译来，然后请我。奴维哥夫先生不过四十多岁，完全不懂得外国话，所以不能不先找翻译。他极端的欢迎我在苏俄旅行。"古布金局长早有信来叫我招待。我现在派这位许罗哥夫（Shrokoff）做你的翻译。请你把你的路线定好，我可预备一切，因为古布金局长说，你是我们请的客人，所有旅费都应该由我们供给的。"我一面谢谢他，一面告诉他我已经与苏俄旅行社订了合同；凡旅行社有机关的地方都由他们担任食宿交通，但是他们没有机关的地方不能不仰赖地质探矿联合局帮忙。我又告诉他我的旅行的目的共有七种：一，到乌拉尔山参观铁矿与钢厂；二，到中央亚细亚作地质旅行；三，过里海（Caspian）到巴库（Baku）参观煤油矿；四，从南至北穿过高加索山脉；五，到东奈治（Donetz）煤田研究地质并参观煤矿铁厂；六，参观德涅勃（Dniper）河边的大水电厂；七，由气夫（Kiev）到波兰。一共预备走四十天，所以时间很匆促。希望他派人帮我做一个详细的日程。他屈指一算道，"你的计划太大了，不是四十天以内所能做得到的。我劝你至少牺牲中央亚细亚的旅行。并且你无论如何应该到列宁格拉得去一趟。这还是我们科学的中心。地质探矿联合局的总办事处虽然在莫斯科，科学工作仍然在列宁格拉得。你到那边和专门家谈过以后，再回来决定日程"。

于是我先去向旅行社接洽预备第二天晚车到列宁格拉得去。下午五点钟许罗哥夫坐了汽车到首都旅馆来接我再到联合局去见奴维哥夫先生。那时办公时间已过，所有职员都散去了。奴维哥夫一个人等我。他告诉我地质探矿联合局的组织如左：

地质探矿联合局最早的前身是地质委员会（Committee Geologique）。革命以前有职员二百人，预算每年为二十五万卢布。到一九二九年扩充为地质局（Geological Department）属于国民经济最高委员会（Supreme Council of National Economy）。一九三一年再扩充为一个"托辣斯"（Trust），命名为地质探矿联合局，直属于重工业部。Trust是苏俄行政组织的特点。凡是组织复杂而有独立预算（尤其是有经济性质）的机关都可以成"托辣斯"：如煤油，如煤皆各有"托辣斯"。地质探矿联合局的行政总机关在莫斯科，研究总机关——中央地质研究所——在列宁格拉得，这是所谓中央"托辣斯"。此外还有十六个地方"托辣斯"，分布在各省或是各联邦。

总机关共为六部：一设计，二会计，三地质，四探矿，五劳工，六教育与职业。联合局全部共有职员六千，其中有三千是地质家。在野外工作的有二千队，其中有五百队是做地质图的。有六百架机器钻在野外工作，每钻平均的深度为三百五十公尺。此外还有一千五百架手钻。地质探钻两部共用工人四万五千。革命以前做好的二十万分之一的地质图才不过占全国面积千分之一点六。目前已经增加到百分之十一。全体的预算为一万二千万卢布！其中九千万是直接由财政部拨的，三千万是由各种实业的"托辣斯"补助的。经费支出的比例：百分之六十是薪水工资，百分之二十是机器仪器，百分之二十是运输及其他杂费。革命前的地质家还有三百人在局服务。技术人员最高的薪水是一千卢布一个月。联合局自己办的有七个专门学校，训练地质人材。

要知道上面各数目的意义，我们可以拿中国的地质调查所来比一比。单就地质家和工作队的数目讲起来，苏俄比我们多一百倍！经费的比例因为很难决定卢布的价值，不能如此单简。但是我们可以拿最低的汇兑价钱——六块钱等于一百卢布——计算，一万二千万卢布也等于七百万元华币。这个数目恰巧比我们实业部发给地质调查所的经费大一百倍！以前世界最大的地质调查所是美国。经费最多的时候，到过二百万元美金，但是这是连土地测量的经费在内。所以就是拿英〔美〕国做标准，苏俄的地质探矿联合局也是世界上第一个地质机关。

不过事实上在五年之内把人数与经费都扩充到数十倍以上，不是一件容易的事。最缺乏的要素是人材。我以后在苏俄旅行的经验，往往看见一九二六年毕业的学生已经负很重要的责任。他们是否能完全称职实在是疑问——至少工作的程度（quality）是不很高的。许多人又说经费太大了，免不了有浪费，所以一九三二年冬天曾经裁人减薪一次。我离开苏俄的时候——一九三三年十月——地质探矿联合局听说又经根本的改组：中央的行政机关改为委员会，地方机关的权限扩大，预算维持相当的独立性。足见全部的制度还在演化中呢。

第二天（九月一日）早上我又到地质探矿联合局去参观陈列馆。在那里遇见普利高罗乌司荃（Prigorovsky）教授。他是专门研究煤田地质的。在他的指导之下我在陈列馆研究了一上午。陈列馆不过一间屋子，大部分表示重工业的发展。苏俄可以炼焦炭的煤田原只有两个：一是著名的东奈治（Donetz）在乌克郎（Ukraine）；二是西比利亚西部的古治奈司克（Kutznesk）。最近才研究中央亚细亚的喀拉刚大（Kalaganda）。最初俄国的钢铁厂是在莫斯科南的都拉（Tula）附近；就是所谓莫斯科煤田里面。然而莫斯科煤田的煤是褐炭。钢铁厂所用的焦炭都是从东奈治来的。铁矿产于都拉不远的李白治克（Lipetsk），是褐铁矿，成分很低。因此以后钢铁业的发展不在都拉，而在东奈治。那里所用的铁矿是从克利我罗克（Krivoe Rog）来的。矿是我们的"鞍山式"，但是成分很高。革命以前差不多俄国的重工业全部以这一个煤田，一个铁矿为基本，集中在乌克郎。钢铁成分既好，又离煤田比较的近，是很经济的。但是乌克郎离国境边界太近了——革命的时代曾为波兰占领。所以苏俄的五年计划极力的发展所谓乌拉尔—古治奈司克联合组（Ural-Kutznesk combine）；用乌拉尔山里马格尼托高司克（Magnetogorsk）的铁矿，和古治奈司克的煤矿，把钢铁厂分设在两头。铁矿是我们的"大治式"，成分很好，但是煤与铁矿相距二千几百公里，无论如何成本不能很轻。现在第二个五年计划要开发喀拉刚大的煤田——如此煤可以近一千公里。同时又发达黑海边的克尔区（Kertch）铁矿——也用东奈治的煤。并且在克利我罗克和德涅勃河边两处添设新厂，使得乌克郎的重工业不集中在东奈治一处。这都是从国防上着想的政策。

莫斯科半日的游览

我第一次到莫斯科一共不过住了两天。在地质探矿联合局消耗了一天半。剩下来半天来游览莫斯科的名胜。《大公报》的记者陈先生介绍了他的秘书亚细亚女士给我，说我有甚么私事可以请她当翻译。我原来约好请她早上九点钟来的。第二天不到八点，我还没有起身，一位二十多岁的女人就一直走了进来。通了姓名之后她毫不客气的坐了下来，问我有何工作。这是我第一次了解苏俄女子解放的彻底。

我到浴室穿好了衣服，匆匆的吃了早饭，和她同到地质探矿联合局去，请她帮我当翻译，帮我记录。事毕回来，顺便去参观"红广场"（Red Square），这是一条南北的长方街，用小块的花岗岩铺的。西面是克兰姆林宫，东面原是百货商店，现在改为政府的机关，门口挂着各种语言的广告大书着："第十九届国际青年运动纪念会"——斗大的中文字尤其令人注意。北头是历史博物馆，因为放假，不能进去。南头是著名的圣巴希儿教堂。这是十六世纪"可怖的宜万"（Ivan the Terrible）造的。上面是九个圆顶，构造很特别，据说是仿照北俄乡村的建筑造的。现在已经改为博物院，也因为放假，不能进去。教堂以北不远就是旧日的行刑场。不少的贵族在此地丧失了他们的首领。宫墙前面是列宁的坟。外面全是花岗岩造的。坟顶上的平台是政府要人演说的台子，阅兵的座位。

匆匆游览了一周回到旅馆里吃午饭。旅行社的人来邀我去参观克兰姆林宫。这是他们照例的游览的一种。参加的客人分做两队：一队懂英语的，一队懂法语的，各有一个向导。向导的职务与普通（如通济隆）向导差不多，不过说法语的那位向导教育的程度远在一班人之上。

克兰姆林宫在莫斯科河的北岸。周围有一道一公里半高墙，所以讲伟大，抵不上北京的紫禁城。宫的大门朝东，在红广场的西面。我们是从后门进去的。先到博物院去参观。这是一个两层楼的建筑，里面陈列的是各时代的武器，盔甲，皇帝的家具，衣冠，御辇等等。很令游人注意的是御冕上的宝石。宫的西北角是中央执行委员会办公的地方，不能进去，只看见门前有许多旧炮，说是拿破仑退兵的时候留下来的。

出了博物院向东走，就看见三个教堂，每一个上面有五个圆的金顶。我们只进去参观了一个——所谓"总天使"（Archangel）教堂。里面有许多俄皇的棺材——"可怖的宜万"和他的儿子也在内。这种棺材占的地方很小，大概费钱也很少，比我们的皇陵，或是列宁的坟俭朴的多了。

出了教堂又到东边的大院子眺望。宫是砌在一个高台上的，所以望得颇远。向导的人一一指点给我们看：这是十九个瞭望台，那是钟楼；这是不能撞的大钟，那是不能放的大炮；都是十六和十八世纪皇帝留下来的废物。

如此就匆匆的出了旧皇宫。回到旅馆，又同亚细亚小姐出去买东西。陈先生介绍她给我的时候说是一位小姐。到了街上，她忽然给一个八九岁的女孩子说话，她告诉我这是她丈夫前妻的孩子。我方才知道她是已经结过婚。她的丈夫是学经济的，在经济委员会服务，收入不多，所以她又给人家打字，当翻译。她夫妇两个同一个女孩子住得有一间房子。这是以前的新式的大楼，里面有升降机。有时升降机停了或是坏了，她得扒一百几格楼梯。但是现在她的收入不少，面包也很容易买得，所以她已经是很满意。

出了旅馆不远就看见许多百货商店，但是里面的货物的质量都极其不堪。亚细亚小姐说，要买东西一定要到"现金交易店"（Torgsin）去。在这种店里买东西，完全要用外国货币，或是金卢布，或是可以换现金的东西。这是苏俄政府吸收现金的机关。表面上说是为外国人开的，所以用外国货币，其实买东西的大多数是苏俄的人民。他们有外国货币的当然是少数，但是从前所藏的金卢布，金银器具，首饰，珍珠，金刚钻等等，凡是可以向国际市场换现金的东西都可以拿到现金交易店来用。货币是不成问题的了。非货币的物品须先由店员估价，然后发给买货人一种用金卢布买东西的票子。这种票子很像我们的邮票——大小和数目也与邮票相仿。有这种票子的人可以随意在各现金交易店买东西。现金交易店比普通的百货商店好的多。不但是货物的种类多，品质好，而且数量没有限制，价钱比较的便宜。譬如黄油是当日莫斯科最缺乏的东西，合作社里几乎完全买不到。百货商店的纵然买得到，要四十多个纸卢布一基罗！在现金交易店里黄油都是大堆的陈列着，价钱不过百货商店的十分之一，但是要用金卢布，或是可以换金卢布的物品。黄油如此，其他一切的食物，衣服，器具等等都是如此。于是苏俄人民凡是藏得有现金或是与现金相等的东西的人，忍不住都要来做现金交易店的主顾。用这种方法，凡是农民所藏在地下的金币，贵族所缝在鞋底下的宝石，革命兵士所抢不尽，秘密警察所查不到的东西，都和和平平的送到政府手里来了。

人民所藏的现金当然是有限的，有时要用完的。所以现金交易店的主顾虽多，每人每次所购买的数量却是极少，因为买东西的人自己知道手里的购物票是一去不能复返的。我这天下午把莫斯科的现金交易店差不多走遍了——因为我要买雪茄烟，这是莫斯科最希罕的物品。我细细的留心看，外国人除外，买东西的人很少用过二十五可拔克（一个卢布等于一百个可拔克）的。用外国货币的人又有一种困难，就是算账。现金交易店里一切的价目都是以金卢布计算的。而无论那一种外国货币都可以使用。这些货币的价值，以金卢布计算，当然是不同的，所以付钱的时候，收款的人旁边另外有一个专门算账的人临时把买物人所付的金镑，法郎，马克，美金……照当日的市价算成卢布。所以在现金交易店买东西，虽然质量相等的好，算账却极其耗费时间。我当日用的六个金马克买了二十支在列宁格拉得制造的雪茄烟（味道与四川的叶子烟相仿），费了十五分钟方把账付清。

买了雪茄出来，却几乎回不了旅馆。因为当晚政府当局要在红广场阅兵演说，各团体游行也在那里会齐，所以早一点钟，向红广场的路口，都有徒手的红军断绝交通。我的旅馆，在红广场附近。走回去的时候，只看见一队一队的人马，拿着旗，奏着乐，喊着口号向红广场走去。普通的行人却被红军拦住不准过去。亚细亚小姐却不肯轻易退却！她对着拦路的红军，一个一个去说情："这是旅行社的外国客人，要回旅馆去有要紧事的，请你通融。""我不管，不能通过"，兵士把手拦住。如此碰着几回钉子，却遇见一位好说话的把我们放了过去。到了第二条街又是如此。有时这条街走不通，我们转一个弯子，向另一条街冲去。不到半里路，走了半个钟头，方始走到旅馆的后门。旅行社还约我到红广场去参观游行阅兵的大典。我因为肚子饿了，又下起大雨来，就辞谢了没有去。事后听见一个美国人说，去的外国人都很后悔，因为挤在那里非等到典礼完成不能出来，而雨越下越大，两个钟头衣服一齐都湿透了。

列宁格拉得的科学机关

我于九月一日夜间的十二点半离开莫斯科，第二天早上十点就到了列宁格拉得。这一次的夜车叫做"红箭"，是苏俄最快的火车——六百公里九个半钟头就走到了。南京到上海不过三百多公里，我们的最快的京沪车要走七个半钟头，速度比"红箭"要差三分之一。车辆的清洁在苏俄也是第一。苏俄的火车大致可分为三种：俄国式的"硬"车，是没有坐垫的，等于别国的三等；俄国式的"软"车，是有坐垫的，但是普通四个人一个房，铺盖不一定有，等于别国的二等；国际卧车与别国的国际卧车一样，是真正的头等。"红箭"是俄国式的车，但是"软车"是两个人一房，一切设备都是新的。

地质研究所与旅行社都派人到车站来接。同到阿斯多利亚（Astoria）旅馆看定房间以后，就到地质研究所去。这本来是旧俄的地质调查委员会，成立于一八八二年。革命以后改为地质局，继续工作，没有间断。一九三一年大加扩充的时候，把地质探矿联合局的行政总机关设在莫斯科。原有的地质调查局改为地质研究所，隶属于地质探矿联合局。所长原是苏俄著名的地质学者莫虚克读夫。本年七月才换了一位青年学者亚基开夫（Angekaiff）。副所长德提亚也夫（Tetiaeff）是与翁詠霓先生同时在比国的留学生，在西伯利亚工作多年。他们两位很诚恳的欢迎我，介绍研究古生代地层学的爱德尔斯坦（Edelstein），傅莱德利克司（G. Fredericks）同李哈列夫（B. Lichareff）和我讨论，派人领导我参观地质矿产陈列馆，赠送我许多出版物，晚上两次到阿斯多利亚旅馆来同我一块吃晚饭，临行又在所长办公室同照一个像。我在列宁格拉得五天，一天半是消耗于地质研究所的。上面所说的这几位学者，对于中国的地质工作出乎我意料之外的留心。德提亚也夫说，"翁先生所说的'燕山期'造山运动与西伯利亚也有关系的"。爱德尔斯坦说，"你讲'丰宁系'地层的文章我拜读过了。详细的报告几时出版？"李哈列夫说，"葛利普本事真大！何以能一年写这们多的书。他很利用俄国材料，可惜他不懂得俄文"。傅莱德利克司说，"李四光先生对于'太原系'有新的研究吗？我很想把这系归入中石炭纪，可惜李先生的纺锤虫不同意！"李哈列夫笑他道，"哈哈！岂但中国的纺锤虫不同意，我们也都不同意"。德提亚也夫说法国话，爱德尔斯坦和傅莱德利克司说英国话，李哈列夫说德国话。使得我感觉科学是超国界的。

地质矿产陈列馆也有记录的价值。这是前地质调查委员会会长邱尼采夫（Tschernyscheff）所发起的。建筑于一九一四年完成。包括现在的地质研究所办公室在内——比莫斯科的地质探矿联合局宽大的多。建筑完成以后，接着就是欧洲大战，大革命，所以一切的设备一直到一九二五年后才逐渐的布置起来，一九三〇年方始正式开幕。苏俄政府不忘发起人的功劳，命名为邱尼采夫博物馆，同时又名为中央地质矿产陈列馆。馆的面积为二千九百多方公尺。内容分为三大部：区域地质部，实用地质部，古生物部。区域地质部有三个陈列室：中间一间是代表苏俄属北欧，左面一间是苏俄属南欧，再左一间是西伯利亚。各地的岩石，化石，矿产都有标本陈列。此外有地质图，剖面，照相，模型等等说明如区域的地文，地层及构造。最足以引起人家注意的是西伯利亚部所陈列的巨大的"满洲恐龙"（Mandschurosaurus amurensis），是从黑龙江左岸发掘来的。实用地质部有两间陈列室，都在区域地质部中间一间的右面。第一间是非金属矿；再左一间是金属矿。陈列的方法是先有一部分标本说明矿产学的大意：表示矿物的种类，矿床的成因，经济的利用。然后将各种重要的矿产分别陈列。标本之外也有地质平面剖面图，照相，经济地图等等。非金属部最足以使人注意的是梭理甘司克（Solikamsk）钾矿打钻所得的石柱。这是在乌拉尔山北部的一个盐田。最近打钻的结果方知道一百四十五公尺至三百公尺之间含有钾盐两层，矿量极其丰富。钾是农业必需品，在欧战以前完全为德国人专利。阿尔沙司交还法国以后，德法两国联合垄断。所以苏俄的新发见是极其重要的。金属部可注意的是白金。这是苏俄所特产。矿物标本陈列的有两大玻璃柜子。此外还有莫斯科南古尔司克（Kursk）的磁铁矿，是最近用磁力测量的方法打钻探矿所发见的。古尔司克地方磁力反常是久已知道的。从前也曾打过钻，但是因为不够深，所以没有探着铁矿。于是古尔司克的磁力反常变为大地物理上的疑问——连一九二八年出版的教科书里还认为是不可解的问题。其实经最近研究已经知道磁力的变更仍然是因为地下有磁铁矿的原故。这种磁铁矿与我们的"鞍山式"矿相同。离地面如此之深，开采的价值目前还有问题，不过不失为最近苏俄探矿重要成绩之一罢了。古生物部一共也是两间：一间是古生代，一间是中生代；因为标本是照地质时代分的。凡所陈列的标本都是已经研究过而且在专刊里面制图出版过的，所以这一部的俄文名字原为专刊部（monographic section）。陈列的目的一来用以表示各时代的生物种类，二来把标准的标本一齐保存在一处预备后人容易比较。这是很值得效法的。

地质研究所之外我又去参观苏俄科学院的地质部。科学院是已经有一百年以上的历史。现任院长是地质学者嘉宾司基（Karpinsky）。他是苏俄科学界的泰斗，很得政府信用。革命以后科学院继续存在，不甚被政治的干涉，他很有功。可惜暑假期中他不在列宁格拉得，没有见着他。我却约好了苏俄地质界的前辈奥布儒却夫（Veadimir Obrutchoff）在科学院见面。他四十年前到中国来旅行，研究外蒙古，甘肃的祁连山，新疆的伊犁盆地，和秦岭大巴山的地质。著作了两大本报告。当日与德国的李希和芬齐名。他的书是用俄文出版的。一九一七年我请他用德文或是法文把他自己和其他俄国学者对于中国地质的研究做一个简明的结论，在中国出版。他当日很高兴，立刻着手编纂起来。大革命以后，他先避到南俄。不久我就失却他的踪迹。直等到一九二三年才知道他做了莫斯科大学的地质教授。三年前以年老告休，不过他仍然是科学院的研究员，得有相当的俸给。我到列宁格拉得的次日，他特别从乡下坐火车到科学院来会面。凡是科学院的研究员每人各有一间屋子。我见他就是在他的屋子里。谈话的时候只有我们两个，所以很是自由。他已经七十三四岁了，须发眉毛都是雪白，身长不过五尺四五，精神却是很好，丝毫没有龙钟的状态。他很记得十几年前我们的通信。"我们俄国人研究中国的地质根本没有多大的贡献。你叫我做的文章没有做也未必是损失。我现在正写着我的新疆旅行记。这也是旧工作，而且大部分是关于地理的。一部分已经出版，现在送你一本。阿！这是你们贵所最近的出版物，送给我？谢谢你。你们的印刷真考究，纸也比我们近来的出版品好得多了。""不错，不过你们的纸是自己造的，我们用的纸是向瑞典买来的。""阿！也许你的话是有理由的……"

科学院的地质陈列室却使我很失望。不但材料不丰富，而且陈列的方法极其简单，似乎是为毫无根底的人参观用的。在一种通俗博物馆里这种办法当然是可以的。在一国最高的科学机关里则未免有点不伦。这也许是因为我看过了地质研究所的陈列馆，有"曾经沧海"的感想。

地质部之外我又去参观科学院的人种民族部。自从安特生在河南仰韶村发见了彩色陶器，许多人都注意到先史时欧亚文化的交通。这种彩色陶器于本世纪初年美国地质学者彭勃来（Pumpelly）在苏俄土耳基斯坦的亚脑（Anau）地方首先发见。其后在波斯，小亚细亚，苏俄国南部都找到了同样的陶器——苏俄南部最著名的地点叫做特利波里（Tripolje）。我趁这个机会，在科学院人种民族部，参观亚脑，特利波里两处的陶器标本。特利波里的原物是陈列在玻璃柜子里，参观很容易。亚脑的标本都在储藏库里，管理的人特地取了出来给我赏鉴。我很过意不去，向他道歉。他指着一只柜子说道："那不是你们地质调查所送我们的'北京人猿'的模型吗？我从库里取点东西给你看还不是应该的。"

还有一个问题也是因安特生的工作而引起人注意的。他在北平的时候买到许多带头、马衔口之类的小件铜器。其中最普通的花样是动物式的（animal style）。大多数的动物是鹿，都是头角仰着，连在后背；前脚向后，后脚向前，屈曲在腹下。以后知道这些铜器是从河套来的，所以他叫它为绥远铜器。除去动物式的物件以外，还有一种短剑，长不到一尺，柄与剑连合的地方有一个扁心式的护手。这种短剑与动物式的铜器都是西伯利亚爱尼色流域铜器的特色。最有名的是米奴新司克城（Minussinsk）所发见的古物。这种铜器波斯北部欧俄南部也有，而最震动一时的是南俄黑海北面古代昔西昂人（Soythian）坟墓里所发见的东西，因为这些古物大部分是黄金的！昔西昂人在纪元前七世纪征服住在黑海以北的工人西曼利昂族（Cimmerian），以后与希腊波斯都有接触。许多学者以为昔西昂人是远东去的。昔西昂的金器全藏在赫尔米他居（Hermitage）宫里，保存得异常的严密。我由旅行社的人带我去参观的时候，等了一点钟方始领到陈列室门的钥匙。一个铁门开了进去，两间小屋，排满着玻璃柜子，里面全是金器！冠谷，衣饰，用具等等都是用黄金做的。花样的精致匀称，种类繁复，决想不到是先史以前游牧民族的产品。可惜我去得太晚，等得太久，没有能逐一的观察记录。只知道：用金器殉葬是在昔西昂人未到南俄以前，土人本来有的风俗——或者土人原与昔西昂同族；时代愈近，希腊人的影响愈大，到了纪元前二世纪，花样几乎丧失了本来的面目；纯粹昔西昂人式的金器几乎完全与西伯利亚和绥远的铜器一样。足见得先史前欧亚交通的密切，文化的接触交换是很明显的事实。

米奴新司克的铜器大部分不在科学院而在俄罗斯博物馆。我到那里见到了主管的人狄蒲罗乌哈夫教授（Teploukheff），他很亲切的带我参观。我方始知道所谓米奴新司克的铜器可以分做好几个时代，不是如我想象那样单简的。同时我又看见了爱尼色上流的旧石器——很像美国人在蒙古所发见的东西。听见狄蒲罗乌哈夫说方知道哥子罗夫（Kozloff）在外蒙古所发见的古物一部分在他博物馆陈列着。我还记得十年前哥子罗夫从外蒙古到北平，北大欢迎他，请他吃晚饭。他穿着他的破旧衣服，长桶皮靴，一星期没有刮过的毛脸，坐在首座，终席不发一言，使得许多人大大的失望。他的古物发见却异常的重要。所陈列的是几个汉朝匈奴贵族的墓里的东西。因为葬过没有许久，有人盗墓，放进了水去，把全部冻在冰里，所以殉葬的马，毛肉未腐，盖棺的绢，经过二千年，完整如新——绢的保存比斯坦因在新疆所得的汉缣完好的多。绢色是淡黄的，上面织得有字——我匆匆的只看见有"宜子孙"几个字样。据说这是盖在棺材上面的。马的骨骼颇大。据说不是现在的蒙古小马，是伊犁的大马。马鞍子很单简，前后并不高起，如现代的蒙古鞍子。人骨也在研究中。据说也不像蒙古人种。这都可以证明匈奴人不是黄种，与现在的蒙古人没有关系。这与我们的历史很有关系，希望国内学者注意。

列宁格拉得的游览——《红樱粟花》的舞剧

我在列宁格拉得一共三天。大大部分的时间消耗在参观科学机关上。苏俄旅行社的招待员是一位受过高等教育的女士——她的父亲是一位著名的医学教授；她的丈夫也是医生，所以她对于我的目的很能了解。但是两天以后她对我说道，你明天晚上要回莫斯科去了，难道你连列宁格拉得的风景建筑看都不看就走开去吗？于是她把我拉上汽车在城市里绕了一个圈子。

出旅馆没有多远就到奈瓦（Neva）河的岸上。她指给我看道：那边屋顶的台上有一根很长的金针，是旧日的海军部，是列宁格拉得市里最好的目标。向西去是十二月革命者的广场——纪念一八二五年十二月卫队营的哗变。再西为"劳动宫"（Palace of Labour），邮政局，新海军部。那就离奈瓦河口不远了。我们在河的左岸（南岸）。对过是河口的两个大岛：靠南面的一个是三角形的。三角的尖子朝东。从旧海军部北边的桥上看去，风景很好；从西向东是大学校，科学院，动物博物馆，旧日的交易所。再向北去过一座大桥就是第二个岛。岛南面是著名的"彼得保罗炮台"（Fortress of Peter and Paul）。这是十八世纪初年的建筑，名为炮台，实则变为政治犯的监狱。我们从旧海军部北边的桥经过第一岛到第二岛上。桥的右面是革命广场。广场的旁边有一所房子，原是一个著名的女戏子住的。革命的时候列宁住在那里，常常从阳台上向民众演说。再过去一所新的回教的礼拜寺——如此向东走在列宁公园绕一周又从东面一座桥向北回到奈瓦河左岸市的中心来。从这座桥向西到旧海军部第一是以前的大理石宫，现在为科学家的住宅（house of scientists）。再过去是赫尔米他居，与"冬宫"（Winter Palace）。旧海军部附近的纪念品，如亚力山大第一的石柱，古彼得，和尼古拉第一的铜像都依然保存着，不过，圣爱撒克（St. Isaac）教堂已经改为反宗教陈列馆了。

从旧海军部向南向东都有一条干路。我们顺着向东的那一条到"十月"火车站。沿路经过国立图书馆，市立博物院。后者四围有花园，园里常有露天戏剧。车站的前面是亚力山大的铜像，一点没有毁坏，但是座子上刻了几句挖苦他的诗句。从车站向东北走到奈瓦河从向北转弯向西的地方，是著名的"司冒儿尼"（Smolny）原来是贵族女子学院，现在改为列宁格拉得市政府。一九一七年十月革命的时候是革命党的大本营。从此向西又回到旧海军部一带来。路上经过一九零六年旧俄议会的会场，原来是加泰林女皇送给她情人的宫府。

如此一走，就完结了我游览旧俄京的义务。旅行社的招待员问我印象如何。我说比莫斯科好的多。她拍掌说道："我们都是如此想。我很高兴先生也变为列宁格拉得党员！"许罗克〔哥〕夫反对道："你们都是中了西欧的毒。在你们西欧化的人看起来，莫斯科总是不如列宁格拉得。其实后者是一个完全模仿西欧的城市，没有一点创造。莫斯科大部分是纯粹俄国式的，是带亚洲气味的，是创造的。列宁格拉得，那里比得上它！"

三日的晚间我们到歌舞剧场（opera）去看舞剧（ballet）。招待员不到八点就来催我们动身。因为俄国人最不守钟点，剧场就定出一种苏俄独有的规则来：一过法定钟点，把剧场门关上，任何人不许进去。于是凡要看戏的人都得遵守法定时间。招待员同我们同去看戏，着一身人造丝的半晚礼服，胸背一半露着，长筒的人造丝袜子，高底皮鞋，擦着粉，涂着胭脂，宛然是一位布尔乔亚的妇人。我私向许罗克〔哥〕夫讲起这问题来，他板着面孔答我道："为甚么不可以？"

舞剧却很有兴趣，因为是新编的《红樱粟花》，是向中国宣传共产的出品。苏俄的一只船到了中国码头——大概是上海——码头上有苦力，洋车，印度巡捕，美国海军官，名"桃花"的娼女和爱她的银行家。一个苦力卸货的时候，跌倒在地上，被巡捕拿鞭子乱打。其中有一个苦力不平起来，纠合众人来打巡捕。于是苦力慢慢的要吃大亏，幸亏得苏俄的船长带了水兵来救护他们到船上去。第二幕在一个欧洲式的跳舞场。表演各国的跳舞。英国的海军官，苏俄的船长，银行家，"桃花"都到场上。银行家看中了"桃花"，"桃花"却爱上了苏俄的船主。第三幕在"桃花"的家里。她睡在板床上做梦，梦见各种的神怪，预示不吉祥的兆头。第四幕在银行家家里开跳舞会。英国军官，苏俄船主都是客人，"桃花"是演员的主脚。英国军官和银行家计议要用毒药放在酒里来毒死苏俄船主。无意中被"桃花"知道了。到了进酒的时候"桃花"把药酒杯打碎了，救了苏俄船主的性命。最后一幕苏俄船主上了船，"桃花"和中国苦力来送行。"桃花"当场被龟奴用刀刺死。死的时候，苏俄的船开走，许多小孩子捧着红樱粟花圈着"桃花"，表示赤色的花，在青年手里，继续滋生下去。

扮"桃花"的是苏俄有名的舞女孟家罗夫女士（Mungalof），舞得的确令人神往。但是我根本不喜欢舞剧的。这种矫揉造作的姿势，完全是封建时代贵族蓄歌妓的产物。苏俄至今还保留它一切的形式。足见得艺术上创造之难。

在休息的时间，许多人都排着队在台前空室里往返的散步。我们也加入在内。这许多看戏人真是各种装束都有：穿着做工的衣服，满靴子都是泥，满脸都是胡子的是男工人。穿着半新旧的人造丝的晚服，长筒袜子，高底靴子的是女工人。在二者之间是学生，书记，"专门家"各色的人。有两个穿着晚礼服的是外交官。有六七个似工人又似学生的是中国共产党员。

再到莫斯科——"牛奶妇"的火车

我在列宁格拉得的几天，地质研究所的所长和副所长天天晚上到我旅馆里来陪我吃晚饭。临走的那一天又邀我到研究所去同照一张相。上火车的时候又派人来送，情谊至为可感。因为他们如此殷勤，所以旅行社的人也就亲切的多；一切随我自由，并且尽力的帮我忙，使我达到参观的目的。但是九月四日我从列宁格拉得回到莫斯科，他们却不叫我坐"红箭"的车。另给我买了晚上十点〇五分的寻常快车票。这次车要走十小时，而车辆都是旧的，比"红箭"差的远了。我坐的是俄国式的"软车"，四个人一间房。同房的除去许罗哥夫外，还有两位德国人。他们是刚从柏林来的，对于火车的设备，万分的不满意——又要禁止我吸烟。这倒也罢了，最不得了的是九月里天气晚间温度在十二度左右，而车上只供给两条单布毡子，没有其他的铺盖！幸亏许罗哥夫预先给旅行社说好，另外给我预备一条毛毡。我盖上大衣还是冷得睡不安稳。可是许罗哥夫不脱衣服，只把一条单的布盖在身上，倒酣酣的睡了一夜，使我暗暗的惭愧。

到了莫斯科立刻去到地质探矿联合局，商量旅行的日程。奴维哥夫先生劝我取消到乌拉儿〔尔〕的计划，专心到南俄去调查石油、煤田、铁厂。他又请了一位专门家来，替我计划到东奈治煤田去的路程。下

午，许罗哥夫带我到莫斯科地质研究股去访包尔何维提那夫人（Bolk-
hovitina）。她是研究石炭纪地层并且专门于纺锤虫的。我没有去苏俄以
前，曾经看见她给李仲揆先生的信，知道她对于中国人的工作极其注
意。见了面以后，她把最近在莫斯科盆地打钻的地层与所发见的化石一
一拿给我看。她极端的赞美李先生的工作："我们的纺锤虫化石多年没
有人研究。幸亏有李先生研究中国的材料，我才始可以着手。可惜我们
莫斯科的书籍设备都不如列宁格拉得完备！"她又介绍我见亚布罗哥夫
（Yablokov）先生和伊华努华（Ivanova）小姐。她们都是研究莫斯科附
近石炭纪地层的。伊华努华小姐是名父之女，她的父亲是著名的古生物
家。欢谈以后，大家约了明天带我去看看莫斯科附近的地质剖面。

所谓"附近"，都是在几十公里之外！因为莫斯科盆地内山本来很
少。小山上到处是很厚的浮土。要研究地质，除去打钻之外，就是要靠
人工开采的石矿。所以亚布罗哥夫提议到莫斯夸列司加亚（Mosk-
wareskaya）石矿去，因为那边是有一个很大的洋灰厂（giant cement
works）。但是这地方离莫斯科有一百多公里，火车又极其不方便，交
通发生问题。许罗哥夫先向旅行社接洽派汽车送我去。旅行社不肯，说
没有闲汽车。向地质探矿联合局请求，又因为下午放假，没有人负责。
最后还是我向我们大使馆借定一辆汽车，约好第二天七点钟到旅馆会
齐。第二天早上，亚布罗哥夫、许罗哥夫和一位太太一位小姐都按着时
间到齐了。可是使馆的汽车，因为汽车夫得信晚了，一直到九点才来，
又要绕道去上汽油，一直到九点二十分方始出莫斯科。据许罗哥夫告诉
我，这是一条大路，汽车是很好走的。那知出城没有好远，路就变坏
了。莫斯科盆地里石山完全没有，石头很不容易找着。只有冰川层里的
石子则到处皆是。所以旧日的马路，都是拣这种拳头大的石块来铺成
的，这种路看起来好像南京、无锡、苏州一带的石片马路，但是这是石
块，不是石片，所以还不及石片路平坦。加之日子久了没有修过，则高
高凹凹，极其难走。这还是铺过的。其中有许多小路完全没有石子。新
下了雨，湿泥很深，更是不容易通过。我们从九点二十分走起，走到十
一点才走了二十六公里——这才到了莫斯科亚河边上。河上是一座活
桥，轮船往来的时候可以开闸。我们到那里正遇着开桥，没奈何只好等
着。在这时间，汽车夫发见汽油缸漏油，说万到不了目的地。于是许罗
哥夫提议回到离河边不远的鲁班齐（Lubertsi）村，去乘火车到洋灰厂
附近的华士克列生士克（Vaskresensk）火车站。照他的办法赶到鲁班

齐，才知道火车要十二点五十分方来。等了一点半钟然后上车。车是三等，和我们的平绥路的三等车差不多。车上坐满了从莫斯科回家的农妇。她们人人脚下放着一个有盖子的大洋铁桶。许罗哥夫对我说，这都是到莫斯科卖了牛奶回来的妇人，所以这一趟车混名叫做"牛奶妇"的火车（Milehfau-zug）。这许多妇人衣服大半很破旧，许多赤着脚，许多着的是粗麻的鞋子，但是有两个竟穿着高跟的皮鞋！她们坐在车上，谈天说地，声音几乎把火车震动声都掩过了。有的拿出卢布票来，一张一张的细数着；有的拿着没有卖完的火柿子向邻坐者换面包；有的拿着黑面包吃着，细细咀嚼。最奇特的是坐在我旁边的一位男客。他有一个星期没有刮脸理发，所以满头是乱发，满脸是短毛。身上穿了一件灰色的衣服——可是灰色已经被油污染为深黑。一双泥污的脚从开了叉的裤脚管里伸了出来。一双钉耙似的手从口袋里拿一小块的报纸，一小把烟草，卷成纸烟，然后把靠嘴的一段原来空着没有烟草的，向上折弯了，放在嘴里狂吸。一面吸，一面向地下吐痰。许罗哥夫告诉我，这种自己卷的报纸纸烟叫做"狗尾巴"，是农村里最通行的。

八十公里路走了将近三点钟才到。一上火车，就下起雨来。沿路越下越大。到了华士克列生士克依然不止。五个人中只有我带得有雨衣。太太小姐又着的是薄底皮鞋，眼看见不能回到石矿上去的了。只有亚布罗哥夫还告奋勇。他说，走走不过五六里路。来去一点钟，观察半点钟。回头来还可以赶上五点钟的车回莫斯科去。于是我同他两个人出了站门，走入雨中。可是走不到几步，他的鞋子陷在泥里，提不起来，再向前一看，路上低地的滥泥至少有半尺多深。在火车里穿高跟鞋的妇人，也把皮鞋脱了下来，光着脚在泥塘里挣扎。于是，亚布罗哥夫向我苦笑道："不是我们不努力。天不凑巧，没有法子，只好累你白走一趟了！"

我回到站里候车室一看，觉得我回到中国来了。一间很大的屋子，四面是木板凳，上面已经坐满了人。中间乱嘈嘈的堆着许多行李——衣服包、铺盖，上边也满满的坐着人。没有衣包铺盖的就坐在地板上。男男女女，老老少少总有五六十人。只听见抱在手里的小孩子啼哭声，稍大几岁的跳走叫笑声，少年或是中年男女高声谈话或是吵闹声，老年人咳嗽唾沫声！我立刻想着民国九年至十六年北京、天津车站逃难人的光景。

坐在这群人中间，却有一位描眉画眼，搽粉涂朱，穿着人造丝的晚服，长统袜，高跟鞋，极其时髦的少妇。我私下问许罗哥夫，她是从何而来的。那知许先生早已打听过，知道她是莫斯科有名的歌女，奉派来慰劳洋灰厂工人的。我方才看见她身边还带着一把极大的提琴。

候车室对门是食堂。地方不到候车室一半大，却也挤得有二十多人。我们各人都带得有食物，但是饮料是冷的。下了雨以后颇觉得有点不入口起来。我一眼看见柜台上有煮热的牛奶，就去买两杯来吃。包太太不放心，先去给我检查一次，说牛奶还新鲜，可以吃得。我再一看，柜上的人忙得太利〔厉〕害了，就把人家吃过的杯子，不洗不抹，拿来装牛奶给我吃。我连忙止住他，又另外买一杯茶来自己洗杯子。好容易拿着牛奶，找着凳子坐了下来，却早被几个赤脚、光腿的穷孩子围住了，口口声声向我要面包。包太太又最慈善，把她自己没有吃完的尽数来分给他们。于是人越来越多，弄得我几乎没有法子。最后还是亚布罗哥夫把他们赶散了。小孩子们刚走开，忽然来了一位醉汉，向我指手画脚，乱喊乱叫。又幸亏他的几位同行的人来把他拉开了。我在这种环境之下，不知不觉的消废了一点半钟。

五点钟火车到了，雨也止了。可是这一次的"牛奶妇"车却拥挤得没有地方下脚。一张坐两个人的板凳，大半都坐了三个。有衣包铺盖的就坐在地下。我们挤来挤去，好容易把一位太太、一位小姐安顿下来——每人在板凳边上占有二寸的位置。我们三个当然只好站着。我抬头一看，放轻便行李的木架上也躺得有人——正如我们平绥铁路上的情形一样。许罗哥夫很觉得过意不去，就向旁边坐着一位说道："这是一位外国人，可否请你立起来，让他坐一坐？"那位先生向他瞪着眼道："为甚么？"碰了这个钉子，许先生只好不做声。我就从五点钟起立到九点。看看离莫斯科不远了。许先生又和旁边坐着的几位谈起天来，告诉他们我是地质学者，由政府请来参观的。先前给他钉子碰的那一位，立刻站起来，让我坐下。"你何不早说？我先以为他是普通的外国旅客，所以不肯让坐。早知道是地质学者，我岂能叫他立着？"又向我说道："先生！我老实对你说，我很不喜欢外国旅客。他们有钱，看不起我们。我有个女儿也是学地质的。她现在在乌拉尔山里找铅矿。所以我对于学地质的人，格外应该亲切。"承他的情意，我当然应该感谢。可是我坐在那里比立着更要不舒服。因为不但三个人挤在一条木板上，——脚下还蹲着两个——本来就很勉强。又加之原座的那一位身底下铺着一个大口袋，里面放着许多一块块硬东西。我坐在他这口袋上面，没有几分钟，就觉得受不了。屡次要立起来，都被他强捺我坐下。等到到莫斯科车站，我已经是忍耐不住的了！

图喇—莫斯科盆地

去莫斯科以前

我九月六日晚上乘"牛奶妇"火车从华士克列生士克回到莫斯科。临别和许罗哥夫约好第二天早上见面。到了第二天我一早起来等他，一直等到十二点，不见他的踪迹。中午我到中国大使馆吃了饭又立刻赶回旅馆来等。等到天黑依然是没有消息。我费了许多手续才打通了电话和地质探矿联合局说话。那知许先生一天没有到公事房。又从电话簿上找出了"许罗哥夫"的名字，逐一的打电话去探问，都不是我要找的那一位。如是呆等，笨打电话，消磨了一天！

吃了晚饭很无聊就去看歌剧。所演的是"欧进，奥奈金"（Eugine Oneguin）——是蔡哥夫斯司荃（Tehaikowsky）的名义。剧本的事迹是极端的封建式的：两个男人到一个大地主家里去。因为争爱女公子而发生了决斗。一个被杀，一个逃避。许多年以后女公子已经嫁了一位澜人，又和杀人的那一位见面。她想起旧情，然而又没有勇气去接受他的恋爱。观剧的群众和莫斯科一样。他们对于这种封建式的旧剧，也是一样的欣赏。我更觉得苏俄美术和文学的革命距成功还远，要不然何以还须靠这种一百年前的剧本来做普罗群众的娱乐？

出了剧场已经夜半，走到旅馆的饭厅去吃"宵夜"。方始知道饭厅上是通夜有跳舞的。跳舞的客人除去极少数的外国人以外，都是三十以内的青年男女。装饰极其不一致：少数的也有穿得整齐的；多数却是很简陋——尤其是男人。跳舞场的规矩和别国一样：就是要购买饮食。我住的首都旅馆（Hotel Metropol）是莫斯科第二个大旅馆，饮食卖得很贵。跳舞的人一夜的享乐大概要消耗他月薪的相当的一部分，但是舞客仍然是不少。跳舞的音乐是美国式的"爵士"！使得我感觉极端反资本主义的苏俄，许多地方，不知不觉的受了美国式的，极端资本主义的文化的影响。

不但音乐如此，就是旅馆的侍者，组织等等，也都模仿资本主义的产物。立在门口的带是镶金边的帽子，穿的是绣金线的衣裳。远远望去，好像是一位海军大将。饭厅上的侍者，男的是白领结，硬白衬衫，黑燕尾服；女的是白丝开口衫，黑呢裙子，长统丝袜，高跟鞋。在列宁格拉得，伺候我吃饭的女侍者是一头纯金色的头发。我指给许罗哥夫看道："纯金色头发在苏俄不多见。这一位许是北方来得吗？"他鼻子里哼一口气道："假的！药水染的！""染头发很费几个钱。做侍女的染得起吗？""那可被你问着了。你难道不知道？女人染头发，比吃饭还要紧！"歇了几天，这位侍女的头发果然变做棕色的！

八日的早上我自己到地质探矿联合局去见奴维哥夫，方才知道许先生是生了病了。奴维哥夫于是另派了一位布拉哥佛林（Blagovolin）做我的翻译。布先生是一位名医的儿子，学语言富有天才。除去了英法德三国语言之外，他还通波斯语。以后我们同行了将近一个月，变为极熟的朋友。

亚布罗哥夫先生也在局里。我告诉他，我没有南下之前，很想有机会看看莫斯科盆地的地质和矿产。于是约好了明天同到图喇（Tula）去，参观煤田与铁厂。后天回到莫斯科来作最后的接治，然后向南到巴库去。

从莫斯科到图喇

图喇从前是个省会，在莫斯科向南的铁道上。本来可以坐火车去的。因为火车的钟点不方便，于是我又向颜大使借了一辆汽车。第二天早上九点钟从莫斯科出发。同行除布拉哥佛林与亚布罗哥夫之外还有伊华努华小姐。从莫斯科到图喇是自古以来的大路，比前几天到华士克列生士克的路好得多了。从莫斯科向南四十公里到波多尔士克（Podolsk）路最好；原来的石块路，大部分已经改为柏油，改好了的当然是极其平坦，汽车每点钟可以走七十公里。但是一到了石块上，就慢到三十公里左右。过了波多尔士克，是普通的石子路，因为这里有石矿，石子容易采取。这种比石块路更容易坏。修理不勤，汽车就很不好走。大使馆的汽车是"比由伊克"（Buik）牌，本来是很好的，日久失修，走了坏路，机管就出了毛病。从波多尔士克到赛尔甫哥夫（Cerpukhov）四十五公里，车坏了两次：第一次停了四十五分，第二次二十分，所以从莫斯科到赛尔甫哥夫九十五公里，九点出发，一点一刻方始走到——平均一小时不过三十公里左右。赛尔甫哥夫是一个大村子。村西头是奥卡河（Oka），河上有一座大钢桥。我们过了桥找到了合作社（Korkhos）的茶室，就在那里吃午饭。

茶室是长方的一大间。右边是一个戏台式的讲台；台下有许多木板凳，台上贴着许多标语，挂着许多伟人的画像，是合作社开会的地方。左边和中间放着几张木桌和板凳，是社员喝茶的地方。中间的里边，就是茶炉，茶以外还有热牛奶出卖。中间有一后门，通着一个空院子。院里乱七八糟的堆着谷草、牛马粪、农具等等。男女的毛厕也都在这院里。茶室地下却有地板。墙壁桌凳污秽的程度和中国南方乡下的茶馆相差不多。我们向茶室买了两大桶热牛奶，把带来的面包、鱼肉、鱼子拿了出来饱餐了一顿。一直到两点钟方才出发。

从赛尔甫哥夫到图喇不过八十三公里。路初起很坏，走近图喇，逐渐的变好起来——车快的时候也可以走到七十公里一小时。不幸快到图喇的时候轮子的皮带破了，又耽搁了半点多钟，所以到图喇的时候已经将近五点了。

欧洲苏俄的天然区域可分为三种：靠北冰洋的是藓苔带（Arctic Tundra），在列宁格拉得的纬度以北，中间是森林区，莫斯科和列宁格拉得都在这区里面，南面是草地（Sreppe），苏俄的草地有一个特点，就是它的土是黑色的，耕种起来，不必用肥料的。这是著名的黑土。西北利亚和东三省的北部也都有它。图喇区在草地和森林交界的地方。从莫斯科来，没有耕种的地方，往往都有森林。走近图喇，树木就渐渐的少起来。同时土色渐渐变黑。

图喇原来是个省会。街道虽是石块铺的，却是很宽大。电灯以外，还有电车。我们因为时间晚了，把行李卸在一家旅馆，没有下车，就到莫斯科区煤矿管理局，接洽参观的事去。

托尔斯托衣的家

一到了图喇，我们立刻到莫斯科区煤矿管理局去。局长伊格那托夫（Ignatw）是一位中年的工程师。他已经得到莫斯科的电报，预备自己同我到煤矿上去参观。他问我道："你是第一次到苏俄吗？那么你不可不去参观托尔斯托衣的家和他的坟墓。""天色已经不早了。听说煤矿离图喇市还有二十多公里。再去参观托尔斯托衣的家，不嫌太晚了吗？""托尔斯托衣的家在国士那，波利亚那（Gosna Poliana）。离图喇不过十五公里。到矿上去差不多要走那里经过。绕了去一趟，往返不过十公里。丁先生！你是难得来的。这机会不可错过。看托尔斯托衣的家比看煤矿同样的要紧。何况看煤矿是要下井去。一到井底下，黑洞洞的，天晚了也不妨事。""不怕煤矿上的职员要等得心焦吗？""不要紧的。你就是十二点去，他们也得等你。而且他们知道你去参观托尔斯托衣的家，是正经事，决不会怪你。"

我的主人如此热心，我只好跟着他走。从图喇市向南，伊格那托夫和我同车。一路上问我读过托尔斯托衣那几部书。其实我是最不喜欢看他的书——生平只读过他的一部半小说，这又还是二十年前的事。当日的印象，觉得他和法国嚣俄（Vidw Hugo）一样的可怕。但是对着这样"托尔斯托衣迷"的主人，没有法子，只好唯唯否否。他详详细细问我，那几部书曾经翻成中文，销路如何。此外他又旁及十九世纪的俄国小说家。听说我不喜欢看 The Hour d the Dead，他很诧异。幸亏我曾读过几部察哥夫的短篇小说，还能有相当的欣赏。伊先生没有完全失望。

十五公里走了二十几分钟就去到了。国士那，波利亚那是个小村子，没有几家人家。却还有纪念托尔斯托衣的学校。他的家是在一个森林里面。本来汽车可以一直走到他住屋门口的，因为下雨不久，从大门到宅门，一条森林里的路，变成了一里多长的黑泥沟。汽车走起来，只看见轮子在泥里转，不见车身向前。没奈何只好下车来走路。幸亏我是穿着下矿井的靴子，还不十分狼狈。

托尔斯托衣的房子是一座白粉墙的大楼。周围是一个花园。我们先寻着了管理夫，要求他许我们参观。他去把住在邻近的托尔斯托衣的一位甥女找来。这一位花白头发的妇人，说得一口很流利的法国话。我们先上楼去，因为他生前是在那一层住的。"走"上楼去，是一间大饭厅。中间一张长桌，是吃饭的地方。桌子上放着他用的刀叉，杯盘，茶壶，汤盂等等。两头一边一张大钢琴。角上一张圆桌，几张椅子。其中一张高的是托尔斯托衣自己坐的。墙上挂着许多家族的画像。"他一起来就工作。到了两点钟一个人到这里来吃饭。吃过饭到森林里去散步。散步完了回家休息。六点钟吃晚饭。以后他和他的家族就在这里闲谈或是弹琴。有客的时候，这也就是会客的地方"。

从饭厅向左有一间小客厅，是他夫人的起座。客厅通着书房。房里的陈设极其单简，一张百年以前的祖传的小书桌，后面放着一张很低的椅子。右面是书架子，左面是窗子。我问他的甥女为甚么椅子如此之低。方才知道托尔斯托衣是近视眼，而又不肯带眼镜。所以要用这低椅子才能读书写字。椅子的后面是一张很古的床；托氏三代都是在它上面生的。书桌上的文具一如他生前的样子。几本书以外还有一九〇一年工人送给他的纪念银牌，是谢谢他赞助劳工运动的。

右面书架上有三四十本他常读的书，俄法英文都有，大部分是诗和小说。法文的最多是嚣俄，英文的是狄根斯（Dickens）。我忽然又看见两本《老子》：一本英文的翻译，一本中文的原本！记得辜鸿铭曾和他通过信。这也许是辜氏送给他的。

书桌上又放着一对蜡烛，一盏油灯。原来现在房子里的电灯是政府新装置的。

穿过书房就是卧室。普通家具以外，最使我注意的是照相——墙上、桌上、柜上处处都是。

楼下是藏书室——书架以外几乎没有别的家具。藏书室隔壁是他女儿的卧房。对面是客房。他的至友乐医生常常住在这里。下去是地窖，有好几间小房子。托尔斯托衣本来在这小房子里工作的。死的以前九年，才始搬到楼上去。

托尔斯托衣的著作几乎全部是自己手写的。一直到了晚年，他才用一个书记。至今楼下书记室里还保存着一架打字机。

我们的向导又详详细细告诉我们托尔斯托衣最后从家里逃出去的故事。"把他寻了回来，已经病得不知人事。他们把他抬了进来，放在那一间房子里。始终没有清醒转来！"

走下楼来，我们的向导，拿了一本题名册子，叫我签名，并且邀求我随便写几句"印象"。我就写了八个中国字："如见其人，如闻其声！"

依着伊格那托夫，我们还要去看托尔斯托衣的坟墓。但是出门的时候，天已黄昏，我再三辞谢，方才大家循着原路，踏着乌泥，自汽车走去。忽然有一位工人装束的人赶了前来。"诸位何以不去看他的坟墓？阿！没有工夫。我把他葬的时候，他的一位法国朋友做的一首哀悼诗读给诸位听。"于是他一面走，一面手舞足蹈的背诗，一直等我们上了汽车方才背完。

伊格那托夫问我道，"你的感想如何？""我想不到托尔斯托衣的生活如此的单简。我以为他是大地主，一定很享用的。不料他是过的十八世纪英国乡村爵士（Counlts Sertbnan）的生活。我如今了解了他著作的背景，也许对于他的著作有好一点的欣赏！至少我现在完全了解他为甚么对于工业文化那样的隔膜！"

莫斯科盆地的煤田与铁厂

莫斯科盆地的煤田在科学上有特别的兴趣，对于中国地质尤其有密切的关系。第一，欧美的主要煤层在中石炭纪；下石炭纪大抵不包含煤层，所以在这种地层里面没有煤矿。惟有莫斯科盆地的煤层都在下石炭纪里。中国的煤田属于古生代的大部分是上石炭纪或是二叠纪，但是在云南的东部，广西的东北部，湖南的中部和广东的北部下石炭纪也含有煤层，如云南宜良的二龙戏珠煤矿，广西富川贺县的西湾煤矿都是最著名的例子。因此中国西南部下石炭纪的地质与莫斯科盆地相同的点出乎意料之外的多。第二，普通古生代的煤层因为成立的时代极其久远大抵都变成烟煤，或是无烟煤。煤是木头变的：第一步是变成泥炭，第二步是褐炭，第三步是烟煤，第四步是无烟煤。以前许多地质学者以煤炭变质的深浅与地层的时代有密切的关系：时代越古，变质的程度越深。现在我们已经知道这不是事实，因为例外很多。但是石炭纪和二叠纪的煤至少已变为烟煤，是世界的通例。惟有莫斯科盆地的煤层还是一种褐炭。换言之就是变质极浅。不但是煤层如此，就是煤层上下的地层也是如此；经过了二三百兆年，泥还是泥，并没有变做石岩；沙还是沙，并没有变成砂岩。

莫斯科盆地的煤田在苏俄不算重要。离旧日的工业中心如此之近而革命前出产不过一百多万吨。这是因为煤层是褐炭，用途不广，而且只有一层，平均厚度不过两公尺有半。实行第一次五年计划以来，也曾极力的扩充。到一九三二年已经增加到二，八〇〇，〇〇〇吨。一九三三年预计可以到四，二五〇，〇〇〇吨。产量的增加所以能如此神速是因为煤层离地面极浅：平均不过五十公尺。因此开新井比较的容易。也因为煤层很浅，所以不值得有复杂的设备，不值得开产量很大的井。旧日的井都是二公尺宽，三公尺长的长方形，用半吨的煤车运输，一切设备都很简陋——很像中国的土窑。为管理上方便，全盆地分做五区：

一、Kaganoritch区　有十一井，每井每日产煤二百至三百吨。

二、Donskoy区　有三个（？）旧井，每井日产煤四百至五百吨。一个新井，每日产一千二百吨。另外新计划两井，一九三四年七月可以出煤。将来每井日可产二千五百吨。

三、Skapinsky区　有六个井，每井日产煤三百吨。

四、Schekinsky区　有两个井，五号每日产九百吨，六号产四百吨。

五、Balakovsky区　尚在探矿中，没有正式出煤。

我们参观的就是第四区的第六号井。这一区是在莫斯科盆地的西部，距图喇最近。我们从托尔斯托衣家里出来已经昏黑，上灯以后方到矿场。矿场一切的建筑都很简陋：工程师办公室因为有许多工人不断的进出，也很不容易维持清洁。除了同来的伊格那托夫先生及驻矿的工程师外，地质探矿局又令驻在本矿工作的一位女地质家皮司特喇克（Pistrack）夫人指导。她已经等候得不耐烦。等到我们换上下矿的衣服，点上安全灯，把井下的矿图和地质图看明白了，已经八点多钟。

矿井是长方的，深不过四十六公尺。罐笼只容半吨的煤车。井下秩序颇好，但是运输的方法各种皆有：人工，驴子，循环铁索；颇足以代表过渡时代的状况。挖煤大部分是手工。新近安了一付凿煤的机器，还在实验期中。井下工人只有一个管运输的是女的，此外全是男人。

矿井既是很浅，通风自然是好的。加之没有水，没有煤气，所以开采的工程极其容易。不过煤层的底是泥，顶是沙，都很松软，支柱因之用的很多。据矿上的工程师告诉我，每吨煤出井的成本为十四卢布，而支柱用的木头每吨要摊到〇点九〇卢布。如是支柱要占成本的百分之六点四，比普通中国的煤矿要多到三倍。这还是因为莫斯科附近就产木头，木价很便宜，才能如此。若是在缺乏木材的中国，支柱的成本当然还得增加。

全矿的煤层很平——倾斜不过几度。两公尺的煤中间杂着一薄层的土。采矿时须把土拣去。有时煤层忽然不见。经过若干尺的沙，然后又遇见煤。初看起来，似乎是普通所谓断层，但是沙两边的煤层高下并无变动。仔细研究的结果知道没有煤的部分是成煤之后地面所发生的水道。煤层本来是连成一片的。以后水道所经过的地方煤先被水冲去，再淤上沙，所以成功现在的状况。

井上的工人每天工作八小时。井下则不过六小时。井下的工资用一种标准递加法。每一工作煤面（working face）都有一产煤的标准。标准的数目看采煤的难易而定。工人工作六小时，得工资五点七五卢布，但是所挖的煤至少须达到标准数目。挖煤的数量超过标准的百分之十，则加给〇点五七五卢布；超过百分之二十，则加给一点五〇卢布。再多则每过百分之十比例递加。所以井下工人的最低工资为每月一百七十二卢布有半。多的听说可以到五百卢布。

我们在井下大约两小时。上到地面已经十点半过了。伊格那托夫先生问我道："丁先生几点钟吃午饭的？肚子怕饿了罢？""一点多钟吃的。""啊呀！我赶紧叫他们预备点东西吃。"但是吃饭以前先得换衣服，洗面洗手。地方不大，又杂了两位女人，只好轮班。而俄国洗面洗手又有一种特别的法子：洗面的地方也有面盆，盆底也有塞子可以开放。但是水不是倒在盆里的。面盆的上面安得有一个水箱，水箱前面有一根小水管；开了龙头，就有一股很小的水线流到盆里来。洗面洗手的人把两手放在水管龙头与面盆之间，淘着流水洗着。如此一盆水至少可以洗五个人。是省水的妙法。但是一个人洗面所需的时间也增加几倍。俄国人用这种法子洗惯了，大有非如此不过瘾之势。所以不但没有自来水的地方普通用这种方法，就是莫斯科的大旅馆里，新式洗面具上面也预备着一个小流水管子。

好容易洗完了面同到食堂里去。这是两间屋子：外面一大间是工人食堂；里面一小间是专门技术人员用的。我们走到里间坐下。接着就有人拿黑面包，牛奶，红茶，鸡蛋来。我饿很了，不管它甚么，拿到就吃。吃饱了方才看见我们所座的屋子，也是白木桌子，粗木地板，与工人食堂并无分别。我对主人说道："工人食堂倒也很干净。"坐在我旁边的一位微微的叹息道："要使它更干净点也并不很难！"

吃饱了，辞谢了主人，同布拉哥佛林，亚布罗哥夫和伊华努华小姐坐汽车回到图喇。到了旅馆已经十二点多了。我占了一个"双床的"卧房。打扫得也还洁清，桌子上又插着一大瓶鲜花，可惜铺盖太陈旧了，草褥子也不很平，厕所则出乎我意料之外的污秽。我正要脱衣服上床，布拉哥佛林来说："请下来吃晚饭！"走到食堂里一看，一张长桌子，铺着雪白的格布，摆满了各种的冷食（Sakuska），白面包，黄油。接着是菜汤（Borsch），牛肉扒，马铃薯，火柿子，糖萝葡，烤鸡，点心，烧酒（Vodka），矿泉（Nazan）——一桌真正的盛席。原来亚布罗哥夫是奉着地质探矿局的命令，那晚在图喇请我吃晚饭，预先派了一位事务员乘火车从莫斯科把菜带了来的。我懊悔不应该在矿上把黑面包鸡蛋吃多了，又不能却主人的盛意。只好吃了一盆菜汤，喝了两杯矿泉。我同行的三位男客，一位小姐和公使馆的汽车夫（当然是同桌的吃饭）却各自饱餐了一顿。

九月十一日一早起来，汽车夫来报告，公使馆的汽车，经过昨日的大工作，出了毛病，送进煤矿管理局的车厂修理去了。最早要到十二点方始可以修好。于是亚布罗哥夫向铁厂管理局借了一部汽车同着一位工程师去参观 Kosogovsky 铁厂去。这铁厂在图喇的南十一公里。昨日到煤矿去往返都要经过，因为没有时间，所以留到今日早上。同行的这位工程师是一位共产主义的忠实信徒；沿途对我讲共产的成绩。"不几年苏俄就变为世界第一个工业国了。现在富农已经消灭将尽，农业大部分集团化工业化，粮食问题不久可以完全解决了。到那时候，个人尽他的能力服务于社会；社会看各人的需要供给个人。据我所知中国人对于苏俄的事情很隔膜。丁先生你不知道，我们对于中国有深切的、普遍的研究。中国政治首领的苏俄知识，还不及苏俄普通人民对于中国的认识。"

不到半点多钟就到了 Korogovsky① 铁厂。这是苏俄最旧式的厂，只炼生铁，不炼钢。旧有两个一百七十吨的化铁炉。四个月前完成了一个新的四百吨的炉子。所以目前每日可以产生铁七百多吨。焦炭是要从多奈治（Donetz）煤田来的，运路约为一千公里。铁矿是附近产的，但是褐铁矿成分很低；每矿一吨只含铁百分之四十四。平时每百吨要加克利华衣罗克（Krivoi Rog）来的百分之六十二的富矿十二吨同炼。每吨生铁耗焦炭一点一八吨。新炉成功以后曾经单用本地的褐铁矿，也有相当的成功，但是每吨生铁要用焦炭一点三五吨。每吨生铁的成本是九十卢布。

讲到苏俄的工资和成本，我不能不加以说的。单讲工资的多寡是没有意义的。两个人工资相同，而在苏俄国家里的身份不同，则工资的购买力完全是两样的。普通的用品全靠合作社——因为社里的物价比普通市场要低到五六倍不等。合作社有许多种类等级，身份越高的人，他所进的合作社里面货物越多、物价越廉。假如你不能做任何合作社的社员，六百卢布的工资还抵不上一百卢布——每天两磅面包在合作社里买一个月十二卢布。在普通市场六十卢布还不够！合作社的好坏与地理也有点关系：物产丰富的地方照例合作社要好一点。工人是享受头等待遇的人；他所进的合作社是头等的——尤其是采矿工人。合作社如此，住房亦复如此。所以工人每月拿二百卢布，要比普通人拿四百卢布的还要舒服。

工业的成本因此就不容易计算的了。譬如说每吨煤的出井费是十四卢布，这是单包括工资材料管理费而言。工资之外工人的面包是由政府用一个卢布两磅半卖给他的。政府的面包成本究竟几何？工人的住房是二十五卢布一间租给他的。政府的建筑费修理费究竟若干？这是假定卢布在世界市场上有真正的价格的。事实上又不是如此。照政府的官价一个卢布值两个马克，莫斯科的"黑兑换所"四个马克可以换一百个卢

---

① 前文是"Kosogovsky"，此处是"Korogovsky"，名称本宜一致，但原文如此。——编者注

布。拿现金百货店的价目与普通市场比，七个半卢布才抵到一个马克。我们要研究苏俄工业的成本究竟拿那一种货币来做标准呢？例如我上面所说十四卢布一吨的煤，九十卢布一吨的生铁，照官价兑换算起来合中国钱三十元与二百元。然则苏俄的煤铁成本比中国要贵四倍，当然是不对的。但是究竟苏俄煤铁的成本是多少，是没有法子可以知道的。

参观了铁厂，回到图喇，汽车还没有修好。一直等到十二点半方始出发。顺原来的路回去仍旧在塞尔甫哥夫吃饭。汽车在路上几次出毛病，勉勉强强挨到莫斯科。我来去两次，只看见一辆乘人的小汽车，而装货的大汽车来的时候，遇着三十二，回去的时候遇着二十七。这正与我国公路上只见得运人，不看见运货，恰恰相反！

巴库

从莫斯科到巴库

我于九月十日从图喇回到莫斯科。十一日一早我到地质探矿联合局见奴维哥夫，向他辞行，因为我不预备再回到莫斯科的了。因为不要再回到莫斯科，护照上发生小小的困难。我在中国向苏俄大使馆请求在苏俄境内居留两个月。在美国得到电报，说已经照准。到了柏林把护照向苏俄使领馆签字则又变为一个月。我再三告诉他们在中国接洽的情形，请他们签为两个月。他们不答应，说在外的使领馆签护照，最多只能一个月。但是你到了苏俄要再延长一个月是一定不成问题的。我一到了莫斯科就把护照交给旅行社，同时请他们替我请求延长一个月。他们满口答应。护照拿去了以后，许多天没有音信。一直等我从列宁格拉得回来，要去图喇，方才把护照发回，可是护照上的日期并没有延长！我向旅行社负责任的人理论。他说延长是不成问题的，但是要等到期满以前三天才可以请求！我想这件事有相当的不妥当。护照期满的时候，预计我正在南俄煤田里旅行。万一临时发生困难，岂不麻烦？而且我很不了解既然延长一个月不成问题，为甚么不可以在莫斯科办好？然而无论我如何要求，旅行社的人都说向例如此，无法可想。最后颜大使知道了，特别帮我忙，向苏俄外交部交涉，要求在莫斯科签明。直到九月十一日早上，还没有签妥。大使馆派了人在外交部等着，等到十二时半，离我上火车的时刻只有一小时半，方才把签好的护照拿到手中。

连忙回到旅馆，旅行社送客的和地质探矿局所派的翻译布拉哥佛林

已经在门口等我。火车票是四天前定好的，十一日早上拿到。我正要走
上汽车，旅行社送客的人说道："请你把车票给我看看。"他一看就喊
道："呵呀，不好了，票子错了！"他连忙到旅馆里旅行社办事处交涉。
我坐在汽车上等着，时间是一分一分的过去，而他的交涉老是没有办
好。等到眼看见火车快要开了，这位送客的才带着一头的汗跑了出来：
"丁先生！实在对不住。不知道怎样，他们把你的车票弄错了。今天到
巴库去的特别快车有两次：早上一次，两点〇五分一次。他们给你买了
早上那一次的票。这一次的车不能用。我打电话各处想法子改买两点〇
五分的票，都不成功。你或是等下星期一的车——因为一星期只有一日
有特别快车到巴库去——或是我到车站再想法子买俄国式的软铺（二
等）。国际车（头等）是无论如何买不到的了。"我只好向他苦笑道：
"快走！"到了车站，他先叫别人把我送到站台上，行李放在车上，他自
己去想法子买票。直等到火车将要开了，他才拿了两张二等票来。这位
送客的是一个二十一二岁的青年。买错了票完全不是他的过失。而且要
不是他努力，没有问题，我只好在莫斯科困住一个礼拜。他因为旅行社
误了事，异常的惭愧，再三向我道歉。我渐渐了解青年人的有良心是世
界上一致的。

　　我把这两件小事详细记载在这里，不是有甚么恶意的批评；是要使
得读者知道在苏俄旅行，时间要比较的宽裕。假如一个人会说俄国话，
能过普通俄国人的生活，或是带得有铺盖、行床、罐头食物，而且一点
不着忙，那么在苏俄旅行并无甚么困难和痛苦。像我这一次有一定的路
程，预备在一定的时间里走到，免不了常常的发愁，总觉一切预定的办
法，都是不十分靠得住的。这是我在苏俄旅行最大的痛苦。

　　俄国式的软铺本来也很舒服的。但是第一，晚上睡觉只有两条白单
布做垫盖。虽然颜大使送了我一条毛毯子，九月中的天气还是很冷。第
二，车子上臭虫很多。苏俄车上有臭虫，我本来早知道的，所以在柏林
就买了好几瓶杀虫药粉。可是德国制的杀虫药粉太利〔厉〕害了。洒在
床上，使我不住的打喷嚏，往往大半夜不能安眠。布拉哥佛林看了很过
意不去。等到车役来问我们对于"墙报"（苏俄公共机关都有"墙报"，
是一种贴在墙上的意见书）有甚么意见，我请布先生写道："五个卢布，
两条单被，一床臭虫，似乎对不起旅客！"

　　第二天过了哈哥夫（Harkoff）居然有一间"国际"车空了出来。
布拉哥佛林预先一天向车守定好了。到时候我们就搬了过去。

　　我第一天与布先生同行，就受了许多教训。他的母亲和他的夫人都到车站上来送他。她们两位衣服都穿得相当的整齐，尤其是他的夫人。车开了以后，布先生看见我的几个新皮包，他叹息道："你们真正不知道爱惜物品。这样好的新皮包，你都不做一布套子保护它！"我一看他也有一个皮包，却用布套子套着，问了起来，才知道这是他父亲许多年以前从德国带回来的。因为用的仔细，所以整洁和新的一样。他自己本来着的一套蓝色的、半新的衣服。一到车上立刻把箱子开开来，换上一身很破旧的灰色呢服。我才觉得我自己未免"暴殄天物"。我问他道："在苏俄新衣服不容易买得到，当然是应该保贵的。但是我看见你的老太太和太太都着得很整齐。她们的衣服难道不是新的吗？""我那里有钱买新衣服给她们！都是旧的。我太太着的白丝衫是我的旧衫改的。"他又告诉我，这位老太太在革命以前已经和他父亲离了婚。现在他每月送五十卢布养活着她。

　　特别快车上挂的有饭车。我是旅行社给得有"饭票"的，不另外付钱。布先生却得临时买了吃。我一问中饭要八点五卢布，晚饭六点五卢布一客。中饭是一汤、一菜、一点心。晚饭只是一汤一菜。第一天饭车里也还洁净，第二天已经差多了，第三天桌上的白布完全看不得了，侍者只好拿报纸垫上！侍者身上的白衣服都变成灰色。

　　最后一辆是"文化车"（Cultural Car），好像美国的"观察车"（Observation Car），不过没有那样华丽。车里有报纸和杂志，无线电收音机，晚上还有电影。一张票要卖一个卢布。管"文化车"的侍者会说德国话——欧战期中在德国做俘虏的时候学的。第一次布先生睡了觉，我一个人去看电影。片子是无声的，而且异常的陈旧，我看不懂字幕，许多情节就不甚明白，只知道许多老农民反对新医药。以后有一位青年把他的父亲接到疗养院去。他到处惹祸，时时闹笑话。终久相信了新制度、新医药。第二天，"文化车"的侍者又来邀我。我对他说道："你的片子太陈旧了，不值得一个卢布。""先生！今天的片子比昨天大不同了。昨天的是五年前的旧片子，今天的是一九三三年的出品。"我于是拉了布先生同去，请他逐次的给我说明。一位忠实的女共产党，以开电车为工作。在一群做私生意商人的屋里占了一间房子。当然她的邻舍对于她不和睦。她却每天晚上读列宁的著作。一位私商的儿子看中了她，屡次向她追求，都被她拒绝。以后她看中了一位开汽车的同志，常常同他出去娱乐。一天夜晚，这位汽车夫送她到家，遇见了大风暴雨，无法回去，就在她房里借了"干铺"。第二天早上男的还没有醒，女的先去做工。许多恨她的邻舍都聚在她房门外大声的批评。这位私商的儿子又用白粉在她板门上写上："淫妇！一晚一个男人！"那一位汽车夫被他们闹醒了，听着许多污辱他女友的话，又看见板门上的白粉字，以为这女子真是一个淫妇，就留了信给她与她断绝往来。她知道时神经几乎错乱，而同时私商的儿子从窗子里抛进一把尖刀，正抛中了女的脑袋上。不多时警察来了，立刻破案，把私商和他的儿子同时捉去。女的送入医院以后，并没有死；汽车夫知道了，立刻到医院里与她团圆。这片子情节既然如此呆板，照相光线也很不合适，而且胶片上有许多裂痕。我问布先生道："一九三三年的出品何以糟到如此？""那里是一九三三年的出品！这片子至少是六年前照的。你不看见里面还有私商吗？一九二八以后私商已经不存在了。"我问那位侍者道："今天的片子究竟是那一年的？"他面不改色的说道："一九二六年的！"

这是我在苏俄惟一的电影经历。我饱听得苏俄的电影如何进步，所以每到一城市就要求旅行社领我看电影。每一处都说是片子太坏了，看不得：都是五年以前旧出品。直等到在哈哥夫的一晚上，旅行社里说，工人俱乐部里有本年的新片子；又因为路太远，一时没有汽车，没有能去。

同车的旅客也有几位值得记录。有一位是共产党的忠实信徒，到过广东，会说德国话。他说他认识蒋介石，并且很佩服他能干。又有一位是反共产的。他也会说几句德国话。他四顾无人的时候，就指给我看道："乌克兰（Ukraine）是我们最富的地方。先生你看，那里许多麦子放在地里烂着，没有人去收它！呵！去年冬天，和今年春天，这一带荒年，许多农民都饿死了！"

从莫斯科到巴库经过哈哥夫、娄斯特夫（Rostoff）、克劳志尼（Grozny），一共走两天半、三夜。从莫斯科起一百多公里就到了黑土带。一直到过了娄斯特夫向东方，才看见高加索山脉。在此以前都是在平原里走——从哈哥夫到娄斯特夫是经过著名的多奈兹煤田（Sonetz Basin）的，但是岩石的露头仍旧是很少。在苏俄这一部分，除去冰川带来的石子以外，找不着其他的石头，所以修路很费钱。房子大大部分都是土的——单就房子而论，还不如莫斯科盆地，因为莫斯科盆地树木很多，所以还有木头房子。一到了黑土带，不但缺少石头，连木头也看不见的了。

油田的概略

世界上产石油的国家，第一是美国，第二就是苏俄。全世界石油的产量约为二万万吨，其中美国约产一万二千余万吨，苏俄二千余万吨，威尼住爱拉一千八百万吨。欧战以前，俄国的石油矿大部分在外国人手里——尤其是瑞典人和法国人。一九一三年产额已经有九百万吨。革命以后减少到四百万吨。一九二七年（实行五年计划以前的一年）恢复到一千万吨。一九二八年以后，逐年的增加，到了一九三一年已经超过了二千万吨。一九三三年希望可以到三千万吨。

这当然是五年计划中很大的成绩，因为目前的产量已经比欧战以前增加了三倍。但是石油产量的增加是全世界的现象，并不限于苏俄。看下面的表就可以明白：

国别	年度	产量（百万吨）	年度	产量（百万吨）
美国	1913	33	1930	123
威尼住爱拉	1913	0	1930	18

由此看起来，若是以十七年的统计做比较，苏俄石油产量的增加，还不及上列两国的迅速。反过来说，若是以一九二八——一九三三年做标准，则苏俄增加的速度为任何国所不及，因为在这几年中苏俄的石油产量增加了三倍。别国不但没有增加，而且减少。

苏俄的石油集中在两个地方：第一是巴库，产额占全国百分之七十以上；第二是克劳志尼（Grozny），在高加索山脉的北坡，里海的西面。巴库是里海边上阿蒲虚龙（Apshron）半岛西南的一个大城，有人口六十万，完全靠石油生活。所有的油矿都在巴库附近。为管理方便起见，分为九区：

一、Ordjonikidze 区，包括两油田：

甲、Kola

乙、Surahany

二、Leninsky 区，包括三油田：

甲、Balahany

乙、Sabuntchy

丙、Ramany

三、Stalinsky 区，只有一油田：

甲、Bebicibat

四、Kaganovitch 也只有一油田：

　　甲、Karatchkhov

五、Molotovsky 区，包括二油田：

　　甲、Puta

　　乙、Shobany

六、Mikoyanovsky 区，只有一油田：

　　甲、Lok Batan

七、Artem 区，只有一油田：

　　甲、Artem 岛

八、Neftie Tchala 区，只有一油田：

　　甲、Neftie Tchala

九、Kiroff 区，只有一油田：

甲、Binagady

以上各区，除去第七、第八二区是地名外，都是用目前最重要的共产党员的名字为区名。所谓油田，则都是地名或是旧日的矿名。

各区的重要性可以从九月十三日巴库报纸所载的产量分别看出：

第一区　　二八，三六〇吨

第二区　　一，三八九吨

第三区　　一二，二五〇吨

第四区　　四，一〇〇吨

第五区　　一，〇〇〇吨

第六区　　一，〇〇〇吨

第七区　　一，五四九吨

第八区　　七〇吨

第九区　　一，二八〇吨

共计　　　五〇，九九八吨①

如果九月十三日的产量可以代表一年的平均数，到一九三三年巴库一处约可产一千九百万吨，与希望相去不远。

除去第八区在巴库南一百三十余公里，出产很少，可以不计外，各油田都离巴库很近：第七区（Artem 岛）最东，在巴库东四十公里；第

---

① 《独立评论》上所载原文为"五一，六三八吨"，而计算九区产量之和应为"五〇，九九八吨"。——编者注

六区最西，在巴库西十七公里；第九区最北，在巴库北十公里；第三区最南，在巴库南五公里。所以在五十七公里长、十五公里宽的一块地方，每年能产石油一千九百万吨之多！如果我们再把最远的第七区与第一区的甲分区（Kola）除外，到产油的区域东西不过三十公里，南北十五公里。在四百五十平方公里的地方每日可产油五万余吨。中国现在每年用石油约七万吨，每县的面积平均约一千五百平方公里。拿巴库油田来做例，一块地方面积不到中国一县的面积三分之一，每年所出的石油可以供给中国二百七十年的需要！

由此看起来，没有问题，巴库是世界上第一个油田。从地质上讲起来，这是有特别原因的，不是偶然的。凡一个油田的成功有三个重要的条件：

一、有丰富的原料。石油的原料大抵是动植物的软体。动植物最繁盛的地方当然是浅海，所以较大的油田大抵是所谓"海相"地层——在海水里成功的地层。海里的动植物纵然繁盛，但是要它们的软体能够保存，又需要特别的环境。这种环境往往是许多动物从盐量多的海水，浮流到盐量少的海水里，或是从长流活水浮流到不流动的死水里。在这种情形之下才能有大量的动植物软体积存在一处。里海（Caspian sea）现在与外洋不通。但是我们知道，在最近的地质史上，里海常常与黑海相连。我们可以想象，当这个时期从外海流来的动植物，一到里海就尽量死去，而且沉淀下去。

二、有了丰富的原料，还要有适宜的地层来储藏它，保存它。普通讲起来，砂岩孔隙颇多，可以储藏，页岩不透水气，可以保存，所以最好是厚的砂岩，被盖在页岩底下。巴库附近的地层大概如下（自上而下）：

甲、里海系（时代最新）砂岩

不整合

乙、Apschron 系　上部石灰岩，下部页岩

丙、Aktchgeul 系　薄层黑页岩

丁、含油系　砂岩、页岩——砂岩尤多

（1）Surahany 层，厚八百公尺，含轻油。

（2）Sabuntchinsky 层，厚八七五公尺，含重油。

（3）Balahansky 层，厚一三五〇公尺，含油九层。这是最重要的含油层。

（4）下含油层，厚一九〇〇公尺，只含油一层。

据上面所列举的地层看起来，恰巧与储藏石油的第二个条件相合——厚的砂岩，盖在不透水、不透气的页岩底下。

三、要有适宜的构造。有了丰富的原料，储蓄保存的地层，还要经过相当的变态，遇见适宜的构造，油量才能集中。集中的地点大概都是在地质学上所谓"背斜层"（Anticline）或是 Dome。地层经过卷折（folding），这种构造成功弓背形。所有世界上油田里的油井，大大部分集中在这种弓背上。巴库的附近，有许多很明显的背斜层。所有上面所说的油区，都是背斜层的弓背。

由此看起来，大油田的成功不是偶然的。许多人以为中国这样大的地方不应该没有油田。这意见是不科学的。油田的产生，需要许多特别的条件，是例外的，不是普遍的。可惜中国的地质与上列的条件不合。发见大量的油田希望是比较少的。

油田的参观

我是九月十四日上午七时到巴库的。那天的早上就同布拉哥佛林同到阿志巴蒋邦石油总管理局（Azerbaijan Neftha Trust，缩写为 Azneft）。局长巴先生（Barinoff）介绍我们到地质课去。这是管理局的一部分，不属于地质矿产调查局。课长倪克亭（Nikotin）、副课长梅利哥夫（Melikoff）很诚恳的欢迎我们，拿了茶、黑面包和饼干款待客人。他们本来是要到巴库西南的 Neftie Tikala① 去调查的。于是倪先生先去，留梅利哥夫招待我。

他们都不会说外国话。布拉哥佛林以外，石油总管理局又派了一位会说法国话的中年妇人来当翻译。但是梅利哥夫是一位极有经验的教授。他指着墙上所挂的新地质图，不到一小时，把高加索石油矿的地质，提纲挈领给我讲的清清楚楚。上次所写的油田的大概，就是我当日听讲的记录。

他讲完了以后，我对他说道："我是学地质的，很希望能到田野去，看看地层和构造。"梅利哥夫很高兴的说道："那么，请你吃了午饭来，我陪你同去。"

吃了午饭，我们一同坐汽车向巴库西南的一座长岭上去。到了岭上，梅利哥夫指给我看道："我们现在站在所谓 Apshron 层的上部石灰

_____

① 前文提到巴库油田九区时，有一区名为"Neftie Tchala"，怀疑与此处及后面的"Neftie Tikala"所指相同，但原文如此。——编者注

岩上。在这里地层走向南北，倾斜缓缓的向西，成功一个背斜层的（anticline）西支（1imb）。你看见东面的许多油井，正开在这背斜层的顶上。这是 Bibi Gibat[①]，新名为 Stalinsky 区，是全油田第二个重要的区域。北距巴库市不过四公里，西面紧靠着我们所在的岭上，东与南都在里海（Caspian）的边上。一部分的新井是把海边的浅滩填起来，再开下去的。这里有五百座井，每天出产在一万吨以上！向西下岭，倾斜转了向东，成一个向斜层（syncline）。这个向斜层的西支就是另一个背斜层的东支。这叫做 Shobany 背斜层。背斜层的顶成功 Shobany 岭，就是我们西面的一道高岭。高岭东面的深谷是凿在背斜层的东支里面的。从巴库到地夫利司（Tiflis）的铁路顺着这条谷向南，因为我们所在的岭东北连上巴库市北的里海层岩石所成功的一条岭，铁路不容易通过，所以从巴库到地夫利司去，先要回头向北，再向西向南绕到这条谷里来。谷的西北是 Shobany 油田，是在背斜层的北头。在这里岩石倾斜很陡。Apshron 层以下的岩石逐次露了出来。这叫做露顶背斜层（exposed anticline）。普通巴库油田的背斜层倾斜都不很陡。Shobany 是例外。因为背斜层的顶与东支之间有一断层，把含油的地层断了向下，所以所含的油不但都保存住了，而且集中在一处，压力很高。开井的时候，成功油泉（gusher）。Shobany 油田开发很早，现在已经将近开完，每天产油不过一百吨。我们现在从岭上走下去，逐次观察我所讲的各点。"

于是我们令汽车开到 Shobany 岭下等我们，离开了大路，下坡一直向谷底走去。沿路上梅利哥夫逐一指示我，"这是 Apshron 层的中部棕色土"，"那是 Apshron 层的下部蓝色土"。"那边是土人开的水井，正开在向斜层中间。油是轻的，所以聚在背斜层的顶上，水是重的，所以沉到向斜层的底下。工人不懂得地质，但是开井的地点与地质暗暗相合"。将走到谷底的时候，梅利哥夫又说道："我们看见这条谷是凿在 Shobany 背斜层东支里的。但是开凿的时代很早——是在里海最后一次泛滥以前的。你看这里所谓里海层的沙平平的，不整合的（unconformably）盖在 Apshron 层的下部蓝土之上！你看见那边蓝土里的螺壳吗？这是所谓 Dreissensia，是蓝土层的标准化石。丁先生！你带两个回去，

---

① 前文提到巴库油田九区时，有一油田名为"Bebicibat"，怀疑与此处及后面的"Bibi Gibat"所指相同，但原文如此。——编者注

做为纪念。"

谷底的岩石露头不好，所以蓝土下部的地层（所谓 Aktchageul 黑土层）没有看见。一过铁路向西，就透着含油的地层。初时倾斜很陡的向东。顺着铁路向北走，越走倾斜越陡；到了谷的北头，倾斜翻了（over-turned）向西，同时 Aktchageul 黑土也露在地面。梅利哥夫笑道："我们今天可以看见的地层都看见了，暂时休息一下子罢！"于是我们坐在石头上，喝水吸烟。巴库的天气本来很热。虽然是下坡，大家都是浑身汗湿。然而梅利哥夫不但地层很熟，讲解很清楚，而且他万分的热心。我固然心领神会，连不学地质，不长走路，穿了长管皮靴的布拉哥佛林也乐而忘倦，一面翻译，一面点头会意。我于是才了解科学兴趣人人之深！

梅利哥夫对于地层之熟，我们不久又得一个证据。他告诉我道："含油地层里面大的化石很少。偶然有的是蚌属的 Unio，但是不容易遇着。"走不几步，他忽然离开大路，爬上坡去十几步，指着一块石头道："这里就是一个！"我一看果然是一个 Unio。我要拿锤去打下来做纪念。梅利哥夫连忙的拦住道："我还要留着它教别的学生呢！"他又回过头来指着两边山上隐约的有一条笔直的小路道："这是三十年前我的先生 G. 教授把全部地层逐一凿取一套完备样本的遗痕，从此以后这里就变为学油田地质者的标准实习地。"我笑道："梅先生！谢谢你也把我当做你的一个学生。""做我的学生不是容易的。丁先生，你先把今天看见的地层和构造，复讲给我听听看。"我于是如学生背书一样，把所听见、看见的逐一的背诵一遍。他哼了一声道："你的记性不错。不要忙，我还要考实习呢！"于是坐上汽车，顺着铁路向南走。遇见新的地层，他就下来问我："丁先生！这是甚么地层？"如是四五次，我答覆得不错。他才呵呵大笑起来，"丁先生！你实习也及格了，我收你做学生罢！"

顺着铁路走向南约八公里，再向西。岩石的走向从南北变成东西。经过一个向斜层以后，铁路改向西南。铁路的左右一边一个背斜层。每一个背斜层成功一个油田：在路东面的是 Lock Batan[①]；在路西面的是 Puta。两个油田之间有一个"泥火山"。这是巴库的奇景。它是一个圆锥形的土山。所有的土都是由地底下喷出来的，正如火山的流岩一样。

---

① 前文提到巴库油田九区时，有一油田名为"Lok Batan"，怀疑与此处及后面的"Lock Batan"所指相同，但原文如此。——编者注

原因是地底下有瓦斯。它的压力很大，能把地下的土喷了出来。

Lock Batan 是一个"破顶背斜层"（piercing or exposed anticline）。北面的倾斜很大，正如 Shobany 油田一样，在这里也发见油泉。一九三三年的夏天，一个油泉在二十四小时以内喷出了一万六千吨油，十九日以内喷出了二十万吨！这完全是一个新油田，一九三二年才正式开办的。我在那里时候已经有十七个产油井，十个探油井，四十个钻眼，每天产量在一千吨以上。预算到一九三四年每日可以增加到六千吨。我将出苏俄的时候听说又发见一个油泉。

Puta 油田是一九二八年开发的。每日产量比 Lock Batan 要多一倍。油田以内除了办公室以外建筑有工人的住房（Lock Batan 的工人是每日用汽车从巴库运送的）。这种建筑也很简陋，比市内的新式工人住宅差得很多。

两处参观完了，天色已经不早。梅利哥夫提议同到巴库东面五公里的 Zikh Hidropark 海水公园去。于是回头先到巴库市，穿市直过，经"黑市"（Black Town）、"白市"（White Town），到海水公园。所谓"黑市"、"白市"，原来是提炼石油的地方。当日为清洁起见，所以炼油厂都设在市的西面，因为烟多，所以呼为"黑市"。以后炼厂加多，从"黑市"向西推广一个新市，无以名之，就反称它为"白市"。实际上"白市"的黑烟不少于"黑市"。巴库的油不全在这两个地方提炼的。一部分的粗油与灯油由两条八寸的铁管从里海运到黑海边的巴通（Batum）市去。

海水公园设在一个小海角上，有游泳场、运动场、音乐台、花园、草地。我们到那里的时候天已昏黑，却没有一个人。梅、布二位要洗海水浴。我说："浴衣或许不要的。没有浴布怎样办？"他们笑道："浴布是现成的，就是各人的一条衬裤！"

洗完了浴回到巴库，已经八点过了。梅利哥夫告诉我明天他要到南油田 Neftie Tikala 去，不能再见面了。我对他说道："我很感谢你：你是我生平最好的先生！"他答我道："我也很谢谢你：你是我生平最好的学生！"

九月十五日，地质课派了一位许瓦保维区先生（Shvabovitch）来陪我参观巴库市以东的油田。我们先坐汽车到巴库市东约八公里的 Surahany 油田。这是所谓 Grdjonikidze 区，目前产量最多——七百个井，一共每日产油二万一千多吨。油田里有石油管理局所设的地质分所，专研究打钻的地层。看他们的报告，知道含油地层分为四层：（一）从地面到地下五百七十公尺为 Surahany 层，在二百三十多公尺含有轻油。

（二）从五百七十一公尺到八百七十五公尺为 Sabutchinsky 层，含有重油。（三）从八百七十六公尺到一千三百五十公尺为 Balakhansky 层，含油九层，是为主要含油层。（四）从一千三百五十一公尺到一千九百公尺为下含油层，只有油一层，在一千四百九十至一千五百公尺之间。可惜露头不好，地面上看不出甚么来，不过知道本区也是在一个背斜层的顶上。

从 Surahany 一直向东约十公里就到了大陆上最东的 Kala[①] 油田（里海内还有 Artem 岛一区，在 Kala 之东）。这是新开发一区，只有八个油井，但是每日出八千吨。含油层距地面约四百公尺。背斜层四周露在地面上的是所谓 Apshron 层的上部石灰岩。背斜层的中心在同层的中部泥岩里面。背斜层轴的走向是西北至东南，长约一公里。所有的油井不在背斜层的中心，却在中心的西北。这是近年来用地球物理学探矿所得到的重要结果。探矿的方法，地磁、电位差、地心吸力三种并用。据说尤以地磁测量最为可信。凡是油层都表示地磁变态的正号（magnetic anomaly）。凡是表示负号变态的地层都没有油。当欧战以前，外国人经营巴库油矿的时代，在 Kala 背斜层顶上打钻，只打到瓦斯而不见石油。最近经苏俄地质家利用地球物理学测量推想到地下含油层的构造，与地面所露出的构造不完全相合。地下含油层也是一个背斜层，但是它的中心偏向西北，然后由地面背斜层向西北钻探，果然得到了大量的石油。不过到如今为止，油都是从 Balatchinsky[②] 层来的。以上的两层只有瓦斯。

从 Kala 回到 Surahany，向南参观 Karatchkhoff[③] 油田。沿途经过一个回教的礼拜寺、飞机场和几处葡萄园。油田每日产油四千吨，比较是新开发的。参观完了，天色已经不早。于是匆匆向北到所谓 Leninsky 区一走。这是巴库油田中最老的一区，包含旧日的三个矿区：在西面的是 Balakhany[④]，在东面的是 Ramany，在中间的是 Sabuntchy。实际上三个矿是同在一个背斜层上。全区内新旧有三千个油井，但是每日

---

① 前文提到巴库油田九区时，有一油田名为"Kola"，怀疑与此处及后面的"Kala"所指相同，但原文如此。——编者注

② 前文提到"Balakhansky"，怀疑与此处所指相同，但原文如此。——编者注

③ 前文提到巴库油田九区时，有一油田名为"Karatchkhov"，怀疑与此处所指相同，但原文如此。——编者注

④ 前文提到巴库油田九区时，有一油田名为"Balahany"，怀疑与此处所指相同，但原文如此。——编者注

产油不过一万吨。

从 Leninsky 区向西回巴库的时候，远远的望见 Binagady。这也是比较的老矿，每日产油不过一千多吨。因为时间来不及，就没有再去参观。

地质研究所

我在两天之中参观了巴库油田十区中的七区。本来想到葛劳之奈①（Grozny）去的——因为它是苏俄的第二个大油田，在高加索山的北坡——因为听梅利哥夫说那边构造地层都很单简，而且时间又太匆迫，所以变更计划不去。梅先生又给我说葛劳之奈的油完全出于第三纪的 Miocene。两个十多公里长的背斜层，走向从西北西到东南东。一个在城北，是旧有的；一个在城南，是新开发的。所有的油井都在这两个背斜层的脊上。照预定计划，葛劳之奈每年应该出油七百万吨，但是实行起来，成绩不如预想的好；本年的产量大概不能足预定的数目。

葛劳之奈既然不去，我就利用这一天参观附设在油矿管理局的地质研究所。这个所分为两大组：一为地质组，二为工程组。我仅仅参观了第一组。这一组的职务是与在田野工作的人合作，在试验室里用种种的方法，研究钻探打井时所得到的岩石，来与标准地层相比较，然后可以决定所得的标本距含油层若干远近。在地质学上这叫做 correlation。

比较的方法共有五种：

（一）在钻探的时候用电位差（difference of potential）来测量各层岩石的通电阻力。标准地层中各层的通电阻力，预先在试验室里量好了的，所以可以用田野所得的结果来比较，然后决定钻探所得的岩石究属地层的那一部分。例如含油的地层通电阻力最大。如果钻探的时候，岩石的通电阻力逐渐增加，就可以知道距含油地层不远。这是所谓地球物理法的比较（geophysical correlation）。

（二）大化石的研究（macro fauna）。每种地层往往有它的标准化石。例如 Apshron 下层有 Dreissensia，含油层上部有一种 Unio。在巴库的各种地层所含的化石大多数是介壳类的动物。

（三）小化石的研究（micro fauna）。大化石本来不是各层都有的，纵有并不很多，而且钻探的时候不容易遇着。幸亏各层里面含有极多的

___

① 前文作"克劳志尼"，原文如此。——编者注

小动物的遗壳——大部分是多孔虫（Foramini fera），是要用显微镜研究的。这种化石原来不是生在含油层里面的——是这种地层成功的时候从含油层以下的 Oligocene 地层侵蚀来的。因此每层不一定有标准化石。但是某种多孔虫虽然各层皆有，而在某种地层里面特别的多。如果用统计的方法来研究，就可以知道钻探所得的标本是属于何种地层。多孔虫偶然也有一二种，仅见于一种地层，例如 Cytheridea torosa 只生在 Surahany 层的下部。又含油系以上的地层没有多孔虫，而 Ostraeod 只发见于 Aktchageul 层。凡此特点都可利用为地层的比较。

（四）岩石的研究。含油系中的各层的岩石性质不完全一样：（甲）有的多砂质，有的多灰质；（乙）上部的重矿物为 Amphibole 和 Pyroxene，下部多 Kayanite；（丙）各层中的泥沙的颗粒不一样。用机械的方法来分析各层中的粗细沙泥的成分，也可以为地层的比较。

（五）用化学的方法来研究。（甲）Vanadium 成分的函数（function）；（乙）氧化硫还原的程度 reduction——距油层越近，还原的程度越高。

最后我们又去参观微生物实验室。据说油里面有一种细菌，因人工培养起来能将纤维质变为 methane、ether 和轻气，所以有人主张油的成因由于这一种细菌。又有一种硫磺细菌能把硫磺变为 H_2S，将来或可利用这种细菌来消除石油里面的矿质。

如此消磨了九月十六日的全天。这一天虽没做田野工作，而回到旅馆里困倦的程度比前两天还利〔厉〕害。布拉哥佛林也是如此。因为许多东西我本来没有学过，不易了解，而每一组的首领都是专门家，讲解的时候，详详细细一步不肯忽略。听的人极容易厌倦。其中有一位尤其使我不能忘记。他是五十多岁的人，骨瘦如柴，至少有一星期没有刮脸，牙齿掉了好几个，着一件黄绿布的衬衫，衬衫的小口袋里装着满满的纸片和小册子（面包票及合作社证书等等）。他立着讲，讲得极其认真。讲不几句，口袋里的纸片小册子一齐掉了出来。他然后一一拾起来放好再讲。他讲十句，布先生只能翻译一句。他看了不满意，又重新讲一遍，逼着布先生重替他一句一句的翻译，弄得布先生满头是汗，我睡魔钻入脑袋。我们出了他的试验室，不谋而合的叹息道："安得人人如梅利哥夫那样会得教人！"

巴库市

巴库市是 Azerbaijan 共和邦的首都，有人口六十万——占全邦人口四分之一以上。居民大部分是土耳其人，但是波斯、犹太、阿尔米尼亚的客民也占重要的成分。市里有不少的礼拜寺，然而青年受了苏俄的影响，渐渐的欧化，女人出门已经不戴面网。不少女人也在工场里做工。男女的界限也慢慢的打破。市是建筑在里海的北岸，背后是一道长岭。里海边上建筑有洋灰人行路，有码头，有公园，公园里有各种沙漠和热带的植物。巴库是终年不下雨的。植物都须灌溉。居民全靠油矿吃饭。晚间点上电灯，海边上灯光水色相照耀。西南到 Bibi Gibat，东到海水公园 Zikh hidropark①，中间杂有"黑市"和"白市"，成功一个十几公里的半圆形。市内外都是柏油路，比莫斯科还平坦整齐，是我生平所见最美丽的城市。

苏俄旅行社的人天天来问我："丁先生！你今日可以出去参观巴库市吗？我们这里有亚拉伯的建筑，有旧日的可汗的宫殿、礼拜寺，新式的大学、博物院、工人俱乐部、工人住房。你好容易来到这里。难道油矿以外，你甚么都不要看吗？"我天天对他们说："我今天没有功夫！"最后的一天，从地质研究所回来，已经很困倦。旅行社的招待人——一位犹太妇人——又来催我出去。我说："时候不早，我们单去看看工人俱乐部和工人住房罢。"

工人俱乐部却在西南，与 Bibi Gibat 油田相近。建筑与其他苏俄的建筑一样——宽大而不坚固，朴实而近于陋简。其中却有一个绝好的地质陈列馆，有各种的地质图，地层的柱面，岩石油质的标本，Bibi Gibat 油田的模型。我又乘机详细温习了一遍功课。

出了俱乐部，匆匆回到市内，乘着汽车走了一遍。只觉得这是小亚细亚的人种博物院。最后到了西北部新建筑的工人住房。外面看起来好像美国中西部（Middle West）小城里的住宅，大部分是三层的楼，接连四五十座。我对向导说道："外面看看没有意思。请你想法子带我到里面看看。"她踌躇道："事先没有接洽，人家未必准我们进去的。"说着看见有两家的女客立在门口闲望。她上前询问，知道一家是工程师，一家是工人。我请她说明我的意思之后，工程师的太太说："不嫌污浊，尽管请进来坐坐。"于是我们走上二层楼，开了门进去。一间卧房，一间饭厅，都不过一方丈多点。此外还有一间半方丈的小房、厨房，门后面一个喷水浴所。主人收拾得还算干净，不过衣服什物零乱一点。我听

---

① 前文为 "Zikh Hidropark"，原文如此。——编者注

说对门就是工人住宅，也要求进去看看。那位工人太太不甚欢迎。经向导请求，工程师太太劝说，"强而后可"。那知道她家里比工程师家洁净的多！卧房里床上的被褥枕头，洁白如雪。小房里住着一位老妇人，是女主人的娘，靠着女儿吃饭的。厨房里却坐着女主人的丈夫——放了工在家休息，正在那里刮脸。见了客人，也不理会。我又看见喷水浴所的喷壶锈得很利〔厉〕害，似乎多日没有用过。

如此就完结了我游览的任务。我们所住的旅馆叫做 Nova Europa，是巴库唯一的旅馆，是欧战以前的建筑。楼上有平台可以望见全市。但是房间的陈设，异常的腐旧。床上的草褥子高低不平，睡下去骨头痛，而且满床都是臭虫。我再三向他们交涉，第二天换了一张床，比较的好点，但是旅馆里嘈杂的不得了，终夜有人上下，楼上有跳舞场，天亮才完结。茶房聚在一块，大声谈笑。电铃常常不响，响的时候人也叫不来。我三晚没有睡好。饭菜很不坏，但是饭厅上也是很混乱，客人高声谈笑，和中国酒馆一样。土耳其人吃饭，往往从自己的盘子里取菜送给客人。有时还拿叉叉一块肉，隔着桌子，请客人尝尝。合计起来很可以与我们的远东、扬子等饭店比美。想来也是东方精神文化的结晶！

高加索斯（Caucasus）

地夫利斯①（Tiflis）

地理上所谓高加索斯共分做四区：一、北高加索斯，是高加索斯山脉以北的一个草原，与南俄的草原相连接。二、大高加索斯，是高加索斯山脉的本部。这是欧亚两洲中间的大山。五千公尺以上的山峰有八个之多。高峰附近都有冰川。三、中高加索（Transcaucasia），是大山以南的一个大谷——东到里海，西到黑海，是库拉（Kura）和利翁（Rion）两条河的流域。四、小高加索斯，是大谷以南的高原。全部分的居民一共不过一千二百万人，而语言不同的人种不下四十种！苏俄就各种人的分布，把高加索斯划分为三个政治区：一、北高加索斯，重要城市为罗斯独夫（Rostov on Don）及乌拉的高加索（Vladicavcas）。二、大格斯坦（Daghestan）苏维埃共和国，包括大格斯坦的山地与里

---

① 前文为"地夫利司"，原文如此。——编者注

海边的一部分。三、中高加索联邦苏维埃共和国，包括：（甲）乔治安（Georgian）苏维埃共和国；（乙）阿尔米尼亚（Armenian）苏维埃共和国；（丙）阿志巴蒋（Azerbaijan）苏维埃共和国。

我从莫斯科到巴库是由罗斯独夫穿过北高加索斯和大格斯坦，绕高加索斯大山的东北到里海的边上。巴库原来是高加索斯的一部分。因为它特别重要，而且是我观察的第一点，所以提前另章叙述。现在我再讲我在其他高加索斯区内的游踪。

九月十七日上午七时四十五分离开巴库，往中高加索斯联邦共和国的都城地夫利斯去。火车是从列宁格拉得来的特别快车，有国际卧车，但是饭车极小而且极其龌龊，侍者的白衣服通通变成深灰色；桌上的白布布满了湿的斑点，侍者只好把报纸铺在上面。最奇怪的是管饭车的一位青年，不肯接受旅行社的饭票，说"从来没有接受过"！

从巴库出发，火车先向东，再向北，顺着从莫斯科来的路走。直到 Baladjary 车站，才转向西向南往地夫利斯的正路上去。过了 Baladjary 车站，从 Shobany 岭下缺口出来，经过 Lock Batan 和 Puta 两个油田，然后顺着里海西岸向南。这是我参观过的地方。火车经过又如温书一样温习一遍。

过了 Alat 车站，火车离开里海向西。从此到 Evlakh 都是咸地，除去了少数的沙漠植物之外，寸草不生。在 Evlakh 过了 Terek 河再顺河向地夫利斯，渐渐有耕种的痕迹——有西瓜、棉花和耕地的水牛。

一直到夜间十二时半才到地夫利斯，火车误了一时零三十分。住的旅馆是 Hotel Oriental，房间很宽大，而且有浴室，床铺也很洁净。

地夫利斯是乔治安共和国的首都，同时也是中高加索斯联邦的京城，有人口三十余万。除去了乔治安（Georgian）人之外，有阿尔米尼亚、土耳其、犹太、波斯、鞑靼各人种。城在库拉河的边上，南北两面是山。城西有一座二千四百尺高的孤山，叫做大维得山（Mount David），是著名的胜境。但是我到地夫利斯的目的是要从那里顺乔治安军用公路（Georgian Military Road）穿过高加索大山，研究地质。所以一到地夫利斯，就想法子找本地的地质学者，请他们指导。

地质探矿局在地夫利斯原有分局的。十八日一早去打听，知道多数的地质家都出去做田野工作了。办事的人介绍我在城里的两位：一位是 Koniushevsky，地质工程师；一位是乔治安大学地质教授 Djanelidze。本日是假期。因为我急于要走，就到 Koniushevsky 先生家里去访他。

他住在大维得山脚下，占有房两间。一进门就是他的书房。窗前一张书桌，四面墙上都是书架，架上大约有一千多册地质书籍，却都是俄文的。Koniushevsky 告诉我道："你要知道高加索山的地质，我可以借几本书给你看看。一是 A. D. Akhagelsky's 'Geological Structure of U. S. S. R' 1932。二是 V. Renngarten's 'Les Nouvelles Donnee sur la Tectonique du Caucas' 1929 及同一著者的 'Geological Sketch of the Region of the Georgian Military Road' 1932。这三篇中一篇是法文的，你可以直接看。此外的剖面图也可以供你的参考。我是学矿床的，对于地层学是外行，不能指导你。不过大维得山就近在咫尺。山下露头里，偶然有多孔虫的'货币石'（Nummulites），我们可以就去看看。"

出门不过几十步就到了露头。山的大部分是绿色棕色的沙岩和页岩所成功的。下面是一种角砾岩，中间杂有页岩的碎片。我们在这一层里面详细的搜求，费了将近一点钟还没有任何的结果。最后我忽然找到一小块，拿放大镜一看，果然是 Nummulite。Koniushevsky 先生叹息道："究竟你年轻人眼力强！"我笑道："先生的年岁也不大。""我已经四十八岁了。""先生不过比我大两岁。地质学者照例是长寿的，先生至少还可以工作二十年。"他叹息道："在别的国家也许可以。"

别了 Koniushevsky 先生，我同布拉哥佛林就乘了铁索车（funiculaire）上大维得山去。山是孤立的，而且高出地夫利斯二千四百多尺，所以望得很远。山顶上有茶馆，有公园，来往的游人很多。四围望去，北面可以看见大高加索斯山的南坡，南面可以看见小高加索斯高原的北壁。地夫利斯城大部分在库拉河的北岸。城内的建筑可以分为两部：一是新的，集中在西北；一是旧的，集中在东南。

下午我们去参观博物馆。这是和我住的旅馆在同一条街上。一座三层的建筑，极其朴素坚固，落成了才三年。下层是地质矿产和植物。一部分还没有陈列得完备，但是已陈列的却很整齐，而且乔治安文的标题以外，还有英文。这是在苏俄所仅见的。乔治安语言究竟应该归在那一类，至今还不明白。一般的人都以为与西班牙北部的 Bask 语言有关。这大概是欧洲南部山地最古的语言，与所谓阿利安语毫无关系。苏俄革命以后，一面政治上力求统一，一面却提倡特种民族的固有的文化，所以乔治安人现在有乔治安语的书籍，行政教育文化事业在乔治安共和国内都用乔治安语。

二层楼还完全没有布置，三层是民族陈列室。已陈列的为 Hefsonian 与 Svanatian 两种。这都是高加索山里最幼稚的民族。前者体格上与北欧的 Nordic 相同，文化却极其简陋。两种民族的住屋、工业、农业、衣服、宗教，都用实物来表现。宗教完全是迷信——生殖器崇拜是重要信仰之一。文化的与生活的程度与我们西南的土人相差不多。

回到旅馆，听说过高加索山的军用汽车路被大水冲坏了。现在虽然征了工人连夜修理，究竟何时可以通车，还没有把握。明日是眼看见走不成的了。

从莫斯科出发以来，布拉哥佛林的旅费都是他自己付的，有时他还要替我付账（我的食宿是包给旅行社的）。在地夫利斯第二晚上，我向布拉哥佛林说道："今天我请你吃饭。听说烤小羊肉（Shashlik）是高加索斯的名菜，而且这里有本地的葡萄酒。我也吃旅行社的例菜吃厌了。我们两个今晚好好的吃一顿。"布拉哥佛林再三客气，"强而后可"。等到开了账来一看，两个人吃掉了五十卢布！布拉哥佛林告诉侍者说，我们付外国货币，叫他照金卢布重算。重算了来一看，只有三点二五卢布！在苏俄打官话，卢布只有一种，并无金纸之分，所以照政府的汇兑定价，两个马克换一个卢布，这卢布当然也是纸。现在在政府开的旅馆里付账，纸卢布与金卢布的比例是五十与三点二五！照此则一个金卢布等于十五个纸卢布，一个马克至少应该兑换七个半纸卢布了！

十九日早上到 Djanelidze 教授家里去。一进门也是他的书房。不过比 Koniushevsky 先生的书房要大些，书也比他多一倍以上。Djanelidze 教授能说很流利的法国话，因此我们可以直接畅谈。讲起高加索斯的地质构造来，他说最近的研究知道高加索斯造山的运动，还不如以前人所想象的单简。以前以为全部分是"阿尔帕斯（Alps）式"的，现在知道不然。高加索斯山西到黑海，东到里海。里海与黑海边上都有一小块三角形的固定地（staple element）没有受造山的影响。小高加索斯高原有逆掩断层（overthrust）自南向北推移，所以与阿尔帕斯山是一致的，是"阿尔帕斯式"的造山。大高加索斯逆掩断层更为重要，但是都是自北向南，不是"阿尔帕斯式"的。

谈了一阵，他请我同去参观乔治安大学。大学建筑在城西的一块高地上，风景很美。将进门的时候，Djanelidze 教授向南指给我看道："库拉河在地文上是很有兴趣的，因为它的谷里面有五重平台（terrace）之多。我们现在站在第一个最低的平台上，河水又在此下凿了一个浅谷。从此向上，坡度很陡的是第二重平台，坡度稍缓的是第三重平台，坡度更缓而且平台已经受了轻微的侵蚀的是第四重平台。可惜第五重平台在此看不清楚。"

大学成立才不过十二年，然而已经有七千个学生！建筑和其他苏俄的建筑一样，极其朴素，但是比普通建筑坚固。一进大门，穿堂里站满了男女学生，说着笑着，与其他资本主义国家的大学生没有甚么区别，不过他们衣服大多数很不完整；许多人手指甲是黑的，手上的粗皮很厚，一望而知为"普罗"阶级。地质系的设备很好：教室和实验室都很整齐，陈列室里面侏罗纪的菊叶石（Ammonites）尤其完备，——这都在高加索斯山采集得来的。专习地质的学生一共六十人，所以地质系在大学里算是小系，但是与大学有密切联络的工科大学（德国式的高工）还有六十个地质学生。本系的图书馆却很小，不过几千本书，而且大部分是外国文的书籍。我问 Djanelidze 教授道："贵校的学生都能读外国书吗？""现在还不能，因为他们都是从普罗阶级来的，然而快了，不久他们就会赶上布尔乔阶级的教育程度了。"

下午，我同布拉哥佛林和旅行社的向导到植物园去。园在地夫利斯城的东南。照英国的习俗讲起来，这不是一个 Botanical garden，乃是一个 Park。我们一进园就到沟里去找鱼化石去。所有地夫利斯附近的岩石都属于第三纪的"渐新统"（Oligocene）。大维得山附近的岩石就是一个例。植物园里岩石露头是属于有"货币石"地层的下部的。角砾岩的砂石很坚硬，底下是一种含沥青质的页岩。两种岩石接触的地点，在植物园内成为一个小瀑布。鱼化石就在含沥青的页岩里面。我们从河上的新桥进门，绕到老桥的底下。大家拿出锤来，敲劈岩石，搜寻鱼化石。从瀑布起，一直向下走，逐层的搜求，疲倦了就轮流在河边上太阳底下睡着休息。如是者两点钟，看不见丝毫鱼的痕迹。最后我说，再回到下坡的地方试试罢。果然一锤就劈出一条鱼来！于是大家都欢天喜地，觉得一下午没有白费掉。

旅行社的向导是一位阿尔米尼安种的女青年，但是她只会说俄国语、乔治安语和英语。我问她道："这两天很对不住你。我不按照你们的参观程序去看教堂，访古迹，而跑到山里来敲石头。恐怕你气闷得很罢？"她笑道："刚刚与先生的印象相反！我们做旅行社向导的人学会一套说明。每回有旅客来参观，千篇一律的背诵一遍，自己听了都要头痛。这两天换换空气，跟着先生听我们的科学家讲演，再到野外来跑跑，等于休假两天。我真正要感激你呢！"她又说道："先生，你似乎不怕走路的。天气还早，我们不如打发汽车回去，然后经过地夫利斯的鞑靼城走了回去。"

我们于是走上老桥向北到鞑靼城。桥上面是一个十五世纪的碉楼。鞑靼城街道很窄而很热闹。但是所谓鞑靼，体格上与土耳其人相近，与现在的蒙古人没有甚么相似之点。旅行社的向导又告诉我，地夫利斯是世界上受战祸最利〔厉〕害的城市。自从它变为乔治安王国首都以来一千五百年中被敌人烧杀过二十九次！令人想象欧亚之间的小民族做人之难。

回到旅馆知道军用汽车路依然没有修好。旅行社的经理告诉我明天有几十个旅客从 Vladicavcas 来。他们坐汽车到路冲坏了地方下来步行。据说要走十几公里，才到这一头通汽车的终点。我决定也照样办理，从这一头出发。走一段路，坐两段汽车。

乔治安军用公路（Georgian Military Road）

九月二十日我们六点钟起来，预备出发。旅行社的经理是一位在美国居留过的青年。他告诉我他的父亲是土耳其人，母亲是犹太人。他恐怕路上有困难，亲自送我们到南面通汽车的终点。可是我们从六点多钟等起，等到九点方始出发！

我们先过库拉河，到河的右岸，然后顺着河而上。地质上这里是所谓 Sabourthalo 向斜层。不几步就到所谓 Lissi 背斜层。一过库拉河就是乔治安军用公路。路面铺有石子，汽车走得很快。可是刚走到上面所说的背斜层，橡皮轮破了。停车换轮子，就费去二十五分钟。再开车就走到第二个向斜层 Syncline Digomi。这里露头不好，地层的倾斜也很缓。不久就到了一个倒转背斜层，始新统的凝灰岩一齐倒转向南倾斜。远远的已经望见阿拉瓜（Arquar）河口，与库拉河合流。河从山里的峡谷出来的地方新造了一个大闸，把闸后的水面升高二十三公尺，再经发电机放了出来。这一座水电厂能发电二万六千五百基罗华特，供给地夫利斯城以外，还可用于乔治安国其他的工业。再过去就是木去克特（Mtsh-ket）城。这是乔治安王国第五世纪的都城，城里有许多中世纪的建筑。我们穿城而过，看见渐新统与始新统的地层道掩覆在中新统砂岩之上。

顺阿拉瓜河谷向北，路很平坦，沿途只看见平层的冲积地层。过了自来水厂以后，公路离开了阿拉瓜河谷，缓缓向上，在丘陵地里走。离木去克特约二十多公里，路忽向下到都谢特（Dushet）。再向北过一道岗岭，下到阿那奴尔（Ananur），又走到了阿拉瓜河边上。一过都谢特，都是始新统上新统岩石，但是露头很不好，看不出甚么来。将到阿那奴尔，才看见白垩化的最上层。里面夹有石板石（lithographic lime-stone）。在有石板石露头的桥头上，公路一部分被水冲坏，路面上有许多石块把汽车的橡皮轮又压坏了一个。下来换上轮子，又费去了二十几分钟。

从地夫利斯到阿那奴尔的路，才不过到通汽车终点的一半。这一段路面很好，而我们已经毁了两个橡皮轮子。从此向北，路越走越坏。我们再没有轮子可换了。万一车坏了，岂不是进退不得？我忍不住把这话问旅行社的经理。他只是摇头说："走到那里算那里！"

从阿那奴尔路顺着阿拉瓜河岸一直向北，岩石都属于上下白垩纪。褶叠成倒转层，倒向南方。公路被水冲坏的地点很多：有的是一大块泥塘，有的是一大堆石子。遇见泥塘，我们大家运石子填着；遇见石子，我们大家把大块的尖角的运去；才逐节的慢慢通过。到了十二点半钟，居然到达了离地夫利斯九十三公里的巴沙脑尔（Pasanaur）。

这是山里的一个大村子，军用公路的车站。村民都是乔治安人。男女都包着头，穿着红花布的衣裙，很是奇特。我们走进了附设在车站的一个饭馆里，在院子里坐下。点了 Shashlik、俄国菜汤、黑面包，饱餐了一顿。饭馆子屋里、廊上坐满了喝酒的客人。一群乔治安人走了过来，一定要敬我本地的葡萄酒。我再三辞谢不得，只好勉强陪他们半杯。他们却一杯一杯的痛喝；有一位等不及用杯子，拿起瓶子来直倒！

旅行社经理原告诉我在此地雇好驮行李的牲口等我们的，因从此到汽车的终点只有三公里了。我们吃完了饭老等着，不见有驮马或是脚夫。问起来才知道村里没有人肯去！等到一点半钟，旅行社的经理来说，驮马雇好了，在汽车的终点等我们。连忙坐上汽车，走出村子，不到三分钟，就到了汽车不能再走的地方。原来公路是在阿拉瓜河边上的。发了水把公路冲去了十几丈，没有法子可以通过。驮马呢？却不见影子！只见有一辆公共汽车停在那里，十几个男女的客人坐着立着。问旅行社的经理，他说："不要忙，就会得来的。"他从村子里带了一个乔治安人的小孩子，来做翻译——本地人大半只会说乔治安话。他叫他步行向前去看看，有驮马来没有。我才恍然大悟，他事前并没有雇定任何牲口和脚夫，不过希望有从北头来人，可以顺便把我们带了回去！果然不多时，这位小孩子带了一辆小马车来。车上装着许多行李，一个女人。旅行社的经理叫他把行李、女人转到我们坐得来的汽车上去，好腾出马车来运我们的行李向北去。车夫无论如何不肯。他说："我们讲好送巴沙脑尔的，有话送到巴沙脑尔再说。"没有法子，只好放他走，却再三的嘱咐他到了巴沙脑尔，赶快回来送我们。我们呆呆等着四十多分钟，毫无音信。连旅行社的经理也着起急来。他提议把我们的行李放在路边上，他坐汽车回去雇马车来。他这一去又是好几十分钟，毫无音信。天又下起雨来！我们赶紧把行李搬到一个石岩底下躲着。正心焦的时候，北方来了两辆马车。在路边上等着的男女客人围上前来，要求送他们向北去。我请布拉哥佛林也挤上去谈判，无奈他不会说乔治安话，赶车的又不懂俄国话，弄不清楚。不多时，这两辆车子被六个客人抢去，急急忙忙的冒雨涉水走了。此外的客人看天色不早，没有希望，纷纷上了原来的公共汽车，开回巴沙脑尔。只留下了布拉哥佛林和我两个人痴痴的等着。

从一点三十五分直等到三点一刻，旅行社的经理才同着小马车来了。他再三道歉，又告诉我，昨天晚上和今天早起都打了电话给乌拉底加乌加斯（Vladicavcas），叫汽车在那一头等我们。"丁先生！你放心。汽车迟早都得等。等不到你，它明天也不敢走的！"

我也没有功夫怪他了——六点钟天就黑了。我们要步行十几公里，才有汽车。上了汽车，还有一百多公里的山路！幸亏雨已经不下了，但是路很难走。公路完全是顺阿拉瓜河走的。大河两边之支流，因为坡度很陡，发水的时候把山坡上的石子石块一齐冲了下来，铺在支谷口的路上，成功一个个砾石丘（gravel cone）。沿途征得有修路的民工，但是这种砾石丘小的也有一丈多宽，大的到十几丈，里面的石头从三十立方公寸到一立方公尺不等，岂是短期所能搬运得了的？何况许多的工人，坐在石头上休息着，并不加紧的工作。假如我们不肯步行，就是在地夫利斯再等十天，道也是不会通的。

运行李的马车形式很像英国的 Dog cart。后面一个长方匣子，放着行李。前边一块木板，连赶车的可以坐两个人。两个很薄的轮子。马是高加索斯的小马，还不如蒙古马大，但是走山路异常的稳巧。遇见砾石丘，我同布拉哥佛林很要小心才走得过去，而这辆小马车却往往走在我们前头。

岩石完全是上侏罗的砂岩页岩，褶叠的很利〔厉〕害，但是露头既不明显，我们又心慌，只顾着走路，没有工夫细细的研究，反不如坐在汽车里面看得明白。风景则慢慢的比巴沙脑尔以南雄壮秀丽。因为两岸的山渐渐的增高，山坡多有树木；阿拉瓜河水很清，宽的地方也有十几丈。可惜我们走得太匆忙，更无心绪来领略。

走了三公里，遇见了十几个从乌拉底加乌加斯来的旅行团。其中大部分是瑞士人，但是也有几个德国人，一个日本人。因为走路有快慢，他们走的参差不齐，最前与最后相差有两公里以上。我们第一次遇着的是两位瑞士的青年。我问他们到有汽车的地方还有多远。他们回说："七八公里。"再走一公里多，遇见了一对三十多岁的夫妇。同样的问他们。说还有十二三公里。又走了一公里，遇着最后的一对四十多岁的夫妇。那一位二百磅以上的先生走得满头是汗，气喘如牛。"阿！到有汽车的地方？至少二十多公里！我们跑了大半天了！告诉我还有几公里我们就有汽车了？"我答他道："我的先生！你今天别想坐汽车罢！再走五公里就到可以通车的地点，可是我知道并没有汽车在那里等着。再走三公里，就到巴沙脑尔。那是汽车站，但是也只有一辆小车，容不了十几个人。并且天气晚了，那一头的路很不好走，今天你只好在巴沙脑尔过夜了！""阿！阿！该死的旅行社！该死的旅行社！"我暗暗给他表示同情。不多几步遇着了旅行社从乌拉底加乌加斯派来的送客的人。布拉哥佛林详细问他，方知道再有八公里可到 Mlety 村。汽车可以通到村的南面。"我们并没有接着地夫利斯的电话！并不知道你们二位今天要过来！阿，你们的运气真好。我本来要把四辆汽车都打发回去的。因为我自己想当晚回去，所以留下一辆小车。给汽车夫约好，等到天黑。因为这班旅客走的很慢，我今天眼看见回不去的了。我现在写个条子给你们带去，凭这张条子，你们才坐得着车。你们也得赶紧走。天一黑，车开走了，那就没有法子了！"两个哑巴——布拉哥佛林不懂乔治安话——向高加索斯山村里去"望门投止"，不是玩的。不用说，我们的脚步更加紧起来。

走过了一○九公里的指路碑，布拉哥佛林忽然叫道："好了！那不是 Mlety 吗？"果然前面转过弯去看见几家村落。可是并看不见有汽车的影子。再走了几十步，到了村子边上，方看见一辆敞篷的汽车，大家心里一块石头方始落地。找着汽车夫，把行李运过来，不到五分钟，我们已经离开 Mlety 向北走去。

经过 Mlety 村子，就看见含炭质的页岩的露头。这是中侏罗纪的 Mlety 系地层。老远的望见山上的峭壁，大概是所谓 Tsipori 系的石灰岩。两系之间还有一千公尺厚的泥灰岩——所谓 Bakhani 系。

由地夫利斯来，一路虽然略有升降，然而坡度很小，路线也很直。从 Mlety 向西北，公路忽然的上高。汽车十几丈一个弯拐，沿着开邵尔（Kaishaur）河的深谷一条盘道，好像似长蛇一样束在山腰里。岩石除掉了中侏罗纪的水成岩以外，有火山喷出来玄武岩和安山岩，不整合的铺在其他岩石之上。这大概是第四纪的火山所喷发——高加索斯的高峰Kazbeck（五○四六公尺），原是一个火山。火山岩比水成岩坚固，不容易侵蚀，所以地势忽然变高。公路上到火山岩以后，坡度又平一点。不久经过 Mlety 系黑页岩，路又变为盘道。离岭头约四公里，到了古到尔村（Gudaur）。在这里，公路凿在松软的页岩里面，一小段用铁皮遮盖，陡壁用大石砌墙，工程很大。将到岭上，天已渐渐昏黑。下了汽车，领略四围的风景。向南一望，从 Mlety 来的路是一道峭壁，两面都是一千四百公尺的深谷，和 Mlety 以下迥然是两个天地。因为从地夫利斯到 Mlety，虽然深入山里，而岩石不甚坚硬，河谷比较的宽，山坡比较的平，坡上树木很多，支谷里有不少的园林牧场和小村落。大山在北面挡住北风，气候异常温暖。巴沙脑尔以下有许多葡萄园子。Mlety 以上悬崖绝壁，只见岩石，不见树木，除去大路边的驿站，别无人家。再向西北一望，只见许多阿尔帕斯式的高峰。最高的上面还有积雪。问汽车夫，说是 Khurisar 峰，高三千七百余公尺。屈指今天走的路，下段秀丽，上段奇峭，最上雄伟，正如从悠喇（Jura）到阿尔帕斯山一样。

上车开行，两分钟就到了岭顶。这是所谓 Gudaur Pass。岭的高度新出版的一百万分之一地质图作二千八百一十公尺，一百五十万分之一地形图作二千四百二十九公尺，旅行社的指南却又作二千三百四十七公尺。足见苏俄山岭的高度和我们的一样，还没有十分确定。

下岭的时候，天已经完全黑了。汽车夫把车头上的大灯开开，却仍然看不见路，才知道走进山雾里面来了！下山的路完全是盘道，八十丈一个弯拐，一边是绝壁，一边是九千尺的深沟，而我们五尺以外就看不清楚！汽车夫说："今晚只好在此过夜了。这条路白天还要当心，现在雾如此大，我实在不敢冒险！"可是我们十二点半钟吃的午饭，步行了十三公里，内衣都有点汗湿，在二千公尺以上，敞篷汽车里，饿了肚皮，坐着过一夜，不是玩的。于是我们下了车，在汽车前面走，做它的向导！布拉哥佛林不断的喊着，"向左转"，"向右转"！幸亏靠着深沟的那一面，沿路立有石柱子，用石灰粉做白色，虽然在雾里，一丈外已经隐约可以看见。如此慢慢向下，一点钟走了六公里，到了戈壁村（Koby）。汽车夫坚决不肯再走，要在村里过夜。我们要求至少走到 Kazbeck，因为那里有旅馆饭店，可以过夜。正在争执的时候，忽然车头上灯大亮起来，原来我们不知不觉的已经走出了重雾。于是大家高高兴兴坐上车，用三十五公里一点钟的速度，向下开去。不到一点钟已经走到了 Kazbeck。路上经过一个村子，电灯照耀如白天一样，问汽车夫说是新开发的石矿。

加志贝克（Kazbeck）是军用汽车路上一个要站，它在山北的地位与山南的巴沙脑尔相同。上 Kazbeck 高峰的路从此地起；村即以高峰得名。我们一直到旅行社有关系的旅馆去。进门是一间饭厅，摆得有六七个桌子。我们点了肉汤、烤羊肉，开了一罐鱼，买了一个西瓜，饱餐了一顿。汽车夫提议在此地过夜。我到里面卧房一看，床铺被褥很不洁净，于是还决定向乌拉底加乌加斯前进。这条路汽车夫走的烂熟。当天早上他还走过一次，并无丝毫的困难。

过了古到尔岭，就到了德立克河（Terek）流域。军用路顺着河谷向北。加志贝克以南是世界驰名的达利亚尔峡谷（Darial Gorge），最深的地方有二千公尺！军用路就在峡谷边上开凿出来的。露出来的岩石一部分是下侏罗页岩，一部分是花岗岩，侵蚀的结果成功雄伟奇特的风景，与山南坡大不相同。这种风景在夜间经过，当然失却了机会。可是这一次正是因为夜间经过，却又遇着不常见的奇景。因为一出了加志贝克村，过了一座大桥，就下起大雨来。不但下雨，而且有雷电。一直到乌拉底加乌加斯，三点钟没有停止。我们一辆汽车，靠着车头两个大灯，直冲着雷雨前进。峡谷是一道深不可测的黑影，花岗岩的峭壁许多地方如刷了石灰一般的惨白。路从石壁里凿开，往往上边有大石斜盖着（overhanging）。这种斜盖的悬崖成功奇特的形状。黑暗中看去好像魔鬼的造像一样。同时峡里的水声，山上的风声，爆竹般的雨声，和或远或近的雷声，使我觉得"千山动鳞甲，万谷醋笙钟"！震耳眩目，惊心动魄。一面恐惧，一面快活，是我生平不能忘记的经验！

军用路初起是盘道，越下弯拐越少，到了拉尔斯村（Lars），路差不多完全直了。拉尔斯以上，路大部分在德立克河的右岸。岩石不是花岗岩，就是下侏罗纪的沙岩页岩。过了拉尔斯，路在德立克河的左岸，已经出了峡谷，但是上侏罗纪与白垩纪的石灰岩有时在路旁也成功斜盖的悬崖。

路面很平坦；不过离加志贝克不远，有五百公尺新被水冲坏。布拉哥佛林下车在前面步行做向导，才始安全过去。

过了巴尔塔（Balta）村，路就出了山到了平原。汽车进村子的时候，忽然遇见一大队兵在黑暗里动作。布拉哥佛林告诉我，这是因为下大雨特地出来演习的。我看他们雨具很不完备，在雷雨之下，一定要淋得湿透，不觉赞叹苏俄军队的能耐劳苦。

夜间十一点一刻才走到乌拉底加乌加斯城。旅馆很清洁，经理是德国种的人，招待得极其周到。

（据《独立评论》之连载，第一篇发表于 1934 年 5 月 20 日印行的该刊第 101 号，最后一篇发表于 1935 年 11 月 3 日印行的该刊第 175 号）

丁文江年谱简编

1887 年（光绪十三年丁亥）出生
4 月 13 日，丁文江出生于江苏泰兴黄桥镇。

1891 年（光绪十七年辛卯）四岁
是年，丁文江始"就傅，寓目成颂"。

1892 年（光绪十八年壬辰）五岁
丁文江于塾中课业外，常浏览古今小说，尤好读《三国演义》。

1893 年（光绪十九年癸巳）六岁
丁文江始读《纲鉴易知录》、四史、《资治通鉴》、宋明诸儒语录学案、《日知录》、《明夷待访录》、《读通鉴论》等书。

1895 年（光绪二十一年乙未）八岁
丁文江学四书五经，喜读古今诗。

1897 年（光绪二十三年丁酉）十岁
是年，丁文江作《汉高祖明太祖优劣论》。

1898 年（光绪二十四年戊戌）十一岁
是年，丁文江仍在塾读书。

1901 年（光绪二十七年辛丑）十四岁
是年，丁文江始谒泰兴知县龙璋。谒面时，龙氏试以《汉武帝通西南夷论》，大为叹异，许为国器。留日之议，即自此始。

1902 年（光绪二十八年壬寅）十五岁

春，丁文江随同胡子靖前往日本留学。

1904 年（光绪三十年甲辰）十七岁

5 月 19 日，丁文江、庄文亚、李祖鸿三人抵达爱丁堡。

丁文江前往司堡尔丁进了司堡尔丁文法学校。

12 月 11 日，丁文江前往伦敦拜谒孙中山。

1905 年（光绪三十一年乙巳）十八岁

是年，丁文江仍在司堡尔丁读中学。与庄文亚信函往还频繁。

1906 年（光绪三十二年丙午）十九岁

是年，丁文江考入剑桥大学。在剑桥，丁文江没有得到官费，因学费无着，半年后即辍学。

1907 年（光绪三十三年丁未）二十岁

上半年，丁文江在欧洲大陆游历，在瑞士的罗山住得最久。

夏，丁文江来到苏格兰的格拉斯哥，准备来年投考伦敦大学的医科。

1908 年（光绪三十四年戊申）二十一岁

1 月，丁文江发表 Chinese Students（《中国留学生》）一文。

是年夏，丁文江投考伦敦大学医科，因一门功课不及格而放弃了学医的志愿，改入格拉斯哥大学，专修动物学，兼修地质学。

1909 年（宣统元年己酉）二十二岁

是年，丁文江仍就读于格拉斯哥大学，以动物学主科，地质学和天文学为副科。

1910 年（宣统二年庚戌）二十三岁

丁文江第一学年考过所选两门副科和主科的部分课程，第三学期开始增修地质学为主科、天文学为副科。

是年，丁文江仍就读于格拉斯哥大学。

是年，丁文江得到中国驻英公使汪大燮的帮助，每月获得 7 英镑的半官费补贴。

1911 年（宣统三年辛亥）二十四岁

4 月，丁文江毕业于格拉斯哥大学，获动物学、地质学双学科毕业证书。

5 月 10 日，丁文江在越南北部港口海防登岸。12 日抵昆明。

5 月 29 日，丁文江离昆明，经贵州、湖南回故里。

9 月，丁文江在北京参加游学毕业试，成绩名列最优等，奖给格致科进士，并"授农商部主事"。

10 月 10 日前后，丁文江在苏州与史久元结婚。

1912 年（民国元年壬子）二十五岁

3 月，丁文江执教于南洋中学。

5 月 2 日，丁文江致函莫理循，对革命后的形势以及 8 年来上海的变化发表看法。

11 月 20 日，张元济向丁文江约编《动物学》。

1913 年（民国二年癸丑）二十六岁

1 月，丁文江应张轶欧聘请，任工商部金事。

2 月，丁文江任地质科科长，开始筹划创办地质研究所。

4 月 17 日，丁文江起草的《工商部试办地质调查说明书》，由《政府公报》发表。

7 月 1 日，丁文江主持地质研究所入学考试。

9 月 4 日，丁文江被工商部任命为地质调查所所长兼地质研究所所长。

10 月 5 日，丁文江应邀为中国地学会讲演滇黔地质。

11 月 12 日，丁文江奉部令出京，调查正太路沿线附近地质矿务。

12 月 27 日，丁文江接到部令：到云南调查矿产。

1914 年（民国三年甲寅）二十七岁

1 月，丁文江回里奔父丧。丧事毕，即于 19 日抵达上海。

1 月 9 日，"大总统令"任命丁文江、章鸿钊等为农商部技正。

2 月 2 日，丁文江离开上海，途经香港、安南，于 2 月 13 日抵昆明。

2 月 18 日，丁文江离开昆明，于 19 日晚抵达个旧。在个旧工作约40 日。

2 月 19 日，丁文江被任命为矿政局地质调查所所长。

4 月 13 日，丁文江回到昆明；24 日离昆明；30 日到武定。在武定，丁文江先后给 20 多位云南土著测量身体。

5 月 7 日，丁文江离开武定；12 日到达环州。在环州，丁文江第一次看见猡猓文。

5 月 15 日，丁文江自环州起身向元谋进发；20 日到了四川会理。

6 月 16 日，丁文江从会理起身，向东川进发。

11 月 25 日，丁文江编《动物学教科书》由商务印书馆出版。

12 月 24 日，丁文江回到北京，任教于地质研究所。

是年，丁文江在云南从事地质调查期间，常读《徐霞客游记》。

1915 年（民国四年乙卯）二十八岁

1 月 9 日，地质研究所第二学年第二学期开学，丁文江讲授古生物学。

春，丁文江始结识安特生。

4 月 3 日至 12 日，丁文江等地质研究所师生分三组赴京郊和直隶滦县实习。

5 月 27 日，丁文江被任命为地质研究所代理所长。

6 月 10 日，丁文江作《上农商总长书》。

6 月 10 日，丁文江作《改良东川铜政意见书》。

6 月，丁文江与翁文灏应邀到鸡鸣山煤矿调查。

7 月 19 日，丁文江呈文农商部，报告地质研究所第二学年年终考试成绩。

7 月 27 日，"大总统策令"授丁文江为"上士"。

7 月 30 日，丁文江代农商部咨文中国驻俄公使，请代购俄文中国地图。

12 月 16 日，丁文江代农商部拟致昌武将军的咨文，请为到江西调查矿产的地质调查所技术人员提供地图。丁文江代农商部拟 1186 号饬令，代购仪器。

12 月 24 日至次年 1 月 26 日，地质研究所成绩优秀学生由安特生、丁文江、翁文灏分别带队赴外地实习。

1916 年（民国五年丙辰）二十九岁

1 月 4 日，农商部呈请成立地质调查局的奏折被批准。12 日，农商部派张轶欧兼任地质调查局局长，派丁文江、安特生充任该局会办，但实际任事者仍为丁文江。

1 月，丁文江在《远东时报》发表《中国之煤矿》。

2 月 10 日，农商总长任命丁文江兼任地质矿产博物馆馆长。

2 月 19 日，张轶欧、丁文江联名致函农商部，坚请谢绝新常富在续聘时提出的无理要求。

7 月 14 日，丁文江出席地质研究所毕业典礼，并对毕业生发表简短训词。

在地质研究所学生毕业前夕，丁文江竭力主张停办地质研究所，而将培养地质人才的任务交给高等教育机构承担。

11 月 1 日，丁文江被任命为地质调查所所长兼地质股股长。

是年，丁文江聘请瑞典古植物学家赫勒（T. G. Halle）来地质调查所帮助工作。

是年，丁文江作有《中国官办矿业史略》一书。

1917 年（民国六年丁巳）三十岁

1 月，安特生向上海黄浦江水道总局总工程师 H·冯·海登斯塔姆推荐丁文江从事黄埔港和长江口的地质情况调查。

春，丁文江去湖南、江西，主要调查萍乡煤田和上株岭铁矿。

7 月，丁文江始与同人努力编纂地质调查报告。

7 月，丁文江在《远东时报》发表《中国的矿产资源》，颇为详细地介绍了中国的煤、铁、金、铜、锡、锑、铅、锌、银、石油、盐等矿产资源的储量、成因等。

9 月底，丁文江应上海黄浦江水道总局之邀，去江苏、安徽、浙江三省调查扬子江下游地质。

是年，丁文江曾在北京高等师范学校兼课。

自上年至今年，丁文江曾编集《外资矿业史资料》。

1918 年（民国七年戊午）三十一岁

8 月，丁文江实地调查研究了在陕西、河南两省交界处位于黄河的三门滩周围的地质情况。由三门向上约 9 里处，他发现一个有意义的剖面：最上为黄土；中为砾石层；下为砂层；最底为泥砂层，其中含双壳动物化石。后来，这种地层被定名为三门系。丁文江也成了地层学界公认的"三门系"的创立者。

12 月 28 日，梁启超偕同蒋百里、刘子楷、张君劢、杨鼎甫五人在上海登上日本横滨丸南行，开始了旅欧计划。因船位不足，丁文江、徐新六二人向东经太平洋、大西洋而去。

是年，丁文江曾对山东峄县煤田作详细研究，作有地质图，规定钻采地点，其图说皆未印行。

1919 年（民国八年己未）三十二岁

2 月 11 日，丁文江、徐新六二人于伦敦迎接初抵欧洲的梁启超一行。梁启超旅法期间，丁文江和梁启超几乎朝夕相处：凡遇演讲，多由丁文江担任翻译。旅行之余，丁文江又教梁启超学习英文，并多次深谈。

5 月 14 日，丁文江在巴黎致函莫理循，谈到第一次世界大战后日本的经济后果远比想象的重要，而且肯定会影响中国之外的其他国家。

在巴黎期间，丁文江曾到这里的科学院旁听。

5 月 15 日，丁文江离开巴黎，去诺曼底。

大约 7 月间，丁文江离开梁启超的欧游团队，只身前往美国漫游。

8、9 月间，丁文江在美国游历 2 个月。其间，丁文江聘请原哥伦比亚大学古生物学教授葛利普到北京大学地质学系任教并兼职于地质调查所。

10 月，丁文江自美返国。归国后，地质调查所的出版物《地质汇报》即将付梓，丁文江为之作中英文序言各一。

是年，丁文江在北京会见了美国博物院技师安竹斯（R. C. Andrews）。

1920 年（民国九年庚申）三十三岁

本年，丁文江与章鸿钊、翁文灏筹议兴建地质图书馆和地质陈列馆，呈准农商部会同矿政当局发起募捐，就兵马司 9 号隙地建筑新馆。大总统黎元洪捐款1 000元，以朱启钤、艾森为代表的中兴煤矿、开滦矿务局等企业和个人相继捐款合计39 000余元。

7 月 23 日，丁文江被农商部任命为矿政司第四科科长兼地质调查所所长。

8 月 15 日至 22 日，丁文江在南京出席中国科学社第五次年会。

9 月 1 日《申报》报道，丁文江等被推选为即将访华的英国哲学家罗素（Bertrand Russell）的翻译员。

9 月 3 日，丁文江与翁文灏联名撰《矿政管见》呈文农商部总次长。

9 月 22 日，丁文江被农商部任命为筹议赈灾临时委员会委员。

9 月，丁文江为《中国地质学会志》作一英文序言。

10 月 3 日下午，中国科学社北京社友会在欧美同学会集会，欢迎新到北京各社员，并讨论社务进行。丁文江出席了这次集会。

11 月 7 日，丁文江在北京大学地质研究会演讲《扬子江下游最近之变迁·三江问题》。

11 月 26 日，丁文江为出版《中国铁矿志》呈文农商部备案。

12 月 9 日，丁文江致函美国纽约自然历史博物馆馆长奥斯朋（H. F. Osborn），对安竹斯在《亚细亚杂志》发表的文章提出抗议。

是年，主要开发冀北宣化、龙关两地铁矿的龙烟公司成立，丁文江被聘为该公司董事。

1921 年（民国十年辛酉）三十四岁

至晚从是年春夏之交开始，丁文江即提出组织小团体研究政治，评论政治，之后又提议创办《努力》周报。

6 月，丁文江始任北票煤矿公司总经理。

6 月，丁文江发表《北京马路石料之研究》，这是中国最早研究工程地质的文章。

6 月，丁文江、翁文灏合编《中国矿业纪要》，作为《地质专报》丙种第 1 号由地质调查所印行。

7 月 7 日，梁启超、丁文江等设宴为罗素饯行，并感谢他对中国的帮助。

是年夏，丁文江为《徐霞客游记》"作一总图，加以先生游历之路线"，并在北京文友会中，宣读英文论文，介绍徐霞客生平；又听从胡适劝告，作《徐霞客年谱》。

9月1日至3日，丁文江在清华学校出席中国科学社第六次年会。

9月17日，大总统令称：给予丁文江三等宝光嘉禾章。

是年，丁文江移家天津，但经常往来于北京、天津及北票之间。

1922 年（民国十一年壬戌）三十五岁

1月27日（辛酉年除夕），26名中外地质学家在北京兵马司9号地质调查所图书馆集会，讨论成立中国地质学会事宜，是为中国地质学会"创立会"。会议由丁文江主持。

2月3日，中国地质学会在北京举行成立大会。丁文江被选为评议员。

2月，申报馆成立50周年纪念特刊《最近之五十年》出版。丁文江应邀撰写了《五十年来中国之矿业》。

4月8日，中国科学社南京社友会在文德里社所开欢迎会，欢迎途经南京的丁文江。

5月7日，《努力》周报创刊。在创刊号上，丁文江发表《中国北方军队的概略》和《奉直两军的形势》二文。

5月14日，由丁文江、蔡元培、胡适、李大钊、陶行知、陶孟和、梁漱溟等16人共同列名的《我们的政治主张》，在《努力》周报2期发表。

6月1日，丁文江作《答关于〈我们的政治主张〉的讨论》，就关于《我们的政治主张》的讨论作答复。

6月23日，丁文江致函胡适，赞同蔡元培加入努力会。

7月2日，丁文江发表《忠告旧国会议员》一文。

7月14日下午，丁文江等参加顾维钧住宅举行的茶话会。

7月上旬，丁文江去济南参加中华教育改进社第一次年会。

7月17日下午，地质调查所举行图书馆、陈列馆开幕典礼，大总统黎元洪，农商总长张国淦、次长江天铎等出席。丁文江与林大闾以及章鸿钊、安特生、葛利普均作招待员，依次导引来宾参观藏书。典礼开始，首由丁文江报告。

7月26日，丁文江作成《裁兵计划的讨论》一文，评述蒋百里的《裁兵计划书》。

8月20日至24日，中国科学社第7次年会在南通举行，丁文江出席了20日至22日的会议。

8月23日晚间，丁文江拜访张元济，谈修改地图事，又谈为调查殷墟募捐事。

9月8日，丁文江、胡适等参加顾维钧家的茶会。

9月29日，中国地质学会第四次常会在北京地质调查所举行。此次常会是为了欢迎在蒙古考察的美国地质学家而举行的。章鸿钊主持，丁文江致欢迎词。R. C. Andress、C. P. Berkey、F. K. Morris、W. Granger 相继发言。

10月，丁文江在《地质汇报》第4期发表《京兆昌平县西湖村锰矿》。

11月15日，丁文江被"晋给二等大绥嘉禾章"。同日，丁文江完成《历史人物与地理的关系》。

12月28日，丁文江、翁文灏就次年举办古生物化石展览呈文农商部备案（落款是"所长丁文江、翁文灏"）。

是年，丁文江始结识凌鸿勋。

1923年（民国十二年癸亥）三十六岁

1月6日至8日，中国地质学会在北京举行第一次年会。丁文江当选为会长。

1月7日，丁文江发表《重印〈天工开物〉始末记》一文，高度评价《天工开物》的学术价值。

1月29日，丁文江、翁文灏就安特生捐四分之一薪水补助印刷经费事呈文农商部备案。

3月4日，丁文江在《努力》周报42期发表《一个外国朋友对于一个留学生的忠告》。

3月21日，丁文江与翁文灏联名呈报农商部的《全国地质图测制印刷办法》得到农商部命令认可。

3月26日，丁文江致函胡适，谈与张君劢辩论人生观问题的概要，表示不能轻易放过他这种主张，并拟写批评文章。

4月3日，丁文江作成《兰因河畔的悲剧》。

4月12日，丁文江作《玄学与科学——评张君劢的〈人生观〉》，驳斥张君劢"人生观"演讲中的观点。

8月26日，丁文江在《努力》周报67期发表在燕京大学的演讲记录：《少数人的责任——燕京大学讲演稿》。

9月27日，丁文江在北京地质调查所主持中国地质学会第七次常会，欢迎美国自然历史博物馆第三次亚洲考察团。

9月，丁文江致函张元济，谈《天工开物》的注释问题。

10月2日，丁文江邀请李济前往河南新郑，寻找该地区有无新石器时代的遗存。

10月21日，丁文江在南京出席中国科学社理事会第一次大会。

是年，丁文江仍任北票煤矿公司总经理。

自是年始，丁文江始广泛筹划为《徐霞客游记》编配地图事。

1924年（民国十三年甲子）三十七岁

1月5日至7日，丁文江在北京出席中国地质学会第二次年会。

是年春，丁文江极力鼓励并赞助李济到河南新郑县从事考古工作。

春末，丁文江初识朱家骅。

5月24日，丁文江致函胡适，谈到美国第二次退还庚款的用途；又谈到中国科学社的工作方向。

6月30日，丁文江分别致函胡适、蒋梦麟、顾临等人，陈述他个人对庚款用途之意见。

7月1日至5日，丁文江在南京出席中国科学社第九次年会及成立十周年纪念会。

8月9日，丁文江为谢家荣著《地质学》作序。

8月，丁文江携眷在北戴河避暑，邀胡适同住。

9月22日，国务院函请教育部征询教育界意见，提出补聘中华教育文化基金会（简称中基会）董事1名；30日，北洋政府内阁会议决定以丁文江补中基会董事悬缺，旋由大总统令批准。

10月21日，中国科学社理事会举行第一次大会，任鸿隽、丁文江、胡明复、杨铨、秉志、竺可桢、孙洪芬、胡刚复、王琎出席。

12月，丁文江以南开大学校董的身份，调停该校的教授罢教风潮，但未取得预期效果。

是年，丁文江仍任北票煤矿公司总经理。

1925 年（民国十四年乙丑）三十八岁

2 月 2 日，丁文江复函胡适，谈及《努力》复刊等事。

3 月 15 日，丁文江致函胡适，谈如果亚东图书馆不愿意出版《民国军事近纪》，将交晨报社出版。

4 月 3 日，丁文江致函胡适，希望胡适"出洋去走走"，继续著述的工作。

4 月 12 日，中华图书馆协会在来今雨轩召开发起人大会，丁文江是该会发起人之一。

4 月 25 日，中华图书馆协会在上海成立，会议通过了《组织大纲》并选举职员，丁文江当选为董事。

4 月 30 日，丁文江作《赫胥黎的伟大》一文，高度评价赫胥黎。

是年春天，丁文江向北票煤矿公司提出辞去总经理职务。

5 月 8 日，丁文江致函胡适，谈到英国庚子赔款委员会候选人的事。

5 月 30 日，上海发生"五卅惨案"。丁文江与梁启超、朱启钤、李士伟、顾维钧、范源濂、张国淦、董显光诸氏发表共同宣言。

5 月，全国教育会联合会庚款董事会致函丁文江、胡适等，谈对英国处置庚款办法的意见等。

6 月 2 日至 4 日，丁文江在天津裕中饭店参加中基会第一次年会。

6 月 8 日，丁文江复函胡适，主要谈英国赔款的事。

7 月上旬，丁文江得罗文干密电，嘱他由海道回南，到岳州去见吴佩孚。丁文江得电后即向北票公司请假一个月，并于 7 月下旬后到上海，先会晤刘厚生。丁、刘会晤后，丁文江即前往岳州会晤吴佩孚。

8 月，丁文江在岳州停留 2 周后，返回上海，与刘厚生等江苏士绅开会，旋往杭州与孙传芳会晤。丁文江在杭州停留 1 周，与孙会谈 5 次；孙、丁会谈时，孙传芳同意反奉，丁文江则同意帮孙传芳的忙。

11 月 9 日，丁文江在北京团城出席中基会执行委员会与财政委员会联席会议。

是年，丁文江与翁文灏合著的《地质调查所的十年工作》，由农商部地质调查所印行。

1926 年（民国十五年丙寅）三十九岁

2 月 11 日，丁文江致函胡适，主要谈英款调查团开会的事。

4月末，丁文江与许沅等连日会商淞沪商埠督办公署组织办法。

5月1日，丁文江奉孙传芳之召，由沪赴宁，报告在沪与官绅接洽情形，顺便欢迎孙氏来沪。

5月4日，孙传芳就任淞沪督办，丁文江就任督办公署总办，淞沪商埠督办公署即告成立。

5月14日，淞沪商埠督办公署开始办公，丁文江主持召开第一次行政会议。

5月19日，丁文江拜会驻沪各国领事，均得各国总领事之竭诚欢迎。

5月21日下午，丁文江、许沅、杨念祖（江苏交涉署交际科科长）与英国驻沪总领事巴尔顿（Sidney Barton）、美国驻沪总领事克宁汉（Edwin S. Cunningham）、日本驻沪总领事矢田七太郎就收回会审公廨问题在交涉公署外交大楼举行秘密会议。双方共同认定，此次会议属非正式交涉性质，"在中央未经商妥以前，拟定一暂行办法，以应现实之需要"。在谈判中丁文江又声明此临时法"以二年为期"。这次谈判的基础是1924年北洋政府外交部向外交团提出的草案，争论的焦点是刑事案件是否需要外员陪审的问题。双方未达成协议，但约定于25日续开会议。

5月25日，丁文江、许沅、杨念祖与英总领事巴尔顿、美总领事克宁汉、日总领事矢田七太郎就收回会审公廨问题举行第二次秘密会议。

6月9日，丁文江、许沅、杨念祖与英、美、日三国总领事就收回会审公廨问题举行第四次秘密会议。

6月21日下午，丁文江、许沅、杨念祖、秘书伍守恭与英、美、日三国总领事以及挪威总领事华理、荷兰总领事赫龙门就收回会审公廨问题举行第五次秘密会议。丁文江重申三大要件：将来法庭成立后应用之法律及诉讼法；将刑事案件分作于租界治安有关、无关两大项；书记官长之职权。双方在传票与拘票无须由领事签字、监狱等问题上仍存在严重分歧。

7月16日下午，丁文江、许沅、杨念祖、伍守恭与英、美、日、挪、荷五国总领事就收回会审公廨问题举行第七次秘密会议。丁文江首先对协定在英文报纸上发表向美总领事提出质询，但外国领事拒绝承认泄密。双方就书记官长之英文名称等问题亦达成共识。

7月27日，孙传芳、陈陶遗致电北京外交、司法两部，报告丁文江、许沅与领团交涉订暂行章程九条，抄呈华、洋文各一份备案。大致谓此系临时交涉性质，仍留中央回旋余地，不受任何拘束。虽与我国1925年提案相去甚远，然较1924年提案似已较优。外交、司法两部正在核议，惟省方果令交涉代表签字，则两部亦无法阻止，惟有听之而已。

8月6日下午，丁文江、许沅、杨小堂、伍守恭、郑天锡与英、美、日、挪四国总领事就收回会审公廨问题举行第八次秘密会议。

8月16日，丁文江致函胡适，谈在上海工作的情形，并谈到个人经济状况很是窘迫。

10月5日，孙传芳致电丁文江、严春阳，令严查党人造谣。

11月15日，丁文江自宁返沪，到龙华公署批阅公文后，与李司令面谈一切。

11月28日，丁文江致函胡适，略谈北伐军和孙传芳之间的军事形势，又谈到"个人经济甚窘"。

12月10日，丁文江、陈陶遗、刘厚生三人为孙传芳联奉张事，对孙有所劝说。

12月12日清晨，丁文江由杭州返抵上海，乘汽车回寓途中发生车祸，受伤；旋送仁济医院医治，后转至红十字医院。

1927年（民国十六年丁卯）四十岁

1月4日，《时事新报》报道："丁文江辞职未准"。

1月5日，丁文江出院回寓。

2月26日，《时事新报》报道，丁文江"赴中华教育基金委员会，昨日抵京，寓东安饭店"。

4月20日，为了庆祝周口店发现一颗人的牙齿化石和欢送安特生，丁文江特意在北京崇文门内德国饭店举行宴会，出席者有斯文赫定、葛利普、翁文灏等人。

6月9日，丁文江复函胡适、徐新六，谈自己从政半年多的感受、将来的打算以及庚子赔款委员会的事。

6月29日，丁文江在天津裕中饭店出席中基会第三次年会，通过黄炎培、丁文江、韦洛贝之辞职，选举蔡元培、胡适、司徒雷登为继任董事。

7月7日，丁文江作成《重印〈徐霞客游记〉及新著〈年谱〉序》。

7月13日，丁文江致函已在大连的黄炎培，请黄代为在此地租屋。

8月1日，丁文江夫妇抵大连。

11月5日，丁文江致函张元济，对其遭绑架后脱险表示慰问。

11月22日，丁文江复函张元济，对张氏安然脱险表示安慰。

1928年（民国十七年戊辰）四十一岁

1月9日，任鸿隽致函胡适：极力希望丁文江能继范源廉之后担任北京图书馆馆长。

1月22日，丁文江致函胡适，劝胡适不要贸然北来，因不安全；又谈在此间的寂寞并今后的打算。

2月25日，丁文江致函胡适，介绍了送5 000元钱给他的河南人杨金的情况。

5月3日"济南惨案"后，丁文江打电报给孙传芳，劝他在内争中要以国家的立场为重，不要再跟着张宗昌胡干。

5月10日，丁文江当选为中华图书馆协会董事。

6月19日，丁文江任静生生物调查所委员会委员。

7月，丁文江到广西去调查拟议中的川广铁路线及沿线地质矿产。

是年，由丁文江重新编订之《徐霞客游记》由商务印书馆出版。

1929年（民国十八年己巳）四十二岁

1月19日，梁启超在北平逝世。梁氏逝世后，丁文江开始编纂《梁启超年谱长编》。

2月13日至14日，丁文江在北平出席中国地质学会第六届年会，并做《中国的造山运动》演讲。

3月前后，丁文江为西南地质调查的事曾有南京一行。又从南京顺便到上海，"看看朋友"，并为梁启超的年谱找材料。在上海，丁文江还与胡适、黄炎培、李宝章等老朋友会面。

4月，秉志提出兴建静生生物调查所所址的议案，得到丁文江等人的支持，顺利通过。

春，中央研究院历史语言研究所自广州迁北平，丁文江对该所给予极大的同情与注意。

5月21日，丁文江复函胡适，谈为梁启超作年谱和为秉志主持的生物研究所向中华文化基金会申请补助事。

6月，丁文江任社会调查所委员。

是年初夏，丁文江始结识傅斯年。

7月3日，丁文江致函胡适，除谈为梁启超编年谱的事以外，又劝胡适积极与闻中基会的事务。

8月3日，丁文江复函胡适，谈去西南考察的目的和计划。

9月，丁文江任国立北平图书馆购书委员会西文组委员。

10月8日，丁文江带领曾世英、李春昱、谭锡畴、王曰伦等西南地质调查队多数成员从北平出发，前往西南。

11月中旬，丁文江、曾世英、王曰伦一行跋涉二十多天，行程六百多里，到达遵义。

11月底或12月初，丁文江抵贵州大定，抵后即得赵亚曾遇难噩耗，悲痛欲绝。拟停下贵州的工作，专门处理赵亚曾的后事。

在大定，丁文江再着手研究猓猡。

是年，丁文江担任新设立的考古学奖金首届评选委员会委员。

是年，由丁文江于1916、1917年编成的《外资矿业史料》，由地质调查所出版。首为翁文灏序，次《例言》，次目录，次正文（共68页）。

1930年（民国十九年庚午）四十三岁

1月24日，丁文江率领调查队伍离贵阳，前往广西。

1月31日，丁文江复函张元济，谈贵州县志的不易搜集；谈及赵亚曾被害，"乃生平所遭最大之打击，意兴遂乃索然"。

1月，丁文江担任中国地质学会"赵亚曾先生研究补助金"管理委员会委员。

3月，丁文江一行由贵阳经遵义、桐梓返重庆。旋从重庆东下，5月抵上海。

7月26日，丁文江致函胡适，谈为赵亚曾遗属募捐事。

8月15日，胡适与任鸿隽、张子高商谈编译委员会事，决定分两组，丁文江被分在甲组。

8月25日，丁文江致函胡适，谈到为赵亚曾募集到的4.5万元抚恤金的使用办法。

8月26日，丁文江在地质调查所翁文灏主持的第一次讲学会讲演"野外工作的经验"。

8月，丁文江通过梁思永向中研院史语所建议调查热河林西县的一处新石器时代遗址，此议为史语所采纳，但因鼠疫流行，未果行。鉴于此，丁文江又建议梁思永前往齐齐哈尔的昂昂溪调查新发现的一处新石器时代的遗址。此议亦得史语所傅斯年、李济的同意，史语所还要求丁文江帮助居间接洽。

9月，王星拱著《科学概论》由商务印书馆出版，书前有丁文江作的《序》。

是年秋，《申报》老板史量才最终采纳丁文江的建议：为纪念《申报》创刊60周年，编制"全国精图"。史量才诚邀丁文江主持此事，亦得丁文江慨允。

11月11日，丁文江致函张元济，请张再寄涵芬楼所藏县志目录。

1931年（民国二十年辛未）四十四岁

3月15日，丁文江在北京大学讲演：《中国地质学者的责任》。

春，丁文江曾为族叔丁廷楣的求职提出意见，并对黄桥中学寄予厚望。

5月，清华大学发生驱逐校长吴南轩的风潮，丁文江与陶孟和向处理此事的钱昌照推荐翁文灏继任。

7月18日，太平洋国际学会中国分会研究决定：由颜惠庆、陈立廷、丁文江等40人参加。

8月5日，"北大中基会合作研究特别顾问委员会"开第一次会议，决议聘请丁文江等15人为研究教授。

是年夏，丁文江携眷在北戴河度假。其间，曾邀胡适来同住10天。

9月23日，丁文江当选为北京大学校务会议代表。

9月25日，丁文江与颜惠庆、陶孟和、胡适、陈衡哲、徐淑希6人致电太平洋国际学会中国分会：本次太平洋会议是个极好的机会，可以提出中国事件供讨论。

9月，丁文江在北京大学地质系共承担一年级"地质学"每周3小时、"地质测量"实习每周一次，四年级"中国矿业"每周2小时。

10月4日，北京大学演说辩论会举行会议，决意增聘丁文江为国语导师。

12月13日，丁文江应邀到国立北平师范大学演讲"中国人种之由来"。

是年，丁文江在《中国地质学会志》第10卷发表《论丰宁系地层》。

1932 年（民国二十一年壬申）四十五岁

1 月 23 日，国民政府主席林森签署聘书，敦聘丁文江等人为国难会议会员。

5 月 10 日，受朋友邀约，丁文江、胡适、陶孟和与来访的费正清餐叙。

5 月 15 日，日本首相犬养毅遇刺。丁文江于次日撰《犬养被刺与日本政局的前途》一文。

5 月 23 日，丁文江撰《日本的新内阁》。

5 月 27 日，丁文江撰《所谓北平各大学合理化的计划》。

5 月 29 日，丁文江发表《日本的财政》一文。

6 月 26 日，丁文江发表《所谓剿匪问题》。

6 月，丁文江在《远东时报》发表他和曾世英合著的《川广铁道路线初勘报告》。

7 月 31 日，丁文江在《独立评论》第 11 号发表《中国政治的出路》。

7 月，丁文江在《中国地质学会志》第 11 卷第 4 期发表《丁氏石燕与谢氏石燕宽高率差之统计学研究》。

自是年暑期开始，赵丰田开始协助丁文江编纂《梁启超年谱》。

8 月 14 日，丁文江发表《假如我是张学良》。

9 月 25 日，丁文江发表《抗日剿匪与中央的政局》。

10 月 5 日，丁文江等 7 人联名在中国地质学会第九届年会上提出对会章（1931）第三条关于会员种类的规定进行修改，建议于会员、名誉会员、通信会员和会友等四种外，增加机关或团体会员。

10 月 23 日，丁文江发表《自杀》，就国联调查团的报告书和国人的反应发表评论。

10 月 24 日，丁文江出席北京大学研究院第三次筹备委员会会议。

10 月 31 日，丁文江当选为北京大学校务会议代表。

11 月 6 日，丁文江在《独立评论》第 25 号发表《废止内战的运动》。

11 月 25 日，丁文江出席北京大学研究院第一次院务会议。

1933 年（民国二十二年癸酉）四十六岁

1 月 15 日，丁文江发表《假如我是蒋介石》。

1月17日，丁文江于中基会事务所出席该会静生生物调查所委员会会议。

2月12日，丁文江发表《抗日的效能与青年的责任》。

2月20日，丁文江作成《我所知道的朱庆澜将军》一文，回顾自己与朱氏交往的故事，高度评价朱庆澜的人格。

同日，张学良邀丁文江、胡适等餐聚，讨论时局。次日，胡适、丁文江及翁文灏商谈后联名致电蒋介石。

3月5日，丁文江给张学良写公开信，就热河失守提出自己的看法。

3月10日，张学良邀请胡适、丁文江、蒋梦麟作辞职前的最后一谈。

3月13日，丁文江、胡适、翁文灏、刘子楷等同车去保定，见蒋介石，谈热河失守后的时局。

4月25日，丁文江被聘为农村复兴委员会委员，该委员会是同月13日的行政院国务会议决议设立的。

5月4日，丁文江被特派为行政院驻平政务整理委员会委员。6月16日，丁文江即辞去此职。

5月21日，丁文江发表《评论共产主义并忠告中国共产党员》。

6月23日，丁文江从上海乘古列基总统号赴华盛顿参加第16届国际地质学会大会。

7月10日，丁文江一行抵旧金山。14日，丁文江由芝加哥前往华盛顿。丁文江向大会提交的论文是与葛利普合著的《中国的二叠系及其对二叠系地层分类的重要性》。

8月2日，丁文江离开纽约，乘"华盛顿"号轮到欧洲去。

8月16日，由丁文江、翁文灏、曾世英共同编制的《中国分省新图》出版。

8月29日，丁文江离开柏林，31日抵莫斯科。

10月7日，丁文江当选为北京大学校务会议代表。

12月11日，丁文江在地质调查所讲学会讲演《苏俄南部油田地质》。

是年冬，蔡元培仍坚邀丁文江担任中央研究院总干事，但丁氏仍未答应。

是年至1936年，丁文江任中央研究院历史语言研究所第三组（考古组）通信研究员。

1934 年（民国二十三年甲戌）四十七岁

1 月 5 日，丁文江等受《大公报》邀请担任撰述"星期论文"。

1 月 6 日，丁文江当选为中国太平洋国际学会执行委员会委员。

1 月 14 日，丁文江在《大公报》"星期论文"发表《公共信仰与统一》。

1 月，丁文江作《再版〈中国分省新图〉序》。

2 月 4 日下午，丁文江在上海出席中国太平洋国际学会 1934 年度执行委员会议。

2 月 25 日，丁文江南下杭州，探视翁文灏。

3 月 15 日，新生代研究室主任步达生逝世，研究室的工作即由丁文江主持。

3 月 30 日，丁文江、任鸿隽出席由行政院召集的第二次各庚款机关联席会议。

3 月，丁文江参与发起成立中国地理学会。

4 月 20 日，丁文江、翁文灏、曾世英编纂的《中华民国新地图》由申报馆出版。

4 月 22 日，丁文江发表《我所知道的翁詠霓——一个朋友病榻前的感想》。

4 月 24 日，中央研究院正式聘请丁文江为该院总干事。

5 月 6 日，丁文江在《大公报》发表《我的信仰》。

5 月 18 日，丁文江到上海，就任中央研究院总干事。

6 月 18 日晚，丁文江由沪抵宁。19 日，正式到中央研究院视事。

6 月 29 日，丁文江在北平出席中华教育文化基金会第十次董事年会。

7 月，丁文江为促成社会调查所与社会科学研究所合并，与任鸿隽发生严重的意见分歧。后经胡适等调停，终得解决。

7 月，丁文江任中央博物院建筑委员会委员。

8 月下旬，丁文江赴庐山参加蒋介石召集的国防设计委员会会议。

9 月 3 日，丁文江发表《关于国防的根本问题》。

10 月 10 日，丁文江被聘为全国经济委员会下属水利委员会委员。

10 月 29 日，丁文江在《国闻周报》发表《银出口征税以后》

一文。

12月18日，丁文江发表《民主政治与独裁政治》。

12月，李四光到英国讲学。李赴英后，丁文江代为指导地质研究所工作。

是年，丁文江发表《挽赵予仁》七律四首和《徐君光熙行述》。

1935 年（民国二十四年乙亥）四十八岁

1月20日，丁文江发表《再论民治与独裁》。

1月，丁文江作成《中央研究院的使命》。

2月2日，丁文江被聘为中华地学会名誉会员。

2月14日至16日，丁文江出席中国地质学会年会第十一次年会。

2月20日，丁文江在北平立好遗嘱。

3月18日，丁文江在中央大学演讲《现在中国的中年与青年》。

3月，丁文江开始筹组太平洋科学协会海洋学组中国分会，并发起海洋渔业调查。

4月8日，丁文江代表蔡元培院长出席第二届全国气象机关联合讨论会。

4月10日，丁文江主持召开太平洋科学协会海洋学组中国分会成立大会。

4月11日，丁文江致函董作宾，剀切分析因"携女友"引发的连环辞职风波，并晓以大义，请董不要辞职。

4月13日，丁文江打电报给胡适，请胡劝说董作宾不要辞职。

4月19日，丁文江出席中华教育文化基金会第十一次董事年会。

4月24日，丁文江再度致长函给董作宾，诚挚劝告董不要辞职。

是年春，丁文江为中央大学地质学系聘请李承三担任教授，5月又帮助中央大学聘来奥籍地质学家贝克博士，10月又代中央大学聘马廷英到地质学系兼任教授。

5月7日，丁文江在中央广播电台讲演：《科学化的建设》。

5月27日，由丁文江一手起草、并经多方讨论而成的《国立中央研究院评议会条例》由国民政府公布。

6月19日，丁文江出席首届聘任评议员选举会之预备会。

6月20日，丁文江出席中央研究院首届聘任评议员选举会。丁文江当选为地质学评议员。

7月16日，丁文江出席全国水利委员会第二次全体会议。

7月21日，丁文江发表《苏俄革命外交史的一页及其教训》。

7月，由丁文江首倡、筹资兴建的北大地质馆于北平沙滩松公府落成。

8月16日，作成《〈爨文丛刻〉自序》。

8月，丁文江携眷在莫干山避暑，曾作讽竹诗。

9月7日，丁文江出席中央研究院首届评议会成立会和第一次年会，并被推举为评议会秘书、评议会规程起草委员。丁文江又提交提案"促进学术之研究与互助案"。

9月7日，丁文江与胡适、王星拱、丁燮林、罗家伦等众多知名学者、教授联名致函蔡元培，祝贺其70岁生日，并集资营建住宅一所公赠蔡元培。

9月10日，丁文江出席中央研究院院务会议。

9月，中央大学新学年开学后，丁文江经常出席该校地质系系务会议。

10月13日，丁文江发表《实行耕者有其地的方法》。

10月26日，丁文江出席中华教育文化基金会第九次常会。

11月14日，丁文江出席第三届高等考试典襄试委员会议。

11月18日，丁文江为汤晋遗著作《序言》一篇。

11月26日和28日，丁文江先后两次在电台对全国中等学校学生演讲《我国的科学研究事业》。

11月29日，丁文江受铁道部委托前往湖南，调查粤汉铁路沿线煤矿情形；同时，受教育部长王世杰的委托，视察长沙的几个学校，并为清华大学选择新校址。12月2日深夜，抵长沙。

12月9日晨七时半，丁文江被发现煤气中毒。衡阳医生施行人工呼吸时，曾将其肋骨折断。

12月15日，丁文江离衡阳，转湘雅医院进一步疗治。

12月21日晚，傅斯年抵达长沙探视丁文江。

12月23日，经外科医生检查，丁文江左胸发现液体。

12月24日，傅斯年急电胡适，请求协和医院派胸部手术医生携带用具及氧气桶来湘。

12月28日晨，顾仁医师于五肋骨处开割，发现第五肋骨已折。

是年，丁文江发表英文论文《陕西省水旱灾之记录与中国西北部干旱化之假说》。

1936 年（民国二十五年丙子）四十九岁

1月5日午后5时40分，丁文江与世长辞。

1月6日晨，丁文江遗体入殓。是日起，中央研究院下半旗三日志哀。

1月18日，中央研究院在南京、上海两地同时举行前总干事丁文江追悼会。

1月，丁文江编纂的《爨文丛刻（甲编）》由商务印书馆出版。

3月22日，朱经农复函胡适，建议将丁文江的墓地选在清华大学长沙新校址内。

5月3日，各界在长沙国货陈列馆举行丁文江追悼会。

5月4日，丁文江遗体在长沙岳麓山安葬。

5月16日，国民政府主席林森签署"国民政府令"，明令褒扬丁文江。

中国近代思想家文库

图书在版编目（CIP）数据

中国近代思想家文库. 丁文江卷/宋广波编. —北京：中国人民大学出版社，2014.12

ISBN 978-7-300-20352-2

Ⅰ.①中… Ⅱ.①宋… Ⅲ.①思想史-研究-中国-近代 ②丁文江（1887～1936）-思想评论 Ⅳ.①B250.5

中国版本图书馆 CIP 数据核字（2014）第 282475 号

中国近代思想家文库

丁文江卷

宋广波　编

Ding Wenjiang Juan

出版发行	中国人民大学出版社	
社　　址	北京中关村大街 31 号	**邮政编码**　100080
电　　话	010 - 62511242（总编室）	010 - 62511770（质管部）
	010 - 82501766（邮购部）	010 - 62514148（门市部）
	010 - 62515195（发行公司）	010 - 62515275（盗版举报）
网　　址	http://www.crup.com.cn	
经　　销	新华书店	
印　　刷	涿州市星河印刷有限公司	
开　　本	720 mm×1000 mm　1/16	**版　　次**　2015 年 3 月第 1 版
印　　张	32　插页 1	**印　　次**　2025 年 1 月第 3 次印刷
字　　数	512 000	**定　　价**　114.00 元